Vol. 1

텍스트 전처리
및 머신러닝을
활용한 분석

파이썬 텍스트 마이닝
바이블

파이썬 기초부터 트랜스포머, BERT, GPT까지 -
심층 이론과 실습으로 배우는 텍스트 마이닝의 모든 것

파이썬 텍스트 마이닝 바이블

파이썬 기초부터 트랜스포머, BERT, GPT까지 –
심층 이론과 실습으로 배우는 텍스트 마이닝의 모든 것

지은이 이상엽

펴낸이 박찬규   엮은이 최용, 이대엽   디자인 북누리   표지디자인 Arowa & Arowana

펴낸곳 위키북스   전화 031-955-3658, 3659   팩스 031-955-3660

주소 경기도 파주시 문발로 115, 311호(파주출판도시, 세종출판벤처타운)

가격 42,000   페이지 752   책규격 188 x 240mm

초판 발행 2023년 11월 09일
ISBN 979-11-5839-470-7 (93000)

등록번호 제406-2006-000036호   등록일자 2006년 05월 19일
홈페이지 wikibook.co.kr   전자우편 wikibook@wikibook.co.kr

파이썬 텍스트 마이닝 바이블

파이썬 기초부터 트랜스포머, BERT, GPT까지 -
심층 이론과 실습으로 배우는 텍스트 마이닝의 모든 것

이상엽 지음

1 **Vol.** **텍스트 전처리 및 머신러닝을 활용한 분석**

위키북스

서·문

저자의 말

이 책에서는 텍스트 분석뿐만 아니라, 텍스트 분석에 사용되는 기계학습과 딥러닝 알고리즘, 그리고 알고리즘을 이해하는 데 필요한 수학적인 내용에 관해서도 되도록 자세하게 설명하고자 했습니다. 텍스트 분석과 같은 데이터 분석을 잘하려면 기본기를 제대로 갖추는 것이 무척이나 중요합니다. 기본기를 제대로 갖추는 데는 시간이 오래 걸릴 수 있지만, 그 후에는 그렇지 않은 사람들에 비해서 더 멀리, 더 빠르게 갈 수 있다고 생각합니다. 이 책이 모쪼록 텍스트 분석뿐만 아니라, 기계학습과 딥러닝 알고리즘, 그리고 기본이 되는 수학적 내용까지 체계적으로 공부하고자 하는 독자에게 도움이 되길 바랍니다.

이 책은 제가 연세대학교에서 진행한 수업들(텍스트 마이닝, 기계학습, 딥러닝, 통계 분석 등)의 내용을 기반으로 합니다. 수업을 진행하면서 책을 더욱 체계적으로 구성할 수 있었고, 학생들이 보다 잘 이해할 수 있는 방향으로 집필할 수 있었습니다. 수업을 들어주고, 많은 영감과 피드백을 준 학생들에게 고마움을 전합니다.

이 책이 나올 수 있게 큰 도움을 주신 위키북스 출판사의 편집 팀과 박찬규 대표님께 깊은 감사의 인사를 드립니다. 그리고, 책을 완성하는 데 있어 큰 버팀목이 되어주고 항상 응원을 아끼지 않았던 아내 민정과 아빠하고 더 많은 시간을 함께 하길 원했던 두 아들 지율이와 지완이에게 고맙고 사랑한다는 말을 전합니다.

지은이 **이상엽**

V

2부

**기계학습을 이용한
텍스트 분석**

APPENDIX

부록

1부

_부

텍스트 전처리와
기초 분석

1부에서는 5장에서 본격적으로 시작할 텍스트 분석 설명에 앞서 텍스트 분석이 무엇인지 간단하게 설명하고(1장), 코딩 환경 구축(2장)과 파이썬 기본 문법(3장), 그리고 정규표현식(4장)에 대해 먼저 살펴보겠습니다.

1

텍스트 분석

이 장에서는 텍스트 분석(text analysis)과 텍스트 분석의 전반적인 절차에 대해 간략하게 설명합니다.

1.1 텍스트 분석이란

텍스트 분석은 다양한 형태의 텍스트를 컴퓨터를 이용해 수집하고, 이를 통계 혹은 기계학습(machine learning)이나 딥러닝(deep learning) 알고리즘 등의 방법을 이용해 분석하는 것을 말합니다. 텍스트 분석을 통해 텍스트의 특성을 파악하고 텍스트가 담고 있는 여러 정보 중에서 문제를 푸는 데 있어 중요한 정보 혹은 인사이트를 추출할 수 있습니다. 우리가 분석할 수 있는 텍스트 데이터에는 신문 기사, 블로그 글, 소셜미디어의 글, 댓글, 상품 정보, 연설문, 이메일 등 다양한 종류가 있습니다.

텍스트 분석을 통해 할 수 있는 주요 작업은 다음과 같습니다.

- 문서에 담긴 구체적 정보 추출
- 문서의 분류
- 유사 문서들 간의 군집화
- 문서의 주제 찾기
- 문서에 담겨 있는 특정 주제에 대한 논조 및 관점 찾기
- 문서 또는 단어 임베딩(embedding)

> **참고** **텍스트 분석과 자연어 처리의 차이**
>
> 텍스트 분석은 텍스트 마이닝이라고도 불리며, 텍스트 데이터에 대하여 자연어 처리 기술과 문서 처리 기술을 적용하여 유용한 정보를 추출, 가공하는 것을 주요 목적으로 합니다. 이에 반해, 자연어 처리(natural language processing)란, 인간이 사용하는 언어인 자연어를 컴퓨터가 이해하고, 해석 또는 조작하는 것을 의미합니다. 자연어 처리 관련된 작업으로는 요약, 텍스트 생성, 기계번역 등이 포함됩니다. 이 책은 텍스트 분석에 대해서 중점적으로 다룹니다.

1.2 텍스트 분석의 일반적 절차

텍스트 분석은 일반적으로 다음의 절차를 거칩니다.

■ 1. 문제 설정

사용자가 풀고자 하는 문제를 설정합니다. 이 과정에서는 선행 연구나 문헌을 토대로 또는 사용자의 도메인 지식을 기반으로 해당 분야에서 중요하고 의미 있는 문제를 설정하는 것이 필요합니다. 본 책에서는 이미 풀고자 하는 문제를 설정해 놓았다고 가정하겠습니다.

■ 2. 텍스트 데이터 준비

풀고자 하는 문제를 설정한 다음에는 문제에 대한 답을 찾을 수 있는 텍스트 데이터를 준비해야 합니다. 인터넷에 있는 텍스트 데이터를 분석하여 어떠한 문제를 풀고자 한다면, 본격적으로 분석하기 전에 먼저 인터넷에 존재하는 해당 텍스트 데이터를 수집해야 합니다.

■ 3. 수집된 텍스트 데이터의 전처리

1차적으로 수집한 텍스트 데이터는 최종 분석에 적합하지 않은 상태입니다. 이 정제되지 않은 텍스트 데이터(raw text data)를 최종 분석에 적합한 형태로 변환해야 하는데, 이러한 과정을 텍스트 전처리 (preprocessing) 과정이라고 합니다.

대표적인 전처리 작업으로 다음과 같은 것이 있습니다.

- 불필요한 기호/표현 없애기(예: !, ., ", ; 등)
- 대소문자 통일(Case conversion, 소문자 ↔ 대문자)(영어의 경우)
- 단어(혹은 토큰) 단위로 구분하기(Tokenization)
- 단어의 품사 찾기(Part of Speech tagging)

- 단어의 원형(혹은 어간) 찾기(Lemmatization/Stemming)

- 원하는 품사의 단어들만 선택

- 불용어(Stopwords)[1] 제거

전처리의 주요 목적은 최종 분석에 사용하고자 하는 텍스트 정보만 추출하고 저장하는 것입니다. 많은 경우에 불용어가 제거된 특정 품사(예: 명사)의 단어들만 최종 분석에 사용합니다. 앞에서 소개한 작업은 필요에 따라 두 번 이상 수행할 수도 있고, 그 순서가 바뀔 수도 있습니다.

텍스트 분석에서 전처리 과정은 매우 중요합니다. 최종 분석에 사용되는 텍스트가 전처리 과정을 거친 텍스트이기 때문입니다. 전처리가 잘되지 않으면 문제를 푸는 데 별로 중요하지 않은 정보가 포함된 텍스트를 분석하게 됩니다. 그러면 정확한 분석 결과를 얻기가 어렵습니다. 전반적으로 전처리 과정은 대부분의 분석에서 중요한 역할을 하지만, 그 중요도는 사용하는 분석 방법이 무엇이냐에 따라 약간씩 차이가 있습니다. 예를 들어, 기계학습 알고리즘을 사용하지 않는 방법(예: 빈도 분석)이나 전통적인 기계학습 방법을 사용하는 경우에는 텍스트 전처리가 굉장히 중요한 역할을 합니다. 하지만 딥러닝에서는 상대적으로 그 중요도가 낮습니다.

■ 4. 문서를 벡터로 표현하기(Vectorization)

전처리 과정을 거친 텍스트 데이터를 이용해 최종 분석을 하기 위해서는 텍스트 데이터를 구성하는 각 문서를 컴퓨터가 이해할 수 있는 방식으로 표현(representation)해야 합니다. 특히, 기계학습 알고리즘을 사용하는 텍스트 분석 방법(빈도 분석이나 텍스트 네트워크 분석 등을 제외한 대부분의 방법)을 위해서는 문서를 벡터로 표현하는 것이 중요한 역할을 합니다. 벡터는 여러 개의 숫자를 일렬로 나열한 데이터 형태라고 생각할 수 있습니다. 즉, 문서를 벡터로 표현한다는 것은 문서가 가지고 있는 어떠한 정보를 사용해서 여러 개의 숫자로 문서를 표현한다는 것을 의미합니다. 이때 중요한 것이 우리가 해결하고자 하는 문제와 관련된 문서의 특성을 잘 반영하는 정보를 사용해서 벡터로 변환하는 것입니다. 문서 정보로는 보통 문서에서 사용된 단어 정보를 사용합니다(하지만 그 외에도 저자 정보, 글이 쓰인 시간 정보 등 다양한 정보를 사용할 수 있습니다. 여기서는 단어 정보를 중심으로 설명합니다). 예를 들어, 우리가 풀고자 하는 문제가 문서의 주제와 관련이 있다면 문서의 주제를 잘 표현할 수 있는 단어 정보를 사용해서 문서를 벡터로 변환하는 것이 필요합니다.

---

1 불용어란 분석에 있어 별 의미가 없는 단어를 의미합니다. 영어의 경우 'a', 'an', 'the'와 같은 관사가, 한글의 경우는 '이것', '저것'과 같은 지시대명사가 불용어의 예가 됩니다.

▪ 5. 분석

전처리 혹은 벡터화 과정이 끝난 후에는 여러 가지 분석 방법 중 문제를 풀기에 적합한 방법을 선택하여 준비된 데이터를 분석합니다.

분석 방법은 크게 기계학습(또는 딥러닝) 알고리즘을 사용하는 방법과 그렇지 않은 방법으로 구분됩니다.

1. 비기계학습 기반 방법

기계학습 알고리즘을 사용하지 않는 대표적인 텍스트 분석 방법에는 빈도 분석과 텍스트 네트워크 분석이 있습니다.

빈도 분석은 문서에서 사용된 (주요) 단어의 빈도를 분석하는 것을 말합니다. 주요 단어가 해당 문서에서 몇 번 사용됐는지를 분석함으로써 해당 문서가 대략 어떠한 내용을 담고 있는지를 파악할 수 있습니다.

텍스트 네트워크 분석(Text Network Analysis, TNA)은 의미 연결망 분석(Semantic Network Analysis)이라는 이름으로도 알려져 있습니다. TNA는 텍스트 데이터를 네트워크로 표현하고, 해당 네트워크를 네트워크 분석 기법을 통해서 분석하는 것을 말합니다. 네트워크는 노드(node), 그리고 노드 간의 타이(tie) 정보로 정의됩니다. 네트워크를 생성하는 기준으로 여러 가지가 있지만, 일반적으로 많이 사용되는 기준은 문서입니다. 즉, 하나의 문서를 하나의 네트워크로 표현하는 것입니다. 이때 해당 네트워크를 구성하는 노드는 해당 문서에서 사용된 단어가 되고, 노드 간의 타이(즉, 단어 간의 타이)는 네트워크를 구성하는 서로 다른 두 단어가 같은 문장이나 문단에서 함께 사용됐는지에 따라 결정됩니다.

2. 기계학습 기반 방법

기계학습(Machine Learning)은 컴퓨터가 수학적 모형을 통해 주어진 데이터를 학습하여 데이터에 존재하는 변수 간의 정보를 파악하거나, 데이터의 패턴 혹은 인사이트를 찾아내는 것을 말합니다. 이때 사용되는 수학적 모형을 기계학습 알고리즘(algorithm)이라고 합니다. 기계학습 알고리즘을 사용하여 여러 가지 텍스트 분석을 할 수 있는데, 대표적인 분석은 텍스트 분류(감성 분석 등), 군집화, 토픽 모델링, 임베딩 등이 있습니다.

1.3 텍스트 분석의 종류

이 책에서 다루는 주요 분석은 다음과 같습니다.

▪ 1. 문서의 주제 찾기

하나의 문서(예: 신문 기사 등)에서 다루는 주제가 무엇인지를 파악하는 것은 많은 분야에서 중요한 분석입니다. 특정 문서에서 어떤 주제를 다루는지를 파악하고자 할 때 사용할 수 있는 방법은 다음과 같습니다.

- 주요 단어의 출현 빈도: 특정 품사(예: 명사)의 단어들 중에서 해당 글에서 자주 사용된 단어가 무엇인지 분석함으로써 해당 문서의 주제를 어느 정도 파악할 수 있습니다. 이때 중요한 것은 자주 사용되는 의미 없는 명사를 제거하는 것입니다.

- 토픽 모델링(Topic modeling): 통계적인 방법을 사용해서 특정 문서에 사용된 단어들의 빈도를 파악하여 해당 문서의 주제를 찾는 방법입니다. 잠재 디리클레 할당(Latent Dirichlet Allocation, LDA)이라는 방법이 가장 흔히 사용됩니다. 그 외에도 행렬 방법 기반의 차원 축소 방법을 사용하는 잠재 의미 분석(Latent Sematic Analysis, LSA), LSA에 확률 개념을 적용시킨 pLSA 등도 사용합니다. 최근에는 BERT와 같은 사전학습 언어 모형 기반의 방법(예, BERTopic 등)도 사용됩니다.

■ 2. 군집화(Clustering) 분석

군집화는 여러 개의 문서가 있는 경우 문서 간의 유사도를 측정하여 유사한 문서끼리 같은 군집에 할당하는 방법입니다. 군집화의 결과로 나온 문서의 집합을 보고 각 군집에 해당하는 문서가 공통적으로 다루는 주제에 대해 파악할 수 있습니다. 대표적인 방법으로는 기계학습 알고리즘인 K-평균(K-Means), 위계적 군집 분석(Hierarchical Clustering Analysis), DBSCAN(Density-Based Spatial Clustering of Applications with Noise), 가우시안 혼합 모형(Gaussian Mixture Model) 등이 있습니다.

■ 3. 분류(Classification)

하나의 문서를 특정 기준에 따라 분류하는 것을 말합니다. 문서 분류 분석의 대표적인 예가 감성 분석(sentiment analysis)입니다. 감성 분석은 문서에 사용된 단어들을 파악해서 해당 문서의 논조가 긍정적인지 부정적인지를 분석하는 것입니다. 다른 분석 방법에 비해 긍·부정의 의미를 담고 있는 단어(예: 형용사, 부사 등)가 상대적으로 중요한 역할을 합니다. 감성 분석을 하는 방법에는 크게 감성어 사전이라고 하는 사전 기반 방법과 기계학습 기반 방법이 있습니다. 또 다른 예로는 신문 기사를 그 주제에 따라 정치 기사, 경제 기사, 사회 기사 등으로 분류하는 작업이 있습니다. 이러한 분류 분석도 하나의 문서에 사용된 단어들이 무엇인지를 파악해서 해당 문서의 클래스를 파악합니다. 문서 분류에 사용되는 대표적인 기계학습 알고리즘으로는 로지스틱 회귀분석(Logistic regression), 나이브 베이즈(Naïve Bayes), 서포트 벡터 머신(Support Vector Machine), 딥러닝(Deep learning) 알고리즘 등이 있습니다. 분류에 사용되는 딥러닝 알고리즘으로는 순환신경망(Recurrent neural network, RNN), 합성곱신경망(Convolutional neural network, CNN), 트랜스포머(Transformer) 기반 알고리즘(예: BERT 등)이 있습니다.

■ 4. 특정 주제의 어떠한 속성에 대해 다루는지 파악하기

텍스트 네트워크 분석(TNA)을 사용하여 같이 사용되는 단어 간의 관계를 파악함으로써 특정 단어와 같이 자주 사용되는 다른 단어를 파악할 수 있습니다. 이를 통해 하나의 문서에서 특정한 키워드와 함께 사용되는 다른 단어를 분석할 수 있고, 이를 바탕으로 해당 문서에서는 해당 키워드의 어떠한 측면에 대해 집중적으로 기술하는지 파악할 수 있습니다.

■ 5. 임베딩(Embedding)

단어나 문서의 임베딩은 단어나 문서를 해당 단어나 문서의 고유한 특성을 잘 나타내는 정보를 사용해 원소의 수가 적은 벡터(즉, 저차원의 벡터)로 표현하는 것을 말합니다.[2] 임베딩을 통해 하나의 문서나 단어를 벡터로 표현하면 그러한 벡터 정보를 이용해서 다른 작업을 수행할 수 있습니다. 대표적인 예가 문서나 단어 간의 유사성을 찾는 것입니다. 이는 벡터 간의 유사도를 계산함으로써 분석할 수 있습니다. 그뿐만 아니라 기계학습이나 딥러닝 알고리즘에서도 임베딩 방법이 자주 활용됩니다. 문서나 단어의 벡터를 차원을 축소하지 않고 사용하면 차원의 크기가 너무 커서 많은 양의 문서나 단어를 작업하는 데 비효율적이고, 많은 컴퓨팅 파워를 필요로 하게 됩니다. 이때 문서나 단어를 저차원의 벡터로 표현하면 효율적으로 작업할 수 있습니다.

---

2 단어나 문서를 숫자 기반의 벡터로 나타내는 것(즉, vectorization) 자체를 임베딩으로 보는 사람도 있습니다.

2

파이썬 개발 환경 구축하기

이 책에서는 파이썬을 이용해서 텍스트 분석을 수행합니다. 이를 위해 이 장에서는 파이썬 코딩 환경 구축 방법을 살펴보겠습니다.

2.1 아나콘다(Anaconda) 설치

파이썬 프로그래밍을 위한 환경을 제공하는 아나콘다의 설치 방법을 알아보겠습니다.

> **주의** 컴퓨터에 이미 파이썬이 설치된 독자는 설치된 버전을 완전히 삭제한 후 새로운 파이썬을 설치하거나, 기존 파이썬을 사용해야 합니다. 그렇지 않은 경우, 나중에 경로 설정 등의 문제가 있을 수 있습니다.

(이 책의 집필 시점을 기준으로) 파이썬의 가장 최신 버전은 3.10입니다. 하지만, 본 책에서 사용되는 파이썬 코드를 보다 안정적으로 오류 없이 수행하기 위해서는 버전 3.8의 파이썬을 이용할 것을 권장합니다. 따라서 여기서는 파이썬 3.8 설치 방법에 대해 설명합니다.[3]

---

3 최신 버전을 위한 아나콘다 파일은 https://www.anaconda.com/download에서 다운로드 받을 수 있습니다.

1. 먼저 설치에 필요한 파일을 다운로드하기 위해 https://repo.anaconda.com/archive/에 접속합니다. 그러면 그림 2.1과 같이 여러 개의 아나콘다 설치 파일의 목록이 나옵니다.

Index of /

Filename	Size	Last Modified	SHA256
.winzip/	-		\<directory\>
Anaconda3-2023.03-1-Windows-x86_64.exe	786.6M	2023-04-24 12:41:07	f13a2ae812d2069654521e7b1d897227ea4af52bff7cd8b3d80e7b2271fc79e4
Anaconda3-2023.03-1-MacOSX-x86_64.sh	601.6M	2023-04-24 12:41:07	3593921c8a5516db82f0d7dd1c691f7ee7794236852e7da614e9ad6e93eeb342
Anaconda3-2023.03-1-MacOSX-x86_64.pkg	600.1M	2023-04-24 12:41:06	561ea77b7172e15568d21b854c4de4178789ca59caca16af9a6449653bfd9a21
Anaconda3-2023.03-1-MacOSX-arm64.sh	566.0M	2023-04-24 12:41:06	85152324c423fedbeed2e7491cb32e597eaeb1b86ae7a61ff7597b401fd053ce
Anaconda3-2023.03-1-MacOSX-arm64.pkg	564.4M	2023-04-24 12:41:06	d22ab7a22ab4ba3c02d6fe4e9c2a9c673ff34b80442922e4e49663287f6ace3f

그림 2.1 아나콘다 설치 파일 다운로드

2. 그림 2.1의 페이지에 있는 설치 파일 중에서 파이썬 3.8 버전 설치를 위해 다운로드할 아나콘다 버전은 Anaconda3-2022.05입니다(그림 2.2 참고). 파일 이름에 Anaconda3-2022.05가 포함된 파일 중에서 각자의 컴퓨터 환경에 맞는 파일을 다운로드하면 됩니다. 여기서는 윈도우 운영체제 기준으로 설명합니다. 윈도우 운영체제의 경우는 Anaconda3-2022.05-Windows-x86_64.exe 파일을 클릭하여 다운로드합니다.

Anaconda3-2022.05-MacOSX-arm64.sh	304.8M	2022-06-07 12:40:25	a12119931945a9a1453993582259cc67318a9a75a15731e5ccc15365e7f88a36
Anaconda3-2022.05-MacOSX-arm64.pkg	316.4M	2022-06-07 12:40:24	0140970944a3e6088be5995ef7ce8525c1b2f8d5080e317423b3671f38a0460e
Anaconda3-2022.05-Windows-x86_64.exe	593.9M	2022-05-10 13:22:02	2766eb102f9d65da36d262b651777358de39fbe5f1a74f9854a2e5e29caeeeec
Anaconda3-2022.05-MacOSX-x86_64.pkg	591.0M	2022-05-10 13:22:02	e884c5c384d4e5723b7b0c9fcd9756bb48fa07f2de187eaf4ea94a8e142424cd
Anaconda3-2022.05-MacOSX-x86_64.sh	584.0M	2022-05-10 13:22:01	1a10c06660ebe1204e538b4e9d810142441af9dfd74b077eee2761ec6e675f39
Anaconda3-2022.05-Linux-s390x.sh	279.8M	2022-05-10 13:22:01	c14415df69e439acd7458737a84a45c6067376cbec2fccf5e2393f9837760ea7
Anaconda3-2022.05-Linux-ppc64le.sh	367.3M	2022-05-10 13:22:01	a50bf5bd26b5c5a2c24028c1aff6da2fa4d4586ca43ae3acdf7ffb9b50d7f282
Anaconda3-2022.05-Linux-x86_64.sh	658.8M	2022-05-10 13:22:00	a7c0afe862f6ea19a596801fc138bde0463abcbce1b753e8d5c474b506a2db2d
Anaconda3-2022.05-Linux-aarch64.sh	567.6M	2022-05-10 13:22:00	dc6bb4eab3996e0658f8bc4bbd229c18f55269badd74acc36d9e23143268b795
Anaconda3-2022.05-Windows-x86.exe	487.8M	2022-05-10 13:21:59	cd8c688349bcd1f429e3b383620fb0d19f52be0f765b2eae78d63b41aefb2e73

그림 2.2 Anacond3-2022.05 버전의 설치 파일 목록

3. 아나콘다 설치 파일의 다운로드가 완료된 후, 해당 파일을 더블 클릭해 파일을 실행하면 그림 2.3과 같은 창이 나오는데, 여기서 [Next] 버튼을 클릭합니다.[4]

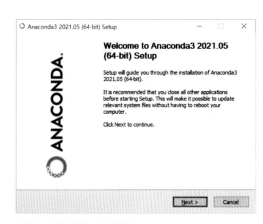

그림 2.3 아나콘다 설치 화면 1

---

[4] 간혹 해당 파일을 '관리자 모드'로 실행해야만 설치가 제대로 되는 경우가 있습니다. 일반 모드로 설치가 잘 안될 때에는 관리자 모드로 설치해 보세요.

4. 그다음, 그림 2.4의 창이 뜨면 [I Agree]를 클릭합니다.

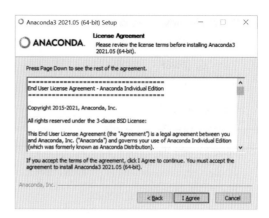

그림 2.4 아나콘다 설치 화면 2

5. 그림 2.5와 같은 창이 뜨면 'Just Me'에 체크한 후 [Next]를 클릭합니다.

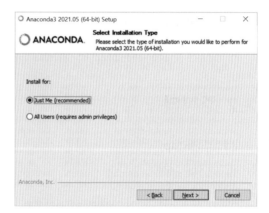

그림 2.5 아나콘다 설치 화면 3

6. 그다음, 그림 2.6의 창이 뜨면 프로그램이 설치될 폴더를 설정합니다(그림 2.6과 같이 기본 폴더를 사용할 것을 권장합니다. 되도록 따로 폴더를 변경하지 말고 [Next]를 클릭하세요).[5]

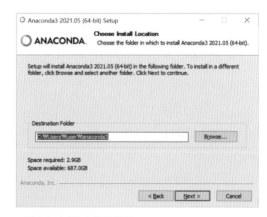

그림 2.6 아나콘다 설치 화면 4

---

5 폴더 경로에 한글 등 영어가 아닌 문자가 포함된 경우, 프로그램 실행 시 오류가 발생할 수 있습니다. 이러한 문제로 오류가 발생할 경우 경로에 영어 문자만 있는 다른 폴더를 사용해야 합니다.

7. 마지막으로 'Advanced options'를 설정해야 합니다. 그림 2.7과 같은 창이 뜨면 **두 옵션을 모두 체크**한 후 [Install]을 클릭하여 설치합니다. 첫 번째 옵션은 기본으로 선택되어 있지 않습니다. 이미 아나콘다나 파이썬을 설치해서 사용하고 있는 경우에는 해당 옵션을 선택하지 않는 것이 좋습니다. 환경변수에 설정되는 아나콘다 혹은 파이썬의 폴더가 중복될 수 있기 때문입니다.

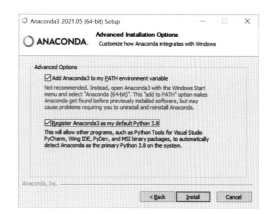

그림 2.7 아나콘다 설치 화면 5

이것으로 파이썬 코딩을 위한 아나콘다 프로그램 설치가 끝났습니다.

2.2 주피터 노트북 사용 방법

주피터 노트북(Jupyter Notebook)은 파이썬 코딩을 할 수 있는 노트북 환경을 제공합니다. 즉, 아나콘다를 설치한 다음, 주피터 노트북을 이용해서 파이썬 코딩을 할 수 있습니다. 파이썬 코딩 환경을 제공하는 프로그램이나 툴은 여러 가지가 있지만, 이 책에서는 주피터 노트북을 이용하겠습니다.

2.2.1 주피터 노트북 실행 방법

아나콘다를 설치하면 주피터 노트북이 자동으로 설치됩니다. 이 책에서는 윈도우 운영체제에서 주피터 노트북을 실행하는 방법에 대해 알아보겠습니다.[6]

파이썬 코딩을 할 때는 일반적으로 특정한 폴더에서 주피터 노트북을 실행합니다. 특정 폴더에서 주피터 노트북을 실행하면 주피터 노트북을 통해 작업한 파이썬 파일이 해당 폴더에 저장되어 작업한 파일을 관리하기가 쉽습니다. 주피터 노트북을 이용해서 생성된 파이썬 파일의 확장자는 `.ipynb`입니다. 이는 ipython notebook을 의미합니다.

---

6 맥에서 주피터 노트북을 실행하는 방법은 다음을 참고하세요.
https://jade314.tistory.com/entry/맥에서-주피터-노트북-사용-방법

가령 그림 2.8과 같이 test라는 이름의 폴더(폴더의 경로 ⇒ C:\test)에서 주피터 노트북을 실행한다면 작업한 파일이 이 폴더에 저장됩니다(혹은 이 폴더에 있는 주피터 노트북 파일을 실행할 수 있습니다).

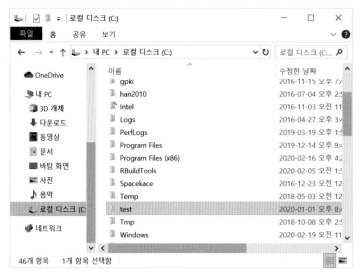

그림 2.8 test 폴더의 예

컴퓨터 키보드의 [Shift] 버튼을 누른 채로 해당 폴더를 마우스 오른쪽 버튼으로 클릭하면, 그림 2.9와 같은 메뉴가 나옵니다.

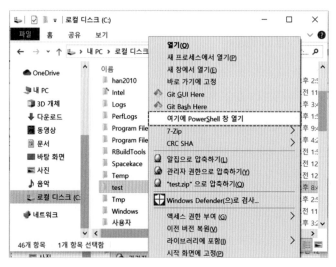

그림 2.9 PowerShell 창 열기 메뉴

이때 나오는 메뉴 중 [여기에 PowerShell 창 열기]를 클릭합니다(컴퓨터에 따라서 '명령 프롬프트 창 열기'라는 메뉴가 나올 수도 있습니다. 그러한 경우에는 그것을 클릭합니다). 그러면 PowerShell 창이 해당 폴더에서 실행됩니다(그림 2.10 참고).

그림 2.10 test 폴더에서 실행된 PowerShell의 예

PowerShell이 실행된 폴더가 test 폴더임을 알 수 있습니다. 여기서 주피터 노트북을 실행하기 위해 다음과 같이 jupyter notebook을 입력하고 엔터를 누릅니다(그림 2.11 참고).

그림 2.11 jupyter notebook 명령문 입력

그러면 기본 브라우저로 설정되어 있는 브라우저를 통해 주피터 노트북 프로그램이 실행됩니다(그림 2.12 참고). 그림 2.12는 주피터 노트북 프로그램의 홈 화면입니다. 화면에 사용자가 접근한 폴더 내에 있는 파일과 폴더가 표시됩니다. 그림 2.12의 경우 주피터 노트북이 실행된 폴더(즉, test 폴더)에 아무런 파일도 존재하지 않기 때문에 "Notebook list empty."라고 표시됩니다.

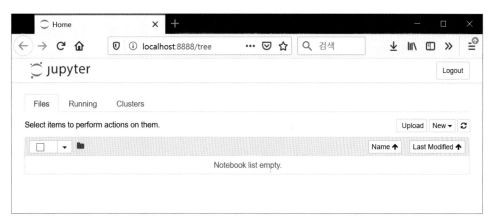

그림 2.12 주피터 노트북 프로그램 홈 화면

파이썬 코딩을 하려면 노트북을 새롭게 실행해야 합니다. 이를 위해, 홈 화면의 오른쪽 상단에 있는 [New] 버튼을 클릭하면 나오는 드롭 다운 메뉴에서 [Python 3]를 클릭합니다(그림 2.13 참고).

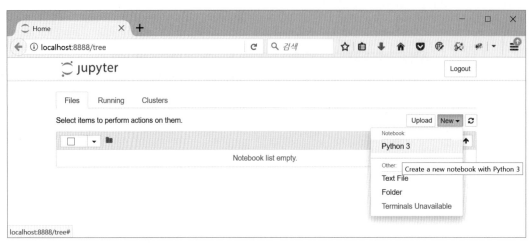

그림 2.13 [New] > [Python 3] 메뉴 선택

그러면 그림 2.14와 같은 아무것도 없는 노트북이 실행됩니다. 이제 파이썬 코딩을 할 준비가 되었습니다.

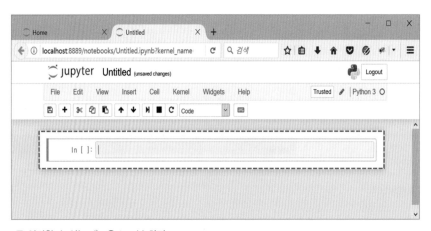

그림 2.14 코드를 입력할 수 있는 새로운 노트북 화면

그림 2.14의 점선 표시 부분을 셀(cell)이라고 합니다. 이 셀 안에는 한 줄 또는 여러 줄의 파이썬 코드를 입력할 수 있습니다. 예를 들어, 다음 그림과 같이 a라는 변수에 1을 할당한(assign) 후, `print()` 함수를 사용해서 변수 a가 가진 값을 화면에 출력하는 코드를 입력할 수 있습니다(파이썬 문법에 대한 내용은 다음 장에서 다룹니다).

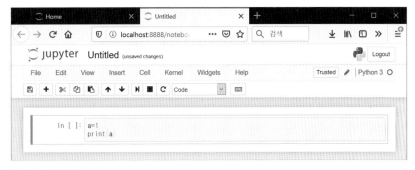

그림 2.15 파이썬 코드 입력 예시

셀에 입력된 파이썬 코드를 실행하기 위해서는 해당 셀을 실행해야 합니다. 셀을 실행하려면 상단 메뉴 중 [Cell] > [Run Cells]를 선택합니다(그림 2.16 참고).

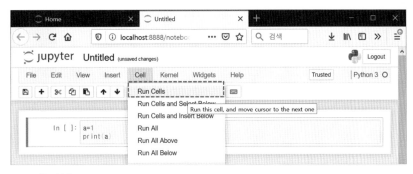

그림 2.16 Run Cells 메뉴 선택

셀을 실행하면 그림 2.17과 같이 셀에 입력된 코드가 실행됩니다. 즉, 파이썬이 a 변수에 1의 값을 할당하고 print() 함수를 사용해서 화면에 그 결과를 출력합니다. 셀 하단에 a 변수에 저장된 1이라는 값이 출력된 것을 확인할 수 있습니다.

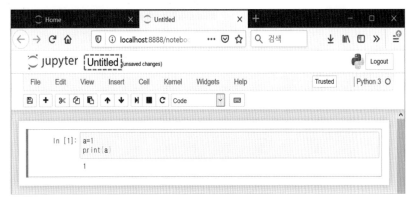

그림 2.17 코드 실행 결과 화면

또한, 키보드 단축키 [Shift + Enter]를 사용하면 셀을 실행하고 그 아래 빈 셀을 새롭게 추가해 줍니다.

2.2.2 주피터 노트북의 이름 변경 방법

현재 작업 중인 주피터 노트북의 이름을 변경할 수 있습니다. 그림 2.17을 보면 현재 노트북 파일의 이름이 'Untitled'인 것을 알 수 있습니다. 'Untitled'라고 기재되어 있는 곳을 클릭하여 그림 2.18과 같이 이름을 변경할 수 있습니다. 이름을 변경한 다음에는 [Rename] 버튼을 클릭합니다. 이름을 변경한 후, 파일의 내용을 저장하기 위해서 왼쪽 상단의 저장하기 아이콘을 클릭하거나 키보드에서 [Ctrl+S]를 입력합니다.

그림 2.18 주피터 노트북 파일 이름 변경

2.2.3 주피터 노트북 종료하기

프로그래밍을 마친 후 사용한 주피터 노트북을 종료하려면 주피터 노트북 프로그램 홈에서 해당 노트북을 종료(shutdown)해야 합니다. 이를 위해 홈 화면에서 그림 2.19와 같이 종료하고자 하는 노트북을 선택합니다(여기서는 `Untitled.ipynb`라는 주피터 노트북 파일을 종료하고자 합니다). 그림처럼 현재 실행 중인 노트북은 초록색 공책 모양이 표시되어 있습니다. 종료하고자 하는 노트북을 선택하면 상단에

[Shutdown] 버튼이 활성화됩니다. 이 버튼을 클릭하여 선택한 노트북을 종료합니다.

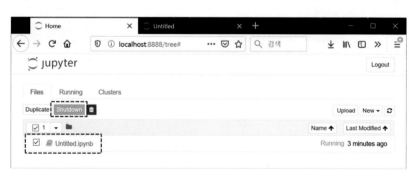

그림 2.19 실행 중인 노트북 종료하기

더 이상 코딩하지 않을 것이라면 PowerShell 창에서도 주피터 노트북 프로그램을 종료해야 합니다. 이를 위해, 처음 실행한 PowerShell 창으로 이동합니다. 그림 2.20과 같은 화면이 보일 것입니다.

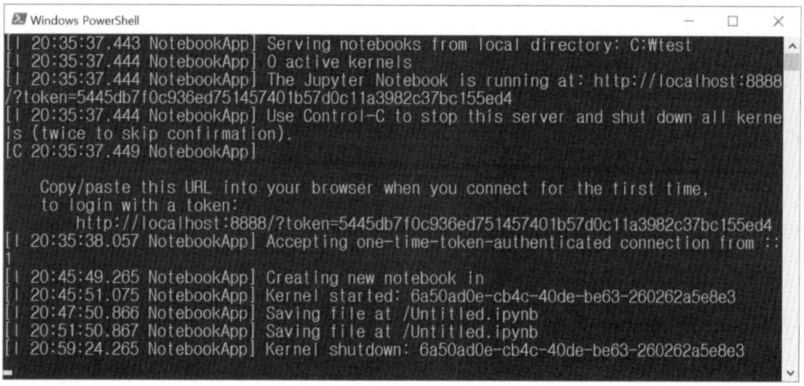

그림 2.20 주피터 노트북 프로그램 종료 전의 PowerShell 창

키보드에서 [Ctrl + C] 버튼을 눌러 프로그램을 종료합니다. 그러면 그림 2.21과 같은 화면이 나옵니다.

그림 2.21 주피터 노트북 프로그램 종료 후 화면

2.3 구글 코랩 사용하기

이번에는 구글 코랩(Colab) 사용법에 관해 간략하게 알아보겠습니다(Colab은 Colaboratory의 약자입니다). 코랩은 구글에서 제공하는 온라인 파이썬 코딩 플랫폼으로, 주피터 노트북과 유사한 파이썬 코딩 환경을 인터넷을 통해 제공한다고 생각하면 됩니다. 주피터 노트북이 자기 컴퓨터에서 제대로 실행되지 않는다면, 대안으로 코랩을 사용할 수 있습니다. 코랩을 사용하기 위해서는 구글 계정이 있어야 합니다. 여기서는 구글 계정이 있다고 가정하고 설명하겠습니다.

코랩을 사용하는 것은 비교적 간단합니다.[7] 먼저 다음 링크를 이용하여 코랩 사이트로 이동합니다.

- http://colab.research.google.com/

그러면 그림 2.22와 같은 화면이 보입니다. 오른쪽 상단에 있는 [로그인] 버튼을 클릭하고 자기 구글 계정을 사용하여 로그인합니다.

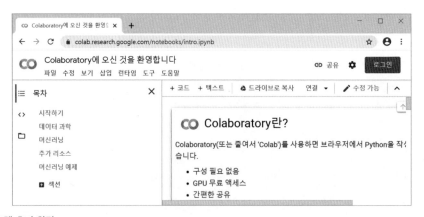

그림 2.22 코랩 초기 화면

로그인하면 그림 2.23과 같은 화면이 나옵니다. 해당 화면에서 보여주는 파일은 자기가 지금까지 코랩을 사용해 작업한 파이썬 노트북 파일입니다. 코랩을 처음 사용한다면 아무런 작업 파일이 없을 것입니다. 파이썬 코딩을 위해서는 새로운 노트북을 실행해야 합니다. 이를 위해 화면의 [취소] 버튼을 클릭합니다.

---

7 3분 정도의 간단한 소개 동영상도 참고하세요. https://www.youtube.com/watch?v=inN8seMm7Ul

그림 2.23 로그인 후의 코랩 화면

[취소] 버튼을 클릭한 후 새로운 노트북을 생성하기 위해 화면의 왼쪽 상단에 있는 [파일] 메뉴를 클릭합니다. 그러면 그림 2.24와 같은 하위 메뉴가 나옵니다. 여기에서 [새노트] 메뉴를 선택하여 새로운 노트북을 실행할 수 있습니다.

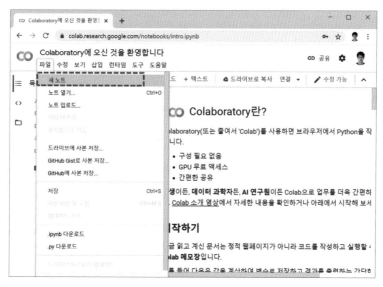

그림 2.24 [새노트] 메뉴 선택

그러면 그림 2.25와 같이 파이썬 코드를 입력하고 실행할 수 있는 새로운 노트북이 생성됩니다(주피터 노트북과 유사합니다). 오른쪽 그림에서 점선 상자에 해당하는 부분이 하나의 셀(Cell)입니다. 주피터 노트북에서와 마찬가지로, 이 셀에 파이썬 코드를 입력하고 실행할 수 있습니다.

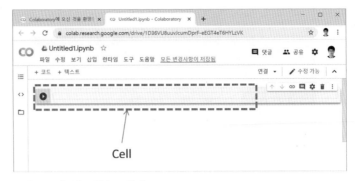

그림 2.25 새로운 코랩 노트의 예

간단한 파이썬 코드를 입력하고 셀을 실행(Run)해 보겠습니다. 여기서는 값을 저장하는 변수를 하나 생성하고, 그 변수에 저장된 값을 화면에 출력하는 코드를 작성해 보겠습니다. 다음 그림과 같이 입력합니다. a라는 변수를 만들고, 숫자 5를 할당했습니다. 그러고 나서 `print()` 함수를 사용해 그 값을 화면에 출력합니다.

그림 2.26 코랩에서 코드 입력의 예

셀에 파이썬 코드를 입력한 다음, 코드를 실행하기 위해서는 해당 셀을 실행(Run)해야 합니다. 이는 키보드의 [Shift] 버튼과 [Enter] 버튼을 동시에 눌러 수행할 수 있습니다. 그러면 다음과 같이 a 변수에 저장된 5라는 숫자가 화면에 출력됩니다.

그림 2.27 코랩에서 코드 실행의 예

여기까지가 코랩을 사용해서 파이썬 코딩을 하는 기본 방법에 대한 설명입니다.

작업한 코랩 노트북 파일은 각자 자신의 구글 드라이브에 저장됩니다. 구글 계정에 로그인한 상태에서 http://drive.google.com/에 접속하면 해당 파일을 확인할 수 있습니다. 코랩을 이용해 작업한 파일은 기본적으로 구글 드라이브의 'Colab Notebooks'라는 폴더 안에 저장됩니다.

3

파이썬 기본 문법

이 장에서는 파이썬 기본 문법을 설명합니다. 파이썬 문법에 대해 설명하기 전에 먼저 컴퓨터 프로그래밍이 무엇인지에 대해 간략하게 짚어 보겠습니다. 컴퓨터 프로그래밍은 컴퓨터가 이해할 수 있는 명령어(또는 instructions)를 작성하여 컴퓨터로 하여금 특정한 작업을 수행하게 하는 과정이라고 이해할 수 있습니다.[8] 컴퓨터가 할 수 있는 작업은 굉장히 많습니다. 단편적인 예로 인터넷에 접속하기, 데이터 수집하기, 텍스트 분석하기, 음악 재생하기 등을 들 수 있습니다. 컴퓨터에서 사용하는 프로그램 또는 소프트웨어(워드프로세서, 웹 브라우저, 이미지 편집기 등)가 컴퓨터 프로그래밍의 결과물입니다. 컴퓨터가 이해할 수 있는 명령어를 작성하기 위해, 즉 프로그래밍하기 위해 컴퓨터 프로그래밍 언어를 사용합니다. 컴퓨터 프로그래밍 언어는 사람이 컴퓨터와 대화를 할 때 사용하는 도구라고 생각할 수 있습니다.

컴퓨터 프로그래밍 언어에는 많은 종류가 있습니다. 일반적으로 많이 사용되는 언어로 Python, R, Java, C 등이 있습니다. 언어마다 자체적인 규칙이 있고 특성이 있습니다. 하지만 목적은 동일합니다. 컴퓨터가 어떠한 작업을 수행하게 하는 것입니다.

그렇다면 컴퓨터 프로그래밍 언어는 텍스트 분석과 같은 데이터 분석에서 어떻게 사용될까요? 이를 위해 데이터 분석의 일반적인 순서를 먼저 살펴보겠습니다. 일반적으로 데이터 분석은 다음과 같이 4단계로 구분될 수 있습니다.

---

[8] 컴퓨터가 이해할 수 있는 명령어 또는 instructions를 코드(code)라고 하고, 코드를 작성하는 것을 코딩(coding)이라고 합니다.

1. 풀고자 하는 문제 설정

2. 문제를 푸는 데 필요한 데이터 수집/준비

3. 데이터 전처리

4. 데이터 분석

이 4가지 단계에서 **2, 3, 4** 과정을 수행하는 데 프로그래밍 언어를 사용합니다. 이 책에서는 이러한 작업에 파이썬을 사용합니다.

3.1 파이썬의 기본적인 구성 요소: 변수와 함수

파이썬 코드(즉, 파이썬으로 작성된 컴퓨터가 이해할 수 있는 명령문들)를 구성하는 가장 기본이 되는 두 가지 요소는 변수(variable)와 함수(function)입니다.

3.1.1 변수

변수는 수학적으로 여러 가지 값 중에서 하나의 값을 취할 수 있는 어떤 것이라고 정의되지만, 파이썬에서는 어떠한 값(value) 또는 데이터를 저장하는 것이라고 생각할 수 있습니다[9](조금 더 정확하게는 어떠한 값이 저장되어 있는 컴퓨터 메모리의 주소 혹은 위치 정보를 담고 있습니다).

■ 변수 생성하기

그렇다면 파이썬에서 변수는 어떻게 생성할 수 있을까요? 파이썬에서는 변수에 특정한 값을 할당(assign)함으로써 새로운 변수를 생성할 수 있습니다. 변수에 값을 할당할 때는 = 기호 한 개를 사용합니다(참고로 두 값이 같은지를 비교할 때는 ==를 사용합니다).

다음 예제를 보겠습니다. 관련 코드는 `programming_intro.ipynb` 파일을 참고하세요.

```
a = 8
```

이 예제에서는 a라는 새로운 변수를 생성했습니다. a라는 변수에 8이라는 특정한 값을 할당함으로써 a라는 이름을 갖는 새로운 변수를 생성한 것입니다. 여기서 a는 새롭게 생성한 변수의 이름입니다. 변수 a에 8의 값이 저장되어 있다고 생각할 수 있습니다.

---

9 이 책에서는 값(value)과 데이터(data)라는 표현을 큰 구분 없이 사용하겠습니다.

파이썬에서 각 값(value)은 그 타입에 따라 여러 가지로 구분이 됩니다. 파이썬에서 사용되는 값(혹은 데이터)의 타입에는 대표적으로 숫자(number), 문자열(string), 리스트(list), 사전(dictionary), 튜플(tuple), 집합(set)이 있습니다. 각 타입에 대해서는 잠시 후 자세히 설명하겠습니다. 위에서 사용한 8이라는 값의 타입은 숫자(number)입니다(정확하게는 정수(integer)입니다).

이번에는 문자열(string) 데이터를 저장하는 변수를 만들어 보겠습니다. 문자열은 연속된 문자들(characters)(즉, sequence of characters)로 정의되고, 연속된 문자들을 작은따옴표나 큰따옴표로 둘러싸서 생성할 수 있습니다. 예를 들어, 'big data', 'data' 모두 문자열 형태의 데이터입니다(또는 큰따옴표를 이용해서 "big data", "data"라고도 표현할 수 있습니다). 'big data'는 여덟 개의 문자로 구성된 문자열이고(띄어쓰기(space)도 하나의 문자로 간주됩니다), 'data'는 네 개의 문자로 구성된 문자열입니다.

다음과 같이 새로운 변수를 생성해 보겠습니다.

```
b = 'data'
```

'data'라는 문자열 타입의 값을 b라는 변수에 할당함으로써 b라는 이름의 새로운 변수를 생성했습니다. 변수 b에는 'data'라는 값이 저장돼 있습니다.

변수도 고유한 타입을 갖는데, 변수의 타입은 그 변수에 저장되는 데이터(값)의 타입과 같습니다. 앞의 예에서 변수 a의 타입은 숫자(정수)고, 변수 b의 타입은 문자열입니다. 왜냐하면 변수 a에는 8이라는 숫자(정수) 데이터가 저장돼 있고, 변수 b에는 'data'라는 문자열이 저장돼 있기 때문입니다.

■ 변수의 타입 확인하기

특정 변수의 타입을 확인하고자 하는 경우에는 파이썬에서 기본으로 제공되는 함수 중 하나인 type()이라는 함수를 사용하면 됩니다. 이 함수는 특정 변수 하나를 인자로 입력받고, 해당 변수의 타입을 반환합니다. 예를 들어, 앞에서 우리가 생성한 변수 b의 타입이 궁금하다면, 다음과 같이 type(b)라고 입력할 수 있습니다.

```
type(b)
```

그러면 다음과 같이 str이라는 결과가 출력되는데, str은 string(문자열)을 의미합니다. 변수 b의 타입은 문자열이기 때문에 str이 출력된 것입니다.

```
str
```

■ 변수에 저장된 값 확인하기

변수에 저장된 값은 다음 두 가지 방법으로 확인 가능합니다.

첫 번째 방법은 변수의 이름을 입력하는 것입니다. 주피터 노트북 셀에 다음과 같이 입력하고 셀을 실행하면 변수 a에 저장된 값이 반환됩니다.

```
a
```
```
8
```

두 번째 방법은 파이썬에서 제공되는 print() 함수를 사용하는 것입니다. 다음과 같이 입력하면 마찬가지로 변수 a에 저장된 값이 화면에 출력됩니다.

```
print(a)
```
```
8
```

■ 변수 이름 정하기

변수의 이름을 정할 때는 일반적으로 다음 규칙을 따릅니다.

1. **변수의 이름은 영문자로 시작합니다.**[10]
   - 숫자나 다른 기호로 시작하는 변수 이름은 사용하지 않습니다.
   - 밑줄(_, underscore)로 시작하는 변수 이름은 되도록 사용하지 않습니다. 파이썬에서 밑줄로 시작하는 변수나 함수는 특별한 의미를 갖습니다. 따라서 특정 역할을 의도하지 않는 경우에는 밑줄로 시작하는 변수나 함수 이름은 사용하지 않습니다.

2. **파이썬에서 이미 사용되는 함수나 연산자의 이름을 사용하지 않습니다.**
   - 파이썬에서 이미 사용 중인 혹은 기본으로 제공되는 함수나 연산자의 이름[11]을 사용하여 새로운 변수나 함수를 만들면 기존의 변수나 함수를 덮어쓰게 됩니다. 즉, 같은 이름의 기존 함수나 연산자를(해당 노트북 파일에서) 더 이상 사용할 수 없게 됩니다. 예를 들어, print = 13이라는 코드를 입력하고 실행하면, 파이썬에서 기본으로 제공되는 print() 함수를 덮어씁니다. 그래서 print = 13을 실행하고 난 후 다음과 같이 print() 함수를 실행하면 에러가 발생합니다. print = 13이라는 코드를 앞에서 실행했기 때문에 print는 13을 저장하고 있는 숫자 변수를 의

---

10 변수 이름으로 한글도 사용할 수 있기는 하지만 일반적으로 잘 사용되지 않습니다.
11 파이썬에서 기본적으로 제공되는 함수나 연산자의 이름은 주피터 노트북에서 검은색이 아닌 다른 색으로 표현이 됩니다. 예를 들어 print( )와 같은 함수는 초록색으로 표현됩니다.

미하기 때문입니다. 이는 더 이상 print() 함수가 아닙니다. 원래의 print() 함수를 사용하고자 한다면 해당 노트북 파일을 종료하고 새롭게 시작해야 합니다.

```
print = 13
print('Hello World')
```

```
TypeError                                 Traceback (most recent call last)
~\AppData\Local\Temp\ipykernel_3784/2519618560.py in <module>
----> 1 print('Hello World')

TypeError: 'int' object is not callable
```

3. **변수가 저장하는 값을 반영하는 이름을 사용합니다.**

예를 들어, 나이를 저장하는 변수는 age라는 이름을, 성별을 저장하는 변수는 gender라는 이름을 사용할 수 있습니다.

두 단어 이상으로 구성된 이름을 사용할 때는 보통 밑줄을 단어 사이에 넣습니다. 예를 들어 math_score처럼 쓸 수 있습니다(밑줄은 시작 위치가 아닌 곳에서는 제약 없이 사용 가능합니다. 변수에서 단어 사이에 띄어쓰기 같은 공백문자는 사용할 수 없으며 이럴 때 밑줄을 사용하기도 합니다.)

3.1.2 함수

이번에는 파이썬의 두 번째 주요 구성 요소인 함수(function)에 대해 알아보겠습니다. 파이썬의 함수는 중고등학교 때 배운 함수의 개념과 비슷합니다. 즉, 값을 입력받고,[12] 그 입력된 값을 이용해 특정 작업을 수행하고, 작업을 수행한 결과를 반환합니다.[13] 예를 들어, print() 함수는 입력값을 그대로 화면에 출력하는 함수이고, min() 함수는 두 개 이상의 값을 입력받고, 입력받은 값 중에서 최솟값을 찾아 그 값을 반환하는 함수입니다. min() 함수에 4, 10, −1 세 개의 숫자를 입력하면 결과로 제일 작은 값인 −1이 반환됩니다.

```
min(4, 10, -1)
```

```
-1
```

---

12 함수가 입력받는 값을 보통 인자(argument)라고 합니다. 인자를 입력받지 않는 함수도 있습니다.
13 작업한 결과를 반환하지 않는 함수도 있습니다.

max()라는 함수도 있는데, 이는 min() 함수와 반대로, 입력받은 값들 중 최댓값을 반환합니다. 다음 코드의 결과는 10이 됩니다.

```
max(4, 10, -1)
```

```
10
```

파이썬에서 사용할 수 있는 함수에는 크게 두 가지 종류가 있는데, 하나는 파이썬에서 기본적으로 제공되는 함수(built-in functions)이고, 다른 하나는 사용자가 직접 생성하는 함수(user-defined functions) 입니다. print() 함수는 대표적인 기본 함수입니다. 파이썬에서 기본으로 제공되는 함수의 목록은 https://docs.python.org/3/library/functions.html에서 확인할 수 있습니다.

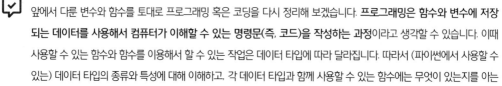 **참고** **프로그래밍이란? Revisited**

앞에서 다룬 변수와 함수를 토대로 프로그래밍 혹은 코딩을 다시 정리해 보겠습니다. **프로그래밍은 함수와 변수에 저장되는 데이터를 사용해서 컴퓨터가 이해할 수 있는 명령문(즉, 코드)을 작성하는 과정**이라고 생각할 수 있습니다. 이때 사용할 수 있는 함수와 함수를 이용해서 할 수 있는 작업은 데이터 타입에 따라 달라집니다. 따라서 (파이썬에서 사용할 수 있는) 데이터 타입의 종류와 특성에 대해 이해하고, 각 데이터 타입과 함께 사용할 수 있는 함수에는 무엇이 있는지를 아는 것이 필요합니다.

3.1.3 주석 달기

코딩을 하다 보면 코드와 관련하여 설명을 달아야 하는 경우가 있습니다. 이러한 설명을 주석(comment) 이라고 합니다. 주석은 파이썬 코드의 일부가 아니고(즉, 코드에 아무런 영향을 미치지 않습니다), 코드를 보는 사람의 이해를 돕기 위해 달아 놓는 설명이라고 생각할 수 있습니다.

주석은 다른 사람과 협업할 때 중요합니다. 코드를 작성하는 방식이 사람마다 다르기 때문에 다른 사람이 작성해 놓은 코드는 이해하기 어려울 수 있습니다. 이러한 경우 코드의 이해를 돕기 위해 코드에 대한 주석을 달 수 있습니다.

한 줄의 주석을 다는 경우는 # 기호를 사용합니다. 다음과 같이 사용할 수 있습니다.

```
x=3
x*2  #  x 곱하기 2의 값 출력하기
```

```
6
```

여기서 # x 곱하기 2의 값 출력하기는 주석이고, 파이썬에 의해 실행되지 않습니다. 이 코드를 실행하면 화면에 6이 출력됩니다.

여러 줄의 주석을 달고자 하는 경우에는 """주석"""과 같이 작성합니다. 다음과 같이 사용할 수 있습니다. 다음 코드는 6이라는 결과를 출력합니다.

```
"""
아래 코드는 주석을 설명하기 위한 것입니다.
아래 코드는 6을 반환합니다.
"""
x = 3
x*2
```

3.2 데이터 타입

파이썬에서는 다양한 데이터(혹은 값) 타입이 제공됩니다. 데이터나 값의 타입에 따라 수행할 수 있는 연산이 다르고, 사용할 수 있는 함수가 다르기 때문에 각 데이터 타입의 특성을 잘 이해하는 것이 필요합니다. 여기서는 파이썬에서 기본적으로 제공되는 데이터 타입에 대해 살펴봅니다.

3.2.1 숫자

파이썬에서 사용할 수 있는 데이터 타입 중에서 가장 쉽게 접하고 이해할 수 있는 것이 숫자(numbers)입니다. 파이썬은 숫자를 세부적으로 다음의 네 가지 타입으로 구분합니다.

정수(integer), 소수(float), 복소수(complex number), 불리언(boolean)

복소수는 허수를 포함하는 수를 말하는데, 코딩할 때 잘 쓰지 않으므로 여기서는 소개하지 않겠습니다.

정수는 소수점이 없는 수를 의미하며, 음수, 0, 양수로 나뉩니다. 파이썬에서는 int로 표현됩니다.

소수(float)는 소수점이 있는 숫자를 의미합니다. 2.14, 3.3333 등이 소수의 예입니다.

불리언 타입의 값에는 True와 False가 있습니다. 파이썬에서 True는 숫자 1, False는 0으로 간주합니다. 그렇기 때문에 숫자의 한 종류로 분류됩니다. 불리언 타입은 파이썬에서 bool로 표현합니다.

다음 코드는 11을 반환합니다.[14] 이는 True가 1로 간주되기 때문에 그렇습니다.

```
True + 10   # 1 + 10과 같습니다.
```

다음 코드는 10을 반환합니다.

```
False + 10   # 0 + 10과 같습니다.
```

True와 False를 문자열 데이터인 'True', 'False'와 혼동하면 안 됩니다. 불리언 타입인 True와 False는 양 끝에 문자열을 의미하는 작은따옴표나 큰따옴표가 없습니다.

불리언은 보통 비교 연산의 결과를 나타내는 데 사용합니다. 예를 들어, 두 개의 숫자를 비교하는 비교 연산(예: 5 > 3)의 결과는 불리언 형태가 됩니다. 그 결과가 참이면 True, 거짓이면 False가 반환됩니다. 5 > 3은 참이므로 그 결과가 True이고, 3 > 5는 거짓으므로 그 결과가 False입니다.

■ 숫자의 연산

파이썬에서는 숫자 간 연산을 쉽게 할 수 있습니다. 연산을 위해 여러 가지 기호를 사용합니다. 다양한 연산 기호를 표 3.1에 정리했습니다.

표 3.1 수와 관련된 기본 연산자

기호	연산	예
+	더하기(addition)	3 + 5 ⇒ 8
−	빼기(subtraction)	8 − 5 ⇒ 3
*	곱하기(multiplication)	3 * 5 ⇒ 15
/	나누기(division)	6/3 ⇒ 2
**	지수(exponentiation)	3**2 ⇒ 9 이는 3^2을 의미합니다.
%	나머지(modulus)	3%2 ⇒ 1

% 연산자는 나누기 연산의 (자연수) 나머지를 구할 때 사용합니다. 예를 들어, 5를 2로 나누는 경우 몫은 2가 되고, 나머지는 1이 됩니다. 따라서 5 % 2의 결과는 1이 됩니다. % 연산자는 특정 숫자가 몇의 배수인

---

[14] 관련 코드는 numbers_examples.ipynb 파일을 참고하세요.

지를 확인할 때 유용합니다. 예를 들어 x라는 변수에 들어 있는 숫자가 짝수인지 홀수인지를(즉, 2의 배수인지) 확인하고자 할 때 x % 2 연산을 활용할 수 있습니다. 그 결과가 0이라면 x에 저장된 숫자가 짝수(2의 배수)라는 뜻이고, 1이라면 홀수라는 뜻입니다.

3.2.2 리스트

이번에는 리스트(list) 데이터 타입에 대해 살펴보겠습니다.

3.2.2.1 리스트 데이터의 특성

리스트 데이터 타입은 여러 개의 값을 동시에 저장하고자 할 때 사용합니다. 리스트는 여러 개의 값을 대괄호(square brackets)를 사용하여 하나의 목록으로 표현합니다.[15]

```
['python', 1, 5]
```

이 리스트는 세 개의 서로 다른 값을 포함하고 있습니다. 각 값을 원소(element)라고 하며, **각 원소의 타입은 다를 수 있습니다.** 각 원소는 콤마(,)로 구분합니다. 이 리스트는 전체 원소의 수가 3이며, 첫 번째 원소의 타입은 문자열(string)이고, 두 번째와 세 번째 원소의 타입은 정수(integer)입니다.

이러한 리스트 형태의 데이터를 변수에 저장할 수도 있습니다.

```
a = ['python', 1, 5]
```

['python', 1, 5]의 리스트 데이터를 a라는 변수에 할당했습니다. 이제 변수 a는 리스트 데이터를 저장하고 있는 리스트 변수가 됩니다. 변수 a의 타입은 다음과 같이 **type()** 함수를 사용해서 확인할 수 있습니다.

```
type(a)
```
```
list
```

3.2.2.2 인덱싱

리스트에 저장된 각각의 원소는 고유한 번호를 갖는데, 이를 인덱스(index)라고 합니다. 리스트의 인덱스는 0부터 순차적으로 증가하는 정수의 값을 취합니다. 즉, 첫 번째 원소의 인덱스는 0, 두 번째 원소의 인

---

15 관련 코드는 list_examples.ipynb 파일을 참고하세요.

덱스는 1, 세 번째 원소의 인덱스는 2가 됩니다. 앞에서 생성한 변수 a에 저장되는 원소 중에서 첫 번째 원소인 'python'의 인덱스는 0, 두 번째 원소인 1의 인덱스는 1, 세 번째 원소인 5의 인덱스는 2입니다. 이러한 원소의 인덱스를 사용해서 각 원소에 접근하고 그 값을 추출할 수 있습니다. 이러한 방법을 인덱싱(indexing)이라고 합니다. 인덱싱할 때는 대괄호(square brackets, [])를 사용합니다. 예를 들어, a라는 리스트 변수의 첫 번째 원소에 접근하고, 그 값을 추출하고 싶은 경우, 다음과 같은 코드를 작성합니다. 즉, 대괄호 안에 접근하고자 하는 원소의 인덱스를 입력합니다.

```
a[0]
```

첫 번째 원소의 인덱스는 0이므로 a[0]은 리스트 변수 a의 첫 번째 원소인 'python'을 반환합니다.

```
'python'
```

변수 a의 세 번째 원소에 접근하고자 하는 경우 다음과 같이 작성합니다.

```
a[2]
```
```
5
```

■ 음의 인덱스

원소의 인덱스를 음수를 사용해서 표현할 수도 있습니다. 음의 인덱스를 사용하는 경우 리스트 ['python', 1, 5]의 마지막 원소(5)가 기준이 되고, 그것이 −1의 인덱스를 갖습니다. 그리고 마지막에서 두 번째 원소(1)의 인덱스는 −2, 세 번째 원소('python')의 인덱스는 −3이 됩니다(표 3.2 참고).

표 3.2 음의 인덱스의 예

리스트 원소	'python'	1	5
음이 아닌 인덱스	0	1	2
음의 인덱스	−3	−2	−1

예를 들어 변수 a에 음의 인덱스를 이용해서 a[-1]이라고 입력하면, a의 마지막 원소인 5가 반환됩니다. 음의 인덱스는 상대적으로 덜 사용되지만, 마지막 원소를 기준으로 리스트 변수의 원소에 접근하고자 할 때 유용하게 사용할 수 있습니다. 리스트 원소의 개수와 상관없이 항상 마지막 원소의 음의 인덱스는 −1이기 때문입니다.

3.2.2.3 슬라이싱

인덱싱의 경우 원소의 인덱스를 사용해서 한 번에 하나의 원소에만 접근했지만, 슬라이싱(slicing)이라는 방법을 이용하면 한 번에 여러 개의 원소에 동시에 접근하고 그 값을 추출할 수 있습니다. 슬라이싱도 대괄호를 사용해 수행합니다. 하지만 다음과 같이 콜론 기호(:)를 기준으로 두 개의 인덱스를 제공합니다. n1이 첫 번째 인덱스이고, n2가 두 번째 인덱스입니다.

```
list_name[n1:n2]
```

list_name은 슬라이싱하고자 하는 변수의 이름입니다. 위와 같이 입력하면, list_name 변수의 원소들 중에서 인덱스가 n1보다 크거나 같고, n2보다 작은 원소가 리스트 형태로 반환됩니다(n2는 포함되지 않습니다). 앞에서 생성한 변수 a에 대해 a[1:3]이라고 입력하면 어떠한 결과가 반환이 될까요? 괄호 안에 입력된 값이 1:3이니, 변수 a에 저장된 원소 중에서 인덱스가 1보다 크거나 같고 3보다 작은 원소(즉, 인덱스가 1 또는 2인 원소)가 리스트 데이터 형태로 반환됩니다.

따라서 입력할 코드는 다음과 같습니다.

```
a[1:3]
```

결과는 다음과 같습니다.

```
[1, 5]
```

슬라이싱 결과를 새로운 변수에 저장할 수도 있습니다.

```
a1 = a[1:3]
```

위와 같이 하면 a1이라는 변수가 새롭게 생성되고, a[1:3]의 결과인 [1, 5]가 a1에 저장됩니다.

슬라이싱할 때는 보통 앞에서와 같이 대괄호 안에 두 개의 인덱스를 입력합니다. 하지만 둘 중 하나의 인덱스만 입력할 수도 있습니다. 예를 들어, list_name[n1:]이라고 입력할 수 있는데, 이렇게 하면 list_name 변수의 원소 중에서 인덱스가 n1 이상인 모든 원소를 리스트 형태로 반환합니다. 반대로, list_name[:n2]라고 입력하면, list_name 변수의 원소 중 인덱스가 n2보다 작은 모든 원소가 반환됩니다. 그렇다면, list_name[:]과 같이 아무런 인덱스도 입력하지 않으면 어떻게 될까요? list_name 변수에 저장된 전체 데이터가 반환됩니다.

3.2.2.4 기존 원소의 값 변경하기

리스트는 인덱싱이나 슬라이싱을 통해 기존에 저장된 원소의 값을 변경할 수 있습니다. 예를 들어, a=['python', 1, 5]에서 두 번째 원소의 값을 1에서 10으로 변경하고자 한다면, 다음과 같이 두 번째 원소의 인덱스인 1을 인덱싱하고 새롭게 저장하고자 하는 값인 10을 = 기호를 사용해 할당합니다.

```
a[1] = 10
```

위 코드를 실행하면 a의 두 번째 원소가 1에서 10으로 변경됩니다. 다시 a를 확인해 보면 다음과 같이 두 번째 값이 10으로 바뀐 것을 확인할 수 있습니다.

```
a
```

```
['python', 10, 5]
```

여러 원소의 값을 한꺼번에 변경할 수도 있습니다. 이때는 슬라이싱 방법을 사용합니다. 다음과 같이 입력하면 변수 a의 첫 번째 원소와 두 번째 원소의 값이 각각 'java'와 -1로 변경됩니다.

```
a[0:2] = ['java', -1]
```

이렇게 기존 원소의 값을 새로운 값으로 변경할 수 있는 데이터 타입을 뮤터블(mutable) 데이터 타입이라고 합니다. 리스트는 뮤터블 데이터 타입입니다. 반대로 뒤에서 배울 문자열은 이뮤터블(immutable) 데이터 타입입니다. 즉, 기존 원소의 값을 새로운 값으로 변경할 수 없습니다.

3.2.2.5 리스트 메서드

리스트 데이터 혹은 리스트 변수에만 사용할 수 있는 파이썬 기본 함수가 있습니다. 이렇게 특정 데이터 타입에만 사용할 수 있는 함수를 메서드(method)라고 부릅니다.[16] 메서드도 함수와 비슷한 방식으로 작동합니다.

특정한 변수 혹은 데이터 타입과 함께 사용할 수 있는 메서드의 목록은 파이썬의 dir() 함수를 이용해 확인할 수 있습니다. dir() 함수는 특정 변수나 데이터를 인자로 입력받고, 그 변수나 데이터 타입과 함께 사용될 수 있는 메서드의 목록을 반환합니다. 리스트 변수 a를 dir() 함수의 인자로 입력하면, 해당 변수와 함께 사용할 수 있는 메서드의 목록이 다음과 같이 나옵니다.

---

16 메서드와 함수를 구분하지 않고 함수라고 표현하기도 합니다.

```
dir(a)
```

```
['__add__', '__class__', '__contains__', '__delattr__', '__delitem__', '__dir__', '__doc__',
'__eq__', '__format__', '__ge__', '__getattribute__', '__getitem__', '__gt__', '__hash__',
'__iadd__', '__imul__', '__init__', '__init_subclass__', '__iter__', '__le__', '__len__',
'__lt__', '__mul__', '__ne__', '__new__', '__reduce__', '__reduce_ex__', '__repr__',
'__reversed__', '__rmul__', '__setattr__', '__setitem__', '__sizeof__', '__str__',
'__subclasshook__', 'append', 'clear', 'copy', 'count', 'extend', 'index', 'insert', 'pop',
'remove', 'reverse', 'sort']
```

리스트 변수 혹은 데이터와 함께 사용할 수 있는 메서드의 종류는 굉장히 다양합니다. 이름을 보면 크게 두 가지로 구분됩니다. 이름에 __(두 개의 밑줄 기호)[17]가 포함된 메서드와 그렇지 않은 메서드로 구분됩니다. __로 시작하는 메서드는 매직 메서드(magic methods)라고 불리는데, 이러한 메서드는 사용자가 명시적으로 호출하지 않아도 작동합니다. 예를 들면 두 리스트 변수(예: c와 d)의 합을 구하는 연산 c + d를 수행하는 경우, +의 역할을 하는 __add__()라는 메서드가 암묵적으로 사용됩니다. 여러분들이 코딩을 할 때는 이름에 __가 없는 메서드를 사용합니다.

메서드는 해당 메서드를 적용하고자 하는 변수(혹은 데이터) 뒤에 .(dot 연산자라고 합니다)와 함께 붙여 사용합니다. 변수 a에 append()라는 메서드를 적용하고자 한다면 다음과 같이 입력합니다.

```
a.append()
```

각 메서드에 관해 설명하기 전에, 파이썬을 통해 각 메서드에 대한 도움말을 어떻게 확인할 수 있는지 살펴보겠습니다. 크게 두 가지 방법을 사용할 수 있습니다. 하나는 help() 함수를 사용하는 것이고, 다른 하나는 ?(물음표)를 사용하는 것입니다.

help() 함수에 특정한 변수나 데이터의 메서드를 인자로 입력하면 해당 메서드에 대해 파이썬에서 제공하는 간략한 설명을 반환합니다. 예를 들어 다음과 같이 append() 메서드를 help() 함수의 인자로 입력하면 append() 메서드에 대한 설명이 제공됩니다.

```
help(a.append)
```

```
Help on built-in function append:
append(...) method of builtins.list instance
    L.append(object) -> None -- append object to end
```

---

17 던더(dunder)라고 합니다.

결과를 보면, 해당 메서드에 대한 설명이 간략하게 나와 있는 것을 알 수 있습니다. `append object to end`는 (인자로 입력된) object를 끝에 추가(append)한다는 뜻입니다.

물음표를 사용하는 경우에는 설명을 보기 위한 변수나 메서드 앞에 물음표를 붙여 다음과 같이 사용할 수 있습니다.

```
?a.append
```

물음표를 사용하면 다음과 같이 화면 하단에 작은 윈도우가 생기면서 관련 설명을 제공합니다.

```
Docstring: L.append(object) -> None -- append object to end
Type:      builtin_function_or_method
```

좀 더 자세한 설명을 원한다면 구글에서 해당 메서드에 대한 정보를 검색할 것을 권장합니다. 예를 들어 append()라는 리스트 메서드에 대해 알고자 한다면 구글에서 "python list append" 혹은 "파이썬 리스트 append"를 검색하면 됩니다.

그럼, 각 리스트 메서드를 살펴보겠습니다. 여기서는 비교적 사용 빈도가 높은 메서드에 대해서만 설명하겠습니다.

▪ append()

append()는 새로운 원소를 리스트 변수 혹은 리스트 데이터의 끝에 추가하고자 할 때 사용합니다. 만약 리스트 변수 a(현재는 ['java', -1, 5]가 저장되어 있음)의 끝자리에 'python'이라는 문자열을 새로운 원소로 추가하고자 한다면, 추가하고자 하는 값을 append()의 인자로 입력하면 됩니다. 리스트 변수 a에 append()를 적용하는 것이므로 다음과 같이 입력합니다.

```
a.append('python')
```

그리고 a의 내용을 확인해 보면, 다음과 같이 마지막 원소로 'python'이 추가된 것을 알 수 있습니다.

```
['java', -1, 5, 'python']
```

▪ count()

count() 메서드는 리스트 변수(혹은 데이터)에 저장되어 있는 원소 중에서 특정 값을 갖는 원소의 수를 셀 때 사용합니다. 설명을 위해 다음과 같은 d라는 새로운 리스트 변수를 만들겠습니다.

```
d = [1,2,2,3,3,4,5,5]
```

변수 d에 대해 count() 메서드를 사용하면 2가 반환됩니다. 왜 그럴까요?

```
d.count(5)
```
```
2
```

변수 d에 5라는 값을 갖는 원소가 두 개 있기 때문입니다.

■ extend()

extend()는 또 다른 리스트를 인자로 입력받아 기존 리스트를 확장해줍니다. 예를 들어, f=['data', 'text']라는 리스트 변수가 있을 때, 변수 d에 이 메서드를 사용해 보겠습니다.

```
d.extend(f)
```

이 코드를 실행하면 변수 d가 [1, 2, 2, 3, 3, 4, 5, 5, 'data', 'text']로 변경되어 있는 것을 확인할 수 있습니다. extend()가 적용되는 리스트 변수(여기서는 변수 d)가 인자로 입력된 변수 f의 원소를 이용해 확장된 것입니다. 즉, 변수 f의 원소가 변수 d의 추가 원소가 되는 것입니다. 따라서 변수 d의 원소의 수가 변수 f의 원소 수만큼 증가합니다.

append()와 조금 혼동이 될 수도 있는데, append()는 인자로 입력받은 값(혹은 데이터)을 기존 리스트의 마지막 부분에 새로운 원소로 추가하는 역할을 합니다. 새롭게 추가되는 원소의 수가 하나입니다. 예를 들어, d.append(f)라고 입력하면, f(즉, ['data', 'text'])가 하나의 원소로 변수 d의 마지막 원소로 추가됩니다. 즉, d의 마지막 원소의 타입이 리스트가 됩니다.

```
[1, 2, 2, 3, 3, 4, 5, 5, ['data', 'text']]
```

■ insert()

insert()는 인자로 입력받은 값을 특정 인덱스의 **원소 앞**에 추가하는 역할을 합니다. 이 메서드는 다음과 같이 두 개의 인자를 입력받습니다.

```
d.insert(1, 'computer')
```

첫 번째 인자는 인덱스이고, 두 번째 인자는 새롭게 추가하고자 하는 원소의 값이 됩니다. 위와 같이 입력하면 변수 d가 갖는 원소 중에서 인덱스 번호가 1인 원소(즉, 두 번째 원소) 앞에 `'computer'`라는 값의 새로운 원소가 추가됩니다. 결과는 다음과 같습니다.

```
[1, 'computer', 2, 2, 3, 3, 4, 5, 5, 'data', 'text']
```

■ remove()

remove()는 특정 값을 갖는 원소를 리스트에서 제거하고자 하는 경우에 사용합니다. 예를 들어, d.remove(5)라고 입력하면, 변수 d에서 5의 값을 갖는 원소가 제거됩니다. 그런데 변수 d에는 5가 두 개 있습니다. 이렇게 같은 값의 원소가 두 개 이상 존재하는 경우에는 해당 값을 갖는 원소들 중에서 **첫 번째로 나오는 원소만 제거**됩니다. 위 코드를 실행한 후의 변수 d는 다음과 같습니다. 기존의 5 두 개 중에서 첫 번째 5만 제거됐습니다.

```
[1, 'computer', 2, 2, 3, 3, 4, 5, 'data', 'text']
```

■ sort()

sort()는 리스트의 원소를 값의 크기에 따라 정렬하고자 할 때 사용합니다. 그런데 리스트에 저장된 원소의 타입이 서로 다른 경우 크기를 비교할 수 없습니다. 예를 들어, 리스트 변수 d에는 숫자와 문자열 원소가 저장되어 있습니다. 서로 다른 데이터 타입이 원소로 저장되어 있기 때문에 원소 간 대소를 판단할 수 없어 sort()를 적용하면 다음과 같이 에러가 발생합니다.

```
d.sort()
```

```
TypeError                                 Traceback (most recent call last)
~\AppData\Local\Temp/ipykernel_10208/575454195.py in <module>
----> 1 d.sort()

TypeError: '<' not supported between instances of 'str' and 'int'
```

sort()가 작동하는 방식을 설명하기 위해 숫자만 저장된 e=[3,2,4,1]이라는 변수를 새롭게 만들겠습니다. 이 변수에 대해 다음과 같이 sort()를 적용하면,

```
e.sort()
```

다음과 같이 오름차순으로 원소가 정렬되어 있는 것을 확인할 수 있습니다.

```
[1, 2, 3, 4]
```

내림차순으로 원소를 정렬하고 싶으면 어떻게 할까요? sort()는 reverse라는 파라미터[18]를 갖고 있습니다. 이 파라미터의 값을 True로 설정하여 sort()를 호출하면 반대 순서인 내림차순으로 정렬됩니다. 다음 코드를 실행하면, 변수 e의 원소가 내림차순으로 정렬됩니다.

```
e.sort(reverse=True)
```
```
[4, 3, 2, 1]
```

3.2.2.6 리스트 데이터와 자주 사용되는 일반 함수

리스트 데이터(혹은 변수)에만 사용될 수 있는 함수를 리스트 메서드라고 부른다고 했습니다. 하지만 파이썬에는 데이터 타입 혹은 변수 타입과 상관없이 사용할 수 있는 함수도 있는데, 이러한 함수를 일반 함수(common function)라고 합니다. 일반 함수 중에서 리스트 데이터와 함께 유용하게 사용될 수 있는 함수를 살펴보겠습니다.

■ **len()**

len()은 length(길이)를 의미하는 함수로, 인자로 입력받은 데이터(혹은 변수)에 속해 있는 원소의 수를 반환합니다. len() 함수는 리스트 메서드가 아니라 일반 함수이기 때문에 리스트 변수 뒤에 dot 연산자를 붙이고 사용하는 것이 아니라, 적용하고자 하는 리스트 데이터나 변수를 len() 함수의 인자로 입력합니다. 예를 들어 e= [1,2,3,4]라는 리스트 변수가 있다면 다음과 같이 len() 함수를 변수 e에 적용할 수 있습니다.

```
len(e)
```
```
4
```

변수 e는 네 개의 원소를 저장하고 있기 때문에 len(e)를 실행하면 4의 값을 반환합니다.

---

[18] 파라미터는 함수(또는 메서드)가 입력 받는 인자를 저장하는 변수라고 생각하면 됩니다. 파라미터에 대해서는 사용자 정의 함수 부분에서 자세하게 다룹니다.

■ min()과 max()

min() 함수는 리스트 변수나 데이터가 인자로 입력되는 경우에 해당 리스트의 원소 중 가장 작은 값을 반환합니다. 반대로 max()는 가장 큰 값을 반환합니다. min()이나 max() 함수는 리스트의 sort() 메서드와 비슷하게 리스트에 포함된 원소의 타입이 동일해야 적용 가능합니다. 예를 들어, 숫자나 문자열이 동시에 포함된 리스트라면 이 함수를 사용할 수 없습니다. 알다시피 숫자와 문자열은 타입이 달라 크기를 비교하는 것이 불가능하기 때문입니다.

예를 들어, g=[1,2,3,4,5]라는 리스트 변수가 있다고 가정하겠습니다. 변수 g에 대해서 min(g)는 1을 반환하고, max(g)는 5를 반환합니다. 이번에는 문자열로만 구성된 s=['apple', 'air', 'banana', 'carrot']이라는 리스트 변수가 있다고 가정하겠습니다. 변수 s에 대해 min(s)는 'air'를 반환하고, max(s)는 'carrot'을 반환합니다.

참고 문자열의 대소 비교

문자열에서는 문자열의 크기를 바로 비교하는 것이 아니라 문자열의 각 문자를 숫자 정보로 변환(인코딩이라고 함)한 후 각 문자열에 해당하는 숫자의 크기를 비교합니다. 예를 들어, 컴퓨터에 최종적으로 저장되는 'a'의 숫자 값은 97이고 'b'의 숫자 값은 98, 'c'의 숫자 값은 99입니다. 따라서 ['a', 'b', 'c'] 중 가장 작은 값을 갖는 문자는 'a'이며, 가장 큰 값을 갖는 문자는 'c'가 됩니다.

■ sorted()

일반 함수 중 리스트 메서드인 sort()와 비슷한 역할을 하는 함수가 있습니다. 바로 sorted()입니다. sorted()는 리스트 데이터를 인자로 입력받아 원소값의 대소에 따라 원소를 정렬하고 그 결과를 반환합니다. 설명을 위해 새로운 변수 h=[3,1,2,4]를 사용하겠습니다. h를 sorted() 함수를 이용해 원소의 크기에 따라 오름차순으로 정렬하고자 하는 경우 다음과 같이 입력합니다.

```
sorted(h)
```

결과는 다음과 같습니다.

```
[1, 2, 3, 4]
```

sorted()도 sort()와 마찬가지로 reverse 파라미터를 갖습니다. 즉, 내림차순으로 원소를 정렬하기 위해서는 다음과 같이 사용합니다.

```
sorted(h, reverse=True)
```
```
[4, 3, 2, 1]
```

그렇다면 sort()와의 차이는 무엇일까요? sort()와 달리, sorted()는 원 변수의 원소 순서는 바꾸지 않습니다. sorted(h)나 sorted(h, reverse=True)를 적용했을 때 원래 변수 h에 저장된 원소의 순서는 바뀌지 않습니다(즉, [3, 1, 2, 4]가 그대로 저장되어 있습니다).

하지만 h.sort()는 h에 저장된 원소의 배열을 크기에 따라 오름차순으로 바꿔 놓습니다. 따라서 원 변수의 원소 배열 순서는 그대로 두면서 정렬된 결과만 얻고자 하는 경우에는 sort()가 아닌 sorted()를 사용해야 합니다.

■ in 연산자

리스트와 같이 여러 개의 원소로 구성된 데이터를 시퀀스 데이터(sequence data)라고 합니다. 이러한 시퀀스 데이터와 함께 유용하게 사용할 수 있는 것이 in 연산자입니다. in 연산자는 특정한 값을 갖는 원소가 리스트에 있는지를 확인할 때 사용합니다. 해당 값을 갖는 원소가 있다면 True를 반환하고, 그렇지 않다면 False를 반환합니다. 앞에서 생성한 변수 g([1,2,3,4,5]가 저장되어 있습니다)에 대해 다음 코드는 True를 반환합니다. 3이라는 값이 변수 g에 포함되어 있기 때문입니다.

```
3 in g
```
```
True
```

■ del 연산자

del은 리스트의 원소(들)를 지우거나 변수를 삭제하고자 할 때 사용할 수 있습니다(delete를 의미합니다). 하나의 원소를 지울 때는 인덱싱을, 여러 개의 원소를 동시에 지우고자 할 때는 슬라이싱을 사용합니다. 설명을 위해 다음과 같이 네 개의 원소를 갖는 리스트 변수 k가 있다고 가정합니다.

```
k = [1,2,3,4]
```

변수 k에 대해 다음과 같이 입력하면 k가 갖고 있는 첫 번째 원소가 삭제됩니다.

```
del k[0]
```

위 코드를 실행한 후의 k는 [2,3,4]가 됩니다.

다음과 같이 슬라이싱을 사용해서 여러 개의 원소를 한 번에 삭제할 수도 있습니다.

```
del k[0:2]
```

위 코드의 결과로 k는 [4]가 됩니다.

3.2.3 문자열

이번에는 문자열(string) 데이터 타입에 대해 살펴보겠습니다. 관련 코드는 **string_examples.ipynb** 파일을 참고하세요.

3.2.3.1 문자열 데이터의 특성

문자열은 여러 개의 문자(character)[19]가 일렬로 나열된 것(sequence of characters)입니다. 문자열은 작은따옴표나 큰따옴표로 여러 개의 문자를 둘러싸서 표현합니다. 반대로 말하면, 작은따옴표나 큰따옴표에 둘러싸인 문자들은 문자열로 인식됩니다. **'Python'**이나 **"텍스트"** 등이 모두 문자열입니다. 숫자도 작은따옴표나 큰따옴표로 둘러싸인 경우 숫자가 아니라 문자열로 간주합니다. 즉, **'5'**는 숫자 5가 아니라 문자열입니다.

이 책에서 주로 분석하고자 하는 텍스트 데이터는 문자열로 구성되어 있으므로, 문자열의 특성을 잘 이해하면 텍스트를 분석하는 데 큰 도움이 됩니다.

숫자나 리스트와 마찬가지로 문자열도 특정 변수에 저장할 수 있습니다. 다음 코드는 변수 s에 **'Python'**이라는 문자열 데이터를 저장합니다.

```
s = 'Python'
```

변수 s에 저장된 값의 타입은 문자열이므로 변수 s의 타입도 문자열이 됩니다.

문자열은 리스트와 마찬가지로 시퀀스 데이터입니다. 문자열에서는 하나의 문자(character)가 하나의 원소가 되고, 각 원소가 고유한 인덱스를 갖습니다. 리스트와 마찬가지로 인덱스는 0부터 시작하여 1씩 증가합니다. 변수 s의 경우 첫 번째 문자인 **'P'**가 첫 번째 원소고, 인덱스는 0입니다. **'y'**의 인덱스는 1입니다. 리스트와 마찬가지로 음의 인덱스도 사용할 수 있습니다(표 3.3 참고).

---

19 이 책에서 문자(character)는 글자(word character)뿐만 아니라, 숫자, 기호, 공백문자(띄어쓰기, 탭, 줄바꿈 등)를 포함하는 의미로 사용합니다.

표 3.3 문자열 원소의 인덱스

Character	'P'	'y'	't'	'h'	'o'	'n'
음이 아닌 인덱스	0	1	2	3	4	5
음의 인덱스	-6	-5	-4	-3	-2	-1

인덱싱과 슬라이싱을 통해 문자열의 문자에 접근하고 값을 추출할 수 있습니다. 예를 들어, s[0]라고 입력하면 첫 번째 원소인 'P'가 반환됩니다. 슬라이싱도 리스트에서와 같은 방식으로 작동합니다. 다음 코드는 첫 번째와 두 번째 원소로 구성된 또 다른 문자열 'Py'를 반환합니다.

```
s[0:2]
```
```
'Py'
```

리스트처럼 문자열도 시퀀스 데이터이므로 많은 부분에서 리스트와 비슷한 특성을 갖지만, 큰 차이가 하나 있습니다. 리스트는 기존 원소를 새로운 원소로 변경할 수 있고, 그러한 의미에서 리스트 데이터는 변경할 수 있는(mutable) 데이터입니다. 하지만 문자열은 변경할 수 없는(immutable) 데이터입니다. 즉, 기존 원소의 값을 다른 값으로 변경할 수 없습니다. 기존 원소를 새로운 값으로 변경하고자 하면 에러가 발생합니다. 변수 s의 첫 번째 원소인 'P'를 'C'로 변경하기 위해 다음과 같이 입력하면 에러가 발생합니다.

```
s[0] = 'C'
```

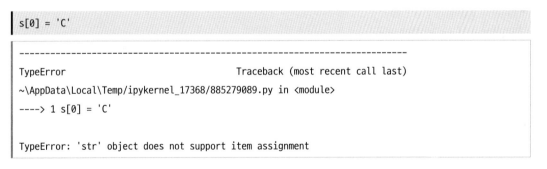

```
---------------------------------------------------------------------------
TypeError                                 Traceback (most recent call last)
~\AppData\Local\Temp/ipykernel_17368/885279089.py in <module>
----> 1 s[0] = 'C'

TypeError: 'str' object does not support item assignment
```

문자열(str)은 새로운 값을 할당할 수 없다는 에러 메시지가 출력됐습니다. 즉, 문자열의 값을 변경할 수 없다는 뜻입니다.

변수에 저장된 기존 문자열의 값을 변경할 수는 없지만, 해당 변수에 아예 새로운 값을 할당하는 것은 가능합니다. 즉, 'Python'이 저장된 변수 s에 다음과 같이 새로운 문자열을 할당할 수는 있습니다.

```
s = 'today is Thursday.'
```

3.2.3.2 공백문자

공백문자(whitespace character)는 띄어쓰기(space), 탭(tab), 줄바꿈(newline 또는 Enter)을 의미합니다. 띄어쓰기를 제외한 나머지 공백문자는 키보드를 이용해서 문자열 값으로 표현할 수 없습니다. 띄어쓰기는 키보드에 있는 스페이스바(spacebar)를 사용해서 문자열의 일부로 입력할 수 있지만, 탭이나 줄바꿈은 키보드의 탭 버튼이나 엔터 버튼을 사용해서 입력할 수 없습니다. 탭이나 줄바꿈을 문자열의 일부로 표현하기 위해서는 역슬래시(backslash, \ 또는 ₩로 표현합니다) 기호를 사용합니다. 파이썬에서는 탭은 \t로 표현하고, 줄바꿈은 \n으로 표현합니다.

다음과 같이 입력해 보겠습니다.

```
h = 'Today is a good\t\tday.\nTomorrow will be another day.'
```

h에 저장된 문자열 값 중에 \t는 탭 하나를 의미합니다. 따라서 good\t\tday는 good이라는 단어 다음에 두 개의 탭이 나오고 그다음에 day라는 단어가 입력된다는 의미입니다. 그리고 \n은 하나의 줄바꿈을 의미합니다. 위 문자열을 print(h)를 이용해 화면에 출력해 보겠습니다.

```
print(h)
```

코드의 실행 결과는 다음과 같습니다.

```
Today is a good        day.
Tomorrow will be another day.
```

첫 번째 줄의 'good'과 'day' 사이에 탭이 두 개 들어가고, 첫 번째 문장 다음에 줄바꿈된 후 다음 문장이 출력된 것을 확인할 수 있습니다.

3.2.3.3 문자열 메서드

리스트와 마찬가지로 문자열 변수나 문자열 데이터하고만 사용될 수 있는 함수, 즉 메서드가 있습니다. 이러한 메서드를 문자열 메서드(string methods)라고 합니다. 문자열 메서드의 목록은 다음과 같이 dir() 함수를 사용해 확인할 수 있습니다.. 다음에서 s는 문자열 변수입니다.

```
s = 'today is Thursday.'
dir(s)
```

```
['__add__', '__class__', '__contains__', '__delattr__', '__dir__', '__doc__', '__eq__',
'__format__', '__ge__', '__getattribute__', '__getitem__', '__getnewargs__', '__gt__',
'__hash__', '__init__', '__init_subclass__', '__iter__', '__le__', '__len__', '__lt__',
'__mod__', '__mul__', '__ne__', '__new__', '__reduce__', '__reduce_ex__', '__repr__', '__rmod__',
'__rmul__', '__setattr__', '__sizeof__', '__str__', '__subclasshook__', 'capitalize', 'casefold',
'center', 'count', 'encode', 'endswith', 'expandtabs', 'find', 'format', 'format_map', 'index',
'isalnum', 'isalpha', 'isascii', 'isdecimal', 'isdigit', 'isidentifier', 'islower', 'isnumeric',
'isprintable', 'isspace', 'istitle', 'isupper', 'join', 'ljust', 'lower', 'lstrip', 'maketrans',
'partition', 'replace', 'rfind', 'rindex', 'rjust', 'rpartition', 'rsplit', 'rstrip', 'split',
'splitlines', 'startswith', 'strip', 'swapcase', 'title', 'translate', 'upper', 'zfill']
```

여기서는 주요한 문자열 메서드만을 설명하겠습니다. 나머지 메서드는 help() 함수나 구글 검색을 통해 필요할 때 관련 설명을 찾아보기 바랍니다.

■ capitalize()

capitalize()는 문자열의 첫 번째 문자를 대문자로, 나머지는 소문자로 변경합니다(영어 알파벳으로 구성된 문자열에만 해당합니다).

```
s.capitalize()
```

이 함수는 다음 결과를 반환합니다.

```
'Today is thursday.'
```

그런데 특정 메서드를 적용한 후 원래 문자열 값은 어떻게 될까요? 다시 말해, 앞의 예에서 capitalize()를 적용한 후 변수 s는 어떤 문자열을 저장하고 있을까요? 이를 확인하기 위해 다음과 같이 s의 내용을 확인해 보겠습니다.

```
s
```

```
'today is Thursday.'
```

여전히 변수 s에는 'today is Thursday.'가 저장돼 있습니다. 즉, capitalize()를 적용했음에도 원래 변수 s에는 변화가 없습니다. 이는 문자열 데이터의 이뮤터블(immutable)한 특성 때문에 그렇습니다. 문자열 변수나 데이터에 문자열 메서드를 적용시켜도 원래의 값은 변하지 않습니다. 그 함수가 적용된 결과만 일시적으로 반환됩니다. **특정 문자열 메서드가 적용된 결과를 저장하고 싶다면 새로운 변수에 그 결과를 저장해야 합니다.**

```
t = s.capitalize()
```

위 코드를 실행하면 s.capitalize()의 결과인 'Today is thursday.'가 t라는 변수에 저장됩니다.

■ count()

count()는 또 다른 문자열을 인자로 입력받고, 해당 문자열이 count()가 적용되는 문자열 변수나 데이터에 몇 개 존재하는지를 세는 메서드입니다. 이름은 같지만, 리스트 메서드인 count()와는 다른 문자열 메서드입니다. 변수 s에 다음과 같이 count() 메서드를 적용하면 2가 출력됩니다. 변수 s에는 'day'라는 문자열이 두 개 존재하기 때문입니다.

```
s.count('day')
```
```
2
```

■ find()

find()는 문자열 데이터에서 특정 문자열을 찾고자 할 때 사용합니다. 찾고자 하는 문자열을 인자로 입력합니다. 예를 들어 변수 s에 저장된 문자열, 즉 'today is Thursday.'에서 'Thu'를 찾기 위해 다음과 같이 입력합니다.

```
s.find('Thu')
```
```
9
```

그러면 어떤 값이 반환될까요? 숫자 9가 반환됩니다. 이 숫자 9는 'T'의 인덱스입니다. 즉, 인자로 입력된 문자열과 매치되는 문자열의 첫 번째 문자의 인덱스가 반환됩니다. 변수 s에 저장된 'today is Thursday.'에 우리가 찾고자 하는 'Thu'가 존재하고, 'Thu'와 매치되는 문자열의 첫 번째 문자인 'T'의 인덱스가 9이므로 9가 반환된 것입니다(띄어쓰기도 하나의 문자이기 때문에 고유한 인덱스를 갖는다는 것을 잊으면 안 됩니다).

그렇다면 인자로 입력된 문자열이 find()가 적용되는 문자열 데이터에 존재하지 않으면 어떤 결과가 반환될까요? 이번에는 s.find('Wed')를 실행해 보겠습니다. 이때는 −1의 결과가 반환됩니다. 즉, 인자로 들어간 문자열이 존재하지 않는 경우에는 −1의 결과가 반환됩니다.

▪ join()

join()은 여러 개의 문자열을 특정 단어나 문자 혹은 기호로 연결하여 새로운 문자열을 만들고자 할 때 사용합니다. 다음 예시를 보겠습니다.

```
'-'.join(['Korea', 'Japan', 'China'])
```

이 코드를 실행하면, 'Korea-Japan-China'라는 새로운 문자열이 반환됩니다. join()은 연결하고자 하는 문자열값을 원소로 갖는 데이터를 인자로 입력받아서 점(.) 앞에 있는 문자열(여기서는 하이픈)을 이용하여 리스트 데이터의 원소를 연결하여 하나의 새로운 문자열을 생성합니다. join()은 구분자 (delimiter)를 사용하여 여러 가지 정보를 하나의 문자열로 저장하고자 하는 경우에 유용하게 사용할 수 있습니다.

▪ lower()

영어 문자열에 대해서 문자열에 포함된 대문자를 소문자로 바꿀 때 사용합니다.[20] s1 = 'Today is a good day.'라는 변수에 lower()를 적용하면 모든 알파벳 문자가 소문자로 바뀝니다.

```
s1.lower()
```
```
'today is a good day.'
```

위와 같이 lower() 함수를 적용해도 원 변수 s1의 내용은 변하지 않습니다. lower()를 적용한 결과를 저장하고자 한다면, 새로운 변수에 할당해야 합니다(예: s2 = s1.lower()).

▪ replace()

replace()는 문자열 변수나 문자열 데이터에 포함된 특정 문자열을 새로운 문자열로 대체하고자 할 때 사용합니다. replace()는 다음과 같이 두 개의 문자열을 인자로 입력받습니다.

```
s.replace('old_string', 'new_string')
```

위와 같이 입력하면 변수 s에 존재하는 모든 'old_string'이 'new_string'으로 대체됩니다. 예를 들어, s1 = 'Today is a good day.'라는 변수가 있는 경우, 다음 코드를 실행하면 s1에 포함된 모든 'o'가 'a'로 대체된 문자열이 반환됩니다. 즉, 'Taday is a gaad day.'가 반환된 것을 확인할 수 있습니다.

---

20 반대로, 소문자를 대문자로 변경하고자 하는 경우는 upper()를 사용합니다.

```
s1.replace('o','a')
```

```
'Taday is a gaad day.'
```

다시 한번 언급하지만, s1.replace('o','a')를 실행해도 s1의 값은 변하지 않습니다. s1.replace('o','a')의 결과를 나중에 사용하려면 해당 결과를 새로운 변수에 저장해야 합니다.

replace()는 특정한 단어나 기호 등을 제거하고자 하는 경우에 유용하게 사용할 수 있습니다. 예를 들어, 새로운 변수 s3 = '한국어;;영어;;중국어'에 대해서 세미콜론(;) 기호를 모두 제거하고자 하는 경우에는 다음과 같이 입력합니다. 두 번째 인자는 작은따옴표 두 개입니다. 그리고 그 사이에는 아무것도 존재하지 않습니다. 첫 번째 인자로 입력된 세미콜론을 아무것도 없는 문자열로 대체하는 것입니다. 즉, 삭제하는 것입니다.

```
s3.replace(';', '')
```

```
'한국어영어중국어'
```

■ split()

split()은 어떠한 문자열 데이터를 split()의 인자로 입력된 문자열을 기준으로 쪼개고자 하는 경우에 사용합니다. 인자로 입력된 문자열을 기준으로 분할된 결과는 리스트 형태로 반환됩니다. 예를 들어, 변수 s3에 저장돼 있는 '한글;;영어;;중국어' 문자열을 ';;'를 사용해서 분할하고자 한다면 다음과 같이 split() 메서드를 호출하면 됩니다.

```
s3.split(';;')
```

그러면 다음과 같은 결과가 반환됩니다. 분리할 때 기준이 된 ';;'는 결과에 포함되지 않은 것을 확인할 수 있습니다.

```
['한국어', '영어', '중국어']
```

split() 메서드에 아무런 인자를 입력하지 않을 수도 있는데, 그러한 경우에는 공백문자(즉, 띄어쓰기, 탭, 줄바꿈)를 기준으로 쪼개집니다. 예를 들어, 'Today is a good day.'가 저장된 s1에 아무런 인자 없이 split()을 다음과 같이 적용하면, 'Today is a good day.'를 문자열에 존재하는 공백문자인 띄어쓰기를 기준으로 쪼갠 결과가 리스트 형태로 반환됩니다(즉, ['Today', 'is', 'a', 'good', 'day.']).

```
s1.split()
```

```
['Today', 'is', 'a', 'good', 'day.']
```

▪ strip()

strip()은 문자열 양끝에 존재하는 문자나 문자열을 삭제하고자 하는 경우에 사용합니다. 양파 껍질을 제거하는 것을 생각하면 됩니다. 삭제하고자 하는 문자나 문자열을 strip()의 인자값으로 입력합니다. s1='Today is a good day.'에 존재하는 마침표(.)를 삭제하고자 하는 경우에는 다음과 같이 입력할 수 있습니다.

```
s1.strip('.')
```

결과는 다음과 같습니다.

```
'Today is a good day'
```

변수 s1에 대해 다음 코드를 실행하면 어떠한 결과가 반환될까요?

```
s1.strip('a')
```

결과로 반환되는 값은 'Today is a good day.'입니다. 'a'라는 문자가 s1에 저장된 문자열에 포함되어 있기는 하지만, 문자열 끝에 존재하지 않으므로 아무런 문자열도 제거되지 않는 것입니다.

3.2.3.4 문자열 데이터와 함께 자주 사용되는 일반 함수

문자열 데이터도 리스트 데이터와 마찬가지로 시퀀스 데이터이므로 리스트 데이터와 함께 사용되는 일반 함수 대부분을 문자열 데이터에도 적용할 수 있습니다.

▪ len()

len() 함수는 인자로 입력된 문자열의 원소 수를 반환합니다. 예를 들어, len('python')은 6을 반환합니다.

▪ in 연산자

특정 문자열이나 문자가 포함되어 있는지를 확인할 때 in 연산자를 사용할 수 있습니다. 우리가 찾는 문자(열)가 해당 문자열에 포함되어 있다면 True를, 그렇지 않다면 False를 반환합니다. 예를 들어, 'python' in 'I love python.'은 True를, 'java' in 'I love python.'은 False를 반환합니다.

■ + 연산자

서로 다른 두 개의 문자열을 연결(concatenation)하여 하나의 문자열을 만들 때는 더하기(+) 연산자를 사용할 수 있습니다. 예를 들어, s = 'Hello'+'World'를 실행하면, s에 'HelloWorld'가 저장됩니다 (Hello와 World 사이에 띄어쓰기가 없음에 주의하세요).

■ * 연산자

문자열에도 곱하기(*) 연산자를 사용할 수 있습니다. 문자열에서 사용되는 *는 반복의 의미를 갖습니다. 예를 들어, 'word'*3라는 코드는 'word'라는 문자열을 세 번 반복하라는 뜻입니다(즉, 'wordwordword'가 됩니다).

3.2.3.5 Escape 문자로서의 역슬래시

앞에서 공백문자를 표현하는 데 역슬래시(\) 기호를 사용한다고 배웠습니다. 역슬래시 기호는 추가적인 역할을 하는데, 작은따옴표나 큰따옴표를 문자열의 일부로 표현하고자 할 때도 사용합니다. 지금까지 작은따옴표나 큰따옴표는 문자열을 생성하기 위한 목적으로만 사용했습니다. 그런데 작은따옴표나 큰따옴표를 문자열의 일부로 표현하고 싶으면 어떻게 할까요? 이러한 경우에는 역슬래시를 사용하여 \' 또는 \" 같이 입력합니다. 이렇게 하면 \ 뒤에 있는 작은따옴표나 큰따옴표가 문자열을 표현하는 역할이 아닌 문자열의 일부로 인식됩니다(이러한 기능을 escape 기능이라고 합니다).

예를 들어 우리가 저장하고자 하는 문자열이 Tom's book이라고 하겠습니다. 여기서 작은따옴표(')는 소유격을 나타내는 아포스트로피(apostrophe)로 사용되었습니다. 이를 문자열로 저장하기 위해 다음과 같이 작은따옴표를 사용해 보겠습니다.

```
s = 'Tom's book'
```

이 코드를 실행하면 에러가 발생합니다. 컴퓨터에 입장에서는 문자열을 표현하는 데 필요한 작은따옴표가 세 개가 있기 때문입니다. 처음 두 개의 작은따옴표는 'Tom'이라는 문자열을 표현하는 것으로 인식이 되지만, 마지막 작은따옴표는 짝이 없습니다. 아포스트로피에 해당하는 작은따옴표를 문자열의 일부로 표현하기 위해서는 다음과 같이 입력하면 됩니다.

```
s = 'Tom\'s book'
```

참고
작은따옴표를 문자열의 일부로 저장하고자 하는 경우 문자열 데이터 생성을 위해 작은따옴표가 아니라 큰따옴표를 사용할 수도 있습니다. 예를 들어, s="Tom's book"이라고 입력하면 문자열 데이터 생성을 위해 큰따옴표가 사용되었기 때문에 문자열 중간에 있는 작은따옴표는 문자열의 일부로 인식이 됩니다.

참고
Raw string

문자열 앞에 r 또는 R이 붙은 문자열을 raw string이라고 합니다. r'abc'가 그러한 예입니다. raw string에 포함된 역슬래시는 escape 기능을 갖지 않고, 역슬래시 자체를 의미합니다. 예를 들어, 아래와 같이 문자열에 r을 붙여 변수 a에 저장한 후, 변수 a를 출력하면 \가 그대로 출력됩니다.

```
a = r'Tom\'s book'
print(a)
```

```
Tom\'s book
```

3.2.4 사전

이번에는 사전(dictionary) 데이터 타입에 대해 살펴보겠습니다. 관련 코드는 `dictionary_examples.ipynb` 파일을 참고하세요.

3.2.4.1 사전 데이터의 특성

사전은 key:value 형태의 데이터를 저장할 때 사용합니다(key와 value는 콜론 기호(:)를 이용해서 연결됩니다). 흔히 사용하는 국어사전이나 영어사전과 비슷한 형태의 정보를 저장하는 역할을 한다고 생각하면 됩니다. key는 단어에 해당되고 value는 각 단어에 대한 설명 혹은 정의라고 생각할 수 있습니다. 사전 형태의 데이터는 중괄호(curly brackets, { })를 사용해서 표현합니다. 중괄호 사이에 여러 개의 key:value 값을 저장할 수 있는데, 각 key:value는 쉼표(,)를 이용해 구분합니다. 예를 들면, 다음과 같이 생성할 수 있습니다.

```
{key1:value1, key2:value2}
```

key:value 짝이 두 개가 있습니다. 첫 번째 key의 이름은 **key1**이고, 그에 대한 value는 **value1**입니다. 다른 데이터 타입과 마찬가지로 사전 형태의 데이터도 = 기호를 사용해 변수에 저장할 수 있습니다.

```
d = {key1:value1, key2:value2}
```

변수 d의 타입은 사전 데이터를 저장하고 있으므로 사전(dict)이 됩니다.

사전 타입의 데이터를 사용할 때 주의해야 할 것 중 하나가 key는 중복될 수 없다는 것입니다. 즉, 하나의 사전에 같은 이름을 갖는 key가 두 개 이상 존재할 수 없습니다. 반대로, key에 대한 value는 중복될 수 있습니다. key가 중복될 수 없는 이유는, 우리가 특정 key의 value에 접근할 때 해당 value의 key 이름을 사용하기 때문입니다. 같은 이름을 갖는 key가 여러 개 있다면, 접근하고자 하는 value가 어떤 key의 value인지 알 수 없게 됩니다. key로 사용할 수 있는 데이터 타입은 이뮤터블(immutable)한 데이터 타입이어야 합니다. 즉, 문자열과 같이 기존의 값을 변경할 수 없는 데이터 타입이어야 합니다. 리스트와 같은 뮤터블(mutable) 데이터 타입은 key로 사용될 수 없습니다.

그러면 직접 사전을 만들어 보겠습니다. 사람의 이름과 나이 정보를 저장하는 사전을 만든다고 가정합니다.

```
name_age = {'Tom': 23, 'John': 31, 'Sarah':23}
```

name_age 변수에는 세 사람의 정보가 저장되어 있습니다(즉, 세 개의 key:value 정보가 있습니다). key는 사람의 이름이고, key의 value에는 각 사람의 나이가 입력되어 있습니다. 'Tom'의 나이는 23, 'John'의 나이는 31, 'Sarah'의 나이는 23입니다. 위에서 보는 것처럼 value에 해당하는 나이는 중복돼도 괜찮습니다. 그렇다면 다음처럼 이름이 같은 사람의 정보를 저장하고자 한다면 어떻게 될까요?(즉, 'Tom'이라는 key가 두 개 있습니다.)

```
name_age = {'Tom': 23, 'Sarah':23, 'John': 31, 'Tom':45}
```

에러는 발생하지 않습니다. name_age 변수에 어떤 내용이 저장되어 있는지 확인해 보겠습니다.

```
name_age
```

```
{'Tom': 45, 'Sarah': 23, 'John': 31}
```

결과에서 확인할 수 있듯이 두 명의 Tom 중에서 한 사람의 정보만 저장되어 있습니다. 동일한 이름을 갖는 key가 같은 사전에 존재할 수 없기 때문에 그렇습니다. 그렇다면 어느 Tom의 정보가 저장되었을까요? 바로 마지막에 있는 Tom의 정보가 저장되어 있는 것을 알 수 있습니다. 동일한 이름을 갖는 key가 여러 개 있는 경우, 사전에 저장되는 key:value는 마지막으로 입력된 것입니다.

3.2.4.2 특정 value 추출하기

원소의 값을 추출하기 위해 인덱스 정보를 사용하는 리스트나 문자열과 달리, 사전은 특정 value에 접근하기 위해 해당 value의 key 정보를 사용합니다. 사전에서 key 정보를 이용하여 해당 key의 value에 접근할 때는 다음과 같이 대괄호([ ])를 이용합니다.

```
name_age['John']
```

위와 같이 입력하면, `name_age` 사전 변수에 존재하는 `'John'` key의 value가 반환됩니다. 즉, 31의 값이 반환됩니다. 사전에 저장되어 있지 않은 key를 입력하면 다음과 같은 에러가 발생합니다.

```
name_age['Kai']  # 존재하지 않는 키('Kai') 입력
```

```
---------------------------------------------------------------------
KeyError                          Traceback (most recent call last)
<ipython-input-7-70890f6580c6> in <module>()
----> 1 name_age['Kai']

KeyError: 'Kai'
```

3.2.4.3 새로운 key:value 추가하기

이미 존재하는 사전에 새로운 key:value 정보를 추가하고자 할 때도 대괄호를 사용합니다. `name_age` 변수에 `'Kai'`:12라는 새로운 key:value를 추가하려면 다음과 같이 입력합니다.

```
name_age['Kai'] = 12
```

코드를 실행한 이후, `name_age`의 내용을 살펴보면, `'Kai'`:12가 새롭게 추가된 것을 확인할 수 있습니다.

```
name_age
```

```
{'John': 31, 'Kai': 12, 'Sarah': 23, 'Tom': 45}
```

기존 key에 새로운 value를 할당하면 어떻게 될까요? 그렇게 하면 해당 key의 기존 value가 새로운 value로 업데이트됩니다. 예를 들어 다음과 같이 입력해 보겠습니다.

```
name_age['Sarah'] = 28
```

name_age 변수에는 이미 'Sarah'라는 key가 존재합니다. 그 값은 23입니다. 이러한 경우에 해당 key에 위와 같이 새로운 value를 할당하면 기존 value가 새로운 value로 업데이트됩니다. 앞 코드를 실행한 후, name_age 변수의 내용을 확인하면 다음과 같이 'Sarah'의 value가 23에서 28로 변경된 것을 확인할 수 있습니다.

```
{'John': 31, 'Kai': 12, 'Sarah': 28, 'Tom': 45}
```

3.2.4.4 key:value 삭제하기

특정 key:value 정보를 삭제하는 데는 del 키워드를 사용합니다. 다음 코드를 실행하면, name_age 변수에서 'John': 31 정보가 삭제됩니다.

```
del name_age['John']
```

3.2.4.5 사전 메서드

사전 형태의 변수나 데이터와 함께 사용할 수 있는 사전 메서드(dictionary methods)의 목록을 확인하기 위해서는 dir() 함수를 사용합니다. dir(name_age)라고 입력을 하면 사전 메서드의 목록이 반환됩니다. 여기서는 상대적으로 사용 빈도가 높은 keys()와 update()에 대해 살펴보겠습니다.

■ keys()

어떤 사전 변수에 저장된 모든 key 정보를 추출하고자 하는 경우 keys()를 사용합니다. 이를 위해 다시 name_age 변수에 {'John': 31, 'Kai': 12, 'Sarah': 28, 'Tom': 45}를 저장하겠습니다.

```
name_age = {'John': 31, 'Kai': 12, 'Sarah': 28, 'Tom': 45}
```

name_age에 keys()를 적용하면 name_age에 저장된 모든 key 정보가 반환됩니다. 결과는 다음과 같습니다.

```
name_age.keys()
```
```
dict_keys(['John', 'Kai', 'Sarah', 'Tom'])
```

keys()가 반환하는 결과는 위에 보이는 것처럼 dict_keys 형태입니다. dict_keys 형태의 결과는 다음 코드와 같이 list() 함수를 이용해 쉽게 리스트 타입의 데이터로 변경할 수 있습니다.

```
list(name_age.keys())
```

```
['John', 'Kai', 'Sarah', 'Tom']
```

list() 함수가 반환하는 데이터는 리스트 타입이므로 인덱싱이나 슬라이싱을 할 수도 있고, 다양한 리스트 메서드를 적용할 수도 있습니다. 다음 코드에서는 인덱스 번호 0을 사용해서 첫 번째 원소의 값을 추출합니다.

```
list(name_age.keys())[0]
```

```
'John'
```

▪ update()

update()는 하나의 사전을 또 다른 사전을 이용하여 업데이트하고자 하는 경우에 사용합니다. 설명을 위해 다음 두 개의 사전 변수가 있다고 가정하겠습니다.

```
name_age1 = {'Tom':33, 'Kai':12}
name_age2 = {'John':31, 'Sarah': 28}
```

name_age1을 name_age2의 내용을 추가해 업데이트할 때 다음과 같이 update() 메서드를 사용할 수 있습니다.

```
name_age1.update(name_age2)
```

코드를 실행한 후에 name_age1의 내용을 확인해 보면, 기존 name_age1의 내용에 새롭게 name_age2의 내용이 추가된 것을 알 수 있습니다.

```
name_age1
```

```
{'John': 31, 'Kai': 12, 'Sarah': 28, 'Tom': 33}
```

이번에는 name_age1을 또 다른 사전 변수인 name_age3 = {'Tom': 40, 'Peyton': 10, 'Ethan': 7}을 이용해 업데이트해 보겠습니다. 앞의 경우와 다르게, 이번에는 name_age3에 name_age1에 있는 key('Tom')가 포함되어 있습니다. 이러한 경우, name_age1을 name_age3를 이용해 업데이트하면 어떻게 될까요? 일단 먼저 업데이트해 보겠습니다.

```
name_age1.update(name_age3)
```

코드를 실행한 후, name_age1의 내용을 확인하면 다음과 같습니다. name_age1에 존재하던 'Tom'의 value가 31에서 40으로 변경됐습니다.

```
name_age1
```

```
{'Tom': 40, 'Kai': 12, 'John': 31, 'Sarah': 28, 'Peyton': 10, 'Ethan': 7}
```

결과에서 볼 수 있듯이, 새로 업데이트하는 사전 변수에 기존 사전 변수의 key와 동일한 key가 있으면 ('Tom') 기존 value가 새로운 value로 업데이트됩니다. 즉, name_age1에 있는 'Tom'의 value(즉, 33)가 name_age3에 있는 'Tom'의 value인 40으로 업데이트됩니다.

3.2.5 튜플

이번에는 튜플(tuple) 데이터 타입에 관해 살펴보겠습니다. 관련 코드는 tuple_examples.ipynb 파일을 참고하세요.

3.2.5.1 튜플의 특성

튜플은 리스트 데이터와 유사합니다. 튜플과 리스트의 주요 차이는 튜플은 리스트와 달리 이뮤터블 (immutable)하다는 것입니다. 즉, 기존 원소의 값을 새로운 값으로 변경할 수 없습니다. 리스트와 비슷한 기능을 제공한다면 굳이 튜플이라는 새로운 데이터 타입을 사용하지 않고 리스트를 사용하면 될 텐데, 왜 튜플이라는 새로운 타입을 만들었을까요? 여러 가지가 이유가 있겠지만, 그중 가장 중요한 이유 중 하나는 리스트 형태로 데이터를 저장하고 싶은데, 향후 변경은 불가능하게 하고자 하는 경우 리스트 대신 튜플을 사용합니다. 또한, 리스트 형태의 정보를 사전의 키 이름으로 사용하고자 하는 경우 리스트 대신 튜플을 사용할 수 있습니다. 왜냐하면 키 이름은 이뮤터블한 데이터 타입만 사용할 수 있기 때문입니다.

리스트는 대괄호를 사용하지만, 튜플은 다음과 같이 소괄호를 사용해 생성합니다.

```
t = (1, 3, 'python')
```

튜플도 리스트와 마찬가지로 시퀀스 데이터이기 때문에 각 원소가 인덱스 번호를 갖습니다. 그리고 인덱스 번호를 사용해 인덱싱과 슬라이싱을 할 수 있습니다. 예를 들어 t[0]는 t의 첫 번째 원소를, t[-1]은 마지막 원소를 반환합니다.

하지만 튜플은 이뮤터블 데이터이기 때문에 기존 원소의 값을 새로운 값으로 변경할 수 없습니다. 따라서 다음 코드를 실행하면 에러가 발생합니다.

```
t[0] = 10
```

```
---------------------------------------------------------------------
TypeError                                 Traceback (most recent call last)
~\AppData\Local\Temp/ipykernel_20256/1178742575.py in <module>
----> 1 t[0]=10

TypeError: 'tuple' object does not support item assignment
```

3.2.5.2 튜플 메서드

튜플 데이터와 함께 사용될 수 있는 함수인 튜플 메서드(tuple methods)는 count()와 index()밖에 없습니다. 리스트 메서드보다 그 수가 훨씬 적은데, 그 이유는 튜플이 이뮤터블 데이터이기 때문입니다. 따라서 기존 원소의 값을 변경하는 메서드는 사용할 수 없습니다. count()는 특정 값을 갖는 원소의 수를 세고자 할 때 사용하고, index()는 특정 값을 갖는 원소의 인덱스를 알고자 할 때 사용합니다. 예를 들어, t.count(3)는 변수 t에 3의 값을 갖는 원소가 한 개 있기 때문에 1을 반환합니다.

```
t.count(3)
```

```
1
```

t.index('python')은 'python'의 값을 갖는 원소가 세 번째 원소이므로 인덱스 값으로 2를 반환합니다.

```
t.index('python')
```

```
2
```

3.2.5.3 튜플과 함께 사용할 수 있는 일반함수

리스트 변수에 사용할 수 있는 일반함수는 튜플에도 사용할 수 있고, 같은 방식으로 작동합니다. 예를 들어, min()이나 max()는 튜플에 포함된 원소의 타입이 같은 경우에만 원소 간 대소를 비교합니다. 다음과 같이 원소의 타입이 다르면 에러가 발생합니다.

```
min(t)    # t = (1, 3, 'python')
```

```
---------------------------------------------------------------------
TypeError                                 Traceback (most recent call last)
~\AppData\Local\Temp/ipykernel_20256/2371555040.py in <module>
```

```
----> 1 min(t)

TypeError: '<' not supported between instances of 'str' and 'int'
```

나머지는 리스트와 동일하게 작동하므로 설명을 생략하겠습니다.

3.2.5.4 원소가 하나인 튜플의 표현

원소가 여러 개인 튜플을 생성할 때는 앞에서 설명한 것처럼 소괄호를 이용해서 생성하면 됩니다. 하지만 원소의 개수가 하나인 튜플을 생성하는 경우에는 추가로 주의할 사항이 있습니다. 소괄호는 튜플을 생성하는 데 사용되는 것뿐만 아니라, 다른 목적으로도 파이썬에서 사용되기 때문입니다. 소괄호는 연산의 우선순위를 정할 때도 사용됩니다. 예를 들어 다음 수식의 경우 그 결괏값은 얼마일까요?

```
(3+2)*3
```

이 연산의 결과는 15입니다. 소괄호를 사용하지 않고, 3+2*3이라고 입력했다면 연산의 우선순위에 따라 그 결과는 9가 될 것입니다. 즉, (3+2)*3은 소괄호의 사용으로 더하기 연산 (3+2)가 곱하기 연산보다 먼저 수행됩니다.

소괄호를 이용해 원소가 하나인 튜플을 다음과 같이 생성했다고 가정해 보겠습니다.

```
t1 = (3)
```

t1의 타입을 알아보기 위해 type() 함수를 실행하면 어떤 결과가 나올까요?

```
type(t1)
```

int라는 결과가 나옵니다. 이유는 앞에서 입력한 (3)의 소괄호가 튜플을 생성하는 역할이 아닌 연산의 우선순위를 정하는 역할로 사용됐기 때문입니다. 즉, t1 = (3)이라고 입력했기는 했지만, 소괄호가 연산의 우선순위를 정할 뿐 실제 값으로 저장되지 않았습니다. 이는 t1의 값을 확인해 보면 쉽게 알 수 있습니다.

```
t1
```

```
3
```

그렇다면 원소가 하나인 튜플을 생성하고자 하는 경우에는 어떻게 하면 될까요? 다음과 같이 원소 뒤에 쉼표를 붙여주면 됩니다.

```
t2 = (3,)
```

type() 함수를 적용해 보면 t2의 타입이 tuple임을 확인할 수 있습니다.

3.2.5.5 zip() 함수 사용하기

데이터 분석 작업을 하면서 유용하게 사용할 수 있는 함수 중 하나가 zip() 함수입니다. zip() 함수는 두 개의 시퀀스 데이터의 원소를 튜플 형태로 묶어주는 역할을 합니다. 예를 들어, 다음과 같은 두 개의 리스트 변수가 있다고 가정합시다.

```
words = ['Python', 'Java', 'is', 'do']
pos = ['Noun', 'Noun', 'Verb', 'Verb']
```

두 변수의 각 원소를 하나의 튜플로 묶는 작업을 zip()을 이용해서 다음과 같이 수행할 수 있습니다.

```
word_pos = zip(words, pos)
list(word_pos)
```

결과는 다음과 같습니다.

```
[('Python', 'Noun'), ('Java', 'Noun'), ('is', 'Verb'), ('do', 'Verb')]
```

이번에는 두 개의 원소를 갖는 튜플로 구성된 리스트 데이터에 대해서 튜플의 첫 번째 원소들과 두 번째 원소들을 구분해서 저장하는 방법에 대해서 살펴보겠습니다. 예를 들어, 아래와 같이 단어와 단어의 품사 정보를 원소로 하는 튜플로 구성된 words_pos1이라는 리스트 변수가 있다고 가정합니다. 이 변수에 대해서 변수 이름 앞에 *를 붙이고 zip() 함수를 적용하면, 튜플의 첫 번째 원소들과 두 번째 원소들이 구분되어 별도의 튜플에 저장됩니다.

```
words_pos1 = [('Python', 'Noun'), ('Java', 'Noun'), ('is', 'Verb'), ('do', 'Verb')]
list(zip(*words_pos1))
```

결과는 다음과 같습니다.

```
[('Python', 'Java', 'is', 'do'), ('Noun', 'Noun', 'Verb', 'Verb')]
```

3.2.6 집합

마지막으로 살펴볼 파이썬 기본 데이터 타입은 집합, 즉 set입니다. 관련 코드는 **set_examples.ipynb** 파일을 참고하세요.

데이터 분석에서 set의 가장 중요한 역할은 중복 없이 원소를 저장하는 것입니다. set 데이터는 **set()** 함수를 통해 생성합니다. 예를 들어, 다음과 같은 리스트 변수가 있다고 가정하겠습니다.

```
a = [1,2,2,3,3,3]
```

변수 a에는 1이 한 개, 2가 두 개, 3이 세 개 있습니다. 즉, 리스트 변수에는 값이 같은 원소가 두 개 이상 존재할 수 있습니다. 변수 a를 이용해서 집합 데이터를 만들어 보겠습니다. 이때 **set()** 함수를 사용합니다.

```
s = set(a)
```

이렇게 하면 변수 s의 타입은 set이 됩니다. 변수 s가 어떤 데이터를 저장하고 있는지 확인해 보겠습니다.

```
s
```
```
{1, 2, 3}
```

위에서 보는 것처럼 집합 데이터는 중괄호를 이용해 표현합니다. 변수 a의 원소 중에서 중복되는 것은 제거되고 고유한 원소만 저장되는 것을 알 수 있습니다.

집합의 원소는 이뮤터블해야 합니다. 따라서 집합의 원소가 될 수 있는 것은 정수, 소수, 문자열, 튜플입니다. 뮤터블한 리스트나 사전은 집합의 원소가 될 수 없습니다. 하지만 이는 집합을 구성하는 각 원소가 이뮤터블하다는 것이지, 집합 자체가 이뮤터블하다는 뜻은 아닙니다. 다음과 같이 입력하면 첫 번째 원소가 뮤터블한 데이터이기 때문에 에러가 납니다.

```
s1 = set([[1],'python'])
```
```
---------------------------------------------------------------------------
TypeError                                 Traceback (most recent call last)
~\AppData\Local\Temp/ipykernel_17828/2325052721.py in <module>
----> 1 s1=set([[1],'python'])

TypeError: unhashable type: 'list'
```

set의 원소들은 인덱스를 갖지 않습니다. 따라서 인덱싱이나 슬라이싱을 할 수 없습니다. 예를 들어 다음과 같이 입력하면 에러가 발생합니다.

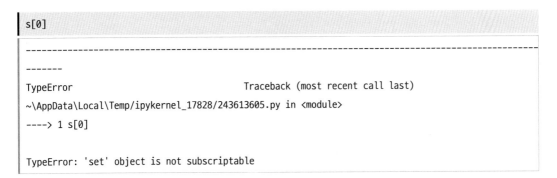

```
s[0]
```

```
---------------------------------------------------------------------------
-------
TypeError                                 Traceback (most recent call last)
~\AppData\Local\Temp/ipykernel_17828/243613605.py in <module>
----> 1 s[0]

TypeError: 'set' object is not subscriptable
```

3.2.7 데이터 타입 변환

데이터 분석을 할 때는 종종 데이터 타입을 변환합니다. 주요한 데이터 타입 변환을 어떻게 수행하는지 알아보겠습니다. 관련 코드는 type_conversion_examples.ipynb 파일을 참고하세요.

3.2.7.1 문자열 → 숫자(정수 또는 소수)

숫자(digit)로만 구성된 문자열은 숫자(정수 또는 소수) 타입으로 변경할 수 있습니다. 정수로 변환하고자 하는 경우는 int() 함수를, 소수로 변환하고자 하는 경우에는 float() 함수를 사용합니다. 예를 들어, k라는 변수에 '123' 값이 저장되어 있다면 k의 타입은 문자열입니다. 양끝에 작은따옴표가 있기 때문입니다. 즉, '123'은 숫자 123이 아니라 문자열입니다.

```
k='123'
type(k)
```

```
str
```

따라서 k로 수 연산을 할 수 없습니다. k + 100과 같은 연산은 에러가 발생합니다. 수 연산을 하기 위해서는 k에 저장된 값을 먼저 숫자 형태의 데이터로 변환해야 합니다. 이때 곱하기 연산은 예외입니다. 문자열과 숫자의 곱하기는 가능합니다. 예를 들어 k*3은 에러를 발생시키지 않습니다. k*3은 k에 저장된 문자열을 세 번 반복한다는 것을 의미합니다.

```
k+100
```

```
---------------------------------------------------------------------------
TypeError                                 Traceback (most recent call last)
~\AppData\Local\Temp/ipykernel_19480/1046146203.py in <module>
----> 1 k+100
TypeError: can only concatenate str (not "int") to str
```

```
k*3
```

```
'123123123'
```

k에 저장된 문자열은 숫자(digit)로만 구성되어 있기 때문에 정수나 소수로 변경할 수 있습니다.

다음과 같이 int() 함수를 사용하면 정수 123으로 변환되고,

```
int(k)
```

```
123
```

다음처럼 float() 함수를 사용하면 소수 123.0으로 변환됩니다.

```
float(k)
```

```
123.0
```

3.2.7.2 숫자 → 문자열

문자열을 숫자 형태로 변환할 수 있는 것처럼 숫자 형태의 데이터도 문자열로 변환할 수 있습니다. 이때는
str() 함수를 사용합니다. str(123)은 숫자 123을 문자열 '123'으로 변환합니다.

```
str(123)
```

```
'123'
```

str(123.0)은 숫자 123.0을 문자열 '123.0'으로 변환합니다.

```
str(123.0)
```

```
'123.0'
```

3.2.7.3 튜플 → 리스트

튜플은 그 형태가 리스트와 흡사해서 리스트 형태로 쉽게 변환할 수 있습니다. 이때 list() 함수를 사용합니다. 튜플 변수 t = (1, 3, 'python')에 list(t)를 실행하면 다음과 같이 [1, 3, 'python']라는 리스트가 반환됩니다.

```
list(t)
```

```
[1, 3, 'python']
```

3.2.7.4 리스트 → 튜플

반대로 리스트 데이터도 쉽게 튜플 형태로 변환할 수 있습니다. 이때는 tuple() 함수를 사용합니다.

```
h = [1,2,3]
tuple(h)
```

```
(1,2,3)
```

3.3 if-else 조건문

지금까지 파이썬에서 제공되는 주요 데이터 타입을 살펴봤습니다. 이 섹션에서는 if-else 조건문에 대해서 알아보겠습니다. 관련 코드는 if_else_examples.ipynb 파일을 참고하세요.

3.3.1 if 구문

if-else 구문 중 if 구문에 대해 먼저 살펴보겠습니다.

3.3.1.1 if 구문의 작동 방식

if 구문을 사용하면 주어진 조건이 만족하는 경우에만[21] 특정한 작업을 수행하는 파이썬 코드를 작성할 수 있습니다.

---

21 if는 영어 단어로 '만약 …라면'이라는 뜻을 가지고 있음을 상기하면 if 구문이 어떠한 역할을 하는지 쉽게 이해할 수 있습니다.

if 구문을 사용하는 기본 형식은 다음과 같습니다.

```
if condition:
    body
```

위에서 condition을 테스트한 결과가 참(즉, True)인 경우에만 body 부분의 코드가 실행됩니다. body 부분을 시작하기 위해서는 condition 뒤에 반드시 콜론기호(:)를 추가해야 합니다. body에는 한 줄 이상의 파이썬 코드가 포함될 수 있습니다. 그리고 condition에는 테스트하고자 하는 조건식이 들어갑니다.

가령 변수 a에 저장된 숫자가 0보다 큰 경우에만 화면에 'I am happy.'라는 문장을 출력하고 싶다고 해보겠습니다. 이러한 상황에서 조건(condition)은 "변수 a에 저장되어 있는 숫자가 0보다 큰지 그렇지 않은지"입니다. 그리고 해당 조건을 테스트한 결과가 참(True)인 경우에만 특정 작업(즉, 'I am happy.'를 화면에 출력)을 수행합니다. 이러한 목적을 위해 다음과 같은 코드를 작성할 수 있습니다.

```
a = 5
if a > 0:
    print('I am happy.')
```

위의 코드를 실행하면 화면에 무엇이 출력될까요? I am happy.가 출력됩니다. 조건인 a > 0이 참(True)이기 때문에 if 구문의 body에 해당되는 print('I am happy.')가 실행된 것입니다.

이번에는 변수 a에 저장된 값이 0보다 큰 경우에 a에 1을 더하고, 그 값을 화면에 출력하는 코드를 작성해 보겠습니다. if 구문의 body에 들어가야 하는 파이썬 명령문은 두 개입니다.

```
if a > 0:
    a = a+1    # a += 1이라고 표현할 수 있습니다.
    print(a)
```

변수 a에 저장된 값이 5이므로 a > 0은 True를 반환하고, 그렇기 때문에 if 구문의 body가 실행됩니다. 즉, a = a+1과 print(a)가 모두 실행되는 것입니다. 그 결과로 화면에 6이 출력됩니다.

참고   a = a+1의 계산 순서

a = a+1의 계산 순서를 살펴보겠습니다. = 기호 오른쪽의 식이 먼저 계산되고 그 결과가 왼쪽에 있는 변수에 저장됩니다. 현재 변수 a에 저장된 값(5)에 1을 더하고 그 값(6)을 다시 변수 a에 저장합니다. 따라서 변수 a에 최종적으로 저장되는 값은 6이 됩니다.

3.3.1.2 if 구문의 body 작성하기

파이썬은 어떤 구문(예: if 구문)의 body를 작성할 때 들여쓰기(indentation) 방법을 사용합니다. body 부분이 여러 줄의 파이썬 코드로 구성된 경우에는 각 줄의 코드에 대한 들여쓰기 정도가 동일해야 같은 구문의 body라는 것을 파이썬이 알 수 있습니다. 앞의 예에서 a = a+1과 print(a)가 동일한 if 구문의 body라는 것을 알 수 있는데, 이는 **들여쓰기 정도가 같기 때문**입니다. 들여쓰기를 위해서는 띄어쓰기(space)를 사용하거나 탭(tab)을 사용할 수 있습니다. 주피터 노트북에서는 자동으로 들여쓰기를 해줍니다.

같은 if 구문의 body에 속한 파이썬 코드인데 들여쓰기를 다르게 하면 에러가 발생합니다. 예를 들어 앞의 코드를 실수로 다음과 같이 작성했다고 가정해 보겠습니다.

```
if a > 0:
    a = a+1
        print(a)
```

이 코드는 a = a+1과 print(a)의 들여쓰기 정도가 다르기 때문에 서로 다른 body로 인식됩니다. 그런데 하나의 if 구문에는 하나의 body만 존재할 수 있기 때문에 다음과 같이 unexpected indent 에러가 발생합니다.

```
File "C:\Users\user\AppData\Local\Temp/ipykernel_26556/3473528552.py", line 4
    print(a)
    ^
IndentationError: unexpected indent
```

3.3.1.3 조건(condition)을 만들 때 사용되는 주요 비교 연산자

조건을 만들 때 주로 사용하는 비교 연산자에는 다음과 같은 것이 있습니다.

$$<, <=, >, >=, ==, !=$$

==는 두 값이(혹은 두 변수에 저장된 값이) 동일한지를 테스트합니다. 동일하면 True를, 그렇지 않으면 False를 반환합니다. 반대로 !=는 두 값이 서로 다른지를 테스트합니다. 서로 다르면 True를, 같으면 False를 반환합니다.

그 외에도 True와 False로 인식될 수 있는 값을 반환하는 여러 연산자나 함수를 조건을 만들기 위해 사용할 수 있습니다. 여기서 중요한 것은 불리언 값인 True와 False만 True와 False로 간주하는 것이 아니라는 것입니다. False를 의미하는 값으로는 불리언 값인 False를 비롯하여 0, None, [], {}, () 등이 있습니다. 그 외의 값은 대부분 True로 간주합니다. 어떠한 값이 True 또는 False로 간주되는지 확인하기 위한 목적으로 bool() 함수를 사용합니다. 예를 들어, bool(3)은 True를 반환합니다.

그렇다면 다음 코드를 실행하면 어떻게 될까요?

```
if 3*3:
    print(3)
```

화면에 3이 출력됩니다. 즉, if 구문에서 테스트하는 조건이 3*3이고, 그 값이 0이 아니기 때문에 True로 간주되어 if 구문의 body가 실행되는 것입니다. 마찬가지로, 다음 코드는 화면에 아무런 값도 출력하지 않습니다. 숫자 0은 False로 간주되기 때문입니다.

```
if 0/3:
    print(3)
```

3.3.1.4 in 연산자를 사용하여 조건 만들기

앞에서 살펴본 비교 연산자 이외에 조건을 만들 때 자주 사용되는 것으로 in 연산자가 있습니다. 특정한 값을 갖는 원소가 시퀀스 데이터(예: 리스트, 문자열 등)에 포함되어 있는지를 확인할 때 사용합니다. 포함하는 경우 True를, 그렇지 않은 경우 False를 반환합니다.

예를 들어 x=[3, 5, 9]라는 변수에 대해 다음 조건은 True를 반환합니다.

```
3 in x
```

왜냐하면 3의 값을 갖는 원소가 x에 존재하기 때문입니다. 그러면 다음 코드는 어떤 결과를 반환할까요?

```
4 in x
```

False를 반환합니다. 4의 값을 갖는 원소가 x에 없기 때문입니다.

in 연산자는 문자열 데이터에도 사용할 수 있습니다. 예를 들어, 특정 단어가 문자열 데이터에 포함됐는지 확인하고, 포함된 경우 단어가 들어 있다고 화면에 출력하는 코드는 다음과 같습니다.

```
text = '파이썬은 컴퓨터 프로그래밍 언어입니다.'
if '파이썬' in text:
    print('파이썬이 포함되어 있습니다.')
```

text 변수에 저장되어 있는 문자열에 '파이썬'이라는 단어가 포함되어 있기 때문에 '파이썬' in text 의 결과는 True가 됩니다. 따라서 if 구문의 body인 print('파이썬이 포함되어 있습니다.')가 실행됩니다.

3.3.1.5 not in 연산자 사용하기

in 연산자를 not과 함께 사용할 수 있습니다. 해당 원소가 없을 때 True를, 있을 때 False를 반환합니다.

```
3 not in x
```

3의 값을 갖는 원소가 x에 있기 때문에 위 코드는 False를 반환합니다.

```
4 not in x
```

4의 값을 갖는 원소가 x에 없기 때문에 위 코드는 True를 반환합니다.

3.3.2 if–else 구문: if 구문의 조건이 만족하지 않는 경우에도 코드 실행하기

앞의 경우에는 어떠한 조건이 만족한 경우에만 코드를 실행했습니다. 그런데 특정 조건을 만족하는 경우뿐만 아니라, 만족하지 않는 경우에도 어떤 작업을 수행하고 싶다면 어떻게 할까요? 이때는 if 구문과 함께 else 구문을 사용합니다. 다음과 같이 코딩합니다.

```
if condition:
    body1
else:
    body2
```

이처럼 작성하면 if와 else 구문이 하나의 짝(pair)으로 작동합니다(if 구문은 단독으로 사용할 수 있지만, else 구문은 단독으로 사용할 수 없습니다. 반드시 if 구문과 함께 사용해야 합니다). if 구문에 있는 condition을 **먼저** 테스트하고, 그 결과가 참인 경우 if의 body(즉, body1)가 실행되고, 그렇지 않은 경우에는 else의 body인 body2가 실행됩니다. 예를 들어 다음과 같은 코드가 있다고 가정해 보겠습니다.

```
a = 5
if a > 0:
    print('a is positive.')
else:
    print('a is not positive.')
```

이 경우, 변수 a에 저장된 값이 0보다 크면 if 구문의 body인 print('a is positive.')가 실행되고, 그렇지 않은 경우에는 else 구문의 body인 print('a is not positive.')가 실행됩니다. 현재 변수 a에는 0보다 큰 5가 저장되어 있어 if 구문에 해당하는 body, 즉 print('a is positive.')가 실행되어 화면에 a is positive.가 출력됩니다.

변수 a에 -3이 저장되어 있으면 어떻게 될까요? if 구문의 조건인 a > 0의 테스트 결과가 거짓(False)이기 때문에 if 구문의 body가 실행되지 않고, else 구문의 body인 print('a is not positive.')가 실행되어 화면에 a is not positive.가 출력됩니다.

3.3.3 if—elif—else 구문: 여러 개의 조건 사용하기

지금까지 살펴본 사례에서는 테스트하는 조건이 하나밖에 없었습니다. 이 경우에는 if-else를 사용하여 해당 조건이 만족한 경우와 그렇지 않은 경우에 다른 코드를 실행할 수 있었습니다. 그런데 테스트하고자 하는 조건이 여러 개이고 각 조건이 만족하는 경우 다른 코드를 실행하고자 한다면 어떻게 할까요? 이때는 elif 구문을 if 구문과 else 구문 사이에 추가하여 사용합니다. 다음과 같이 사용할 수 있습니다.

```
if condition1:
    body1
elif condition2:
    body2
elif condition3:
    body3
…
else:
    body_else
```

테스트하고자 하는 조건의 수만큼 elif 구문을 if와 else 구문 사이에 추가할 수 있습니다. if-elif-…-elif-else는 하나의 짝(pair)입니다. elif는 단독으로 사용할 수 없고, 항상 if 구문과 함께 사용합니다. 예를 들어, 시험 점수에 따라 학점을 다르게 부여하는 코드를 작성한다고 가정해 보겠습니다. 학점의 기준은 표 3.4와 같습니다.

표 3.4 시험 점수에 따른 학점

시험 점수 범위	학점
점수 >= 90	A
90 > 점수 >= 80	B

시험 점수 범위	학점
80 > 점수 >= 70	C
70 > 점수 >= 60	D
점수 < 60	F

우리가 테스트해야 하는 조건은 다섯 개입니다. 시험 점수가 score라는 변수에 저장되어 있다고 가정하겠습니다. 시험 점수는 0에서 100점 사이입니다. 그러면 다음과 같이 작성할 수 있습니다.

```python
if score >= 90:
    print('A')
elif 90 > score >= 80:
    print('B')
elif 80 > score >= 70:
    print('C')
elif 70 > score >= 60:
    print('D')
else:
    print('F')
```

score에 저장된 점수가 85라면 화면에 출력되는 값은 B일 것입니다. 테스트하는 조건 중에서 만족하는 것이 90 > score >= 80밖에 없기 때문입니다. if-elif-else 구문의 조건은 **위에서부터 차례대로 테스트됩니다.** 즉, if 구문의 조건인 score >= 90이 가장 먼저 테스트되고, 그 결과가 False인 경우에만 다음 조건인 90 > score >= 80이 테스트됩니다. score에 저장된 점수가 85이기 때문에 score >= 90의 결과가 False가 됩니다. 그래서 두 번째 조건인 90 > score >= 80이 테스트됩니다. 역시나 마찬가지로 90 > score >= 80의 결과가 False인 경우에만 그 다음 조건이 테스트됩니다. 하지만 여기서는 90 > score >= 80의 결과가 True이기 때문에 해당 elif 구문의 body인 print('B')가 실행되고 화면에 B를 출력한 후 if-elif-else 구문의 실행이 중단됩니다(작업을 완료한 것으로 판단하고, 다음 조건을 테스트하지 않습니다).

3.3.4 하나의 구문에서 여러 개의 조건 동시 사용하기

하나의 구문에 여러 개의 조건을 묶어서 조건을 만들 수도 있습니다. 이러한 경우에는 or 연산자 또는 and 연산자를 사용합니다. or는 '또는'을 의미하고 and는 '그리고'를 의미합니다. 예를 들어 다음과 같이 작성할 수 있습니다(condition1 or condition2라고 작성할 수도 있습니다).

```
if condition1 and condition2:
    body
```

and는 두 조건의 테스트 결과가 모두 True인 경우에만 전체의 결과가 True이고, 그렇지 않은 경우에는 False입니다. or는 둘의 결과가 모두 False인 경우에만 전체의 결과가 False가 되고, 그렇지 않으면 True가 됩니다(즉, 둘 중 하나만 True여도 전체의 결과는 True가 됩니다). 표 3.5와 같이 정리할 수 있습니다.

표 3.5 and와 or 연산자

Condition1	Condition2	전체 결과	
		and	or
True	True	True	True
True	False	False	True
False	True	False	True
False	False	False	False

연산자 and를 사용해 여러 개의 조건을 동시에 테스트하는 if 조건문을 예를 들어보겠습니다.

```
a=5
if a%2 == 0 and a%3 == 0:
    print('a는 2와 3의 공배수입니다.')
else:
    print('a는 2와 3의 공배수가 아닙니다.')
```

if 구문에 포함된 조건이 두 개입니다(a%2 == 0과 a%3 == 0). 두 조건이 and로 묶여 있기 때문에 if 구문의 body인 print('a는 2와 3의 공배수입니다.')는 두 조건의 테스트 결과가 모두 True인 경우에만 실행됩니다. 즉, a에 저장된 값을 2로 나눴을 때의 나머지가 0이고(a%2 == 0의 결과가 True), a에 저장된 값을 3으로 나눴을 때의 나머지도 0(a%3 == 0의 결과가 True)인 경우에만 print('a는 2와 3의 공배수입니다.')가 실행됩니다. 그렇지 않은 경우에는 else 구문의 body인 print('a는 2와 3의 공배수가 아닙니다.')가 실행됩니다. 예를 들어 a에 저장된 값이 6인 경우에는 print('a는 2와 3의 공배수입니다.')가 실행되고, a의 값이 5인 경우에는 print('a는 2와 3의 공배수가 아닙니다.')가 실행됩니다.

3.4 for 반복문

이번에는 for 반복문에 대해 살펴보겠습니다. 관련 코드는 **for_examples.ipynb** 파일을 참고하세요. for 반복문은 여러 원소가 나열된 시퀀스 데이터(예: 리스트, 튜플, 문자열 등)의 각 원소에 대해 동일한 작업을 반복해서 수행하고자 할 때 사용합니다.

3.4.1 for 반복문 사용하기

for 구문은 다음과 같은 형식으로 사용됩니다.

```
for variable in sequence_data:
    body
```

for 구문은 보다시피 **in** 연산자와 함께 사용합니다. **variable**은 **sequence_data**의 각 원소를 취하는 변수입니다. **variable**의 이름은 일반 변수의 이름을 만들 때처럼 만들면 됩니다. **sequence_data**의 각 원소의 값에 대해 for 구문의 body가 실행됩니다. for 구문의 body를 만드는 방법은 if 구문의 body를 만드는 방법과 동일합니다. 즉, 들여쓰기를 이용해서 body 부분을 표현하고, 여러 줄의 파이썬 코드가 포함될 수 있습니다.

실제 예를 살펴보겠습니다.

```
names = ['Tom', 'Sarah', 'Ethan', 'Peyton', 'Simon']
for name in names:
    print(name)
```

위에서는 names라는 리스트 변수의 각 원소(사람 이름)를 for 문의 변수인 name이 취하면서 for 문의 body인 **print(name)**이 실행됩니다.

이 코드에서 for 문이 어떤 식으로 실행되는지 자세히 알아보겠습니다. for 문이 처음 실행될 때 name 변수는 names 리스트 변수의 첫 번째 원소 값을 취합니다. 즉, name의 값이 'Tom'이 됩니다. 그리고 해당 name에 대해 body인 **print(name)**이 실행되어 화면에 Tom이 출력됩니다. 그리고 다시 for 문이 실행됩니다. 두 번째 실행에서 name은 names의 두 번째 원소인 'Sarah'를 취하고, 그에 대해 다시 for 문의 body가 실행됩니다. 따라서 이번에는 Sarah가 출력됩니다. 이러한 과정을 name 변수가 더 이상 취할 수 있는 원소가 names 변수에 없을 때까지 반복합니다. 즉, name이 마지막 원소인 'Simon'을 취하고, 그 값에 대한 body가 실행된 다음에 for 문이 종료됩니다. 화면에 출력되는 전체 결과는 다음과 같습니다.

```
Tom
Sarah
Ethan
Peyton
Simon
```

1부터 10까지의 자연수에 대해 전체 합을 구할 때도 for 문을 유용하게 사용할 수 있습니다. 이를 위해 1부터 10까지의 자연수가 저장된 리스트 변수를 다음과 같이 만듭니다.

```
numbers = [1, 2, 3, 4, 5, 6, 7, 8, 9, 10]
total = 0  # 숫자의 합을 저장하기 위한 변수를 생성하고 그 값을 0으로 초기화합니다.
for k in numbers:
    total += k  # total = total + k를 의미합니다.
print(total)    # 이 부분은 들여쓰기를 하지 않았으므로, for 문의 body가 아닙니다.
```

여기서 for 문이 처음 실행될 때 k가 리스트 변수인 numbers의 첫 번째 원소인 1을 취하고, 그 k에 대해 body인 total += k가 실행됩니다. 즉, total에 저장된 현재 값(0)에 k의 값(1)을 더하고, 그 결과를 다시 total에 저장합니다. for 문이 처음 실행된 후 total에 저장된 값은 1(=0 + 1)입니다. for 문이 두 번째 실행될 때 k는 numbers의 두 번째 원소인 2를 취하고, 그 값에 대해 for 문의 body인 total += k가 실행됩니다. 현재 total의 값이 1이고 k의 값이 2이기 때문에 total의 값은 3으로 업데이트됩니다. 이 과정은 k가 numbers의 마지막 원소인 10을 취할 때까지 계속됩니다. 즉, 1부터 10까지의 숫자를 모두 더하고 그 결과가 total에 저장된 이후 for 문이 종료됩니다. for 문이 종료된 후 그다음 코드인 print(total)이 실행되어 화면에 total에 저장된 값인 55가 출력됩니다.

3.4.2 for 문에서 range() 함수 사용하기

for 문과 함께 유용하게 사용할 수 있는 함수가 range()입니다.[22] range() 함수는 숫자 한 개를 인자로 입력받을 수도 있고, 두 개 또는 세 개를 입력받을 수도 있습니다. 먼저 한 개를 입력받은 경우를 살펴보겠습니다. 양의 정수 n에 대해 range(n)이라고 입력하면 0부터 n−1의 정수를 반환합니다. 예를 들어, range(5)는 0, 1, 2, 3, 4의 숫자를 반환합니다. 두 개의 숫자를 입력값으로 제공하는 경우, 즉 range(n1, n2)는 n1부터 n2 − 1의 정수를 반환합니다(n1 < n2입니다). 예를 들어, range(1, 4)는 1, 2, 3의 숫자를 반환합니다.

---

[22] 정확하게 말하면, range()는 함수라기보다는 이뮤터블 시퀀스 데이터에 가깝습니다. 관련 내용은 https://docs.python.org/3/library/functions.html#func-range를 참고하세요. 여기서는 혼선을 막기 위해 그냥 함수로 간주하겠습니다.

1부터 10까지의 자연수의 합을 구하는 계산을 range() 함수를 사용해 좀 더 효율적으로 할 수 있습니다. 1부터 10까지의 자연수를 저장하는 리스트를 사용하는 것이 아니라, 1부터 10까지의 숫자를 반환하는 range(1,11)을 사용하면 됩니다(다음 코드 참고).

```
total = 0
for k in range(1,11): # range(1,11) => (1, 2, 3, 4, 5, 6, 7, 8, 9, 10)을 반환합니다.
    total += k
print(total)
```

```
55
```

3.4.3 continue와 break 키워드 사용하기

for 문에서 사용되는 시퀀스 데이터의 원소가 특정 조건을 만족하면 for 문의 body 일부를 실행하지 않을 수도 있고, for 문을 중단할 수도 있습니다. 이때 continue나 break 키워드를 사용합니다.

3.4.3.1 continue를 사용해서 for 문의 일부 건너뛰기

numbers = [1,2,3,4,5,6,7,8,9,10]의 숫자 중에서 홀수의 합만 구하고자 한다고 가정하겠습니다. 이러한 경우, numbers의 숫자가 짝수인 경우에 합을 구하는 과정을 건너뛸 수 있습니다. 이러한 목적에 사용할 수 있는 것이 continue 키워드입니다. 다음과 같이 코드를 작성합니다.

```
total = 0
for k in numbers:
    if k%2 == 0:
        continue  # continue는 if 구문의 body입니다.
    total += k
print(total)
```

코드를 살펴보겠습니다. numbers의 각 숫자를 k가 취하면서 for 문의 body가 실행됩니다. body의 첫 부분은 if 구문입니다. if 구문에서는 k가 취하는 값에 대해서 k%2 == 0을 테스트합니다. k의 값을 2로 나눈 나머지가 0인지를 테스트하고, 그러한 경우 True를 반환합니다. 즉, 짝수인 경우에 k%2 == 0은 True를 반환합니다. k가 짝수인 경우에만 if 구문의 body인 continue가 실행되는 것입니다. 컴퓨터가 for 문 중간에서 continue를 만나면, for 문 body 중 continue 아래 부분은 수행하지 않고 다음 k에 대해 for 문이 실행됩니다. 이 경우 k가 두 번째 원소인 2를 취할 때, k%2 == 0은 True가 되어, continue가 실행됩니다. 그러면 continue 밑에 있는 for의 body(즉, total += k)가 실행되지 않고, 새로운 k(즉, 세 번째 원소 3)에 대해 다시 새롭게 for 문이 실행됩니다. 이 과정이 k가 numbers의 모든 원소를 취할 때까지 진행됩니다. 즉, total에는 홀수의 합만 저장되고, 마지막으로 그 값(25)이 화면에 출력됩니다.

3.4.3.2 break를 사용해서 for 문 중단하기

이번에는 numbers1에 다음과 같은 정수가 저장돼 있다고 합시다.

```
numbers1 = [1, 3, 4, 0, -3, 5, 3, 7]
```

numbers1에 저장된 숫자의 합을 구하는데, 더해지는 숫자가 음수인 경우에는 합 계산을 **중단**하고 싶다고 가정합시다. 이러한 목적에 사용할 수 있는 것이 break 키워드입니다. break 키워드는 for문을 중단하는 역할을 합니다. 다음과 같이 코드를 작성할 수 있습니다.

```
total = 0
for k in numbers1:
    if k < 0:
        break
    total += k
print(total)
```

k가 취하는 각 값에 대해 if 구문의 조건인 k < 0이 테스트되고, 그 결과가 True인 경우(즉, k의 값이 음수인 경우)에만 if 구문의 body인 break가 실행됩니다. 즉, k가 음수일 때 for 문을 중단하여 합의 계산을 그만둡니다. numbers1에는 -3이라는 하나의 음수가 있습니다. 즉, k가 numbers1의 숫자를 차례대로 취하다가 -3을 취했을 때 k < 0의 값이 True가 되어 for 문이 중단되는 것입니다. total에는 -3 전까지의 숫자들의 합만 저장되어 화면에 8이 출력됩니다.

3.4.4 여러 개의 튜플 원소의 값 동시에 사용하기

words = [('Python', 'Noun'), ('Java', 'Noun'), ('is', 'Verb'), ('do', 'Verb')]와 같이 리스트의 각 원소가 튜플인 데이터가 있다고 가정하겠습니다. words 변수에는 네 개의 원소가 있고, 각 원소(즉, 각 튜플)는 또 두 개의 원소로 구성되어 있습니다(각 튜플은 (단어, 품사)로 구성되어 있습니다). 각 튜플의 두 원소의 값을 취해 그 값을 이용해서 어떤 작업을 하는 for 문을 만들고 싶다면 어떻게 하면 될까요? 다음과 같이 할 수 있습니다.

```
for word, pos in words:
    print('{0}의 품사는 {1}입니다.'.format(word, pos))
```

word, pos는 words 리스트 변수의 각 원소인 튜플의 첫 번째 원소와 두 번째 원소를 차례로 취합니다. 예를 들어, for 문이 처음 실행될 때는 words의 첫 번째 튜플인 ('Python', 'Noun')에 대해 word 변수는 첫 번째 원소인 'Python'을 취하고, pos 변수는 두 번째 원소인 'Noun'을 취합니다. 그리고 해당 값에 대해 for 문의 body인 print('{0}의 품사는 {1}입니다.'.format(word, pos))[23]가 실행됩니다. {0}에는 'Python'이 사용되고, {1}의 위치에는 'Noun'이 사용되어 화면에는 "Python의 품사는 Noun입니다."가 출력됩니다. for 문의 전체 실행 결과는 다음과 같습니다.

```
Python의 품사는 Noun입니다.
Java의 품사는 Noun입니다.
is의 품사는 Verb입니다.
do의 품사는 Verb입니다.
```

3.4.5 enumerate() 함수 사용하기

코딩하면서 자주 접하게 될 함수 중 하나가 enumerate()입니다. enumerate()는 일반적으로 for 문과 함께 사용됩니다. enumerate()는 시퀀스 데이터를 인자로 입력받아서 시퀀스 데이터의 각 원소에 0부터 시작하는 인덱스를 붙여 (인덱스, 원소) 형태의 튜플을 반환합니다. 다음의 words 변수에 대해 enumerate() 함수가 어떻게 작동하는지 알아보겠습니다. 다음 코드에서 index는 enumerate(words)가 반환하는 각 튜플의 첫 번째 원소를, word는 두 번째 원소를 취합니다.

```python
words = ['today', 'yesterday', 'tomorrow']
for index, word in enumerate(words):
    print('{0} has index {1}'.format(word, index))
```

위 코드의 전체 결과는 다음과 같습니다.

```
today has index 0
yesterday has index 1
tomorrow has index 2
```

---

23 format()은 문자열 메서드로 특정 문자열을 정해진 형식에 맞게 표현하고자 할 때 사용합니다. 문자열.format()의 형태로 사용합니다. '{0} … {1}'.format(단어1, 단어2)라고 입력하면, {0}에는 단어1이 사용되고, {1}에는 단어2가 사용됩니다. 즉, '단어1 … 단어2'가 되는 것입니다.

참고로 list(enumerate(words))는 [(0, 'today'), (1, 'yesterday'), (2, 'tomorrow')]를 반환합니다.

```
list(enumerate(words))
```

```
[(0, 'today'), (1, 'yesterday'), (2, 'tomorrow')]
```

3.4.6 리스트 컴프리헨션

for 문을 이용해서 특정 리스트의 원소들을 가지고 어떤 계산 혹은 작업을 한 후에 그 결과를 저장하는 또 다른 리스트를 생성하는 것은 파이썬에서 흔히 있는 일입니다. 예를 들어, 리스트 변수 numbers = [1, 2, 3, 4, 5]의 각 원소의 제곱을 구하고 그 결과를 새로운 리스트 변수에 저장하는 코드를 작성한다고 합시다. 지금까지 배운 방법으로 코드를 작성하면 다음과 같이 작성할 수 있습니다.

```
squared_numbers = []
for k in numbers:
    squared_numbers.append(k**2)    # k**2는 k의 제곱을 의미합니다.
```

코드를 실행하면 squared_numbers에는 다음 숫자가 저장됩니다.

```
[1, 4, 9, 16, 25]
```

이 작업을 조금 더 효율적으로 하기 위해 파이썬에서는 리스트 컴프리헨션(list comprehension)이라는 기능이 제공됩니다. 기존 리스트 변수를 이용해서 새로운 리스트 변수를 만드는 작업을 좀 더 효율적으로 할 수 있게끔 도와주는 기능입니다. 리스트 컴프리헨션 기능을 사용해 앞의 예제를 구현하면 다음과 같이 코드를 작성할 수 있습니다. 그 결과는 앞의 결과와 마찬가지로 squared_numbers1에 [1, 4, 9, 16, 25]가 저장됩니다.

```
squared_numbers1 = [k**2 for k in numbers]
```

for k in numbers 부분은 원래 for 문과 같습니다. 다만, for 문의 body에 해당하는 부분이 for k in numbers의 앞부분에 위치한다고 생각하면 됩니다. numbers라는 리스트 변수의 각 원소를 k가 취하고 각 k에 대해 k**2를 계산하고 그 값을 원소로 하는 새로운 리스트 데이터를 생성해서 squared_numbers1이라는 변수에 저장하는 것입니다.

특정 조건을 만족하는 리스트 원소에 대해서만 그 값을 저장하고 싶다면 어떻게 하면 될까요? if 구문을 추가로 사용하면 됩니다. 짝수에 대해서만 제곱을 계산하고 그 결과를 새로운 변수에 저장하고 싶다면, 다음과 같이 작성합니다.

```
squared_numbers2 = [k**2 for k in numbers if k%2 == 0]
```

코드를 실행하면 squared_numbers2에 [4, 16]이 저장됩니다.

3.5 while 반복문

이번에는 while 반복문에 대해 살펴보겠습니다. 관련 코드는 while_examples.ipynb 파일을 참고하세요.

3.5.1 while 반복문 사용하기

while 구문은 주어진 조건을 만족하는 동안 계속해서 동일한 작업을 반복하고 싶을 때 사용합니다. 사용 방법은 다음과 같습니다(condition을 만드는 방법은 if 구문과 동일합니다).

```
while condition:
    body
```

while 구문의 body는 if 구문이나 for 구문의 body와 동일하게 들여쓰기를 사용해서 작성합니다. condition을 테스트하여 결과가 True인 경우 while 구문의 body를 실행합니다. 한 번만 실행하는 것이 아니라, condition의 테스트 결과가 False가 될 때까지 계속해서 body를 실행합니다. 다음 코드를 한번 살펴보겠습니다.

```
a = 5
while a > 0:
    print(a)
    a -= 1   # a = a-1과 동일
```

이 코드에서 테스트하는 조건은 a > 0입니다. 즉, 변수 a에 저장된 값이 0보다 큰 경우 while의 body인 print(a)와 a -= 1이 실행됩니다. 이 과정이 조건 테스트 결과가 False가 될 때까지 반복됩니다. 즉, a의 값이 0 이하가 될 때 while 구문이 끝납니다.

처음에 변수 a에 저장된 값은 5이기 때문에 a > 0의 결과는 True가 되어 while의 body가 실행됩니다. 즉, 화면에 5가 출력되고 현재의 a에서 1을 빼고, 그 값으로 a를 업데이트합니다. 즉, a의 값은 4가 됩니다. 그리고 다시 a > 0이라는 조건을 테스트합니다. 이번에도 a의 값(4)이 0보다 크므로 while의 body가 실행됩니다. 이 과정은 a의 값이 0이 될 때까지 계속됩니다. a의 값이 0인 경우 a > 0의 결과가 False가 되기 때문입니다. 그러면 while 구문이 종료됩니다. 위 코드를 실행한 전체 결과는 다음과 같습니다.

```
5
4
3
2
1
```

while 구문을 사용할 때 주의할 사항이 한 가지 있습니다. 바로 **조건에서 사용되는 값에 변화를 줘야 한다**는 것입니다. 그렇지 않으면 조건의 테스트 결과가 계속해서 True가 되기 때문에 while의 body가 계속 실행됩니다. 예를 들어, 앞의 코드를 다음과 같이 수정하면 어떤 일이 발생할까요?

```python
a = 5
while a > 0:
    print(a)
```

while 구문의 조건(a > 0)이 항상 참이므로, while의 body인 print(a)가 계속 실행됩니다(이를 무한 루프라고 표현합니다. 무한루프는 프로그램을 강제로 중단시켜야 합니다). 즉, 화면에 5가 계속해서 출력됩니다. 이러한 문제를 방지하기 위해서는 a 값에 변화를 주는 것이 필요합니다.

3.5.2 continue와 break 사용하기

for 문에서와 마찬가지로 while에서도 continue와 break 키워드를 사용할 수 있습니다. continue와 break는 보통 if 구문과 함께 사용됩니다. continue는 continue 아래의 body 부분을 한 번 건너뛰는 역할을 하고, break는 while 구문을 중단하는 역할을 합니다.

3.6 사용자 정의 함수

이 섹션에서는 사용자 정의 함수(user-defined functions)에 대해 살펴보겠습니다.

3.6.1 사용자 함수 만들기

파이썬에서는 기본적으로 많은 종류의 함수(built-in functions)와 메서드를 제공합니다. `print()`, `min()`, `len()` 등이 그러한 예입니다. 하지만 코딩을 하다 보면 파이썬에서 제공되는 함수가 아닌 여러분이 직접 정의한 함수를 사용해야 하는 경우도 있습니다. 이러한 함수를 사용자 정의 함수라고 합니다. 일반적으로 사용자 정의 함수는 동일한 작업을 여러번 반복해서 수행하고자 하는데 관련 함수가 기본적으로 제공되지 않는 경우에 사용합니다. 동일한 작업을 여러 번 반복적으로 수행해야 하는 경우 해당 작업을 수행하는 함수를 만들어 사용하면 (작업하는 데 필요한) 코드를 매번 다시 작성할 필요 없이 해당 함수를 호출하기만 하면 됩니다. 이렇게 하면 작업을 좀 더 효율적으로 수행할 수 있을 뿐만 아니라, 코드를 깔끔하게 관리할 수 있습니다. 사용자 함수는 보통 다음 형식으로 정의합니다.

```
def function_name(parameter1, parameter2, …):
    body
    return result
```

함수를 정의할 때는 `def` 키워드를 사용합니다(def는 define을 의미합니다). `function_name`은 정의하고자 하는 함수에 원하는 이름을 사용할 수 있습니다. 보통은 함수가 하는 역할을 반영하는 이름을 사용합니다. `parameter1, parameter2`는 해당 함수의 파라미터입니다. 함수는 보통 어떤 값(들)을 입력받아서 그 값(들)을 이용해 특정 작업을 한 후, 그 결과를 반환하는 역할을 합니다. 이때, 입력받은 값을 저장하는 역할을 하는 것을 파라미터라고 부릅니다. 파라미터는 함수가 입력받는 값을 저장하는 변수라고 생각할 수 있습니다.

body 부분은 함수의 body를 의미합니다. 함수의 body는 if 구문이나 for 구문의 body와 마찬가지로 들여쓰기를 이용해서 표현합니다. 일반적으로 함수의 body에서는 함수의 파라미터(즉, `parameter1`, `parameter2` 등)를 이용해 어떠한 작업을 수행합니다. 그리고 작업 결과를 함수 호출의 결과로 반환하고자 하는 경우 `return`이라는 키워드를 사용합니다. 여기서는 `function_name()` 함수를 호출한 경우는 그 결과로 `result`가 반환됩니다.

위와 같이 특정 함수를 정의하고 나면 해당 함수를 다음과 같이 호출할 수 있습니다.

```
function_name(argument1, argument2, ...)
# 함수를 호출할 때 사용되는 입력값을 인자(argument)라고 합니다.
```

이렇게 호출하면 function_name이라는 함수는 입력받은 값인 argument1과 argument2 등을 이용해 function_name에서 정의된 body를 수행하고 그 결과를 반환합니다. 이때 파라미터는 같은 자리에 있는 인자를 취합니다. 즉, parameter1이 argument1의 값을 취하고, parameter2가 argument2 값을 취합니다.

이번에는 실제로 하나의 함수를 만들어 보겠습니다. 관련 코드는 user_defined_functions_examples. ipynb를 참고하세요. 이 함수의 역할은 두 개의 숫자를 입력받아 합을 구하고 그 결과를 반환하는 것입니다. 다음과 같이 정의할 수 있습니다. 두 개의 파라미터가 있는데 첫 번째는 num1이고 두 번째는 num2 입니다. 파라미터의 이름은 자유롭게 정할 수 있습니다. 변수의 이름을 정하는 방법과 비슷합니다. add_two_numbers() 함수는 두 개의 값을 입력받아(각 값을 num1과 num2가 취합니다) 합을 구하고 그 결과를 변수 y에 할당합니다. 그리고 마지막으로 return 키워드를 사용해서 y에 저장된 값을 반환합니다.

```
def add_two_numbers(num1, num2):
    y = num1 + num2
    return y
```

사용자 정의 함수가 만들어지면, 해당 함수를 호출할 수 있습니다. 호출할 때는 우리가 더하고자 하는 두 개의 숫자를 인자값으로 입력하고 해당 함수를 호출합니다. add_two_numbers()는 다음과 같이 호출할 수 있습니다.

```
add_two_numbers(3, 4)
```

이 함수는 7을 반환합니다. add_two_numbers(3, 4)를 실행하면, 위에서 정의된 add_two_numbers() 함수가 호출되는데, 함수의 정의 부분에서 사용된 num1 파라미터가 첫 번째 인자인 3을 취하고, num2 파라미터가 두 번째 인자인 4를 취하여 y에는 7이 저장됩니다(즉, y = 3 + 4). 그리고 return y에 의해 y에 저장된 7이 반환되는 것입니다.

이번에는 다음과 같이 다른 숫자들을 이용해서 add_two_numbers()를 호출해 보겠습니다.

```
add_two_numbers(5, 6)
```

5와 6을 인자로 해서 add_two_numbers()를 호출하면 이번에는 num1이 5를 취하고, num2가 6의 값을 취합니다. 따라서 add_two_numbers(5, 6)은 11을 반환합니다.

함수 호출에 의해 반환되는 결과를 새로운 변수에 저장할 수도 있습니다.

```
z = add_two_numbers(5, 6)
```

이렇게 하면 add_two_numbers(5, 6)이 반환하는 11이라는 결과가 변수 z에 저장됩니다.

3.6.2 위치 기반 파라미터(Positional parameters)

앞의 예에서 add_two_numbers() 함수를 호출하면 어떻게 num1 파라미터가 첫 번째 인자인 5를 취하고, num2 파라미터가 두 번째 인자인 6을 취하는 것일까요? 이는 인자가 입력되는 위치에 따라 어떤 파라미터가 어떤 인자의 값을 취하느냐가 결정되기 때문에 그렇습니다. 파라미터는 기본적으로 같은 위치에 입력되는 인자를 취합니다. 예를 들어, 첫 번째 인자인 5는 함수 정의 과정에서 사용된 첫 번째 파라미터인 num1이 취하고, 두 번째 인자인 6은 두 번째 파라미터인 num2가 취합니다. 이러한 방식으로 작동하는 파라미터를 위치 기반 파라미터(positional parameter)라고 합니다.

3.6.3 파라미터의 이름을 사용하여 인자 전달하기

파라미터의 위치나 순서를 잘 모를 때는 파라미터의 이름을 명시해 인자를 전달할 수 있습니다. 가령 add_two_numbers()는 다음과 같이 호출할 수 있습니다.

```
add_two_numbers(num2=6, num1=5)
```

위와 같이 호출하면 입력되는 인자의 순서와 상관없이 함수를 정의할 때 사용한 두 번째 파라미터인 num2는 6을, 첫 번째 파라미터인 num1는 5를 취합니다.

파라미터의 이름을 사용해 위와 같이 명시적으로 함수를 호출하기 위해서는 함수 정의에서 사용된 파라미터의 이름이 무엇인지를 알아야 합니다. 그것을 어떻게 알 수 있을까요? 직접 함수를 정의했다면 함수의 파라미터 이름을 쉽게 알 수 있겠지만, 다른 사람이 정의한 함수를 사용하는 경우에는 다음과 같이 help() 함수를 사용해 사용하고자 하는 함수가 갖는 파라미터의 이름을 알 수 있습니다. 또는 물음표를 사용하거나 함수 이름에 마우스 커서를 놓은 후 키보드의 [Shift] + [Tab]을 눌러도 됩니다.

```
help(function_name)
```

add_two_numbers()에 대해 help()를 사용하면 다음과 같은 내용이 출력됩니다.

```
help(add_two_numbers)
```

```
Help on function add_two_numbers in module __main__:

add_two_numbers(num1, num2)
```

add_two_numbers() 함수는 함수를 정의할 때 설명을 입력하지 않아 help() 함수나 ?를 적용해도 함수에 대한 설명은 제공되지 않습니다. 사용자가 정의하는 함수에 대한 설명은 """**함수 설명**""" 형태로 입력할 수 있습니다. 다음과 같이 함수를 정의하면 됩니다.

```python
def add_two_numbers1(num1, num2):
    """
    이 함수는 두 숫자를 입력받아 그 합을 반환합니다.
    """
    y = num1 + num2
    return y
```

위에서 생성한 add_two_numbers1() 함수는 add_two_numbers()와 동일한 역할을 수행하지만, 함수에 대한 설명이 추가됐습니다. 위 함수에 대해 help()를 적용하면 다음과 같이 함수에 대한 설명이 제공됩니다.

```
help(add_two_numbers1)
```

```
Help on function add_two_numbers1 in module __main__:

add_two_numbers1(num1, num2)
    이 함수는 두 숫자를 입력받아 그 합을 반환합니다.
```

3.6.4 파라미터의 기본값 설정하기

함수를 정의할 때 파라미터의 기본값을 설정할 수도 있습니다. 다음 예를 보겠습니다. num2 파라미터의 기본값을 0으로 설정했습니다. 이렇게 하면 함수가 호출될 때 num2에 해당하는 인자가 제공되지 않으면 기본으로 0의 값을 사용하겠다는 뜻입니다.

```python
def get_squared(num1, num2 = 0):
    return num1**num2
```

이 함수를 이용해서 2^3을 구하고자 한다면, 다음과 같이 get_squared()를 호출합니다.

```
get_squared(2, 3)
```

그러면 8을 반환합니다.

여기서 함수를 호출할 때 두 번째 인자를 제공하지 않으면 어떻게 될까요? 예를 들어 다음과 같이 get_squared()를 호출하면 어떻게 될까요?

```
get_squared(2)
```

이때 반환되는 값은 1입니다. 왜냐하면 첫 번째 파라미터인 num1은 2를 취하고, 두 번째 파라미터인 num2는 그에 해당하는 인자가 입력되지 않아 기본값인 0을 사용하기 때문입니다.

3.6.5 입력받는 인자의 수가 정해지지 않은 경우

이번에는 여러 개의 숫자를 입력받아 최솟값을 반환하는 함수를 정의하고 싶다고 해봅시다. 하지만 입력받는 숫자의 개수가 미리 정해진 것이 아니라 상황에 따라 달라질 수 있습니다. 어떠한 경우에는 두 개의 숫자를, 어떠한 경우에는 열 개의 숫자를 입력받을 수도 있습니다. 이때는 다음과 같은 방법을 사용합니다.

```
def get_minimum(*numbers):
    return min(numbers)
```

파라미터 이름 앞에 *를 붙여 사용하면 인자로 입력되는 여러 개의 값을 하나의 튜플로 묶어서 전달합니다. 예를 들어 get_minimum()을 다음과 같이 호출하는 경우에는 −1이 반환됩니다. 이는 인자로 전달된 2,1,−1이 get_minimum()이라는 함수가 호출될 때 numbers라는 하나의 튜플(즉, (2,1,-1))로 전달되기 때문입니다.

```
get_minimum(2,1,-1)
```

numbers는 숫자로 구성된 시퀀스 데이터이므로 파이썬에서 제공되는 min() 함수를 사용할 수 있습니다(물론, 예제의 경우에는 사용자 정의 함수를 생성하지 않고 처음부터 min() 함수를 사용하면 되지만, 여기서는 설명을 위해 사용자 정의 함수를 이용합니다). 이번에는 입력되는 인자의 수를 달리해서 get_minimum()을 호출해 보겠습니다.

```
get_minimum(2,1,-1,-3,5)
```

이번에는 −3이 반환되고, numbers 파라미터가 (2,1,−1,−3,5) 튜플을 갖게 됩니다.

3.6.6 파라미터의 이름을 미리 정의하지 않는 경우

이번에는 파라미터의 이름을 미리 설정하지 않고 함수를 정의하고, 함수를 호출할 때 파라미터의 이름을 설정하는 방법을 알아보겠습니다. 예를 들어 여러 사람의 나이 정보를 입력받아 나이 평균을 구하는 함수를 만들고자 한다고 가정합시다. 그런데 그 사람들이 누구인지, 몇 명의 정보를 가지고 함수를 호출할지 미리 알 수 없는 상황입니다. 이러한 상황에서는 다음과 같이 함수를 정의할 수 있습니다.

```python
def get_average_age(**ages):
    sum_ages = 0
    for name in ages.keys():
        sum_ages += ages[name]
    return sum_ages/len(ages)
```

get_average_age() 함수를 다음과 같이 호출할 수 있습니다.

```python
get_average_age(Tom=20, John=30, Sarah=40)
```

함수를 호출하면서 파라미터의 이름을 지정한 것을 볼 수 있습니다(Tom, John, Sarah). 그리고 각 파라미터에 대한 인자값 또한 지정했습니다(20, 30, 40). 위와 같이 함수를 호출하면 파라미터와 인자값이 함수를 정의할 때 사용된 ages에 사전 형태로 저장됩니다. 즉, ages는 사전 데이터를 저장하는 변수가 되는 것입니다. 저장되는 값은 {'Tom': 20, 'John': 30, 'Sarah': 40}이 됩니다.

3.6.7 lambda 키워드 사용하기

lambda 키워드는 def 키워드를 사용해 함수를 정의하는 것이 아니라, 한 줄로 간단하게 실시간으로 함수를 정의하기 위해 사용합니다. 다음 형식으로 사용합니다. 콜론 기호 다음의 body 부분에 함수가 호출될 때 실행되는 함수의 body 부분을 입력합니다.

```python
function_name = lambda parameter1, parameter2, … : body
```

예를 들어 다음과 같이 두 개의 숫자를 입력받아 그 합을 구하는 함수를 lambda 키워드를 이용해 간단하게 만들 수 있습니다. 함수의 이름은 add_numbers이고 해당 함수의 body는 x+y가 됩니다. 그리고 파라미터는 x, y입니다.

```
add_numbers = lambda x, y: x+y
```

add_numbers(2,3)이라고 입력하면 5가 반환됩니다.

이는 다음과 같이 def를 이용해 정의할 수 있습니다. 이를 통해 알 수 있듯이, lambda 키워드를 사용하는 경우에는 return 키워드를 사용하지 않아도 body 부분이 자동으로 반환됩니다.

```
def add_numbers(x, y):
    return x+y
```

lambda 키워드는 리스트 메서드인 sort()와 함께 자주 사용됩니다. 예를 들어 보겠습니다. 다음과 같은 리스트 변수에 대해 각 튜플의 두 번째 원소값을 기준으로 오름차순으로 원소를 정렬하고자 한다고 가정 하겠습니다.

```
numbers = [(2, 2), (3, 4), (4, 1), (1, 3)]
```

lambda 키워드를 이용하면 다음과 같이 코딩할 수 있습니다.

```
numbers.sort(key = lambda x:x[1])
```

여기서 x는 numbers 리스트의 각 원소, 즉 튜플을 의미합니다. x[1]은 각 튜플의 두 번째 원소를 의미하기 때문에 위 코드는 key 값으로 지정된 각 튜플의 두 번째 원소를 기준으로 정렬하겠다는 의미가 됩니다. 이 코드를 적용하면 numbers 변수의 값이 다음과 같이 각 튜플의 두 번째 원소값을 기준으로 오름차순으로 정렬되는 것을 확인할 수 있습니다.

```
[(4, 1), (2, 2), (1, 3), (3, 4)]
```

사전의 key:value를 value를 기준으로 정렬고자 하는 경우에도 lambda 키워드를 사용합니다.

d = {'Ethan': 12, 'John': 31, 'Simon': 9, 'Peyton': 10, 'Sarah': 28, 'Tom': 40}이 라는 사전 변수에 대해 다음과 같이 sorted()를 적용하면, value를 기준으로 내림차순으로 정렬됩니다.

```
sorted(d.items(), key=lambda x: x[1], reverse=True)
```
```
[('Tom', 40), ('John', 31), ('Sarah', 28), ('Ethan', 12), ('Peyton', 10), ('Simon', 9)]
```

참고로, sorted() 함수의 첫 번째 인자로 입력된 d.items()는 다음과 같이 (key, value) 튜플을 반환합니다.

```
d.items()
```

```
dict_items([('Ethan', 12), ('John', 31), ('Simon', 9), ('Peyton', 10), ('Sarah', 28), ('Tom',
40)])
```

3.7 파일 읽기/쓰기(File input / output)

파이썬 작업을 하다 보면 외부에 있는 파일(텍스트 파일, 엑셀 파일 등)을 읽어와서 작업하거나 파이썬에서 작업한 결과를 외부에 파일에 저장해야 하는 경우가 있습니다.

주피터 노트북에서 외부 파일의 내용을 읽어오거나 새로운 내용을 저장하기 위해서는 일반적으로 다음 세 단계를 거칩니다.

1. 해당 파일에 접근하기(또는 파일 생성하기)
2. 해당 파일의 내용 읽어오기(해당 파일에 새로운 내용을 저장하는 경우는 두 번째 단계가 '새로운 내용 기록하기'가 됩니다)
3. 해당 파일 닫기

각 단계에 대해 조금 더 자세히 살펴보겠습니다. 관련 코드는 **file_examples.ipynb** 파일을 참고하세요.

3.7.1 파일에 접근하기 (또는 새로운 파일 생성하기)

파일에 담겨 있는 내용을 읽어오거나 새로운 내용을 기록하고자 하는 경우, 먼저 해당 파일에 특정 모드로 접근하는 것이 필요합니다. 파일에 접근하기 위해서는 파이썬에서 기본으로 제공되는 **open()**이라는 함수를 사용합니다.[24] 사용 방식은 다음과 같습니다.

```
file_object = open('file name', 'mode')
```

open() 함수는 기본적으로 두 개의 인자를 입력받습니다. 첫 번째 인자는 접근하고자 하는 파일의 경로와 이름입니다. 해당 파일이 주피터 노트북이 작동하는 폴더에 존재하는 경우 파일 이름만 제공하면 됩니다. 하지만 다른 폴더에 있는 파일에 접근하고자 하는 경우에는 그에 따른 경로를 입력해야 합니다. 여기서는 파일이 주피터 노트북이 작동하는 폴더에 있다고 가정하고 설명하겠습니다.

---

24 open() 함수는 주로 확장자가 .txt인 텍스트 파일을 다룰 때 사용합니다. 다른 형태의 파일은 다른 방법을 사용하는 것이 더 효과적입니다. 예를 들어 엑셀 파일이나 .csv 파일은 pandas를 이용해서 쉽게 읽고 쓸 수 있습니다.

파일의 이름이 example.txt인 경우 그 이름을 open() 함수의 첫 번째 인자로 제공합니다. 이때 파일에 어떠한 목적으로 접근하느냐에 따라 접근 방식(mode, open() 함수의 두 번째 인자)이 달라집니다. 특정 파일에 접근할 수 있는 방식(mode)에는 크게 세 가지가 있습니다.

- read(읽기): 파일의 내용을 읽어오고자 하는 경우
- write(쓰기): 새로운 파일을 생성하고, 그 파일에 새로운 내용을 저장하고자 하는 경우
- append(추가하기): 기존에 있던 파일의 내용에 새로운 내용을 추가하고자 하는 경우

읽기 모드인 경우, 즉 특정 파일의 내용을 읽어오고자 하는 경우에는 open() 함수의 두 번째 인자로 read를 의미하는 'r'을 입력합니다. 그리고 쓰기 모드인 경우에는 'w'를, 추가하기 모드인 경우에는 'a'를 입력합니다.

예를 들어 example.txt라는 파일의 내용을 읽어오고 싶다면 다음과 같이 코드를 작성할 수 있습니다.

```
f = open('example.txt', 'r')
```

이렇게 하면 open() 함수는 'example.txt' 파일에 대해 읽기 모드로 접근할 수 있는 권한을 반환하고, 그 권한을 f라는 변수(object라고도 합니다)에 저장합니다. 즉, 이 코드를 실행하면 변수 f를 통해 example.txt라는 파일에 접근해 그 파일에 담겨 있는 내용을 읽어올 수 있습니다.

3.7.2 파일의 내용 읽기

파일의 내용을 읽어오려면 다음 세 가지 함수 중 하나를 사용합니다(open() 함수는 파일의 내용을 읽어오는 것이 아니라 해당 파일에 접근하는 함수입니다).

- read(): 파일에 담긴 전체 내용을 하나의 문자열로 읽어오고자 하는 경우 사용합니다.
- readlines(): 파일에 담긴 전체 내용을 리스트 데이터 형태로 읽어오고자 하는 경우 사용합니다. 이 리스트의 각 원소는 파일에 담긴 각 줄(line)의 내용이 됩니다.
- readline(): 파일의 내용을 한 줄씩 읽어오고자 하는 경우에 사용합니다. readline()은 한 번에 한 줄의 내용만 읽어옵니다. 즉, 처음 호출되면 해당 파일에 저장된 첫 번째 줄의 내용을 읽어오고, 두 번째 호출되면 두 번째 줄의 내용을 읽어옵니다.

읽어오고자 하는 파일(example.txt)에 다음과 같은 내용이 저장돼 있다고 가정합시다.

```
1
2
3
4
5
```

즉, 다섯 줄의 내용이 저장되어 있고, 첫 번째 줄에 1이라는 값이, 두 번째 줄에 2라는 값이 저장돼 있습니다.

3.7.2.1 read()를 통해 읽어오는 경우

read() 함수를 사용해서 파일의 내용을 읽어올 때는 다음과 같이 코딩할 수 있습니다.

```python
f = open('example.txt', 'r')
content = f.read()
f.close() # 파일의 내용을 읽어온 후 close() 함수를 사용해 해당 파일을 닫아 줍니다.
```

open() 함수의 두 번째 인자로 'r'이 입력됐습니다. 이는 'example.txt' 파일에 읽기 모드로 접근한다는 것을 의미하고, 그러한 접근 권한을 f가 갖게 됩니다. 그리고 f를 통해 read() 함수를 이용해서 해당 파일의 내용을 읽어옵니다. read()를 사용해 읽은 파일 내용은 하나의 문자열 값으로 content라는 변수에 저장됩니다. content에는 다음과 같은 문자열 데이터가 저장되어 있습니다.

```
'1\n2\n3\n4\n5\n'
```

여기에서 \n은 줄 바꿈을 의미합니다. 왜 각 숫자 뒤에 \n 기호가 붙어 있을까요? 그것은 파일에 저장된 내용을 보면 알 수 있습니다. example.txt 파일에는 각 숫자가 서로 다른 줄에 저장돼 있습니다. 즉, 숫자를 저장한 다음 줄 바꿈을 입력해서 아래 줄로 내려가고 거기에 새로운 숫자를 저장하고 다시 줄 바꿈을 통해 아래로 내려간 다음 새로운 숫자를 저장해 놨습니다. 줄 바꿈은 컴퓨터에는 \n으로 저장되지만, 파일을 열어 보면 실질적인 줄 바꿈으로 보입니다.

3.7.2.2 readlines() 사용하기

그러면 이번에는 readlines()를 이용해 example.txt 파일의 내용을 읽어와 보겠습니다. 다음과 같이 코딩할 수 있습니다. 이번에는 f 대신 f1이라는 파일 객체 이름을 사용했습니다.

```python
f1 = open('example.txt', 'r')
content1 = f1.readlines()
f1.close()
```

readlines() 함수는 read()와 마찬가지로 해당 파일의 전체 내용을 전부 읽어오긴 하지만, 반환하는 데이터의 타입이 다릅니다. 문자열이 아니라 리스트 형태의 데이터를 반환합니다. 이 리스트 데이터의 각 원소는 파일에 담긴 각 줄의 내용입니다. 즉, content1에는 다음과 같은 내용이 담겨 있습니다.

```
['1\n', '2\n', '3\n', '4\n', '5\n']
```

첫 번째 원소인 '1\n'은 example.txt에 담겨 있는 첫 번째 줄의 내용입니다. read()의 경우와 마찬가지로 끝에 \n 기호가 저장된 것을 알 수 있습니다. 1의 값을 입력하고 줄 바꿈을 했기 때문입니다.

3.7.2.3 readline() 사용하기

readline()은 한 번 호출될 때 한 줄의 내용만 읽어옵니다. 호출될 때마다 순차적으로 각 줄의 내용을 읽어옵니다. 즉, 처음 호출되는 경우에는 첫 줄의 내용을, 두 번째 호출될 때는 두 번째 줄의 내용을 읽어오는 것입니다. 일단 open() 함수를 사용해서 파일에 접근한 후 다음과 같이 readline()을 호출할 수 있습니다.

```
f2 = open('example.txt', 'r')
f2.readline()
```

open() 함수로 해당 파일에 접근한 후, 처음으로 readline()을 호출하면 파일의 첫 번째 줄인 '1\n'이 읽힙니다. 파일을 종료하지 않고(즉, close() 함수를 호출하지 않고), 다시 readline()을 다음과 같이 호출하면 이번에는 두 번째 줄의 내용인 '2\n'이 읽힙니다.

```
f2.readline()
```

여기서도 readline() 함수를 사용한 경우 close() 함수를 호출하여 파일을 종료해야 합니다.

3.7.2.4 숫자로 된 텍스트 정보를 읽어와서 숫자 연산하기

이번에는 example.txt에 저장된 숫자 정보를 읽어와 산술 연산을 해 보겠습니다. 이를 위해 앞에서 예로 든 readlines()의 결과가 저장된 content1 변수를 사용하겠습니다. 그리고 각 줄에 저장된 숫자에 더하기 1의 연산을 한다고 가정하겠습니다. 여기서 주의할 점은 **외부 파일의 내용은 (숫자 정보라고 할지라도) 문자열 형태로 읽혀져 온다는 것입니다.** 그런데 문자열에 대해서는 숫자 연산을 할 수가 없습니다. 문자열 형태로 된 숫자에 대해 산술 연산을 하기 위해서는 먼저 데이터 타입을 문자열에서 숫자(int 또는 float)로 변환해야 합니다.

문자열 정보를 숫자로 변환하려면 문자열이 숫자로만 구성돼야 합니다. 예를 들어 '3b'와 같이 숫자가 아닌 문자를 포함하는 문자열은 int()나 float() 함수를 이용해 숫자로 변환할 수 없습니다. example.txt의 경우 readlines()가 반환하는 리스트 데이터의 각 원소에 숫자뿐만 아니라 \n이 포함돼 있습니다 (예: '1\n'). 이를 int()나 float()를 사용해 숫자로 변경하려면 문자열 정보 안에 포함된 \n을 먼저 제거해야 합니다. \n은 공백문자이므로 strip() 함수를 인자없이 적용할 수 있습니다(또는 replace() 함수를 사용해 제거할 수도 있습니다). for 문을 사용해서 content1에 저장된 각 숫자에 대해 더하기 1의 연산을 하고, 그 결과를 화면에 출력하는 코드를 작성해 보겠습니다. 코드는 다음과 같이 작성할 수 있습니다.

```
for num in content1: # content1에는 ['1\n', '2\n', '3\n', '4\n', '5\n']가 저장돼 있습니다.
    num = num.strip()# num 변수가 저장하고 있는 문자열의 양쪽 끝 공백문자를 제거합니다.
    num = int(num)   # num에 저장되어 있는 숫자를 정수로 변환합니다.
    new_num = num + 1
    print(new_num)
```

for 문이 처음 실행될 때는 content1에 저장된 첫 번째 원소인 '1\n'을 num이 취합니다. 그리고 그 값에 대해 for 문의 body가 실행됩니다. body의 첫 번째 코드는 num = num.strip()입니다. 현재 num에는 '1\n'이라는 문자열이 저장되어 있어서 strip()이라는 문자열 메서드를 사용할 수 있습니다. strip()을 아무런 파라미터도 제공하지 않고 사용하면 문자열 양쪽 끝에 있는 공백문자가 없어집니다. 여기서는 제일 끝에 있는 \n 없어져 '1'의 값만 남습니다. 그리고 이 값을 이용해 새롭게 num을 업데이트합니다. 즉, num = num.strip() 코드가 실행되고 난 후에 num에 저장된 값은 '1'입니다. 여전히 작은따옴표로 숫자 1이 둘러싸여 있는 것을 알 수 있습니다. 즉, num에 저장된 데이터의 타입이 문자열이라는 것입니다.

더하기 연산을 하기 위해서는 '1'을 먼저 숫자 형태의 1로 바꿔줘야 합니다. 이는 int() 함수를 사용해할 수 있습니다. 즉, num = int(num)과 같이 코딩할 수 있습니다. 해당 구문이 실행되고 나면 이번에는 num에 1이라는 int 형태의 숫자가 저장됩니다. 이제 num 변수에 저장된 값을 이용해서 더하기 연산을 할수 있습니다. 그리고 그 값을 새로운 변수인 new_num에 저장하고 그다음 줄에서 print() 함수를 사용해 화면에 출력했습니다.

3.7.3 파일에 내용 쓰기

이번에는 새로운 파일을 생성하고 그 파일에 내용을 기록하는 방법을 살펴보겠습니다. 읽기와 마찬가지로 쓰기도 세 단계를 거칩니다(① 접근, ② 쓰기, ③ 종료). 특정 파일에 접근하려면 다음과 같이 open() 함수를 이용합니다. 하지만 읽는 경우와 달리 쓰기 모드로 접근하기 때문에 두 번째 인자로 write를 의미하는 'w'를 제공해야 합니다.

```
f = open('results.txt', 'w')
```

이처럼 입력하면 주피터 노트북이 실행 중인 폴더에 results.txt라는 새로운 파일이 생성되고 그 파일에 대한 접근 권한이 f에 할당됩니다. 그리고 이번에는 두 번째 인자로 'w'를 제공했기 때문에 f는 해당 파일에 쓰기 권한을 갖습니다. **여기서 주의할 점은 해당 폴더 안에 동일한 이름의 파일이 이미 존재한다면 두 번째 파라미터로 'w'를 입력했을 때 해당 파일의 내용을 새로운 내용으로 덮어쓴다**(override)는 것입니다. 그래서 생성하려고 하는 파일의 이름이 이미 있는 파일 이름인지를 먼저 확인하고 open() 함수를 사용해야 합니다.

원하는 파일을 생성하고 쓰기 권한을 부여했다면, 그다음 할 일은 파일에 원하는 내용을 기록(혹은 저장)하는 것입니다. 내용을 기록할 때는 읽을 때와 다르게 보통 하나의 함수만 사용합니다. 바로 write() 함수입니다. 쓰고자 하는 내용을 write() 함수의 인자로 입력합니다. 이때 인자로 제공되는 데이터의 타입은 **반드시 문자열 형태**이어야 합니다. 즉, 다른 형태의 데이터(예: int 또는 float)는 write() 함수의 인자로 사용할 수 없습니다. 다음과 같이 숫자(100)를 저장하고자 하는 경우, 에러가 발생합니다. 에러의 내용을 보면 write() 함수의 인자는 반드시 문자열(str)이어야 한다는 것을 알 수 있습니다.

```
f.write(100)
```

```
---------------------------------------------------------------------------
TypeError                                 Traceback (most recent call last)
~\AppData\Local\Temp/ipykernel_17952/657472581.py in <module>
----> 1 f.write(100)

TypeError: write() argument must be str, not int
```

따라서 문자열이 아닌 다른 형태의 데이터를 write() 함수로 저장하고자 하는 경우에는 먼저 데이터 타입을 str() 함수를 이용해서 문자열 형태로 변경해야 합니다.

그럼, 문자열 정보를 저장해 보겠습니다. 예를 들어, 저장하고자 하는 내용이 'Today is a good day.' 라면 write() 함수를 사용해서 다음과 같이 파일에 기록할 수 있습니다.

```
f.write('Today is a good day.')
```

`f.close()`를 호출하기 전에 `write()` 함수를 추가로 호출하면 이전까지 저장된 내용의 뒷부분에 추가로 기록됩니다.

앞의 `write()` 함수를 적용한 후에 추가로 다음과 같이 또 다른 `write()` 함수를 호출한다면, `results.txt` 파일에 일차적으로 첫 번째로 호출된 `write()` 함수의 인자인 `'Today is a good day.'`가 기록되고(아직 `close()` 함수가 호출되지 않았으므로) 이어서 두 번째 `write()` 함수의 인자인 `'Tomorrow will be another day.'` 내용이 기록됩니다.

```
f.write('Tomorrow will be another day.')
```

그리고 `write()` 함수를 이용해서 기록한 내용이 파일에 최종적으로 저장되기 위해서는 `close()` 함수를 사용해 해당 파일을 닫아줘야 합니다.

```
f.close()
```

이 함수를 호출하면 앞에서 두 번의 `write()` 함수를 이용해 기록한 내용이 `results.txt`에 저장됩니다. 파일에 저장된 내용은 다음과 같습니다.

```
Today is a good day.Tomorrow will be another day.
```

보다시피 첫 번째 `write()` 함수의 인자로 제공된 "Today is a good day."와 두 번째 `write()` 함수의 인자로 제공된 "Tomorrow will be another day." 사이에 아무런 문자가 없는 것을 확인할 수 있습니다. 즉, 첫 번째 인자로 제공된 내용이 기록된 이후에 바로 두 번째로 제공된 내용이 기록되는 것입니다. 두 번째 문장을 다른 줄에 기록하고 싶다면, 첫 번째 문장이 끝난 이후에 줄바꿈을 의미하는 `\n` 기호를 붙여줘야 합니다. 다음과 같이 할 수 있습니다.

```
f = open('results.txt', 'w')
f.write('Today is a good day.\n')
f.write('Tomorrow will be another day.')
f.close()
```

해당 코드를 실행하고 `results.txt` 파일을 다시 열어보면 다음과 같은 내용이 저장되어 있음을 알 수 있습니다.

```
Today is a good day.
Tomorrow will be another day.
```

3.7.4 추가 모드 사용하기

이미 존재하는 파일에 추가로 새로운 내용을 기록하기 위해서는 추가하기(append) 모드를 사용합니다. 예를 들어 append_example.txt 파일에 이미 다음과 같은 내용이 저장되어 있다고 가정합시다.

```
1
2
3
```

여기에 추가로 다음 내용을 기록하고자 하는 경우에는

```
4
5
```

다음과 같이 코딩하면 됩니다.

```python
f_a = open('append_example.txt', 'a')    # 두 번째 인자 'a'는 append를 의미합니다.
f_a.write('4\n')
f_a.write('5\n')
f_a.close()
```

3.7.5 한글 처리

파일에 저장된 한글을 읽어오거나 한글 내용을 파일에 저장할 때는 한글에 맞는 인코딩(encoding) 방식을 지정해 줘야 합니다. 인코딩이란 문자 정보를 컴퓨터에 저장하기 위해 컴퓨터가 이해할 수 있는 숫자 형태로 바꾸는 작업을 의미합니다(반대로 숫자로 저장된 내용을 다시 문자 형태로 변환하는 것을 디코딩(decoding)이라고 합니다). 인코딩 방식을 지정하기 위해서는 open() 함수가 갖는 encoding 파라미터에 한글에 맞는 인코딩 방식을 인자로 입력해야 합니다. 한글에 사용되는 인코딩 방식으로는 utf-8, utf-16, euc-kr, cp949 등이 있습니다. 이 중에서 utf-8 방식이 일반적으로 가장 많이 사용됩니다. 여기서는 utf-8 방식을 사용해 파일의 내용을 읽어오고 파일에 저장해 보겠습니다.

3.7.5.1 한글 파일 읽기

설명을 위해 korean_test.txt라는 예제 파일을 사용하겠습니다. 해당 파일에는 다음 내용이 저장되어 있습니다.

'오늘은 좋은 날입니다.'

해당 파일의 내용은 utf-8 방식으로 기록되어 있다고 가정합니다(다른 인코딩 방식으로 파일이 작성되어 있다면 그 방식을 open()의 encoding 파라미터 값으로 설정해야 합니다).

다음과 같이 읽어올 수 있습니다. utf-8 방식으로 저장된 한글을 읽어오기 위해서 **open()** 함수가 갖고 있는 encoding 파라미터의 값을 **'utf-8'**으로 지정합니다. 그 외의 부분은 앞에서 설명한 내용과 동일합니다.

```
f_kr = open('korean_test.txt', 'r', encoding='utf-8')
content = f_kr.read()
f_kr.close()
```

3.7.5.2 한글 저장하기

한글을 새로운 파일에 저장하고자 하는 경우에도 인코딩 방식을 지정합니다. 다음과 같습니다.

```
f_kr1 = open('korean_test_w.txt', 'w', encoding='utf-8')
f_kr1.write('내일은 토요일입니다.')
f_kr1.close()
```

3.7.6 with ⋯ as 구문 사용하기

지금까지 살펴본 방식은 파일 작업을 한 후 명시적으로 **close()** 함수를 호출해서 작업한 파일을 안전하게 종료시키는 과정이 반드시 필요했습니다. 하지만 코딩을 하다 보면 실수로 **close()** 함수를 호출하는 것을 잊는 경우가 있는데, 이러한 문제를 방지하기 위해서 **with ⋯ as** 구문을 사용해 파일 읽기와 쓰기 작업을 수행할 수 있습니다.

다음 코드에서는 **example.txt** 파일에 읽기 모드로 접근해서 **read()** 함수를 이용해 파일의 내용을 읽어오고 있습니다. **as** 다음에 나오는 **f**가 **open()** 함수의 첫 번째 인자로 입력된 파일에 대한 접근 권한을 갖는 파일 객체입니다. 다음 코드에서 **content = f.read()**는 **with ⋯ as** 구문의 body 부분입니다.

```
with open('example.txt', 'r') as f:
    content = f.read()
```

with ⋯ as 구문이 종료되는 경우 자동으로 **f.close()**가 실행되므로 명시적으로 **close()** 함수를 호출할 필요가 없습니다.

3.7.7 대용량 파일 내용 읽어오기

대용량 파일을 읽어오는 경우 앞에서 살펴본 read()나 readlines()를 사용하는 것은 바람직하지 않습니다. 왜냐하면 read()나 readlines()는 파일의 내용을 한 번에 모두 컴퓨터 메모리로 읽어오기 때문입니다. 파일의 크기가 컴퓨터 메모리 용량보다 큰 경우 해당 파일의 내용을 모두 한 번에 읽어올 수 없습니다. 이때는 다음과 같이 코드를 작성합니다.

```
f = open('file_name', 'r')
for line in f:
    do_something_with(line)
f.close()
```

이러한 식으로 작동하기 위해서 파이썬은 전체 파일을 한 번에 메모리로 읽어오는 것이 아니라, 일부 줄의 내용만 메모리로 순차적으로 읽어 옵니다. 따라서 대용량의 파일을 다루더라도 소량의 메모리 공간만 사용하게 됩니다.

3.8 모듈 사용하기

모듈(module)이란 파이썬 코드를 저장하고 있는 파이썬 파일(파일의 확장자가 .py인 파일)을 말합니다. 넓은 범위에서 모든 파이썬 파일은 모듈이라고 볼 수 있지만, 보통은 모듈이라고 하면 특정 역할을 하는 함수나 변수 정보를 담고 있는 파이썬 파일을 말합니다. 모듈은 특정한 역할을 하는 함수나 변수 정보를 파일로 저장하고 이를 파이썬 프로그램에서 불러와 사용하고자 하는 경우에 사용합니다. 관련 코드는 module_examples.ipynb 파일을 참고하세요.

3.8.1 파이썬에서 기본으로 제공되는 모듈 사용하기

파이썬에서는 기본으로 다양한 목적을 위한 함수와 변수가 저장된 모듈이 제공됩니다. 대표적인 예는 다음과 같습니다.

- math: 수 연산을 위한 모듈입니다.
- datetime: 날짜와 시간 조작을 위한 모듈입니다.
- re: 정규표현식을 위한 모듈입니다.

모듈을 자신의 주피터 노트북에서 사용하기 위해서는 먼저 사용하고자 하는 모듈을 불러와야 합니다. 이를 '임포트(import)한다'라고 표현하고 임포트를 위해서 import 키워드를 사용합니다. 예를 들어, math 모듈을 임포트하기 위해서는 다음과 같이 코딩합니다.

```
import math
```

math 모듈에는 수 연산과 관련된 다양한 함수가 저장되어 있습니다. 저장된 함수 목록을 보려면 dir() 함수를 사용합니다.

```
print(dir(math))
```
```
['__doc__', '__loader__', '__name__', '__package__', '__spec__', 'acos', 'acosh', 'asin',
'asinh', 'atan', 'atan2', 'atanh', 'ceil', 'comb', 'copysign', 'cos', 'cosh', 'degrees', 'dist',
'e', 'erf', 'erfc', 'exp', 'expm1', 'fabs', 'factorial', 'floor', 'fmod', 'frexp', 'fsum',
'gamma', 'gcd', 'hypot', 'inf', 'isclose', 'isfinite', 'isinf', 'isnan', 'isqrt', 'ldexp',
'lgamma', 'log', 'log10', 'log1p', 'log2', 'modf', 'nan', 'perm', 'pi', 'pow', 'prod', 'radians',
'remainder', 'sin', 'sinh', 'sqrt', 'tan', 'tanh', 'tau', 'trunc']
```

이러한 함수 중에서 우리는 언더스코어 두 개(__)가 이름에 없는 함수만 사용합니다. 그중 sqrt() 함수를 사용해 보겠습니다. sqrt()는 제곱근의 값을 구할 때 사용하는 함수입니다. 모듈에서 제공되는 함수를 사용하기 위해서는 모듈 이름 다음에 점(dot operator)을 붙이고 함수의 이름을 입력합니다.

```
math.sqrt(4)
```
```
2.0
```

해당 함수에 대한 설명을 보려면 help()나 ?를 사용하면 됩니다(또는 [Shift] + [Tab]).

3.8.2 새로운 모듈 설치하기

파이썬에 기본적으로 설치되어 있지 않은 모듈을 새롭게 설치하기 위해서는 pip install 명령어를 사용합니다. 윈도우에서는 명령 프롬프트 창(혹은 터미널)에서 pip install module_name을 실행하면 됩니다. 예를 들어, hgtk라는 모듈을 새롭게 설치한다면 명령 프롬프트 창에 다음과 같이 입력하고 엔터를 누르면 됩니다.

```
pip install hgtk
```

3.8.3 사용자 정의 모듈 만들기

자기만의 모듈은 어떻게 만들 수 있을까요? 특정 목적과 관련된 함수를 저장한 나만의 모듈을 만든다고 가정합시다. 여기서는 영어 문장에서 단어의 수를 세는 함수가 저장된 모듈을 만들어 보겠습니다. 이를 위해 다음과 같이 하나의 문자열을 인자로 입력받아서 띄어쓰기를 기준으로 쪼개고, 그 결과로 나온 리스트 데이터의 원소 수를 반환하는 함수를 정의합니다.

```python
def get_num_words(text):
    return len(text.split())
```

그리고 해당 내용을 저장하는 파이썬 파일(확장자가 .py인 파일입니다)을 생성합니다. 여기서는 파일의 이름을 'numwords.py'로 하겠습니다. 이 경우 numwords가 해당 모듈의 이름이 됩니다. 그리고 이 모듈에는 우리가 앞에서 정의한 get_num_words() 함수의 내용이 담겨 있습니다.

이 모듈의 함수를 특정 파이썬 프로그램에서 사용하고자 하는 경우 먼저 해당 모듈을 다음과 같이 임포트합니다. 자신이 만든 .py 파이썬 파일을 임포트하기 위해서는 현재 주피터 노트북을 실행 중인 폴더에 해당 파일이 저장되어 있어야 합니다.

```python
import numwords
```

그런 다음 닷(dot) 연산자(.)를 사용해서 다음과 같이 numwords 모듈에 저장된 get_num_words() 함수를 사용합니다.

```python
numwords.get_num_words('Today is Monday')
```

```
3
```

3.8.4 모듈에서 특정 함수만 임포트하기

위와 같이 import module_name을 사용해 특정 모듈을 임포트하면 해당 모듈에 저장된 모든 코드가 임포트됩니다. 즉, 해당 모듈에 여러 개의 함수가 정의되어 있다면, 모든 함수가 현재 사용 중인 주피터 노트북으로 임포트됩니다. 하지만 사용하고자 하는 함수가 해당 모듈에 저장된 함수 중 하나라면 모든 함수를 임포트할 필요가 없습니다. 모든 함수를 임포트해도 큰 문제는 없지만, 모듈의 크기가 큰 경우 모든 함수를 임포트하면 메모리 등의 리소스를 많이 사용하게 되어 프로그램의 속도에 영향을 줄 수도 있기 때문입니다. 따라서 모듈에 정의된 함수 중 특정 함수만 임포트하고자 하는 경우에는 from 키워드를 import 키워드와 함께 사용합니다. from 키워드 다음에 사용하고자 하는 함수가 저장된 모듈의 이름을 입력하고, import 키워드 다음에 임포트하고자 하는 함수의 이름을 입력합니다. 다음과 같이 할 수 있습니다.

```
from module_name import function_name
```

앞에서 살펴본 numwords 모듈이 저장하고 있는 **get_num_words()** 함수만 임포트한다면 다음처럼 코드를 입력하면 됩니다.

```
from numwords import get_num_words
```

위와 같이 특정 함수만 임포트한 경우에는 모듈 이름 없이 함수의 이름만 사용해 함수를 호출해야 합니다.

```
get_num_words('This ia another example')
```
```
4
```

참고로, math 모듈에서 sqrt() 함수만 임포트한다면 다음과 같이 코딩합니다.

```
from math import sqrt
```

임포트한 후에는 다음과 같이 함수를 사용할 수 있습니다.

```
sqrt(4)
```
```
2.0
```

3.8.5 import 키워드가 모듈을 찾는 경로

그렇다면 직접 작성한 모듈(즉, 파이썬 파일)을 컴퓨터의 어떤 폴더에 저장해야 import 키워드를 사용해 주피터 노트북으로 임포트할 수 있을까요? import 키워드가 모듈을 찾는 경로는 sys 모듈의 path 변수를 통해 확인할 수 있습니다. sys 모듈은 사용자의 컴퓨터의 정보를 담고 있는 모듈입니다. 다음과 같은 코드를 이용해 파이썬에서 그 내용을 볼 수 있습니다.

```
import sys
sys.path
```

그 결과는 다음과 같습니다.

```
['',
 'C:\\Users\\Sang\\Anaconda3\\python38.zip',
 'C:\\Users\\Sang\\Anaconda3\\DLLs',
 'C:\\Users\\Sang\\Anaconda3\\lib',
 'C:\\Users\\Sang\\Anaconda3',
 'C:\\Users\\Sang\\Anaconda3\\lib\\site-packages',
'C:\\Users\\Sang\\Anaconda3\\lib\\site-packages\\win32',
 'C:\\Users\\Sang\\Anaconda3\\lib\\site-packages\\win32\\lib',
 'C:\\Users\\Sang\\Anaconda3\\lib\\site-packages\\Pythonwin',
'C:\\Users\\Sang\\Anaconda3\\lib\\site-packages\\IPython\\extensions',
 'C:\\Users\\Sang\\.ipython']
```

실행 결과는 각자의 컴퓨터 환경에 따라 다릅니다. 앞에서부터 순서대로 모듈을 찾고, 동일한 이름의 모듈이 나오면 찾기를 중단합니다. 앞의 결과에서 첫 줄에 ''가 있는 것을 알 수 있습니다. 이는 현재 작업 중인 주피터 노트북 파일이 저장된 폴더를 의미합니다. 즉, import 키워드는 가장 먼저 작업 중인 주피터 노트북 파일이 저장된 폴더에서 임포트하고자 하는 모듈을 찾습니다. 그리고 찾는 모듈이 해당 폴더 없으면 두 번째 폴더로 이동합니다.

이와 같은 이유로 모듈 이름을 정할 때는 주의를 기울여야 합니다. 기존 모듈과 동일한 이름의 모듈을 생성해서 사용한다면, 기존 모듈은 임포트할 수 없게 됩니다. 예를 들어, 파이썬에는 기본적으로 numpy라는 모듈이 존재합니다. 그런데 동일한 이름의 모듈(즉, numpy.py)을 만들어서 작업 중인 폴더에 저장하고 다음 코드로 numpy 모듈을 임포트하면 어떤 numpy 모듈이 임포트될까요?

```
import numpy
```

이 경우 임포트되는 numpy 모듈은 새로 저장한 numpy 모듈입니다. 즉, 파이썬에서 기본으로 제공되는 numpy 모듈을 사용할 수 없는 것입니다.

 참고 모듈과 비슷한 표현으로 패키지(package)와 라이브러리(library)가 있습니다. 패키지는 여러 개의 모듈을 저장하고 있는 폴더를 의미하고 라이브러리는 여러 개의 모듈과 패키지를 저장하고 있는 것을 의미합니다. 일반적으로 실제 코딩시 모듈, 패키지, 라이브러리라는 표현은 큰 구분 없이 사용합니다. 본 책에서도 필요한 경우가 아니면 이러한 표현을 구분 없이 사용하겠습니다.

3.9 에러 처리

작성한 파이썬 코드에 파이썬이 이해할 수 없는 부분이 있거나 파이썬 문법에 맞지 않는 부분이 있으면 에러(error)가 발생합니다(에러를 exception이라고도 합니다). 에러가 발생하면 파이썬은 실행을 중단하고 에러 메시지를 화면에 출력합니다.

파이썬에서 에러는 많은 경우에 발생합니다. 예를 들어, 존재하지 않는 함수의 이름을 사용했을 때도 에러가 발생하고, 리스트에 존재하지 않는 원소에 접근할 때, 숫자를 0으로 나눌 때도 에러가 발생합니다. 발생하는 에러에 따라 에러의 이름이 다릅니다. 이 섹션에서는 파이썬에서 발생할 수 있는 에러의 예에는 무엇이 있고, 에러가 발생했을 때 어떻게 처리할 수 있는지 살펴보겠습니다. 관련 코드는 error_handling_examples.ipynb 파일을 참고하세요.

3.9.1 에러의 예

3.9.1.1 리스트 변수에 존재하지 않는 원소에 접근하는 경우

인덱싱 방법을 사용해 리스트의 특정 원소에 접근할 수 있습니다. 예를 들어, 다음 코드가 있다고 가정하겠습니다.

```
a = [1,2,3]
a[4]
```

a라는 리스트 변수에는 세 개의 원소가 있습니다. 그리고 제일 마지막 원소의 인덱스는 2입니다. 그런데 변수 a에서 인덱스가 4인 원소에 접근하고자 한다면(즉, a[4]), 그러한 원소는 존재하지 않기 때문에 에

러가 발생합니다. 인덱스와 관련된 에러를 IndexError라고 합니다. 에러가 발생하면 파이썬은 실행을 중단하고 관련 에러 메시지를 화면에 출력합니다. 앞의 코드를 실행하면 다음의 에러 메시지가 출력됩니다.

```
-----------------------------------------------------------------------
IndexError                               Traceback (most recent call last)
~\AppData\Local\Temp/ipykernel_20040/571634228.py in <module>
      1 a = [1,2,3]
----> 2 a[4]

IndexError: list index out of range
```

보다시피 IndexError가 발생했고, 정확한 이유는 "list index out of range"라고 나와 있습니다. 즉, 존재하는 인덱스 범위에서 벗어난 인덱스 값을 사용했기 때문에 에러가 발생했다는 것입니다.

그리고 Traceback이 있는데, 이 부분은 에러가 발생한 코드가 어디인지를 알려줍니다. ------>로 표시된 부분에서 에러가 발생했음을 알 수 있습니다. 즉, a[4]에서 에러가 발생한 것입니다.

3.9.1.2 0으로 나누는 경우

나누기에서 분모는 0이 될 수 없습니다. 따라서 파이썬에서도 어떤 숫자를 0으로 나누면 에러가 발생합니다. 다음 예제를 보겠습니다.

```
b = 4
c = 0
b/c
```

분모인 c가 0이므로 에러가 발생합니다. 에러가 발생하면 파이썬은 실행을 중단하고 관련 에러 메시지를 화면에 출력합니다. 다음과 같은 에러 메시지가 화면에 출력됩니다.

```
-----------------------------------------------------------------------
ZeroDivisionError                        Traceback (most recent call last)
~\AppData\Local\Temp/ipykernel_20040/8811441.py in <module>
      1 b = 4
      2 c = 0
----> 3 b/c

ZeroDivisionError: division by zero
```

즉, 0으로 나누는 경우 발생하는 에러는 ZeroDivisionError입니다.

3.9.2 에러 처리하기

에러가 발생하면 파이썬이 실행을 중단하기 때문에 에러 발생이 예상되는 경우 에러 처리를 해야지만, 에러가 발생해도 실행이 중단되지 않습니다. 이때 사용할 수 있는 것이 **try-except** 구문입니다.

try-except 구문은 보통 다음과 같이 사용합니다.

```
try:
    body
except error_type1:
    exception_code1
except error_type2:
    exception_code2
…
else:
    else_body
```

먼저 **try** 구문의 body 부분이 먼저 실행됩니다. body 부분을 실행하다가 에러가 발생하면 이후의 **except** 구문 중 하나가 실행됩니다. 발생하는 에러의 종류에 따라 실행되는 **except** 구문을 다르게 지정할 수 있습니다. 이를 위해 except error_type과 같이 코딩합니다. error_type 부분에 핸들링하고자 하는 에러의 이름을 입력합니다. 예를 들어, except 구문에서 ZeroDivisionError 에러를 처리하고자 한다면 except ZeroDivisionError:라고 작성할 수 있습니다. 그리고 해당 except 구문의 body에 ZeroDivisionError 에러가 발생했을 때 실행되는 코드를 작성합니다. 즉, try 구문의 body 코드에서 발생한 에러가 ZeroDivisionError인 경우에만, except ZeroDivisionError: 구문의 body가 실행됩니다.

try 구문에서 아무런 에러가 발생하지 않는다면 else 구문의 body가 실행됩니다.

다음 예제 코드를 살펴보겠습니다. **try** 구문에서 발생하는 에러가 ZeroDivisionError일 때만 에러를 처리하고 싶다면 다음과 같이 작성할 수 있습니다.

```
try:
    answer = first_number / second_number
except ZeroDivisionError:
    print("You can't divide by 0!")
```

```
else:
    print(answer)
```

이 코드는 try 구문의 body인 answer = first_number / second_number에서 발생하는 에러가 ZeroDivisionError인 경우(즉, second_number = 0 경우)에 except ZeroDivisionError 구문의 body인 print("You can't divide by 0!")가 실행되어 화면에 "You can't divide by 0!"을 출력하고, 에러가 발생하지 않는 경우에는 answer 변수의 값을 출력하는 코드입니다.

try 구문에서 발생하는 에러의 종류와 상관없이 특정 코드를 실행하고 싶다면 다음과 같이 작성합니다.

```
try:
    try_body
except:
    except_body
else:
    else_body
```

다음 예를 보면, try 구문의 body인 answer = first_number / second_number에서 발생하는 에러의 종류가 무엇인지와 상관없이 에러가 발생하는 경우에는 except 구문의 body인 print("You can't divide by 0!")가 실행됩니다.

```
try:
    answer = first_number / second_number
except:
    print("You can't divide by 0!")
else:
    print(answer)
```

3.10 클래스

다음으로 클래스(Class)에 대해 알아보겠습니다. 관련 코드는 `class_examples.ipynb`를 참고하세요.

3.10.1 클래스란?

클래스는 특정 작업과 관련된 함수와 변수를 저장하는 역할을 합니다. 예를 들어, Grade라는 클래스에는 학점을 계산하는 데 필요한 함수와 점수를 저장하는 변수가 포함되어 있을 수 있습니다.

클래스에 저장된 함수나 변수를 사용하기 위해 클래스의 복사본을 만들어 사용할 수 있습니다. 이러한 복사본을 클래스의 객체(instance)라고 합니다(instance를 object라고 표현하기도 합니다. 객체는 특정 클래스의 구체적이 모습이라고 할 수 있습니다). 하나의 클래스는 여러 개의 객체를 가질 수 있습니다. 각 객체는 같은 클래스에 존재하는 변수에 대해 고유한 값을 가질 수 있습니다. 가령 호랑이 클래스가 있는 경우, 서로 다른 호랑이를 표현하기 위해 호랑이 클래스의 객체를 여러 개 만들 수 있습니다. 각 객체가 서로 다른 호랑이를 표현합니다. 호랑이 클래스의 객체를 세 개 만들었다면 특성이 다른 호랑이 세 마리를 만들었다고 생각할 수 있습니다. 각 호랑이를 나타내는 객체를 이용해서 각 호랑이의 고유한 정보(예: 이름, 나이 등)를 지정할 수 있습니다.

클래스와 관련 있는 또 다른 중요한 개념은 상속(inheritance)입니다. 특정 클래스를 상속하는 하위 클래스(자식 클래스라고도 합니다)는 상위 클래스(부모 클래스라고도 합니다)의 특성(즉, 함수와 변수)을 그대로 사용할 수 있고, 그 외에 자신만의 고유한 변수와 함수를 추가해 사용할 수 있습니다. 예를 들어, 동물이라는 클래스가 있다면 해당 클래스에는 동물이 공통적으로 갖는 특성(예: 움직인다, 이름이 있다 등)과 관련된 함수와 변수가 저장되어 있을 수 있습니다. 또한 동물마다의 특성을 고려한 동물이라는 클래스를 상속하는 하위 클래스를 만들 수 있습니다. 예를 들어, 호랑이라는 클래스를 만들고자 한다면 기본적으로 동물이 갖는 특성은 상위 클래스인 동물 클래스에서 가져오고(상속하고), 호랑이가 갖는 고유한 특성을 반영한 함수와 변수를 호랑이 클래스에 포함시킬 수 있습니다. 호랑이 클래스에는 호랑이 털의 색깔 또는 식성 등의 고유한 정보를 추가할 수 있습니다.

자신이 만든 클래스를 모듈 형태로 저장할 수도 있고, 다른 개발자가 만들어 놓은 클래스를 모듈 형태로 불러와 코드에서 사용할 수도 있습니다.

코딩 경험이 많지 않은 독자라면 클래스를 직접 생성해서 사용할 일은 별로 없을 수도 있습니다. 그럼에도 불구하고 클래스의 기본적인 사용법에 대해 알아두면 유용한데, 이유는 클래스를 이용해서 작성된 다른 사람의 코드를 이해하는 데 도움이 되기 때문입니다. 실제로 사용되는 많은 모듈이 클래스를 이용해 작성됐습니다.

3.10.2 나만의 클래스 만들기

그럼, 직접 클래스를 생성해 보겠습니다. 예를 들어, 개(dog)를 표현하기 위한 Dog라는 클래스를 만든다고 가정하겠습니다. 개는 기본적으로 이름과 나이 등의 속성 정보를 가질 수 있고, 앉다 혹은 구르다의 행동을 할 수 있습니다. 일반적으로 속성 정보는 클래스의 변수로 표현하고 행동은 클래스의 함수로 표현합니다.

이름과 나이 속성과 '앉다'와 '구르다'의 행동을 가진 Dog 클래스를 생성해 보겠습니다. 코드는 다음과 같습니다. 클래스는 class라는 키워드를 사용해 생성하고 클래스의 이름은 일반적으로 대문자로 시작합니다.

```
class Dog:
    """개의 특성과 행동을 위한 클래스"""
    def __init__(self, name, age=0):
        self.name = name
        self.age = age
    def sit(self):
        print(self.name + " is now sitting.")
    def roll_over(self):
        print(self.name + " rolled over!")
```

하나의 클래스는 기본적으로 __init__() 함수를 갖습니다. __init__() 함수는 클래스의 객체가 생성될 때 자동으로 호출됩니다(해당 함수의 구체적인 내용은 잠시 후에 살펴보겠습니다). 일반적으로 self 파라미터는 __init__() 함수의 첫 번째 파라미터가 됩니다. self는 생성되는 객체 자신을 의미합니다. 그리고 self가 앞에 붙은 변수(예: self.name)는 해당 클래스가 가지고 있는 모든 함수에서 접근 가능합니다.

self.name에서의 name 변수를 속성(attributes)이라고 합니다. 이를 객체 변수(instance variable)라고도 하는데, 이는 클래스의 각 객체가 각자 고유한 name 변수를 갖는다는 것을 의미합니다.

sit()이나 roll_over()와 같이 클래스에 속한 함수의 첫 번째 파라미터는 기본적으로 self입니다. 클래스에서 생성되는 각 함수(예: sit())에서 __init__()에서 정의된 속성 변수(예: name, age 등)에 접근하기 위해서는 self를 사용해야 합니다(예: self.name).

3.10.2.1 __init__() 메서드

클래스에 포함된 함수를 보통 메서드라고 합니다. 예를 들어, sit(), roll_over() 등이 Dog 클래스의 메서드입니다. 클래스가 갖는 메서드 중 특이한 것이 있는데, 바로 __init__()입니다. __init__()는 해당 클래스의 객체가 생성될 때마다 자동으로 호출되고, 해당 객체의 속성 변수의 값을 초기화하는 역할을 합니다. 참고로 __init__()는 객체가 생성될 때 자동으로 호출되지만, 다른 메서드(예: sit(), roll_over() 등)는 사용자가 명시적으로 호출해야지만 호출됩니다.

__init__()는 기본적으로 self라는 파라미터를 갖습니다. __init__()는 반드시 self 파라미터를 포함해야 하는데, 왜냐하면 해당 클래스의 객체가 생성될 때 자동으로 self 파라미터가 객체에 전달되기 때문입니다. self는 각 객체가 클래스의 변수와 메서드에 접근할 수 있게 해준다고 생각할 수 있습니다.

__init__()는 self 파라미터 이외에 다른 추가적인 파라미터를 이용해서(위에서는 name, age) 클래스 변수의 값을 설정할 수 있습니다. 클래스의 변수를 생성하기 위해서는 self.**변수명**과 같이 입력합니다. 예를 들어, self.name은 Dog 클래스가 name 변수를 갖는다는 뜻입니다. 그리고 그 변수의 값을 __init__() 메서드가 갖는 name 파라미터가 입력받는 값을 이용해 할당합니다(self.name = name). 앞의 코드에서 age 파라미터의 값은 0을 기본값으로 설정했습니다. 즉, age 파라미터에 대한 입력값이 없는 경우 기본값인 0을 이용하여 self.age 변수의 값을 지정하겠다는 의미입니다.

3.10.2.2 클래스의 객체 생성하기

Dog 클래스를 생성한 후에 Dog 클래스의 객체(instance)를 만들 수 있는데, 하나의 객체는 한 마리의 특정한 개라고 생각할 수 있습니다. Dog 클래스의 객체이기 때문에 해당 객체는 Dog 클래스가 갖고 있는 변수와 메서드를 사용할 수 있습니다. 특정 Dog 객체는 그 객체만의 개 이름과 나이 정보를 가질 수 있으며, Dog 클래스에서 정의된 '앉다', '구르다'의 행동을 할 수 있습니다.

특정 클래스의 객체를 생성할 때는 클래스의 생성자 함수를 사용합니다. 생성자 함수는 이름이 클래스의 이름과 동일한 함수를 말합니다. 예를 들어, Dog 클래스의 객체를 만들 때는 Dog 클래스의 생성자 함수인 Dog()를 사용합니다. 생성자 함수가 호출될 때(즉, 객체를 만들 때) 자동으로 해당 클래스의 __init__() 함수가 호출됩니다. Dog 클래스의 경우 __init__() 함수가 name과 age라는 변수를 갖기 때문에, Dog() 생성자 함수도 다음과 같이 name과 age에 해당하는 두 개의 인자를 입력받습니다. 생성되는 객체의 이름은 dog1인데, 보통 객체의 이름은 소문자를 사용합니다. 해당 객체는 고유한 name과 age 변수를 갖습니다. 그리고 그러한 변수의 값은 객체가 생성될 때 생성자 함수에 입력된 인자를 이용해 초기화됩니다. 즉, dog1 객체의 name 변수의 값은 'Happy'로, age 변수의 값은 3으로 초기화됩니다.

```
dog1 = Dog('Happy', 3)
```

dog1이 갖는 name 변수의 값을 확인해 보겠습니다. 다음과 같이 코딩합니다.

```
print(dog1.name)
```

```
Happy
```

객체가 갖는 변수의 값을 새로운 값으로 할당할 수 있습니다. 다음의 경우 dog1 객체가 갖는 name 변수에 'Can'이라는 새로운 값을 할당합니다.

```
dog1.name = 'Can'
```

이번에는 객체의 메서드를 호출해 보겠습니다. dog1 객체는 Dog 클래스의 객체이기 때문에 Dog 클래스에서 정의된 sit()과 roll_over() 함수를 갖습니다. 다음과 같이 dog1 객체의 sit() 함수를 호출합니다.

```
dog1.sit()
```

그러면 다음의 결과가 출력됩니다.

```
Can is now sitting.
```

클래스를 정의할 때 사용된 sit() 함수의 body는 print(self.name + " is now sitting.")입니다. self는 특정한 객체 자신을 의미하는데 예제의 경우 dog1 객체 자신을 의미합니다. 따라서 self.name은 dog1이 갖고 있는 name 변수를 의미하고, 현재 name 변수에는 'Can'이라는 문자열 값이 저장되어 있습니다. 따라서 dog1.sit()을 호출하면 Can is now sitting.이라고 화면에 출력됩니다.

■ 여러 개의 객체 생성하기

하나의 클래스에 대해 서로 다른 복수의 객체를 생성할 수 있고, 각 객체는 고유한 속성값을 가질 수 있습니다. 다음 코드는 서로 다른 두 개의 Dog 클래스의 객체를 만듭니다. 각 객체는 Dog 클래스가 갖고 있는 변수와 동일한 변수를 갖지만, 각 변수의 값은 객체마다 다를 수 있습니다. 즉, 다음의 경우 dog1과 dog2 객체 모두 Dog 클래스에서 정의된 name과 age 변수를 갖지만, dog1은 그 값이 'Happy'와 3이고, dog2는 그 값이 'Can'과 1입니다.

```
dog1 = Dog('Happy', 3)
dog2 = Dog('Can', 1)
```

3.10.3 상속

3.10.3.1 부모 클래스 상속하기

기존 클래스의 내용을 갖고 있으면서 추가적인 기능을 하는 혹은 추가 정보를 갖는 클래스를 생성하고 싶을 때는 새롭게 생성하기보다는 이전에 생성된 클래스를 상속(inheritance)하는 것이 더 효과적입니다.

상속되는 원래 클래스를 부모 클래스(parent class)라고 하고, 상속하는 새로운 클래스를 자식 클래스(child class)라고 합니다. 자식 클래스는 부모 클래스의 모든 변수와 메서드를 상속받을 뿐 아니라, 자식 클래스만의 새로운 변수나 메서드를 추가할 수도 있습니다.

예를 들어, 동물의 일반적인 특성 및 행동과 관련된 Animal이라는 클래스가 있고, 추가로 Dog를 나타내는 클래스를 만들고자 한다면, 새롭게 Dog 클래스를 만들기보다는 Animal 클래스를 상속하는 Dog 클래스를 만드는 것이 효과적입니다. Dog도 Animal의 한 종류이기 때문에 기본적으로 Animal이 갖는 특성(attributes)과 행동(methods)을 갖기 때문입니다. 이러한 경우에는 Dog가 동물로서 갖는 기본 특성(예: 다리가 있다)이나 행동(앉기 등)은 Animal 클래스로부터 상속받고, Dog만이 갖는 특성과 행동을 Dog 클래스에 새롭게 추가하면 됩니다.

이와 관련된 예제 코드를 살펴보겠습니다. 먼저 다음과 같이 Animal 클래스를 만듭니다. __init__() 함수의 바디에는 동물이 기본으로 가질 수 있는 특성(즉, 이름, 다리, 나이)에 대한 변수가 있습니다. 그리고 Animal 클래스는 동물이 기본으로 갖는 행동인 '움직인다'에 대한 메서드 move()를 갖고 있습니다.

```python
class Animal:
    def __init__(self, name, legs, age=0):
        self.name = name
        self.legs = legs
        self.age = age
    def move(self):
        print(self.name, 'is moving.')
```

이번에는 Animal 클래스를 상속하는 Dog 클래스를 만들어 보겠습니다. 이를 위해 다음과 같이 Dog()의 인자로 상속받고자 하는 부모 클래스의 이름을 입력합니다. 그리고 자식 클래스의 __init__() 함수에서 부모 클래스의 __init__() 함수에서 초기화해야 하는 속성(즉, name, legs, age)을 파라미터로 입력받아 초기화합니다. 부모 클래스의 속성 값을 초기화하기 위해서는 자식 클래스에서 부모 클래스에 접근해야 합니다. 자식 클래스는 super()를 이용해서 부모 클래스에 접근할 수 있습니다. super().__init__()에서의 __init__()는 부모 클래스의 __init__() 함수입니다.

```
class Dog(Animal):
    def __init__(self, name, legs, age=0):
        super().__init__(name, legs, age) # super()를 통해서 부모 클래스에 접근 가능
```

그다음에 Dog 클래스의 객체를 만들어 보겠습니다. 이를 위해 부모 클래스의 __init__() 함수가 갖는 특성 변수인 name, legs, age의 값을 인자로 입력하여 Dog 클래스의 생성자 함수를 다음과 같이 호출합니다. Dog 클래스의 생성자 함수인 Dog()는 Dog 클래스의 __init__()를 호출합니다. 그러면 해당 __init__() 메서드는 입력받은 인자들을 이용해 부모 클래스의 __init__()를 호출합니다.

```
dog1 = Dog('Happy', 4, 3)
```

이와 같이 Dog 클래스의 객체 dog1을 생성하면, dog1은 Animal 클래스의 변수(name, legs, age)와 함수(move())를 갖습니다. 그리고 dog1이 갖는 name, legs, age 변수의 값이 각각 'Happy', 4, 3로 할당됩니다.

3.10.3.2 자식 클래스만의 변수와 함수 생성하기

부모 클래스에서 상속하는 경우 자식 클래스는 기본적으로 부모 클래스의 모든 변수와 함수를 사용할 수 있습니다. 그뿐만 아니라, 자식 클래스만의 변수와 함수를 추가할 수도 있습니다. 다음 예제를 살펴보겠습니다.

Animal 클래스를 상속하는 Dog 클래스의 경우, 부모 클래스인 Animal 클래스가 갖는 변수(즉, name, legs, age) 이외에 color라는 변수를 갖고 있습니다. 그리고 함수도 move() 이외에 display_color_info()라는 함수를 갖습니다.

```
class Dog(Animal):
    def __init__(self, color, name, legs, age=0):
        super().__init__(name, legs, age)
        self.color = color        # Dog 클래스만이 갖는 변수
    def display_color_info(self):  # Dog 클래스만이 갖는 클래스
        print("This dog's color is: ", self.color)
```

이 클래스에 대해 다음과 같이 객체를 만듭니다.

```
dog2 = Dog('red', 'Happy', 4, 3)
```

dog2는 자신만의 색(color)과 `display_color_info()` 함수를 갖습니다. 다음과 같이 확인할 수 있습니다.

```
dog2.color
```

```
'red'
```

```
dog2.display_color_info()
```

```
This dog's color is:  red
```

3.10.3.3 부모 클래스의 함수 덮어쓰기

부모 클래스의 특정 함수를 자식 클래스에서 덮어쓰기 위해서는 같은 이름의 함수를 새롭게 자식 클래스에서 정의하면 됩니다. 다음 예제 코드를 살펴보겠습니다. 다음 코드를 보면 부모 클래스에 있는 move() 함수를 자식 클래스에서 새롭게 정의하고 있습니다. 이렇게 하면 부모 클래스의 move() 함수를 자식 클래스에서 새롭게 정의하는 move() 함수가 덮어씁니다.

```python
class Dog(Animal):
    def __init__(self, color, name, legs, age=0):
        super().__init__(name, legs, age)
        self.color = color

    def display_color_info(self):
        print("This dog's color is: ", self.color)

    # 자식 클래스만의 move() 함수 정의 => 부모 클래스의 move() 함수를 덮어씀
    def move(self):
        print('{0} is moving with {1} legs'.format(self.name, self.legs))
```

Dog 클래스에 대해 다음과 같이 dog1 객체를 생성합니다.

```
dog1 = Dog('brown', 'Can', 4, 3)
```

그다음 아래 코드를 이용해 dog1 객체의 move() 함수를 호출하면, move() 함수는 Animal 클래스에서 정의된 move() 함수가 아니라 Dog 클래스에서 새롭게 정의된 move() 함수가 됩니다.

```
dog1.move()
```

```
Can is moving with 4 legs
```

4

정규표현식

이번 장에서는 텍스트 분석을 하는 데 있어 알아두면 도움이 되는 정규표현식(regular expression)[25]에 대해 알아보겠습니다. 정규표현식은 문자열 패턴(pattern)을 만드는 데 사용되는 특정한 문자들의 조합이라고 생각할 수 있습니다(혹은 특정한 문자들의 조합으로 구성된 문자열의 패턴 자체를 정규표현식으로 간주할 수도 있습니다). 그렇다면 문자열 패턴은 어떠한 목적으로 사용할 수 있을까요? 텍스트 분석에서 정규표현식은 주로 다음과 같은 목적으로 사용합니다.

특정 패턴을 만들어서 그 패턴을 만족하는 문자열이 텍스트 데이터에 존재하는지 파악하고, 패턴을 만족하는 문자열이 존재하면,

1. 매치되는 문자열을 추출하거나,
2. 매치되는 문자열을 다른 문자열로 대체하거나,
3. 매치되는 문자열을 기준으로 텍스트를 분할하기 위해 사용합니다.

정규표현식을 알아두면 텍스트를 다루는 데 큰 도움이 됩니다. 특히, 텍스트 데이터를 정제하거나 전처리, 혹은 텍스트 데이터에서 어떠한 정보를 추출하기 위해 효과적으로 사용할 수 있습니다. 따라서 이 책에서는 본격적으로 텍스트 분석을 다루기 전에 먼저 정규표현식에 관해 설명하겠습니다.

---

25 간단하게 정규식이라고도 합니다.

4.1 패턴 만들기

정규식을 이용해 특정한 문자열의 패턴을 어떻게 만들 수 있는지를 살펴보겠습니다. 패턴을 만들 때 사용되는 문자는 크게 일반 문자(literal)와 메타 문자(meta character)로 구분됩니다. 일반 문자는 패턴을 만드는 데 사용된 문자(character)가 원래 그 문자 그대로의 의미를 갖습니다. a, b 등이 일반 문자의 예입니다. 즉, 패턴을 만들 때 사용된 a는 문자 a를 의미하며, b는 문자 b를 의미합니다.

메타 문자는 패턴 안에서 사용되면 원래 문자의 의미와는 다른 의미를 갖게 되는 문자들을 일컫습니다. 주요 메타 문자는 표 4.1과 같습니다. 메타 문자가 아닌 문자를 일반 문자라고 생각하면 됩니다.

표 4.1 주요 메타 문자

메타 문자	의미
\w	하나의 글자(word character)를 의미합니다. (예: a, b, c 등)
\W	글자가 아닌 문자 하나를 의미합니다. 숫자, 기호, 공백문자 등이 포함됩니다. 공백문자는 띄어쓰기, 탭, 줄바꿈 등을 의미합니다.
\d	숫자 하나를 의미합니다.
\D	숫자가 아닌 다른 문자를 의미합니다. (예: 글자, 기호, 공백문자 등)
\s	공백문자 하나를 의미합니다.
\S	공백문자가 아닌 문자를 의미합니다. (글자, 숫자, 기호 등)
.	줄바꿈(\n)을 제외한 모든 문자 하나를 의미합니다.

그 외에 +, *, !, ^ 등의 기호도 메타 문자에 해당합니다. 이 기호들의 역할은 조금 뒤에 설명하겠습니다.

4.2 파이썬에서 정규표현식 사용하기

파이썬에서는 regular expression를 의미하는 re 모듈을 사용해서 정규표현식과 관련된 작업을 수행합니다. 관련 코드는 regex_examples.ipynb 파일을 참고하세요.

4.2.1 특정 패턴을 만족하는 문자열을 찾는 데 사용되는 함수들

re 모듈은 정규표현식과 관련된 여러 가지 함수를 제공하는데, 여기서는 먼저 특정 패턴을 만족하는 문자열을 찾는 데 사용되는 함수를 살펴보겠습니다. re에서 제공되는 함수 중 패턴을 만족하는 문자열을 찾는 데 사용되는 함수에는 match(), search(), findall() 등이 있습니다.

4.2.1.1 match()

match() 함수를 사용하는 방법은 다음과 같습니다.

```
import re

re.match(pattern, text)
```

위에서 보는 것처럼 match() 함수는 두 개의 인자를 받습니다. 첫 번째 인자는 정규식 패턴이고, 두 번째 인자는 패턴에 해당하는 문자열을 찾고자 하는 텍스트입니다. match() 함수는 두 번째 인자로 입력된 **텍스트의 가장 앞부분**에서만 패턴을 만족하는 문자열이 있는지를 찾습니다. 매치되는 문자열이 존재하는 경우, match() 함수는 매치되는 문자열에 대한 re 모듈의 객체 정보를 반환합니다(매치되는 문자열 자체를 반환하지는 않습니다).

4.2.1.2 search()

search() 함수는 다음과 같이 사용합니다.

```
re.search(pattern, text)
```

사용하는 방법은 match() 함수와 유사합니다. 하지만 match()와 다르게 패턴을 만족하는 문자열의 위치와 상관없이 문자열을 찾습니다. 매치되는 문자열이 여러 개 있는 경우 첫 번째로 매치되는 문자열만을 찾고, 그에 대한 re 모듈 객체 정보를 반환합니다.

4.2.1.3 findall()

findall() 함수는 패턴을 만족하는 텍스트에 존재하는 모든 문자열을 찾아 리스트 형태로 반환합니다. 다음과 같이 사용합니다.

```
re.findall(pattern, text)
```

4.2.2 패턴을 만족하는 문자열 찾기

이번에는 패턴을 만들어보고, 앞에서 다룬 함수를 사용해 매치되는 문자열을 찾아보겠습니다. 패턴은 다음과 같이 문자열 형태로 만듭니다.

4.2.2.1 패턴의 예: 'abc'

'abc'라는 세 개의 문자로 구성된 패턴이 있다면 이는 문자 그대로 abc라고 하는 문자열값과 매치합니다. 왜냐하면 a, b, c 모두 일반 문자(즉, literal)이기 때문입니다. 예를 들어 '123abc456'이라는 텍스트에서 'abc'라는 패턴을 만족하는 문자열을 찾는다면 '123' 이후에 문자열 'abc'가 존재하기 때문에 해당 'abc'와 매치하게 됩니다. 하지만, 해당 텍스트에서 'abcd'라는 패턴을 찾는다면 이를 만족하는 문자열이 존재하지 않기 때문에 아무런 문자열도 매치되지 않습니다.

앞에서 살펴본 함수들을 사용해 직접 문자열을 찾아보겠습니다.

```
text = '123abc456'
re.match(r'abc', text)
```

보다시피 match() 함수에 패턴으로 r'abc'를 입력했습니다. r은 raw string을 의미합니다. 파이썬에서 패턴을 만들 때는 관용적으로 패턴 문자열 앞에 r을 붙여 줍니다. 위와 같이 입력하면 match() 함수는 'abc' 패턴에 해당하는 문자열을 두 번째 인자로 입력된 text 변수에 저장된 텍스트 데이터의 앞부분에서 찾습니다. 그런데 text에 저장된 문자열 앞부분에 'abc'가 존재하지 않기 때문에 아무런 것도 찾지 못합니다. 즉, re.match(r'abc', text)는 아무런 결과도 반환하지 않습니다.

이번에는 search() 함수를 사용해 보겠습니다.

```
re.search(r'abc', text)
```

위와 같이 입력하면 어떤 값이 반환될까요? 답을 유추하기 위해 search() 함수의 기능을 생각해 봅시다. search() 함수는 패턴에 해당하는 문자열이 text의 어떤 위치에 존재하는지 상관없이 일치하는 것을 찾습니다. text 문자열 안에 'abc'가 존재하기 때문에 'abc'를 찾게 됩니다. re.search(r'abc', text) 코드를 실행한 결과는 다음과 같습니다.

```
<re.Match object; span=(3, 6), match='abc'>
```

앞에서 언급한 것처럼 search() 함수는 패턴이 매치되면 그 결과를 re 객체로 반환합니다. span(3,6) 은 text에 저장된 문자열 중에서 인덱스가 3, 4, 5인 원소(즉, 'abc')가 search() 함수에서 사용된 패턴 과 매치한다(match='abc')는 것을 의미합니다. 그렇다면 매치된 문자열 결과만 얻으려면 어떻게 해야 할까요? 그때는 search() 함수가 반환하는 결과에 group() 함수를 적용하면 됩니다. 이를 위해 다음과 같이 코딩합니다.

```
r = re.search(r'abc', text)
r.group()
```

r.group()은 'abc'를 반환합니다.

이번에는 findall() 함수를 사용해 보겠습니다. 다음과 같이 사용합니다.

```
re.findall(r'abc', text)
```

findall() 함수는 패턴(여기서는 'abc')을 만족하는 모든 문자열을 찾아서 각 문자열을 원소로 갖는 리 스트 데이터를 반환합니다. 지금은 매치되는 문자열이 'abc'밖에 없기 때문에 결과가 다음과 같습니다.

```
['abc']
```

4.2.2.2 또 다른 패턴의 예: '\w\w'

이번에는 앞에서 살펴본 메타 문자를 이용해서 패턴을 만들어 보겠습니다. '\w\w'라는 패턴을 만들었다 고 가정하겠습니다. \w는 하나의 글자(word character)를 의미하기 때문에 '\w\w'라는 패턴은 연속된 두 개의 글자와 매치됩니다. 예를 들어, 'abcd'라는 텍스트 데이터에는 연속되는 두 개의 글자가 몇 개나 있을까요? 맞습니다. 'ab', 'bc', 'cd' 3개가 있습니다.

text1 = 'abcd'라는 텍스트에 이 함수를 적용해 보겠습니다.

```
text1 = 'abcd'
re.match(r'\w\w', text1)
```

코드 실행 결과는 다음과 같습니다. match() 함수도 search()와 마찬가지로 매치되는 결과가 있는 경우, re 객체에 대한 정보를 결과로 반환합니다. 이번에는 패턴(즉, '\w\w')과 매치되는 문자열이 text1 변수에 저장된 문자열 데이터 제일 앞부분에 존재하기 때문에 매치되는 문자열(즉, 'ab')에 대한 결과가 반환됩니다.

```
<re.Match object; span=(0, 2), match='ab'>
```

매치되는 문자열만 추출하기 위해서는 다음과 같이 결과에 group() 함수를 적용합니다.

```
re.match(r'\w\w', text1).group()
```

```
'ab'
```

search() 함수도 다음과 같이 사용할 수 있습니다. 이 코드는 어떤 결과를 반환할까요?

```
re.search(r'\w\w', text1).group()
```

'ab'가 반환됩니다. search() 함수는 패턴을 만족하는 문자열이 여러 개 있을 때 첫 번째로 매치되는 결과만 반환합니다. 지금은 매치되는 문자열값이 text1에 3개(즉, 'ab', 'bc', 'cd') 존재하지만, 그중 첫 번째로 매치되는 'ab'만 반환됐습니다.

이번에는 findall()을 적용해 보겠습니다.

```
re.findall(r'\w\w', text1)
```

위 함수가 반환하는 결과는 ['ab', 'cd']입니다. 왜 중간의 'bc'는 결과에 포함되지 않았을까요? 이는 findall()이 작동하는 방식 때문에 그렇습니다. findall()은 'abcd'라는 텍스트의 앞부분에서부터 '\w\w'라는 패턴을 만족하는 문자열을 찾습니다. 그러면 먼저 매치되는 문자열이 'ab'입니다. 그리고 그 과정을 중단하는 것이 아니라, **남아있는 문자열에 대해** 같은 과정을 반복합니다. 즉, 'abcd'에서 이미 'ab'가 만족됐기 때문에 새로운 탐색 과정에서는 이미 매치된 'ab'를 제외하고, 나머지 부분인 'cd'에 대해서만 새로운 검색을 합니다. 'cd' 역시 '\w\w' 패턴을 만족하므로 'cd'도 패턴과 매치되는 문자열의 결과로 반환됩니다. 그래서 최종 결과가 'ab', 'cd'가 됩니다.

4.3 대괄호의 기능

대괄호에 해당하는 기호 [와]도 정규표현식에서 사용되는 메타 문자입니다. 이는 대괄호 자체를 의미하는 것이 아니라, 다른 특정한 역할을 합니다.

[]는 [] 안에 있는 여러 개의 문자를 or 연산자로 묶는 역할을 합니다. 예를 들어, '[abc]'라는 패턴이 있다면, 이는 'a' 또는 'b' 또는 'c'라는 것을 의미합니다. 텍스트 데이터에 'a', 'b', 'c' 중 하나만 존재하더라도 해당 패턴을 만족하는 것입니다. 또 다른 예를 들어보겠습니다. 'appl[ea]'라는 패턴을 만들었다면, 이는 'apple' 또는 'appla'라는 문자열과 매치됩니다. 즉, 'appl[ea]'라는 패턴은 'apple' 또는 'appla'를 의미하는 것입니다.

다음과 같이 findall() 함수를 적용해 보겠습니다.

```
re.findall(r'appl[ea]', 'apple appla appli')
```

이 코드는 첫 번째 인자로 입력된 패턴(즉, 'appl[ea]')을 만족하는 모든 문자열을 두 번째 인자로 입력된 텍스트 데이터에서 찾습니다. 'appl[ea]'는 'apple' 또는 'appla'와 매치되기 때문에 이 코드의 결과는 다음과 같습니다.

```
['apple', 'appla']
```

■ 하이픈 사용하기

하이픈(-)을 사용해서 [ ] 안에서 문자들의 범위(range)를 표현할 수 있습니다. 예를 들어, [0-9]라고 표현하면 이는 0부터 9 사이의 숫자 하나를 의미합니다. 마찬가지로 [a-zA-Z]라고 표현하면 소문자 또는 대문자 알파벳 하나를 의미합니다.

■ 부정 기능 사용하기

[ ] 안에서 사용되는 캐럿(^) 기호는 부정(negation) 기능을 수행합니다. 예를 들어, [^0-9]의 패턴은 숫자가 아닌 다른 문자 한 개(예: 글자 또는 기호 등)를 의미하는 패턴입니다. 또는 appl[^ea]라고 패턴을 만든다면 apple과 appla가 아닌 appl로 시작하는 모든 다섯 개의 연속된 문자를 만족합니다.

예를 들어 다음 코드는 ['appli', 'applo']라는 결과를 반환합니다.

```
re.findall(r'appl[^ea]', 'apple appla appli applo')
```
```
['appli', 'applo']
```

4.4 Alternation 기능

Alternation은 여러 개의 패턴들 중에서 어느 하나의 패턴이라도 만족하는 문자열을 찾고 싶을 때 사용할 수 있습니다. 이를 위해서는 |(파이프(pipe) 기호 또는 수직바(vertical bar)라고 합니다)를 사용합니다. |는 or(또는)의 의미를 갖습니다. 예를 들어 'apple|banana'라는 (두 개의 패턴으로 구성된) 패턴이 있다면 이는 'apple' 또는 'banana' 둘 중 하나가 만족하는 경우 매치됩니다. 다음 예를 살펴보겠습니다.

```
re.findall(r'apple|banana', 'apple banana carrot')
```

이 함수의 실행 결과는 ['apple', 'banana']입니다.

'License: yes|no' 패턴의 경우는 'License: yes' 또는 'no'라는 문자열과 매치됩니다. 다음과 같이 search() 함수를 사용하면 두 번째 인자로 입력된 'License: no'에서 'no' 부분만 찾습니다.

```
re.search(r'License: yes|no', 'License: no')
```
```
<re.Match object; span=(9, 11), match='no'>
```

'License: yes' 또는 'License: no'를 찾고자 한다면 'License: (yes|no)'와 같이 소괄호를 사용해서 패턴을 만들어야 합니다. 이렇게 하면 괄호 안의 내용만 이용해서 alternation을 하게 됩니다.

```
re.search(r'License: (yes|no)', 'License: no')
```
```
<re.Match object; span=(0, 11), match='License: no'>
```

4.5 수량자

수량자(quantifier)는 하나의 문자 또는 여러 개의 문자를 반복하고자 할 때 사용합니다. 주요 수량자로는 다음과 같은 것이 있습니다.

표 4.2 주요 수량자

수량자	의미
?	앞의 문자가 0번 또는 1번 출현
*	앞의 문자가 0번 이상 출현
+	앞의 문자가 1번 이상 출현

수량자	의미
{n}	앞의 문자가 정확하게 n번 반복
{n, m}	앞의 문자가 n번 이상 m번 이하 반복
{ ,n}	앞의 문자가 n번 이하 반복
{n, }	앞의 문자가 n번 이상 반복

구체적인 예를 살펴보겠습니다. 예를 들어, ?는 물음표 앞의 문자가 0번 나오거나 1번 나오는 것을 의미한다고 했습니다. 그렇다면 '\d?' 패턴은 무엇을 의미할까요? '\d'는 하나의 숫자를 나타내기 때문에 '\d?'는 숫자가 하나도 사용되지 않거나 하나만 사용된 것을 의미합니다. 마찬가지로 '\w?'는 글자(word character)가 하나도 사용되지 않거나 하나만 사용된 것을 의미합니다.

다른 예를 들어 보겠습니다. 사용자가 전화번호를 다음 세 개 중 하나의 형태로 입력할 수 있다고 가정하겠습니다.

```
555-555-555
555 555 555
555555555
```

이 경우 이 세 개 형태 모두와 매치하는 패턴은 다음과 같이 만들 수 있습니다.

'\d+[-\s]?\d+[-\s]?\d+'

조금 복잡해 보이지만, 앞부분부터 하나씩 살펴보면 그리 복잡한 패턴이 아니라는 것을 알 수 있습니다. 먼저 \d+를 살펴보겠습니다. +는 앞의 문자가 적어도 한 번 이상 출현하는 것을 의미하기 때문에 \d+는 숫자가 적어도 하나 이상 사용된(그리고 숫자로만 이루어진) 문자열과 매치됩니다. 예를 들어, '555-555-555' 텍스트의 경우 \d+는 첫 번째 555와 매치됩니다. [-\s]는 -와 \s가 대괄호 안에 사용됐기 때문에 - 또는 \s를 의미합니다. 즉, 하이픈 또는 공백문자 하나가 되는 것입니다. 그런데 그 뒤에 바로 ?를 붙였습니다. 이는 하이픈 또는 공백문자가 나오지 않든지 혹은 한 번 나오는 것을 의미합니다.

다음 코드를 실행하면 '123-456-7890'가 결과로 반환됩니다. 패턴에서 첫 번째 '\d+[-\s]?'는 num1에 저장된 문자열 중 '123-'과 매치되고, 패턴의 두 번째 '\d+[-\s]?'는 num1의 문자열 중에서 '456-'과 매치되며, 패턴의 마지막 부분에 있는 '\d+'는 num1의 문자열 중에서 '7890'과 매치되기 때문입니다.

```
num1 = '123-456-7890'
pattern1 = r'\d+[-\s]?\d+[-\s]?\d+'
numbers = re.search(pattern1, num1)
numbers.group()
```

```
'123-456-7890'
```

다음 코드의 실행 결과는 '123 456 7890'입니다.

```
num1 = '123 456 7890'
pattern1 = r'\d+[-\s]?\d+[-\s]?\d+'
numbers = re.search(pattern1, num1)
numbers.group()
```

```
'123 456 7890'
```

참고로 *는 앞의 문자가 0번 또는 그 이상 나오는 것을 의미합니다. 예를 들어 \d*라는 패턴은 숫자가 한 번도 나오지 않거나 한 번 이상 나오는 문자열과 매치됩니다. 중괄호 {}는 앞의 문자가 정확한 횟수만큼 출현하는 문자열에 대한 패턴을 만들고 싶을 때 사용합니다. 예를 들어 \d{2}라는 패턴은 숫자가 정확하게 두 번 출현한 문자열과 매치됩니다. 중괄호 안에 숫자를 두 개 입력할 수도 있습니다. \d{2,4}라는 패턴은 숫자가 적어도 2개 이상 4개 이하인 문자열과 매치됩니다. '123-456-7890'과 같은 문자열에 대해 하이픈 앞뒤로 나오는 숫자의 개수를 명확히 지정하기 위해서는 다음 패턴을 사용할 수 있습니다.

r'\d{3}[-\s]\d{3}[-\s]\d{4}'

이와 관련해 다음 코드를 실행하면 '123-456-7890'의 결과를 얻게 됩니다.

```
num1 = '123-456-7890'
pattern1 = r'\d{3}[-\s]\d{3}[-\s]\d{4}'
numbers = re.search(pattern1, num1)
numbers.group()
```

4.6 매치되는 결과 그루핑하기

패턴과 일치하는 문자열의 일부를 결과로 추출하고자 하는 경우에는 그루핑(grouping) 기능을 사용할 수 있습니다. 그루핑은 소괄호()를 사용합니다. 예를 들어, 다음과 같은 텍스트 데이터가 있다고 가정합니다.

```
text = '2002년 12월 19일 기사입니다'
```

이 텍스트 데이터에 다음 코드를 사용해 보겠습니다.

```
result1 = re.search(r'(\d{4})년 (\d{1,2})월 (\d{1,2})일', text)
```

코드에서 사용된 패턴은 '(\d{4})년 (\d{1,2})월 (\d{1,2})일'입니다. 패턴을 보면 세 개의 소괄호 짝 ()이 사용된 것을 확인할 수 있습니다. 각 소괄호짝 ()은 하나의 그룹을 의미합니다. 즉, 이 패턴에는 그룹이 세 개 존재합니다. 그리고 이러한 그루핑 결과를 group() 또는 groups()라는 함수를 이용해 추출할 수 있습니다. 먼저 다음과 같이 groups() 함수를 적용해 보겠습니다.

```
result1.groups()
```

코드를 실행하면 다음과 같이 모든 그룹의 결과가 나옵니다.

```
('2002', '12', '19')
```

'2002'가 첫 번째 소괄호짝에 대응하는 그룹, 즉 첫 번째 그룹입니다. '12'가 두 번째 그룹, '19'가 세 번째 그룹의 문자열이 됩니다. 각 그룹에 해당하는 문자열을 추출하고자 하는 경우에는 그룹 번호와 함께 group() 함수를 사용합니다. 가령 첫 번째 그룹에 해당하는 문자열을 추출하고 싶다면 다음과 같이 입력합니다.

```
result1.group(1)
```

이는 '2002'를 반환합니다.

4.7 특수 기호를 원래 기호의 의미로 사용하기

앞에서 언급된 기호들은 정규식 패턴에서 사용되는 경우, 기호 자체의 의미가 아니라 특수한 목적으로 사용됩니다. 특수한 역할을 하는 주요 기호는 다음과 같습니다.

?, !, ., [,], (,), ^, *, {, }

이러한 기호를 원래 기호의 용도로 정규식 패턴에서 사용하고 싶다면 역슬래시(backslash, \)를 앞에 붙여줘야 합니다. 예를 들어, ?를 수량자가 아닌 물음표의 의미로 사용하기 위해서는 \?라고 정규식 패턴에서 표현해야 합니다. 글자 하나와 물음표가 같이 나오는 패턴은 다음과 같이 만들 수 있습니다.

구체적인 예를 하나 들어보겠습니다. 다음 text 변수에 저장된 문자열 데이터에 대해 문장 마지막에 있는 글자 하나와 물음표를 찾기 위해서는 search() 함수를 다음과 같이 호출하면 됩니다.

```
text = '내일은 토요일인가요?'
r = re.search(r'\w\?', text)
r.group()
```

그러면 다음과 같은 결과가 나옵니다.

```
'요?'
```

그렇다면 앞의 문자열에서 '**토요일인가요?**'만 추출하기 위한 패턴은 어떻게 만들 수 있을까요? 다음과 같이 만들 수 있습니다.

```
r1 = re.search(r'\w+\?', text)
r1.group()
```
```
'토요일인가요?'
```

4.8 문자열 조작하기

파이썬의 re 모듈에는 패턴을 만족하는 문자열을 찾는 역할을 하는 함수뿐만 아니라, 기존 문자열을 특정한 방식으로 변경 또는 조작하는 데 사용되는 함수도 있습니다. 그런 함수 중에서 텍스트 분석에서 유용하게 사용될 수 있는 함수에는 split()과 sub() 함수가 있습니다. 각 함수에 대해 살펴보겠습니다.

4.8.1 split()

split() 함수는 정규식 패턴을 만족하는 문자열을 이용해서 텍스트를 분할하고자 할 때 사용합니다. 예를 들어, 글자(word character)가 아닌 문자를 이용해서 주어진 텍스트 또는 문자열을 분할하고자 하는 경우에는 다음 코드를 사용할 수 있습니다.

```
text = 'Today*is Monday'
re.split(r'\W', text)
```

split(r'\W', text)는 첫 번째 인자로 입력된 패턴을 만족하는 문자열을 기준으로 text 변수에 저장된 문자열을 분할합니다. 첫 번째 인자로 입력된 패턴인 '\W'는 글자(word character)가 아닌 문자를 의미합니다. 'Today*is Monday'의 텍스트에 존재하는 문자 중에서 글자가 아닌 문자에는 '*'(기호)와 띄어쓰기(공백문자)가 있습니다. 따라서 앞의 코드를 실행하면 그러한 문자를 기준으로 해당 문자열이 분할된 결과를 얻게 됩니다.

```
['Today', 'is', 'Monday']
```

■ 문자열 메서드인 split()과 비교
문자열 메서드인 split()도 re 모듈에서 제공되는 split()과 비슷한 역할을 합니다. 하지만 문자열 메서드 split()은 한 번에 하나의 문자열값을 기준으로 주어진 텍스트를 분할할 수 있습니다. 즉, 서로 다른 여러 개의 문자열값을 이용해서 주어진 텍스트를 분할하고자 할 때는 해당 함수를 여러 번 적용해야 한다는 단점이 있습니다. 예를 들어, 'Today*is Monday'를 문자열 메서드 split()을 이용해서 분리한다면 '*'와 띄어쓰기에 대해 각각 메서드를 적용해야 합니다.

4.8.2 sub()

sub() 함수는 기존 문자열을 새로운 문자열을 이용해 대체(substitute)할 때 사용할 수 있습니다. sub() 함수는 주어진 정규식 패턴을 만족하는 문자열을 새로운 문자열로 대체합니다. 예를 들어, '010-123-1234'라는 문자열에 있는 하이픈(-) 기호를 띄어쓰기로 대체하고 싶다면 다음 코드를 사용합니다.

```
re.sub(r'-', ' ', '010-123-1234')
```

이렇게 입력하면 sub() 함수는 세 번째 인자로 입력된 텍스트 데이터에서 첫 번째 인자로 입력된 패턴을 만족하는 모든 문자열을 찾은 후(여기서는 하이픈입니다), 해당 문자열을 두 번째 인자로 입력된 또 다른 문자열로 대체하고 그 결과를 반환합니다. 여기서는 '010-123-1234'에서 모든 하이픈을 찾아서 띄어쓰기로 대체하여 다음과 같은 결과를 얻게 됩니다.

```
'010 123 1234'
```

■ 문자열 메서드인 replace()와 비교
문자열 메서드인 replace()도 re 모듈의 sub()와 비슷한 역할을 합니다. 하지만 split()의 경우와 마찬가지로 대체하고자 하는 문자열이 여러 개인 경우에는 replace() 메서드를 여러 번 사용해야 하는 불편함이 있습니다.

4.9 텍스트 전처리에서 알아두면 유용한 것들

여기서는 정규표현식이 텍스트 전처리에서 어떻게 유용하게 사용될 수 있는지 몇 가지 예를 살펴보겠습니다.

4.9.1 문장 간 띄어쓰기가 안 되어 있는 경우

sub() 함수는 텍스트 전처리를 하는 데도 유용합니다. 예를 들어, 수집한 텍스트 데이터가 문장 간 띄어쓰기가 잘 안되어 있는 데이터라면 sub() 함수를 사용해 문제를 해결할 수 있습니다. 다음 예를 보겠습니다. old_text에 저장된 문자열을 보면 두 개의 문장이 서로 띄어쓰기 없이 연결되어 있습니다.

```
old_text = 'Today is Monday.Tomorrow is Tuesday.'
```

이 두 문장 사이에 띄어쓰기를 입력하기 위해서는 다음 코드를 사용합니다.

```
new_text = re.sub(r'([\.\?\!])([A-Z])',r'\1 \2', old_text)
```

sub() 함수에 첫 번째 인자로 사용되는 패턴에 소괄호를 사용하면, old_text의 문자열 중에서 소괄호 안 패턴을 만족하는 문자열의 내용이 컴퓨터 메모리에 저장됩니다. 첫 번째 소괄호 안의 패턴인 [\.\?\!]는 마침표, 물음표, 느낌표 중 하나를 의미하고, 두 번째 소괄호 안의 패턴인 [A-Z]는 영어 알파벳 A부터 Z 중 하나를 의미합니다. 그리고 그렇게 소괄호를 이용해 저장된 문자열의 정보를 \1 또는 \2를 이용해 접근할 수 있습니다. \1은 첫 번째 소괄호의 패턴을 만족하는 문자열을 의미하고 \2는 두 번째 소괄호의 패턴을 만족하는 문자열을 의미합니다. 위 코드의 경우, \1에는 old_text에 저장된 첫 번째 문장의 마침표가 저장되어 있고, \2에는 두 번째 문장의 첫 번째 문자인 'T'가 저장되어 있습니다. sub() 함수의 두 번째 인자로 입력된 '\1 \2'에는 \1과 \2 사이에 한 개의 띄어쓰기가 포함돼 있기 때문에 new_text에는 다음과 같은 결과물이 저장됩니다.

```
'Today is Monday. Tomorrow is Tuesday.'
```

4.9.2 두문자어 혹은 약어를 나타낼 때 사용하는 마침표 없애기

영어에서는 마침표가 문장을 구분하는 용도로 사용될 뿐만 아니라, 두문자어(acronym)나 약어 (abbreviation)를 표현할 때도 사용됩니다. 예를 들어, U.S.A., Mr., Dr. 등에 사용됩니다. 그런데 문장 단위로 텍스트를 분리한 후에 텍스트를 분석해야 하는 경우에는 이러한 마침표가 들어간 약어를 먼저 마침표가 없는 표현으로 변환하는 것이 필요합니다. 이는 다음 코드와 같이 수행할 수 있습니다. sub() 함수에 첫 번째 인자로 입력된 패턴에서 \.은 마침표를 의미합니다.

```
old_text = 'Seattle is a city in the U.S.A.'
new_text = re.sub(r'([A-Z])(\.)', r'\1', old_text)
```

```
'Seattle is a city in the USA'
```

4.9.3 기호 없애기

sub() 함수는 불필요한 기호를 없애는 데도 유용합니다. 설명을 위해 다음과 같은 텍스트 데이터가 있다고 가정합시다.

```
text = 'The * sign means several different things: multiplication, footnote, etc.'
```

이 문자열 데이터에서 모든 기호를 삭제하기 위해 다음 코드를 사용할 수 있습니다.

```
re.sub(r'[^\w\d\s]', '', text)
```

sub() 함수의 첫 번째 인자인 '[^\w\d\s]'는 \w, \d, 또는 \s가 아닌 하나의 문자를 의미합니다. 즉, 글자(word character, \w)가 아니거나, 숫자(\d)가 아니거나, 공백문자(\s)가 아닌 문자를 의미합니다. 이를 만족하는 문자는 기호입니다. sub() 함수의 두 번째 인자로 입력된 값은 아무것도 포함되지 않은 문자열값(즉, 두 개의 작은따옴표)입니다.

특정 기호를 제외한 모든 기호를 제거하고 싶다면 부정을 나타내는 ^ 뒤에 제거하지 않고자 하는 기호를 넣어줍니다. 예를 들어, 마침표를 제외한 모든 기호를 제거하고 싶다면 다음과 같이 입력할 수 있습니다.

```
re.sub(r'[^\.\w\d\s]', '', text)   # \.은 마침표를 의미합니다.
```

코드의 결과는 다음과 같습니다.

```
'The  sign means several different things multiplication footnote etc.'
```

4.9.4 대문자 중에서 문장의 첫 글자만 소문자로 변경하기

영어 텍스트 분석을 할 때는 단어의 대소문자를 통일해야 할 때가 있습니다. 그리고 대문자를 소문자로 바꿀 때도 많습니다. 하지만 대문자를 소문자로 변경하는 경우 고유명사에 해당하는 단어는 되도록 첫 글자를 대문자로 유지하는 것이 좋습니다. 이럴 때 사용하는 방법이 문장의 첫 글자만 대문자에서 소문자로 변경하는 것입니다. 다음과 같이 수행할 수 있습니다.(이 방법을 사용하는 경우, 텍스트의 첫 글자는 직접 소문자로 변경해야 합니다. 또한, 두문자나 약어를 나타내기 위해 사용된 마침표를 먼저 제거해야 합니다.)

```
old_text = 'Today is Monday. Tomorrow is Tuesday. Yesterday was Sunday.'
first_words = re.findall(r'[\.\?\!]\s+([A-Z]\w+)', old_text)
lower_first_words = [word.lower() for word in first_words]
```

코드에서 first_words 변수에는 findall() 함수의 첫 번째 인자로 입력된 패턴 중 소괄호 안의 패턴을 만족하는 문자열만 저장됩니다. 해당 문자열은 old_text 변수에 저장된 텍스트 데이터의 두 번째 문장의 첫 단어('Tomorrow')와 세 번째 문장의 첫 단어('Yesterday')가 됩니다.

first_words

```
['Tomorrow', 'Yesterday']
```

해당 단어에 대해 [word.lower() for word in first_words]를 적용해서 첫 번째 문자를 소문자로 변경합니다. 따라서 lower_first_words 변수에는 다음과 같은 결과가 저장됩니다.

lower_first_words

```
['tomorrow', 'yesterday']
```

문장의 첫 글자만 대문자에서 소문자로 변환하는 방법에 대한 더 자세한 설명은 5.2.2절을 참고하기 바랍니다.

5

텍스트 전처리 소개

지금부터 본격적으로 텍스트 분석에 대한 설명을 시작하겠습니다. 분석하고자 하는 텍스트를 준비한 다음, 첫 번째로 수행해야 하는 작업은 전처리입니다. 웹 등을 통해 수집한 원본 텍스트 데이터는 최종 분석을 하기에 적합하지 않은 형태이기 때문에 이를 최종 분석에 맞게 준비하는 것이 필요합니다. 이 장에서는 텍스트 전처리 과정에 관해 구체적으로 알아보겠습니다.

5.1 텍스트 전처리란?

텍스트 전처리란 준비한 텍스트 데이터(즉, 문서의 집합)[26]를 최종 분석에 적합한 형태로 만드는 과정을 의미합니다. 일반적으로 전처리 과정을 통해 텍스트 혹은 문서를 구성하는 단어 중에서 분석의 목적과 관련된 텍스트 또는 문서의 특성을 나타내는 단어를 얻습니다. 전처리 과정을 거쳐 얻은 이러한 단어를 **특성 단어(feature word)** 혹은 간단히 **특성**이라고 합니다. 일반적으로 불용어[27]가 제거된 특정 품사[28]의 단어가 이러한 결과물이 되는데, 어떠한 단어가 불용어인지, 그리고 어떠한 품사의 단어를 선택해야 하는지는 분석의 목적과 문제에 따라 달라집니다. 예를 들어, 주제와 관련된 분석을 한다면 기본적으로 선택돼야 하는 품사가 '명사'일 것입니다. 왜냐하면 명사는 주요한 의미를 담고 있기 때문입니다. 하지만 감성분석(sentiment analysis)을 하는 경우에는 감성을 나타내는 주요 품사인 '형용사'가 선택돼야 하고, 경우에 따라서는 '형용사'를 수식하는 역할을 하는 '부사'도 선택돼야 합니다.

---

26 분석의 대상이 되는 이러한 텍스트 데이터를 말뭉치(corpus)라고 표현하기도 합니다.
27 불용어(stopword)는 우리가 수행하는 분석에 있어 별 의미가 없는 단어를 말합니다.
28 품사란 단어를 그 특성에 따라 구분한 것으로 명사, 형용사, 동사 등이 포함됩니다. 이에 대해서는 5.3절에서 자세하게 설명합니다.

5.1.1 전처리의 주요 과정

전처리 단계에서는 주로 다음과 같은 작업을 수행합니다.

① 불필요한 기호나 표현 없애기(예: !, .., ", ; 등)

② 대소문자 통일하기(영어의 경우)

③ 단어(혹은 Token) 단위로 구분하기(Tokenization)

④ 단어의 품사 찾기(Part of Speech tagging)

⑤ 원하는 품사의 단어만 선택하기

⑥ 단어의 원형(혹은 줄기) 찾기(Lemmatization / Stemming)

⑦ 불용어(Stopwords) 제거하기

필요에 따라 위 과정의 순서가 바뀔 수도 있고, 같은 과정을 두 번 이상 수행할 수도 있습니다. 각 과정에 대해 좀 더 자세하게 살펴보겠습니다.

① 불필요한 기호나 표현 없애기

수집한 텍스트에는 최종 분석에 필요하지 않은 다양한 형태의 기호와 표현이 포함되어 있습니다. 텍스트 전처리의 가장 기본 작업은 이러한 불필요한 기호와 표현을 제거하는 것입니다. 이러한 작업을 하기 전에 결정해야 하는 중요한 것 중 하나가 '어떠한 기호와 표현을 이 단계에서 제거할 것인가?' 하는 것입니다. 처음에는 불필요하다고 생각했던 기호도 나중에는 필요하게 될 수도 있습니다. 대표적인 예가 문장의 끝을 나타내는 기호(예: .(마침표), ?(물음표), !(느낌표) 등)입니다. 특히 텍스트 분석이 문장 단위로 이루어지는 경우(예: 텍스트 네트워크 분석 등)에는 이 단계에서 문장의 끝을 나타내는 기호를 없애지 않는 것이 중요합니다. 혹은 원본 데이터를 저장해 두는 것이 필요합니다.

여기서는 불필요한 기호를 제거하는 것에 관해 설명하겠습니다. 불필요한 기호를 제거하기 위해 사용할 수 있는 가장 간단한 방법은 문자열 함수[29] 중 하나인 `replace()`를 사용하는 것입니다. 다음과 같이 코드를 작성할 수 있습니다. 관련 코드는 `text_preprocessing_example.ipynb` 파일을 참고하세요.

```
text = "Today is 'Thursday,' it is going to be a nice day."
cleaned_text = text.replace("'", '').replace(',', '').replace('.', '')
```

---

29 이 책에서는 '메서드'와 '함수'를 구분 없이 혼용하겠습니다.

이 코드는 **text** 변수에 담긴 텍스트 데이터에서 작은따옴표('), 마침표(.), 쉼표(,)를 제거하는 코드입니다. 추가로 제거하고 싶은 문자가 있다면 `replace()` 함수를 추가로 사용하면 됩니다.

`replace()` 함수를 사용하는 방법은 함수가 한 번 호출될 때 하나의 기호만 제거할 수 있기 때문에 제거하고자 하는 기호의 수만큼 `replace()` 함수를 호출해야 한다는 번거로움이 있습니다. 불필요한 기호를 없애는 조금 더 효율적인 방법은 정규표현식을 사용하는 것입니다. 다음과 같은 코드를 사용할 수 있습니다. 4장에서 설명한 것처럼 `re.sub()` 함수는 세 개의 인자를 입력받습니다. 첫 번째는 대체하고자 하는 문자열에 대한 패턴이고, 두 번째는 대체하는 데 사용하고자 하는 문자열, 그리고 세 번째는 대체하고자 하는 문자열이 저장된 텍스트입니다. 첫 번째 인자로 입력된 패턴 [^\w\d\s]가 의미하는 것은 글자 (word character, \w), 숫자(\d), 공백문자(\s)가 아닌 다른 문자(즉, 기호) 하나를 의미합니다(예: ', ", @, # 등)

```
import re

text1 = "Today is 'Thursday,' it is going to be a nice day. I am happy! @@ Are you?"
cleaned_text = re.sub(r'[^\w\d\s]', '', text1)
cleaned_text
```

주피터 노트북에서 이 코드를 실행하면 다음과 같은 결과가 나옵니다. **text1** 변수에 저장되어 있던 모든 기호가 제거된 것을 알 수 있습니다.

```
'Today is Thursday it is going to be a nice day I am happy  Are you'
```

② 대소문자 통일(영어의 경우)

영어의 경우, 같은 단어라도 단어가 사용되는 위치에 따라 첫 번째 글자가 대문자 또는 소문자일 수 있습니다. 컴퓨터는 첫 번째 글자의 대소문자가 다른 하지만 동일한 단어를 서로 다른 단어로 인식합니다. 예를 들어, this라는 단어는 문장 중간에 사용될 때는 this로 사용되는 반면, 문장 처음에 사용되면 This로 사용됩니다. 그러면 컴퓨터는 this와 This를 서로 다른 단어로 인식합니다. 이러한 문제점을 방지하기 위해 영어 텍스트 분석에서는 전처리 과정에서 많은 경우에 전체 텍스트 데이터를 소문자나 대문자로 변환하여 대소문자를 통일해 줍니다.

파이썬에서는 문자열 함수인 `lower()`(대문자 ⇒ 소문자) 혹은 `upper()`(소문자 ⇒ 대문자)를 사용해 대소문자 통일 과정을 수행합니다. 대문자를 소문자로 변환하는 경우 다음과 같이 할 수 있습니다.

```
cleaned_text = cleaned_text.lower()
```

영어 데이터에 대해 대소문자를 통일할 때 중요하게 고려할 것이 그 순서입니다. 좀 더 구체적으로 말하면, 불필요한 기호나 표현을 제거한 다음에 하는 것이 좋은지, 아니면 단어의 품사를 태깅한 다음에 하는 것이 좋은지를 결정해야 합니다. 왜냐하면 영어에서 고유명사의 경우, 단어 전체가 대문자이든지, 아니면 첫 글자가 대문자입니다. 그리고 이러한 정보는 해당 단어의 품사를 찾을 때 사용됩니다. 품사 태거 (tagger)[30]가 특정 단어의 품사를 찾을 때 첫 글자가 대문자이거나 단어에 사용된 모든 문자가 대문자인 경우에는 해당 단어를 (고유)명사로 태깅할 확률이 높습니다. 하지만 이 단어를 품사 태깅을 하기 전에 소문자로 변환해 버리면, 해당 단어를 (고유)명사로 태깅할 확률이 낮아집니다.

특히, 해당 단어와 동일하면서도 다른 의미를 갖는 단어가 존재하는 경우에는 더욱 그렇습니다. 예를 들어, 성(last name)이 White인 사람이 있고, 그 사람에 대한 신문 기사가 있다고 가정해 보겠습니다. 이러한 경우에 White라는 단어의 품사는 고유명사입니다. 그리고 소문자로 변환하지 않으면 해당 단어는 (고유)명사로 태깅될 확률이 높습니다. 하지만 품사 태깅을 하기 전에 텍스트를 모두 소문자로 바꾸면 White는 white로 변환됩니다. white라는 단어는 '흰, 흰색의'라는 뜻을 갖는 형용사입니다. 즉, White가 white로 변환된 경우에는 white로 인식되어 형용사로 태깅될 것입니다. 이는 원하는 결과가 아니고, 이러한 품사 태깅의 결과를 가지고 최종 분석에 사용한다면 그 분석 결과의 정확도도 낮아질 것입니다.

그러면 품사 태깅을 한 다음 대소문자 변환을 하면 되지 않느냐고 생각할 수도 있습니다. 하지만 영어의 경우는 고유명사가 아닌 단어도 문장의 첫 단어로 사용되면 첫 글자가 대문자로 표기됩니다. 그러면 이러한 단어는 고유명사가 아님에도 불구하고, 품사 태깅 시 고유명사로 태깅이 될 확률이 있습니다.

이러한 문제에 대한 하나의 해결 방안은 고유명사에 대한 사전을 사용자가 만드는 것입니다. 사전을 만들고, 사전에 있는 고유명사를 별도로 처리하는 것입니다. 하지만 텍스트 데이터에 존재하는 모든 고유명사를 미리 아는 것이 어렵다는 문제가 있습니다. 더 나은 방법은 문장의 첫 단어의 첫 글자만 소문자로 바꾸는 것입니다. 문장의 중간에서 첫 글자가 대문자인 단어는 고유명사일 확률이 높기 때문에 그러한 단어는 소문자로 변환하지 않고, 문장의 첫 단어로 사용된 단어만 소문자로 바꾸면 앞에서 언급한 문제를 어느 정도 해결할 수 있습니다. 이에 대해서는 영어 텍스트 전처리 부분에서 자세히 설명하겠습니다. 이러한 방법을 사용해도 고유명사가 문장의 첫 단어인 경우에는 여전히 제대로 처리하지 못한다는 문제가 남아 있습니다.

---

30 품사 태거는 단어의 품사를 찾을 때 사용되는 도구입니다.

③ 토큰 단위로 분할하기(Tokenization)

주어진 문서를 토큰 단위로 분할하는 과정을 토큰화(tokenization/토크나이제이션/)라고 합니다. 토큰은 보통 연속된 여러 문자(character)의 집합을 의미합니다. 텍스트 분석에서는 일반적으로 하나의 단어를 의미합니다. 물론, 하나의 문장도 하나의 토큰이 될 수 있고, 명사구 등도 하나의 토큰이 될 수 있습니다. 단어를 하나의 토큰으로 간주하는 경우, 토큰화 과정을 통해 문서를 단어 단위로 구분합니다.

영어에서 가장 기본적인 토큰화 방법은 띄어쓰기를 기준으로 문장을 쪼개는 것입니다. 영어에서는 하나의 문장이 띄어쓰기를 기준으로 한 조합으로 구성되어 있어 띄어쓰기를 이용해 토큰화 작업을 수행해도 단어 단위의 결과물을 추출할 수 있습니다. 이를 위해 다음과 같이 split()이라는 문자열 함수를 사용할 수 있습니다. 하지만 일반적으로는 nltk나 spaCy와 같은 영어 텍스트 전처리를 위한 모듈에서 제공되는 함수를 사용합니다. 이에 대해서는 영어 텍스트 전처리 부분에서 설명하겠습니다.

```
tokens = cleaned_text.split()
```

한글에서는 문장의 구성 단위가 단어가 아니라 어절입니다. 즉, 하나의 문장이 여러 개의 어절로 구성되어 있습니다. 그리고 하나의 어절은 여러 단어의 조합으로 이루어져 있고(예: 명사+조사), 단어는 다시 형태소 단위로 구분할 수 있습니다. 형태소는 가장 작은 말의 단위를 의미합니다. 한글에서는 일반적으로 하나의 형태소가 하나의 토큰으로 간주됩니다. 따라서 토큰화 과정에서 텍스트 데이터를 형태소 단위로 구분합니다. 이러한 한글의 토큰화 작업은 형태소 분석이라는 방법을 통해 이루어지는데, 이는 한글 텍스트 전처리 섹션에서 구체적으로 설명하겠습니다.

④ 단어의 품사 찾기(Part of Speech tagging)

단어는 저마다 품사가 있습니다. 명사, 형용사, 동사 등이 그러한 품사의 예입니다. 단어의 품사를 찾는 것을 품사 태깅(tagging)이라고 합니다. 텍스트 분석에서는 텍스트에서 사용된 각 단어(혹은 형태소)의 품사를 아는 것이 중요한데, 이는 많은 경우에 최종 분석에는 특정 품사(예: 명사, 형용사, 동사 등)의 단어만 사용하기 때문입니다. 특정 품사의 단어만 사용하는 이유는 그러한 품사가 텍스트의 주된 특성과 의미를 포함하고 있기 때문입니다. 그렇지 않은 품사는 일반적으로 최종 분석에 사용되지 않습니다. 예를 들어, 한글에서 별 뜻을 갖지 않는 조사 단어(예: '이, 가, 으로, 을' 등)는 최종 분석에 잘 사용되지 않습니다.

영어의 경우 파이썬에서는 보통 nltk 모듈에서 제공하는 pos_tag()라는 함수를 사용해서 단어의 품사를 찾습니다.[31] nltk는 pos_tag() 이외에도 여러 종류의 품사 태거(POS tagger)를 가지고 있습니다. 각 품사 태거에 대해서는 영어 텍스트 전처리 부분에서 다루겠습니다. 단어의 품사를 찾는 것도 일종의 분류(classification) 작업입니다. 따라서 많은 품사 태거가 지도학습 방법을 사용해 태깅합니다.

한글의 경우는 파이썬에서 제공되는 KoNLPy 또는 kiwipiepy 등의 모듈을 사용해 단어에 대한(정확하게는 형태소) 품사를 찾습니다. 좀 더 구체적으로 말하면, 그러한 모듈에서 제공되는 형태소 분석기를 사용해 단어의 품사를 찾습니다. 자주 사용되는 형태소 분석기로는 Kkma, Komoran, Kiwi 등이 있습니다. 이러한 형태소 분석기에 대해서는 한글 텍스트 전처리 부분에서 설명하겠습니다.

영어 분석에 사용되는 nltk 모듈에서 제공되는 품사 태거나 한글 분석에 사용되는 형태소 분석기 모두 완벽하지는 않습니다. 품사 태깅에 사용되는 학습 데이터나 사전이 완벽할 수 없기 때문에 그렇습니다. 학습 데이터의 경우 해당 데이터에서 사용되는 단어나 표현이 최신 것이 아니거나 분석하고자 하는 텍스트 데이터와 다른 분야의 데이터라면 분석에 사용되는 단어의 품사를 정확하게 찾을 수 없습니다. 사전을 사용하는 경우에는 사전에 포함되어 있지 않은 단어에 대해서는 품사를 제대로 찾을 수가 없습니다.

⑤ 원하는 품사의 단어만 선택하기

품사 태깅을 통해 각 단어의 품사를 찾은 이후에 수행해야 하는 과정은 최종 분석에 필요한 품사의 단어를 선택해 저장하는 것입니다. 많은 경우, 명사, 형용사, 동사 등의 주요 품사만 선택해 최종 분석을 합니다. 이유는 이러한 주요 품사의 단어가 해당 문서의 특성을 더 잘 나타내기 때문에 해당 품사의 단어만을 사용하면 원하는 결과를 얻는 데 더 효과적일 수 있기 때문입니다. 그뿐만 아니라, 분석해야 하는 단어의 수를 줄임으로써 분석을 좀 더 빠르게 진행할 수 있다는 장점도 있습니다. 최종적으로 어떠한 품사의 단어 혹은 형태소를 선택하는지는 최종 분석이 무엇이냐에 따라 달라져야 합니다.

⑥ 단어의 원형(또는 줄기) 찾기(Lemmatization / Stemming)

다음으로 해야 하는 작업은 각 단어의 원형(혹은 줄기)을 찾는 것입니다. 하나의 단어(명사, 형용사, 동사 등)는 그 시제와 인칭, 혹은 단·복수에 따라 그 형태가 달라집니다. 예를 들어, 영어 단어인 eat은 원형은 eat이지만, 3인칭인 경우에는 eats로, 과거인 경우에는 ate로, 과거 분사인 경우에는 eaten으로 사용합니다. 한글의 '먹다'라는 단어도 시제에 따라 먹었다, 먹는다, 먹을 것이다 등 다양한 형태로 사용될 수 있습니다. 대소문자 통일 과정을 설명하면서 언급한 것처럼, 동일한 단어라고 할지라도 그 형태가 다른 경우

---

31 spaCy 모듈도 영어 텍스트 전처리를 위해 자주 사용됩니다.

컴퓨터는 서로 다른 단어로 인식합니다. 보통 텍스트 분석에서는 같은 단어가 어떻게 다른 형태로 사용됐느냐보다는 어떤 단어가 사용됐느냐가 더 중요하기 때문에 같은 단어의 경우 별도의 과정을 거쳐 동일한 형태로 변환한 후에 텍스트 분석을 진행하는 것이 더 바람직합니다.

이러한 목적에 사용할 수 있는 방법이 여러 가지 있을 수 있는데, 대표적인 방법은 해당 단어의 원형(lemma)이나 어간(stem)의 형태로 단어의 형태를 변환하는 것입니다. 전자를 원형찾기(lemmatization), 후자를 줄기찾기(stemming)라고 합니다. 보통은 둘 중 한 가지 방법만 사용하면 됩니다. 어떤 방법을 선택할지는 분석의 목적이나 분석에 사용되는 텍스트 데이터의 특성에 따라 달라집니다. 하지만 저는 원형찾기 방법을 많은 경우에 추천합니다. 주된 이유는 줄기찾기는 많은 경우에 어간을 제외한 단어의 나머지 부분을 잘라내기 때문에 줄기찾기의 결과로 남아 있는 단어가 의미하는 것이 무엇인지 모르는 경우가 많기 때문입니다. 예를 들어 saw라는 단어가 있다고 가정하겠습니다. 이 경우 줄기찾기 방법을 적용하면 s라는 하나의 문자만 반환되는 반면에, 원형찾기 방법을 사용하면 문맥에 따라 see 또는 saw(톱, 명사)라는 단어가 반환됩니다.

⑦ 불용어(Stopwords) 제거하기

불용어는 텍스트 분석에서 의미가 없는 단어를 의미합니다. 불용어를 잘 제거해야 분석 결과의 정확도가 높아집니다. 따라서 불용어를 제거하는 것이 중요한데, 일반적으로 사용되는 방법은 불용어를 저장해 놓은 사전(이러한 사전을 불용어 사전이라고 합니다)을 사용하는 것입니다. 영어의 경우는 nltk 등의 모듈에서 제공하는 불용어 사전을 사용할 수 있고, 한글의 경우는 kiwipiepy 등에서 제공하는 불용어 사전을 사용할 수 있습니다. 보통 일반적으로 이러한 불용어 사전에는 분석의 목적과 상관없이 별 의미가 없는 단어만 저장되어 있기 때문에 분석 목적에 맞게 자기만의 불용어 사전을 만들어 추가적으로 불용어를 제거해야 합니다. 사용자 불용어 사전은 간단하게는 다음과 같은 리스트 변수로 만들 수도 있고, 지속적인 사용과 업데이트를 위해 파일로 만들 수도 있습니다.

```
stopwords_list = ['기자', '신문', '앵커']
```

사전을 사용하지 않고 사용 빈도 혹은 단어의 특성 정보 등을 이용해서 불용어를 제거할 수도 있습니다. 예를 들어, 너무 적게 사용되거나 너무 많이 사용되는 단어는 별 의미가 없거나 중요한 역할을 하지 않는 단어일 가능성이 높기 때문에 그러한 단어를 불용어로 간주해 제거할 수 있습니다.

지금까지 설명한 전처리 과정에 대해 한글과 영어 텍스트를 비교하면 표 5.1과 같습니다.

표 5.1 한글과 영어 텍스트 전처리 과정의 비교

전처리 과정	영어	한글
불필요한 기호/표현 제거	O	O
대소문자 통일	O	X
토큰화	O	O
품사 찾기	O	O
특정한 품사의 단어 선택	O	O
원형/줄기 찾기	O	O
불용어 제거	O	O

영어 텍스트의 전처리 과정을 이해하면 한글 텍스트 전처리 과정을 더욱 잘 이해할 수 있기 때문에 이 책에서는 영어 텍스트 전처리에 관해 먼저 설명한 후에 한글 텍스트 전처리에 대해 설명하겠습니다.

5.2 영어 텍스트 전처리

먼저 파이썬을 이용해 영어 텍스트를 어떻게 전처리할 수 있는지 살펴보겠습니다. 파이썬에서는 일반적으로 nltk(natural language tool kit) 모듈을 사용해 영어 텍스트를 전처리합니다.[32] 아나콘다를 이용해 파이썬을 설치한 경우 nltk 모듈은 기본으로 설치되어 있습니다. 하지만 nltk에서 제공되는 함수를 사용해 전처리를 수행하기 위해서는 필요한 데이터를 추가로 다운로드해야 합니다. 다음과 같은 파이썬 코드를 실행하여 nltk에서 제공되는 함수를 사용하는 데 필요한 모든 데이터를 다운로드합니다. 관련 코드는 English_preprocessing.ipynb 파일을 참고하세요.

```
import nltk

nltk.download('all')
```

---

32 spaCy와 같은 다른 모듈도 사용될 수 있습니다.

여기서는 영어 텍스트의 전처리 과정을 설명하기 위해 뉴욕 타임즈에서 제공하는 특정 신문 기사를 예제로 사용하겠습니다.[33] 해당 기사는 `nytimes.txt` 파일에 저장되어 있습니다. 다음과 같은 코드를 사용해 텍스트 파일의 내용을 읽어 옵니다.

```python
with open('nytimes.txt', 'r', encoding='utf8') as f:
    content = f.read()
```

여기서 content 변수에 저장된 기사 텍스트에 대한 전처리를 수행합니다. 앞에서 설명한 것처럼 다음과 같은 과정을 거쳐 영어 텍스트의 전처리를 수행합니다.

① 불필요한 기호/표현 없애기

② 대소문자 통일하기

③ 단어(혹은 토큰) 단위로 분할하기

④ 단어의 품사 찾기

⑤ 원하는 품사의 단어만 선택하기

⑥ 단어의 원형(혹은 줄기) 찾기

⑦ 불용어 제거하기

각 과정에 대해 살펴보겠습니다.

5.2.1 불필요한 기호 또는 표현 없애기

앞에서 설명한 것처럼 불필요한 기호나 표현을 없애는 방법에는 크게 두 가지가 있습니다. 가장 간단한 방법은 문자열 함수인 replace()를 사용하는 것입니다. 문서에 있는 느낌표와 물음표를 제거하고 싶다면 다음 코드를 사용합니다. 다음 코드를 사용하면 문서에 있는 모든 느낌표와 물음표를 제거할 수 있습니다. 그리고 그 결과를 새로운 변수인 filtered_content에 저장합니다.

```python
filtered_content = content.replace('!', '').replace('?','')
```

특정 표현을 없애고 싶은 경우에도 replace() 함수를 사용할 수 있습니다. 예를 들어 기사에 나오는 "New York Times"를 제거하고 싶다면 다음처럼 코딩합니다.

---

33 기사 내용은 https://www.nytimes.com/2017/06/12/well/live/having-friends-is-good-for-you.html를 참고하세요.

```
filtered_content = filtered_content.replace('New York Times', '')
```

하지만 replace()를 사용해서 기호를 없애는 작업은 몇 가지 단점이 있습니다. 첫째, 없애고자 하는 기호를 미리 알고 있어야 해당 기호를 replace() 함수의 첫 번째 인자로 전달하여 삭제할 수 있습니다. 분석하고자 하는 텍스트 데이터의 크기가 크지 않은 경우에는 미리 없애고자 하는 기호가 무엇인지 파악할 수 있지만, 텍스트의 양이 많은 경우에는 그렇게 하기가 어렵습니다. 그리고 replace() 함수를 사용하는 경우에는 없애고자 하는 기호의 수만큼 해당 함수를 반복해서 호출해야 한다는 단점이 있습니다. 이러한 단점을 보완해서 좀 더 효율적으로 기호를 없애기 위해 정규표현식을 사용할 수 있습니다. 즉, 기호에 해당하는 정규표현식 패턴을 만들어 해당 패턴을 만족하는 모든 문자를 제거하면 됩니다.

■ 정규표현식 사용하기

정규표현식을 사용하기 위해 먼저 re 모듈을 임포트합니다. 그리고 sub() 함수를 사용해서 문서에 저장된 기호를 다음과 같이 삭제할 수 있습니다(관련 내용은 앞에서 설명했습니다).

```
import re

filtered_content = re.sub(r'[^\w\d\s]', '', content)
```

특정 기호를 제외하고 나머지 기호만 제거하고 싶다면, 해당 기호의 패턴을 [ ] 안에 포함하면 됩니다. 문장을 구분할 때 사용하는 기호(즉, !, ., ?)를 제거하고 싶지 않다면 다음과 같이 코딩할 수 있습니다.

```
filtered_content = re.sub(r'[^\w\d\s\.\!\?]', '', content)
```

5.2.2 대소문자 통일하기

이번에는 다음과 같이 lower() 함수를 이용해 대문자를 소문자로 변환합니다.

```
lower_case_content = filtered_content.lower()
```

■ 대소문자 변환은 언제 수행해야 하는가?

대소문자를 변환할 때 중요하게 고려해야 하는 것 중 하나가 그 순서입니다. 불필요한 기호나 표현을 제거한 다음에 바로 수행할 수도 있고, 품사 태깅을 한 다음에 수행할 수도 있습니다. 앞 절에서 언급한 것처럼, 대소문자 통일(즉, 대문자 → 소문자 변환)을 먼저 수행하면 고유명사의 문자가 소문자로 변경되고, 그 경우 고유명사로 태깅되지 않을 확률이 있습니다. 이러한 문제를 방지하기 위해서는 품사 태깅을 먼저 한 다음에 대소문자 변환을 수행해야 합니다. 그리고 품사 태깅 후에 고유명사로 태깅되지 않은 단어에 대해서만 다음과 같이 소문자 변환 작업을 수행합니다.

```
# non_proper_nouns는 고유명사가 아닌 단어만 저장하고 있는 리스트 변수입니다.
[x.lower() for x in non_proper_nouns]
```

하지만 대소문자 변환을 하지 않고 품사 태깅을 하면 고유명사가 아닌 단어 중에서 문장의 첫 단어로 사용된 단어가 고유명사로 태깅될 확률이 있습니다. 이러한 문제를 방지하기 위해서는 문장의 첫 단어만 소문자로 변환한 다음에 품사 태깅 작업을 수행하면 됩니다. 문장의 첫 단어는 고유명사가 아니지만, 첫 문자가 대문자로 사용될 확률이 높기 때문입니다.

■ 문장의 첫 단어만 소문자로 변환하기

고유명사의 첫 문자를 소문자로 변환해 발생하는 문제를 해결하기 위해서는 문장의 첫 단어의 첫 문자만 소문자로 변환하는 방법을 사용할 수도 있습니다. 물론, 이렇게 해도 고유명사가 문장의 처음에 사용된 경우에는 소문자로 변환되는 문제가 여전히 남아 있기는 하지만, 그래도 많은 경우 고유명사가 아닌 단어 중에서 문장 앞에서 사용된 단어들에 대해서만 소문자로 변환할 수 있습니다. 이와 관련된 코드는 lower_the_first_character.ipynb 파일을 참고해 주세요.

5.2.3 토큰 단위로 분할하기

5.2.3.1 단어 단위로 분할하기

영어에서는 단어가 문서를 구성하는 기본 단위입니다. 따라서 일반적으로 하나의 단어를 하나의 토큰으로 간주합니다. 영어에서 텍스트를 단어 단위로 분할하는 가장 간단한 방법은 문자열 함수인 split()을 이용하여 띄어쓰기와 같은 공백문자를 기준으로 분할하는 것입니다. 다음과 같이 사용할 수 있습니다.

```
filtered_content = filtered_content.split()
```

이처럼 코딩하면 filtered_content에 저장된 문자열 데이터, 즉 텍스트 데이터를 공백문자 기준으로 구분합니다. 하지만 split()을 사용하면 기호 등이 제대로 처리되지 않는다는 문제가 있습니다.

일반적으로 영어 텍스트를 단어 단위로 토큰화하기 위해서는 nltk에서 제공하는 함수를 사용합니다. 가장 기본적으로 사용할 수 있는 것이 word_tokenize() 함수입니다. word_tokenize()는 인자로 입력받은 텍스트를 단어 단위로 분할합니다.[34]

```
import nltk

word_tokens = nltk.word_tokenize(filtered_content)
```

word_tokens 변수에는 다음과 같은 결과가 저장되어 있습니다.

```
word_tokens
```

```
['hurray', 'for', 'the', 'hotblack', 'coffee', 'cafe', 'in', 'toronto', 'for', 'declining', 'to',
'offer', 'wifi', … (이하 생략)
```

참고   nltk의 다양한 단어 토크나이저

영어에서는 토큰화를 위해 일반적으로 word_tokenize() 함수를 이용하지만, nltk 모듈에는 다른 종류의 토크나이저도 포함되어 있습니다.[35] 여기서는 대표적인 몇 가지만 간단하게 살펴보겠습니다. 관련 코드는 nltk_tokenizers. ipynb 파일을 참고하세요.

다음과 같이 text 변수에 저장된 텍스트 데이터에 여러 가지 토크나이저를 적용해 보겠습니다.

```
text = "This book is Mr. Lee's book -- Its title is 'Introduction to Text Mining'."
```

WordPunctTokenizer: 연속된 글자(word character)나 숫자와 글자 혹은 숫자가 아닌 문자(예: 기호, 공백문자 등)를 이용해 토큰화 작업을 수행합니다. 일반적으로 연속된 글자(혹은 숫자)와 연속된 기호를 하나의 토큰으로 간주합니다. 다음과 같이 사용할 수 있습니다.

```
from nltk.tokenize import WordPunctTokenizer

tk = WordPunctTokenizer()
print(tk.tokenize(text))
```

---

34 해당 코드는 English_preprocessing.ipynb 파일을 참고하세요.
35 자세한 목록은 https://www.nltk.org/api/nltk.tokenize.html을 참고하세요.

결과는 다음과 같습니다.

```
['This', 'book', 'is', 'Mr', '.', 'Lee', "'", 's', 'book', '--', 'Its', 'title',
 'is', "'", 'Introduction', 'to', 'Text', 'Mining', "'."]
```

TreebankWordTokenizer: 이 토크나이저는 Penn Treebank에서 제공하는 방식을 사용합니다. 기본적으로 word_tokenize()와 비슷한 결과를 반환합니다. 다음과 같이 사용할 수 있습니다.

```
from nltk.tokenize import TreebankWordTokenizer

tb = TreebankWordTokenizer()
tokenizer.tokenize(text)
```

결과는 다음과 같습니다.

```
['This', 'book', 'is', 'Mr.', 'Lee', "'s", 'book', '--', 'Its', 'title', 'is',
 "'Introduction", 'to', 'Text', 'Mining', "'", '.']
```

casual Tokenizer: 비표준어가 많이 사용된 텍스트(예: 댓글 등), 특히 이모티콘이 들어간 텍스트를 분석하는 데 적합한 것으로 알려져 있습니다. nltk 모듈에서 제공하는 casual_tokenize() 함수를 사용합니다.

```
from nltk.tokenize.casual import casual_tokenize
comment = "sooooooooooo cool. I love it."
casual_tokenize(comment)
```

결과는 다음과 같습니다.

```
['sooooooooooo', 'cool', '.', 'I', 'love', 'it', '.']
```

TokTokTokenizer: 상대적으로 최근에 nltk에서 제공하는 토크나이저입니다. 이 토크나이저는 영어뿐만 아니라 프랑스어와 독일어, 러시아어, 베트남어 등에 대해서도 좋은 성능을 내는 것으로 알려져 있습니다(한글 지원은 되지 않습니다).

```
from nltk.tokenize.toktok import ToktokTokenizer
tok = ToktokTokenizer()
print(tok.tokenize(text))
```

결과는 다음과 같습니다.

```
['This', 'book', 'is', 'Mr.', 'Lee', "'", 's', 'book', '--', 'Its', 'title', 'is',
 "'", 'Introduction', 'to', 'Text', 'Mining', "'", '.']
```

Regexp Tokenizer: 정규표현식을 사용해 직접 토큰화 작업을 수행하고자 할 때 사용할 수 있는 토크나이저입니다. 다음과 같이 구분하고자 하는 단어에 대한 패턴을 만들어서 RegexpTokenizer 클래스의 생성자 함수가 갖는 pattern 파라미터의 인자로 전달하여 객체를 생성하면 해당 패턴에 대한 문자열을 토큰화의 결과로 얻을 수 있습니다. 예를 들어, 다음과 같이 '\w+'와 같은 패턴을 사용한다면 연속된 글자로 이루어진 문자열값을 토큰화의 결과로 얻을 수 있습니다. 토큰화를 위해서는 객체를 생성한 후 tokenize() 함수를 사용합니다.

```
from nltk.tokenize import RegexpTokenizer

rg = RegexpTokenizer(pattern = r'\w+')
print(rg.tokenize(text))
```

결과는 다음과 같습니다.

```
['This', 'book', 'is', 'Mr', 'Lee', 's', 'book', 'Its', 'title', 'is',
'Introduction', 'to', 'Text', 'Mining']
```

연속된 글자 또는 연속된 기호에 해당하는 토큰화 결과를 얻고 싶다면 '\w+¦[^\w\d\s]+'의 패턴을 사용할 수 있습니다.

```
from nltk.tokenize import RegexpTokenizer

rg1 = RegexpTokenizer(pattern = r'\w+¦[^\w\d\s]+')
print(rg1.tokenize(text))
```

결과는 다음과 같습니다. '--' 등이 결과에 포함된 것을 확인할 수 있는데, 이는 연속된 기호에 해당하는 정규식을 RegexpTokenizer()가 갖는 patten 파라미터의 인자로 입력했기 때문입니다.

```
['This', 'book', 'is', 'Mr', '.', 'Lee', "'", 's', 'book', '--', 'Its', 'title',
'is', "'", 'Introduction', 'to', 'Text', 'Mining', '.']
```

5.2.3.2 문장 단위로 토큰화하기

문장을 하나의 토큰으로 간주하여 문장 단위로 주어진 텍스트를 분리해야 하는 경우도 있습니다. 문장 단위로 토큰화하는 가장 간단한 방법 중 하나는 다음과 같이 정규표현식을 사용하는 것입니다. 다음은 문장을 구분할 때 사용하는 기호(즉, 마침표, 물음표, 느낌표 등)와 공백문자가 함께 사용되는 것에 대한 패턴을 만들어 그 패턴을 만족하는 문자열을 구분자로 사용해 텍스트를 구분하는 코드입니다. 이를 위해 re 모듈에서 제공하는 split() 함수를 사용했습니다. 관련 코드는 nltk_sentence_tokenizer.ipynb를 참고하세요.

```
text = 'The carrot is one of vegetables. Research shows Vegetables are good for health. Thus,
carrots are also good for health. Your health can be improved with carrots.'
sentences = re.split(r'[\.\?\!]\s+', text)  # 정규표현식을 사용해서 문장 구분하기
```

결과는 다음과 같습니다.

```
['The carrot is one of vegetables', 'Research shows Vegetables are good for health', 'Thus,
carrots are also good for health', 'Your health can be improved with carrots.']
```

정규표현식을 직접 사용하는 것 이외에도 nltk에서 제공하는 문장 토크나이저를 사용할 수 있습니다. 가장 일반적으로 사용되는 방법은 nltk에서 제공하는 sent_tokenize() 함수를 사용하는 것입니다. 다음과 같이 문장 단위로 분할하고자 하는 텍스트 데이터를 sent_tokenize() 함수의 인자로 입력하여 토큰화 작업을 수행합니다.

```
import nltk

print(nltk.sent_tokenize(text))
```

결과는 다음과 같습니다.

```
['The carrot is one of vegetables.', 'Research shows Vegetables are good for health.', 'Thus,
carrots are also good for health.', 'Your health can be improved with carrots.']
```

그 밖에 nltk에서 제공하는 문장 토크나이저로는 Punkt 문장 토크나이저가 있습니다. 이는 sent_tokenize()와 비슷한 결과를 반환합니다. 이 토크나이저를 이용하려면 다음과 같이 PunktSentence Tokenizer 클래스에서 제공되는 tokenize() 함수를 이용해 문장 단위로 분할합니다.

```
from nltk.tokenize import PunktSentenceTokenizer
pstk = PunktSentenceTokenizer()
print(pstk.tokenize(text))
```

결과는 다음과 같습니다.

```
['The carrot is one of vegetables.', 'Research shows Vegetables are good for health.', 'Thus,
carrots are also good for health.', 'Your health can be improved with carrots.']
```

5.2.4 단어의 품사 찾기

다시 한번 말하지만, 단어의 품사를 찾는 것을 품사 태깅이라고 합니다. 영어로 품사를 part of speech라고 하기 때문에 품사 찾기를 POS 태깅이라고도 표현합니다. 영어의 주요한 품사는 다음과 같습니다: 명사(noun), 대명사(pronoun), 형용사(adjective), 동사(verb), 부사(adverb), 전치사(preposition), 접속사(conjunction) 등.

토큰화의 결과로 얻은 단어에 대한 품사를 찾기(PoS tagging) 위해 nltk 모듈에서 제공하는 pos_tag() 함수를 사용합니다. 해당 함수의 인자로는 토큰화의 결과, 즉 단어들의 리스트를 입력합니다. 단어 단위로 토큰화된 결과는 word_tokens 변수에 저장되어 있습니다.[36]

```
tokens_pos = nltk.pos_tag(word_tokens)
print(tokens_pos)
```

pos_tag() 함수의 결과를 출력해 보면, [('hurray', 'NN'), ('for', 'IN'), ('the', 'DT'), ('hotblack', 'NN'), ('coffee', 'NN'), …]이라고 화면에 출력되는 것을 확인할 수 있습니다. 보다시피 tokens_pos는 리스트 형태의 데이터로, 각 원소가 (단어, 품사 태그)로 구성된 하나의 튜플입니다. 'hurray'라는 단어의 품사 태그는 'NN'이고, 'for'라는 단어의 품사는 'IN'입니다. 품사 태그는 구체적인 품사를 나타냅니다. 각 품사 태그가 어떠한 품사를 의미하는지는 https://www.ling.upenn.edu/courses/Fall_2003/ling001/penn_treebank_pos.html에서 확인할 수 있습니다.

5.2.5 원하는 품사의 단어만 선택하기

일반적으로 최종 분석에는 모든 품사의 단어가 사용되는 것이 아니라, 분석에서 중요한 역할을 하는 일부 품사의 단어만 선택해서 사용합니다. 보통 주요 의미를 포함하는 명사, 형용사 등의 단어가 선택됩니다. 앞에서도 설명한 것처럼 어떠한 품사의 단어를 선택하느냐는 어떠한 분석을 하는지에 따라 달라져야 합니다. 예를 들어 주제와 관련된 분석을 하는 경우에는 명사인 단어만 선택할 수 있습니다.

여기서는 명사를 선택하는 경우를 살펴보겠습니다. nltk 모듈의 pos_tag() 함수를 적용한 결과로 반환되는 품사 태그 중에서 명사에 해당하는 품사 태그에는 NN(단수 명사 혹은 셀수 없는 명사), NNS(복수 명사), NNP(단수 고유명사), NNPS(복수 고유명사)의 네 가지가 있습니다. 공통적으로 모두 'NN'이라는 문자열이 포함되어 있습니다. 이러한 특성을 이용해 명사 단어만 다음과 같이 추출할 수 있습니다.

---

36 관련 코드는 English_preprocessing.ipynb 파일을 참고하세요.

```
NN_words = []
for word, pos in tokens_pos:
    if 'NN' in pos:
        NN_words.append(word)
```

이렇게 하면 NN_words라는 리스트 변수에 명사 단어가 저장됩니다.

5.2.6 단어의 원형(혹은 줄기) 찾기

원하는 품사의 단어들을 선택한 다음 수행해야 하는 작업은 단어의 형태를 맞춰주는 것입니다. 같은 단어 인데 시제나 인칭에 따라 다른 형태로 사용되는 경우가 있습니다. 예를 들어, eat이라는 동사는 시제에 따라 ate, eaten과 같이 사용되며 인칭에 따라 eat, eats 등으로 사용됩니다. 이러한 다른 형태를 그대로 사용하면 컴퓨터는 다른 단어로 인식하므로 형태를 통일할 필요가 있습니다. 이 과정을 텍스트 정규화(text normalization)라고도 합니다. 주요한 방법으로 원형찾기(lemmatization)과 줄기찾기(stemming)가 있습니다.

5.2.6.1 원형찾기

주어진 단어의 원형(lemma)을 찾는 것을 원형찾기라고 합니다. 예를 들어, eats, ate, eaten의 원형은 eat입니다. 원형찾기는 nltk에서 제공하는 WordNetLemmatizer 클래스를 사용하여 수행합니다. 이 클래스는 WordNet이라는 단어 사전을 사용해서 단어들의 원형을 찾습니다. 다음과 같이 클래스에서 제공하는 lemmatize() 함수를 이용해 각 단어의 원형을 찾습니다.

```
wlem = nltk.WordNetLemmatizer()
lemmatized_words = [wlem.lemmatize(word) for word in NN_words]
```

lemmatize() 함수는 원래 두 개의 인자를 받습니다. 원형을 찾고자 하는 단어가 첫 번째 인자이고 그 단어의 품사가 두 번째 인자입니다. 두 번째 인자가 제공되지 않으면 기본값으로 명사를 사용합니다. 이번 예에서는 명사 단어들만을 가지고 원형찾기를 하기 때문에 두 번째 인자를 제공할 필요가 없지만, 다른 품사 단어의 원형을 찾기 위해서는 해당 단어의 품사를 두 번째 인자로 제공해야 합니다.[37] 명사 단어에 대해 원형을 찾으면 복수형의 단어가 단수 형태로 변환됩니다.

---

37 http://textminingonline.com/dive-into-nltk-part-iv-stemming-and-lemmatization을 참고하세요. 관련 코드는 word_lemmatization.ipynb에 저장돼 있습니다.

5.2.6.2 줄기찾기

단어의 줄기(stem)를 찾는 것을 줄기찾기라고 합니다. 파이썬에서는 `nltk`에서 제공하는 `PorterStemmer`를 사용해 줄기찾기를 할 수 있습니다.[38]

```
stemmer = nltk.PorterStemmer()
stemmed_words = [stemmer.stem(word) for word in NN_words]
```

줄기찾기는 텍스트 분석에서 그 사용 정도가 원형찾기보다 적은데, 그 주된 이유는 줄기찾기의 결과로 도출되는 줄기로는 원 단어가 무엇인지 잘 모르는 경우가 많기 때문입니다(하지만 원형찾기는 처리 속도가 느리다는 단점이 있습니다). 예를 들어, better라는 단어의 줄기를 찾으면 bet이나 bett 등이 반환됩니다. 하지만 이는 betting과 혼동됩니다. 따라서 일반적으로 줄기찾기보다는 원형찾기를 더 많이 사용합니다.

5.2.7 불용어 제거

전처리 과정에서 마지막으로 해야 하는 작업은 선택된 특정 품사의 단어 중에서 불용어(즉, 분석에 있어 별 의미가 없는 단어들)를 제거하는 것입니다. 불용어가 제대로 제거되지 않으면 최종 분석의 결과가 정확하지 않을 수 있습니다. 예를 들어, 명사 단어의 빈도 분석을 수행하는 경우 최종 단어에 분석과는 별로 상관없는 불용어가 많이 포함되어 있으면, 빈도 분석의 결과가 정확하지 않게 됩니다.

불용어를 처리하는 방법에는 크게 두 가지가 있습니다. 하나는 불용어 사전을 사용하는 것이고 다른 하나는 단어의 빈도수를 사용하는 것입니다. 불용어 사전이란 불용어를 포함하는 사전입니다. 즉, 불용어 사전을 사용하면 그 사전에 있는 단어들을 텍스트 데이터에서 제거하면 됩니다. 빈도수를 기준으로 한다면 너무 많이 사용되거나 너무 적게 사용된 단어들을 보통 불용어로 간주하고 해당 단어들을 제거합니다(하지만 주의할 점은 너무 많이 혹은 너무 적게 사용된 단어 중에도 불용어가 아닌 단어가 있을 수 있다는 것입니다. 특히, 많이 사용된 단어 중에 불용어가 아닌 단어가 포함되어 있으면 분석 결과에 영향을 줄 수도 있습니다). 여기서는 사전을 이용해 불용어를 제거하는 방법을 설명하겠습니다. 빈도 기준 불용어 제거 방법은 빈도 분석 부분에서 다루겠습니다.

---

38 그 외에도 LancasterStemmer, RegexStemmer, SnowballStemmer 등을 사용할 수 있습니다.

5.2.7.1 불용어 사전을 이용한 불용어 제거

영어의 경우 nltk 모듈에서 기본적으로 불용어 사전을 제공합니다. 그래서 영어에서 불용어를 제거할 때는 1차적으로 nltk 모듈에서 제공하는 불용어 사전을 사용하고[39], 추가로 사용자가 별도의 불용어 사전을 생성하여 사용합니다.

nltk 모듈에서 제공하는 불용어 사전을 사용하려면 다음과 같이 nltk에서 제공하는 stopwords 모듈을 사용합니다. 해당 모듈에는 여러 언어에 대한 불용어 사전이 포함돼 있는데, 영어 관련 불용어 사전을 사용하기 위해서는 해당 모듈이 갖는 words() 함수의 인자로 'english' 문자열 값을 입력합니다.[40]

```
from nltk.corpus import stopwords
stopwords_list = stopwords.words('english')
```

stopwords_list에는 stopwords에서 제공하는 영어 불용어 사전에 포함된 단어가 저장되어 있습니다. stopwords_list에 포함된 단어들(불용어)을 우리가 갖고 있는 단어 리스트에서 다음과 같이 제거할 수 있습니다.

```
unique_NN_words = set(lemmatized_words)
final_NN_words = lemmatized_words
for word in unique_NN_words:
    if word in stopwords_list:
        while word in final_NN_words: # final_NN_words 안에 word가 존재하는 경우, 계속해서 while
구문을 실행한다는 것을 의미합니다.
            final_NN_words.remove(word)
```

nltk에서 제공하는 불용어 사전에는 179개[41]의 불용어가 포함되어 있습니다. 그렇게 많지 않은데, 그 이유는 해당 사전에는 분석의 목적과 상관없이 일반적으로 불용어로 간주될 수 있는 단어만을 포함하고 있기 때문입니다. 해당 단어의 목록을 확인해 보겠습니다.

```
print(stopwords_list)
```
```
['i', 'me', 'my', 'myself', 'we', 'our', 'ours', 'ourselves', 'you', "you're", "you've",
"you'll", "you'd", 'your', … (이하 생략)
```

---

39 나중에 배울 기계학습에 사용되는 sklearn에서도 영어에 대한 불용어 사전이 제공됩니다. 해당 사전은 다음과 같이 사용할 수 있습니다. from sklearn.feature_extraction.text import ENGLISH_STOP_WORDS

40 이 책을 쓰는 시점을 기준으로 stopwords 모듈에는 29개의 언어에 대한 불용어 사전이 포함되어 있습니다. 지원되는 언어 목록은 stopwords. fileids()를 이용해 확인할 수 있습니다. 한글은 지원되지 않습니다.

41 이 숫자는 사전이 업데이트됨에 따라 달라질 수 있습니다.

따라서 분석에서 추가로 불용어로 간주할 수 있는 단어가 있다면 자기만의 불용어 사전을 따로 만들어 해당 단어들을 제거하는 것이 필요합니다. 다음과 같이 간단하게 리스트 변수 형태로 사전을 만들 수도 있고, 파일 형태로 만들어 지속적으로 업데이트하면서 사용할 수도 있습니다.

```
customized_stopwords = ['today', 'yesterday', 'new' ,'york', 'times' ]
```

이러한 사용자 정의 사전을 이용해 추가적으로 불용어를 제거합니다.

```
unique_NN_words1 = set(final_NN_words)
for word in unique_NN_words1:
    if word in customized_stopwords:
        while word in final_NN_words:
            final_NN_words.remove(word)
```

이렇게 하면 특정 문서에 대해 전처리 과정이 끝난 결과로 추출된 단어들이 **final_NN_words** 변수에 저장됩니다. 이 변수에 저장된 단어들은 전처리 결과물로, 불용어가 제거된 특정 품사(여기서는 명사)의 단어가 저장됩니다. 아울러 이 단어들은 분석과 관련해 문서의 특성을 잘 나타내는 단어들이어야 합니다.

 참고   n-gram 반영하기

n-gram은 연속된 n개의 토큰을 의미합니다. 하나의 단어가 하나의 토큰으로 간주되는 경우, n-gram은 연속된 n개의 단어를 의미합니다. 하나의 단어를 유니그램(unigram, 또는 1-gram)이라고 합니다. 지금까지는 유니그램을 기준으로 한 전처리 과정에 대해 다뤘습니다. 유니그램을 사용하는 경우 연속된 두 개 이상의 단어로 이루어진 복합 단어를 제대로 파악할 수 없습니다. 예를 들어, 백악관을 의미하는 White House라는 복합 명사가 있다고 가정하겠습니다. 이 표현은 연속된 두 개의 명사로 이루어진 단어로, 바이그램(bigram, 또는 2-gram)이라고 합니다. 이 표현을 유니그램 단위로 분석하면 'White'와 'House'가 서로 구분되어 결과물에 저장됩니다. 따라서 원래 표현의 의미를 잃게 됩니다. 이러한 경우(토큰화할 때) 자주 사용되는 n-gram을 포함시키면 원 문서의 의미를 좀 더 많이 보존할 수 있습니다.

유니그램 토큰의 경우 다음과 같이 **nltk**에서 제공하는 **ngrams()** 함수를 이용해서 n-gram 단어들을 추출할 수 있습니다.[42] 다음 예에서는 bigram 표현들을 추출합니다. 관련 코드는 **n-gram_extraction.ipynb**에서 확인할 수 있습니다.

```
content = "I don't want to watch the movie in a theater. There are bad reviews on it."
words = nltk.word_tokenize(content)
```

---

42 기계학습 알고리즘을 사용하는 경우에는 sklearn에서 제공되는 기능을 이용해 좀 더 간편하게 n-gram 표현을 추출할 수 있습니다.

```
from nltk.util import ngrams

list(ngrams(words, 2)) # 두 개의 unigram 단어 쌍을 생성합니다.
```

코드에서 list(ngrams(words, 2))는 튜플을 원소로 갖는 리스트 데이터를 반환하는데, 이를 원래의 바이그램 형태로 저장하기 위해 다음과 같이 join() 함수를 사용할 수 있습니다.

```
[' '.join(x) for x in list(ngrams(words, 2))]
```

이때 바이그램의 결과를 모두 사용하지는 않습니다. 일반적으로 n-gram 표현 중에서 중요한 의미를 담고 있거나 빈번하게 사용되는 표현만 사용합니다. 하지만 너무 빈번하게 사용되는 n-gram이라면 별 의미가 없는 표현일 수 있습니다. 따라서 그러한 n-gram 표현도 제외합니다.

5.3 한글 텍스트 전처리하기

이번 섹션에서는 영어가 아닌 한글 텍스트 데이터를 전처리하는 것에 대해 살펴보겠습니다. 한글 텍스트 전처리의 목적도 영어의 경우와 동일합니다. 즉, 원본 텍스트 데이터를 최종 분석에 적합한 형태로 가공 혹은 변환하는 것입니다. 그리고 전처리 과정을 통해 최종 분석에 필요한 불용어가 제거된 특정 품사의 단어만 추출합니다. 하지만 한글이 갖는 문법적인 특성이 영어와 다르기 때문에 전처리 과정 또한 영어와 조금 차이가 있습니다.

5.3.1 한글의 형태론적 특성

한글 텍스트의 전처리 과정을 설명하기 이전에 먼저 한글의 언어적인 특성을 살펴보겠습니다. 언어적인 특성을 알아야 한글 처리를 좀 더 쉽게 이해하고 수행할 수 있기 때문입니다. 한글 텍스트의 전처리 과정을 이해하기 위해서는 한글의 형태론적 특성을 아는 것이 필요합니다. 형태론은 "단어가 어떤 구조로 되어 있는지 단어의 하위 부류들은 어떤 것들이 있는지 등 단어와 관련한 언어학적 사실들에 대해 연구하는 언어학의 하위 분야"로 정의됩니다.[43] 간단하게 얘기하면, 단어의 형태와 구조를 연구하는 학문이라고 생각할 수 있습니다.

---

43 유현경 외, 《우리말 연구의 첫걸음》(보고사, 2015)

한글에서의 하나의 문장은 어절로 구성되어 있고, 어절은 단어들의 조합으로 구성되며, 단어는 형태소의 조합으로 구성됩니다. 예를 들어, 다음과 같은 문장이 있다고 가정하겠습니다.

"철수가 밥을 먹다"

이 문장을 어절로 구분하면, '철수가', '밥을', '먹다'로 구분되며, '철수가'라는 어절은 '철수' + '가'라는 두 개의 단어로 구성되고, '밥을'은 '밥' + '을', '먹다'는 '먹다'라는 단어로 구성되어 있습니다. '철수'나 '가'라는 단어는 하나의 형태소로 구성된 단어입니다. 하지만 '먹다'라는 단어는 '먹'이라는 형태소(어간)와 '다'라는 형태소(어미)로 구성되어 있습니다. 즉, 다음과 같이 정리할 수 있습니다.

    문장 = 어절의 합
    어절 = 단어의 합
    단어 = 형태소의 합

단어는 '최소의 자립 형식'으로 정의되고, 이는 의미적으로나 문법적으로 자립하여 사용될 수 있는 최소 단위를 의미합니다. 단어는 문법적 성질에 따라 몇 가지로 구분되는데, 이를 품사라고 합니다. 단어의 품사에는 명사, 대명사, 수사, 형용사, 동사, 관형사, 부사, 조사, 감탄사 등의 9가지가 존재하며, 각 품사는 단어가 문장에서 하는 역할에 따라 체언, 용언, 수식언, 관계언, 독립언으로 구분됩니다. 체언은 문장의 몸과 같은 주어와 목적어의 역할을 하며, 명사, 대명사, 수사 등의 품사가 포함되고, 용언은 문장의 서술어 역할을 하며, 형용사와 동사의 단어가 포함됩니다. 수식언은 체언이나 용언을 수식하는 역할을 하며, 부사와 관형사가 있습니다. 관계언에는 말들 간의 관계를 나타내는 조사가 있으며, 감탄사는 독립언에 해당합니다.

하나의 단어는 한 개 이상의 형태소로 구성됩니다. 형태소는 '의미를 갖는 최소 단위'로 정의되는데, 여기서의 '의미'는 어휘적인 의미뿐 아니라 형식적인 혹은 문법적인 의미도 포함합니다(유현경 외, 2015). 예를 들어, '먹다'에서 '다'라는 형태소를 살펴보겠습니다. '다'와 같은 형태소를 어미라고 합니다. 어미는 단어는 아니지만, 어절을 생성하는 데 있어 문법적인 의미를 갖기 때문에 형태소로 구분됩니다(즉, 어미는 문법적인 의미는 갖지만, 자립하여 사용할 수 없기 때문에 단어로는 간주하지 않습니다).

형태소는 자립성의 여부와 의미의 허실에 따라 그 유형이 달라집니다. 자립성 여부에 따라 자립 형태소와 의존 형태소로 구분됩니다. 자립 형태소는 다른 형태소와 결합하지 않고도 사용될 수 있는 형태소로, 위의 예에서 '철수'와 '밥' 등이 포함됩니다. 반대로, 의존 형태소는 다른 형태소와 결합되어 사용되는 형태소를 의미하고, 위의 예에서 '가', '먹' 등이 해당됩니다. 실질적인 의미를 갖느냐에 따라(의미의 허실) 실질 형태소와 형식 형태소로 구분됩니다. 실질 형태소는 실질적인 의미를 가진 형태소가 해당됩니다(예: '철수',

'밥', '먹'). 실질 형태소에는 자립 형태소뿐 아니라 의존 형태소(예: '먹')도 포함될 수 있습니다. '먹'과 같은 의존 형태소는 홀로 사용될 수는 없지만, 의미를 지니고 있기 때문입니다. 형식 형태소(문법 형태소라고도 함)는 말과 말 사이의 형식적인(문법적인) 관계를 표시하는 데 사용하는 형태소입니다(예: '는', '와', '다').

하나의 단어를 형성하는 형태소는 그 관점에 따라 불리는 이름이 다릅니다. 단어 형성론 관점에서는 단어를 구성하는 형태소를 어근과 접사로 구분하는 반면, 활용론 관점에서는 어간과 어미로 구분합니다(유현경 외, 2015).[44]

■ 한글과 영어의 차이

언어학에서는 한글을 교착어(agglutinative language), 영어를 굴절어(inflected language)라고 합니다. 교착어는 하나의 단어(혹은 어절)가 하나 이상의 형태소의 조합으로 구성되는 언어를 말하고, 굴절어는 하나의 단어(혹은 어절)가 하나의 형태소로 구성되어 있고, 그 형태의 변형에 따라 다른 기능을 하는 언어를 의미합니다(유현경 외, 2015).

영어에서는 하나의 문장을 띄어쓰기 기준으로 분리했을 때 그 결과는 단어(혹은 형태소)가 됩니다. 하지만 한글 문장은 띄어쓰기를 기준으로 분리하면 어절의 합으로 구성됩니다. 그리고 하나의 어절은 하나 이상의 단어와 형태소의 조합으로 구성됩니다. 그렇기 때문에 한글 텍스트에서 단어들을 추출해 내는 것이 영어보다 어렵습니다. 더욱이 한글의 단어는 형태소라는 그보다 작은 단위로 구성되어 있습니다. 한글에서 문장을 구성하는 가장 기본 단위는 형태소이기 때문에 한글을 분석하기 위해서는 텍스트를 형태소 단위로 구분해야 합니다. 이러한 과정을 형태소 분석이라고 합니다. 엄밀하게 따지면 단어와 형태소는 다른 개념이지만, 이 책에서는 혼동이 없는 한 단어와 형태소를 구분 없이 사용하겠습니다.

5.3.2 한글 텍스트의 전처리 개요

한글 텍스트도 영어와 비슷한 전처리 과정을 거치기는 하지만, 토큰화(tokenization), 원형찾기 (lemmatization), 품사찾기(POS tagging) 등을 구분해서 수행하지는 않습니다. 한글 분석에서는 이러한 과정이 형태소 분석이라는 하나의 과정을 통해 수행됩니다. 형태소 분석은 파이썬에서 제공하는 형태소 분석기를 사용해 수행합니다. 그리고 한글은 대소문자를 구분하지 않기 때문에 대소문자 통일 과정은 수행하지 않습니다.

한글과 관련된 주요 전처리 과정은 다음과 같습니다.

---

44 유현경 외, 《우리말 연구의 첫걸음》 (보고사, 2015)

① 불필요한 기호/표현 제거하기

② 형태소 분석 [토큰화 + 원형찾기 + 품사찾기]

③ 필요한 품사의 단어들만 선택

④ 불용어 제거하기

②를 제외한 나머지 과정은 영어와 비슷한 방식으로 처리하면 됩니다.

여기서는 신문 기사[45]를 예로 사용하여 한글 전처리 과정을 설명하겠습니다. 해당 기사는 Korean_news. txt 파일에 저장돼 있습니다. 이를 다음과 같이 읽어옵니다. 관련 코드는 Korean_preprocessing_ Kiwi.ipynb를 참고하세요.[46]

```
with open('Korean_news.txt', 'r', encoding='utf8') as f:
    content = f.read()
```

5.3.3 불필요한 기호/표현 제거하기

(영어 텍스트와 마찬가지로) 불필요한 기호(혹은 표현)를 제거하기 위해 다음 두 가지 방법 중 하나를 사용할 수 있습니다.

- 문자열 함수인 replace() 사용하기
- 정규표현식 사용하기(re 모듈의 sub() 함수 사용하기)

■ replace() 사용하기

replace() 함수를 사용하여 content 변수의 기사 내용에서 마침표와 쉼표 등의 불필요한 기호를 없애는 코드는 다음과 같습니다.

```
filtered_content = content.replace('.', '').replace(',','').replace("'","").replace('.r, '
').replace('=','')
```

---

45 기사 내용은 https://www.yna.co.kr/view/AKR20180514037600014?input=1195m을 참고하세요.
46 한글 텍스트 전처리 전반적인 과정에 대한 파이썬 코드는 Korean_preprocessing_Kiwi.ipynb 파일을, 설명 중간에 나오는 특정 소주제 관련 코드는 별도의 주피터 노트북 파일을 참고하세요.

하지만 영어 텍스트 전처리 부분에서 설명한 것처럼, replace() 함수를 사용하면 한 번에 한 종류의 기호만 삭제할 수 있다는 단점이 있습니다.

■ 정규표현식 사용하기

영어에서와 마찬가지로 한 번에 모든 기호를 삭제하기 위해서는 re 모듈에서 제공하는 sub() 함수를 사용합니다. 글자와 숫자, 그리고 공백문자를 제외한 나머지 모든 기호를 삭제하기 위해서는 다음과 같이 코딩합니다.

```
import re
filtered_content = re.sub(r'[^\w\d\s]','',content)
```

5.3.4 형태소 분석 [토큰화 + 원형찾기 + 품사찾기]

불필요한 기호를 삭제한 후 수행해야 하는 작업은 영어 텍스트 전처리에서의 토큰화, 원형찾기, 품사찾기 작업입니다. 한글의 경우, 이러한 과정을 형태소 분석이라는 방법을 통해 한 번에 수행합니다.

형태소 분석이란 텍스트를 어절 단위로 분리하고, 각 어절을 구성하는 형태소들을 인식하고, 불규칙 활용이나 축약, 탈락 현상이 일어난 형태소는 원형을 복원하는 과정을 말합니다(강승식, 2002).[47] 언어학적 정의에 따르면, 형태소 분석에는 품사 태깅이 포함되지 않습니다. 하지만 일반적으로 텍스트 분석에서 형태소 분석이라고 하면 어절을 형태소 단위로 구분하여 원형을 찾고, 각 형태소의 품사를 찾는 과정까지를 의미합니다. 이 책에서도 그러한 의미로 사용하겠습니다.

굴절어인 영어와 달리 한글은 교착어입니다. 즉, 하나의 어절이 하나 이상의 형태소의 조합으로 이뤄져 있습니다. 명사, 동사 등의 어간에 조사, 어미 등의 기능어가 추가되어 어절이 형성됩니다. 형태소 분석은 일반적으로 형태소 사전과 형태소 변형과 조합에 대한 규칙 정보를 사용하여 수행됩니다. 형태소 사전은 크게 어휘 형태소 사전과 문법 형태소 사전으로 구분됩니다(강승식, 2002). 어휘 형태소 사전은 어휘 형태소에 대한 품사 정보, 불규칙 정보, 그리고 타 형태소와의 결합성을 나타내는 정보를 담고 있습니다. 문법 형태소 사전에는 조사와 선어말 어미, 어말 어미, 접사에 대한 정보가 저장되어 있습니다.

예를 들어, K-ICT 빅데이터 센터에서 제공하는 형태소 사전은 표 5.2와 같이 구성되어 있습니다.[48] 해당 사전은 품사 태그 정보와 카테고리 정보만 담고 있는 것을 확인할 수 있습니다.

---

47 강승식(2002). 《한국어 형태소 분석과 정보 검색》(홍릉과학출판사, 2002)
48 보다 자세한 내용은 https://kbig.kr/portal/kbig/datacube/niadict.page 참고하세요.

표 5.2 형태소 사전의 예

용어(term)	태그(tag)	카테고리
광도비	ncn	천문
광도체	ncn	물리
광도하다	pvg	체육
광도전율	ncn	정보 · 통신
광도전체	ncn	전기 · 전자

 참고 **형태소 분석 vs. 어휘 분석**

형태소 분석과 함께 종종 사용되는 표현이 어휘 분석(lexical analysis)입니다. 어휘는 형태소보다 큰 단위이며, 일반적으로 단어를 의미합니다. 정확하게는 '일정한 범위 안에서 쓰이는 낱말의 총체'라고 정의합니다. 어휘 분석은 텍스트를 (어휘 사전에 수록된 형태의) 단어 단위로 분리하는 것을 말합니다(강승식, 2002). 형태소 분석과 어휘 분석의 차이는 두 개 이상의 형태소가 독립된 의미를 가지는 하나의 단어를 나타내기 위해 사용되는 경우, 이를 형태소 단위로 분리할 것인지(형태소 분석), 그냥 단어 그대로 분리할 것인지(어휘 분석)의 차이라고 볼 수 있습니다.

형태소 분석은 형태소 분석기를 사용해 수행합니다. 파이썬에서 형태소 분석기를 제공하는 모듈에는 KoNLPy와 kiwipiepy 등이 있습니다. KoNLPy 모듈은 다섯 개의 형태소 분석기를 제공하고, kiwipiepy 모듈은 키위 형태소 분석기를 제공합니다. 이 책을 쓰는 시점을 기준으로, KoNLPy 모듈에서 제공하는 형태소 분석기들이 일반적으로 더 많이 사용되지만, 설치하기가 쉽지 않다는 단점이 있습니다. 따라서 이 책에서는 설치와 사용이 상대적으로 더 용이한 kiwipiepy 모듈에서 제공하는 키위 형태소 분석기에 대해 먼저 설명하고, 그다음 KoNLPy 모듈에서 제공하는 형태소 분석기에 대해서 설명하겠습니다.

5.3.4.1 키위 형태소 분석기를 이용한 한글 형태소 분석

키위 형태소 분석기를 사용하기 위해서는 kiwipiepy 모듈을 먼저 설치해야 합니다. kiwipiepy 모듈은 pip install kiwipiepy 명령문을 이용해 간단히 설치할 수 있습니다.[49] 키위 형태소 분석기를 이용해 한글 전처리를 어떻게 하는지 설명하기에 앞서 키위 형태소 분석기 사용 방법에 대해 간단하게 살펴보겠습니다. 관련해서는 Kiwi_example.ipynb 파일을 참고하세요.

---

49 관련 내용은 https://github.com/bab2min/kiwipiepy를 참고하세요.

키위 형태소 분석기는 kiwipiepy 모듈에서 **Kiwi** 클래스로 제공됩니다. 다음과 같이 임포트하고, 해당 클래스의 객체를 생성합니다.

```
from kiwipiepy import Kiwi
kiwi = Kiwi()
```

키위를 이용한 형태소 분석은 다음과 같이 **Kiwi** 클래스에서 제공되는 **tokenize()** 함수를 사용합니다.

```
text = "이것은 키위 분석기입니다."
tokens = kiwi.tokenize(text)
```

tokens 변수에 저장된 결과물은 다음과 같이 리스트 데이터입니다. 해당 리스트의 각 원소는 텍스트를 구성하는 각 형태소의 정보를 저장하고 있습니다. 형태소와 형태소의 품사 태그, 그리고 형태소의 시작 인덱스와 길이 정보를 포함합니다.

```
[Token(form='이것', tag='NP', start=0, len=2),
 Token(form='은', tag='JX', start=2, len=1),
 Token(form='키위', tag='NNG', start=4, len=2),
 Token(form='분석기', tag='NNG', start=7, len=3),
 Token(form='이', tag='VCP', start=10, len=1),
 Token(form='ㄴ니다', tag='EF', start=10, len=3),
 Token(form='.', tag='SF', start=13, len=1)]
```

각 원소가 갖는 **form** 변수와 **tag** 변수의 정보를 다음과 같이 추출할 수 있습니다. 다음 코드는 첫 번째 원소의 정보를 추출하는 것을 보여줍니다.

```
print(tokens[0].form)
print(tokens[0].tag)
```

코드를 실행한 결과는 다음과 같습니다.

```
이것
NP
```

품사 태그 정보는 'https://github.com/bab2min/kiwipiepy#품사-태그'에서 확인할 수 있습니다. 명사 품사 태그의 경우 'NN' 문자열을 포함한다는 특징을 이용해 다음과 같이 명사 단어만을 추출할 수 있습니다.

```
nouns = []
for token in kiwi.tokenize(text):
    if 'NN' in token.tag:
        nouns.append(token.form)
```

nouns 변수에는 ['키위', '분석기']가 저장되어 있습니다.

다시 Korean_preprocessing_Kiwi.ipynb 파일로 돌아가 보겠습니다. 기호가 제거된 텍스트가 filtered_content 변수에 저장되어 있습니다. 해당 변수를 다음과 같이 Kiwi 클래스에서 제공하는 tokenize() 함수의 인자로 입력하여 형태소 분석을 수행합니다.

```
from kiwipiepy import Kiwi
kiwi = Kiwi()
kiwi_tokens = kiwi.tokenize(filtered_content)
```

형태소 분석을 수행한 후에는 최종 분석에서 사용하고자 하는 특정 품사의 단어(혹은 형태소)를 선택하면 됩니다. 여기서는 명사 단어를 선택한다고 가정하겠습니다. 코드는 다음과 같습니다.

```
Noun_words = []
for token in kiwi_tokens:
    if 'NN' in token.tag:
        Noun_words.append(token.form)
```

5.3.4.2 KoNLPy 모듈을 이용한 한글 형태소 분석

이번에는 KoNLPy 모듈에서 제공하는 형태소 분석기를 사용해 형태소 분석을 수행해 보겠습니다. 이를 위해서는 해당 모듈을 먼저 설치해야 합니다. 설치하는 방법은 http://konlpy.org/en/latest/install/을 참고하면 됩니다. 여기서는 KoNLPy가 설치되어 있다고 가정하고 설명하겠습니다.

KoNLPy는 다섯 가지의 서로 다른 형태소 분석기를 제공합니다(즉, Kkma, Komoran, Hannanum, Okt, Mecab).[50] 형태소 분석기마다 장단점이 있기 때문에 각자의 작업 특성에 맞는 것을 선택하여 작업하면 됩니다. 각 형태소 분석기는 별도의 말뭉치 사전과 형태소 사전, 그리고 서로 다른 알고리즘을 사용해 형태소 분석을 수행합니다. 다섯 개의 형태소 분석기 중 여기서는 코모란(Komoran)과 Okt 형태소 분

---

50 이에 대한 정보는 http://konlpy.org/en/latest/morph/#pos-tagging-with-konlpy에서 확인할 수 있습니다.

석기[51]에 대해 설명하겠습니다. KoNLPy에서 제공되는 형태소 분석기를 이용한 한글 텍스트 전처리 관련 코드는 Korean_preprocessing_konlpy.ipynb 파일을 참고하세요.

앞의 전처리 과정을 거쳐 `filtered_content` 변수에 저장된 기사 내용을 이용해 형태소 분석을 해보겠습니다. 이를 위해 먼저 다음과 같이 `konlpy` 모듈이 갖는 `tag` 모듈을 임포트합니다.

```
import konlpy.tag
```

다음 코드는 코모란 형태소 분석기를 사용하는 예를 보여줍니다. 코모란 형태소 분석기는 Komoran 클래스로 제공됩니다. 해당 클래스에서 제공되는 `pos()` 함수를 이용해 형태소 분석을 수행하는데, 이를 위해 먼저 클래스의 객체를 만듭니다. `pos()` 함수의 인자로 기호가 제거된 텍스트 데이터를 입력합니다.

```
komoran = konlpy.tag.Komoran()
komoran_morphs = komoran.pos(filtered_content)
print(komoran_morphs)
```

결과는 다음과 같습니다.

```
[('北', 'SH'), ('단계', 'NNG'), ('적', 'XSN'), ('조치', 'NNG')... 이하 생략
```

보다시피 (형태소, 품사 태그)의 튜플이 저장된 리스트 데이터가 반환됩니다. 각 품사 태그의 정보는 Komoran 클래스에서 제공하는 `tagset`이라는 변수를 통해 확인할 수 있습니다(즉, `komoran.tagset`이라고 입력합니다).

코모란 형태소 분석기로 명사만 추출하려면 다음과 같이 `nouns()` 함수를 사용합니다.

```
komoran.nouns(filtered_content)
```

Okt 형태소 분석기를 사용하려면 다음 절차를 따릅니다. 즉, Okt 클래스의 객체를 만들고, 해당 클래스에서 제공하는 `pos()` 함수를 사용합니다.

```
okt= konlpy.tag.Okt()
okt_morphs = okt.pos(filtered_content)
print(okt_morphs)
```

---

51 Okt는 Open Korean Text를 의미합니다. Okt는 형태소 분석기보다는 어휘 분석기에 더 가깝습니다. KoNLPy 0.4.5 이전 버전에서는 Twitter라는 이름으로 사용되었습니다.

이에 대한 결과는 다음과 같습니다.

```
[('北', 'Foreign'), ('단계', 'Noun'), ('적', 'Suffix'), ('조치', 'Noun')… 이하 생략
```

Okt 형태소 분석기에서 사용되는 품사 태그는 코모란의 것과 다른데, Okt에서 제공하는 품사 태그에 대한 정보는 앞에서와 마찬가지로 tagset이라는 변수를 사용해서 확인할 수 있습니다(즉, okt.tagset이라고 입력합니다). Okt에서 제공하는 pos() 함수는 stem과 norm이라는 파라미터를 가지고 있습니다. 단어의 원형을 얻고 싶다면 stem = True로 설정하면 됩니다. norm = True로 설정하면 텍스트가 정규화(normalization)되는 효과가 있는데, 예를 들어 '그래욬ㅋㅋ'이라는 텍스트에 대해 '그래요', 'ㅋㅋ'라는 결과를 얻을 수 있습니다. Okt의 경우도 Komoran과 마찬가지로 명사만 추출하려면 nouns() 함수를 사용합니다.

명사 이외 품사의 형태소나 단어를 선택하기 위해서는 형태소 분석의 결과로 도출되는 품사 태그 정보를 이용하면 됩니다. 예를 들어, Okt 형태소 분석기를 사용한 후에 명사, 형용사, 동사를 추출하기 위해서는 다음과 같이 코딩합니다.

```
Featured_POS = ['Noun', 'Adjective', 'Verb']
selected_words = []
for word, pos in okt_morphs:
    if pos in Featured_POS:
        selected_words.append(word)
print(selected_words)
```

```
['단계', '조치', '요구', '이행', '기간', '압축', '거래', '폼페이', '볼턴', '연일', '밑그림', '소개',
'구체', '답변', '안해', '트럼프', '대통령', '김정은', '북한', '국무위원', '워싱턴', …
(이하 생략)
```

5.3.5 불용어 제거

영어와 마찬가지로 한글에서도 불용어는 두 가지 종류로 구분할 수 있습니다. 분석의 목적과 상관없이 별 의미가 없는 단어가 그 첫 번째이고, 분석에 따라 불용어인지 아닌지가 달라지는 단어가 두 번째입니다. 이러한 불용어를 어떻게 제거하는지는 어떤 형태소 분석기를 사용하느냐에 따라 달라집니다. 키위 형태소 분석기는 자체적인 불용어 사전을 제공하는 반면, KoNLPy의 형태소 분석기들은 자체적인 불용어 사전을 제공하지 않습니다. 키위 형태소 분석기의 불용어 사전에는 첫 번째 종류의 불용어들이 포함되어 있습니다.

5.3.5.1 불용어 제거: 키위 형태소 분석기의 경우

키위 형태소 분석기를 사용하는 경우, 첫 번째 종류의 불용어는 해당 형태소 분석기가 가지고 있는 불용어 사전을 이용해 제거할 수 있습니다. 다음과 같이 kiwipiepy 모듈에서 제공되는 Stopwords 클래스를 이용해 해당 불용어 사전에 저장된 형태소들을 확인할 수 있습니다(Korean_preprocessing_Kiwi.ipynb 파일을 참고하세요).

```
from kiwipiepy.utils import Stopwords
stopwords_dict = Stopwords()
print(stopwords_dict.stopwords)
```

결과는 다음과 같습니다.

```
{('등', 'NNB'), ('성', 'XSN'), ('때문', 'NNB'), ('같', 'VA'), ('며', 'EC'), ('이', 'NP'), ('라',
'EC'), ('지', 'EC'), ('것', 'NNB'), ('그', 'NP'), ('이', 'MM'), ('보', 'VV'), ('그', 'MM'), ('과',
'JC'), ('와', 'JKB'), ('월', 'NNB'), ('다', 'EF'), ('말', 'NNG'), ('나', 'NP'), … 이하 생략
```

이 불용어 사전을 이용해서 불용어를 제거하려면 형태소 분석에 사용되는 Kiwi 클래스에서 제공하는 tokenize() 함수의 stopwords 파라미터 값을 Stopwords 클래스의 객체인 stopwords_dict로 설정합니다(다음 코드 참고).

```
kiwi.tokenize(filtered_content, stopwords=stopwords_dict)
```

즉, 키위 형태소 분석기는 형태소 분석을 할 때 불용어도 같이 제거합니다.

키위 형태소 분석기는 불용어 사전에 새로운 단어(또는 형태소)를 추가할 수 있습니다. 다음과 같이 add() 함수를 사용하면 됩니다. add() 함수는 첫 번째 인자로 추가하고자 하는 단어가, 두 번째 인자로는 품사 태그가 입력돼야 합니다. 예를 들어, '오늘'이라는 단어를 'NNG' 품사 태그로 저장하고 싶다면 다음과 같이 코딩합니다.

```
stopwords_dict.add(('오늘', 'NNG'))
```

텍스트 데이터에 불용어로 간주될 수 있는 단어가 추가로 있다면 파일이나 리스트 변수의 형태로 사용자 정의 불용어 사전을 만들어 사용하거나 키위 형태소 분석기가 사용하는 불용어 사전에 해당 단어를 추가하고 tokenize() 함수를 이용해 그러한 단어를 제거할 수 있습니다. 후자의 방법을 사용하는 경우 다음과 같이 코드를 작성할 수 있습니다.

```
customized_stopwords = ['연합뉴스', '네이버', '기자']
for word in customized_stopwords:
    stopwords_dict.add((word, 'NNG'))
```

불용어를 추가한 다음에는 tokenize() 함수를 다시 호출해야 합니다.

5.3.5.2 1음절 단어 제거하기

한글에서는 일반적으로 1음절 단어도 불용어로 처리합니다. 이유는 1음절 단어는 그 뜻이 정확하지 않거나 별 의미를 포함하고 있지 않을 때가 많기 때문입니다. 예를 들어, '설', '만', '치' 등의 1음절 단어는 어떤 단어를 의미하는지(즉, 명사인지 아닌지) 명확하지 않습니다. 이 문제는 다음과 같이 간단하게 처리할 수 있습니다.

```
final_nouns = [word for word in Noun_words if len(word)>1]
```

5.3.5.3 불용어 제거: KoNLPy 모듈에서 제공되는 형태소 분석기를 사용하는 경우

KoNLPy 모듈에서 제공하는 형태소 분석기는 별도의 불용어 사전을 가지고 있지 않기 때문에 첫 번째 종류의 불용어와 두 번째 종류의 불용어를 모두 사용자 정의 불용어 사전을 만들어 제거해야 합니다. 불용어 사전은 텍스트 파일로 만들 수도 있고, 임시로 사용할 수 있는 리스트 변수의 형태로 만들 수도 있습니다. 텍스트 파일을 사용하면 체계적으로 관리하는 것이 가능하므로 텍스트 파일로 불용어 사전을 구축하는 것을 권장합니다. 여기서는 간단하게 다음과 같이 리스트 형태의 불용어 사전을 만들겠습니다. 관련 코드는 Korean_preprocessing_konlpy.ipynb 파일을 참고하세요.

```
stopwords = ['연합뉴스', '기자', '다음', '이것', '저것']
unique_Noun_words = set(Noun_words)
for word in unique_Noun_words:
    if word in stopwords or len(word)==1:
        while word in Noun_words: Noun_words.remove(word)
```

이렇게 하면 Noun_words에 불용어가 제거된 명사 단어들만 저장됩니다.

5.3.6 그 밖에 알아둘 점

여기에서는 앞에서 다룬 내용들 이외에 한글 텍스트 전처리 관련하여 중요할 수 있는 추가적인 내용에 대해서 다룹니다.

5.3.6.1 미등록 단어 문제

한글 텍스트에 대해 형태소 분석기를 사용하다 보면 형태소 분석이 제대로 되지 않는 단어 또는 형태소가 있습니다. 하나의 독립된 형태소로 구분이 안 되거나, 구분되더라도 잘못된 품사로 태깅되는 것입니다. 이러한 문제는 보통 해당 단어가 형태소 분석기가 사용하는 형태소 사전에 등록되어 있지 않아 발생합니다. 이렇게 사전에 등록되지 않아 발생하는 형태소 분석의 오류를 미등록 단어 문제라고 합니다.

예를 들어 보겠습니다. 관련 코드는 OOV_example_konlpy.ipynb 파일을 참고하세요.

```
text = '파이콘은 파이썬 콘퍼런스의 약자이다'
import konlpy.tag
okt = konlpy.tag.Okt()
print(okt.pos(text))
```

결과는 다음과 같습니다.

```
[('파', 'Noun'), ('이콘', 'Noun'), ('은', 'Josa'), ('파이썬', 'Noun'), ('콘퍼런스', 'Noun'), ('의',
'Josa'), ('약자', 'Noun'), ('이다', 'Josa')]
```

'파이콘'이라는 단어는 하나의 고유명사임에도 불구하고, 신조어이기 때문에 Okt 형태소 분석기가 사용하는 사전에 등록되어 있지 않아 제대로 형태소 분석이 되지 않았습니다.

이러한 미등록 단어 문제를 해결하지 않고 텍스트 분석을 하면, 그 분석 결과의 정확도가 낮아질 수밖에 없습니다. 특히, 빈도 분석이나 텍스트 네트워크 분석 등과 같이 단어를 제대로 분리하는 것이 중요한 분석의 경우는 더욱 그렇습니다. 다른 분석 알고리즘(예: LDA와 같은 토픽 모델링 알고리즘, K-Means와 같은 군집화 알고리즘 등)은 상대적으로 영향을 덜 받을 수는 있지만, 정확한 분석을 위해서는 이러한 미등록 단어 문제를 되도록 해결하는 것이 좋습니다.

■ 미등록 단어 문제 해결

미등록 단어 문제를 해결하기 위해서는 다양한 방법이 사용될 수 있습니다. 하지만 어떤 방법을 사용하더라도 미등록 단어 문제를 완벽하게 해결하기는 어렵다는 것을 기억해야 합니다. 사용할 수 있는 방법은 크게 다음과 같습니다.

- 코딩을 통한 처리
- 형태소 분석기가 사용하는 형태소 사전에 미등록 단어(혹은 형태소) 추가하기

① 코딩을 통한 처리

형태소 분석이 제대로 되지 않는 단어들이 특정한 패턴을 갖고 있다면, 그러한 패턴을 이용해서 단어의 품사를 찾는 코드를 직접 작성할 수 있습니다. 하지만 이 방법은 동일한 패턴을 갖는 미등록 단어가 많지 않다는 점과 미등록된 단어가 많은 경우에는 사용하기 어렵다는 단점이 있습니다.

② 형태소 분석기가 사용하는 형태소 사전에 미등록 단어 추가하기

형태소 분석이 잘 안되는 단어가 무엇인지 안다면 그러한 단어를 일시적으로 형태소 분석기가 사용하는 사전에 추가할 수 있습니다.

■ 키위 형태소 분석기의 경우[52]

먼저 키위 형태소 분석기에서 사용하는 형태소 사전에 새로운 단어(또는 형태소)를 추가하는 방법을 살펴보겠습니다. 다음 코드는 '김갑갑'이라는 단어가 고유명사지만, 태깅이 제대로 안 되고 있는 경우를 보여줍니다.

```
text = '김갑갑이 누구야'
from kiwipiepy import Kiwi
kiwi = Kiwi()
kiwi.tokenize(text)
```

```
[Token(form='김갑', tag='NNP', start=0, len=2),
 Token(form='갑', tag='NNG', start=2, len=1),
 Token(form='이', tag='JKS', start=3, len=1),
 Token(form='누구', tag='NP', start=5, len=2),
 Token(form='야', tag='JX', start=7, len=1)]
```

'김갑갑'이라는 단어(또는 형태소)를 특정한 품사 태그로 저장하기 위해서는 Kiwi 클래스에서 제공하는 add_user_word() 함수를 사용합니다. 이 단어를 'NNP'라는 태그로 저장하려면 다음과 같이 입력합니다.

```
kiwi.add_user_word("김갑갑", "NNP")
```

그런 다음, 다시 tokenize() 함수를 이용해 형태소 분석을 수행하면 이번에는 '김갑갑'이라는 단어가 'NNP'의 품사 태그로 태깅되는 것을 확인할 수 있습니다(다음 참고).

---

52 OOV_example_kiwi.ipynb 파일을 참고하세요.

```
kiwi.tokenize(text)
```

```
[Token(form='김갑갑', tag='NNP', start=0, len=3),
 Token(form='이', tag='JKS', start=3, len=1),
 Token(form='누구', tag='NP', start=5, len=2),
 Token(form='야', tag='JX', start=7, len=1)]
```

한 가지 주의할 점은 `add_user_word()` 함수를 사용하면 새로운 단어가 현재 사용 중인 주피터 노트북 파일에만 임시로 추가된다는 것입니다. 즉, 새로운 노트북 파일을 실행한 경우에는 다시 해당 단어들을 `add_user_word()` 함수를 이용해 사전에 추가해야 합니다.

■ Okt 형태소 분석기의 경우[53]

이번에는 Okt 형태소 분석기가 사용하는 사전에 새로운 단어를 추가하는 방법을 살펴보겠습니다. Okt 형태소 분석기는 이러한 추가 기능을 제공하고 있지 않아, 사전에 단어를 추가하려면 ckonlpy[54]라는 모듈을 추가로 설치해야 합니다. 명령 프롬프트 창에서 `pip install customized_konlpy`를 실행해 설치할 수 있습니다.

`ckonlpy`를 설치하고 나면 다음처럼 임포트하여 사용할 수 있습니다. 참고로 Okt 형태소 분석기는 `ckonlpy`의 경우 Twitter라는 이름으로 제공됩니다. 이는 Okt 형태소 분석기의 과거 이름이 Twitter인데, `ckonlpy` 모듈이 예전 이름을 그대로 사용하기 때문입니다(ckonlpy에서 제공하는 Twitter 형태소 분석기는 konlpy의 Okt 형태소 분석기를 래핑(wrapping)하여 사용하는 것입니다).

```
from ckonlpy.tag import Twitter

twitter = Twitter()
```

위의 코드를 실행하면, 다음과 같은 경고(Warning) 문구가 나올 것입니다. 이는 konlpy 버전 0.4.5 이후부터는 Twitter라는 이름이 Okt라고 변경됐는데, 위의 코드에서는 Twitter라는 이름을 사용했기 때문입니다. 이러한 경고 문구는 코드 실행에는 영향을 주지 않기 때문에 무시해도 됩니다.

```
UserWarning: "Twitter" has changed to "Okt" since KoNLPy v0.4.5.
```

---

53 OOV_example_konlpy.ipynb 파일을 참고하세요.
54 보다 자세한 내용은 https://github.com/lovit/customized_konlpy를 참고하세요.

사용 예를 보여주기 위해 앞에서 살펴본 **'파이콘은 파이썬 콘퍼런스의 약자이다'** 텍스트를 사용하겠습니다.

```
text = '파이콘은 파이썬 콘퍼런스의 약자이다'
print(twitter.pos(text))
```

결과는 다음과 같습니다.

```
[('파', 'Noun'), ('이콘', 'Noun'), ('은', 'Josa'), ('파이썬', 'Noun'), ('콘퍼런스', 'Noun'), ('의',
'Josa'), ('약자', 'Noun'), ('이다', 'Josa')]
```

보다시피 '파이콘'이라는 단어가 제대로 인식되지 않았습니다. 이 문제를 해결하기 위해 ckonlpy의 Twitter 형태소 분석기가 사용하는 사전에 '파이콘'이라는 단어를 명사 단어로 추가해야 합니다. 이 작업에는 add_dictionary() 함수를 사용합니다(다음 참고).

```
twitter.add_dictionary('파이콘', 'Noun')
```

add_dictionary() 함수를 통해 새로운 단어를 등록한 후에 다음 코드를 다시 실행해 보면 '파이콘'이라는 단어가 'Noun'으로 제대로 태깅되는 것을 확인할 수 있습니다.

```
text = '파이콘은 파이썬 콘퍼런스의 약자이다'
print(twitter.pos(text))
```
```
[('파이콘', 'Noun'), ('은', 'Josa'), ('파이썬', 'Noun'), ('콘퍼런스', 'Noun'), ('의', 'Josa'),
('약자', 'Noun'), ('이다', 'Josa')]
```

다음과 같이 여러 개의 단어를 한꺼번에 추가할 수도 있습니다.

```
twitter.add_dictionary(['파이콘', '김갑갑'], 'Noun')
```

한 가지 주의할 점은 키위 형태소 분석기와 마찬가지로 add_dictionary() 함수도 새로운 단어가 현재 사용 중인 주피터 노트북에만 임시로 추가된다는 것입니다.

■ Komoran 형태소 분석기의 경우

코모란 형태소 분석기는 별도의 추가 모듈 없이 자체적으로 사전에 단어를 일시적으로 추가하는 기능을 제공합니다(이 기능은 KoNLPy 5.0 이상 버전에서만 지원됩니다).[55]

---

55 OOV_example_konlpy.ipynb 파일을 참고하세요.

```
from konlpy.tag import Komoran
komoran = Komoran()
```

아무런 추가 작업을 하지 않은 경우, 다음 코드를 실행하면,

```
print(komoran.pos(text))
```

다음과 같이 결과가 나옵니다.

```
[('파', 'NNG'), ('이콘', 'NNP'), ('은', 'JX'), ('파이썬', 'NNP'), ('컨퍼런스', 'NNG'), ('의',
'JKG'), ('약자', 'NNP'), ('이', 'VCP'), ('ㅂ니다', 'EF'), ('.', 'SF')]
```

Okt와 마찬가지로 '파이콘'이라는 단어가 제대로 분석되지 않습니다. 이 문제를 해결하기 위해 '파이콘'이라는 단어를 명사로 코모란 형태소 분석기가 사용하는 사전에 일시적으로 추가할 수 있습니다. 이를 위해 다음과 같이 Komoran() 생성자 함수를 호출할 때 미등록 단어의 품사 정보가 들어 있는 텍스트 파일의 이름을 userdic 파라미터의 인자로 제공해야 합니다. 여기서는 dic.txt라는 파일에 미등록 단어에 대한 정보를 저장하여 다음과 같이 인자로 전달합니다.

```
komoran2 = konlpy.tag.Komoran(userdic='dic.txt')
```

dic.txt 파일에 저장된 내용은 다음과 같습니다. 이처럼 형식(즉, 단어\t품사태그)에 맞게 저장돼야 Komoran() 생성자 함수가 그 내용을 제대로 인식할 수 있습니다.

```
파이콘\tNNP
코딩\tNNG
김갑갑\tNNP
```

이렇게 한 후 pos()를 통해 다시 형태소 분석을 하면 다음과 같은 결과를 얻을 수 있습니다.

```
print(komoran2.pos(text))
[('파이콘', 'NNP'), ('은', 'JX'), ('파이썬', 'NNP'), ('컨퍼런스', 'NNG'), ('의', 'JKG'), ('약자',
'NNP'), ('이', 'VCP'), ('ㅂ니다', 'EF'), ('.', 'SF')]
```

5.3.6.2 명사 단어 추출하기

미등록 단어를 직접 사전에 (임시로) 추가하는 방법에는 한 가지 큰 단점이 있습니다. 바로 새로운 단어를 추가하기 위해 형태소 분석이 잘 안된 단어(혹은 형태소)가 무엇인지를 알아야 한다는 것입니다. 즉, 미등록 단어가 무엇인지 알아야지만 직접 등록할 수 있습니다. 미등록 단어가 많지 않고 발견하기 쉽다면 직접 그 단어를 추가하는 것이 가능합니다. 하지만 텍스트 양이 많은 경우에는 분석이 제대로 되지 않는 단어가 많아질 것이고 그러한 단어를 사람이 일일이 발견한다는 것은 비효율적인 뿐만 아니라 어렵습니다.

이때 미등록 단어들의 문법적인 특성을 이용하여 알고리즘을 통해 미등록 단어를 자동으로 찾는 방법을 생각할 수 있습니다. 하지만 또 다른 사전을 이용하면 안 됩니다. 또 다른 사전을 이용하면 앞에서 발생했던 미등록 단어의 문제가 다시 발생할 수밖에 없기 때문입니다. 여기서는 미등록 단어의 문법적 특성을 이용한 방법에 관해 알아보겠습니다.

그렇다면 주로 어떠한 단어가 미등록 단어가 될까요? 형태소 분석에서 미등록 단어로 인식되는 대부분 단어는 고유명사, 신조어, 전문 용어 등입니다. 이러한 단어들의 공통점은 바로 대부분이 명사라는 것입니다. 이는 명사 단어만 제대로 추출할 수 있으면 미등록 단어 문제를 많은 부분 해결할 수 있다는 것을 의미합니다. 따라서 여기서는 명사 단어를 명사의 문법적 특성을 사용해 추출하는 방법을 살펴보겠습니다. 아울러 명사는 주요한 의미를 담고 있어 문서의 특성을 잘 나타내기 때문에 텍스트 분석에서 중요한 역할을 합니다. 즉, 명사 단어들만 제대로 파악해도 분석의 정확성이 많이 향상될 수 있습니다.

명사의 문법적인 특성을 기반으로 명사를 추출하기 위해 명사의 형태론적 특성에 대해 조금 더 살펴보겠습니다. 명사는 사물의 이름을 나타내는 단어를 포함하는 품사입니다. 명사 단어는 관형어의 수식을 받을 수 있으며, 조사와 결합하여 사용되기도 합니다. 한국어의 단어 중 65% 정도가 명사이며, 명사는 크게 사용 범위에 따라 보통명사(common noun)와 고유명사(proper noun)로 나뉘고, 자립 가능 여부에 따라 자립 명사와 의존 명사로 구분합니다(유현경 외, 2015). 의존 명사는 문장에서 관형어와 동반해서만 쓸 수 있습니다. 예를 들어, 단위를 나타내는 명사(개, 마리, 채 등)가 의존 명사에 해당합니다.

■ 명사의 주요 특성

이러한 명사의 문법적 특성을 사용해서 자동으로 명사를 추출해 낼 수 있습니다. 이를 위해, 다음 예제 텍스트를 살펴보겠습니다.

> "철수가 친한 친구와 부산으로 여행을 갔다. 철수와 친구는 해운대에 있는 밀면으로 유명한 식당을 찾았다. 철수는 밀면을 주문했고, 친구는 우동을 주문했다. 음식을 먹은 후 그들은 해운대 해변으로 가서 바다를 구경했다."

이 텍스트에서 사용된 명사 단어는 '철수', '친구', '부산', '여행', '해운대', '밀면', '식당' 등이 있습니다. 이러한 명사의 주요 특성은 다음과 같습니다.

1) 명사의 출현 특성

- **주로 조사와 함께 사용된다.**

  명사는 주로 조사와 함께 사용된다는 특징이 있습니다. 상기 텍스트에 사용된 조사로는 '-가', '-와', '-으로', '-는' 등이 있습니다. 즉, 대부분 명사는 단독으로 사용되기보다는 명사+조사의 형태로 사용됩니다. 그리고 많은 경우, 명사가 포함된 어절은 해당 명사로 시작합니다.

- **명사는 단독으로 사용되기도 한다.**

  명사는 보통 조사와 함께 사용되지만, 조사 없이 단독으로 사용되기도 합니다. 위의 예제에서 '해운대 해변'의 '해운대'는 조사 없이 사용되었습니다. 고유명사, 특히 사람의 이름은 단독으로 사용되는 경우가 많은데, 박근혜 대통령, 문재인 대통령, 김무성 원내대표, 이건희 회장, 이재용 부회장, 마광수 교수 등이 그러한 예입니다. 이와 같이 직책을 갖고 있는 사람들의 이름을 직책과 함께 표현할 때 이름은 보통 조사 없이 사용됩니다.

2) 명사가 포함되지 않는 어절의 특성

어절에서 명사를 추출하는 데 있어, 우선적으로 명사가 포함되지 않는 어절을 배제하면 명사 추출 작업을 보다 효율적으로 수행할 수 있습니다(이도길 외, 2003).[56] 특히, 어절을 구성하는 단어 중 형용사, 부사, 동사 등이 포함되어 있는 어절은 명사 단어를 포함하지 않을 확률이 높습니다. 다음은 그러한 어절의 예입니다.

'어쩌면', '빨리', '천천히', '느리게', '그리고', '그런데', '그러므로', '가는', '돌아오는'

3) 명사 배제 정보 사용하기

추가로 명사가 아닌 단어를 배제하기 위해 다음과 같은 명사 배제 정보를 사용할 수 있습니다.

- 이도길 외(2003)의 연구에 따르면, 단어의 받침에 다음과 같은 낱말이 사용되는 경우, 해당 단어는 명사일 가능성이 매우 낮다고 합니다.

  'ㄳ', 'ㅆ', 'ㅀ', 'ㄽ', 'ㅢ','ㄵ', 'ㄺ', 'ㄼ', 'ㄿ'

- 한 음절 단어 배제하기

  한 음절의 단어는 명사가 아니거나, 의미 없는 명사인 경우가 많습니다. 중요한 명사라고 할지라도 형태소 분석기를 통해 명사로 간주된 한 음절의 단어는 그 단어 자체만 보고 무엇을 의미하는 단어인지 정확하게 파악할 수 없는 경우가 많기 때문에 많은 경우 한 음절의 단어 혹은 어절은 분석에서 배제합니다.

이러한 명사 단어의 특성을 사용해서 명사 단어를 자동으로 추출하는 방법을 살펴보겠습니다.

---

56 이도길, 이상주, 임해창(2003), 〈명사 출현 특성을 이용한 효율적인 한국어 명사 추출 방법〉 정보과학회논문지: 소프트웨어 및 응용, 30(1 · 2), 173–183.

■ kornounextractor 모듈 사용하기

첫 번째 방법은 kornounextractor 모듈을 이용하는 것입니다. 이 모듈은 명사 사용 특성을 기반으로 명사 단어들을 추출합니다. 이를 위해 kornounextractor 모듈을 다음과 같이 설치합니다.

```
pip install kornounextractor
```

이 모듈은 hgtk라는 모듈을 사용하기 때문에 해당 모듈도 다음과 같이 설치해야 합니다.

```
pip install hgtk
```

모듈을 설치한 다음, 명사 추출에 사용되는 extract() 함수를 임포트하여 명사 추출기를 사용합니다.

```
from kornounextractor.noun_extractor import extract
```

extract() 함수는 다음의 파라미터를 이용해 정의되어 있습니다.

```
def extract(text, include_number = False, freq=1.0, threshold=0.3)
```

text 파라미터는 분석하고자 하는 텍스트 데이터를 의미합니다. 텍스트 데이터는 하나의 문서가 될 수도 있고, 복수 문서의 집합이 될 수도 있습니다. include_number 파라미터는 숫자를 포함하는 단어의 추출 여부를 정하는 역할을 합니다. 기본값은 False(즉, 추출하지 않는다)로 지정되어 있습니다. freq 파라미터는 추출하고자 하는 단어의 최소 빈도를 나타냅니다. 예를 들어, freq=3이라고 입력하면 text에서 최소 세 번 이상 사용된 단어만 추출합니다. 기본값은 1로 지정되어 있습니다. threshold 파라미터는 추출하고자 하는 명사 단어가 조사와 함께 사용되는 정도에 대한 기준값을 설정하는 역할을 합니다. extract() 함수는 명사 단어를 추출할 때 다음과 같은 값을 사용합니다.

$$w_i = \frac{\text{word}_i\text{가 조사와 함께 사용된 어절의 수}}{\text{word}_i\text{가 사용된 전체 어절의 수}}$$

이는 명사의 사용 특성 중 '조사와 함께 주로 사용된다'라는 특성을 고려한 것입니다. 즉, 특정 단어(word_i)가 조사와 함께 많이 사용될수록 word_i가 명사일 확률이 높다고 가정합니다. extract() 함수는 w_i의 값이 threshold 파라미터값보다 큰 단어만 추출합니다.

■ extract() 함수 사용 예

extract() 함수의 구체적인 사용 예를 설명하기 위해 다음과 같은 신문 기사가 있다고 가정하겠습니다. 예제 코드는 kornounextractor_example.ipynb 파일을 참고하세요.

> 토트넘이 긴장해야 할 지도 모른다. 손흥민의 바이에른 뮌헨 이적설이 끊이질 않는다.
>
> 영국 유력지 '가디언'은 22일(한국시간) "마우리시오 포체티노 감독에게 좋지 않은 소식이다. 내년 1월 뮌헨이 손흥민 영입 추진하고 있다. 손흥민은 분데스리가 챔피언 뮌헨으로 떠날 수도 있다"라고 설명했다.
>
> 손흥민의 이적설은 이탈리아 현지에서 흘러 나왔다. 이탈리아 일간지 '칼치오메르카토'의 최초 보도 이후 영국과 일부 독일 언론에서 재해석해 이적설을 전했다. 당시 언론들은 손흥민이 최근 재계약을 체결했다는 점을 근거로 가능성을 낮게 점쳤다.
>
> '가디언'도 가손흥민이 이적설을 민감하게 반응하진 않을 것이다. 뮌헨 이적설을 토트넘과 연봉 협상에 이용할 수도 있다"라고 전했다. 그러나 '가디언'의 보도로 뮌헨 이적설이 재점화 된 점을 고려하면, 토트넘 입장에서 흘려 들을 만한 이야기는 아니다.
>
> 손흥민은 2015년 토트넘 입단 전까지 독일 분데스리가에서 활약했다. 언어와 리그 적응에 문제가 없단 점과, 뮌헨이 유럽축구연맹(UEFA) 챔피언스리그 우승에 도전하는 점을 돌아보면 매력적인 팀이다. 2018 자카르타-팔렘방 아시안게임으로 더 이상 병역 문제도 없다. 축구공은 둥글기에 어떤 일도 일어날 수 있다.
>
> 그러나 내년 1월 이적에는 회의적이다. 손흥민은 잉글랜드 프리미어리그 적응 이후 2시즌 동안 두 자리 득점에 성공했다. 리그와 챔피언스리그가 본격적으로 접어드는 시점에 토트넘이 손흥민이 내줄 가능성은 낮다.

이 신문 기사 내용이 example.txt라는 텍스트 파일에 저장돼 있다면 다음 코드를 통해 해당 텍스트 내용을 파이썬으로 불러올 수 있습니다.

```
with open('example.txt', 'r', encoding='utf8') as f:
    news_article = f.read()
```

news_article 변수에 저장된 기사의 내용을 이용해 명사 추출을 위한 extract() 함수를 다음과 같이 호출합니다.

```
extract(news_article)
```

위 함수 호출은 다음과 같이 62개의 명사 후보 단어를 추출합니다.

```
['UEFA', '가능', '가디언', '감독', '고려', '근거', '긴장', '내년', '도전', '독일', '득점', '리그',
'마우리시오', '매력', '문제', '뮌헨', '바이에른', '반응', '병역', '보도', '분데스리가', '소식', '손흥민',
'시점', '아시안게임', '언론', '언어', '연봉', '영국', '영입', '우승', '유럽축구연맹', '유력지', '이야기',
'이용', '이적설', '이탈리아', '일간지', '일부', '입단', '입장', '잉글랜드', '자리', '자카르타팔렘방',
```

```
'재계약', '재점화', '재해석', '적응', '챔피언스리그', '최근', '최초', '추진', '축구공', '칼치오메르카토',
'토트넘', '포체티노', '프리미어리그', '한국시간', '현지', '협상', '회의']
```

더 자주 출현하는 명사 단어만을 추출하고 싶다면, freq의 값을 증가시키면 됩니다. 예를 들어, 다음과 같이 freq=2로 설정하면, 17개의 명사 후보 단어만 추출됩니다.

```
extract(news_article, freq=2)
```

```
['가능', '가디언', '내년', '독일', '리그', '문제', '뮌헨', '보도', '분데스리가', '손흥민', '언론',
'영국', '이적설', '이탈리아', '적응', '챔피언스리그', '토트넘']
```

■ 기본 형태소 분석기의 결과와 비교

이번에는 Okt 형태소 분석기를 이용해 명사 단어들을 추출해 보겠습니다.

```
from konlpy.tag import Okt
okt = Okt()
print(set(okt.nouns(news_article)))
```

```
{'전', '가능성', '점화', '도', '활약', '추진', '동안', '이적설', '메르', '최초', '득점', '일간',
'자리', '수', '뮌헨', '독일', '칼치', '잉글랜드', '연봉', '팔렘방', '입장', '긴장', '더', '현지',
'시점', '근거', '반응', '카토', '리그', '만', '유럽', '이후', '재', '챔피언스리그', '언론', '일도',
'이탈리아', '최근', '가디언', '티노', '시간', '토트넘', '의', '것', '손흥민', '문제', '마', '영국',
'본격', '바이에른', '소식', '감독', '포체', '체결', '협상', '게임', '병역', '팀', '도전', '이용',
'보도로', '입', '축구공', '보도', '지도', '해', '유력', '회의', '이적', '한국', '연맹', '자카르타',
'시오', '수도', '두', '우승', '매력', '축구', '언어', '적응', '입단', '재해', '아시안', '점',
'분데스리가', '프리미어리그', '설명', '당시', '재계약', '이상', '내년', '고려', '우리', '일부', '이야기',
'챔피언', '은'}
```

코모란 형태소 분석기를 이용하여 추출된 명사 단어는 다음과 같습니다.

```
from konlpy.tag import Komoran
komoran = Komoran()
print(set(komoran.nouns(news_article)))
```

```
{'시즌', '있다', '일', '전', '점화', '년', '활약', '추진', '동안', '최초', '득점', '자리', '수',
'마우리시오 포체티노', '해석', '뮌헨', '독일', '잉글랜드', '연봉', '팔렘방', '입장', '긴장', '유력지',
'현지', '시점', '근거', '반응', '카토', '리그', '영입', '만', '유럽', '설', '이후', '챔피언스리그',
'언론', '이탈리아', '최근', '가디언', '치', '시간', '토트넘', '아시안게임', '것', '칼', '손흥민', '문제',
'영국', '바이에른', '소식', '감독', '오메', '체결', '협상', '병역', '팀', '도전', '이용', '일간지',
'축구공', '보도', '지도', '회의', '이적', '한국', '연맹', '자카르타', '우승', '매력', '축구', '언어',
```

```
'적응', '입단', '점', '분데스리가', '프리미어리그', '성공', '설명', '당시', '재계약', '이상', '내년',
'고려', '하진', '일부', '1월', '이야기', '챔피언', '르'}
```

결과에서 보는 것처럼 kornounextractor 명사 추출기의 경우 고유명사, 외래어 같은 미등록 단어를 더
잘 찾는 것으로 나타났습니다(예: 칼치오메르카토, UEFA 등). 하지만 '당시' 등과 같은 일반명사는 기존
형태소 분석기가 더 잘 찾는 것으로 나왔습니다.

■ soynlp 사용하기

사전을 사용하지 않고 명사를 추출하는 두 번째 방법은 soynlp라는 모듈을 사용하는 것입니다. 명령 프롬
프트 창에서 다음 명령어 수행하여 soynlp 모듈을 설치합니다.

```
pip install soynlp
```

soynlp 모듈은 명사 추출에 사용할 수 있는 여러 개의 클래스를 제공합니다. 그중 여기서는 LRNounEx
tractor_v2에 관해 알아보겠습니다. 관련 코드는 soynlp_example.ipynb 파일을 참고하세요.

LRNounExtractor_v2는 cohesion 방법과 branch entropy 방법을 혼합하여 사용하는 알고리즘을 기
반으로 합니다. cohesion과 branch entropy에 대한 구체적인 설명은 이 책의 범위를 벗어나므로 추가
적인 설명을 원하는 독자는 https://github.com/lovit/soynlp를 참고하기 바랍니다.

다음과 같이 LRNounExtractor_v2 클래스를 사용합니다.

```
from soynlp.noun import LRNounExtractor_v2
```

LRNounExtractor_v2 클래스의 train_extract() 함수를 사용해 명사 단어들을 추출합니다. train_
extract() 함수는 텍스트를 구성하는 문장으로 이루어진 리스트 데이터를 인자로 받습니다.

앞에서 살펴본 example.txt 파일에 저장된 기사 내용에서 명사 단어들을 추출해 보겠습니다. train_
extract()는 전처리 기능을 자동으로 제공하지 않기 때문에 문장으로 구성된 데이터를 준비하기 위해서
는 사용자가 직접 문장 단위로 텍스트 데이터를 분리해야 합니다. 이는 다음과 같은 정규표현식을 이용한
사용자 정의 함수를 이용해 수행할 수 있습니다.

```
import re
def get_sentences(text):
    sentences = re.split(r'[\.\?\!]\s+', text)
    return sentences
```

다음과 같이 example.txt 파일의 내용을 읽어온 후 get_sentence() 함수를 이용해 문장 단위로 분할하겠습니다.

```
with open('example.txt', 'r', encoding='utf8') as f:
    news_article = f.read()
sents = get_sentences(news_article)
```

sents에 대해 다음과 같이 LRNounExtractor_v2 클래스에서 제공되는 train_extract() 함수를 적용합니다.

```
noun_extractor = LRNounExtractor_v2(verbose=True)
nouns = noun_extractor.train_extract(sents)
```

결과를 화면에 출력하면 다음과 같습니다.

```
print(nouns)
```

```
{'챔피언스리그': NounScore(frequency=2, score=1.0), ''가디언'': NounScore(frequency=3, score=1.0),
'분데스리': NounScore(frequency=2, score=1.0), '토트넘': NounScore(frequency=5, score=1.0),
'손흥민': NounScore(frequency=8, score=1.0), '이적설': NounScore(frequency=6, score=1.0),
'가능성': NounScore(frequency=2, score=1.0), '적응': NounScore(frequency=2, score=1.0),
'보도': NounScore(frequency=2, score=1.0), '문제': NounScore(frequency=2, score=1.0),
'언론': NounScore(frequency=1, score=0.5), '리그': NounScore(frequency=2, score=1.0),
'뮌헨': NounScore(frequency=6, score=1.0), '영국': NounScore(frequency=2, score=1.0), '수':
NounScore(frequency=3, score=1.0), '점': NounScore(frequency=4, score=1.0)}
```

보다시피, 명사 추출의 결과는 사전 데이터 형태입니다. 각 명사 단어에 대해 추가 정보(즉, frequency와 score)가 값으로 저장되어 있습니다. frequency는 텍스트 데이터에서 그 명사가 사용된 빈도를 나타내며, score는 명사일 확률을 나타냅니다. 즉, score 값이 1에 가까울수록 명사일 확률이 높다는 것을 의미합니다. score 값을 기준으로 추가적인 선별 작업을 수행할 수 있습니다.

위의 결과에 대해 명사 단어만 출력하면 다음과 같습니다.

```
print(sorted(list(nouns.keys())))
```

```
[''가디언'', '가능성', '리그', '문제', '뮌헨', '보도', '분데스리', '손흥민', '수', '언론', '영국',
'이적설', '적응', '점', '챔피언스리그', '토트넘']
```

참고　명사 추출기와 형태소 분석기를 같이 사용하는 방법

앞의 방법을 사용하더라도 텍스트 데이터에서 사용된 명사 단어 모두를 정확하게 추출하기는 어렵습니다. 명사 단어를 사용해 텍스트를 분석하고자 하는 경우에는 앞에서 소개한 명사 추출기만 사용하기보다는 기존의 다른 형태소 분석기를 같이 사용하는 것이 좋습니다. 앞에서 설명한 명사 추출기를 통해 추출된 명사를 다음 방법을 사용해 각 형태소 분석기가 사용하는 사전에 추가할 수 있습니다.

- Kiwi 클래스의 add_user_word() 함수를 사용해 새로운 명사 단어 추가하기
- ckonlpy 모듈, Twitter 클래스의 add_dictionary() 함수를 사용해 명사 단어 추가하기
- Komoran 클래스의 생성자 함수인 Komoran()에서 사용할 수 있는 dic.txt 파일에 명사 단어 추가하기

명사 추출기를 이용해서 추출된 명사를 형태소 분석기에 추가한 후, 형태소 분석기를 사용해서 명사를 추출하면 보다 정확하게 명사 추출을 할 수 있습니다.

5.3.6.3 한글 음절의 초·중·종성 분리하기

한글 텍스트 분석을 하는 경우, 하나의 음절을 음소 단위로 구분해야 하는 경우도 있습니다. 한글 음절의 초·중·종성을 분리하기 위해 사용할 수 있는 모듈은 여러 개가 존재합니다. 서로 비슷한 기능을 제공하므로 여기서는 hgtk 모듈을 사용해 보겠습니다.

먼저 pip install hgtk 명령어를 명령 프롬프트 창에 입력하여 설치합니다. 관련 코드는 hgtk_example.ipynb 파일을 참고하세요.

다음과 같이 사용할 수 있습니다.

```
import hgtk
```

한 음절 단어의 경우 다음과 같은 결과를 얻습니다.

```
hgtk.letter.decompose('값')
```

```
('ㄱ', 'ㅏ', 'ㅄ')
```

두 음절 이상 단어를 인자로 입력하는 경우는 다음과 같습니다.

```
hgtk.text.decompose('손흥민')
```

```
'ㅅㅗㄴㅎㅡㅇㅁ|ㄴ'
```

6

기본적인 텍스트 분석 방법

이번 장에서는 기계학습이나 딥러닝 알고리즘을 사용하지 않는 기본적인 텍스트 분석 방법으로 빈도 분석과 텍스트 네트워크 분석 방법에 관해 살펴보겠습니다. 기계학습 알고리즘 기반의 텍스트 분석 방법은 2부, 딥러닝 알고리즘 기반의 방법은 2권에서 다룹니다.

6.1 빈도 분석

첫 번째 분석 방법으로 단어의 출현 빈도를 분석하는 방법을 알아보겠습니다. 빈도 분석을 위해서는 전처리 과정을 거쳐 추출된 불용어가 제거된 특정 품사의 단어들을 사용합니다. 빈도 분석의 주요 목적은 문서가 다루는 내용을 파악하는 것이므로 일반적으로 명사 단어만 사용합니다. 여기서도 불용어가 제거된 명사 단어를 사용해 빈도 분석을 하겠습니다.

6.1.1 단어의 출현 빈도 파악하기

특정 문서나 텍스트 데이터에 사용된 단어의 출현 빈도를 파악하기 위해서는 collections 모듈에서 제공하는 Counter 클래스를 사용합니다.

6.1.1.1 영어 텍스트 빈도 분석

먼저 영어 텍스트에 대해 빈도 분석을 수행해 보겠습니다. 관련 코드는 En_frequency_analysis.ipynb 파일을 참고하세요.

예제에는 전처리 부분에서 사용했던 뉴욕 타임즈의 기사 텍스트를 사용합니다. 빈도 분석을 하기 위해서는 전처리 작업을 수행해 불용어가 제거된 명사 단어들을 추출해야 합니다. 이를 위해 여기서는 do_En_preprocessing()이라는 사용자 정의 함수를 사용하겠습니다. 이 함수는 두 개의 인자를 입력받는데, 첫 번째는 원본 텍스트 데이터이고 두 번째는 리스트 형태의 사용자 정의 불용어 사전입니다. 해당 함수의 바디 부분은 전처리 부분에서 살펴본 코드로 작성했습니다.

다음과 같이 텍스트 데이터를 읽어옵니다.

```
with open('nytimes.txt', 'r', encoding='utf8') as f:
    content = f.read()
```

읽어온 텍스트 데이터와 다음과 같이 정의된 사용자 불용어 사전을 이용해 do_En_preprocessing() 함수를 호출하여 전처리 작업을 수행합니다.

```
customized_stopwords = ['york', 'time', 'news'] # 사용자 정의 불용어 사전의 예
final_words = do_En_preprocessing(content, customized_stopwords)
```

do_En_preprocessing() 함수는 불용어가 제거된 명사 단어들을 반환합니다. 이러한 명사 단어의 출현 빈도를 Counter 클래스를 이용해 파악합니다.

Counter 클래스는 다음과 같이 사용하는데, Counter 클래스 생성자 함수의 인자로 빈도 분석을 하고자 하는 단어들을 입력하면 됩니다.

```
from collections import Counter

c = Counter(final_words)
print(c)
```

결과는 다음과 같습니다.

```
Counter({'health': 11, 'people': 11, 'researcher': 7, 'study': 6, 'tie': 6, 'interaction': 5,
…이하 생략})
```

결과를 보면 'health'라는 단어가 해당 기사에서 11번 사용되었고, 'people' 또한 11번 사용된 것을 알 수 있습니다. 분석 결과에 불용어가 포함돼 있지 않다면, 이 빈도 분석 결과를 통해 해당 문서가 주로 무엇에 대해서 다루는지 대략 파악할 수 있습니다. 즉, 이 기사에서는 'health'와 'people' 등의 단어가 주제와 관련이 높은 핵심어(keyword)라고 간주할 수 있습니다.

Counter 클래스가 반환하는 결과 중 빈도를 기준으로 상위 k개의 단어만 추출할 수 있습니다. 이때 사용하는 함수는 Counter 클래스에서 제공하는 most_common()입니다. 다음과 같이 k의 값을 인자로 입력하여 사용합니다. 여기서는 10을 입력했습니다.

```
c.most_common(10)
```

10이라는 특정 숫자를 most_common() 함수의 인자로 전달하면 빈도를 기준으로 상위 10개의 단어가 반환됩니다. 결과는 다음과 같습니다.

```
[('health', 11), ('people', 11), ('researcher', 7), ('study', 6), ('tie', 6), ('interaction', 5),
('friend', 4), ('others', 4), ('exercise', 4), ('connection', 3)]
```

6.1.1.2 한글 텍스트 빈도 분석

한글에 대해서도 비슷한 방식으로 빈도 분석을 할 수 있습니다. 여기서는 한글 전처리 과정에서 사용한 뉴스 기사에 대해 빈도 분석을 수행해 보겠습니다. 영어와 유사하게 do_Kr_preprocessing() 사용자 정의 함수를 사용해 전처리 작업을 수행하겠습니다. 관련 코드는 Kr_frequency_analysis.ipynb 파일을 참고하세요.

빈도 분석을 통해 주제와 관련이 높은 단어들을 파악하기 위해 전처리 과정을 통해 불용어가 제거된 명사 단어를 추출합니다. 이를 위해 여기서는 키위 형태소 분석기를 사용합니다. 일단 다음과 같이 키위 형태소 분석기의 불용어 사전에 추가하고자 하는 불용어를 추가합니다.

```
customized_stopwords = ['연합뉴스', '네이버', '기자'] # 불용어의 예
for word in customized_stopwords:
    stopwords.add((word, 'NNG'))
```

그리고 다음과 같이 do_Kr_preprocessing()을 호출합니다. do_Kr_preprocessing() 함수의 인자로 입력된 content 변수에는 원본 기사 내용이 저장되어 있습니다. do_Kr_preprocessing(content)는 불용어가 제거된 명사 단어들을 반환합니다.

```
final_nouns = do_Kr_preprocessing(content)
```

이후 과정은 영어와 동일합니다. 즉, Counter 클래스를 이용해서 빈도 분석을 수행합니다. 관련 코드는 다음과 같습니다.

```
from collections import Counter
c = Counter(final_nouns)
```

most_common() 함수를 이용해 빈도수가 높은 상위 10개의 단어만 확인해 보겠습니다.

```
print(c.most_common(10))
```
```
[('북한', 27), ('미국', 13), ('이행', 9), ('북미', 9), ('트럼프', 8), ('비핵', 8), ('폼페이오', 7),
('제거', 7), ('장관', 6), ('볼턴', 5)]
```

이 기사는 북한, 미국, 그리고 핵과 관련된 내용이라는 것을 대략 파악할 수 있습니다.

6.1.2 워드 클라우드 시각화

빈도 분석의 결과를 시각화한 것을 워드 클라우드(word cloud)라고 합니다. 예시는 그림 6.1과 같습니다.

그림 6.1 워드 클라우드의 예

워드 클라우드에서 단어의 크기는 해당 단어의 출현 빈도와 비례합니다. 즉, 단어의 크기가 클수록 사용 빈도가 많은 것입니다.

6.1.2.1 직사각형의 워드 클라우드 생성하기

파이썬에서 워드 클라우드를 만들기 위해서는 wordcloud 모듈을 설치해야 합니다.[57] 명령 프롬프트 창에서 다음 명령어를 사용해서 wordcloud 모듈을 설치합니다. 관련 코드는 En_frequency_analysis. ipynb 파일을 참고하세요.

---

57 wordcloud 모듈에 대한 내용은 https://github.com/amueller/word_cloud에서 확인할 수 있습니다.

```
pip install wordcloud
```

워드 클라우드 시각화 작업을 위해 wordcloud 모듈에서 제공되는 WordCloud 클래스를 사용합니다. WordCloud 클래스의 생성자 함수는 생성되는 워드 클라우드와 관련된 여러 가지 파라미터를 갖습니다. 기본으로 설정해야 하는 파라미터는 max_font_size입니다. 즉, 시각화할 때 사용되는 폰트의 최대 크기를 지정하는 역할을 하는 파라미터입니다. 여기서는 그 값을 50으로 설정합니다. 다른 파라미터에 대해서는 뒤에서 설명하겠습니다.

```python
from wordcloud import WordCloud
import matplotlib.pyplot as plt

total_words = ' '.join(final_nouns)
wordcloud = WordCloud(max_font_size=50)
wordcloud.generate(total_words)
plt.figure()
plt.imshow(wordcloud, interpolation='bilinear')
plt.axis("off")
plt.show()
```

텍스트 데이터를 이용해 워드 클라우드를 생성하려면 WordCloud 클래스의 generate() 함수를 사용합니다. 이 함수는 단어들로 구성된 하나의 문자열값을 인자로 입력받습니다. 따라서 리스트 변수인 final_nouns에 저장된 명사 단어들을 띄어쓰기를 기준으로 연결해서 하나의 문자열값으로 만들어야 합니다 (final_nouns는 전처리 결과물, 즉 불용어가 제거된 명사 단어들이 저장되어 있는 리스트 변수입니다). 이를 위해 문자열 함수인 join() 함수를 사용했습니다.

시각화를 위해 파이썬에서 기본으로 제공되는 matplotlib 모듈을 사용했습니다. 위 코드의 결과는 그림 6.2와 같습니다.

그림 6.2 영어 워드 클라우드 시각화 결과물

워드 클라우드 결과물을 이미지 파일로 저장하려면 **to_file()** 함수를 이용합니다. 다음 코드를 실행하면 작업 중인 폴더에 **nytimes.png**라는 이미지 파일이 생성됩니다.

```
wordcloud.to_file("nytimes.png")
```

WordCloud() 생성자 함수기 갖는 추가적인 파라미터를 사용해서 출력되는 이미지의 크기와 백그라운드 색상을 설정할 수 있습니다. 다음 코드에서는 이미지의 가로를 800픽셀, 세로를 600픽셀, 그리고 백그라운드를 분홍색으로 정했습니다.

```
wordcloud1 = WordCloud(max_font_size=100, width=800, height=600, background_color='pink')
wordcloud1.generate(total_words)
plt.figure()
plt.imshow(wordcloud1, interpolation='bilinear')
plt.axis("off")
plt.show()
```

한글도 비슷한 방식으로 시각화할 수 있습니다. 한글 시각화 관련 코드는 **Kr_frequency_analysis. ipynb** 파일을 참고하세요. 하지만 한글의 경우는 사용하고자 하는 폰트의 경로를 명시적으로 지정해 줘야 합니다(다음 코드 참고).

```
from wordcloud import WordCloud
import matplotlib.pyplot as plt
from os import path

FONT_PATH = 'C:/Windows/Fonts/malgun.ttf' # 한글 폰트 경로
total_words = ' '.join(final_nouns)
wordcloud = WordCloud(max_font_size=60, font_path=FONT_PATH)
wordcloud.generate(total_words)

plt.figure()
plt.imshow(wordcloud, interpolation='bilinear')
plt.axis("off")
plt.show()
```

결과는 그림 6.3과 같습니다.

그림 6.3 한글 워드 클라우드 시각화 결과물

6.1.2.2 특정 이미지를 시각화 배경으로 사용하기

워드 클라우드 시각화의 배경으로 사용되는 이미지를 사용자가 직접
선택해서 시각화 작업을 할 수도 있습니다. 이러한 배경 사진을 마스
크(mask) 이미지라고 합니다. 마스크 이미지로 사용되는 사진은 검
은색과 흰색으로 구성되어야 하며(그림 6.4 참고), 검은색 부분에 워
드 클라우드 결과물이 시각화됩니다.

그림 6.4의 마스크 파일은 alice_mask.png입니다. 이 책에서는 해
당 이미지의 검은색 부분에 워드 클라우드 시각화 작업을 수행해 보
겠습니다.

이를 위해 PIL(Python Imaging Library)에서 제공하는 Image 모듈
을 사용합니다. Image 모듈의 open() 함수를 이용해 마스크 이미지

그림 6.4 마스크 이미지의 예

파일을 불러온 후, 이를 어레이(array)라는 특정 데이터 형태로 변환해야 합니다. 이 작업은 numpy 모듈
의 array() 함수를 사용해 수행할 수 있습니다. 어레이 데이터는 행렬과 비슷한 형태의 데이터라고 생각
하면 됩니다. 어레이의 각 원소는 이미지가 갖는 각 픽셀의 색상을 나타내는 0과 255 사이의 숫자로 구성
되어 있습니다. 그리고 읽어온 이미지를 배경으로 해서 시각화 작업을 수행하기 위해 WordCloud 클래스
생성자 함수가 갖는 mask 파라미터의 값으로 이미지 파일의 어레이 데이터를 입력합니다.

```
from PIL import Image
import numpy as np
import matplotlib.pyplot as plt
```

```
from wordcloud import WordCloud

total_words = ' '.join(final_nouns)

# mask 이미지를 불러온 후, array 형태로 변환합니다.
alice_mask = np.array(Image.open("alice_mask.png"))

# mask 파라미터를 해당 이미지 파일에 대한 것으로 지정합니다.
wc1 = WordCloud(background_color="white", width=674, height=643, mask=alice_mask)

wc1.generate(total_words)
plt.figure()
plt.imshow(wc1)
plt.axis("off")
plt.show()
```

코드 실행 결과는 그림 6.5와 같습니다. 그림 6.4의 검은색 부분에 글자가 시각화된 것을 확인할 수 있습니다.

그림 6.5 워드 클라우드 시각화 결과물

6.2 텍스트 네트워크 분석

이 섹션에서는 텍스트 네트워크 분석(Text network analysis, TNA)에 대해 알아보겠습니다.[58] 텍스트 네트워크 분석은 네트워크 분석 방법을 이용하여 텍스트를 분석하는 것입니다. 네트워크 분석 방법은 말 그대로 네트워크 형태의 데이터를 분석하는 방법입니다. 그러면 네트워크[59]란 무엇일까요? 네트워크는 노드(node)와 노드 간의 타이(tie, edge라고도 합니다) 정보로 정의됩니다. 그림 6.6은 하나의 네트워크를 보여줍니다. 여섯 개의 노드와 노드 간의 타이 정보가 함께 표시되어 있어 하나의 네트워크가 되는 것입니다. 예를 들어, 1번과 3번 노드 사이에 타이가 존재하는 것을 알 수 있습니다.

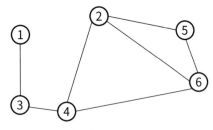

그림 6.6 네트워크의 예

텍스트 네트워크 분석에서는 주어진 텍스트 데이터를 이용해 네트워크를 만들고 이를 네트워크 분석 방법을 이용해 분석합니다. 텍스트에 대한 네트워크 생성 기준은 여러 가지가 존재하지만, 보통 많이 사용되는 기준은 문서입니다. 즉, 하나의 문서를 하나의 네트워크로 표현합니다. 이때 해당 네트워크를 구성하는 노드는 해당 문서에서 사용된 단어가 되고, 노드 간의 타이(즉, 단어 간의 타이)는 네트워크를 구성하는 서로 다른 두 단어가 같은 문장 혹은 같은 문단에서 함께 사용되었는지에 따라 결정됩니다.

하나의 문서를 하나의 네트워크로 표현하는 대신, 전체 텍스트 데이터를 하나의 네트워크로 표현할 수도 있습니다. 이러한 경우에는 보통 두 단어의 타이 기준이 하나의 문서가 됩니다. 즉, 두 단어가 같은 문서에서 사용된 경우 두 단어 사이에 타이가 존재한다고 정의합니다.

6.2.1 단어들 간의 네트워크 분석

단어들 간의 네트워크 분석은 특정 단어(예: 키워드 혹은 사용자가 관심 있는 단어)가 다른 어떤 단어와 같이 사용되는지(혹은 얼마나 자주 자용되는지)를 파악하는 데 유용하게 사용될 수 있습니다. 특정 단어가 어떠한 단어와 같이 사용되는 정도를 분석함으로써 글쓴이가 해당 단어와 관련된 주제의 어떠한 속성이나 이슈에 중점을 두고 있는지, 혹은 어떠한 관점을 갖고 기술하는지 파악할 수 있습니다.

예를 들어, 북한에 대한 기사를 수집하고 신문사별로 북한과 관련해서 어떠한 이슈를 중점적으로, 혹은 어떠한 관점을 갖고 글을 썼는지 파악하기 위해 텍스트 네트워크 분석 방법을 사용할 수 있습니다. 각 신문

---

58 의미 연결망 분석(Semantic Network Analysis)이라고도 합니다.
59 그래프(graph)라고도 합니다.

사의 기사에서 사용된 단어 간의 네트워크를 형성하고 각 네트워크에서 '북한'이라는 단어와 더 많은 연결 관계를 갖고 있는 다른 단어들이 무엇인지를 파악함으로써 각 신문사가 북한의 어떤 이슈에 더 중점을 두고 있는지를 파악할 수 있는 것입니다.

텍스트 네트워크 분석을 통해 그림 6.7과 같은 결과를 얻었다면, 기사1에서는 북한에 대해 이야기할 때 미사일, 핵무기 같은 이슈를 중심석으로 다루고 있고, 기사2는 인권, 대화와 같은 이슈에 대해 다루고 있다는 것을 알 수 있습니다.

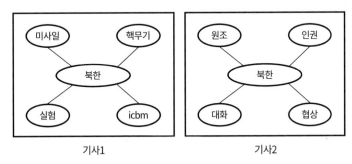

그림 6.7 텍스트 네트워크 분석의 예

빈도 분석과 비슷하게 텍스트 네트워크 분석에서도 텍스트를 구성하는 모든 단어를 분석에 사용하지는 않습니다. 최종적으로 선택되는 단어는 분석의 목적에 따라 달라지지만, 보통은 명사 단어에 대해서만 텍스트 네트워크 분석을 수행합니다.

단어 간의 관계를 분석하는 네트워크 분석의 순서는 일반적으로 다음과 같습니다(여기서는 명사 단어만 사용한다고 가정합니다).

- 분석하고자 하는 텍스트 데이터 준비
- 전처리 과정을 통해 불용어가 제거된 명사 단어 추출
  ※ 중요: 모든 명사 단어를 선택할 것인지, 아니면 특정 기준(예: 사용 빈도 혹은 이론적 근거 등)을 만족하는 단어만 선택할 것인지를 결정해야 합니다.
- 각 단어를 노드로 하는 네트워크 생성
- 특정 두 단어 간의 타이 추가(예: 두 단어가 동일한 문장에서 사용된 경우)
- 생성된 네트워크를 통해 단어 간의 관계 분석

이러한 텍스트 네트워크 분석에는 네트워크 분석에 사용되는 다양한 패키지 또는 프로그램(예: UCINET, Pajek, NodeXL, Gephi 등)을 사용할 수 있습니다. 별도의 패키지 이 외에도 컴퓨터 프로그래밍 언어

에 제공되는 네트워크 분석 관련 모듈이나 라이브러리를 사용해서도 분석할 수 있습니다(예: 파이썬 – NetworkX, R – network, igraph 등). 파이썬에서는 NetworkX을 사용해 네트워크를 생성하고 관련 분석을 수행할 수 있습니다.[60] 네트워크 분석에서는 노드 간의 관계를 시각화하는 것도 중요한데, 네트워크 데이터의 시각화에는 Gephi 프로그램이 많이 사용됩니다. 파이썬도 `matplotlib` 모듈을 사용해 시각화 작업을 할 수 있지만, 초보자에게는 그 사용법이 어려워 Gephi를 통한 작업을 권장합니다.

6.2.2 네트워크 분석 기초

텍스트 네트워크 분석에 관해 설명하기 전에 네트워크 분석 방법의 기초에 대해 먼저 살펴보겠습니다. 네트워크 분석에 관한 이해를 돕기 위해 사람들의 관계 분석을 예로 들어 설명하겠습니다. 사람과 같은 사회적 개체(social entities)로 이루어진 네트워크를 사회 연결망(social network)이라고 하며, 이와 관련한 분석을 사회 연결망 분석(social network analysis)이라고 합니다.

6.2.2.1 사회 연결망 분석

사람 간의 관계를 분석하는 것이 왜 중요할까요? 사람 간의 관계를 분석하면, 누가 누구와 연결되어 있고 그러한 관계를 통해 어떤 정보가 교환되는지, 그리고 어떻게 영향을 받는지, 혹은 누가 더 중심적인 역할을 하는지 등을 살펴볼 수 있습니다. 다른 사람들과 정보를 주고받을 뿐 아니라, 정서적 지원을 받기도 하고, 다른 사람과 자신을 비교하기도 합니다. 그리고 다양한 방식으로 다른 사람의 영향을 받기도 하고, 또 다른 사람에게 영향을 미치기도 합니다. 따라서 사람 사이의 관계를 분석하면 우리 사회를 조금 더 자세히 이해할 수 있게 됩니다(텍스트 네트워크에 대해서도 비슷한 결과를 도출할 수 있습니다. 즉, 어떤 단어들이 더 자주 함께 사용되는지 또는 어떤 단어가 더 중심적인 역할을 하는지 등을 파악할 수 있습니다).

네트워크를 구성하는 노드 간 타이는 그 특성에 따라 두 종류로 구분할 수 있습니다. 비대칭 타이(asymmetric tie)와 대칭 타이(symmetric tie)가 그것입니다. 사회 연결망의 경우, 노드 간 타이는 사람들 사이 존재하는 관계의 유형에 따라 그 종류가 달라집니다. 비대칭 타이는 관계를 형성하는 두 사람이 해당 관계에 대해 갖는 특성이 다른 경우입니다. 스승–제자 관계, 부모–자식 관계, 의사–환자 관계 등이 그러한 예가 될 수 있습니다. 요즘에는 사회 연결망 사이트(social network site, SNS)에서도 다양한 관계를 형성하는데, 트위터(Twitter)에서 맺는 팔로워(follower)와 팔로이(followee) 관계도 비대칭 타이에 포함됩니다. 이러한 비대칭적 타이는 방향을 표시해 나타낼 수 있습니다. 예를 들어 트위터에서 A라는 사람이 B라는 사람을 팔로우(follow)한다면 A → B로 표현할 수 있습니다. 이러한 의미에서 비대칭 관계

---

60 NetworkX 관련해서는 https://networkx.github.io/documentation/stable/index.html을 참고하세요.

를 방향성이 있는 관계(즉, directed tie)라고도 표현합니다. 노드 간의 타이가 방향성이 있는 타이로 구성된 네트워크를 방향성이 있는 네트워크(directed network)라고 합니다.

이에 반해, 대칭 타이는 관계를 형성하는 두 사람이 해당 관계에 대해 갖는 특성이 동일한 경우를 말합니다. 연인 관계, 친구 관계 등이 그러한 예입니다. 페이스북(Facebook)에서 형성되는 친구 관계도 이런 대칭 타이에 속합니다. 대칭 타이는 두 사람의 관세에 방향성이 없기 때문에 방향성이 없는 타이(undirected tie)라고도 표현합니다. 방향성이 없는 타이는 화살표가 없는 직선을 이용해 표현합니다(예: A—B). 방향성이 없는 타이로 구성된 네트워크를 방향성이 없는 네트워크(undirected network)라고 합니다.

하나의 사회 연결망을 구성하는 사람들이 누구인지는 그 네트워크의 범위 혹은 경계(boundary)에 의해 달라집니다. 네트워크의 범위 혹은 경계에 따라 그 네트워크를 구성하는 사람들의 특성이 달라지고, 사람 간의 관계도 달라질 수 있습니다. 따라서 조사하고자 하는 네트워크가 무엇이고, 어떤 관계를 분석하고자 하는지를 데이터 수집 이전에 명확하게 정의하고 그에 따라 필요한 데이터를 수집하는 것이 필요합니다. 예를 들어, Y 대학교에서 제공되는 텍스트마이닝이라는 수업을 듣는 학생으로 구성된 네트워크(네트워크 A)와 Y 대학교에 속한 사람들로 구성이 된 네트워크(네트워크 B)를 생각해 보겠습니다.

먼저 우리는 두 네트워크에 속해 있는 멤버가 다르다는 것을 알 수 있습니다. 이렇게 속한 멤버가 다르면, 멤버 간에 맺을 수 있는 관계(tie)의 특성도 달라집니다. 네트워크 A에서는 '반 친구(classmate)'와 같은 관계가 형성될 수 있지만, 네트워크 B에서 맺을 수 있는 관계의 형태는 더 다양합니다(교수-학생 관계, 친구 관계, 상사-부하 관계 등). 네트워크를 구성하는 사람들이 누구냐에 따라 그 사람들 사이에 존재할 수 있는 관계의 특성이 달라지는 것입니다. 그래서 특정 현상을 네트워크 분석을 통해 연구할 때는 조사하고자 하는 네트워크가 무엇인지(즉, 네트워크를 구성하는 사람들이 누구인지)와 그 사람들 사이의 어떠한 관계를 연구하고자 하는지를 명확히 하는 것이 중요합니다.

6.2.2.2 사회 연결망의 예

사회 연결망 분석에서 기본적인 예로 많이 사용되는 하나의 네트워크를 살펴보겠습니다. 그림 6.8의 네트워크를 참고하세요. 이 네트워크는 중세 플로랑스 지역에 존재했던 주요 가문 간의 네트워크를 보여줍니다. 여기서 관계는 혼인(marriage) 관계입니다, 즉, 혼인 관계가 있는 가문 간에 타이가 존재합니다.

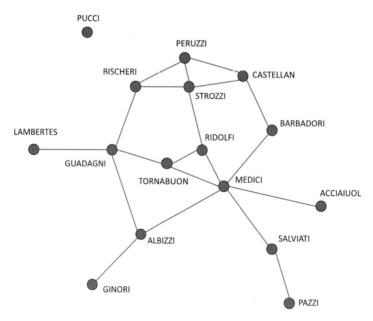

그림 6.8 사회 연결망의 예

그림 6.8의 네트워크를 보면 어느 가문이 어느 가문과 혼인 관계로 연결되어 있는지와 얼마나 많은 다른 가문과 연결되었는지를 파악할 수 있습니다. 그리고 이러한 분석을 토대로 더 중요한 역할을 하는, 혹은 더 큰 권력을 가진 가문이 누구인지를 알 수 있습니다. 이 그림에 따르면 메디치(MEDICI) 가문이 다른 가문과 가장 많은 혼인 관계가 있음을 알 수 있습니다. 그만큼 이 지역에서 영향력이 크다고 할 수 있고, 다른 가문이 혼인 관계를 맺기를 원하는 가문이라는 것을 어느 정도 짐작할 수 있습니다.

■ 전체 네트워크와 자아 네트워크

하나의 네트워크는 네트워크를 바라보는 관점에 따라 크게 두 가지로 구분됩니다. 하나는 전체 네트워크이고 다른 하나는 자아(ego) 네트워크입니다. 전체 네트워크는 네트워크를 구성하는 사람들과 그들의 관계를 모두 포함하는 것을 말하고, 자아 네트워크는 네트워크를 구성하는 각 개인의 네트워크(personal network)를 의미합니다.

그림 6.8의 네트워크에서 메디치 가문의 자아 네트워크는 그림 6.9처럼 표현할 수 있습니다. 자아 네트워크는 특정한 하나의 노드가 다른 노드와 어떻게 연결되는지를 보여줍니다.

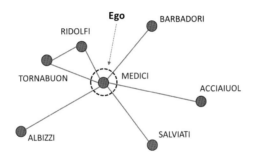

그림 6.9 자아 네트워크의 예

6.2.3 NetworkX를 이용한 네트워크 분석

6.2.3.1 NetworkX를 이용한 기초 분석

파이썬에서는 NetworkX를 사용해 네트워크 분석을 수행합니다. 아나콘다를 이용해서 파이썬을 설치하면 NetworkX도 기본적으로 설치됩니다. NetworkX를 이용하기 위해 다음과 같이 `networkx` 모듈을 임포트합니다. 관련 코드는 `network_analysis_example.ipynb` 파일을 참고하세요.

```
import networkx as nx
```

`as nx`는 `networkx`라는 모듈의 이름이 너무 길기 때문에 짧게 `nx`라는 이름으로 대신 사용하겠다는 뜻입니다.

NetworkX를 이용한 네트워크 분석의 일반적인 과정은 다음과 같습니다.

- 파이썬에서 네트워크를 구성하기 위한 실제 네트워크 데이터 준비
- NetworkX를 이용해 분석하고자 하는 네트워크 생성하기
  - NetworkX를 이용해 노드와 관계 정보가 포함되지 않은 빈(empty) 네트워크 생성
  - 준비된 네트워크 데이터를 이용해 이전 단계에서 생성한 빈 네트워크에 노드 추가
  - 준비된 네트워크 데이터를 이용해 해당 네트워크에 노드 간의 타이 추가
- NetworkX를 이용한 네트워크 분석 수행

각 과정을 구체적으로 살펴보겠습니다. 그림 6.10의 예제 네트워크를 NetworkX로 생성하고 분석하는 과정을 설명하겠습니다.

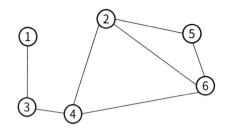

그림 6.10 예제 네트워크

그림 6.10의 네트워크는 여섯 개의 노드로 구성되어 있습니다. 노드 간 직선은 노드 간의 타이를 의미합니다. 예를 들어, 1번 노드는 3번 노드와 타이를 가지고 있고(혹은 연결되어 있고) 3번 노드는 4번 노드와 타이를 가지고 있습니다. 위 네트워크는 타이의 방향이 없는 방향성 없는 네트워크(undirected network)입니다.

■ 네트워크를 구성하기 위한 실제 네트워크 데이터 준비하기

분석하고자 하는 네트워크에 대한 데이터(노드 정보와 노드 간 타이 정보)를 준비해야 합니다. 예제 네트워크에 대한 데이터가 다음과 같이 사전 형태로 저장되어 있다고 가정하겠습니다. 키(key)는 네트워크를 구성하는 각 노드를 의미하며, 키의 값(value)은 각 노드와 직접 연결된 다른 노드를 의미합니다.

```
network_dict = {1: [3], 2: [4, 5, 6], 3: [1, 4], 4: [2, 6], 5: [2, 6], 6: [2, 4, 5]}
```

■ NetworkX를 이용해 빈 네트워크 생성하기

그다음으로 수행할 것은 NetworkX를 이용해 먼저 아무것도 들어 있지 않은 빈 네트워크를 생성하는 것입니다. 빈 네트워크 생성은 다음과 같이 NetworkX에서 제공하는 Graph()[61]라는 함수를 사용해 할 수 있습니다(NetworkX에서는 하나의 네트워크를 그래프(graph)라고 표현합니다).

```
g = nx.Graph()
```

여기서는 g라는 방향성 없는 빈 네트워크를 만들었습니다.[62] 네트워크만 존재하고 그 안에는 아무런 노드도, 노드 간의 타이도 아직 존재하지 않습니다.

---

61 이는 네트워크를 생성할 때 사용되는 Graph 클래스의 생성자 함수입니다. 즉, NetworkX의 경우, 하나의 네트워크는 Graph 클래스의 객체(instance)로 표현됩니다.

62 방향성이 있는 네트워크는 DiGraph() 함수를 이용해서 생성합니다.

■ 노드 추가하기

이제 아무런 노드 정보나 노드 간의 타이 정보를 갖고 있지 않은 빈 네트워크 g에 우리가 수집한 네트워크 데이터를 바탕으로 노드들을 추가합니다. 앞에서 살펴본 것처럼 그러한 네트워크 데이터는 사전 변수인 `network_dict`에 저장되어 있습니다. 노드를 추가하는 방법에는 크게 두 가지가 있습니다. 하나는 `add_node()` 함수를 사용해서 한 번에 하나의 노드를 추가하는 것이고, 다른 하나는 `add_nodes_from()` 함수를 사용해 한 번에 여러 개의 노드를 추가하는 것입니다. `add_node()` 함수를 사용할 때는 함수의 인자로 추가하고자 하는 노드의 이름을 제공합니다. 다음 코드는 1이라는 새로운 노드를 g에 추가합니다.

```
g.add_node(1)
```

다음 코드는 노드 1부터 6까지 여섯 개의 노드를 한 번에 g에 추가하는 것을 보여줍니다. `add_nodes_from()` 함수의 인자는 노드들의 이름을 원소로 갖는 리스트 데이터입니다.

```
g.add_nodes_from([1, 2, 3, 4, 5, 6])
```

`network_dict` 변수에 저장된 {1: [3], 2: [4, 5, 6], 3: [1, 4], 4: [2, 6], 5: [2, 6], 6: [2, 4, 5]} 정보를 사용한다면, `g.add_nodes_from(list(network_dict.keys()))`라고 코딩하면 됩니다.

이처럼 노드를 추가하고, `g.nodes()` 함수를 이용해서 g에 저장된 노드를 확인할 수 있습니다.

```
print(g.nodes())
```

결과는 다음과 같습니다.

```
[1, 2, 3, 4, 5, 6]
```

■ 각 노드의 속성 정보 추가하기

노드는 이름 이외에 추가적 정보[이를 속성 정보(attributes)라고 합니다]를 가질 수 있습니다. 사람의 대표적인 속성 정보로는 나이, 성별, 직업이 있습니다. 이러한 노드의 속성 정보를 우리가 생성하는 네트워크(즉, g)에 추가하고 분석하는 데 사용할 수 있습니다. 추가하는 방법은 다음과 같습니다. 1~6까지 각 노드에 `'gender'`라는 속성을 생성하고 각 노드의 성별 정보에 따라 그 값을 = 기호를 이용해 할당합니다. 예를 들어, 노드 1이 갖는 `'gender'` 속성의 값은 `'male'`입니다.

```
g.nodes[1]['gender']='male'
g.nodes[2]['gender']='female'
g.nodes[3]['gender']='male'
g.nodes[4]['gender']='female'
g.nodes[5]['gender']='male'
g.nodes[6]['gender']='male'
```

저장된 노드와 노드의 속성 정보는 NetworkX에서 제공하는 `get_node_attributes()` 함수를 사용해 확인할 수 있습니다. 다음 코드는 g 네트워크에 속해 있는 각 노드의 `'gender'` 속성 정보를 반환합니다.

```
nx.get_node_attributes(g, 'gender'))
```

```
{1: 'male', 2: 'female', 3: 'male', 4: 'female', 5: 'male', 6: 'male'}
```

■ 노드 간의 타이 추가하기

노드를 추가한 다음 해야 할 작업은 노드 간의 타이를 추가하는 것입니다. 그림 6.10의 예제 네트워크에 존재하는 노드 간의 타이를 네트워크 g에 추가해 보겠습니다. 노드를 추가하는 것과 마찬가지로 한 번에 하나의 타이만 추가할 수도 있고, 한 번에 여러 개의 타이를 추가할 수도 있습니다. 한 번에 하나의 타이를 추가한다면 다음과 같이 `add_edge()` 함수를 사용합니다(NetworkX에서는 타이를 에지(edge)라고 표현 합니다).

```
g.add_edge(1,3)
```

이 코드는 노드 1과 3 사이의 연결을 생성합니다. 위에서 볼 수 있는 것처럼 특정 타이를 추가하려면 해당 타이를 가진 두 노드의 이름을 첫 번째 인자와 두 번째 인자로 입력합니다. 방향이 없는 타이(undirected tie)를 추가할 때 노드 이름의 입력 순서는 상관없습니다. 즉, 노드 1과 3 사이에 (방향 없는) 타이를 추가 하기 위해 `g.add_edge(1,3)` 또는 `g.add_edge(3,1)` 모두 사용 가능합니다.

한 번에 여러 개의 타이를 추가하려면 다음과 같이 `add_edges_from()` 함수를 사용합니다. 타이 정보가 원소로 저장된 리스트 데이터를 인자로 입력해야 하며, 리스트 데이터의 각 원소는 타이 정보에 대한 튜플 이어야 합니다. 예를 들어, 두 번째 원소 (2,4)는 노드 2와 4 사이에 존재하는 타이를 의미합니다.

```
g.add_edges_from([(1,3), (2,4), (2,5), (2,6), (3,4), (4,6), (5,6)])
```

`network_dict`에 저장된 정보를 이용해 노드 간의 연결을 추가하고 싶다면 다음과 같이 합니다.

```
for node in network_dict.keys():
    for friend in network_dict[node]:
        g.add_edge(node, friend)
```

코드를 실행한 후 **g.edges()** 함수를 사용해 **g**에 포함된 노드 간의 타이 정보를 확인해 보면 다음과 같습니다. 네트워크에 포함된 타이 정보는 **edges()** 함수를 사용해 확인합니다.

```
print(g.edges())

 [(1, 3), (2, 4), (2, 5), (2, 6), (3, 4), (4, 6), (5, 6)]
```

■ 각 타이의 속성 정보 추가하기

노드와 마찬가지로 각 타이도 속성 정보를 가지고 있을 수 있습니다. 보통 관계의 세기, 상호작용 정도 등이 타이 속성 정보에 해당합니다. 예를 들어 관계의 세기라는 속성 정보가 있다고 가정하겠습니다. 이러한 경우는 다음과 같은 방법을 통해 각 타이에 대해 해당 속성 정보를 추가할 수 있습니다. NetworkX에서는 관계의 세기 정보를 **'weight'**라는 이름의 속성으로 표현합니다. 다음의 경우 해당 속성이 취하는 값이 1과 5 사이이며 5에 가까울수록 관계의 세기가 큰 것을 의미합니다. 다음 코드에서 **g[1][3]['weight']** = 3은 노드 1과 3 사이에 존재하는 타이가 갖는 **'weight'** 속성의 값을 3으로 할당한다는 뜻입니다.

```
g[1][3]['weight'] = 3
g[2][4]['weight'] = 1
g[2][5]['weight'] = 4
g[2][6]['weight'] = 3
g[3][4]['weight'] = 2
g[4][6]['weight'] = 3
g[5][6]['weight'] = 4
```

타이의 **'weight'** 속성 정보가 다음과 같이 사전 형태로 저장되어 있다면, **for** 구문을 사용하여 **'weight'** 속성 정보를 네트워크에 추가할 수 있습니다.

```
weight_dict = {(1, 3): 3, (2, 4): 1, (2, 5): 4, (2, 6): 3, (3, 4): 2, (4, 6): 3, (5, 6): 4}
for node1, node2 in weight_dict.keys():
    g[node1][node2]['weight'] = weight_dict[(node1, node2)]
```

노드 속성 정보를 확인하는 것과 유사하게 타이 속성 정보를 확인할 때는 NetworkX에서 제공하는 **get_edge_attributes()** 함수를 사용합니다(다음 코드 참고).

```
nx.get_edge_attributes(g,'weight')
```

```
{(1, 3): 3, (2, 4): 1, (2, 5): 4, (2, 6): 3, (3, 4): 2, (4, 6): 3, (5, 6): 4}
```

g.adj를 사용하여 각 노드의 전체적인 이웃 정보를 확인할 수 있습니다.

```
g.adj
```

```
AdjacencyView({1: {3: {'weight': 3}}, 2: {4: {'weight': 1}, 5: {'weight': 4}, 6: {'weight': 3}},
3: {1: {'weight': 3}, 4: {'weight': 2}}, 4: {2: {'weight': 1}, 3: {'weight': 2}, 6: {'weight':
3}}, 5: {2: {'weight': 4}, 6: {'weight': 4}}, 6: {2: {'weight': 3}, 4: {'weight': 3}, 5:
{'weight': 4}}})
```

■ NetworkX를 통한 네트워크 분석

지금까지 분석하고자 하는 네트워크를 NetworkX를 이용해 생성했습니다. 이제 NetworkX를 이용해 이렇게 생성된 네트워크를 분석할 수 있습니다. 여기서는 기본이 되는 간단한 분석 방법을 다루겠습니다.[63]

■ 네트워크의 기본 정보 추출하기

NetworkX를 이용해 우리가 생성한 네트워크 g의 여러 가지 정보를 추출해 보겠습니다.

- **전체 노드의 수 확인하기**: g에 포함된 전체 노드의 수는 number_of_nodes() 함수를 사용하여 확인할 수 있습니다. g에는 1부터 6까지 여섯 개의 노드가 존재합니다.

```
g.number_of_nodes()
```

```
6
```

- **전체 연결의 수 확인하기**: g에 포함된 전체 연결의 수는 number_of_edges() 함수를 사용하여 확인할 수 있습니다. g에는 일곱 개의 연결이 존재하는 것을 결과를 통해 확인할 수 있습니다.

```
g.number_of_edges()
```

```
7
```

- **각 노드의 이웃 노드 정보 얻기**: 각 노드와 직접 연결된 다른 노드(이러한 노드를 이웃 노드라고 합니다)를 확인하기 위해서는 neighbors() 함수를 사용합니다. 예를 들어, 노드 2와 직접 연결된 노드의 목록을 확인하고자 하는 경우 g.neighbors(2)라고 입력하면 됩니다. neighbors()는 제너레이터(generator)이기 때문에 목록을 확인하기 위해서는 list() 함수를 사용합니다.

---

63 보다 다양한 네트워크 분석 방법은 http://www.faculty.ucr.edu/~hanneman/nettext/ 등의 다른 교재를 참고하기 바랍니다.

```
list(g.neighbors(2))
```

```
[4, 5, 6]
```

g[node]를 사용해서도 각 노드의 이웃 노드 정보를 확인할 수 있습니다. g[node]는 이웃 노드 목록만 보여주는 것이 아니라, 각 관계의 속성 정보까지 반환합니다. 예를 들어, 노드 2에 대한 정보를 확인하고 싶다면 다음과 같이 코딩합니다.

```
print(g[2])
```

```
{4: {'weight': 1}, 5: {'weight': 4}, 6: {'weight': 3}}
```

- **각 노드의 이웃 노드 수 확인하기**: 각 노드와 직접 연결된 다른 노드(즉, 이웃 노드)의 수를 디그리(degree)라고 합니다. 디그리 정보를 확인할 때는 degree() 함수를 사용합니다. 다음 코드는 노드 2의 이웃 노드 수, 즉 3을 반환합니다.

```
g.degree(2)
```

```
3
```

- **노드의 속성 정보 확인하기**: 각 노드의 속성 정보는 nodes[node]와 같이 확인할 수 있습니다. 다음 코드는 노드 2의 속성 정보를 보여줍니다. 노드 2는 'gender' 속성을 갖고 해당 속성의 값이 'female'인 것을 확인할 수 있습니다.

```
g.nodes[2]
```

```
{'gender': 'female'}
```

6.2.3.2 파이썬의 matplotlib을 이용한 시각화

네트워크에서는 시각화 작업을 통해 네트워크를 구성하는 노드가 무엇이고 노드들이 어떻게 연결되어 있는지를 확인하는 것이 중요합니다. 여기서는 파이썬에서 제공하는 **matplotlib** 모듈을 이용해 NetworkX의 네트워크를 시각화해 보겠습니다. 앞에서 NetworkX를 이용해 생성한 네트워크 **g**를 시각화하기 위해서는 일차적으로 NetworkX에서 제공하는 **draw_networkx()** 함수를 사용해 **g**를 컴퓨터의 메모리에 시각화해야 합니다. 그다음 이를 화면에 출력하기 위해 **matplotlib.pyplot**에서 제공하는 **show()** 함수를 호출합니다.

```
import matplotlib.pyplot as plt

nx.draw_networkx(g)
plt.show()
```

그러면 그림 6.11과 같은 결과가 출력됩니다(노드 배열의 형태는 컴퓨터마다 다를 수 있습니다). 하지만 `matplotlib`은 그 조작이 쉽지 않아 시각화 방법으로 선호하지 않습니다(이 책에서는 Gephi라는 별도의 프로그램을 사용해 시각화하는 방법을 설명하겠습니다).

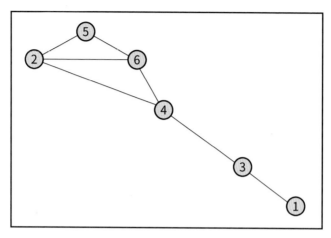

그림 6.11 matplotlib을 이용한 네트워크 시각화의 예

6.2.3.3 Gephi를 이용한 시각화

네트워크 분석에서는 생성한 네트워크를 시각화하는 것이 중요합니다. 시각화를 통해 네트워크를 구성하는 노드들의 연결 관계에 대한 인사이트를 얻을 수 있기 때문입니다. 앞에서 언급한 것처럼 이 책에서는 네트워크의 시각화를 위해 Gephi라는 별도의 프로그램을 사용합니다.[64] Gephi를 이용해 시각화하기 위해서는 지금까지 파이썬의 NetworkX를 통해 생성한 네트워크를 Gephi에서 불러와야 합니다. 이를 위해, 일단 파이썬에서 생성한 네트워크를 다음과 같이 `write_graphml()` 함수를 사용해 graphml 파일 형태로 저장합니다.[65] `write_graphml()` 함수는 두 개의 인자를 받습니다. 첫 번째 인자는 저장하고자 하는 네트워크(그래프)가 되고, 두 번째 인자는 생성하고자 하는 파일의 이름이 됩니다.

다음 코드를 실행하면, 현재 작업 중인 폴더에 `test.graphml`이라는 파일이 생성됩니다. 해당 파일에는 네트워크 `g`에 대한 정보가 저장되어 있습니다. 시각화를 위해 Gephi에서 `test.graphml` 파일을 불러옵니다.

---

64 Gephi를 이용해 시각화하기 위해서는 먼저 Gephi를 설치해야 합니다. 설치 관련 내용은 https://gephi.org/users/install/을 참고하세요.
65 다른 파일 포맷으로 저장하고 Gephi에서 불러올 수도 있지만, 여기서는 일반적으로 많이 사용하는 파일 포맷인 graphml을 사용하겠습니다.

```
nx.write_graphml(g, 'test.graphml')
```

Gephi를 실행하면 그림 6.12와 같은 초기 화면이 나오는데, 여기서 [New Project]를 클릭합니다.

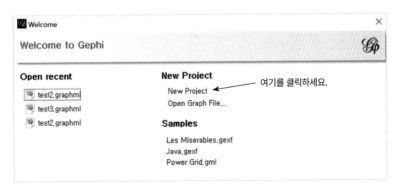

그림 6.12 Gephi 실행 직후 화면

그다음, 앞에서 저장한 test.graphml 파일을 불러옵니다(이를 위해 파일 메뉴의 [Open]을 선택합니다). 그러면 그림 6.13과 같은 화면이 나옵니다. 여기에서 Graph Type을 'Undirected'로 설정하고 [OK] 버튼을 클릭합니다.[66]

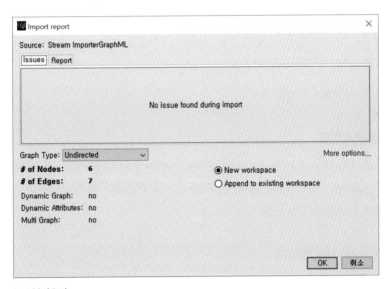

그림 6.13 test.graphml 불러오기

---

66 우리가 분석하고자 하는 네트워크가 방향성이 없는 네트워크(undirected network)이기 때문에 그렇습니다. 방향성이 있는 네트워크(directed network)라면 여기에서 directed를 선택해야 합니다.

test.graphml 파일을 Gephi로 불러오면 그림 6.14와 같은 화면이 나옵니다.

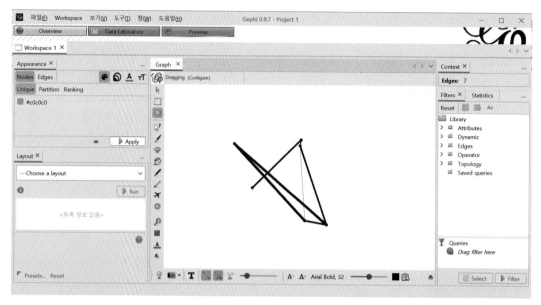

그림 6.14 test.graphml를 불러온 후 초기 화면

여섯 개의 노드가 있고, 노드 간 연결 정보가 시각화되어 있는 것을 알 수 있습니다(아직은 잘 보이지 않습니다). 그리고 연결을 보면 두께가 상이한데, 이는 타이가 가지고 있는 weight 속성값에 따른 차이입니다. 타이가 두꺼울수록 weight의 값이 더 큽니다.

조금 더 그럴듯하게 시각화해 보겠습니다.

■ 네트워크 확대/축소하기

Gephi에서 네트워크를 확대 또는 축소하는 데는 마우스 휠(wheel)을 사용합니다. 확대/축소하고 싶은 부분에 마우스 커서를 위치시키고 휠을 움직이면 확대 또는 축소됩니다. 휠을 위로 움직이면 확대되고, 아래로 움직이면 축소됩니다.

■ 노드의 이름(레이블) 보이게 하기

노드의 이름을 화면에 표시하려면 Gephi 프로그램 하단의 검은색 T를 클릭합니다(그림 6.15 참고).

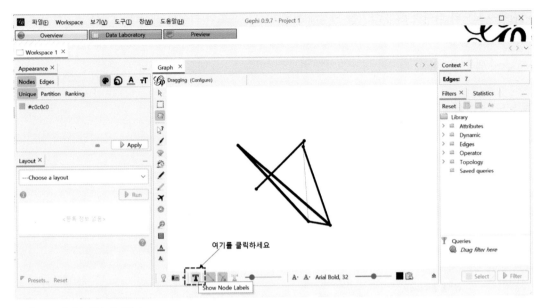

그림 6.15 레이블 정보 표기하기

노드의 이름이 화면에 표기되었는데, 검은색으로 표기되어 잘 보이질 않습니다. 레이블의 색을 변경해 보겠습니다. 그림 6.16과 같이 오른쪽 하단에 있는 폰트 색상 팔레트를 클릭하여 색을 변경합니다.

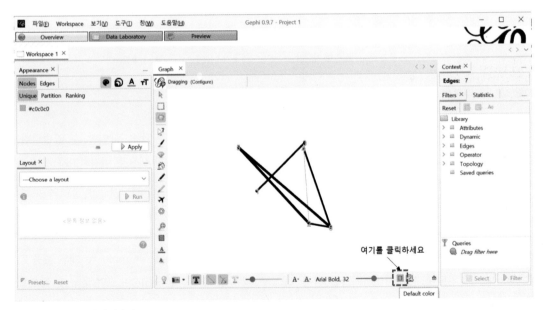

그림 6.16 레이블 색 변경하기

이번에는 노드와 타이의 색과 크기를 변경해 보겠습니다. 노드와 타이의 색이나 크기를 변경하기 위해서는 프로그램 좌측 상단에 있는 [Appearance] 패널을 사용합니다. 노드의 색과 크기를 변경하려면 [Nodes] 탭을 선택하고, 타이의 색과 크기를 변경하려면 [Edges] 탭을 선택합니다.

■ 노드 색 변경

먼저 노드의 색과 크기를 변경해 보겠습니다. 색을 변경하기 위해서는 [Appearance] 패널 우측 상단에 있는 네 개의 아이콘 중에서 첫 번째 아이콘을 선택합니다(그림 6.17 참고).

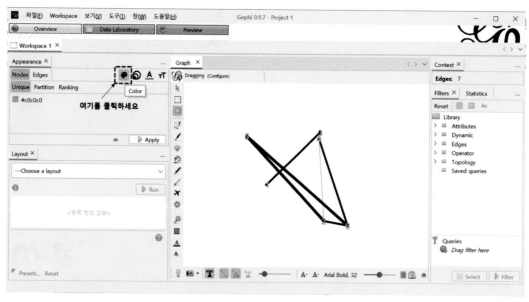

그림 6.17 노드의 색 변경하기

해당 아이콘을 클릭하면 [Nodes] 탭 밑에 세 개의 서로 다른 탭이 있는 것을 확인할 수 있습니다. Unique, Partition, Ranking이 그것입니다. Unique는 전체 노드를 동일한 색으로 변경하고자 하는 경우, Partition은 노드의 속성 중 명목형 속성(예: 성별 등)에 따라 노드의 색을 달리하고자 하는 경우, 그리고 Ranking은 노드 속성 중에서 연속형 속성(예: 나이 등)에 따라 노드의 색을 달리하고자 하는 경우에 사용할 수 있습니다. 여기서는 노드가 가지고 있는 속성 중 앞부분에서 파이썬을 이용해 추가한 gender 속성 정보를 이용해 노드의 색을 변경해 보겠습니다. gender 속성은 'female'과 'male' 두 개의 값을 갖는 명목형 속성입니다. 따라서 gender를 기준으로 노드의 색을 변경하면 male 노드와 female 노드의 색이 서로 다르게 됩니다. 이를 위해 [Partition] 탭을 선택합니다. 그러면 그림 6.18과 같이 'Choose an attribute'라는 메뉴가 나옵니다. 해당 메뉴를 클릭해서 'gender' 속성을 선택합니다.

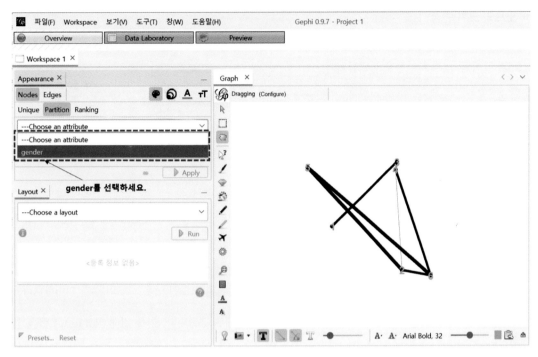

그림 6.18 Partition에서 노드 색 변경하기

그러면 그림 6.19와 같이 gender 속성의 값에 따라 색을 다르게 설정할 수 있습니다. 각 속성의 값에 대해 원하는 색을 설정한 다음, 하단에 있는 'Apply' 버튼을 눌러 색을 적용합니다.

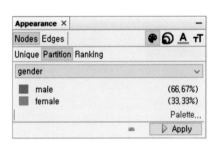

그림 6.19 'gender' 속성값에 따른 색 설정

노드 색이 각 노드의 gender 속성의 값에 따라 다르게 지정된 것을 확인할 수 있을 것입니다(그런데 추가로 노드 간 타이의 색도 노드 색과 같은 색으로 변해 있는 것을 확인할 수 있는데, 이는 프로그램의 버그입니다. 이를 해결하기 위해 이후에 타이의 색을 변경해야 합니다).

■ 노드의 크기 변경

이번에는 노드의 크기를 변경하겠습니다. 이를 위해 그림 6.20과 같이 두 번째 아이콘을 선택합니다.

노드의 크기를 변경하는 방법에는 Unique와 Ranking 두 가지가 있습니다. Unique는 모든 노드의 크기를 동일하게 변경하는 경우, Ranking은 노드 속성 중 연속 변수에 해당하는 속성(예: 나이 등)에 따라 크기를 다르게 변경하고자 하는 경우에 사용합니다. 여기서는 Ranking을 사용해 노드

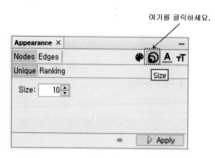

그림 6.20 노드 크기 변경을 위한 아이콘

의 크기를 다르게 설정해 보겠습니다. 파이썬에서 우리가 명시적으로 추가한 노드의 속성은 gender밖에 없습니다. gender 속성은 명목 변수로 연속 변수가 아니기 때문에 Ranking에서 사용할 수 없습니다. 하지만 네트워크를 생성하고 나면 각 노드가 기본으로 갖는 연속형 속성이 있습니다. 바로 디그리(Degree) 속성입니다. 디그리가 무엇인지 기억하시나요? 네, 바로 직접 연결된 노드인 이웃 노드의 수를 의미합니다.

각 노드의 디그리 정보를 사용해 노드의 크기를 다르게 설정해 보겠습니다. 이를 위해 [Ranking] 탭을 선택합니다. 그러면 'Choose an attribute'라는 메뉴가 나오는데, 이 메뉴를 클릭해서 'Degree' 속성을 선택합니다. 'Degree'를 선택하면 그림 6.21의 왼쪽 상단과 같은 화면이 나옵니다. 즉, Degree 값에 따라서 노드 크기를 설정할 수 있는데, 가장 작은 크기(Min)와 가장 큰 노드의 크기(Max)를 설정할 수 있습니다. 원하는 크기를 설정한 다음 [Apply] 버튼을 클릭하여 노드의 크기를 변경합니다. 그러면 노드의 크기가 각 노드의 디그리에 따라 다르게 변경된 것을 확인할 수 있습니다.

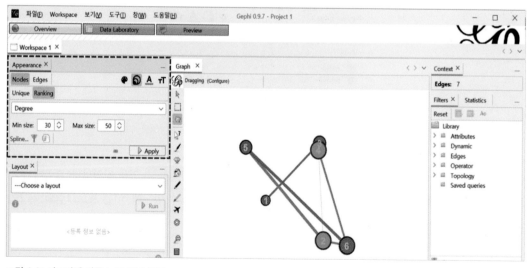

그림 6.21 디그리에 따른 노드 크기 변경

■ 타이의 색 변경

이번에는 타이의 색을 변경해 보겠습니다. 타이의 색을 변경하기 위해서는 [Edges] 탭을 선택합니다. 노드와 마찬가지로 Unique, Partition, Ranking 세 가지 옵션이 있습니다. 사용 방법은 노드의 경우와 동일합니다. 여기서는 모든 타이의 색을 동일한 색으로 변경해 보겠습니다. 이를 위해 [Unique] 탭을 선택합니다. 그리고 색상 팔레트를 사용해 원하는 색상으로 변경해 줍니다. 타이의 색을 변경하기 위해서는 마찬가지로 [Apply] 버튼을 클릭합니다(그림 6.22 참고).

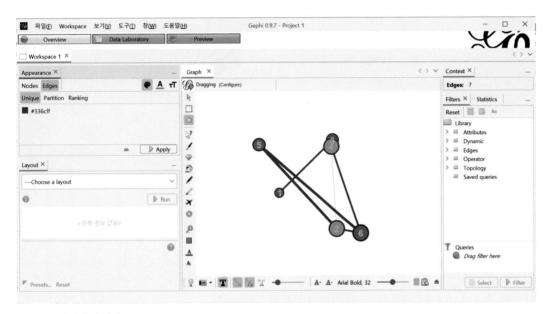

그림 6.22 타이의 색 변경

■ 타이 두께 조정하기

타이 두께는 [Appearance] 패널이 아니라 Gephi 프로그램 하단에 있는 하얀색 T에 해당하는 슬라이드 바를 이용해 조절할 수 있습니다(그림 6.23 참고).

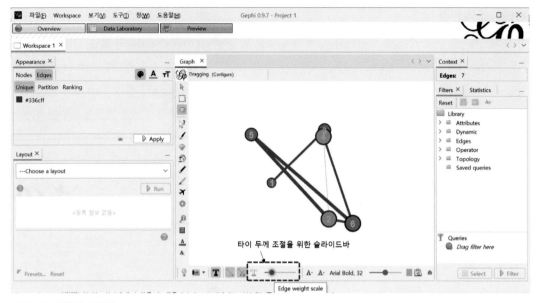

그림 6.23 타이 두께 조절

■ 노드의 위치 변경하기

그림 6.23을 보면 겹쳐 있거나 가까이 위치한 노드들이 있어 각 노드 간의 관계를 제대로 파악하기가
어렵습니다. 이를 해결하기 위해 노드의 위치를 변경해 보겠습니다. 가장 간단한 방법은 끌어다 놓기
(drag&drop)입니다. 즉, 위치를 변경하고자 하는 노드를 마우스 커서로 끌어서(drag) 원하는 위치에 갖
다 놓을 수 있습니다. 이 책에서는 그림 6.24와 같이 변경했습니다.

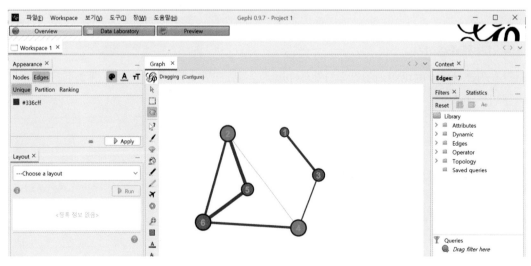

그림 6.24 노드 위치 변경하기

그런데 노드의 수가 많은 경우에는 일일이 모든 노드를 하나씩 '끌어다 놓기' 방식으로 위치를 변경하는 것이 효율적이지 못합니다. 이때는 레이아웃(layout)을 사용해 노드를 특정한 방식으로 위치시킬 수 있습니다. 이를 위해 프로그램 좌측에 있는 [Layout] 패널을 사용합니다(그림 6.25 참고).

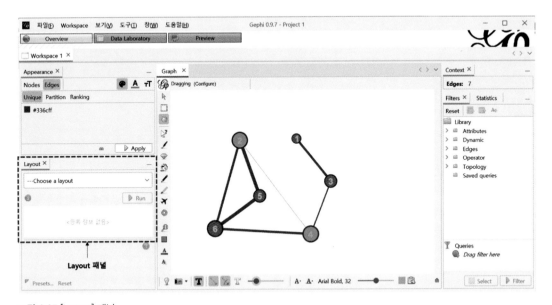

그림 6.25 [Layout] 패널

[Layout] 패널에서 'Choose a layout' 메뉴를 클릭해 원하는 레이아웃을 선택합니다. 선택한 레이아웃을 적용하기 위해서는 [Run] 버튼을 클릭합니다. [Run] 버튼을 클릭해서 특정 레이아웃을 적용한 다음에는 [Stop] 버튼을 클릭하여 레이아웃 적용을 중단해야 합니다. 특정한 하나의 레이아웃만 적용할 수도 있지만, 두 개 이상의 레이아웃을 순차적으로 동시에 적용할 수도 있습니다. 여기서는 비교적 자주 사용되는 ForceAtlas 2와 Fruchterman Reingold를 순차적으로 적용해 보겠습니다.

먼저 ForceAtlas 2를 [Run]과 [Stop] 버튼을 사용해 적용합니다(그림 6.26 참고).

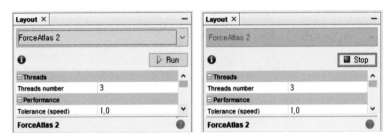

그림 6.26 ForceAtlas 2 레이아웃 적용

결과는 그림 6.27과 같이 됩니다.

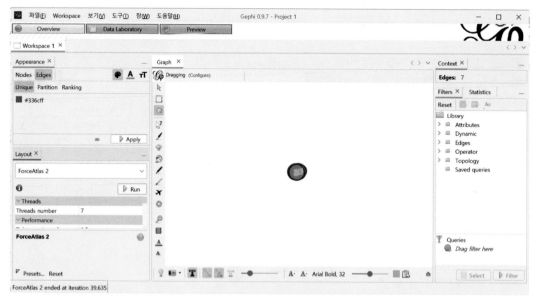

그림 6.27 ForceAtlas 2 레이아웃 적용 결과

그다음에는 비슷한 방법으로 Fruchterman Reingold 레이아웃을 적용합니다.

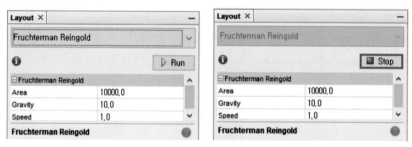

그림 6.28 Fruchterman Reingold 레이아웃 적용

Fruchterman Reingold 레이아웃을 적용한 후 최종적으로 얻은 결과물은 그림 6.29와 같습니다.

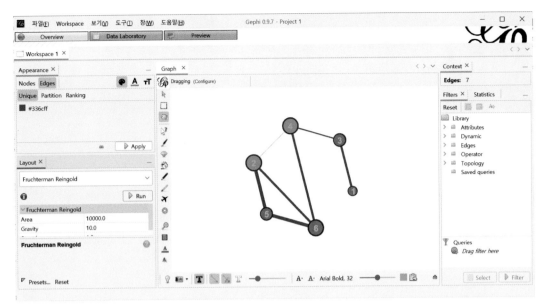

그림 6.29 Fruchterman Reingold 레이아웃 적용 후의 결과

지금까지 Gephi를 이용한 간단한 시각화 방법에 대해 알아봤습니다.

6.2.3.4 NetworkX를 이용한 응용 분석: 인접 행렬과 중심도

이 섹션에서는 NetworkX를 이용해 네트워크를 분석할 수 있는 다른 방법을 살펴보겠습니다.

■ 인접 행렬

인접 행렬(Adjacency matrix)은 네트워크에 속해 있는 노드 간의 타이 정보를 행렬로 표현한 것입니다. 인접 행렬은 정사각행렬입니다. n×n 형태의 인접 행렬인 경우(즉, 행과 열의 수=n), n은 네트워크에 속해 있는 노드의 수를 의미합니다. 그리고 i행(혹은 열)은 노드 i가 해당 네트워크에서 갖는 다른 노드와의 타이 정보를 의미합니다. 인접 행렬의 각 셀의 값은 0 또는 1의 값을 가질 수도 있고, 특정한 두 개의 노드 간 타이의 weight 속성값을 가질 수도 있습니다. 0과 1로 표현할 때 1은 두 노드 간에 타이가 있는 것을 의미하고(weight는 고려하지 않습니다), 0은 없는 것을 의미합니다.

위 예제 네트워크에 대한 인접 행렬을 살펴보겠습니다. 0과 1로 표현하면 그림 6.30과 같습니다. 예를 들어, 첫 번째 행과 두 번째 열에 해당하는 셀의 값 0은 노드 1과 노드 2 사이에 타이가 존재하지 않는 것을 의미하고, 첫 번째 행과 세 번째 열에 해당하는 셀의 값 1은 노드 1과 노드 3 사이에 타이가 존재하는 것을 의미합니다.

0	0	1	0	0	0
0	0	0	1	1	1
1	0	0	1	0	0
0	1	1	0	0	1
0	1	0	0	0	1
0	1	0	1	1	0

그림 6.30 인접 행렬의 예 1

타이의 weight 속성 정보를 사용하면 그림 6.31과 같은 인접 행렬을 얻게 됩니다. 예를 들어, 첫 번째 행과 세 번째 열에 해당하는 셀의 값 3은 노드 1과 노드 3 사이에 타이가 존재하며, 그 weight 속성의 값이 3임을 의미합니다.

0	0	3	0	0	0
0	0	0	1	4	3
3	0	0	2	0	0
0	1	2	0	0	3
0	4	0	0	0	4
0	3	0	3	4	0

그림 6.31 인접 행렬의 예 2

NetworkX를 이용해 네트워크의 인접 행렬을 쉽게 구할 수 있습니다. 인접 행렬을 구할 때는 두 가지 방법을 사용합니다. 첫 번째 방법은 NetworkX의 **to_numpy_array()** 함수를 사용하는 것입니다. 여기서는 앞에서 생성한 네트워크 g에 대한 인접 행렬을 구하기 위해 **to_numpy_array()** 함수의 인자 g를 입력합니다. 관련 코드는 **network_analysis_example.ipynb** 파일을 참고하세요.

```
nx.to_numpy_array(g)
```

결과는 다음과 같이 넘파이(Numpy)의 array 형태입니다. 이 행렬은 연결의 weight 속성값을 기반으로 한 인접 행렬입니다.

```
array([[0., 0., 3., 0., 0., 0.],
       [0., 0., 0., 1., 4., 3.],
       [3., 0., 0., 2., 0., 0.],
```

```
       [0., 1., 2., 0., 0., 3.],
       [0., 4., 0., 0., 0., 4.],
       [0., 3., 0., 3., 4., 0.]])
```

인접 행렬을 구하는 두 번째 방법은 NetworkX에서 제공하는 `adjacency_matrix()` 함수를 사용하는 것입니다.

```
A1 = nx.adjacency_matrix(g)
```

`nx.adjacency_matrix(g)`는 희소 행렬(sparse matrix) 형태의 데이터를 반환합니다. 희소 행렬이란 0이 아닌 값들만 표현한 것입니다(노드의 숫자가 많은 경우에는 인접 행렬의 많은 셀의 값이 0이 될 수 있습니다. 그리고 이렇게 많은 0을 값으로 저장하는 것이 비효율적이기 때문에 보통은 0이 아닌 값만 저장합니다). 0인 값까지 표현하고 싶은 경우에는 희소 행렬을 밀집 행렬(dense matrix)로 변환해야 합니다. 이는 다음과 같이 `todense()` 함수를 사용해 수행할 수 있습니다.

```
A1.todense()
```
```
matrix([[0, 0, 3, 0, 0, 0],
        [0, 0, 0, 1, 4, 3],
        [3, 0, 0, 2, 0, 0],
        [0, 1, 2, 0, 0, 3],
        [0, 4, 0, 0, 0, 4],
        [0, 3, 0, 3, 4, 0]], dtype=int32)
```

이 두 가지 방식은 모두 연결의 weight 속성값을 사용해 인접 행렬을 만드는 방법입니다. weight 속성을 고려하지 않고 0과 1의 값으로 표현하고 싶다면 `to_numpy_array()` 함수와 `adjacency_matrix()` 함수가 갖는 `weight` 파라미터의 값을 None으로 설정하면 됩니다. `to_numpy_array()` 함수의 경우, 다음과 같이 사용합니다.

```
nx.to_numpy_array(g, weight=None)
```
```
array([[0., 0., 1., 0., 0., 0.],
       [0., 0., 0., 1., 1., 1.],
       [1., 0., 0., 1., 0., 0.],
       [0., 1., 1., 0., 0., 1.],
       [0., 1., 0., 0., 0., 1.],
       [0., 1., 0., 1., 1., 0.]])
```

■ 인접 행렬을 csv 파일로 저장하기

파이썬이 아닌 다른 프로그램에서 사용하기 위해 인접 행렬을 csv 파일 형태로 저장해야 할 때는 pandas 모듈을 이용해 간단하게 작업할 수 있습니다. 이를 위해 다음과 같은 코드를 사용합니다. 다음 코드에서 `df = pd.DataFrame(A1.todense())`는 인접 행렬을 pandas 모듈의 데이터프레임이라는 데이터 형태로 변환하는 것을 의미합니다. 그리고 그 변환된 결과를 pandas에서 제공하는 `to_csv()` 함수를 이용해 특정한 이름의 csv 파일로 저장합니다.

```
import pandas as pd

df = pd.DataFrame(A1.todense())
df.to_csv("adjacency.csv")
```

이 코드를 실행하면 `adjacency.csv` 파일이 현재 작업 폴더에 생성된 것을 확인할 수 있습니다.

■ 인접 행렬을 이용해서 네트워크 생성하기

이번에는 인접 행렬을 사용해 NetworkX의 네트워크를 생성해 보겠습니다. 이를 위해 NetworkX에서 제공하는 `from_numpy_array()` 함수를 사용합니다(다음 코드 참고). 변수 A에 네트워크의 인접 행렬 정보가 저장돼 있다고 가정합니다.

```
g1 = nx.from_numpy_array(A)
```

이렇게 생성된 네트워크 g1에 대해 앞에서 살펴본 여러 가지 기본 분석을 수행할 수 있습니다.

■ 각 노드의 중심도 계산하기

각 노드가 네트워크에서 얼마나 중심적인 위치를 차지하는지를 나타내는 지표를 노드의 중심도(centrality)라고 합니다. 네트워크를 구성하는 노드의 관계 정보를 이용해 이러한 노드 중심도를 구할 수 있습니다. 대표적으로 사용되는 노드의 중심도에는 다음 네 가지가 있습니다.

- 디그리 중심도(Degree centrality)

- 매개 중심도(Betweenness centrality)

- 근접 중심도(Closeness centrality)

- 고유벡터 중심도(Eigenvector centrality)

중심도의 개념을 설명하기 위해 다음 예제 네트워크를 다시 사용하겠습니다.

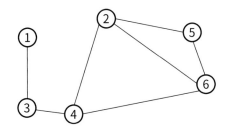

그림 6.32 예제 네트워크

■ 디그리 중심도(Degree centrality)

디그리 중심도는 한 노드가 네트워크에서 가지는 이웃 노드의 수(즉, degree 정보)를 이용해 계산한 중심도입니다. 이웃 노드가 많은 노드가 더 중심적인 역할을 한다고 가정했을 때 사용하기에 적합합니다. 다음과 같이 계산합니다.

$$d_i = degree_i \Big/ maximum\_degree_g$$

노드 i의 디그리 중심도(d_i)는 네트워크에서 갖는 노드 i의 디그리($degree_i$)를 해당 네트워크에서 한 노드가 가질 수 있는 최대의 디그리($maximum\_degree_g$)로 나눈 것입니다. $maximum\_degree_g$는 노드의 수가 n개인 네트워크인 경우 n−1이 됩니다. 예를 들어, 그림 6.32의 예제 네트워크에서 노드 1의 디그리는 2이고, 해당 네트워크에서 한 노드가 가질 수 있는 최대 디그리는 5(= 6 − 1 ⇒ 전체 노드가 6이고, 자기 자신을 제외한 모든 노드와 연결되었을 때 디그리가 최대가 되므로 6−1로 계산할 수 있습니다)이기 때문에 d_1=0.2가 됩니다.

NetworkX에서는 **degree_centrality()** 함수를 사용하여 디그리 중심도를 계산합니다.

```
nx.degree_centrality(g)
```

결과는 다음과 같습니다.

```
{1: 0.2, 2: 0.6000000000000001, 3: 0.4, 4: 0.6000000000000001, 5: 0.4, 6: 0.6000000000000001}
```

위의 결과에서 '0.6000000000000001'과 같은 값이 나오는 이유는 컴퓨터가 숫자를 저장하는 특성 때문에 그렇습니다. 그냥 0.6이라고 생각하면 됩니다. 중심도값에 따라 내림차순으로 정렬하고 싶다면 다음 코드를 사용하면 됩니다.

```
sorted(nx.degree_centrality(g).items(), key=lambda item: item[1], reverse=True)
```

```
[(2, 0.6000000000000001),
 (4, 0.6000000000000001),
 (6, 0.6000000000000001),
 (3, 0.4),
 (5, 0.4),
 (1, 0.2)]
```

■ 매개 중심도(Betweenness centrality)

매개 중심도는 한 노드가 해당 네트워크에서 얼마나 많은 다리(bridge) 역할, 즉 중개자 역할을 하는지를 나타냅니다. 다른 노드들 사이의 다리 역할을 많이 할수록 중심적 역할을 한다고 가정할 때 사용하기에 적합합니다. 매개 중심도는 다음과 같이 계산합니다.

$$b_i = \sum_{s,\,t \in V} \frac{\sigma(i)_{s,\,t}}{\sigma_{s,\,t}}$$

위의 식에서 b_i(즉, 노드 i의 매개 중심도)가 의미하는 것은 네트워크를 구성하는 특정한 두 개의 노드를 연결하는 가장 짧은 패스 중에서 노드 i를 포함하는 패스의 개수가 얼마나 되는지입니다. 이 식에서 V는 전체 노드의 집합을 의미합니다. 분모의 $\sigma_{s,\,t}$는 노드 s와 노드 t 사이의 가장 짧은 패스의 수이고, 분자의 $\sigma(i)_{s,\,t}$는 그러한 패스 중에서 노드 i를 거치는 패스의 수를 의미합니다.

매개 중심도는 NetworkX에서 제공되는 `betweenness_centrality()` 함수를 사용하여 계산합니다.

```
nx.betweenness_centrality(g)
```

결과는 다음과 같습니다.

```
{1: 0.0, 2: 0.15000000000000002, 3: 0.4, 4: 0.6000000000000001, 5: 0.0, 6: 0.15000000000000002}
```

노드 4의 매개 중심도 값이 가장 큰 것을 알 수 있습니다. 즉, 해당 네트워크에서 노드 4가 가장 많은 다리 역할을 한다고 생각할 수 있습니다.

그림 6.33은 두 노드 사이의 '가장 짧은 패스'의 예를 보여줍니다. 왼쪽 그림은 노드 6과 1의 가장 짧은 패스(빨간색)를, 오른쪽 그림은 노드 6과 5 사이의 가장 짧은 패스를 보여줍니다. 노드 3을 기준으로 설명하자면, 왼쪽의 경우에는 노드 6과 1 사이의 가장 짧은 패스 위에 노드 3이 존재하는 것을, 오른쪽의 경우는 노드 6과 5 사이의 가장 짧은 패스 위에 노드 3이 존재하지 않는 것을 보여줍니다.

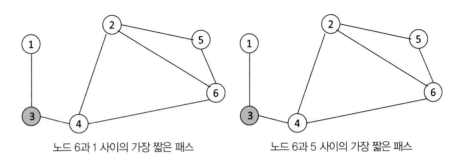

노드 6과 1 사이의 가장 짧은 패스 　　　　　 노드 6과 5 사이의 가장 짧은 패스

그림 6.33 '가장 짧은 패스'의 예

■ 근접 중심도(Closeness centrality)

근접 중심도는 특정 노드가 네트워크에 있는 다른 노드들과 얼마나 가깝게 연결되어 있는지를 나타냅니다. 다른 노드들과 가깝게 연결된 노드가 더 중심적인 역할을 한다고 가정할 때 사용하기에 적합합니다. 다음과 같이 계산합니다.

$$c_i = \frac{n-1}{\sum_{j=1}^{n-1} dis(i,\ j)}$$

c_i는 노드 i의 근접 중심도를 의미합니다. n은 네트워크에 속한 전체 노드의 수, $dis(i,\ j)$는 노드 i와 노드 j 간의 가장 짧은 패스의 거리를 의미합니다. NetworkX에서는 `closeness_centrality()` 함수를 사용해 근접 중심도를 계산할 수 있습니다.

```
nx.closeness_centrality(g)
```

결과는 다음과 같습니다.

```
{1: 0.38461538461538464, 2: 0.625, 3: 0.5555555555555556, 4: 0.7142857142857143, 5:
0.45454545454545453, 6: 0.625}
```

설명을 위해 이번에는 6번 노드의 근접 중심도(즉, c_6)를 직접 계산해 보겠습니다. c_6에서 분모는 다음과 같이 계산합니다.

$$\sum_{j=1}^{n-1} dis(6, j) = dis(6, 1) + \cdots + dis(6, 5)$$

여기에서 $dis(6, 1), \cdots, dis(6, 5)$의 각 값은 3, 1, 2, 1, 1로 그 합은 8입니다. 예를 들어, $dis(6, 1) = 3$인데, 이는 노드 6과 노드 1 사이의 가장 짧은 패스의 길이를 의미하며, 이는 또 노드 6과 노드 1 사이의 가장 짧은 패스를 구성하는 연결의 개수가 됩니다(그림 6.34에서 빨간색 패스).

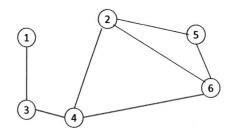

그림 6.34 노드 6과 노드 1 사이의 가장 짧은 거리($dis(6, 1)$)

따라서, $c_6 = 5/8 = 0.625$가 됩니다. 분모가 작을수록 해당 노드의 근접 중심도 값이 커집니다. 즉, 다른 노드들과의 거리가 짧을수록 중심도가 커집니다.

■ 고유벡터 중심도(Eigenvector centrality)

고유벡터 중심도는 노드가 중심도가 높은 노드들과 얼마나 연결되어 있는지를 의미합니다. 즉, 연결된 다른 노드의 중심도가 높을수록 해당 노드의 중심도도 높아집니다. 고유벡터 중심도는 NetworkX의 eigenvector_centrality() 함수를 사용해 계산합니다.

```
nx.eigenvector_centrality(g)
```

결과는 다음과 같습니다.

```
{1: 0.07902199743319213, 2: 0.5299719499101774, 3: 0.20983546432528058, 4: 0.47818048045123035,
5: 0.39915848301808887, 6: 0.5299719499101774}
```

고유벡터 중심도의 수학적 원리

고유벡터 중심도의 수학적인 원리에 대해 알아보겠습니다.[67] 이를 위해 네트워크를 구성하는 각 노드의(임의의) 중심도 값을 x라고 표현하겠습니다. 즉, 노드 i의 중심도는 x_i가 됩니다. 그리고 설명을 위해 다음의 예제 네트워크를 사용합니다.

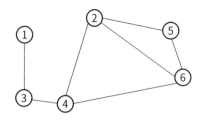

예제 네트워크의 모든 노드의 중심도는 다음과 같이 벡터로 표현할 수 있습니다.

$$\mathbf{x} = \begin{bmatrix} x_1 \\ x_2 \\ x_3 \\ x_4 \\ x_5 \\ x_6 \end{bmatrix}$$

이 네트워크에 대한 인접 행렬 A는 다음과 같습니다.

0	0	1	0	0	0
0	0	0	1	1	1
1	0	0	1	0	0
0	1	1	0	0	1
0	1	0	0	0	1
0	1	0	1	1	0

그러면 행렬 A와 벡터 $\mathbf{x}$의 곱하기, 즉 $A\mathbf{x}$는 어떻게 될까요? 혹은 무엇을 의미할까요? $A\mathbf{x}$의 결과는 다음과 같습니다.

$$A\mathbf{x} = \begin{bmatrix} 0 & 0 & 1 & 0 & 0 & 0 \\ 0 & 0 & 0 & 1 & 1 & 1 \\ 1 & 0 & 0 & 1 & 0 & 0 \\ 0 & 1 & 1 & 0 & 0 & 1 \\ 0 & 1 & 0 & 0 & 0 & 1 \\ 0 & 1 & 0 & 1 & 1 & 0 \end{bmatrix} \begin{bmatrix} x_1 \\ x_2 \\ x_3 \\ x_4 \\ x_5 \\ x_6 \end{bmatrix} = \begin{bmatrix} x_3 \\ x_4 + x_5 + x_6 \\ x_1 + x_2 \\ x_2 + x_3 + x_6 \\ x_2 + x_6 \\ x_2 + x_4 + x_5 \end{bmatrix}$$

---

67 고윳값과 고유벡터에 대한 보다 자세한 설명은 이 책의 10.5.2절을 참고하세요.

수학적으로 각 노드의 고유벡터 중심도는 $\frac{1}{\lambda}\mathrm{Ax}$와 같이 표현됩니다. 여기서 λ는 상수를 의미합니다. $\frac{1}{\lambda}\mathrm{Ax}$는 다음과 같이 표현됩니다.

$$\frac{1}{\lambda}\mathrm{Ax} = \begin{bmatrix} \frac{1}{\lambda}x_3 \\ \frac{1}{\lambda}(x_4+x_5+x_6) \\ \frac{1}{\lambda}(x_1+x_2) \\ \frac{1}{\lambda}(x_2+x_3+x_6) \\ \frac{1}{\lambda}(x_2+x_6) \\ \frac{1}{\lambda}(x_2+x_4+x_5) \end{bmatrix}$$

즉, 노드 1의 중심도는 $\frac{1}{\lambda}x_3$, 노드 2의 중심도는 $\frac{1}{\lambda}(x_4+x_5+x_6)$가 됩니다. 이는 연결된 다른 노드의 중심도(x_i)가 높을수록 해당 노드의 중심도도 높아진다는 것을 의미합니다(정확하게는 몇 명의 사람과 연결되었는지도 고려가 됩니다. 즉, 많은 사람과 연결되어 있고 그중 중심도가 높은 사람이 다수 포함되어 있다면, 그 사람의 중심도가 높아지는 것입니다). 이를 다시 표현하면 다음과 같습니다.

$$\frac{1}{\lambda}\mathrm{Ax} = \mathrm{x}$$

이는 다시 다음과 같이 쓸 수 있습니다.

$$\mathrm{Ax} = \lambda\mathrm{x}$$

이 식을 풀면 x를 구할 수 있습니다. 선형대수에서 이러한 식을 만족시키는 x를 행렬 A의 고유벡터라고 하고, λ를 행렬 A의 고윳값이라고 합니다. 그렇기 때문에 이러한 방식으로 구해지는 중심도를 고유벡터 중심도라고 합니다.

NetworkX의 `eigenvector_centrality()` 함수를 이용해 각 노드의 고유벡터 중심도를 구해 보면 다음과 같습니다.

```
{1: 0.07902199743319213, 2: 0.5299719499101774, 3: 0.20983546432528058, 4:
0.47818048045123035, 5: 0.39915848301808887, 6: 0.5299719499101774}
```

이를 직접 numpy 모듈을 이용해 계산해 보겠습니다. 이를 위해 앞에서 살펴본 `from_numpy_array()` 함수를 이용해 네트워크의 인접 행렬을 먼저 구합니다. 여기서는 해당 행렬을 A라고 표현하겠습니다. 행렬 A의 고윳값과 고유벡터는 다음과

같이 numpy의 하위 모듈인 linalg에서 제공되는 eig() 함수를 이용해 구할 수 있습니다.[68]

```
import numpy as np

eig_values, eig_vectors = np.linalg.eig(A)
```

eig_values에는 고윳값이 저장돼 있고, eig_vectors에는 고유벡터가 저장돼 있습니다. eig_values 변수의 내용을 확인해 보면 다음과 같습니다.

```
array([ 2.65544238,  1.21075588, -0.        , -1.86619826, -1.        , -1.        ])
```

각 고윳값에 대응하는 고유벡터가 존재합니다. 즉, 고윳값이 여섯 개이므로 고유벡터도 여섯 개가 존재합니다. 고유벡터 중심도에서는 여러 개의 고유벡터 중에서 제일 큰 고윳값에 대한 고유벡터를 사용합니다. 위의 고윳값 중에서 가장 큰 값은 첫 번째 원소이므로, eig_vectors에 포함된 고유벡터 중에서도 첫 번째 고유벡터를 선택합니다. 이 작업은 다음과 같이 할 수 있습니다.

```
eig_vectors[:,0]
```

이 고유벡터가 갖는 원소의 값이 각 노드의 고유벡터 중심도 값이 됩니다. 이는 다음과 같습니다.

```
array([0.07901999, 0.5299726 , 0.20983304, 0.47817955, 0.39915955,  0.5299726 ])
```

앞에서 eigenvector_centrality(g)를 이용해 구한 값과 동일함을 알 수 있습니다.

6.2.4 텍스트 네트워크 분석

여기서는 앞에서 다룬 기본적인 네트워크 분석 방법을 사용해 단어들 간의 관계를 분석해 보겠습니다. 먼저 다음과 같은 간단한 예제 텍스트를 사용해 설명하겠습니다. 관련 코드는 Text_NA_example.ipynb 파일에서 확인할 수 있습니다.

```
text1 = 'The carrot is one of vegetables. Research shows vegetables are good for health. Thus, carrots are also good for health. Your health can be improved with carrots.'
```

---

68 관련 코드는 eigenvector_centrality_example.ipynb 파일을 참고하세요.

이 텍스트를 네트워크 분석 방법으로 분석하려면 먼저 텍스트에 대한 네트워크를 생성해야 합니다. 텍스트 데이터를 이용해 네트워크를 생성할 때는 다음 두 가지를 고려해야 합니다.

1. 어떤 노드들을 선택할 것인가?

텍스트 네트워크의 경우, 하나의 문서 혹은 문장도 노드로 간주될 수 있지만, 일반적으로는 하나의 단어를 노드로 간주합니다. 여기서도 단어를 노드로 사용하겠습니다. 텍스트 네트워크 분석에서는 텍스트를 구성하는 혹은 문서를 구성하는 모든 단어를 사용해 네트워크를 생성하지 않습니다. 그렇게 하면, 중요하지 않은 단어도 네트워크의 노드로 포함될 뿐만 아니라 너무 많은 노드가 존재하게 되어 생성된 네트워크에서 유용한 정보를 추출하기가 어렵습니다. 따라서 텍스트 네트워크 분석에서는 분석의 목적에 맞는 중요한 역할을 하는 일부 단어들을 선택하여 분석을 수행합니다.

네트워크를 생성할 때 사용하고자 하는 단어들을 선택하는 방법에는 크게 두 가지가 있을 수 있습니다. 하나는 탐색적인 방법 기반이고 다른 방법은 이론적 근거 기반방법입니다. 탐색적인 방법은 단어의 출현 빈도 등을 기준으로 해서 출현 빈도가 높은 상위 k개의 단어를 네트워크의 노드로 선택하는 방법입니다. 그에 반해 이론적 근거를 기반으로 한 방법은 선행 연구 혹은 연구자의 도메인 지식을 토대로 연구자가 보고자 하는 단어를 먼저 선정해서 그 단어들을 분석하고자 하는 네트워크의 노드로 결정하는 것입니다. 예를 들어, 연구자가 "나는 북한과 관련된 단어 중에서 미사일, 핵실험, 미국, 인권, 협상, 정상회담이라는 특정 단어들에 대해서만 궁금해"라고 하는 경우에는 해당 단어들만 네트워크의 노드로 선택하는 것입니다.

2. 단어 간의 타이를 어떻게 정의할 것인가?

다시 말해, 어떠한 경우에 두 단어 간에 타이가 존재한다고 정의할 것인가를 결정해야 합니다. 문장, 문단, 문서를 기준으로 단어 간의 연결을 정의할 수 있습니다. 문장을 기준으로 한다면 특정 두 단어가 같은 문장에서 동시에 사용되는 경우 두 단어 사이에 타이가 존재한다고 정의하게 됩니다.

여기서는 예제 텍스트에 존재하는 명사 단어(즉, 'vegetable', 'research', 'carrot', 'health')를 노드로 선택하고 타이 생성 기준을 문장으로 하겠습니다. 즉, 서로 다른 두 개의 명사 단어가 같은 문장에서 사용되면 두 단어 사이에 타이가 존재한다고 정의하는 것입니다. 그리고 같이 사용된 문장의 수를 타이의 weight 속성으로 지정하겠습니다. 즉, weight = 3이라면 해당 타이를 가지고 있는 두 개의 단어는 서로 다른 세 개의 문장에서 함께 사용된 것을 의미합니다. weight의 값이 큰 단어들일수록 더 많은 문장에서 같이 사용되었다는 것을 나타내며, 그만큼 관련이 높다는 것을 의미합니다.

6.2.4.1 예제 텍스트에 대한 네트워크 분석하기

이 예에서는 문장을 기준으로 단어들의 타이 존재 여부를 정의하기 때문에 일단 **text1**에 저장된 텍스트를 문장 단위로 구분해야 합니다. 이를 위해 nltk에서 제공하는 문장 토크나이저를 사용할 수도 있고, 다음과 같은 간단한 정규표현식을 사용할 수도 있습니다. 여기서는 다음 정규표현식을 사용하겠습니다.

```
import re

def get_sentences(text):
    sentences = re.split(r'[\.\?\!]\s+', text)
    return sentences
```

이 예에서는 작업을 조금 더 효율적으로 수행하기 위해 각 문장에 대해서 전처리 작업을 하겠습니다. 이를 위해 다음 코드를 사용합니다.

```
# 소문자로 변환 후, 문장 단위로 분리
sentences = get_sentences(text1.lower())

# 각 문장에서 기호를 제거
filtered_sentences = [re.sub(r'[^\s\d\w]', '', sent) for sent in sentences]

import nltk

# 각 문장을 단어 단위로 구분 후, 품사 태깅
tagged_words = [nltk.pos_tag(nltk.word_tokenize(sent)) for sent in filtered_sentences]
```

이 코드를 실행한 결과로 얻는 **tagged_words**에는 다음과 같은 내용이 저장되어 있습니다.

```
[[('the', 'DT'), ('carrot', 'NN'), ('is', 'VBZ'), ('one', 'CD'), ('of', 'IN'), ('vegetables',
'NNS')], [('research', 'NN'), ('shows', 'VBZ'), ('vegetables', 'NNS'), ('are', 'VBP'), ('good',
'JJ'), ('for', 'IN'), ('health', 'NN')], [('thus', 'RB'), ('carrots', 'NNS'), ('are', 'VBP'),
('also', 'RB'), ('good', 'JJ'), ('for', 'IN'), ('health', 'NN')], [('your', 'PRP$'), ('health',
'NN'), ('can', 'MD'), ('be', 'VB'), ('improved', 'VBN'), ('with', 'IN'), ('carrots', 'NNS')]]
```

이 결과물에서 네트워크를 구성할 단어들을 추출해야 합니다. 이 예에서는 명사 단어들을 노드로 사용하기로 했으므로, 명사 단어만 추출합니다. 이는 다음 코드를 이용해 작업할 수 있습니다. 다음 코드는 원형 찾기 작업까지 동시에 수행합니다.

```
final_sentences = []
wlem = nltk.WordNetLemmatizer()

for sent in tagged_words:
    noun_sent = []
    for word, pos in sent:
```

```
        if 'NN' in pos: # 명사인 단어의 원형을 찾은 후 저장합니다.
            noun_sent.append(wlem.lemmatize(word))
    final_sentences.append(noun_sent)
```

final_senteces에는 다음과 같은 내용이 저장돼 있습니다. 각 문장은 전체 리스트 데이터에 하나의 원소로 저장되어 있고, 각 문장을 나타내는 원소 또한 하나의 리스트입니다. 문장을 나타내는 리스트 데이터는 문장에 포함된 명사 단어들을 원소로 갖습니다.

```
print(final_sentences)
```

```
[['carrot', 'vegetable'], ['research', 'vegetable', 'health'], ['carrot', 'health'], ['health', 'carrot']]
```

전체 명사 단어들의 목록을 얻기 위해 다음과 같은 작업을 수행합니다.

```
total_nouns = []
for words in final_sentences:
    total_nouns.extend(words)
unique_nouns = set(total_nouns)
```

unique_nouns에는 노드로 추가하고자 하는 전체 명사 단어들이 저장돼 있습니다(즉, {'carrot', 'health', 'research', 'vegetable'}). unique_nouns에 저장된 단어들을 이후에 네트워크 노드로 추가할 것입니다.

이제는 text1 변수에 저장된 텍스트에 대한(NetworkX를 이용) 네트워크를 생성할 차례입니다. 이를 위해 첫 번째로 해야 하는 작업은 빈 네트워크를 생성하는 것입니다. NetworkX에서 제공하는 Graph() 생성자 함수를 사용합니다. 그다음 앞에서 준비한 명사 단어들을 해당 네트워크에 추가합니다. 이를 위한 코드는 다음과 같습니다.

```
import networkx as nx

g = nx.Graph()
g.add_nodes_from(unique_nouns)
```

그다음에는 무엇을 해야 할까요? 맞습니다. 단어들 사이의 타이 정보를 추가해야 합니다. 이를 위해 다음과 같은 코드를 사용합니다. 조금 복잡해 보입니다(나중에 배우게 될 기계학습에 사용되는 sklearn 모듈을 사용하면 단어들 간의 공동출현 행렬(cooccurence matrix)을 만들어 쉽게 단어들로 구성된 네트워크를 생성할 수 있습니다.[69] 하지만 여기서는 **sklearn**을 아직 배우지 않았기 때문에 직접 코딩을 통해 단어 사이의 연결 정보를 추가하겠습니다).

```
import itertools

for pair in list(itertools.combinations(list(unique_nouns), 2)): # 임의의 단어 2개 추출하기
    if pair[0] == pair[1]:
        continue
    for sent in final_sentences:
        if pair[0] in sent and pair[1] in sent: # 두 단어가 같은 문장에서 사용됐는지 파악
            if pair in list(g.edges()) or (pair[1],pair[0]) in list(g.edges()):
                g[pair[0]][pair[1]]['weight'] += 1
            else:
                g.add_edge(pair[0], pair[1], weight=1 )
```

이 코드가 하는 일은 간단합니다. 전체 단어를 포함하는 unique_nouns 변수에서 임의로 서로 다른 두 개의 단어를 뽑습니다. 이를 위해 **itertools** 모듈에서 제공하는 **combinations()** 함수를 사용합니다(이는 조합에 해당하는 함수입니다. 즉, 단어 목록에서 순서에 상관없이 두 개의 단어를 추출하는 역할을 합니다).

서로 다른 두 개의 단어를 추출한 후에 할 일은 해당 단어들이 같은 문장에서 몇 번이나 함께 사용되었는지를 세는 것입니다. 이를 위해 다음과 같은 **if** 구문을 사용했습니다.

```
        if pair[0] in sent and pair[1] in sent:
```

pair[0]에는 combinations()를 이용해 추출한 두 개의 단어 중 첫 번째 단어가, pair[1]에는 두 번째 단어가 저장되어 있습니다. 앞의 코드는 두 개의 단어가 같은 문장, 즉 sent 변수에 동시에 존재하는지를 테스트합니다. 같은 문장에서 함께 사용되었다면 다음 코드를 실행합니다.

```
        # 타이가 이미 존재하는 경우
        if pair in list(g.edges()) or (pair[1],pair[0]) in list(g.edges()):
            # 새로운 추가 없이 weight 값만 1 증가
            g[pair[0]][pair[1]]['weight'] += 1
        # 타이가 존재하지 않는 경우
```

---

69 sklearn을 이용해서 공동출현 행렬을 생성하고, 이를 이용해 단어 간의 네트워크를 생성하는 코드는 Text_NA_example.ipynb 파일 하단에 포함되어 있습니다.

```
        else:
            # 타이를 새롭게 생성, weight 값을 1로 설정
            g.add_edge(pair[0], pair[1], weight=1)
```

두 개의 단어가 동일한 문장에서 함께 사용되었으면 우리가 생성한 네트워크, 즉 **g**에 타이를 추가해야 합니다. 하지만 해당 단어 사이에 이미 연결이 존재한다면, 새로운 타이를 생성하기보다는 해당 타이가 갖는 **weight** 속성의 값을 1만큼 증가시킵니다. 하지만 해당 단어들 사이에 타이가 기존에 존재하지 않는다면 새롭게 타이를 생성하고 **weight**를 1로 설정합니다.

이제 명사 단어들과 단어 간의 타이 정보를 갖고 있는 네트워크 g가 생성되었습니다. 제대로 생성되었는지 **matplotlib**을 이용해 시각화해 보겠습니다. 이를 위해 다음 코드를 사용합니다.

```
import matplotlib.pyplot as plt

nx.draw_networkx(g)
plt.show()
```

그림 6.35와 같이 네트워크가 구성된 것을 알 수 있습니다(다음 그림에는 weight 속성 정보가 시각화 결과물에 반영되어 있지 않습니다).

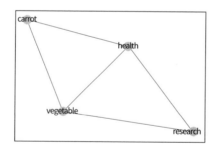

그림 6.35 단어 네트워크의 예

생성된 네트워크를 이용해 몇 가지 기본 정보를 살펴보겠습니다.

노드와 연결 목록을 보기 위해 nodes()와 edges() 함수를 사용합니다.

```
print(g.nodes())
print(g.edges())
```

결과는 다음과 같습니다.

```
['carrot', 'research', 'vegetable', 'health']
[('carrot', 'vegetable'), ('carrot', 'health'), ('research', 'vegetable'), ('research', 'health'),
('vegetable', 'health')]
```

하나의 특정 단어, 예를 들어 'carrot'이라는 단어와 연결된 다른 단어 정보를 보기 위해서는 g['carrot']
과 같이 입력합니다.

```
print(g['carrot'])
```

그러면 다음과 같은 결과를 출력합니다.

```
{'vegetable': {'weight': 1}, 'health': {'weight': 2}}
```

즉, 'carrot'은 'vegetable'과 하나의 문장에서 같이 사용되었고, 'health'라는 단어와는 서로 다른 두 개의
문장에서 함께 사용되었다는 것을 의미합니다.

■ 각 단어의 중심도 계산하기

앞에서 배운 NetworkX에서 제공하는 함수들을 이용해서 네트워크를 구성하는 각 단어의 중심도를 파악
할 수 있습니다.

- 디그리 중심도 계산하기

```
nx.degree_centrality(g)
```
```
{'carrot': 0.6666666666666666,
'health': 1.0,
'research': 0.6666666666666666,
 'vegetable': 1.0}
```

- 매개 중심도 계산하기

```
nx.betweenness_centrality(g)
```
```
{'carrot': 0.0,
 'health': 0.16666666666666666,
 'research': 0.0,
'vegetable': 0.16666666666666666}
```

- 근접 중심도 계산하기

```
nx.closeness_centrality(g)
```

```
{'carrot': 0.75, 'health': 1.0, 'research': 0.75, 'vegetable': 1.0}
```

- 고유벡터 중심도 계산하기

```
nx.eigenvector_centrality(g)
```

```
{'carrot': 0.43516217270028296,
 'health': 0.5573453897277424,
 'research': 0.43516217270028296,
 'vegetable': 0.5573453897277424}
```

▪ Gephi를 이용해 시각화하기

Gephi를 이용해 시각화 작업을 하기 위해서는 NetworkX에서 제공하는 `write_graphml()` 함수를 사용해 앞에서 생성한 네트워크를 graphml 파일 형태로 저장해야 합니다. 그런 다음 해당 파일을 Gephi에서 열어 시각화 작업을 할 수 있습니다. 저자가 시각화한 결과는 그림 6.36과 같습니다. 각 노드의 디그리 속성값에 따라 노드 크기를 다르게 설정했습니다. Gephi의 경우, 각 연결의 weight 값에 따라 연결의 두께가 다르게 설정된 것을 확인할 수 있습니다.

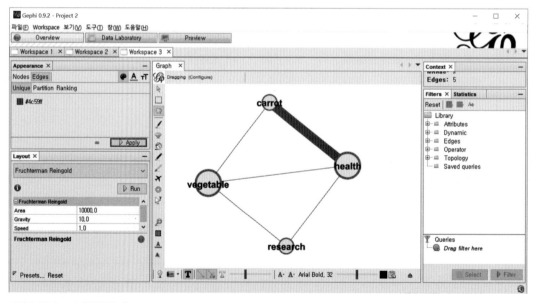

그림 6.36 Gephi 시각화의 예

6.2.4.2 실제 텍스트에 대해 네트워크 분석해보기

여기서는 실제 영어 신문 기사와 한글 신문 기사에 대해 네트워크 분석을 해보겠습니다.

■ 영어 신문 기사 분석하기

빈도 분석 부분에서 사용한 뉴욕 타임즈 기사에 대해 네트워크 분석을 해보겠습니다. 앞의 예와 마찬가지로 두 단어 간의 타이는 문장을 기준으로 정의합니다. 하지만 해당 기사에서 사용된 명사 단어의 수가 많기 때문에 여기서는 모든 명사의 단어를 사용하지 않고, 불용어가 제거된 명사들 중에서 빈도를 기준으로 상위 10개의 단어들만 네트워크의 노드로 사용하겠습니다. 관련 코드는 En_text_network_analysis_example.ipynb 파일을 참고하세요.

이번 예에서는 전처리 작업을 위해 na_preprocessing.py 파이썬 파일을 만들었습니다. 해당 파일의 En_preproecssing() 함수를 사용해 전처리합니다. En_preproecssing() 함수의 바디는 전처리 부분에서 살펴본 코드를 이용해 작성했습니다. 해당 함수는 전처리하고자 하는 텍스트를 첫 번째 인자로, 그리고 사용자 불용어 사전을 두 번째 인자로 받습니다. 다음과 같이 기사 파일의 내용을 읽어오고, 리스트 데이터 형태로 간단하게 사용자 불용어 사전을 만든 후 En_preprocessing() 함수를 호출합니다.

```
with open('nytimes.txt', 'r', encoding='utf8') as f:
    content = f.read()
customized_stopwords = ['be', 'today', 'yesterday', 'new', 'york', 'time']

import na_preprocessing

filtered_content, NN_words = na_preprocessing.En_preprocessing(
    content, customized_stopwords
)
```

En_preprocessing() 함수가 전처리를 수행하고 반환하는 값은 두 개입니다. 하나는 문장을 구분하는 데 필요한 기호를 제외한 나머지 기호를 제거한 텍스트 데이터입니다(filtered_content 변수에 저장됩니다). 이러한 텍스트 데이터는 해당 텍스트를 문장 단위로 분할하기 위해 사용됩니다. 두 번째 반환되는 값은 불용어가 제거된 명사 단어들입니다(NN_words에 저장됩니다). NN_words에 저장된 명사 단어들에 대해 빈도 분석을 수행하여 상위 10개의 단어만 추출합니다. 빈도 분석을 위해 collections 모듈의 Counter 클래스를 사용합니다.

```
from collections import Counter

c = Counter(NN_words)
c.most_common(NUM_WORDS) # NUM_WORDS에는 10이 저장되어 있습니다.
```

Counter 클래스의 most_common() 함수가 반환하는 결과에서 단어 정보만 추출하기 위해 다음과 같이 get_words()라는 사용자 정의 함수를 생성합니다.

```
def get_words(counter_results):
    words = []
    for word, fre in counter_results:
        words.append(word)
    return words
```

해당 함수를 이용해 단어만 추출합니다.

```
selected_words = get_words(c.most_common(NUM_WORDS))
```

결과로 도출된 상위 10개의 단어는 다음과 같습니다.

```
print(selected_words)
```

```
['health', 'people', 'researcher', 'study', 'tie', 'interaction', 'friend', 'others', 'exercise',
'connection']
```

상위 10개의 단어와 문장을 기준으로 한 단어들 사이의 연결 정보를 사용해 네트워크를 생성합니다. 이를 위해 네트워크 생성과 관련된 코드를 En_na.py 파일에 저장해 놓았습니다. 해당 파일의 do_na() 함수를 사용해 네트워크를 생성합니다. 해당 함수는 두 개의 인자를 받습니다. 하나는 전처리를 통해 추출한 문장 구분 기호를 저장하고 있는 filtered_content이고, 다른 하나는 상위 10개 단어들을 저장하고 있는 selected_words입니다. do_na()는 6.2.4.1절에서 살펴본 것과 비슷한 방식으로 네트워크를 생성합니다.

```
import En_na

g = En_na.do_na(filtered_content, selected_words)
```

g에 대해 앞에서 배운 방법을 이용하여 여러 가지 분석을 수행할 수 있습니다. 예를 들어, 관심 있는 단어가 'health'라고 가정하겠습니다. 이와 관련해 먼저 'health' 단어와 어떠한 단어가 얼마나 자주 같이 사용되는지를 확인해 보겠습니다.

```
g['health']
```

```
AtlasView({'interaction': {'weight': 3}, 'friend': {'weight': 1}, 'study': {'weight': 3},
'people': {'weight': 5}, 'tie': {'weight': 2}, 'others': {'weight': 1}, 'connection': {'weight':
1}, 'researcher': {'weight': 4}, 'exercise': {'weight': 1}})
```

예를 들어, 'people'이라는 단어와 다섯 개의 문장에서 함께 사용된 것을 확인할 수 있습니다.

어떠한 단어가 상대적으로 더 중요한 역할을 하는지를 중심도값을 이용해 확인해 보겠습니다. 여기서는 디그리 중심도값을 확인합니다.

```
sorted(nx.degree_centrality(g).items(), key=lambda x:x[1],reverse=True)
```

```
[('health', 1.0),
 ('people', 0.8888888888888888),
 ('researcher', 0.7777777777777777),
 ('study', 0.7777777777777777),
 ('tie', 0.6666666666666666),
 ('others', 0.4444444444444444),
 ('connection', 0.4444444444444444),
 ('interaction', 0.3333333333333333),
 ('friend', 0.3333333333333333),
 ('exercise', 0.3333333333333333)]
```

'health'의 디그리 중심도값이 가장 큰 것을 확인할 수 있습니다. 이는 그만큼 'health'라는 단어가 다른 단어들과 함께 자주 사용된다는 것을 의미하고, 해당 기사에서는 'health' 단어가 그만큼 중요한 역할을 한다고 해석할 수 있습니다(다른 중심도값은 En_text_network_analysis_example.ipynb 파일을 참고하세요).

단어들의 네트워크를 Gephi를 이용해 시각화해 보겠습니다. 이를 위해 write_graphml() 함수를 이용해 다음과 같이 네트워크를 저장합니다.

```
nx.write_graphml(g, 'En_test.graphml')
```

해당 파일을 Gephi에서 불러와 그림 6.37과 같이 시각화할 수 있습니다. 여기서 노드의 크기는 각 노드의 디그리값을 나타내며, 노드 간 연결의 두께는 연결이 갖는 weight 속성의 값을 나타냅니다.

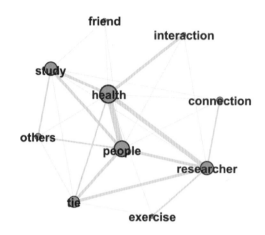

그림 6.37 시각화 결과

시각화 결과를 통해 각 단어가 다른 단어들과 어떠한 식으로 연결되어 있는지를 파악할 수 있습니다. 예를 들어, 'health' 단어는 'people' 혹은 'researcher'와 상대적으로 더 두꺼운 연결을 갖는 것을 확인할 수 있는데, 이는 해당 단어들과 더 자주 같은 문장에서 사용되었다는 것을 의미합니다.

■ 한글 신문 기사 분석하기

이번에는 한글 신문 기사[70]에 대한 네트워크 분석을 해보겠습니다. 해당 기사는 `Korean_news2.txt` 파일에 저장돼 있습니다. 관련 코드는 `Kr_text_network_analysis_example.ipynb` 파일을 참고하세요.

전반적인 순서는 영어 기사의 네트워크 분석과 유사합니다. 여기서도 빈도 기준으로 상위 10개의 단어를 네트워크에 포함시키고, 문장을 기준으로 단어 간의 연결 유무를 정의합니다. 이 코드에서는 전처리를 위한 파이썬 파일을 별도로 만들지 않고 다음과 같이 사용자 정의 함수를 생성했습니다(영어 텍스트와 마찬가지로 전처리를 위한 별도의 파일을 만들어 작업할 수도 있습니다). 형태소 분석을 위해 키위 형태소 분석기를 사용했습니다.

```
from kiwipiepy import Kiwi
from kiwipiepy.utils import Stopwords
```

---

70 기사 내용은 https://news.naver.com/main/read.nhn?mode=LSD&mid=sec&sid1=100&oid=421&aid=0003646082를 참고하세요.

```
kiwi = Kiwi()
stopwords = Stopwords()

def Kr_preprocessing(text):
    filtered_content = re.sub(r'[^\s\d\w]', '', text)
    kiwi_tokens = kiwi.tokenize(filtered_content, stopwords=stopwords)
    Noun_words = []

    for token in kiwi_tokens:
        if 'NN' in token.tag:
            Noun_words.append(token.form)

    # 길이가 1인 단어 제거하기
    final_Noun_words = []

    for word in Noun_words:
        if len(word)>1:
            final_Noun_words.append(word)

    return final_Noun_words
```

기사의 내용이 저장된 파일을 읽어와서 전처리하고 빈도를 기준으로 상위 10개의 단어를 선택하는 과정은 영어와 동일하기 때문에 여기서는 설명을 생략하겠습니다. 최종적으로 선택된 10개의 단어는 selected_words 변수에 저장되어 있고 단어 목록은 다음과 같습니다.

selected_words
['교황', '대통령', '한반도', '평화', '바티칸', '방북', '프로세스', '북한', '영국', '독일']

전처리를 거친 결과물을 이용해 Kr_na.py 파일에 저장되어 있는 do_na() 함수를 사용해 한글 기사에 대한 네트워크를 생성합니다. do_na()는 두 개의 인자를 입력받는데, 첫 번째는 텍스트를 구성하는 문장들이고, 두 번째는 노드로 추가하고자 하는 상위 10개 단어 정보입니다. 이 두 가지 정보를 사용해 텍스트에 대한 네트워크 g를 생성합니다. 여기서는 다음과 같이 정규표현식 기반의 사용자 정의 함수를 이용해 텍스트를 문장 단위로 구분했습니다.

```
def get_sentences(content):
    text1 = re.sub(r'[^\.\?\!\s\w\d]', ' ', content)
```

```
    text1 = re.sub(r'([\.\?\!])',r'\1 ', text1)
    sentences = re.split(r'[\.\?\!]\s+', text1)
    sentences = [Kr_preprocessing(sentence) for sentence in sentences if len(sentence)>0]
    return sentences

sentences = get_sentences(content)
```

sentences와 selected_words를 do_na() 함수의 인자로 입력하여 네트워크를 생성합니다.

```
from Kr_na import do_na

g = do_na(sentences, selected_words)
```

영어 텍스트에 대한 네트워크 분석과 마찬가지로 한글 텍스트 네트워크에서도 앞에서 살펴본 여러 가지 분석 방법을 적용해 볼 수 있습니다.

한글 기사의 네트워크 분석은 영어 기사의 네트워크 분석과 분석 방법에 있어서는 큰 차이가 없습니다. 한 가지 차이는 matplotlib을 사용한 시각화입니다. 영어의 경우는 사용하고자 하는 폰트의 이름을 별도로 지정해 줄 필요가 없지만, 한글의 경우에는 폰트 이름을 한글 폰트로 명시해야 합니다. 그렇지 않으면 한글이 깨집니다. 코드는 다음과 같습니다.

```
import matplotlib.pyplot as plt

font_name = 'Malgun Gothic' # 사용하고자 하는 한글 폰트를 지정합니다.
pos=nx.shell_layout(g)
nx.draw(g, pos)
nx.draw_networkx_labels(g, pos, font_family=font_name, font_size=10)
plt.show()
```

Gephi에서 시각화하기 위해 다음과 같이 graphml 파일로 저장합니다.

```
nx.write_graphml(g, 'test_kr.graphml')
```

해당 파일을 Gephi에서 불러와 시각화 작업을 수행하면 됩니다. 하지만 한글의 경우 폰트를 한글에 대한 폰트로 지정해야지만 한글 레이블이 제대로 표기됩니다(그림 6.38 참고)

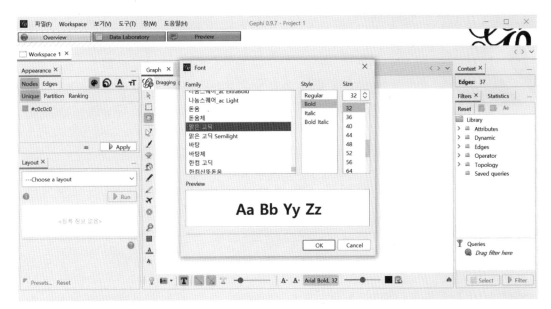

그림 6.38 레이블 폰트를 한글 폰트로 설정하기

시각화의 결과는 그림 6.39와 같습니다. 영어에서와 마찬가지로 노드의 크기는 각 노드의 디그리를 의미하고 연결선의 두께는 연결이 갖는 weight 속성의 값을 의미합니다. 시각화 결과를 통해 '대통령'과 '교황'이 상대적으로 중요한 역할을 하는 단어라는 것을 파악할 수 있습니다.

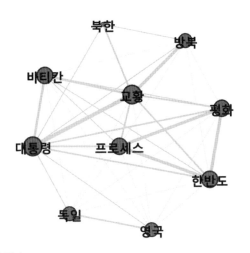

그림 6.39 한글 네트워크 시각화 결과

2부

기계학습을 이용한 텍스트 분석

1부에서는 빈도 분석과 텍스트 네트워크 분석 방법을 이용해 텍스트 데이터를 분석해 보았습니다. 두 분석 방법 모두 전처리 과정을 거친 불용어가 제거된 특정한 품사(주로 명사)의 단어를 추출해 분석에 사용했습니다. 2부에서는 기계학습 알고리즘을 이용한 텍스트 분석 방법을 살펴보겠습니다.

7

확률의 이해

기계학습 알고리즘에 대해 본격적으로 공부하기 전에 이 책에서는 먼저 확률에 대해 설명합니다. 그 이유는 텍스트 분석을 위해 사용하는 많은 기계학습 알고리즘이 확률을 기반으로 하기 때문입니다. 그러한 알고리즘의 예로는 로지스틱 회귀 모형, 나이브 베이즈, 잠재 디리클레 할당(LDA), 가우시안 혼합 모형(GMM) 등이 있습니다. 이러한 확률 기반 기계학습 알고리즘의 작동 원리를 잘 이해하기 위해서는 확률의 기본적인 내용에 대해 알고 있어야 합니다.

7.1 시행과 사건

확률을 이해하기 위해서는 먼저 '시행'과 '사건'이라는 개념에 대해 이해하는 것이 필요합니다. 왜냐하면 일반적으로 사용하는 '확률'이라고 하는 표현은 (특정 시행의 결과에 해당하는) 어떤 사건이 발생할 확률을 의미하기 때문입니다.

7.1.1 시행

확률에서의 시행(experiment 또는 trial)은 일반적으로 무작위 시행(random experiment)을 의미하며, 이는 동일한 조건에서 반복해서 수행할 수 있고, 그 결과를 사전에 알 수 없는 행동을 의미합니다. 쉽게 생각할 수 있는 무작위 시행의 예로는 주사위를 던지는 시행(주사위는 반복해서 여러 번 던질 수 있고 던지기 전에 어떤 눈이 나올지 알 수 없습니다), 두 개의 동전을 동시에 던지는 시행 등이 있습니다.

확률을 잘 이해하기 위해서는 집합에 대해서 알아야 합니다. 그 이유는 많은 경우 확률의 중요한 개념(예: 시행 또는 사건 등)이 집합을 사용해 표현되기 때문입니다. 시행은 표본 공간이라는 집합으로 표현됩니다.

7.1.2 표본 공간

표본 공간(sample space)은 어떤 시행에서 일어날 수 있는 모든 발생 가능한 결과를 원소로 갖는 **집합**을 의미합니다. 예를 들어, 주사위를 한 번 던지는 시행의 표본 공간은 {1, 2, 3, 4, 5, 6}이 되고, 동전을 한 번 던지는 시행의 표본 공간은 {H, T}이 됩니다(여기서 H는 앞면(head)을, T는 뒷면(tail)을 의미합니다). 그렇다면, 두 개의 동전을 동시에 던지는 시행의 표본 공간은 어떻게 될까요? 이는 {(H,H), (H,T), (T,H), (T,T)}가 됩니다. 표본 공간이 갖는 각 원소(element)는 시행의 특정한 결과를 의미하며, 하나의 원소를 표본점(sample point)이라고 표현합니다.

7.1.3 사건

이번에는 사건(event)에 대해 알아보겠습니다. 사건은 시행의 결과로 나올 수 있는 특정한 값 또는 값들의 집합으로 정의됩니다. 예를 들어 보겠습니다. 한 개의 주사위를 던지는 시행에서는 다음과 같은 여러 가지 사건이 존재할 수 있습니다(다음에 열거된 것 외에도 더 존재합니다).

- 1의 눈이 나오는 사건
- …
- 2의 눈이 나오는 사건
- 6의 눈이 나오는 사건

이 사건들은 모두 시행의 결과로 나오는 값이 하나인 사건들입니다. 이번에는 시행의 결과로 나올 수 있는 값이 두 개 이상인 경우를 살펴보겠습니다.

- 짝수의 눈이 나오는 사건
- 홀수의 눈이 나오는 사건

이 사건들은 한 개의 주사위를 던지는 시행의 결과로 나올 수 있는 값의 수가 두 개 이상인 경우입니다. 짝수의 눈이 나오는 사건에 해당하는 결괏값은 2, 4, 6이고, 이를 집합으로 표현하면 {2, 4, 6}이 됩니다. 홀수의 눈이 나오는 사건의 경우는 {1, 3, 5}와 같이 표현할 수 있습니다. 그리고 1의 눈이 나오는 사건은 {1}, 2의 눈이 나오는 사건은 {2}와 같이 집합으로 표현될 수 있습니다. 이와 같이 **어떤 시행에 대한 사건은 집합으로 표현될 수 있습니다.**

그렇다면, 한 개의 주사위를 던지는 시행에 대한 사건을 나타내는 집합들은 해당 시행의 표본 공간과 어떤 관계를 가질까요? 사건의 집합들(예: {1}, {2}, …, {6}, {2, 4, 6}, {1, 3, 5})은 모두 {1, 2, 3, 4, 5, 6}이라고 하는 해당 시행에 대한 표본 공간의 부분 집합인 것을 알 수가 있습니다. 어떤 시행의 특정한 사건을 나타내는 집합을 E라고 표현하고 해당 시행에 대한 표본 공간을 S라고 표현한다면, E와 S 간에는 다음과 같은 관계가 성립합니다(⊂는 부분 집합을 의미합니다).

$$E \subset S$$

시행에 대한 사건은 수학적으로 다음과 같이 정의됩니다.

사건: 시행에 대한 표본 공간의 부분 집합

그리고 어떤 시행의 결괏값(표본 공간이 가지는 하나의 원소가 됩니다)이 사건 E 집합의 원소인 경우, '**사건 E가 발생했다**'라고 표현합니다. 예를 들어, 한 개의 주사위를 던지는 시행에 대해 짝수의 눈이 나오는 사건을 E라고 가정합시다. E 집합은 다음과 같습니다.

$$E = \{2, 4, 6\}$$

이때 주사위를 던져 2의 눈이 나온다면, 2는 집합 E의 원소이기 때문에 '사건 E가 발생했다'라고 표현할 수 있습니다.

■ 사건의 합집합과 교집합

집합 A와 B가 사건인 경우, 해당 사건들의 합집합인 A∪B와 교집합인 A∩B도 사건이 됩니다(즉, 합집합과 교집합 모두 표본 공간의 부분 집합이 됩니다). 예를 들어 주사위를 한 번 던지는 시행에 대해 다음과 같은 두 사건 A, B가 있다고 가정합시다.

- 사건 A: 짝수의 눈이 나오는 사건, 즉 A = {2, 4, 6}
- 사건 B: 5 이상의 눈이 나오는 사건, 즉 B = {5, 6}

위 두 사건에 대한 합집합(A∪B)은 {2, 4, 5, 6}이 되고, 교집합(A∩B)은 {6}이 됩니다. {2, 4, 5, 6}과 {6} 모두 시행의 표본 공간인 {1, 2, 3, 4, 5, 6}의 부분 집합인 것을 알 수 있습니다. 따라서 두 사건 A, B의 합집합과 교집합도 또 다른 사건이 됩니다.

7.2 확률의 계산

일반적으로 얘기하는 확률은 **어떤 사건이 발생할 확률**을 의미합니다. 어떤 사건의 확률(probability of an event)은 해당 사건이 일어날 수 있는 가능성을 수치적으로 표현한 것입니다. 사건 A가 발생할 확률은 P(A)라고 표현합니다.

특정 사건이 발생할 확률은 다음과 같이 정의합니다.

(특정 사건이 발생할) 확률 = 해당 사건에 대한 결과의 수 / 해당 시행 관련 모든 가능한 결과의 수

이를 집합으로 표현하면 '사건 A 집합의 원소의 수 / 표본 집합 S의 원소의 수'가 됩니다. 즉, 다음과 같이 표현됩니다.

$$P(A) = \frac{|A|}{|S|}$$

여기서 $|A|$는 사건 A 집합의 원소의 수를, $|S|$는 표본 공간 S가 갖는 원소의 수를 의미합니다. 몇 가지 구체적인 예를 들어보겠습니다.

예1: 하나의 주사위를 던져서 짝수가 나올 확률

첫 번째 예로, 하나의 주사위를 던져 짝수가 나올 확률을 계산해 보겠습니다. 이 확률을 계산하기 위해 먼저 할 일은 시행과 사건을 명확하게 표현하는 것입니다. 이 예에서 시행은 '하나의 주사위를 던지는 시행'이고, 사건은 '짝수가 나오는 사건'입니다. 해당 시행에 대한 표본 공간(S라고 표현하겠습니다)과 사건 집합(E라고 표현하겠습니다)은 다음과 같습니다.

$$S = \{1, \ 2, \ 3, \ 4, \ 5, \ 6\}$$
$$E = \{2, \ 4, \ 6\}$$

따라서 표본 공간(S)의 원소의 수(즉, 시행 관련 모든 가능한 결과의 수)는 6이 되고, 사건에 대한 집합(E)의 원소의 수(즉, 사건에 대한 결과의 수)는 3이 되기 때문에 우리가 구하고자 하는 확률의 값은 $\frac{3}{6} = \frac{1}{2}$이 됩니다.

예2: 두 개의 동전을 동시에 던져서 둘 다 앞면이 나올 확률

이번에는 두 개의 동전을 동시에 던져서 두 동전 모두 앞면이 나오는 확률을 구해보겠습니다. 이 예에서의 시행은 '두 개의 동전을 동시에 던지는 시행'이고, 사건은 '두 동전 모두 앞면이 나오는 사건'입니다. 해당 시행에 대한 표본 공간(S)과 사건 집합(E)은 다음과 같습니다.

$$S = \{(H, \ H), \ (H, \ T), \ (T, \ H), \ (T, \ T)\}$$
$$E = \{(H, \ H)\}$$

따라서 우리가 구하고자 하는 P(E)는 다음과 같이 계산됩니다.

$$P(E) = \frac{|E|}{|S|} = \frac{1}{4}$$

7.3 확률의 기본 공리

확률의 기본적인 공리(axioms)[1]는 다음과 같습니다.

> 공리 1: 어떤 사건 A에 대해 $P(A) \geq 0$
>
> 공리 2: 표본 공간 S의 확률 $= 1$, 즉 $P(S) = 1$
>
> 공리 3: $A_1, A_2, A_3, \cdots$가 상호배타적 사건(disjoint events)인 경우, $P(A_1 \cup A_2 \cup A_3 \cup \cdots) = P(A_1) + P(A_2) + P(A_3) + \cdots$

공리 1은 어떤 사건의 확률은 음수가 될 수 없다는 것을 의미합니다. 어떤 사건의 확률, 즉 P(A)가 취할 수 있는 가장 작은 값은 0이고, P(A)=0이라는 것은 사건 A가 발생하지 않았다는 것을 의미합니다.

공리 2는 표본 공간의 확률이 1이라는 것을 의미하는데, 이는 표본 공간은 어떤 시행으로 발생할 수 있는 모든 결괏값을 원소로 갖는 집합이기 때문에 당연합니다. P(S)=1이라는 것은 어떤 시행의 결과가 반드시 표본 공간(S)의 원소가 된다는 것을 의미합니다.

공리 3에 대해 살펴보겠습니다. 두 사건이 상호배타적이라는 것은 두 사건의 교집합이 공집합이라는 것을 말하며, 이는 두 사건이 함께 발생할 수 없다는 것을 의미합니다. 세 번째 공리는 두 사건이 상호배타적인 경우, 두 사건의 합집합 확률은 각 사건의 확률을 더한 것과 같다는 의미입니다. 예를 들어, 한 개의 주사위를 던지는 시행에 대해 1의 눈이 나오는 사건 A와 2의 눈이 나오는 사건 B의 경우, 표본 공간과 각 사건의 집합은 다음과 같습니다.

$$S = \{1, \ 2, \ 3, \ 4, \ 5, \ 6\}$$
$$A = \{1\}$$
$$B = \{2\}$$

따라서 $A \cap B = \phi$, 즉 사건 A와 B는 서로 상호배타적입니다. 이 경우, 두 사건 A, B에 대해 공리 3이 다음과 같이 성립되는 것을 알 수 있습니다.

$$A \cup B = \{1, \ 2\}$$
$$P(A \cup B) = \frac{|A \cup B|}{|S|} = \frac{2}{6} = P(A) + P(B) = \frac{|A|}{|S|} + \frac{|B|}{|S|} = \frac{1}{6} + \frac{1}{6} = \frac{2}{6}$$

---

1 명제라고도 표현합니다.

반대로 어떤 두 사건이 상호배타적이 아니라면, 두 사건의 합집합에 대한 확률은 다음과 같이 계산됩니다.

$$P(A \cup B) = P(A) + P(B) - P(A \cap B)$$

참고 두 사건 A, B의 교집합의 확률, 즉 P(A∩B)는 두 사건이 동시에 발생할 확률을 의미하며, P(A and B) 또는 P(A, B)로 표현합니다. 반면, 두 사건 A, B의 합집합의 확률, 즉 P(A∪B)는 사건 A 또는 사건 B가 발생할 확률을 의미하며 P(A or B)로도 표현합니다.

앞의 공리들을 사용해 다음 식들을 증명해 보겠습니다.

1. **어떤 사건 A에 대해서 $P(A^c) = 1 - P(A)$**

   A^c는 사건 A의 여사건을 의미합니다. $A^c = S - A$로 정의됩니다.

   앞의 공리 2에 의하면 $1 = P(S)$이고, $A^c = S - A$이기 때문에 다음과 같이 표현됩니다.

   $$1 = P(S) = P(A + A^c)$$

   여기서 A^c와 A는 상호배타적이므로 공리 3에 의해서 $P(A + A^c) = P(A) + P(A^c)$가 됩니다. 따라서 $P(A^c) = 1 - P(A)$를 만족합니다.

2. **$P(A - B) = P(A) - P(A \cap B)$**

   사건 $A \cap B$와 사건 $A - B$는 상호배타적인 관계를 갖습니다(그림 7.1 참고).

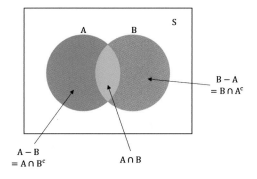

그림 7.1 사건 A, B의 관계

따라서 공리 3에 의해 다음을 만족합니다.

$$P(A) = P(A - B) + P(A \cap B)$$

$P(A \cap B)$를 왼쪽으로 이항하면 $P(A) - P(A \cap B) = P(A - B)$를 얻습니다.

3. $P(A \cup B) = P(A) + P(B) - P(A \cap B)$

그림 7.1에서 보는 것처럼 A와 B−A는 상호배타적이며, 둘의 합집합은 A∪B와 같습니다. 따라서 공리 3에 의해 다음 관계를 만족합니다.

$$P(A \cup B) = P(A) + P(B - A)$$

그리고 앞에서 증명한 내용에 따르면 $P(B - A) = P(B) - P(A \cap B)$가 됩니다. 따라서,

$$P(A \cup B) = P(A) + P(B) - P(A \cap B)$$

가 됩니다.

7.4 조건부 확률

두 개의 사건 A, B에 대해, 사건 B가 발생했다는 조건하에 사건 A가 발생할 확률이 얼마인지를 계산해야 하는 상황이 있습니다. 이러한 확률을 조건부 확률(conditional probability)이라고 하며, P(A|B)라고 표현합니다. 사건 A가 사건 B의 발생 여부에 영향을 받는 사건이라고 한다면, P(A|B)와 P(A)의 값은 다르게 됩니다.

예를 하나 들어보겠습니다. 한 개의 주사위를 던지는 시행에 대해 홀수의 눈이 나오는 사건을 A라고 하고, 3 이하의 눈이 나오는 사건을 B라고 하겠습니다. 그렇다면 S={1, 2, 3, 4, 5, 6}, A={1, 3, 5}, B={1, 2, 3}이 됩니다.

이 경우에 $P(A) = \dfrac{|A|}{|S|} = \dfrac{3}{6} = \dfrac{1}{2}$이 됩니다. 그렇다면, B가 발생했다는 조건하에 A가 발생할 확률, 즉 P(A|B)는 얼마가 될까요? B가 발생했다는 조건하에 A가 발생하는 경우, A 사건의 결과는 반드시 A∩B={1, 3}의 원소가 돼야 합니다. 그리고 사건 B가 발생했다는 조건이기 때문에, P(A|B)는 다음과 같이 표현할 수 있습니다.

$$P(A|B) = \frac{|A \cap B|}{|B|}$$

위 사건 A, B에 대해 $A \cap B = \{1, 3\}$이기 때문에 $|A \cap B| = 2$, $|B| = 3$이 되어 우리가 구하고자 하는 조건부 확률은 $P(A|B) = \dfrac{2}{3}$가 됩니다.

더 일반적으로 P(A|B)는 다음과 같이 표현합니다.

$$P(A|B)=\frac{|A\cap B|}{|B|}=\frac{\dfrac{|A\cap B|}{|S|}}{\dfrac{|B|}{|S|}}=\frac{P(A\cap B)}{P(B)}$$

따라서 표본 공간 S에 대한 두 개의 사건 A, B에 대해서, 사건 B가 발생했다는 조건하에 사건 A가 발생할 확률(즉, 조건부 확률)은 다음과 같이 정의됩니다.

$$P(A|B)=\frac{P(A\cap B)}{P(B)}$$

여기서 분모인 $P(B)$는 0보다 커야 합니다.

앞의 예, 즉 $S=\{1, 2, 3, 4, 5, 6\}$, $A=\{1, 3, 5\}$, $B=\{1, 2, 3\}$인 경우에 대해서 앞의 식을 이용해 $P(A|B)$를 다시 한번 계산해 보겠습니다. 먼저 분자는 $P(A\cap B)=\dfrac{|A\cap B|}{|S|}=\dfrac{2}{6}$가 되고, 분모는 $P(B)=\dfrac{|B|}{|S|}=\dfrac{3}{6}$이 됩니다. 따라서 $P(A|B)=\dfrac{P(A\cap B)}{P(B)}=\dfrac{2}{6}\bigg/\dfrac{3}{6}=\dfrac{2}{3}$가 되는 것을 알 수 있습니다.

여기서 볼 수 있는 것처럼 조건부 확률도 하나의 확률입니다. 따라서 앞에서 다룬 세 개의 공리도 조건부 확률에 적용됩니다.

■ **조건부 확률에 대한 공리**

공리 1: 사건 A에 대해서 $P(A|B) \geq 0$

공리 2: 사건 B 조건하에서의 B의 확률, 즉 $P(B|B) = 1$

공리 3: A_1, A_2, A_3, … 가 상호배타적 사건(disjoint events)인 경우, $P(A_1\cup A_2\cup A_3\cup\cdots|B)=P(A_1|B)+P(A_2|B)+$
$P(A_3|B)+\cdots$

참고 ① 사건 A와 B가 상호배타적일 때(즉, $A\cap B=\phi$일 때) $P(A|B)$는 얼마일까요? 앞의 내용을 통해 $P(A|B)=\dfrac{P(A\cap B)}{P(B)}$라는 것을 알고 있습니다. 그런데 분자에서 $A\cap B=\phi$이기 때문에

$$P(A|B)=\frac{P(A\cap B)}{P(B)}=0$$

인 것을 쉽게 알 수 있습니다. A와 B가 상호배타적이기 때문에 두 사건은 동시에 발생할 수 없습니다. 따라서 B가 발생했다는 조건에서는 A는 발생할 수 없기 때문에 $P(A|B)=0$이 됩니다.

② 그렇다면 $B\subset A$인 경우 $P(A|B)$의 값은 얼마가 될까요?

사건 B가 A의 부분집합이라는 것은 사건 B가 발생할 때 반드시 사건 A가 발생한다는 의미입니다. 따라서 $P(A|B)=1$이 돼야 합니다. 정말 그런지 조건부 확률 공식을 통해 확인해 보겠습니다. $B{\subset}A$인 경우 $A{\cap}B=B$가 되기 때문에 다음과 같은 식을 도출할 수 있습니다.

$$P(A|B)=\frac{P(A\cap B)}{P(B)}=\frac{P(B)}{P(B)}=1$$

조건부 확률 공식을 이용해 다음 문제를 풀어보겠습니다.

■ 문제:

두 개의 주사위를 동시에 던지는 경우, 첫 번째 주사위의 눈을 N_1이라고 하고, 두 번째 주사위의 눈을 N_2라고 하겠습니다. $N_1+N_2=5$라는 조건하에서 $N_1=2$ 또는 $N_2=2$일 확률은 얼마일까요?

■ 예시 답안:

두 개의 주사위를 동시에 던지는 시행에 대한 표본 공간은 다음과 같고, 원소의 수는 36이 됩니다.

$$S=\{(1,1),(1,2),\cdots,(6,1),(6,2),(6,3),(6,4),(6,5),(6,6)\}$$

$N_1=2$ 또는 $N_2=2$를 사건 A라고 하고, $N_1+N_2=5$를 사건 B라고 하겠습니다. 각 사건은 다음과 같은 집합으로 표현됩니다.

$$A=\{(2,1),(2,2),(2,3),(2,4),(2,5),(2,6),(1,2),(3,2),(4,2),(5,2),(6,2)\}$$
$$B=\{(1,4),(2,3),(3,2),(4,1)\}$$

그리고 두 사건의 교집합은 다음과 같습니다.

$$A\cap B=\{(2,3),(3,2)\}$$

이 문제에서 우리가 구해야 하는 확률은 사건 B가 발생했다는 조건하에서 사건 A가 발생할 확률, 즉 $P(A|B)$입니다. 조건부 확률 공식을 이용하면 다음과 같이 풀 수 있습니다.

$$P(A|B)=\frac{P(A\cap B)}{P(B)}=\frac{\dfrac{2}{36}}{\dfrac{4}{36}}=\frac{1}{2}$$

7.5 조건부 확률에 대한 연쇄 법칙

두 사건 A, B에 대해 조건부 확률 공식을 다시 한번 써보겠습니다. B가 발생했다는 조건하에서의 A의 확률은 다음과 같습니다.

$$P(A|B) = \frac{P(A \cap B)}{P(B)}$$

위 식의 양변에 P(B)를 곱하면 P(A∩B)=P(B)P(A|B)를 구할 수 있습니다.

반대로 사건 A가 발생했다는 조건하에서의 B의 확률은 다음과 같이 됩니다.

$$P(B|A) = \frac{P(A \cap B)}{P(A)}$$

이를 통해 P(A∩B)=P(A)P(B|A)를 도출할 수 있습니다.

즉, P(A∩B)=P(A)P(B|A)=P(B)P(A|B)가 됩니다. 이러한 식은 조건부 확률과 각 사건이 발생할 확률을 알고 있는 경우 교집합의 확률을 구하고자 할 때, 즉 사건 A, B가 동시에 발생할 확률을 구하고자 할 때 유용하게 사용할 수 있습니다.

이번에는 세 개의 사건 A, B, C에 대해 세 개의 사건이 동시에 발생할 확률, 즉 다음 확률에 대해 알아보겠습니다.

$$P(A \cap B \cap C)$$

이는 P(A∩(B∩C))로 표현될 수 있습니다. 여기서 (B∩C)를 하나로 사건으로 간주하여 사건 D라고 표현해 보겠습니다. 그러면, 다음과 같은 식을 도출할 수 있습니다.

$$P(A \cap D) = P(A)P(D|A)$$

여기에서 P(D)=P(B∩C)=P(B)P(C|B)입니다. P(B∩C)=P(B)P(C|B)의 양변에 A를 조건으로 걸면, P(B∩C|A)=P(B|A)P(C|A,B)가 됩니다. 따라서 우리는 다음과 같은 식을 얻을 수 있습니다.

$$P(A \cap B \cap C) = P(A)P(B \cap C|A) = P(A)P(B|A)P(C|A,B)$$

여러 사건의 교집합에 대한 확률을 위와 같이 여러 개의 조건부 확률을 가지고 표현하는 것을 조건부 확률에 대한 연쇄 법칙(chain rule)이라고 합니다. 이를 n개의 사건에 대해 일반화하면 다음과 같은 공식을 얻을 수 있습니다.

$$P(A_1 \cap A_2 \cap \cdots \cap A_n) = P(A_1)P(A_2 \mid A_1)P(A_3 \mid A_2, A_1) \cdots P(A_n \mid A_{n-1}, A_{n-2}, \cdots, A_1)$$

이 공식을 이용해 예제 문제를 풀어 보겠습니다.

■ 문제:

공장에서 어떤 제품 100개를 생산했는데, 그중 결함이 있는 제품이 5개라고 가정합니다. 100개의 제품 중에서 3개를 선택했을 때 셋 모두 결함이 없는 제품일 확률은 얼마일까요?

■ 예시 답안:

첫 번째 제품이 결함이 없는 제품인 사건을 A_1, 두 번째 제품이 결함이 없는 제품인 사건을 A_2, 세 번째 제품이 결함이 없는 제품인 사건을 A_3라고 할 때 우리가 알고자 하는 값은 $P(A_1 \cap A_2 \cap A_3)$입니다. 이를 앞에서 배운 연쇄 법칙을 통해 계산해 보겠습니다. 연쇄법칙을 사용하면,

$$P(A_1 \cap A_2 \cap A_3) = P(A_1)P(A_2 \mid A_1)P(A_3 \mid A_2, A_1)$$

으로 표현됩니다.

$P(A_1)$는 100개의 제품 중에서 결함이 없는 95개의 제품을 뽑을 확률이므로 $\frac{95}{100}$가 됩니다. $P(A_2 \mid A_1)$는 사건 A_1이 발생했다는 조건에서 A_2의 확률이므로 $\frac{94}{99}$가 됩니다.[2] 마찬가지로, $P(A_3 \mid A_2, A_1)$는 사건 A_1과 A_2가 발생했다는 조건하에서의 A_3의 확률이므로 $\frac{93}{98}$이 됩니다. 따라서 다음과 같은 결과를 얻게 됩니다.

$$P(A_1 \cap A_2 \cap A_3) = P(A_1)P(A_2 \mid A_1)P(A_3 \mid A_2, A_1) = \frac{95}{100} \times \frac{94}{99} \times \frac{93}{98} \approx 0.856$$

---

2 사건 A_1이 발생했다는 것은 100개의 제품 중에서 결함이 없는 제품 한 개가 선택됐다는 것을 의미합니다. 따라서 남은 제품의 수는 99가 되고, 그중 결함이 없는 제품의 수는 94가 됩니다.

7.6 독립 사건(Independent events)

이번에는 서로 독립인 두 사건의 관계에 대해 알아보겠습니다. 두 사건이 서로 독립이라는 것은 한 사건이 발생할 확률이 다른 사건의 발생 여부에 영향을 받지 않는다는 것을 의미합니다. 두 사건 A와 B가 서로 독립인 경우, 사건 B가 발생할 확률은 사건 A에 의해 영향을 받지 않는다는 것을 의미합니다(반대도 마찬가지입니다). 즉, P(B)는 사건 A의 발생 여부와 상관없이 동일한 값을 갖게 됩니다. 예를 들어, 두 개의 동전을 동시에 던지는 시행에 대해 첫 번째 동전의 앞면이 나오는 사건을 A, 두 번째 동전의 앞면이 나오는 사건을 B라고 하겠습니다. 이 경우, 사건 A와 B는 서로 독립입니다. 즉, 하나의 사건이 발생할 확률이 다른 사건의 발생 여부에 영향을 받지 않습니다(예: 사건 B의 확률은 $\frac{1}{2}$로, 이는 첫 번째 동전의 앞면이 나왔는지와는 상관이 없습니다).

사건 B의 확률이 사건 A에 영향을 받지 않는다는 것을 수학적으로 표현하면 다음과 같습니다.

$$P(B|A) = P(B)$$

이를 앞에서 배운 조건부 확률의 공식과 연결해 보겠습니다. 앞에서 다룬 조건부 확률의 공식은 다음과 같습니다.

$$P(B|A) = \frac{P(A \cap B)}{P(A)}$$

두 사건 A, B가 서로 독립인 경우에는 P(B|A)=P(B)가 되기 때문에 다음과 같은 결과를 얻습니다.

$$\frac{P(A \cap B)}{P(A)} = P(B)$$

식 양변에 P(A)를 곱하면 다음 식이 도출됩니다.

$$P(A \cap B) = P(A)P(B)$$

이는 사건 A와 B가 서로 독립인 경우, '사건 A와 B가 동시에 발생할 확률은 각 사건의 발생 확률의 곱과 같다'는 것을 의미합니다.

사건 A와 B가 서로 독립인 경우에는 다음의 내용도 만족합니다.

- A와 B^{c}가 서로 독립이다.

- A^c와 B가 서로 독립이다.
- A^c와 B^c가 서로 독립이다.

 참고 **상호 배타적(disjoint) vs. 상호 독립적(independent)**

앞에서 두 사건이 상호 배타적인 것과 상호 독립적인 것에 대해 배웠습니다. 둘의 차이를 명확하게 알아야 합니다. 상호 배타적이라는 것은 두 사건의 교집합이 공집합이라는 것을 의미하고, 이는 두 사건이 동시에 발생하지 않는다는 것을 의미합니다. 반면, 두 사건이 서로 독립이라는 것은 한 사건이 발생하는 확률이 다른 사건에 의해 영향을 받지 않는다는 것을 의미합니다.

사건 A, B에 대해 두 개념을 정리하면 다음과 같습니다.

$$P(A \text{ and } B) = P(A, B) = P(A \cap B) = 0 \quad \rightarrow \quad \text{상호배타적}$$
$$P(A \text{ and } B) = P(A, B) = P(A \cap B) = P(A)P(B) \quad \rightarrow \quad \text{상호독립적}$$

7.7 조건부 독립(conditional independence)

앞에서 다룬 독립 확률에 대한 대부분의 내용이 조건부 확률에 대해서도 적용됩니다. 두 사건 A, B가 독립인 경우 다음과 같은 관계가 성립되는 것을 다시 한번 기억하기 바랍니다.

$$P(A \cap B) = P(A)P(B)$$

또는

$$P(A|B) = P(A)$$

두 사건 A, B가 사건 C가 발생했다는 조건하에서 서로 독립인 경우에는 다음과 같은 관계가 성립합니다.

$$P(A \cap B|C) = P(A|C)P(B|C)$$

두 사건 A, B에 대한 조건부 확률은 다음과 같이 정의됩니다.

$$P(A|B) = \frac{P(A \cap B)}{P(B)}$$

이러한 조건부 확률의 특성은 또 다른 사건 C에 대해 다음과 같이 확장됩니다.

$$P(A|B,\ C)=\frac{P(A\cap B|C)}{P(B|C)}$$

위 내용은 다음과 같이 증명될 수 있습니다(앞에서 언급한 것처럼 P(B,C)는 두 사건 B, C가 동시에 발생할 확률을 의미하며 이는 P(B∩C)와 동일한 표현입니다).

$$P(A|B,\ C)=P(A|B\cap C)=\frac{P(A\cap(B\cap C))}{P(B\cap C)}=\frac{P(A\cap B\cap C)}{P(B\cap C)}=\frac{P((A\cap B)\cap C)}{P(B\cap C)}$$

이 식에서 분자인 P((A∩B)∩C)는 다음과 같이 표현됩니다.

$$P((A\cap B)\cap C)=P(C)P(A\cap B|C)$$

그리고 분모인 P(B∩C)=P(C)P(B|C)가 됩니다. 따라서 다음과 같은 식을 갖게 됩니다.

$$P(A|B,\ C)=\frac{P((A\cap B)\cap C)}{P(B\cap C)}=\frac{P(A\cap B|C)}{P(B|C)}$$

추가적으로 C 조건하에서 A와 B가 서로 독립인 경우에는 P(A∩B|C)=P(A|C)P(B|C)가 됩니다. 따라서 다음 관계가 성립합니다.

$$P(A|B,\ C)=\frac{P(A\cap B|C)}{P(B|C)}=\frac{P(A|C)P(B|C)}{P(B|C)}=P(A|C)$$

7.8 전체 확률의 법칙

이번에는 전체 확률의 법칙(Law of total probability)에 대해 살펴보겠습니다. 설명을 위해 그림 7.2와 같이 표본 공간 S가 B_1, B_2, B_3 세 개의 서로 다른 부분 집합으로 구분된다고 가정합니다. 그림 7.2의 B_1, B_2, B_3를 집합 S의 파티션(partition)이라고 합니다. 즉, B_i가 상호배타적이고(즉, 교집합이 없고), 전체의 합이 집합 S(즉, $B_1+B_2+B_3=S$)가 되는 경우, B_i를 집합 S의 파티션이라고 합니다.

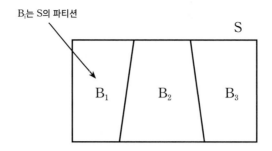

그림 7.2 표본 공간의 파티션

추가적으로 표본 공간 S에 대해 그림 7.3과 같은 사건 A가 있다고 가정합니다(사건 A는 S의 부분 집합입니다).

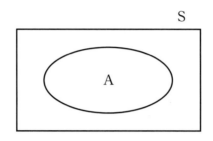

그림 7.3 표본 공간 S에 속한 사건 A

이러한 경우 사건 A의 확률은 다음과 같이 표현할 수 있습니다.

$$P(A) = P(A \cap B_1) + P(A \cap B_2) + P(A \cap B_3)$$

이를 그림으로 표현하면 그림 7.4와 같습니다.

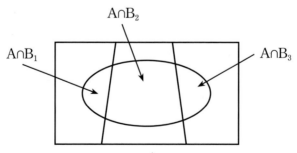

그림 7.4 사건 A와 B_i의 교집합

조건부 확률 공식에 의해 $P(A \cap B_i) = P(A|B_i)P(B_i)$입니다. 이 관계를 일반화하면 다음과 같이 표현할 수 있습니다. B_1, B_2, B_3, …가 표본 공간 S의 파티션이라면 사건 A에 대해 다음 관계가 성립합니다.

$$P(A) = \sum_j^n P(A \cap B_j) = \sum_j^n P(A|B_j)P(B_j)$$

이를 전체 확률의 법칙이라고 합니다.

7.9 베이즈 공식

베이지안 통계(Bayesian statistics) 혹은 베이지안 추론(Bayesian inference)[3]은 여러 가지 통계 분석 방법 혹은 기계학습 알고리즘에서 사용됩니다(대표적인 예가 토픽 모델링에 사용되는 LDA 알고리즘입니다). 그 바탕이 되는 것이 베이즈 공식(Bayes' rule)입니다.[4] 베이즈 공식은 조건부 확률을 기반으로 합니다. 앞에서 살펴본 것처럼 조건부 확률 공식은 다음과 같습니다.

$$P(B|A) = \frac{P(A \cap B)}{P(A)}$$

여기서 $P(A \cap B) = P(A|B)P(B)$로 표현할 수 있습니다. 그에 따르면 다음 식을 얻게 됩니다.

$$P(B|A) = \frac{P(A|B)P(B)}{P(A)}$$

이 식이 바로 베이즈 공식입니다.

위 식에서 분모에 해당하는 $P(A)$는 전체 확률 법칙에 따르면 다음과 같이 표현됩니다.

$$P(A) = \sum_j^n P(A \cap B_j) = \sum_j^n P(A|B_j)P(B_j)$$

즉,

---

3 베이즈 추론이라고도 합니다.
4 베이즈 정리(Bayes' Theorem)라고도 표현합니다.

$$P(B|A) = \frac{P(A|B)P(B)}{P(A)} = \frac{P(A|B)P(B)}{\sum_{j}^{n} P(A|B_j)P(B_j)}$$

가 됩니다.[5]

7.10 변수

이번 절에서는 변수(random variable)에 대해 알아보겠습니다.

7.10.1 변수의 의미

변수가 취하는 값은 무작위 시행(random experiment)의 결과에 의해서 결정됩니다. 예를 들어 보겠습니다. 두 개의 동전을 동시에 던지는 시행에 대한 표본 공간은 다음과 같습니다.

$$S = \{(H,H),(H,T),(T,H),(T,T)\}$$

여기서 변수 X를 두 개의 동전을 동시에 던질 때 나오는 앞면의 수라고 정의하면 변수 X가 취할 수 있는 값은 0, 1, 2가 됩니다. 그리고 이러한 값은 시행의 결과에 의해 결정됩니다. 예를 들어 시행의 결과가 (T,T)인 경우 X의 값은 0이 되고, 그 결과가 (H,T) 또는 (T,H)인 경우에는 X의 값이 1, (H,H)인 경우에는 2가 됩니다.

이러한 관점에서 볼 때 변수는 하나의 숫자를 무작위 시행의 각 결과에 할당(assign)하는 함수라고 간주할 수 있습니다. 예를 들어, 예시의 변수 X는 (T,T)라는 시행의 결과에 대해서는 0을, (H,T)와 (T,H)에 대해서는 1을, (H,H)에 대해서는 2를 할당한다고 생각할 수 있습니다.

변수에서 다루는 숫자는 실수입니다. 따라서 일반적으로 변수는 '시행에 대한 표본 공간에서 실수로의 함수로 정의'됩니다. 즉, 다음과 같이 표현할 수 있습니다.

$$X:S \rightarrow \mathbb{R}$$

여기서 $\mathbb{R}$은 실수 집합이 됩니다.

---

5 베이즈 공식를 바탕으로 한 베이지안 추론(Bayesian inference) 관련 내용은 '부록 D. 베이지안 추론'을 참고하세요.

이 예에서 변수 X를 그림으로 표현하면 그림 7.5와 같습니다.

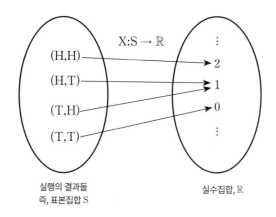

그림 7.5 변수 X: S→ℝ

변수는 간단하게는 여러 개의 값 중 하나의 값을 취하는 어떤 것이라고 생각할 수 있습니다. 그런데 그렇게 취하는 값이 무작위 시행에 의해 결정되는 것입니다.

변수가 어떤 특정 값을 취하는 것은 하나의 사건이 됩니다. 예를 들어, 앞에서 다룬 변수 X(즉, 동전을 두 개 던질 때 나오는 앞면의 수)가 취할 수 있는 값은 0, 1, 2입니다. X=0인 경우는(동전을 두 개 던질 때) 앞면의 수가 0인 사건, X=1은 앞면의 수가 1인 사건, X=2는 앞면의 수가 2인 사건입니다.

또 다른 예를 들어 보겠습니다. 이번에는 주사위를 한 개 던졌을 때 나오는 눈의 값을 변수 Y라고 하겠습니다. 이때 Y가 취할 수 있는 값은 1, 2, 3, 4, 5, 6이 됩니다. Y=1인 경우는(주사위를 한 개 던질 때) 나오는 눈이 1인 사건, …, Y=6인 경우는 나오는 눈이 6인 사건이 되는 것입니다.

변수가 특정한 값을 취하는 확률을 계산해 보겠습니다. 변수가 특정한 값을 취하는 것은 하나의 사건이기 때문에 그 확률은 앞에서 공부한 사건의 확률을 구하는 것과 동일한 방식으로 계산됩니다.

변수 X가 특정한 값(이를 x라고 표현하겠습니다)을 취할 확률 P(X=x)는 다음과 같이 계산합니다(X=x가 하나의 사건).

X=x에 해당하는 원소의 수 / 시행에 대한 표본 공간의 원소의 수

또는

X=x에 해당하는 결과의 수 / 시행으로 나올 수 있는 모든 결과의 수

예를 들어 보겠습니다. 이번에도 앞에서 살펴본 변수 X(즉, 동전 두 개를 동시에 던졌을 때 나오는 앞면의 수)를 사용하겠습니다. 변수 X에 대한 시행은 '동전 두 개를 동시에 던지는 것'입니다. 그리고 이 시행에 대한 표본 공간은 다음과 같습니다.

$$S=\{(H,H),(H,T),(T,H),(T,T)\}$$

변수 X가 취할 수 있는 값은 {0, 1, 2}이 됩니다. 따라서 다음과 같이 표현할 수 있습니다.

$$x\in\{0,1,2\}$$

이때 변수 X가 특정한 값을 가질 확률은 다음과 같이 표현합니다.

$$P(X=x)$$

X가 취할 수 있는 값이 0, 1, 2이므로 $P(X=0),P(X=1),P(X=2)$를 구할 수 있습니다. 그리고 0, 1, 2 이 외의 다른 값을 취할 수 없으므로, 즉 0, 1, 2 값 중 하나를 반드시 취해야 하므로 $P(X=0)+P(X=1)+P(X=2)=1$이 돼야 합니다.

$P(X=1)$의 값을 구해보겠습니다. 이는 다음과 같이 계산합니다.

X=1인 사건에 해당하는 원소의 수 / 시행에 대한 표본 공간의 원소의 수

X=1인 사건은 집합 {(H,T),(T,H)}이기 때문에 분자의 값은 2가 됩니다. X에 대한 시행의 표본 공간은 {(H,H),(H,T),(T,H),(T,T)}이므로 분모의 값은 4가 됩니다. 따라서 $P(X=1)=\frac{2}{4}=\frac{1}{2}$이 됩니다. 비슷한 방식으로 $P(X=0)=\frac{1}{4}$, $P(X=2)=\frac{1}{4}$이 되는 것을 알 수 있습니다. 따라서,

$$P(X=0)+P(X=1)+P(X=2)=\frac{1}{4}+\frac{2}{4}+\frac{1}{4}=1$$

이 됩니다.

7.10.2 서로 독립인 변수들

앞에서 서로 독립인 두 사건에 대해 알아봤습니다. 두 사건 A, B가 독립인 경우, 사건 A가 발생할 확률은 사건 B의 발생 여부에 영향을 받지 않습니다. 이를 수학적으로 표현하면 $P(A\cap B)=P(A)P(B)$ 또는 $P(A|B)=P(A)$가 됩니다.

비슷하게 서로 독립인 두 변수 X, Y에 대해서도 다음 관계가 성립합니다(이는 변수가 특정한 값을 취하는 것이 하나의 사건이기 때문에 그렇습니다).

$$P(X=x, Y=y)=P(X=x)P(Y=y)$$

또는

$$P(X=x|Y=y)=P(X=x)$$

이는 변수 X가 어떤 값을 취할 확률은 변수 Y가 어떤 값을 갖는지와 상관이 없다 또는 영향을 받지 않는다는 것을 의미합니다(X가 x의 값을 취하는 사건을 A, Y가 y의 값을 취하는 사건을 B라고 표현하면, 두 사건이 독립인 경우와 동일한 의미를 갖는 것을 알 수 있습니다).

예를 들어, 동전 한 개를 던지는 시행과 주사위 한 개를 던지는 시행에 대해 서로 다른 두 개의 변수 X, Y를 다음과 같이 정의합니다.

- **변수 X**: 동전을 던져서 나오는 앞면의 수
- **변수 Y**: 주사위를 던져서 나오는 눈의 값

이 경우, X와 Y는 서로 독립인 관계가 됩니다. 왜냐하면 변수 X가 어떤 값을 갖는지가 변수 Y가 어떤 값을 갖는지에 영향을 주지 않기 때문입니다(그 반대도 성립합니다). 따라서 다음 관계가 성립합니다.

$$P(X=x, Y=y)=P(X=x)P(Y=y)$$

그렇다면 동전을 던져서 나오는 앞면의 수가 0이고, 주사위를 던져서 나오는 눈이 6일 확률은 어떻게 계산할 수 있을까요? 다음과 같이 계산할 수 있습니다.

$$P(X=0, Y=6)=P(X=0)P(Y=6)=\frac{1}{4}\cdot\frac{1}{6}=\frac{1}{24}$$

7.11 변수의 종류

변수는 이산변수(discrete variable)와 연속변수(continuous variable)로 구분됩니다. 각 변수에 대해 살펴보겠습니다.

7.11.1 이산변수와 연속변수의 구분

변수는 변수가 취할 수 있는 값을 셀 수 있느냐 없느냐에 따라 이산변수와 연속변수로 구분됩니다. 이 산변수는 변수가 취할 수 있는 값을 셀 수 있는 경우(즉, countable한 경우)를 말합니다. 값을 셀 수 있는 경우 보통은 그 값의 수가 유한(finite)합니다(예: 자동차 바퀴의 수, 성별, 폐암 여부 등). 그래서 일반적으로 이산변수는 취할 수 있는 값의 수가 유한한 변수를 의미합니다. 하지만 셀 수 있지만, 취할 수 있는 값의 수가 무한한 경우도 있습니다(영어로는 countably infinite라고 표현합니다). 이러한 경우도 엄격하게 말하면 셀 수 있는 경우이기 때문에, 이산변수가 됩니다. 예를 들어, 1년에 콜센터에 걸려오는 전화의 수, 백화점을 방문하는 고객의 수, 1년에 발생하는 교통사고의 수, 하루에 태어나는 개미의 수 등이 그러한 예입니다. 실질적으로는 그렇지 않겠지만, 이론적으로 이러한 변수가 취할 수 있는 값의 수는 무한합니다.

반대로 연속변수는 취할 수 있는 값의 수가 무한하고(infinite) 셀 수 없는(uncountable) 변수를 말합니다. 일반적으로 온도, 무게, 길이 등과 같이 (이론적으로) 특정한 구간에 존재하는 모든 실숫값을 취할 수 있는 변수를 의미합니다. 즉, 특정 구간에 존재하는 값의 수가 무한히 많은 경우의 변수가 연속변수입니다. 예를 들어, '길이'라는 연속변수는 10cm와 11cm 사이에 존재하는 실수의 값이 무한히 많습니다(예: 10.1, 10.11, 10.111, 10.1111, …).

7.11.2 이산변수의 확률

변수가 특정한 값을 취할 확률을 나타낼 때 일반적으로 함수를 사용합니다. 이산변수의 확률을 나타낼 때 사용되는 함수를 확률질량함수(probability mass function, PMF)라고 하고, 연속변수의 확률을 나타낼 때 사용되는 함수를 확률밀도함수(probability density function, PDF)라고 합니다.

■ 확률질량함수(probability mass function)

취할 수 있는 값이 $\{x_1, x_2, x_3, \cdots\}$인 이산변수 X에 대해서, 확률질량함수는 다음과 같이 표현됩니다.

$$P_X(x_k) = P(X = x_k), \textit{ for } k = 1, 2, 3, \cdots$$

여기서 아래 첨자 X는 $P_X(x_k)$가 변수 X에 대한 확률질량함수라는 것을 의미합니다. 이는 간단하게 다음과 같이 표현하기도 합니다(이 표현은 계속해서 사용되니 잘 기억해 두세요!).

$$P_X(x) = P(X = x)$$

보다시피, 이산변수 X의 확률질량함수의 값은 X가 특정한 값을 취할 확률이 됩니다.

확률질량함수의 구체적 예를 살펴보겠습니다. 두 개의 동전을 던지는 시행에서 나오는 앞면의 수를 변수 X라고 하겠습니다. 변수 X가 취할 수 있는 값은 0, 1, 2의 세 개로, 그 수를 셀 수 있어 X는 이산변수가 됩니다. 변수 X의 확률질량함수는 다음과 같습니다.

$$x \in \{0,1,2\}$$

$$\mathrm{P_X}(0) = \frac{1}{4}, \ \mathrm{P_X}(1) = \frac{2}{4}, \ \mathrm{P_X}(2) = \frac{1}{4}$$

X의 확률질량함수를 모든 숫자에 대해 표현한다면, 다음과 같이 표현할 수 있습니다.

$$\mathrm{P_X}(x) = \begin{cases} P(X=x) \ if \ x \in \{0, \ 1, \ 2\} \\ \quad 0 \quad \text{그렇지 않은 경우} \end{cases}$$

이산변수의 확률질량함수는 이산변수의 확률분포를 의미합니다. 하나의 변수가 취할 수 있는 각 값과 해당 변수가 각 값을 취할 확률을 대응시켜 놓은 것을 해당 변수의 확률분포라고 합니다. X가 취하는 값과 각 값을 취할 확률(즉, 확률질량함수의 값)을 그래프로 나타내면 그림 7.6과 같습니다.

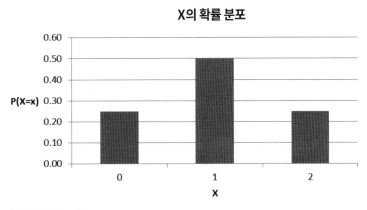

그림 7.6 이산변수 X의 확률분포(PMF)

확률질량함수의 또 다른 예를 살펴보겠습니다. 동전을 한 번 던졌을 때 앞면이 나올 확률이 p인 동전이 하나 있다고 가정합시다(즉, $P(H) = p$). 이 동전을 앞면이 처음 나올 때까지 반복해서 던지는 시행에 대해서 변수 Y를 다음과 같이 정의합니다.

변수 Y: 앞면이 처음 나올 때까지 동전을 던지는 횟수

변수 Y가 취할 수 있는 값은 자연수입니다. Y는 취할 수 있는 값의 수가 무한하지만, 셀 수 있는(count-ably infinite) 변수이기 때문에 이산변수입니다. 이산변수 Y의 확률질량함수를 찾아보겠습니다. 즉, Y에 대해서 $P_Y(k)=P(Y=k)$, *for* $k=1,2,3,\cdots$를 찾아야 하는 것입니다. 각 k의 값에 따라 $P_Y(k)$가 어떻게 되는 지를 계산해 보겠습니다. 동전을 한 번 던질 때 앞면이 나올 확률이 p라는 것을 기억해야 합니다. 이는 뒷면이 나올 확률이 $1-p$라는 것을 의미합니다.

$k=1$은 동전을 한 번 던졌는데, 바로 앞면이 나온 경우를 의미합니다. 따라서 Y의 값이 1이 되는 확률은 처음 동전을 던져서 앞면이 나올 확률과 동일합니다.

$$P_Y(1)=P(Y=1)=\mathrm{P(H)}=p$$

Y의 값이 2가 되는 상황을 생각해 보겠습니다. 이는 동전을 처음 던졌을 때는 뒷면이 나오고 두 번째 던졌을 때 앞면이 나오는 상황을 의미합니다. 즉, $P(Y=2)$는 처음 던지기에서 뒷면이 나올 확률 곱하기 두 번째 던지기에서 앞면이 나올 확률이 됩니다. 왜냐하면 두 사건은 서로 독립이기 때문입니다.

$$P_Y(2)=P(Y=2)=\mathrm{P(TH)}=(1-p)p$$

$Y=3$인 경우는 처음 두 번의 던지기에서는 모두 뒷면이 나오고 마지막 세 번째 던지기에서 앞면이 나오는 상황입니다. 이는 다음과 같이 표현할 수 있습니다.

$$P_Y(3)=P(Y=3)=\mathrm{P(TTH)}=(1-p)(1-p)p=(1-p)^2p$$

이 과정을 일반화하면, $Y=K$의 경우는 처음 $k-1$번의 던지기에서는 모두 뒷면이 나오고 마지막 k번째 던지기에서 앞면이 나오는 상황입니다. 이를 확률로 표현하면 다음과 같습니다.

$$P_Y(k)=P(Y=k)=\mathrm{P(TT...TH)}=(1-p)...(1-p)p=(1-p)^{k-1}p$$

따라서 Y의 확률질량함수는 다음과 같이 표현할 수 있습니다.

$$\mathrm{P}_Y(k)=\begin{cases}(1-p)^{k-1}p \ if \ k \in \{1,\ 2,\ 3,\ ...\}\\ \qquad 0 \quad 그렇지 \ 않은 \ 경우\end{cases}$$

7.11.3 이산 분포의 예: 베르누이(Bernoulli) 분포

여기서는 이산 분포의 한 종류인 베르누이 분포에 대해 살펴보겠습니다.

취할 수 있는 값이 0과 1인 변수를 베르누이 변수라고 하고,[6] 해당 변수는 베르누이 분포를 따른다고 표현합니다. 변수 X가 베르누이 분포를 따른다고 가정하고, P(X=1)=p로 표현하는 경우, 베르누이 분포의 확률질량함수는 다음과 같이 정의됩니다.

$$P_X(x) = p^x (1-p)^{1-x} \text{ for } x \in \{0, 1\}$$

이는 변수 X가 취하는 값이 1인 경우의 확률이 $P_X(1)=p$이고, 0인 경우의 확률이 $P_X(0)=1-p$가 된다는 것을 의미합니다. 0과 1이 아닌 다른 값까지 포함하면 다음과 같이 표현됩니다.

$$p(X=x) = \begin{cases} p & \text{if } x=1 \\ 1-p & \text{if } x=0 \\ 0 & \text{if } x \neq 0, 1 \end{cases}$$

7.11.4 연속변수의 확률

앞에서 말한 것처럼 연속변수는 취할 수 있는 값을 셀 수 없는(uncountable) 변수를 의미합니다. 연속변수의 경우, **변수가 특정한 하나의 값을 가질 확률이 0으로 정의**됩니다. 연속변수 X에 대해서 P(X=x)=0인 것입니다. 연속변수에서는 변수가 특정한 값을 가질 확률보다 특정 구간 사이의 값을 취할 확률(혹은 변수가 취하는 값이 특정 구간 사이에 존재할 확률)이 중요합니다. 연속변수 X에 대해 X가 a와 b 사이($a \leq b$)의 값을 취할 확률은 다음과 같이 정의됩니다.

$$P(a \leq X \leq b) = \int_a^b f_X(x)dx$$

이때 사용되는 $f_X(x)$를 확률밀도함수(probability density function, PDF)라고 합니다.[7] 아래 첨자 X는 해당 함수가 변수 X의 확률밀도함수라는 것을 의미합니다($f_X(x)=f(X=x)$라고 생각할 수 있습니다).

---

6 1은 일반적으로 성공(success)을 의미하며, 0은 실패(failure)를 의미합니다. 취하는 값이 반드시 0과 1이 아니라도, 취하는 값이 2개인 변수는 베르누이 변수가 됩니다. 왜냐하면 취하는 값이 실제로 무엇이든 상관없이 그 수가 2개인 경우에는 하나의 값을 0, 다른 값을 1로 표현할 수 있기 때문입니다. 가령 감성분석의 경우, 감성을 나타내는 변수가 취하는 값은 긍정과 부정, 두 가지만 긍정을 1로, 부정을 0으로 표현할 수 있기 때문에 해당 변수도 베르누이 변수로 간주합니다.

7 물리에서의 밀도의 의미와 비슷하다고 생각할 수 있습니다. 밀도는 부피를 구하는 데 사용됩니다. 확률에서도 밀도함수를 이용해서 면적을 구합니다.

$\int_a^b f_X(x)dx$는 적분을 의미하며, 이는 $f_X(x)$로 표현되는 그래프의 아랫부분에서 a와 b 사이 영역의 면적 (그림 7.8 참고)을 나타냅니다.

확률밀도함수는 그림 7.7과 같이 표현됩니다. 가로축은 연속변수 X가 취하는 값을 나타내고, 세로축은 확률밀도함수의 값을 나타냅니다. 변수 X가 특정한 값(예: x)을 취하는 경우의 확률밀도 값은 $f_X(x) = f(X=x)$가 됩니다. 연속변수의 경우, 확률밀도함수가 변수의 확률 분포 형태를 결정하기 때문에 확률밀도함수 자체가 연속변수의 분포를 의미합니다.

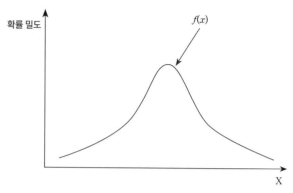

그림 7.7 확률밀도함수의 예

연속변수가 특정 구간의 값을 취할 확률 (즉, 변수가 취하는 값이 특정 구간에 존재할 확률)은 확률밀도함수 아래의 면적으로 표현합니다. 예를 들어, $P(a \le X \le b) = \int_a^b f_X(x)dx$를 그림으로 표현하면 그림 7.8과 같습니다.

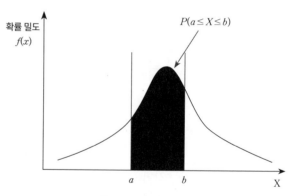

그림 7.8 $P(a \le X \le b) = \int_a^b f_X(x)dx$의 의미

확률밀도함수를 나타내는 곡선 아랫부분 전체 영역의 크기는 1입니다. 이는 이산변수의 경우, 이산변수가 취할 수 있는 모든 값에 대한 확률의 합과 같습니다. 즉, 연속변수 X가 취할 수 있는 모든 값에 대한 확률의 합은 1이라는 뜻입니다 (그림 7.9 참고). 이는 $P(-\infty \le X \le \infty) = \int_{-\infty}^{\infty} f_X(x)dx = 1$을 의미합니다.

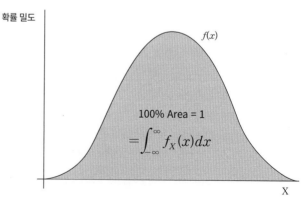

그림 7.9 확률밀도함수 아래 면적 전체의 크기는 1

참고로 연속변수 X의 확률밀도함수 $f_X(x)$와 작은 양수 δ에 대해 다음과 같이 표현할 수 있습니다.

$$P(x < X \leq x + \delta) \approx f_X(x)\delta$$

이는 연속변수 X가 x 근처의 값을 가질 확률이 $f_X(x)\delta$와 비슷하다는 뜻입니다. 따라서 $f_X(x_1) > f_X(x_2)$는 $P(x_1 < X \leq x_1 + \delta) > P(x_2 < X \leq x_2 + \delta)$를 의미합니다. 즉, 변수 X가 x_1 근처의 값을 가질 확률이 x_2 근처의 값을 가질 확률보다 크다는 것입니다.

추가로 $P(x < X \leq x + \delta) \approx f_X(x)\,\delta$ 는 $P(x < X \leq x + \delta)$가 $f_X(x)$의 값과 비례한다는 것을 의미합니다.

7.11.5 연속 분포의 예: 정규 분포

연속변수의 확률분포 중에서 데이터 분석이나 기계학습 분야에서 가장 중요한 것이 정규 분포(Normal distribution)입니다. 정규 분포에 대해 알아보겠습니다.

7.11.5.1 정규 분포의 확률밀도함수

연속변수가 특정 구간 사이의 값을 취할 확률을 계산하기 위해 하나의 연속변수가 특정한 종류의 확률밀도함수를 갖는다고 가정하는 경우가 많습니다. 확률밀도함수 중 가장 중요하고 가장 많이 사용되는 것이 정규 분포에 대한 확률밀도함수입니다. 정규 분포의 확률밀도함수는 다음과 같이 정의합니다.

$$f(x) = \frac{1}{\sigma\sqrt{2\pi}}\, e^{-\frac{1}{2}\left(\frac{x-\mu}{\sigma}\right)^2},\ \text{for} -\infty < x < \infty$$

여기서 μ는 평균을, σ는 표준편차를 의미합니다.[8]

확률 분포(즉, 확률밀도함수)의 형태와 위치를 결정하는 확률밀도함수가 갖는 주요 값들을 해당 분포의 파라미터라고 합니다. 정규 분포 같은 경우에는 두 개의 파라미터가 존재하는데, μ와 σ가 그것입니다. 즉, μ와 σ가 구체적으로 취하는 값에 의해 정규 분포(즉, 확률밀도함수)의 위치와 형태가 달라집니다.

연속변수 X가 평균이 μ이고 분산이 σ^2인 정규 분포를 따르는 경우 다음과 같이 표현합니다. 그리고 변수 X는 평균이 μ이고 분산이 σ^2인 정규 분포를 갖는다고 표현합니다(N은 Normal distribution을 의미합니다).

$$X \sim N(\mu, \sigma^2)$$

---

8 표준편차를 제곱하면 분산이 됩니다. 따라서 해당 분포의 분산은 σ^2입니다.

정규 분포의 확률밀도함수는 그림 7.10과 같이 종 모양(Bell shape)으로 평균을 중심으로 좌우가 대칭인 형태입니다.

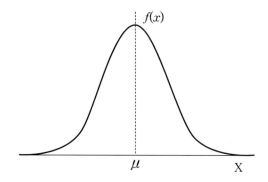

그림 7.10 정규 분포의 형태

7.11.5.2 표준정규 분포

앞에서 설명한 것처럼 특정 변수(예: X)의 확률밀도함수를 사용해 해당 변수의 값이 특정 구간 안에 포함될 확률을 구할 수 있습니다. 하지만 이를 위해서는 해당 변수의 확률밀도함수가 정확히 어떤 형태인지 알아야 합니다. 많은 경우 계산의 용이성을 위해 하나의 변수는 정규 분포를 따른다고 가정합니다. 왜냐하면 정규 분포의 확률밀도함수는 앞 페이지에서 본 것과 같은 수식으로 표현되기 때문에 공식을 이용해 특정 영역의 크기를 계산할 수 있고, 정규 분포는 평균을 중심으로 좌우가 대칭이라는 특성을 갖기 때문입니다.

하지만 정규 분포의 경우는 그 분포의 형태가 평균과 표준편차의 값에 따라 달라집니다. 그럴 경우 확률을 계산하는 것이 상대적으로 번거롭고, 변수 간의 비교도 어렵습니다. 이러한 이유 때문에 많은 경우, 정규 분포를 직접 사용하지 않고 표준화해서 사용합니다. 즉, 평균이 μ이고 분산이 σ^2인 정규 분포(즉, $N(\mu,\sigma^2)$)를 평균이 0이고 분산이 1인 정규 분포로 변환하는 것입니다. 평균이 0이고 분산이 1인 정규 분포를 표준정규 분포(Standard Normal distribution)라고 부르고, $N(0,1)$이라고 표현합니다. $N(\mu,\sigma^2)$ 분포를 $N(0,1)$로 변환하기 위해서는 X 변수를 표준화해야 합니다. 이는 다음 공식을 통해 할 수 있습니다.

$$Z=\frac{X-\mu}{\sigma}$$

$X \sim N(\mu,\sigma^2)$을 위 식을 이용해 표준화하면, Z는 표준정규 분포를 따르게 됩니다(즉, $Z \sim N(0,1)$). 표준정규 분포의 형태는 그림 7.11과 같습니다.

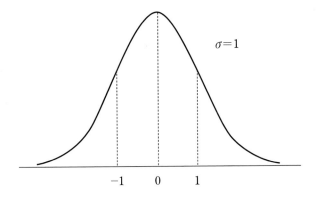

그림 7.11 표준정규 분포

정규 분포를 표준정규 분포로 변환하면 원래 정규 분포의 구체적인 형태를 알지 못하더라도 변수의 확률을 표준정규 분포를 이용해 쉽게 계산할 수 있습니다. 예를 들어 $X\sim N(\mu,\sigma^2)$인 변수 X에 대해서 $P(x_1 \leq X \leq x_2)$를 구하고자 한다고 가정합니다. $P(x_1 \leq X \leq x_2)$를 구하기 위해서는 $N(\mu,\sigma^2)$의 형태를 정확하게 알아야 합니다. 하지만 X를 표준정규 분포를 따르는 Z 변수로 변환하면 표준정규 분포를 이용해서 상대적으로 쉽게 구할 수 있습니다. X를 표준화하면 $P(x_1 \leq X \leq x_2)$는 다음과 같이 표현됩니다.

$$P(x_1 \leq X \leq x_2)=P\left(\frac{x_1-\mu}{\sigma} \leq \frac{X-\mu}{\sigma} \leq \frac{x_2-\mu}{\sigma}\right)$$

여기서 $P\left(\frac{x_1-\mu}{\sigma} \leq \frac{X-\mu}{\sigma} \leq \frac{x_2-\mu}{\sigma}\right)$는 다음과 같이 표현할 수 있습니다.

$$P(z_1 \leq Z \leq z_2), \text{where } Z\sim N(0,1)$$

이 값은 표준정규 분포표를 이용해서 계산할 수 있습니다.[9] 기계학습 관련해서는 이 값을 직접 계산하는 것은 중요하지 않기 때문에 표준정규 분포표를 이용해 어떻게 계산하는지는 설명하지 않겠습니다.

---

9 표준정규 분포표는 검색 사이트에서 쉽게 검색할 수 있습니다.

7.12 누적분포함수

변수의 누적분포함수(cumulative distribution function, CDF)는 변수가 특정한 값 이하의 값을 취할 확률을 나타내는 함수로, 0과 1 사이의 값을 갖습니다. 여기서는 연속변수에 대한 누적분포함수를 먼저 설명하겠습니다. 연속변수 X의 누적분포함수는 다음과 같이 정의됩니다.

$$F_X(x) = P(X \leq x) = \int_{-\infty}^{x} f(t)dt$$

누적분포함수는 $F_X(x)$와 같이 대문자를 이용해 표현합니다. 이는 위의 식에서 알 수 있듯이 변수 X가 특정한 값(x)보다 작거나 같을 확률을 의미합니다. $\int_{-\infty}^{x} f(t)dt$는 확률밀도함수 아래의 영역 중에서 x값 왼쪽 영역의 크기를 의미합니다. 그림으로 누적분포함수와 확률밀도함수의 관계를 표현하면 그림 7.12와 같습니다.

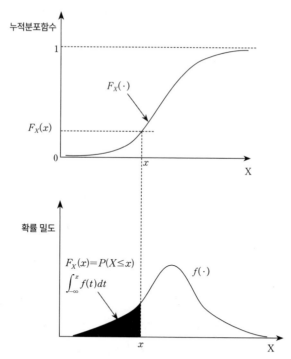

그림 7.12 확률밀도함수와 누적분포함수와의 관계

그렇다면, 연속변수 X가 특정 구간(예: $a \leq X \leq b$) 사이의 값을 취할 확률(즉, $P(a \leq X \leq b)$)을 누적분포함수를 이용해서 어떻게 구할 수 있을까요? 이는 다음과 같이 계산됩니다.

$$P(a \leq X \leq b) = P(X \leq b) - P(X \leq a)$$

여기서 $P(X \leq a)$는 $F_X(a)$이고, $P(X \leq b)$는 $F_X(b)$입니다. 따라서 $P(a \leq X \leq b) = F_X(b) - F_X(a)$가 됩니다. 이를 해당 변수의 확률밀도함수를 이용해 그래프로 표현하면 그림 7.13과 같습니다.

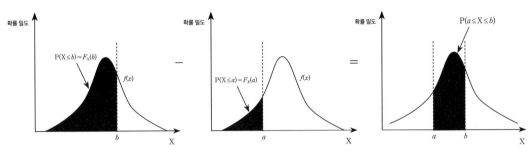

그림 7.13 $P(a \leq X \leq b) = F_X(b) - F_X(a)$의 예

이번에는 이산변수의 누적분포함수에 대해 살펴보겠습니다. 이산변수의 누적분포함수도 연속변수와 동일한 방식으로 정의됩니다. 이산변수 X에 대한 누적분포함수는 다음과 같습니다.

$$F_X(x) = P(X \leq x), \textit{for all } x \in \mathbb{R}$$

여기서 $\mathbb{R}$는 실수의 집합을 의미합니다. 위 식에서 중요한 것이 *all* $x \in \mathbb{R}$ 부분입니다. 즉 이산변수지만 누적분포함수는 모든 실수에 대해 정의된다는 것입니다.

예를 들어 보겠습니다. 두 개의 동전을 동시에 던지는 시행에 대해서 변수 X를 앞면의 수라고 정의하는 경우, X에 대한 누적분포함수를 찾아보겠습니다. X가 취할 수 있는 값들은 {0, 1, 2}이고, 각 값을 취할 확률(즉, 확률질량함수의 값)은 다음과 같습니다.

$$P_X(0) = P(X=0) = \frac{1}{4}$$
$$P_X(1) = P(X=1) = \frac{2}{4}$$
$$P_X(2) = P(X=2) = \frac{1}{4}$$

X의 누적분포함수를 구하기 위해 X가 취할 수 있는 값, 즉 x를 다음과 같은 구간으로 구분해 보겠습니다.

$x<0$인 경우, 변수 X는 0보다 작은 값을 취할 수 없기 때문에 $P(X=x)=0, \textit{for } x<0$입니다. 따라서, 다음 결과를 갖습니다.

$$F_X(x) = P(X \leq x) = 0, \, for \, x < 0$$

반대로, $x \geq 2$인 경우에는,

$$F_X(x) = P(X \leq x) = 1, \, for \, x \geq 2$$

가 성립합니다. $P(X \leq 2)$에는 $P(X=0)$, $P(X=1)$, $P(X=2)$가 모두 포함되기 때문에 $P(X \leq 2) = 1$이 됩니다. 그렇기 때문에 2 이상인 어떤 값에 대해서도 $P(X \leq x) = 1$가 성립합니다.

$0 \leq x < 1$인 경우에는,

$$F_X(x) = P(X \leq x) = \frac{1}{4}, \, for \, 0 \leq x < 1$$

$1 \leq x < 2$인 경우에는,

$$F_X(x) = P(X \leq x) = P(X=0) + P(X=1) = \frac{1}{4} + \frac{2}{4} = \frac{3}{4}, \, for \, 1 \leq x < 2$$

가 됩니다.

이를 정리하면 다음과 같습니다. 다음은 이산변수 X의 누적분포함수입니다.

$$F_X(x) = \begin{cases} 0 & for \, x < 0 \\ \dfrac{1}{4} & for \, 0 \leq x < 1 \\ \dfrac{3}{4} & for \, 1 \leq x < 2 \\ 1 & for \, x \geq 2 \end{cases}$$

이처럼 이산변수의 누적분포함수라고 할지라도 모든 실수에 대해 구하는 것이 필요합니다.

7.13 변수의 평균, 분산, 공분산

데이터 분석에서는 변수가 갖는 분포의 특성을 파악하는 것이 중요합니다. 그중에서도 분포의 위치와 형태를 파악하는 것이 중요합니다. 분포의 위치와 형태를 결정하는 데 있어 가장 큰 역할을 하는 것이 해당 변수의 평균[10]과 분산입니다.[11]

7.13.1 변수의 평균

이산변수의 평균은 다음과 같이 정의합니다.

$$\mathrm{E}(\mathrm{X}) = \sum_{i=1}^{n} x_i P_X(x_i)$$

$\mathrm{E}(\mathrm{X})$에서 E는 Expected value(기댓값)를 의미하고, x_i는 이산변수 X가 취할 수 있는 값을 의미합니다. $P_X(x_i)$는 변수 X의 확률질량함수입니다.

구체적인 예를 들어 보겠습니다. 변수 X를 두 개의 동전을 던지는 경우에 나오는 앞면의 수라고 하면 X가 취할 수 있는 값은 {0, 1, 2}고, 각 값을 취할 확률은 다음과 같습니다.

$$P_X(0) = P(X=0) = \frac{1}{4}$$
$$P_X(1) = P(X=1) = \frac{2}{4}$$
$$P_X(2) = P(X=2) = \frac{1}{4}$$

따라서 변수 X의 평균은 다음과 같습니다.

$$\mathrm{E}(\mathrm{X}) = \sum_{i=1}^{3} x_i P_X(x_i) = x_1 P_X(x_1) + x_2 P_X(x_2) + x_3 P_X(x_3)$$
$$= 0 P_X(X=0) + 1 P_X(X=1) + 2 P_X(X=2) = \frac{1}{2} + \frac{1}{2} = 1$$

연속변수 X에 대한 평균은 다음과 같이 정의합니다.

---

10 평균은 기댓값이라고도 표현합니다.
11 분포의 평균과 분산이라고도 표현됩니다.

$$E(X) = \int_{-\infty}^{\infty} x f_X(x) dx$$

$f_X(x)$는 변수 X의 확률밀도함수입니다.

구체적인 예를 들어 보겠습니다. 연속변수 X가 다음과 같은 확률밀도함수를 갖는다고 가정합시다.[12]

$$f_X(x) = \begin{cases} \dfrac{1}{b-a} & if\ a < x < b \\ 0 & \text{그렇지 않은 경우} \end{cases}$$

연속변수의 평균에 대한 공식을 사용하면 다음과 같이 표현됩니다(적분 관련해서는 다음의 '참고: 적분 공식'을 참고하세요).

$$E(X) = \int_{-\infty}^{\infty} x f_X(x) dx = \int_a^b x \left(\frac{1}{b-a}\right) dx = \frac{1}{b-a}\left[\frac{1}{2}x^2\right]_a^b$$
$$= \frac{1}{b-a}\frac{1}{2}(b^2 - a^2) = \frac{1}{b-a}\frac{1}{2}(b-a)(b+a) = \frac{a+b}{2}$$

 참고 적분 공식

$\int g(x)dx$는 x의 함수인 $g(x)$를 x에 대해 적분한다는 의미입니다. 이는 함수 아래(혹은 위)의 면적을 의미합니다. 예를 들어 그림 7.14와 같이 표현할 수 있습니다(그림 7.14는 전체 구간이 아니라 특정 구간(즉, $a \le X \le b$)에 대한 적분을 보여줍니다).

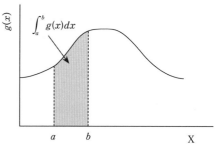

그림 7.14 적분의 의미

어떤 함수의 적분은 보통 다음과 같이 표현됩니다.

$$\int g(x)dx = G(x)$$

이 식은 함수 $g(x)$를 적분하면 또 다른 함수인 $G(x)$가 도출된다는 것을 의미합니다. 그리고 반대로 이는 다음 관계를 만족합니다.

---

12 해당 확률밀도함수는 균등 분포(Uniform distribution)의 확률밀도함수입니다. 이는 로 표현됩니다. 이는 변수 X가 와 사이의 값을 취할 확률이 값과 상관없이 모두 동일한 분포를 의미합니다.

$$\frac{\partial G(x)}{\partial x} = g(x)$$

즉, $G(x)$를 x에 대해 미분하면 $g(x)$가 됩니다.

이 책에서는 다항 함수에 대한 적분만 다루기 때문에 다항 함수의 적분 공식에 대해서만 살펴보겠습니다. 다항 함수의 적분 공식은 다음과 같습니다(여기서 a,b,c는 상수입니다).

$$\int (a + bx^n)dx = ax + \frac{b}{n+1}x^{n+1} + c$$

이는 다음을 의미합니다.

$$g(x) = a + bx^n, \ G(x) = ax + \frac{b}{n+1}x^{n+1} + c$$

따라서 다음 식이 만족하는 것을 확인할 수 있습니다.

$$\frac{\partial G(x)}{\partial x} = \frac{\partial \left(ax + \frac{b}{n+1}x^{n+1} + c \right)}{\partial x} = a + bx^n$$

$\int_a^b g(x)dx$는 $g(x)$를 $a \le X \le b$인 구간에 대해 적분하겠다는 의미로 다음과 같이 표현합니다.

$$\int_a^b g(x)dx = G(b) - G(a)$$

여기서 $G(b) - G(a) = [G(x)]_a^b$로 표현하기도 합니다.

예를 들어 $g(x) = x + 1$이라면(주의! $g(x)$는 확률밀도함수가 아닙니다. 설명을 위한 임의의 함수입니다) 다음 식이 성립합니다.

$$\int_0^1 g(x)dx = \int_0^1 (x+1)dx = G(1) - G(0) = \left(\frac{1}{2}1^2 + 1 + c \right) - \left(\frac{1}{2}0^2 + 0 + c \right) = \frac{3}{2}$$

여기에서 $G(x) = \frac{1}{2}x^2 + x + c$가 됩니다. 이를 그림으로 표현하면 그림 7.15와 같습니다.

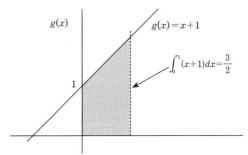

그림 7.15 $\int_0^1 (x+1)dx$의 면적

X의 함수인 $g(X)$에 대해서 $g(X)$의 평균은 다음과 같이 정의됩니다.[13]

$$E[g(X)]=\int_{-\infty}^{\infty} g(x)f_X(x)dx$$

예를 들어, $g(X)=X^2+1$이라고 가정합니다. 이때, $g(X)$의 평균은 다음과 같이 표현됩니다.

$$E[g(X)]=E[X^2+1]=\int_{-\infty}^{\infty} (x^2+1)f_X(x)dx$$

변수의 평균과 관련된 주요 공식은 표 7.1과 같습니다(X는 변수, c, d는 상수입니다).

표 7.1 변수 평균 관련 주요 공식

공식	예
$E(c)=c$	$E(3)=3$
$E(cX)=cE(X)$	$E(3X)=3E(X)$
$E(cX+d)=cE(X)+d$	$E(3X+4)=3E(X)+4$

참고로 $E(X|X)=X$가 됩니다. 이는 변수의 경우 자기 자신을 조건으로 했을 때 상수로 간주되기 때문에 그렇습니다.

7.13.2 변수의 분산

이번에는 변수 X의 분산에 대해 알아보겠습니다. 변수 X의 분산(Var(X))은 다음과 같이 정의합니다.[14]

$$Var(X)=E\{[X-E(X)]^2\}$$

여기서 $E(X)$는 X의 평균입니다. $E(X)$를 μ_X로 표현하고 위 식의 오른쪽 부분을 풀어서 기술해 보겠습니다. μ_X는 구체적인 값을 가지므로 상수가 됩니다.

$$E\{[X-E(X)]^2\}=E\{[X-\mu_X]^2\}=E[X^2-2X\mu_X+\mu_X^2]$$

평균에 대한 공식을 사용하면 $E[X^2-2X\mu_X+\mu_X^2]=E[X^2]-2\mu_X E[X]+\mu_X^2$이 됩니다. 여기에서 $E[X]=\mu_X$ 이므로,

---

13 이를 Law of the unconscious statistician, 줄여서 LOTUS라고 표현합니다.
14 $E\{[X-\mu_X]^2\}$에서 $[X-\mu_X]^2$도 X에 대한 함수이므로 $E\{[X-\mu_X]^2\}=\int_{-\infty}^{\infty}[x-\mu_X]^2 f_X(x)dx$가 됩니다.

$$E[X^2]-2\mu_X E[X]+\mu_X^2 = E[X^2]-2\mu_X^2+\mu_X^2 = E[X^2]-\mu_X^2$$

이 됩니다. 따라서 변수 X의 분산은 다음과 같이 표현할 수 있습니다.

$$\text{Var}(X)=E\{[X-E(X)]^2\}=E(X^2)-\mu_X^2$$

여기서 $E(X^2)$은 X가 이산변수인 경우에는

$$E(X^2)=\sum_{i=1}^{n} x_i^2 P_X(x_i)$$

가 되고, X가 연속변수인 경우에는 다음과 같이 됩니다.

$$E(X^2)=\int_{-\infty}^{\infty} x^2 f_X(x)dx$$

분산 관련해서는 상수 c, d에 대해 다음 식이 만족합니다.

$$\text{Var}(cX+d)=c^2\,\text{Var}(X)$$

예를 들어 Var(3X+4)는 9Var(X)이 됩니다. 그리고 Var(X|X)는 X가 상수로 간주되어 0이 됩니다.

7.13.3 두 변수의 공분산(Covariance)

두 변수 X와 Y의 공분산은 $Cov(X,Y)$로 표현하고, 이는 두 변수의 값이 함께 변하는 정도를 나타내며, 다음과 같이 정의합니다.

$$Cov(X,\,Y)=E[(X-\mu_X)(Y-\mu_Y)]$$

여기서 μ_X는 $E(X)$를, μ_Y는 $E(Y)$를 의미합니다. 위 식에서 오른쪽 항은 다음과 같이 표현할 수 있습니다.

$$E[(X-\mu_X)(Y-\mu_Y)]=E(XY-\mu_Y X-\mu_X Y+\mu_X\mu_Y)=E(XY)-\mu_Y E(X)-\mu_X E(Y)+\mu_X\mu_Y E$$
$$=E(XY)-\mu_Y\mu_X-\mu_X\mu_Y+\mu_X\mu_Y=E(XY)-\mu_X\mu_Y$$

여기서 E(XY)는 X,Y가 이산변수인 경우에는

$$E(XY)=\sum_x\sum_y xyP(X=x,\,Y=y)$$

가 됩니다. 여기서 P($X=x,Y=y$)는 X와 Y의 결합확률질량함수입니다(결합확률질량함수와 결합확률밀도함수 관련해서는 7.15절을 참고하세요).

X, Y가 연속변수일 때는 다음과 같이 표현합니다.

$$E(XY)=\int_{-\infty}^{\infty} xyf_{X, Y}(x, y)dxdy$$

여기서 $f_{X, Y}(x, y)$는 변수 X와 Y의 결합확률밀도함수입니다.

두 변수 X, Y가 서로 독립인 경우에는 E(XY)=E(X)E(Y)가 되어 공분산이 0이 됩니다(즉, $Cov(X, Y)=0$).

변수 X, Y와 상수 a,b,c,d에 대해 공분산 관련 주요 공식은 다음과 같습니다.

$$Cov(X, a)=0$$
$$Cov(X, X)=Var(X)$$
$$Cov(aX+b, cY+d)=acCov(X, Y)$$

7.14 모멘트

모멘트(moment)는 확률분포의 형태와 위치를 나타낼 때 사용하는 지표라고 생각할 수 있습니다. 확률분포를 나타내는 확률밀도함수 $f(x)$에 대한 n차 모멘트는 다음과 같이 정의됩니다.[15]

$$\mu_n=\int_{-\infty}^{\infty} (x-c)^n f(x)dx$$

이 식에서 $c=0$이고 $n=1$인 경우, 다음과 같은 모멘트를 갖습니다.

$$\mu_1=\int_{-\infty}^{\infty} (x-0)^1 f(x)dx=\int_{-\infty}^{\infty} xf(x)dx$$

이를 0에 대한 혹은 0을 중심으로 한 1차 모멘트라고 표현하며, 이는 E(X), 즉 해당 분포의 평균을 의미합니다.

---

15 여기서는 연속변수를 중심으로 모멘트를 설명합니다. 이산변수의 모멘트도 비슷한 식으로 정의됩니다.

이번에는 $c = \mu$이고 $n = 2$인 경우를 살펴보겠습니다. 이는 다음과 같이 정리할 수 있습니다.

$$\mu_2 = \int_{-\infty}^{\infty} (x-\mu)^2 f(x) dx$$

이러한 모멘트를 평균에 대한 혹은 평균을 중심으로 한 2차 모멘트라고 합니다. 이는 $E[(X-\mu)^2] = Var(X)$가 되므로, 평균에 대한 2차 모멘트는 해당 분포의 분산을 나타냅니다.

확률 분포의 형태를 결정하는 지표로 3차, 4차 모멘트와 관련된 것이 있습니다. 3차 모멘트에 대한 것이 왜도(skewness, 기울어진 정도)이고, 4차 모멘트에 대한 것이 첨도(kurtosis, 뾰족한 정도)입니다. 왜도와 첨도는 표준화된 모멘트로 표현됩니다. 즉, 평균을 빼고 표준편차로 나눈 형태가 됩니다.

표준화된 3차 모멘트는 다음과 같이 정의되고, 이를 왜도라고 합니다.

$$\tilde{\mu}_3 = \mathrm{E}\left[\left(\frac{X-\mu}{\sigma}\right)^3\right] = \int_{-\infty}^{\infty} \left(\frac{x-\mu}{\sigma}\right)^3 f(x) dx$$

표준화된 4차 모멘트는 다음과 같이 정의되고, 이를 첨도라고 합니다.

$$\tilde{\mu}_4 = \mathrm{E}\left[\left(\frac{X-\mu}{\sigma}\right)^4\right] = \int_{-\infty}^{\infty} \left(\frac{x-\mu}{\sigma}\right)^4 f(x) dx$$

7.15 결합확률분포

지금까지는 하나의 변수가 갖는 확률분포(즉, 확률질량함수 또는 확률밀도함수)에 대해 살펴봤습니다. 데이터 분석을 수행하다 보면 여러 개의 변수를 동시에 다루게 됩니다. 여러 개의 변수에 대한 확률분포를 결합확률분포(joint probability distribution)라고 합니다. 여기서는 설명을 위해 가장 간단한 경우인 변수가 두 개인 경우를 살펴보겠습니다(변수가 세 개 이상인 경우도 비슷한 방식으로 작동합니다).

7.15.1 두 개의 이산변수

먼저 두 개의 이산변수에 대한 결합확률분포를 나타내는 결합확률질량함수(joint probability mass function)에 대해 알아보겠습니다.

7.15.1.1 결합확률질량함수

두 이산변수 X, Y에 대한 결합확률질량함수는 다음과 같이 표현됩니다.

$$P_{XY}(x,y) = P(X=x, Y=y)$$

이 식은 변수 X가 x의 값을 갖고 **동시에** 변수 Y가 y의 값을 가질 확률을 의미합니다. 따라서 $P((X=x)$ and $(Y=y))$라고도 표현합니다.

변수 X가 취할 수 있는 값의 집합을 $R_X = \{x_1, x_2, \cdots\}$이라고 하고, 변수 Y가 취할 수 있는 값의 집합을 $R_Y = \{y_1, y_2, \cdots\}$라고 할 때, X와 Y가 동시에 취할 수 있는 값의 집합은 다음과 같이 표현됩니다.

$$R_{XY} = R_X \times R_Y = \{(x_i, y_j) | x_i \in R_X, y_j \in R_Y\}$$

그리고 X와 Y가 취할 수 있는 모든 값에 대해서 다음 식이 성립합니다(여기서 $P_{XY}(x,y)$가 하나의 확률분포를 의미하기 때문에 당연히 변수들이 취할 수 있는 모든 값에 대한 확률의 합은 1이 돼야 합니다).

$$\sum_{(x_i, y_j) \in R_{XY}} P_{XY}(x_i, y_j) = 1$$

7.15.1.2 주변확률질량함수

이번에는 주변확률분포(marginal probability distribution)에 대해 알아보겠습니다. 주변확률분포는 다른 변수가 어떤 값을 취하느냐와 상관없이 하나의 변수가 특정 값을 취할 확률을 나타내는 분포를 의미합니다. 이산변수는 주변확률질량함수를 이용해 표현합니다.

두 이산변수 X, Y의 결합확률질량함수를 이용해서 두 변수 중 한 변수의 확률질량함수를 구할 수 있습니다. 이렇게 결합확률질량함수를 이용해 도출되는 한 변수의 확률질량함수를 주변확률질량함수라고 합니다. 두 변수 X, Y에 대해 X의 주변확률질량함수는 다음과 같이 정의됩니다.

$$P_X(x) = P(X=x) = \sum_{y_j \in R_Y} P(X=x, Y=y_j) = \sum_{y_j \in R_Y} P_{XY}(x, y_j)$$

이는 변수 Y가 취할 수 있는 모든 값에 대해 X와 Y의 결합확률질량함수의 값을 더한 것입니다.

동일한 방식으로 Y의 주변확률질량함수를 다음과 같이 구할 수 있습니다.

$$P_Y(y) = \sum_{x_i \in R_X} P_{XY}(x_i, y)$$

구체적인 예를 들어보겠습니다. 두 이산변수 X, Y의 결합확률질량함수[16]가 표 7.2와 같을 때, 각 변수의 주변확률질량함수는 어떻게 될까요?

표 7.2 X, Y의 결합확률질량함수의 예

	Y = 0	Y = 1	Y = 2
X = 0	$\dfrac{1}{6}$	$\dfrac{1}{4}$	$\dfrac{1}{8}$
X = 1	$\dfrac{1}{8}$	$\dfrac{1}{6}$	$\dfrac{1}{6}$

먼저 X의 주변확률질량함수를 구해보겠습니다. 이는 P(X=0)과 P(X=1)을 구하는 것과 같습니다. 각 확률을 위의 결합확률질량함수를 이용해 구해보겠습니다.

여기서 $R_Y \in \{0,1,2\}$입니다. 따라서 앞의 정의에 의해 변수 X가 각 값을 취할 확률은 다음과 같이 계산됩니다.

$$P(X=0)=\sum_{y_j \in R_Y} P(X=0,\ Y=y_j)=P(X=0,\ Y=0)+P(X=0,\ Y=1)+P(X=0,\ Y=2)$$
$$=\frac{1}{6}+\frac{1}{4}+\frac{1}{8}=\frac{13}{24}$$

$$P(X=1)=\sum_{y_j \in R_Y} P(X=1,\ Y=y_j)=P(X=1,\ Y=0)+P(X=1,\ Y=1)+P(X=1,\ Y=2)$$
$$=\frac{1}{8}+\frac{1}{6}+\frac{1}{6}=\frac{11}{24}$$

따라서 X의 주변확률질량함수는 다음과 같이 표현할 수 있습니다.

$$P_X(x)=\begin{cases} \dfrac{13}{24} & x=0 \\[2mm] \dfrac{11}{24} & x=1 \\[2mm] 0 & x \notin \{0,\ 1\} \end{cases}$$

같은 방식으로 Y의 주변확률질량함수를 구하면 다음과 같습니다. 참고로 $R_X \in \{0,\ 1\}$입니다.

---

16 결합확률질량함수이기 때문에 모든 셀 값의 합은 1이 됩니다.

$$P_Y(y) = \begin{cases} \dfrac{7}{24} & y=0 \\[2mm] \dfrac{5}{12} & y=1 \\[2mm] \dfrac{7}{24} & y=2 \\[2mm] 0 & y \notin \{0,\ 1,\ 2\} \end{cases}$$

이번에는 위의 결합확률질량함수를 이용해서 P(Y=1|X=0)을 구해보겠습니다. 조건부 확률 공식에 의하면

$$P(Y=1|X=0) = \frac{P(X=0,\ Y=1)}{P(X=0)}$$

이 됩니다. 여기서 분모는 X의 주변확률을 사용해 구할 수 있고, 분자는 결합확률질량함수를 이용해 계산할 수 있습니다.

$$\frac{P(X=0,\ Y=1)}{P(X=0)} = \frac{1/4}{13/24} = \frac{6}{13}$$

추가적으로 $P(Y=1|X=0)=\dfrac{6}{13} \neq P(Y=1)=\dfrac{5}{12}$이기 때문에, 즉 $P(Y=y|X=x) \neq P(Y=y)$이기 때문에 변수 X와 Y는 서로 독립이 아닌 것을 알 수 있습니다.

7.15.1.3 결합누적분포함수

이번에는 두 이산변수 X, Y에 대한 결합누적분포함수를 살펴보겠습니다. 이산변수 X의 누적분포함수가 다음과 같이 정의될 때,

$$F_X(x) = P(X \leq x)$$

두 이산변수 X, Y의 결합누적분포함수는 다음과 같이 정의됩니다.

$$F_{XY}(x,y) = P(X \leq x, Y \leq y)$$

이는 변수 X의 값이 x 이하이면서 동시에 Y의 값이 y 이하일 확률을 의미합니다. 예를 들어, 표 7.2의 결합확률질량함수에 대해 $P(X \leq 1, Y \leq 1)$의 값은 다음과 같이 계산됩니다.

$$P(X \leq 1, \ Y \leq 1) = \sum_{x \leq 1, \ y \leq 1} P(X = x, \ Y = y)$$
$$= P(X = 0, \ Y = 0) + P(X = 0, \ Y = 1) + P(X = 1, \ Y = 0) + P(X = 1, \ Y = 1)$$
$$= \frac{1}{6} + \frac{1}{4} + \frac{1}{8} + \frac{1}{6} = \frac{17}{24}$$

결합누적분포함수에 대해서 X의 주변누적분포함수는 다음과 같이 정의됩니다.

$$F_X(x) = F_{XY}(x, \infty) = P(X \leq x, Y \leq \infty) = P(X \leq x)$$

Y의 주변누적분포함수도 동일하게 정의됩니다.

$$F_Y(y) = F_{XY}(\infty, y) = P(X \leq \infty, Y \leq y) = P(X \leq y)$$

7.15.1.4 조건부 확률질량함수

이번에는 조건부 확률질량함수(PMF)에 대해 알아보겠습니다. 두 이산변수 X, Y에 대해 Y가 특정한 값 (y)을 가질 때(즉, Y=y일 때), X가 특정한 값(x)을 가질 확률은 다음과 같이 표현됩니다.

$$P_{X|Y}(x|y) = \frac{P_{XY}(x, \ y)}{P_Y(y)}$$

이는 다시 다음과 같이 표현할 수 있습니다.

$$P(X = x | Y = y) = \frac{P(X = x, \ Y = y)}{P(Y = y)}$$

7.15.1.5 두 이산변수 X, Y가 서로 독립인 경우

서로 독립인 두 이산변수의 결합확률질량함수는 다음과 같이 표현할 수 있습니다.

$$P_{XY}(x, y) = P_X(x) \ P_Y(y)$$

두 변수 X, Y가 독립인 경우에는 결합누적확률분포와 조건부 확률질량함수에 대해서도 다음과 같은 관계가 성립됩니다.

$$F_{XY}(x, y) = F_X(x) \ F_Y(y)$$
$$P_{X|Y}(x|y) = P_X(x)$$

두 이산변수 X, Y가 독립인 경우 평균 관련해서는 다음을 만족합니다.

$$E[XY] = E[X]E[Y]$$
$$E[g(X)h(Y)] = E[g(X)]E[h(Y)]$$

여기에서 $g(X)$는 변수 X의 함수이고, $h(Y)$는 변수 Y의 함수입니다.

7.15.1.6 조건부 평균

이산변수 X, Y에 대해 변수 Y가 특정한 값 y_j를 가질 때, X의 평균은 다음과 같이 표현됩니다.

$$E(X|Y=y_j) = \sum_{x_i \in R_X} x_i P_{X|Y}(x_i|y_j)$$

여기서 $P_{X|Y}(x|y) = \dfrac{P_{XY}(x, y)}{P_Y(y)}$입니다.

7.15.1.7 이산변수 X, Y의 함수의 평균

X, Y의 함수의 평균은 다음과 같이 표현합니다(X, Y의 함수를 $g(X,Y)$라고 표현하겠습니다).

$$E[g(X, Y)] = \sum_{(x_i, y_j) \in R_{XY}} g(x_i, y_j) P_{XY}(x_i, y_j)$$

7.15.2 두 개의 연속변수

이번에는 두 개의 연속변수의 결합확률분포를 나타내는 결합확률밀도함수(joint probability density function, joint PDF)에 대해 알아보겠습니다.

7.15.2.1 결합확률밀도함수

두 연속변수 X, Y에 대해 $a \leq X \leq b, c \leq Y \leq d$의 결합확률은 다음과 같이 정의할 수 있습니다.

$$P(a \leq X \leq b, c \leq Y \leq d) = \int_a^b \int_c^d f_{XY}(x, y) dx dy$$

여기서 $P(a \leq X \leq b, c \leq Y \leq d)$는 $a \leq X \leq b$이면서 동시에 $c \leq Y \leq d$일 확률을 의미합니다. 그리고 이러한 확률을 구할 때 사용되는 $f_{XY}(x, y)$를 X와 Y의 결합확률밀도함수라고 합니다.

결합정규 분포(Joint Normal Distribution)

예를 들어 두 변수 X, Y가 결합정규 분포를 따를 경우, 해당 분포의 결합확률밀도함수는 다음과 같이 표현합니다.

$$f_{XY}(x, y) = \frac{1}{2\pi\sigma_x\sigma_y\sqrt{1-\rho^2}} e^{-\left[\frac{z}{2(1-\rho^2)}\right]}$$

여기서 z와 ρ는 다음과 같습니다.

$$z = \frac{(x-\mu_x)^2}{\sigma_x^2} - \frac{2\rho(x-\mu_x)(y-\mu_y)}{\sigma_x\sigma_y} + \frac{(y-\mu_y)^2}{\sigma_y^2}$$

$$\rho = cor(X, Y) = \frac{Cov(X, Y)}{\sigma_x\sigma_y}$$

ρ는 두 변수 X와 Y의 상관계수로, 두 변수의 공분산을 표준편차의 곱하기로 나누어 표준화한 것입니다(따라서 $Cov(X,Y) = \rho\sigma_x\sigma_y$가 됩니다). μ_x는 변수 X의 평균을, σ_x는 변수 X의 표준편차를 의미합니다.

참고로 두 변수의 공분산 행렬은 다음과 같습니다.

$$\begin{bmatrix} Var(X) & Cov(X, Y) \\ Cov(X, Y) & Var(Y) \end{bmatrix} = \begin{bmatrix} \sigma_x^2 & \rho\sigma_x\sigma_y \\ \rho\sigma_x\sigma_y & \sigma_y^2 \end{bmatrix}$$

그리고 이러한 공분산은 Σ로 표현하기도 합니다

해당 결합정규 분포의 형태는 그림 7.16과 같습니다.

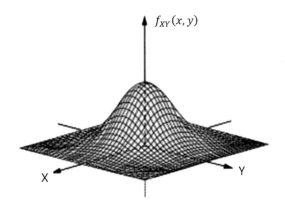

그림 7.16 변수 X와 Y의 결합정규 분포

결합확률밀도함수 아래의 면적은 확률을 의미하기 때문에 다음을 만족해야 합니다.

$$\int_{-\infty}^{\infty} \int_{-\infty}^{\infty} f_{XY}(x, y)dxdy = 1$$

예를 들어 다음과 같은 결합확률밀도함수가 있다고 가정합니다.

$$f_{XY}(x, y) = \begin{cases} x + \dfrac{3}{2}y^2 & 0 \leq X \leq 1,\ 0 \leq Y \leq 1 \\ 0 & \text{그렇지 않은 경우} \end{cases}$$

이 경우 $0 \leq X \leq 1, 0 \leq Y \leq 1$이기 때문에 다음을 만족해야 합니다.

$$\int_0^1 \int_0^1 f_{XY}(x, y)dxdy = 1$$

정말 그런지 확인해 보겠습니다. 먼저 $\int_0^1 f_{XY}(x, y)dx = \int_0^1 \left(x + \dfrac{3}{2}y^2\right)dx$를 계산해 보겠습니다(적분 관련 내용은 '참고: 적분 공식' 부분을 참고하기 바랍니다).

$$\int_0^1 \left(x + \frac{3}{2}y^2\right)dx = \left[\frac{1}{2}x^2 + \frac{3}{2}y^2 x\right]_0^1 = \left(\frac{1}{2}1^2 + \frac{3}{2}y^2 1\right) - \left(\frac{1}{2}0^2 + \frac{3}{2}y^2 0\right) = \frac{3}{2}y^2 + \frac{1}{2}$$

그다음에는 $\int_0^1 \int_0^1 f_{XY}(x, y)dxdy = \int_0^1 \left(\dfrac{3}{2}y^2 + \dfrac{1}{2}\right)dy$를 계산해 보겠습니다.

$$\int_0^1 \left(\frac{3}{2}y^2 + \frac{1}{2}\right)dy = \left[\frac{3}{2}\frac{1}{3}y^3 + \frac{1}{2}y\right]_0^1 = \left(\frac{3}{2}\frac{1}{3}1^3 + \frac{1}{2}1\right) - \left(\frac{3}{2}\frac{1}{3}0^3 + \frac{1}{2}0\right) = 1$$

따라서 다음을 만족합니다.

$$\int_0^1 \int_0^1 f_{XY}(x, y)dxdy = \int_0^1 \int_0^1 \left(x + \frac{3}{2}y^2\right)dxdy = 1$$

그다음에는 위의 결합확률밀도함수를 이용해서 $P\left(0 \leq X \leq \dfrac{1}{2},\ 0 \leq Y \leq \dfrac{1}{2}\right)$을 계산해 보겠습니다. $P\left(0 \leq X \leq \dfrac{1}{2},\ 0 \leq Y \leq \dfrac{1}{2}\right)$은 다음과 같이 표현됩니다.

$$P\left(0 \leq X \leq \frac{1}{2},\ 0 \leq Y \leq \frac{1}{2}\right) = \int_0^{\frac{1}{2}} \int_0^{\frac{1}{2}} \left(x + \frac{3}{2}y^2\right)dxdy$$

적분 공식을 이용해 $\int_0^{\frac{1}{2}} \int_0^{\frac{1}{2}} \left(x + \frac{3}{2} y^2 \right) dx dy$를 계산하면 그 값이 $\frac{3}{32}$이 나옵니다.

7.11.4에서 하나의 연속변수 X의 확률밀도함수는 다음과 같은 의미를 갖는다고 얘기했습니다.

$$P(x < X \le x + \delta) \approx f_X(x) \delta$$

여기서 δ는 아주 작은 양수를 의미합니다. 이와 마찬가지로 아주 작은 양수 δ_x와 δ_y에 대해 다음과 같이 표현할 수 있습니다.

$$P(x < X \le x + \delta_x, y < Y \le y + \delta_y) \approx f_{XY}(x, y) \delta_x \delta_y$$

7.15.2.2 주변확률밀도함수

두 연속변수 X, Y에 대해서 X의 주변확률밀도함수는 다음과 같이 정의됩니다.

$$f_X(x) = \int_{-\infty}^{\infty} f_{XY}(x, \ y) dy$$

마찬가지로 Y의 주변확률밀도함수는 다음과 같습니다.

$$f_Y(y) = \int_{-\infty}^{\infty} f_{XY}(x, \ y) dx$$

예를 들어 앞에서 살펴본 결합확률밀도함수(다음 참고)에 대해서 $f_X(x)$를 계산해 보겠습니다.

$$f_{XY}(x, \ y) = \begin{cases} x + \dfrac{3}{2} y^2 & 0 \le X \le 1, \ 0 \le Y \le 1 \\ 0 & \text{그렇지 않은 경우} \end{cases}$$

그 결과는 다음과 같습니다.

$$\begin{aligned} f_X(x) &= \int_{-\infty}^{\infty} f_{XY}(x, \ y) dy = \int_0^1 \left(x + \frac{3}{2} y^2 \right) dy \\ &= \left[xy + \frac{3}{2} \frac{1}{3} y^3 \right]_0^1 \\ &= x + \frac{1}{2} \end{aligned}$$

따라서 다음과 같이 표현할 수 있습니다.

$$f_X(x) = \begin{cases} x + \dfrac{1}{2} & 0 \le X \le 1 \\ 0 & \text{그렇지 않은 경우} \end{cases}$$

7.15.2.3 결합누적분포함수

두 연속변수 X, Y에 대해서 결합누적분포함수는 다음과 같이 정의합니다.

$$P(X \le x, \ Y \le y) = F_{XY}(x, \ y) = \int_{-\infty}^{y} \int_{-\infty}^{x} f_{XY}(u, \ v) du dv$$

이는 적분 공식에 의해서 다음을 의미합니다.

$$f_{XY}(x, \ y) = \frac{\partial^2 F_{XY}(x, \ y)}{\partial x \, \partial y}$$

여기에서 $\dfrac{\partial^2 F_{XY}(x, \ y)}{\partial x \, \partial y}$는 $F_{XY}(x,y)$를 먼저 x에 대해서 미분하고, 그다음 y에 대해 미분했다는 것을 의미합니다(순서는 바뀌어도 상관없습니다).

7.15.2.4 조건부 확률밀도함수

두 연속변수 X, Y의 결합확률밀도함수 $f_{XY}(x,y)$에 대해 Y = y일 때 X의 조건부 확률밀도함수는 다음과 같이 정의됩니다.

$$f_{X|Y}(x|y) = \frac{f_{XY}(x, \ y)}{f_Y(y)}$$

Y = y일 때, $P(a \le X \le b)$는 다음과 같이 표현됩니다.

$$P(a \le X \le b \,|\, Y = y) = \int_a^b f_{X|Y}(x|y) dx$$

Y = y일 때, 변수 X의 조건부 누적분포함수는 다음과 같습니다.

$$F_{X|Y}(x|y) = P(X \le x \,|\, Y = y) \int_{-\infty}^{x} f_{X|Y}(t|y) dt$$

7.15.2.5 두 연속변수가 독립인 경우

두 연속변수 X, Y가 서로 독립인 경우에는 다음을 만족해야 합니다.

$$f_{X|Y}(x|y) = f_X(x)$$

즉, 이는 X의 확률밀도함수의 값이 Y가 어떤 값을 취하는지에 영향을 받지 않는다는 것을 의미합니다. 두 이산변수가 독립인 경우와 동일한 의미를 갖습니다.

그리고 이것은,

$$f_{X|Y}(x|y) = \frac{f_{XY}(x, y)}{f_Y(y)} = f_X(x)$$

를 의미하기 때문에 결국,

$$f_{XY}(x,y) = f_X(x) f_Y(y)$$

가 됩니다.

이는 X, Y가 이산변수이고 서로 독립인 경우 다음 식이 성립한 것과 같은 의미를 갖는다고 생각할 수 있습니다.

$$P_{XY}(x,y) = P_X(x) P_Y(y)$$

두 연속변수 X, Y가 독립인 경우 누적분포함수에 대해서는 다음을 만족합니다.

$$F_{XY}(x,y) = F_X(x) F_Y(y)$$

두 연속변수 X, Y가 독립인 경우 평균 관련해서는 다음을 만족합니다.

$$E[XY] = E[X]E[Y]$$
$$E[g(X)h(Y)] = E[g(X)]E[h(Y)]$$

7.15.2.6 조건부 평균

7.13.1에서 살펴본 것처럼 하나의 연속변수 X의 평균은 다음과 같습니다.

$$E[X] = \int_{-\infty}^{\infty} x f(x) dx$$

두 연속변수 X, Y에 대해서 Y가 특정한 값을 가질 때(즉, Y=y일 때), 변수 X의 평균은 다음과 같이 표현됩니다.

$$E[X|Y=y] = \int_{-\infty}^{\infty} x f_{X|Y}(x|y) dx$$

Y=y일 때, 변수 X의 함수 $g(X)$에 대한 평균은 다음과 같이 표현됩니다.

$$E[g(X)|Y=y] = \int_{-\infty}^{\infty} g(x) f_{X|Y}(x|y) dx$$

Y=y일 때, 변수 X의 분산은 다음과 같습니다.

$$Var[X|Y=y] = E[X^2 \,|Y=y] - (E[X|Y=y])^2$$

두 연속변수 X, Y의 함수 $g(X,Y)$에 대해 다음을 만족합니다.

$$E[g(X,\ Y)] = \int_{-\infty}^{\infty} \int_{-\infty}^{\infty} g(x,\ y) f_{XY}(x,\ y) dx dy$$

8

기계학습에 대한 이해

지금까지 여러 기계학습 알고리즘의 기반이 되는 확률에 대해서 살펴봤습니다. 이번 장에서는 각 기계학습 알고리즘에 대해 구체적으로 설명하기 전에 기계학습에 대한 기본적인 소개를 먼저 하겠습니다.

8.1 기계학습이란?

기계학습(Machine learning)은 간단하게 말하면 기계, 즉 컴퓨터가 데이터를 학습한다(A machine learns)는 것을 의미합니다. 좀 더 구체적으로 말하면 데이터가 가지고 있는 여러 가지 정보 중에서 주어진 문제를 푸는 데 있어 중요한 역할을 하는 정보를 추출하는 것을 의미합니다. 그리고 이러한 학습에 사용되는 도구를 기계학습 알고리즘(algorithm)이라고 합니다.

8.2 기계학습 알고리즘의 유형

기계학습 알고리즘은 일반적으로 지도학습, 비지도학습, 강화학습의 세 가지로 구분됩니다. 그중 강화학습 알고리즘은 사용 정도가 아직 제한적으로 컴퓨터 게임 등 일부 분야에 사용됩니다. 텍스트 분석에서는 사용 정도가 크지 않아 이 책에서는 지도학습과 비지도학습 알고리즘 중심으로 설명합니다.[17]

---

[17] ChatGPT에서 강화학습 알고리즘이 사용됩니다. 이와 관련해서는 2권에서 다룹니다.

8.2.1 지도학습과 비지도학습 알고리즘

1. **지도학습(supervised learning) 알고리즘**

   지도학습 알고리즘은 정답과 정답을 맞히는 데 필요한 힌트 정보가 모두 있는 데이터를 학습하여 정답과 힌트 간의 관계를 파악하고, 그 결과를 풀고자 하는 문제에 대한 데이터에 적용하여 주어진 문제를 해결하는 식으로 작동하는 알고리즘을 의미합니다.

2. **비지도학습(unsupervised learning) 알고리즘**

   비지도학습 알고리즘은 관측치의 특성 정보를 담고 있는 데이터에 적용되어 데이터에 존재하는 패턴 혹은 인사이트를 찾는 목적으로 사용됩니다. 지도학습 알고리즘이 적용되는 데이터와 달리 데이터에 저장된 정보를 정답과 힌트 정보로 구분하지 않습니다. 비지도학습 알고리즘을 사용한 분석의 대표적인 예로는 군집화와 차원축소 등이 있습니다.

두 가지 종류의 알고리즘 중에서 지도학습 알고리즘의 사용 정도가 더 많기 때문에 이번 장에서는 지도학습 알고리즘을 중심으로 기계학습 알고리즘이 작동하는 방식에 대해 설명하겠습니다. 비지도학습 알고리즘은 각 알고리즘에 대해 다룰 때 자세하게 설명하겠습니다.

8.3 지도학습 알고리즘의 작동 원리

컴퓨터가 학습하기 위해서는 학습에 사용되는 데이터가 있어야 합니다. 이러한 데이터를 학습 데이터(training data)라고 합니다. 지도학습에서 사용되는 학습 데이터에는 반드시 다음 두 종류의 정보가 모두 포함되어 있어야 합니다. **하나는 풀고자하는 문제에 대한 정답 정보이고 다른 하나는 정답을 맞히는 데 필요한 힌트 정보**입니다. 컴퓨터는 학습을 통해 학습 데이터에 존재하는 힌트와 정답 간의 (최적의) 관계를 파악합니다. 그리고 이러한 관계를 파악하는 데 사용되는 도구가 (지도학습) 알고리즘입니다. 알고리즘은 간단하게 수학적 모형(mathematical model)(또는 수학적 함수(function))이라고 생각할 수 있습니다. 즉, 지도학습의 경우, 수학적 모형을 이용해서 학습 데이터에 존재하는 정답과 힌트 간의 관계를 파악하고, 그 결과를 풀고자 하는 문제에 대한 데이터에 적용해서 해당 데이터에 존재하는 힌트 정보를 이용해 정답을 예측합니다.

구체적인 예를 들어보겠습니다. 풀고자 하는 문제가 아파트의 크기(평수) 정보를 이용하여 아파트의 가격을 예측하는 것이라고 가정합니다. 이때, 아파트의 가격이 정답이고 아파트의 크기가 힌트가 되는 것입니다. 아파트의 크기 정보를 이용해 가격을 정확하게 예측하기 위해서는 아파트의 크기와 아파트 가격 간의 관계를 아는 것이 필요합니다. 그렇다면 둘의 관계를 어떻게 알 수 있을까요? 이러한 관계를 파악하기 위해서는 아파트의 가격 정보와 크기 정보, 즉 정답과 힌트 정보가 담긴 학습 데이터가 필요합니다. 표 8.1은 이러한 학습 데이터의 예를 보여줍니다. 해당 학습 데이터에는 네 채의 아파트에 대한 정답과 힌트 정보가 있습니다. 예를 들어, 첫 번째 아파트의 크기는 30평이고, 가격은 3억 원입니다. 다음 예에서는 한 채의 아파트가 하나의 관측치(data point)가 됩니다.

표 8.1 학습 데이터의 예

크기(평수)	가격(억 원)
30	3
34	4
34	3.8
48	6

컴퓨터는 이러한 학습 데이터에 존재하는 힌트와 정답 간의 관계를 수학적 모형(즉, 기계학습 알고리즘)을 이용해 파악합니다. 그리고 그러한 과정을 학습이라 합니다. 힌트에 해당하는 아파트의 크기를 독립변수[18](영어로는 independent variable, explanatory variable, predictor, regressor 등으로 표현합니다), 정답에 해당하는 아파트의 가격을 종속변수(dependent variable)라고 합니다. 즉, 컴퓨터는 수학적 모형을 이용해서 학습 데이터에 존재하는 독립변수(들)와 종속변수의 관계를 파악합니다.

8.3.1 학습에 사용되는 수학적 모형

그렇다면 학습에 사용되는 수학적 모형은 어떻게 생겼을까요? 수학적 모형은 다르게 표현하면 수학적 함수라고 할 수 있습니다. 여러분이 알고 있는 1차 함수, 2차 함수 등의 다항 함수, 지수 함수, 로그 함수 등이 그러한 예입니다. 수학적 모형을 이용해 학습 데이터에 존재하는 힌트와 정답 간의 관계를 어떻게 파악할 수 있는지를 설명하기 위해 가장 간단한 형태의 수학적 함수인 1차 함수의 예를 들어보겠습니다. 독립변수가 하나인 경우 1차 함수는 다음과 같이 표현됩니다.

$$y = b_0 + b_1 X$$

---

[18] 기계학습에서는 특성(feature)이라고도 합니다.

보통 y는 X의 함수라고 하며, y=f(X)라고 표현합니다. 1차 함수의 경우는 f(X)=b_0+b_1X가 되는 것입니다. 그럼 y=b_0+b_1X에서 b_0, b_1은 무엇을 의미할까요? b_0은 X=0일 때의 y 값, 즉 y 절편(intercept)을 의미합니다. b_1은 기울기(slope)를 의미하고 다음과 같이 표현됩니다.

$$b_1 = \frac{\triangle y}{\triangle X} = \frac{y의\ 변화량}{X의\ 변화량}$$

b_1은 X의 값이 1만큼 증가할 때 y의 값이 얼마만큼 증가 또는 감소하는지를 의미합니다. b_1>0은 X가 증가할 때 y도 증가한다는 것을, b_1<0은 X가 증가할 때 y는 감소한다는 것을 의미합니다. 이러한 1차 함수는 그림 8.1과 같이 직선의 그래프로 표현됩니다(b_1>0인 경우입니다).

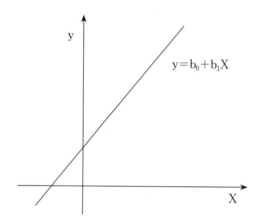

그림 8.1 1차 함수의 예

그렇다면, b_0, b_1은 어떤 역할을 할까요? 그림으로 설명하자면, b_0, b_1이 구체적으로 어떤 값을 갖느냐에 따라 y=b_0+b_1X로 표현되는 직선의 형태가 달라집니다. 예를 들어 b_0=0, b_1=1인 경우와 b_0=2, b_1=2인 경우에 대해 y=b_0+b_1X를 표현해 보면 그림 8.2와 같이 됩니다.

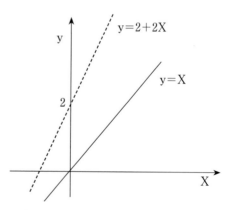

그림 8.2 b_0와 b_1의 값에 따른 직선의 형태

그림 8.2에서 보는 것처럼 b_0, b_1의 값에 따라 직선의 형태가 달라집니다. 그리고 구체적인 직선의 형태는 X와 y의 관계를 의미합니다. 예를 들어, $b_0=0$, $b_1=1$, 즉 y=X는 X의 값이 0인 경우 y의 값도 0이고, X가 1만큼 증가할 때 y의 값도 1 증가하는 관계를 나타냅니다. 반면, $b_0=2$, $b_1=2$, 즉 y=2+2X는 X의 값이 0일 때 y의 값은 2가 되고, X의 값이 1 증가할 때 y의 값은 2 증가하는 관계를 의미합니다. 즉, 1차 함수에 의해 설명되는 X와 y의 관계는 b_0와 b_1이 구체적으로 어떤 값을 갖느냐에 따라 달라지는 것입니다. 이러한 의미에서 b_0, b_1을 함수의 파라미터(혹은 모형의 파라미터)라고 합니다. **파라미터는 수학적 모형에 의해 설명되는 독립변수와 종속변수의 관계를 정의하는 역할**을 합니다. 즉, 파라미터가 구체적으로 어떤 값을 갖느냐에 따라 독립변수와 종속변수의 관계가 달라지는 것입니다. 우리는 학습 데이터를 학습해서 파라미터가 취할 수 있는 여러 값 중에서 우리가 선택한 수학적 모형을 이용해 (학습 데이터에 존재하는) 독립변수와 종속변수의 관계를 가장 잘 설명하는 파라미터의 값을 찾게 됩니다. 이러한 파라미터의 값을 최적값(optimal value)이라고 합니다. 다시 정리하면, **학습한다는 것은 선택한 수학적 모형(즉, 기계학습 알고리즘)이 갖는 파라미터의 최적값을 찾는다는 의미**입니다. 그리고 그렇게 찾은 파라미터의 최적값을 사용해, 독립변수(들)에 대한 정보만 가지고 있는 새로운 데이터에 존재하는 종속변수의 값을 예측하게 됩니다.

8.3.2 비용함수

그렇다면 파라미터의 최적값은 어떻게 찾아낼 수 있을까요? 파라미터의 최적값은 선택한 수학적 모형을 이용해서 학습 데이터에 존재하는 독립변수와 종속변수 간의 관계를 가장 잘 설명하는 값이라고 했습니다. 가장 잘 설명한다는 것은 다르게 표현하면 설명하지 못하는 정도가 최소라는 것을 의미합니다. 기계학습에서는 파라미터의 최적값을 찾기 위해 모형을 이용해 학습 데이터에 존재하는 종속변수를 설명하지 못하는 정도를 최소화하는 파라미터의 값을 찾습니다. 그리고 모형이 종속변수를 설명하지 못하는 정도를 함수를 이용해서 나타내는데, 이러한 함수를 비용함수(cost function)(또는 손실함수, loss function)라고 합니다. 즉, **파라미터의 최적값은 비용함수의 값을 최소화하는 파라미터의 값**이 됩니다.

일반적으로 학습에서 사용되는 비용함수의 종류는 지도학습 알고리즘을 이용해 풀고자 하는 문제의 종류에 따라 구분됩니다. 지도학습 알고리즘을 이용해서 풀 수 있는 문제의 종류는 크게 두 가지로 구분됩니다. 하나는 회귀 문제(regression problem)이고 다른 하나는 분류 문제(classification problem)입니다. 회귀 문제는 일반적으로 종속변수가 연속형 변수(예: 연봉, 매출 등)[19]인 경우이고, 분류 문제는 종속

---

[19] 혹은 이산변수 중에서도 취할 수 있는 값의 수가 무한히 많은 이산변수가 종속변수인 경우도 회귀 문제로 간주됩니다. 이산변수와 연속변수에 대한 설명은 '7.11 변수의 종류' 섹션을 참고하세요.

변수가 범주형 변수(categorical variable)[20]인 경우입니다. 범주형 변수는 취할 수 있는 값의 수가 제한적이며, 일반적으로 취하는 값이 어떤 그룹의 이름을 의미합니다. 성별, 정치 성향, 질병 여부 등이 그러한 예입니다. 성별 변수는 '남성'과 '여성'이라는 두 개의 값을 취할 수 있고, '남성'은 남성들로 구성된 그룹을, '여성'은 여성들로 구성된 그룹을 의미합니다. 정치 성향 변수는 일반적으로 '보수', '중도', '진보'의 세 개의 값을 취할 수 있으며 각 값은 특정한 정치 성향을 갖고 있는 사람들로 구성된 그룹을 의미합니다.

회귀 문제에는 일반적으로 MSE(mean squared errors)라는 비용함수가 사용되고[21], 분류 문제에는 교차 엔트로피(cross entropy)[22]라는 비용함수가 사용됩니다.

MSE는 다음과 같습니다.

$$\frac{1}{N}\sum_{i=1}^{N}(y_i - \hat{y}_i)^2$$

위 식에서 N은 학습 데이터에 존재하는 관측치의 수를, y_i는 학습 데이터에 존재하는 관측치 i의 실제 종속변수 값을, 그리고 $\hat{y}_i$는 선택한 수학적 모형을 통해 예측되는 관측치 i가 갖는 종속변수의 예측치가 됩니다. 예를 들어, 선택한 수학적 모형이 1차 함수이고 학습 데이터에 독립변수가 한 개만 존재한다면 $\hat{y}_i = b_0 + b_1 X_i$가 됩니다. X_i는 학습 데이터에 존재하는 관측치 i가 갖는 독립변수의 값이 됩니다. 실제의 종속변수의 값과 모형을 통해 예측되는 종속변수의 값의 차이가 작으면 작을수록 비용함수의 값이 작아집니다.

종속변수가 취하는 값이 0과 1, 두 개인 경우의 교차 엔트로피는 다음과 같이 표현합니다.

$$-\left[\sum_{i=1}^{N} y_i \log P(y_i = 1) + (1 - y_i) \log P(y_i = 0)\right]$$

여기서도 N은 학습 데이터에 존재하는 관측치의 수를, y_i는 학습 데이터에 존재하는 관측치 i의 실제 종속변수 값을 의미합니다. 종속변수가 취할 수 있는 값이 0과 1이기 때문에 $y_i \in \{0, 1\}$이 됩니다. $P(y_i = 1)$은 관측치 i의 종속변수 값이 1일 확률을, $P(y_i = 0)$은 관측치 i의 종속변수 값이 0일 확률을 의미합니다. 분류 문제에서는 선택한 수학적 모형을 이용해 $P(y_i = 0)$과 $P(y_i = 1)$이 계산됩니다. 종속변수의 실제값이 0인 경우는 $P(y_i = 0)$의 값이 크게 나올수록, 종속변수의 실제값이 1인 경우는 $P(y_i = 1)$의 값이 크게 나올수록 교차 엔트로피 비용함수의 값이 작아집니다.

---

20 범주형 변수는 명목 변수(nominal variable)라고도 합니다.
21 MAE(mean absolute errors)와 같은 다른 비용함수도 있습니다.
22 이를 logistic loss 또는 간단히 log loss라고도 표현합니다.

MSE 또는 교차 엔트로피와 같은 비용함수의 값은 선택된 수학적 모형이 갖는 파라미터 값에 의해 달라집니다. 즉, 비용함수는 (모형이 갖는) 파라미터의 함수가 됩니다. 학습을 통해 파라미터가 취할 수 있는 값 중에서 비용함수의 값을 최소화하는 값을 찾습니다. 그리고 그렇게 찾은 파라미터의 값이 파라미터의 최적값이 됩니다.

예를 들어, 그림 8.3과 같은 비용함수가 있다고 가정해 보겠습니다. 그림을 통해 알 수 있듯이 비용함수의 값은 파라미터인 b가 어떤 값을 취하느냐에 따라 달라집니다. 그리고 비용함수의 값은 파라미터의 값이 b*인 경우 제일 작아집니다. b*가 학습을 통해 도출되는 파라미터의 최적값이 되는 것입니다.

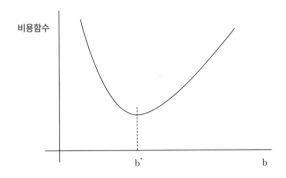

그림 8.3 비용함수의 예

■ 파라미터 최적값의 계산

비용함수의 값을 최소화하는 파라미터의 값이 어떻게 계산되는지를 설명하기 위해 구체적인 예를 들어보겠습니다. 표 8.2와 같이 두 개의 관측치로 구성된 학습 데이터가 있다고 가정합시다(여기서는 하나의 관측치가 한 명의 사람을 의미합니다). 독립변수는 직장 경력이고 종속변수는 연봉입니다. 종속변수가 연속형 변수이기 때문에 문제의 종류는 회귀 문제가 됩니다. 따라서 MSE 비용함수를 사용합니다.

표 8.2 학습 데이터의 예

X(직장 경력)	y(연봉)
1	2
2	6

학습 데이터에 대한 MSE 비용함수는 다음과 같이 표현됩니다(여기서는 비용함수를 E로 표현하겠습니다).

$$E = \frac{1}{2}\sum_{i=1}^{2}(\mathrm{y}_i - \hat{\mathrm{y}}_i)^2$$

학습 데이터에 존재하는 X와 y의 관계를 파악하기 위해 수학적 모형을 선택해야 하는데, 여기서는 설명을 위해 y=b₁X의 간단한 모형을 선택했다고 가정합니다. 선택한 모형에는 파라미터가 한 개만 존재합니다(즉, b₁). $\hat{\mathrm{y}}_i$는 선택한 수학적 모형을 이용해 계산합니다. 즉, $\hat{\mathrm{y}}_i = \mathrm{b}_1\mathrm{X}_i$가 됩니다. 이를 이용해서 비용함수를 다시 표현하면 다음과 같습니다.

$$E = \frac{1}{2}\sum_{i=1}^{2}(\mathrm{y}_i - \mathrm{b}_1\mathrm{X}_i)^2$$

학습 데이터에 존재하는 각 관측치의 X와 y 값을 이용해 이 식을 표현하면 다음과 같이 됩니다.

$$E = \frac{1}{2}\sum_{i=1}^{2}(\mathrm{y}_i - \mathrm{b}_1\mathrm{X}_i)^2 = \frac{1}{2}[(2-1b_1)^2 + (6-2b_1)^2] = \frac{5}{2}b_1^2 - 14b_1 + 20$$

비용함수 E는 파라미터(b_1)의 함수인 것을 알 수 있습니다(즉, 비용함수의 값이 b_1의 값에 따라 달라집니다). 우리는 b_1이 취할 수 있는 여러 가지 값 중에서 E의 값을 최소화하는 값을 찾아야 합니다. 비용함수 E를 그래프로 나타내면 그림 8.4와 같은데, 여기서 b_1^* 값을 찾아야 합니다.

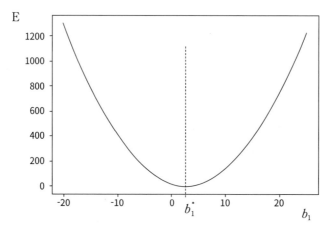

그림 8.4 $\frac{5}{2}b_1^2 - 14b_1 + 20$ 비용함수 형태

8.3.3 비용함수를 최소화하는 파라미터 값 찾기

그렇다면 비용함수를 최소화하는 파라미터의 값은 어떻게 찾을 수 있을까요? 예를 들어, 그림 8.4에서 b_1^*은 어떻게 찾을까요?

일반적으로 다음 두 가지 방식이 사용됩니다.[23]

① 정규방정식(Normal equation) 방법

② 경사하강법(Gradient descent method)

8.3.3.1 정규방정식 방법

정규방정식은 '1차 도함수 = 0'인 방정식을 의미합니다. 1차 도함수는 접선의 기울기를 나타내기 때문에 '접선의 기울기 = 0'인 방정식이라고 생각할 수 있습니다. 정규방정식 방법은 일반적으로 비용함수가 아래로 볼록한 형태인 경우에 사용합니다.[24] 이는 아래로 볼록한 함수의 경우, 최소가 되는 지점이 한 곳만 존재하며 해당 지점에서는 접선의 기울기가 0이 되기 때문입니다(그림 8.5 참고).

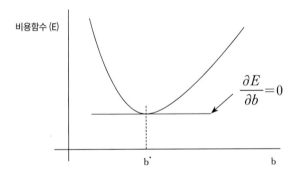

그림 8.5 볼록(convex) 함수의 예

그림 8.5에서 보듯이 접선의 기울기는 비용함수(E)를 파라미터에 대해 한 번 미분한 값(즉, 1차 도함수, $\frac{\partial E}{\partial b}$)이 됩니다. 볼록 함수에서는 접선의 기울기가 0이 되는 지점이 최소 지점이 되기 때문에 '접선의 기울기 = 0'인 방정식을 풀어서 비용함수를 최소화하는 파라미터의 값을 찾을 수 있습니다.

표 8.2의 학습 데이터에 대한 MSE 비용함수는 다음과 같습니다.

---

23 뉴튼–랩슨(Newton–Raphson) 방법 등의 다른 방법도 있습니다.
24 아래로 볼록한 형태의 함수를 볼록 함수(convex function)라고 합니다.

$$E = \frac{5}{2} b_1^2 - 14 b_1 + 20$$

비용함수에 대한 접선의 기울기는 비용함수를 파라미터인 b_1에 대해 한 번 미분한 값, $\frac{\partial E}{\partial b_1} = 5b_1 - 14$가 됩니다(미분 방법에 대해서는 다음의 '미분 공식'을 참고하세요). 1차 도함수도 파라미터의 함수가 됩니다. 위 비용함수의 값을 최소로 하는 b_1의 값은 $\frac{\partial E}{\partial b_1} = 5b_1 - 14 = 0$을 만족하는 값입니다. 즉, $b_1^* = \frac{14}{5}$가 되는 것입니다. 이를 그림으로 표현하면 그림 8.6과 같습니다.

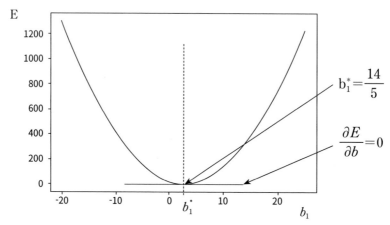

그림 8.6 1차 도함수 = 0인 지점에서의 파라미터 값

파라미터의 수가 두 개 이상일 때는 각 파라미터에 대해 '1차 도함수 = 0'인 방정식을 도출하고 도출된 연립 방정식을 풀어야 합니다. 예를 들어, 선택된 수학적 모형이 파라미터를 두 개(예: b_0, b_1) 갖는다면 다음과 같은 두 개의 방정식이 도출됩니다.

$$\frac{\partial E}{\partial b_0} = 0$$
$$\frac{\partial E}{\partial b_1} = 0$$

위 방정식을 동시에 만족하는 b_0, b_1의 값을 구하면 됩니다. 이러한 연립 방정식을 풀기 위해 일반적으로 행렬 연산 방법을 사용합니다.

참고 **미분 공식**

함수	y	$\dfrac{\partial y}{\partial x}$	예
다항 함수	ax^n	nax^{n-1}	$y=3x^4 \;\rightarrow\; \dfrac{\partial y}{\partial x}=12x^3$
분수 함수	$\dfrac{f(x)}{g(x)}$	$\dfrac{\dfrac{\partial f(x)}{\partial x}g(x)-f(x)\dfrac{\partial g(x)}{\partial x}}{g(x)^2}$	$y=\dfrac{2x^2}{2x+1} \;\rightarrow$ $\dfrac{\partial y}{\partial x}=\dfrac{4x(2x+1)-2x^2\cdot 2}{(2x+1)^2}$
지수 함수	$a^{f(x)}$	$\dfrac{\partial f(x)}{\partial x}a^{f(x)}\ln(a)$	$y=e^{2x} \;\rightarrow\; \dfrac{\partial y}{\partial x}=2e^{2x}$
로그 함수	$\log_a f(x)$	$\dfrac{\dfrac{\partial f(x)}{\partial x}}{f(x)}\cdot\dfrac{1}{\ln(a)}$	$y=\ln 2x \;\rightarrow\; \dfrac{\partial y}{\partial x}=\dfrac{2}{2x}\cdot\dfrac{1}{\ln e}=\dfrac{1}{x}$

8.3.3.2 경사하강법

비용함수의 형태가 아래로 볼록한 형태가 아니거나 계산해야 하는 파라미터의 수가 많을 때는 정규방정식 방법을 사용하기가 어렵습니다. 그러한 경우에는 일반적으로 경사하강법이 사용됩니다. 경사하강법은 어떤 방정식을 풀어서 한 번에 파라미터의 최적값을 찾는 것이 아니라, 파라미터의 값을 순차적으로 업데이트하면서 비용함수를 최소화하는 파라미터의 값을 찾는 방법입니다. 파라미터의 값을 업데이트할 때 기본적으로 사용되는 식은 다음과 같습니다.[25]

$$b_{i,\,new}=b_{i,\,current}-\eta\frac{\partial \mathrm{E}}{\partial b_i}(b_{i,\,current})$$

$b_{i,\,current}$는 파라미터 b_i의 현재 값이고, $b_{i,\,new}$는 새롭게 업데이트된 b_i의 값입니다. $\dfrac{\partial \mathrm{E}}{\partial b_i}(b_{i,\,current})$는 현재의 b_i 값(즉, $b_{i,\,current}$)에서의 접선의 기울기를 의미합니다. η(/에타/)는 학습률(learning rate)로, 한 번에 업데이트되는 정도를 조절하는 상수입니다.[26]

---

25 다른 형태의 식이 사용될 수도 있습니다.
26 η의 값은 사용자가 결정하는데, 보통 0~1 사이의 값을 취합니다. 이렇게 사용자가 그 값을 직접 결정해야 하는 것을 하이퍼파라미터라고 합니다.

경사하강법이 어떻게 작동하는지를 설명하기 위해 앞에서 사용한 비용함수($E = \frac{5}{2}b_1^2 - 14b_1 + 20$)를 계속해서 사용하겠습니다. 일반적으로 파라미터의 초깃값은 랜덤하게 정해집니다. 여기서는 b_i의 초깃값이 15로 정해졌다고 가정하겠습니다. 그 경우에는 첫 번째 업데이트 단계에서 $b_{i, current} = 15$가 됩니다. $\frac{\partial E}{\partial b_1} = 5b_1 - 14$이기 때문에, $\frac{\partial E}{\partial b_1}(b_{1, current}) = 5b_{1, current} - 14$가 됩니다. 따라서 첫 번째 업데이트 단계에서 $\frac{\partial E}{\partial b_1}(b_{1, current}) = 5 \cdot 15 - 14 = 61$이 됩니다(그림 8.7 참고). $\eta = 0.01$이라고 가정하면, 첫 번째 단계에서의 업데이트된 b_1의 값은 다음과 같이 계산됩니다.

$$b_{1, new} = b_{1, current} - \eta \frac{\partial E}{\partial b_1}(b_{1, current}) = 15 - 0.01 \cdot 61 = 15 - 0.61 = 14.39$$

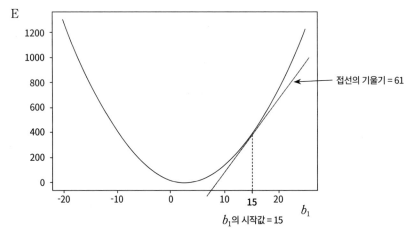

그림 8.7 첫 번째 업데이트 단계

두 번째 단계에서의 파라미터 현재 값은 이전 단계에서 업데이트된 값(즉, 14.39)이 됩니다. 따라서 $\frac{\partial E}{\partial b_1}(b_{1, current})$는 $b_1 = 14.39$에서의 접선의 기울기가 됩니다. 계산은 다음과 같습니다.

$$\frac{\partial E}{\partial b_1}(b_{1, current}) = 5b_{1, current} - 14 = 5 \cdot 14.39 - 14 = 57.95$$

두 번째 단계에서 새로운 파라미터 값은 다음과 같이 계산됩니다(두 번째 단계에서의 η도 0.01입니다. 일반적으로 이 값은 업데이트 단계에 따라 달라지지 않습니다).

$$b_{1, new} = b_{1, current} - \eta \frac{\partial E}{\partial b_1}(b_{1, current}) = 14.39 - 0.01 \cdot 57.95 = 13.8105$$

경사하강법은 이러한 업데이트 과정을 비용함수를 최소로 하는 파라미터 값(혹은 근사치)을 찾을 때까지 반복합니다(혹은 정해진 횟수만큼 반복합니다). 일반적으로 정확한 최적값을 찾기보다는 근사치를 찾습니다. 업데이트되는 정도에 대해 한곗값(threshold)을 정해 업데이트되는 정도가 한곗값보다 작아질 때까지 업데이트 과정을 반복합니다. 근사치를 사용해도 분석의 결과에는 큰 영향을 미치지 않습니다.

8.3.4 학습의 결과로 도출된 모형을 풀고자 하는 문제 데이터에 적용하기

앞의 예에서 학습을 통해 선택한 수학적 모형(즉, $y = b_1 X$)이 갖는 파라미터(b_1)의 최적값($= \frac{14}{5}$)을 도출했습니다. 즉, 학습을 통해 도출된 구체적인 파라미터 값을 갖는 모형은 $\hat{y} = \frac{14}{5} X$가 됩니다. 이러한 모형을 문제의 데이터에 적용해서 해당 데이터에 존재하는 각 관측치의 종속변수 값을 예측할 수 있습니다. 문제의 데이터가 표 8.3과 같다고 가정합니다. 해당 데이터에는 두 사람(즉, 두 개의 관측치)에 대한 정보가 저장되어 있습니다. 하지만 문제에 대한 데이터이기 때문에 학습 데이터와 다르게 각 관측치에 대한 독립변수(X, 경력) 정보만 존재할 뿐, 종속변수(y, 연봉)에 대한 정보는 존재하지 않습니다.

표 8.3 문제에 대한 데이터

관측치	X(경력)
1	5
2	15

이제 학습 결과로 도출된 모형을 이용해 각 관측치의 종속변수 값을 예측해야 합니다. 이를 위해 각 관측치의 독립변수 값을 모형에 대입합니다. 예를 들어, 첫 번째 관측치는 $X = 5$이기 때문에, $\hat{y} = \frac{14}{5} X = \frac{14}{5} \cdot 5 = 14$를 얻게 되고, 두 번째 관측치는 $\hat{y} = \frac{14}{5} X = \frac{14}{5} \cdot 15 = 42$를 얻게 됩니다.

지금까지 설명한 지도학습 알고리즘을 적용하는 순서를 정리하면 다음과 같습니다.

① 학습 데이터와 문제 데이터 준비

② 지도학습 알고리즘(수학적 모형) 선택

③ 학습 ⇒ 파라미터의 최적값 도출

④ 학습 결과를 문제 데이터에 적용

하지만 일반적으로 과정 ③을 수행한 후 과정 ④를 바로 수행하지 않습니다. 학습 이후, 학습의 결과로 도출된 모형의 성능을 평가하는 과정을 거칩니다. 즉, 전체적인 지도학습 알고리즘을 적용하는 순서는 다음과 같습니다.

① 학습 데이터와 문제 데이터 준비

② 지도학습 알고리즘(수학적 모형) 선택

③ 학습 ⇒ 파라미터의 최적값 도출

④ 모형의 성능 평가하기

⑤ 학습 결과를 문제 데이터에 적용

8.3.5 모형의 성능 평가하기

학습의 결과로 도출된 구체적인 파라미터 값을 갖는 모형의 성능을 평가하여 모형의 성능이 괜찮다고 판단되면 해당 모형을 이용해 주어진 문제를 풀고, 그렇지 않으면 이전 단계로 돌아가 모형의 성능을 개선하기 위한 작업을 수행합니다. 이러한 작업의 예로는 더 많은 학습 데이터 수집하기, 모형이 갖는 하이퍼파라미터[27] 값 튜닝하기, 다른 모형 사용해 보기 등이 있습니다.

모형의 성능을 평가하는 데도 데이터가 필요한데, 평가에 사용되는 데이터(즉, 평가 데이터)는 다음 두 가지 조건을 만족해야 합니다. 첫 번째로 힌트 정보뿐만 아니라, 정답 정보도 있어야 합니다. 정답 정보가 있어야 모형을 통해 예측된 값이 정답과 얼마나 차이가 나는지를 파악할 수 있고 그래야 모형의 성능을 평가할 수 있기 때문입니다. 두 번째 조건은 평가 데이터는 학습에 사용되지 않은 데이터여야 한다는 것입니다. 평가 데이터의 목적은 학습의 결과로 도출된 모형이 학습에 사용되지 않은 데이터에 대해 어느 정도의 성능을 보이는지를 평가하는 것이기 때문에 평가 데이터는 정답 정보를 포함하되 학습에 사용되지 않은 데이터여야 합니다. 따라서 정답과 힌트 정보가 있는 데이터를 모두 학습 데이터로 사용하지 않고, 이 중 일부를 학습 데이터로, 나머지를 평가 데이터로 사용합니다. 보통 학습 데이터와 평가 데이터의 비율은 7:3 또는 8:2 정도입니다. 하지만 정답 데이터의 양이 더 많은 경우에는 학습 데이터의 비율을 더 크게 하는 것이 일반적입니다.

모형 성능 평가의 목적으로 사용되는 지표에는 여러 가지가 있습니다. 이러한 지표는 지도학습 알고리즘을 이용해 풀고자 하는 문제가 회귀 문제인지 분류 문제인지에 따라 달라집니다. 회귀 문제에서는 일반적으로 RMSE(Root Mean Squared Errors), RMSLE(Root Mean Squared Log Errors), R^2 등이 사용되고, 분류 문제에서는 정확도(accuracy), 재현율(recall), 정밀도(precision), F1, AUC, log loss[28] 등의

---

27 학습을 통해 최적값이 자동으로 결정되는 파라미터가 아니라, 값을 사용자가 지정해야 하는 파라미터를 하이퍼파라미터라고 합니다. 앞에서 살펴본 경사하강법의 학습률이 그러한 예입니다.

28 앞에서 언급한 것처럼 log loss는 교차 엔트로피를 의미합니다.

지표가 사용됩니다. 여기서는 회귀 문제에서 사용되는 평가 지표에 대해 간단하게 살펴보겠습니다. 분류 문제에 사용되는 지표에 관해서는 텍스트 분류 부분(11장)에서 자세하게 다룹니다.

RMSE(Root Mean Squared Errors)는 비용함수인 MSE에 루트를 취한 값입니다. 식은 다음과 같습니다.

$$RMSE = \sqrt{\frac{1}{N}\sum_{i=1}^{N}(y_i - \hat{y}_i)^2}$$

RMSLE(Root Mean Squared Log Errors)는 다음과 같습니다.

$$RMSLE = \sqrt{\frac{1}{N}\sum_{i=1}^{N}(\log(y_i + 1) - \log(\hat{y}_i + 1))^2}$$

RMSE와 RMSLE 모두 그 값이 작을수록 모형의 성능이 좋다는 것을 의미합니다.

R^2은 다음과 같이 표현합니다.

$$R^2 = \frac{\sum_{i=1}^{N}(\hat{y}_i - \bar{y})^2}{\sum_{i=1}^{N}(y_i - \bar{y})^2}$$

위 식에서 $\bar{y}$는 y의 평균을 의미합니다. 분모는 학습 데이터에서 종속변수가 갖는 전체의 흩어진 정도를 의미하고, 분자는 모형에 의해 설명되는 흩어진 정도를 의미합니다. 즉, R^2은 종속변수가 갖는 전체의 흩어진 정도 중에서 모형에 설명되는 정도를 의미합니다. R^2은 0~1의 값을 취하고 1에 가까울수록 모형의 설명력이 좋다는 것을 의미합니다.

8.4 지도학습에서의 과적합 문제

지도학습의 경우에 가장 유의해야 하는 문제 중 하나가 과적합 문제(overfitting problem)입니다. 과적합 문제는 우리가 선택한 모형이 학습 데이터에 존재하는 독립변수(들)와 종속변수의 관계는 아주 잘 설명하는데(즉, 학습 데이터에 과하게 적합한 것입니다), 새로운 데이터(unseen data)에 대해서는 종속변수의 값을 잘 예측하지 못하는 것을 의미합니다. 지도학습 알고리즘을 이용해서 궁극적으로 해결하고자 하는 것은 새로운 데이터에 존재하는 종속변수를 정확하게 예측하는 것이기 때문에 이러한 과적합 문제를 해결하는 것이 무척 중요합니다. 과적합 문제를 해결하는 방법에는 여러 가지가 있습니다.[29] 그중 가장 일반적으로 많이 사용되는 방법이 규제화(regularization) 방법입니다.

8.4.1 과적합 문제의 주요 원인

·규제화 방법에 대해 설명하기 전에 과적합 문제의 주요 원인에 대해서 먼저 설명하겠습니다. 과적합 문제의 주요 원인에는 두 가지가 있습니다. 첫 번째는 모형이 독립변수 값의 변화에 너무 민감하게 반응하기 때문이고, 두 번째는 모형이 너무 복잡하기 때문입니다. 모형이 독립변수 값의 변화에 민감하게 반응한다는 것은 학습을 통해 도출된 파라미터의 절댓값이 크다는 의미이고, 모형이 복잡하다는 것은 모형에 존재하는 독립변수의 수(혹은 파라미터의 수)가 많다는 의미입니다.

설명을 위해 다음과 같은 두 개의 독립변수를 포함하는 1차 함수가 있다고 가정합시다.

$$\hat{y} = b_0 + b_1 X_1 + b_2 X_2$$

파라미터 중에서 b_1은 X_1이 종속변수에 영향을 미치는 정도(혹은 X_1에 의해 y값이 달라지는 정도), b_2는 X_2가 종속변수에 영향을 미치는 정도를 나타냅니다. 학습을 통해 도출된 b_1(또는 b_2)의 절댓값이 크면 클수록 종속변수의 값이 X_1(또는 X_2)에 민감하게 반응한다는 의미입니다. 그만큼 모형이 학습 데이터에 민감하다는 것입니다. 예를 들어, $b_1 = 10$인 경우와 $b_1 = 1$인 경우를 비교해 보겠습니다. $b_1 = 10$일 때는 X_1의 값이 1만큼 증가할 때 y의 값이 10만큼 증가하고, $b_1 = 1$일 때는 X_1의 값이 1만큼 증가할 때 y의 값이 1만큼 증가합니다. 즉, b_1의 (절대)값이 작을 때 종속변수가 모형에 덜 민감하게 반응합니다. 학습의 결과로 도출된 파라미터의 절댓값이 작으면 작을수록 모형의 민감도가 줄어듭니다. 그렇게 되면 모형이 갖는 일반화 정도가 커져 새로운 데이터에 존재하는 종속변수에 대한 설명력이 증가할 수 있습니다.

파라미터의 값이 줄어들어 그 값이 0이 되면 어떤 효과가 있을까요? 예를 들어 $b_1 = 0$이라고 가정해 보겠습니다. 그렇게 되면, 모형은 다음과 같이 됩니다.

$$\hat{y} = b_0 + 0 X_1 + b_2 X_2 = b_0 + b_2 X_2$$

즉, 특정 파라미터의 값이 0이 되면, 해당 파라미터의 독립변수가 모형에서 제거되는 효과가 있습니다. 이렇게 되면 모형에 포함된 독립변수의 수가 줄기 때문에 모형의 복잡도가 줄어들게 됩니다. 즉, 모형이 단순해지는 것입니다. 모형이 단순해지면 모형의 일반화 정도는 커집니다. 하지만 모형이 너무 단순해지면

---

[29] 학습 데이터의 양을 증가시킬 수도 있고 학습 데이터에 존재하는 이상치를 제거하는 등의 다른 방법도 존재합니다.

모형이 학습 데이터에 존재하는 독립변수와 종속변수의 관계를 제대로 파악하지 못합니다. 그렇게 되면 당연히 새로운 데이터에 존재하는 변수들 간의 관계도 제대로 설명할 수 없습니다. 이러한 문제를 과소적합(underfitting) 문제라고 합니다. 따라서 우리는 너무 복잡하지도 않고 너무 단순하지도 않은 모형을 사용하는 것이 필요합니다. 일반적으로 과소적합 문제는 실제 데이터 분석에서 잘 발생하지 않습니다. 과소적합 문제는 상대적으로 간단하게 해결할 수 있습니다. 더 복잡한 모형을 사용할수도 있고, 데이터에 존재하는 독립변수(들)를 이용해서 새로운 독립변수를 생성함으로써 모형에 포함되는 독립변수의 수를 증가시킬 수도 있습니다.

8.4.2 규제화 방법

규제화 방법은 학습을 통해 도출되는 파라미터의 절댓값을 줄이고자 할 때 사용합니다. 그리고 경우에 따라서는 파라미터의 절댓값을 0까지 줄여 모형을 단순하게 만드는 효과도 있습니다. 규제화 방법은 원래의 비용함수를 그대로 사용하는 것이 아니라 원래의 비용함수에 페널티 항(penalty term)을 더해 새로운 비용함수를 만들어 해당 비용함수를 최소화하는 파라미터의 값을 찾는 방법입니다. 새로운 비용함수는 다음과 같이 표현할 수 있습니다.

$$E_{new} = E_{org} + pernalty$$

E_{org}는 원래의 비용함수를 의미합니다. 회귀 문제는 MSE, 분류 문제는 교차 엔트로피가 되는 것입니다. 페널티 항이 포함된 새로운 비용함수(E_{new})를 최소화하는 파라미터의 절댓값은 원래의 비용함수(E_{org})를 최소화하는 파라미터의 절댓값보다 작습니다.

8.4.2.1 Lp-Norm 개념

규제화 방법은 어떤 페널티 항을 사용하느냐에 따라 두 가지 방법으로 구분됩니다. 하나는 L1 방법이고, 다른 하나는 L2 방법입니다.[30] L1과 L2 규제화 방법을 이해하기 위해서는 벡터와 관련된 Lp-Norm 개념에 대해 알아야 합니다.

---

30 선형 회귀 모형의 경우 L1 방법은 Lasso 방법으로, L2 방법은 Ridge 방법으로도 표현합니다.

(벡터와 관련된 자세한 내용은 9.1절을 참고하세요. 여기서는 L1, L2 규제화 방법을 설명하기 위해 간단하게만 다룹니다.)

벡터란 간단하게 표현하면 여러 개의 숫자를 일렬로 배열한 것이라고 할 수 있습니다. 그리고 벡터를 구성하는 각 숫자를 원소(element)라고 합니다. 다음 벡터 a는 1, 2, 3 세 개의 원소를 갖습니다.

$$a = (1, 2, 3)$$

k개의 원소를 갖는 어떤 벡터 $\mathbf{x} = (x_1, x_2, ..., x_k)$에 대한 Lp-Norm은 다음과 같이 정의됩니다(Norm은 벡터의 길이를 의미합니다).

$$\|\mathbf{x}\|_p = \left(\sum_{i=1}^{k} |x_i|^p\right)^{\frac{1}{p}}$$

위 식에서 $p=1$인 경우를 L1-Norm이라고 하고 $p=2$인 경우를 L2-Norm이라고 합니다. L1-Norm은 다음과 같이 표현됩니다. 즉, 각 원소의 절댓값의 합이 됩니다.

$$\|\mathbf{x}\|_1 = \left(\sum_{i=1}^{k} |x_i|^1\right)^{\frac{1}{1}} = \sum_{i=1}^{k} |x_i| = |x_1| + |x_2| + \cdots |x_k|$$

L2-Norm은 다음과 같이 표현됩니다. 즉, 각 원소를 제곱하여 모두 더한 값에 루트를 취한 것입니다.

$$\|\mathbf{x}\|_2 = \left(\sum_{i=1}^{k} |x_i|^2\right)^{\frac{1}{2}} = \sqrt{\sum_{i=1}^{k} |x_i|^2} = \sqrt{x_1^2 + x_2^2 + \cdots + x_k^2}$$

L1 규제화 방법은 이러한 L1-Norm을 활용한 것이고, L2 규제화 방법은 L2-Norm을 활용한 것입니다. 설명을 위해 사용하고자 하는 수학적 모형이 다음과 같다고 가정합시다.

$$\hat{y} = b_0 + b_1 X_1 + b_2 X_2 + \cdots + b_k X_k$$

이 모형은 k+1개의 파라미터를 갖고, 해당 파라미터는 다음과 같이 벡터로 표현할 수 있습니다.

$$\boldsymbol{b} = (b_0, \ b_1, \ b_2, \ \cdots, \ b_k)$$

이 파라미터 벡터에 대해 L1 페널티 항은 다음과 같이 정의됩니다.

$$\lambda \|\boldsymbol{b}\|_1$$

여기서, $\lambda \|\boldsymbol{b}\|_1$은 파라미터 벡터 $\boldsymbol{b}$의 L1-Norm입니다. 즉, 다음과 같습니다.

$$\|\boldsymbol{b}\|_1 = \sum_{i=0}^{k} |b_i| = |b_0| + |b_1| + |b_2| + \cdots |b_k|$$

그리고 L2 페널티 항은 다음과 같이 표현합니다.

$$\lambda \|\boldsymbol{b}\|_2^2$$

여기서 $\|\boldsymbol{b}\|_2$는 파라미터 벡터 $\boldsymbol{b}$의 L2-Norm이고, $\|\boldsymbol{b}\|_2^2$는 그러한 L2-Norm의 제곱을 의미합니다. 따라서 $\|\boldsymbol{b}\|_2^2$는 다음과 같이 표현됩니다.

$$\|\boldsymbol{b}\|_2^2 = \sum_{i=0}^{k} b_i^2 = b_0^2 + b_1^2 + b_2^2 + \cdots + b_k^2$$

λ(/람다/)는 규제 강도(pentaly strength)라고 불리는 상수입니다(이는 사용자가 결정하는 하이퍼파라미터이고 0보다 큰 값을 갖습니다). λ는 규제를 얼마나 할 것인지, 즉 페널티를 얼마나 추가할 것인지를 결정하는 역할을 합니다. 그 값이 크면 클수록 규제를 많이 한다는 것을(즉, 페널티를 많이 추가한다는 것을) 의미하고, 규제를 많이 할수록 파라미터의 절댓값이 더 줄어드는 효과가 있습니다.

따라서 L1 규제화 방법에 사용되는 새로운 비용함수는 다음과 같이 표현되고

$$E_{new} = E_{org} + \lambda \|\boldsymbol{b}\|_1$$

L2 규제화 방법에 사용되는 새로운 비용함수는 다음과 같이 표현됩니다.

$$E_{new} = E_{org} + \lambda \|\boldsymbol{b}\|_2^2$$

8.4.2.2 규제화의 효과

규제화의 효과를 구체적인 예를 통해 살펴보겠습니다. 이를 위해 앞의 연봉 예에서의 비용함수를 사용하겠습니다. 해당 비용함수는 다음과 같습니다. 그리고 해당 비용함수를 최소화하는 파라미터의 값은 $\dfrac{14}{5}$였습니다.

$$E(b_1) = \frac{5}{2}b_1^2 - 14b_1 + 20$$

사용한 모형은 $\hat{y}_i = b_1 X_i$로, 모형에 존재하는 파라미터가 b_1 하나밖에 없어 비용함수는 b_1의 함수가 됩니다. 이러한 경우, 파라미터 벡터는 $\boldsymbol{b} = (b_1)$이 됩니다. 즉, 원소가 하나만 있는 벡터가 됩니다. 여기서는 규제화의 효과를 설명하기 위해 L2 방법을 사용하겠습니다. 위 파라미터 벡터에 대한 L2 페널티 항은 다음과 같습니다.

$$\lambda \|\boldsymbol{b}\|_2^2 = \lambda b_1^2$$

따라서 새로운 비용함수는 다음과 같이 표현됩니다.

$$E_{new} = E_{org} + \lambda b_1^2$$

여기서 $E_{org} = \frac{5}{2}b_1^2 - 14b_1 + 20$이기 때문에 위 식은 다음과 같이 표현됩니다.

$$E_{new} = \frac{5}{2}b_1^2 - 14b_1 + 20 + \lambda b_1^2$$

E_{new}의 값을 최소화하는 b_1의 값이 λ의 값에 따라 어떻게 달라지는지를 확인하기 위해 $\lambda = \frac{1}{2}$인 경우와 $\lambda = 1$인 경우를 살펴보겠습니다.

$\lambda = \frac{1}{2}$인 경우:

먼저 $\lambda = \frac{1}{2}$로 설정한 경우를 살펴보겠습니다. 그러면 새로운 비용함수는 다음과 같이 됩니다.

$$E_{new} = \frac{5}{2}b_1^2 - 14b_1 + 20 + \frac{1}{2}b_1^2 = \frac{6}{2}b_1^2 - 14b_1 + 20$$

위 식은 아래로 볼록한 함수이기 때문에 비용함수를 최소로 하는 파라미터의 값을 구하기 위해 '1차 도함수 = 0'인 방정식을 풉니다.

$$\frac{\partial E_{new}}{\partial b_1} = 6b_1 - 14 = 0$$

따라서 새로운 비용함수를 최소화하는 파라미터의 값은 $\frac{14}{6}$가 됩니다. 이는 원래의 비용함수를 최소화하는 파라미터의 절댓값(즉, $\frac{14}{5}$)보다 작은 것을 알 수 있습니다. 즉, 모형이 독립변수인 X 값의 변화에 덜 민감하게 반응한다는 것을 의미합니다.

이번에는 λ의 값을 1로 증가시켜 보겠습니다. λ의 값을 증가시키면 규제를 더 많이 한다는 것을 의미하고, 그렇게 하면 학습을 통해 도출되는 파라미터의 절댓값을 더 줄일 수 있다고 했습니다. 정말로 그런지 살펴보겠습니다.

$\lambda=1$인 경우:

$\lambda=1$일 때, 새로운 비용함수는 다음과 같습니다.

$$E_{new} = \frac{5}{2}b_1^2 - 14b_1 + 20 + 1b_1^2 = \frac{7}{2}b_1^2 - 14b_1 + 20$$

위 식에 대해서

$$\frac{\partial E_{new}}{\partial b_1} = 7b_1 - 14 = 0$$

이 됩니다. 따라서 해당 비용함수를 최소로 하는 파라미터의 값은 $\frac{14}{7}$입니다. $\lambda=\frac{1}{2}$인 경우의 파라미터 값인 $\frac{14}{6}$보다 절댓값이 더 작은 것을 확인할 수 있습니다.

8.4.2.3 L1과 L2 규제화 방법의 차이

L1과 L2 방법 모두 학습의 결과로 얻어지는 파라미터의 절댓값을 줄여주는 효과가 있습니다. 하지만 L1 방법은 파라미터의 값이 0까지 줄어들 수 있습니다. 즉, (파라미터의 값이 0이 되는) 독립변수가 모형에서 제거되어 모형이 단순해지는 효과가 있습니다. 상대적으로 덜 중요한 역할을 하는 독립변수가 모형에서 먼저 제거됩니다. 하지만 L2는 0까지 줄어들지는 않습니다. 대신 L2 방법은 경사하강법을 사용하는 경우, 업데이트되는 지점이 비용함수의 최솟값으로부터 멀리 떨어져 있을수록 한 번에 업데이트되는 정도가 더 큽니다.

좀 더 직관적으로 설명하기 위해서 파라미터가 하나(b_1)만 있는 경우에 대해 L1과 L2 방법의 차이를 보겠습니다. 그림 8.8의 왼쪽에서 볼 수 있는 것처럼 L1 규제화 방법의 경우에는 원래의 비용함수에 파라미터의 절댓값 함수가 더해지는 것이기 때문에 새로운 비용함수의 값을 최소로 하는 파라미터의 값이 0이 될 수 있습니다. 반면에 그림 8.8의 오른쪽처럼 L2 규제화 방법에서는 원래의 비용함수에 2차 함수를 더해주는 것이기 때문에 새로운 비용함수의 값을 최소로 하는 파라미터의 값이 0까지는 줄어들지 않습니다.

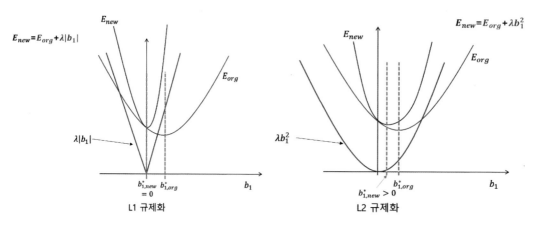

그림 8.8 L1 규제화와 L2 규제화의 차이

이를 수식을 이용해 설명해 보겠습니다. 앞에서 살펴본 비용함수를 예로 설명하겠습니다. 원래 비용함수는 다음과 같고, 해당 비용함수를 최소로 하는 $b_1 = \frac{14}{5}$입니다.

$$E_{org} = \frac{5}{2}b_1^2 - 14b_1 + 20$$

L1 규제화 방법에서의 새로운 비용함수는 다음과 같습니다.

$$E_{L1\_new} = \frac{5}{2}b_1^2 - 14b_1 + 20 + \lambda|b_1|$$

$|b_1|$의 값을 최소로 하는 $b_1 = 0$이고(그림 8.8 왼쪽의 빨간색 그래프), E_{org}를 최소로 하는 $b_1 = \frac{14}{5}$이기 때문에 E_{L1_new}의 값을 최소로 하는 b_1은 0 이상이어야 합니다(즉, $b_1 \geq 0$). $b_1 \geq 0$인 경우, $|b_1|$은 b_1이 됩니다. 따라서 E_{L1_new}는 다음과 같이 표현됩니다.

$$E_{L1\_new} = \frac{5}{2}b_1^2 - 14b_1 + 20 + \lambda b_1 = \frac{5}{2}b_1^2 + (\lambda - 14)b_1 + 20$$

1차 도함수가 0인 방정식은 다음과 같습니다.

$$\frac{\partial E_{L1\_new}}{\partial b_1} = 5b_1 + (\lambda - 14) = 0$$

위 방정식을 만족하는 $b_1 = \dfrac{(14-\lambda)}{5}$입니다. $\lambda = 0$인 경우(즉, 규제화를 적용하지 않는 경우)는 원래의 비용함수를 최소화하는 값과 동일한 $b_1 = \dfrac{14}{5}$입니다. 그리고 λ의 값이 증가할수록 b_1의 값은 작아집니다. $b_1 \geq 0$인 조건을 만족하는 $\dfrac{(14-\lambda)}{5}$의 최솟값은 0입니다. 즉, $\lambda = 14$인 경우, E_{L1_new}를 최소로 하는 b_1의 값이 0이 됩니다. 다시 말하면, L1 규제화 방법은 λ 값을 크게 하는 경우 새로운 비용함수의 값을 최소로 하는 파라미터의 값이 0까지 줄어들 수 있다는 말입니다.

이번에는 L2 규제화의 경우를 살펴보겠습니다. L2 규제화 방법에서의 새로운 비용함수는 다음과 같습니다.

$$E_{L2\_new} = \frac{5}{2}b_1^2 - 14b_1 + 20 + \lambda b_1^2 = \left(\lambda + \frac{5}{2}\right)b_1^2 - 14b_1 + 20$$

따라서 1차 도함수가 0인 방정식은 다음과 같이 표현됩니다.

$$\frac{\partial E_{L2\_new}}{\partial b_1} = 2\left(\lambda + \frac{5}{2}\right)b_1 - 14 = 0$$

이 식을 만족하는 $b_1 = \dfrac{14}{(2\lambda+5)}$가 됩니다. $\lambda = 0$인 경우에는 역시나 마찬가지로 $b_1 = \dfrac{14}{5}$가 됩니다. $\dfrac{14}{(2\lambda+5)}$의 경우, 분자가 0이 아니기 때문에 λ의 값을 증가시켜도 그 값이 줄어들기는 하지만, 0까지는 줄어들지 않는 것을 알 수 있습니다.

$\dfrac{\partial E_{L1\_new}}{\partial b_1}$와 $\dfrac{\partial E_{L2\_new}}{\partial b_1}$를 비교해 보면 L1과 L2 규제화 방법의 또 다른 차이를 확인할 수 있습니다.

$$\frac{\partial E_{L1\_new}}{\partial b_1} = 5b_1 + (\lambda - 14)$$

$$\frac{\partial E_{L2\_new}}{\partial b_1} = 2\left(\lambda + \frac{5}{2}\right)b_1 - 14$$

b_1의 값에 따라 $\dfrac{\partial E_{L1\_new}}{\partial b_1}$와 $\dfrac{\partial E_{L2\_new}}{\partial b_1}$의 값이 어떻게 달라지는지를 그림 8.9와 같이 그래프로 표현해 보겠습니다(설명을 위해 $\lambda = 5$라고 가정합니다). 그림에서 보듯이, b_1의 값이 비용함수의 값을 최소로 하는 값으로부터 멀어지면 $\dfrac{\partial E_{L2\_new}}{\partial b_1}$의 절댓값이 상대적으로 더 큰 것을 알 수 있습니다. 이는 경사하강법에서 한 번에 업데이트되는 정도가 크다는 것을 의미합니다. 따라서 학습의 속도가 조금 더 빠를 수 있습니다.

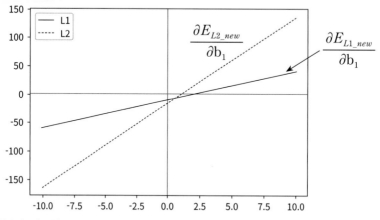

그림 8.9 L1과 L2에서의 1차 도함수의 차이

9

문서의 벡터화

텍스트 데이터를 기계학습 알고리즘을 이용해 분석하려면 텍스트 데이터를 구성하는 각 관측치를 벡터로 표현해야 합니다. 텍스트 데이터는 일반적으로 문서 하나가 하나의 관측치로 간주됩니다. 즉, 하나의 문서를 하나의 벡터로 표현해야 합니다. 이러한 과정을 벡터화(vectorization)라고 합니다.

기계학습에서 데이터를 다룰 때는 기본적으로 벡터의 개념을 사용하기 때문에, 기계학습 알고리즘이 텍스트 데이터에 어떻게 적용되는지를 이해하기 위해 벡터에 대해 알고 있는 것이 필요합니다. 이 책에서는 문서를 벡터로 변환하는 방법을 설명하기 이전에 벡터에 대해 먼저 살펴보겠습니다.

9.1 벡터의 이해

벡터가 무엇이고, 데이터 분석에서 어떤 의미를 갖는지, 그리고 하나의 관측치를 어떻게 벡터로 표현할 수 있는지 등을 알아보겠습니다.[31]

9.1.1 벡터란?

벡터란 간단하게 표현하면 여러 개의 숫자를 일렬로 배열한 것이라고 할 수 있습니다. 숫자를 가로로 배열하면 횡벡터(row vector), 세로로 배열하면 종벡터(column vector)입니다. 일반적으로 벡터라고 하면 종벡터를 의미하며, 다음과 같이 표현할 수 있습니다.

---

31 행렬에 대해서는 '부록 B. 행렬'을 참고하세요.

$$a = (1,\ 2,\ 3)\ \text{(횡벡터)}, \quad a = \begin{pmatrix} 1 \\ 2 \\ 3 \end{pmatrix} \text{(종벡터)}$$

표현의 차이만 있지 둘은 같은 벡터입니다. 벡터를 구성하는 각 숫자를 원소(element)라고 합니다. 위의 벡터 a는 세 개의 숫자로 구성되어 있기 때문에 원소의 수가 3인 벡터가 됩니다.

기계학습 혹은 데이터 분석에서 벡터가 갖는 역할 혹은 의미를 잘 이해하기 위해서는 벡터의 공간적인 의미(기하학적 의미라고도 합니다)를 이해하는 것이 필요합니다. 즉, 공간상 벡터가 갖는 의미를 알아야 합니다. 벡터는 공간(space)에서 어떤 의미를 가질까요?

벡터는 공간상 존재하는 하나의 점(point)을 의미합니다. 공간은 차원(dimension)을 갖습니다. 1차원 공간, 2차원 공간, 3차원 공간이 그 예입니다. 벡터가 존재하는 공간의 차원은 벡터가 갖는 원소의 수에 의해 결정됩니다. 즉, 벡터가 존재하는 공간의 차원은 벡터가 갖는 원소의 수와 동일합니다. 예를 들어, 벡터 a=(1, 2, 3)은 원소의 수가 세 개이므로 3차원 공간에 존재하는 하나의 점이 됩니다.

구체적인 설명을 위해 좀 더 친숙한 2차원 공간에 존재하는 벡터를 예로 들어 보겠습니다. 벡터 x = (4,2)가 있다고 가정합니다. 이 벡터는 원소의 수가 2이기 때문에 2차원 공간에 존재하는 하나의 점입니다. 이를 2차원 공간에 표현하면 그림 9.1과 같습니다. 가로축은 1차원 축이 되고 세로축은 2차원 축이 됩니다. 공간을 표현하는 축은 서로 수직입니다. x = (4,2)에서 첫 번째 원소인 4는 1차원 축에 대한 값이고, 두 번째 원소인 2는 2차원 축에 대한 값입니다.

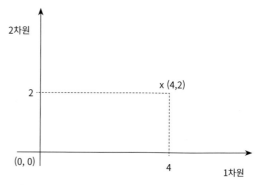

그림 9.1 2차원 공간에 존재하는 x (4,2)

9.1.2 공간상 벡터의 위치

벡터는 공간에서 특정한 위치를 갖습니다. 그리고 벡터의 위치는 그림 9.1에서 보는 것처럼 벡터가 갖는 각 원소의 값에 의해 결정됩니다. 예를 들어, 벡터 x = (4,2)는 1차원 축을 기준으로 원점으로부터 4만큼 떨어져 있고, 2차원 축을 기준으로 원점으로부터 2만큼 떨어진 위치에 존재합니다. 그렇다면, 벡터가 갖고 있는 원소의 값은 무엇을 의미할까요? **벡터가 갖는 원소의 값은 벡터의 고유한 특성을 의미**합니다. 즉, 벡터의 고유한 특성이 벡터가 갖는 구체적인 원소값에 의해 표현됩니다. 결국, 이는 **벡터의 위치가 벡터**

의 **고유한 특성을 나타낸다**는 것을 의미합니다. 공간상의 벡터의 위치가 벡터의 고유한 특성을 나타내기 때문에 서로 다른 두 벡터에 대해 두 벡터의 위치가 얼마나 가까운지 혹은 먼지가 두 벡터의 고유한 특성의 유사도를 의미하게 됩니다. 위치가 가까울수록 고유한 특성의 유사도가 큰 것입니다.

이번에는 다음과 같은 서로 다른 세 개의 벡터를 가정해 보겠습니다.

$$a = (1,2),\ b = (2,2),\ c = (-3,-3)$$

모두 원소의 수가 두 개인 벡터로, 2차원 공간상의 점으로 표현됩니다(그림 9.2 참고).

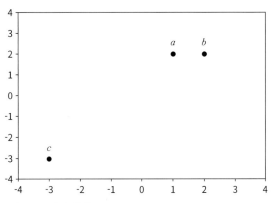

그림 9.2 $a = (1,2),\ b = (2,2),\ c = (-3,-3)$의 위치

공간상 위치가 가까울수록 벡터들의 고유한 특성이 더 유사하다는 것을 의미하기 때문에 그림 9.2에서 벡터 a는 벡터 c보다 벡터 b와 더 유사한 특성을 갖는다는 것을 알 수 있습니다.

그렇다면 두 벡터의 위치가 가깝고 먼 정도를 어떻게 수치로 표현할까요? 이는 두 벡터 사이의 거리를 이용합니다. 거리가 짧을수록 위치가 가깝다는 것(즉, 유사도가 더 크다는 것)을, 거리가 길수록 위치가 멀다는 것(즉, 유사도가 작다는 것)을 의미합니다.

9.1.3 유클리디안 거리

두 벡터 간의 거리를 계산하는 방법에 대해 살펴보겠습니다. 가장 일반적으로 많이 사용되는 방법이 유클리디안 거리(Euclidean distance)입니다.[32] 유클리디안 거리는 **두 벡터 사이의 직선 거리**를 나타냅니다. n차원 공간에 존재하는 두 벡터 $x = (x_1, x_2, \cdots, x_n)$와 $y = (y_1, y_2, \cdots, y_n)$ 사이의 유클리디안 거리는 다음과 같이 정의합니다.

---

[32] "유클리드 거리"라고도 하는데 본 책에서는 "유클리디안 거리"라는 표현을 사용하겠습니다.

$$\overline{xy} = \sqrt{(y_1 - x_1)^2 + (y_2 - x_2)^2 + \cdots + (y_n - x_n)^2}$$

유클리디안 거리가 어떻게 계산되는지 설명하기 위해 2차원 공간에 존재하는 두 벡터 $x = (x_1, x_2)$와 $y = (y_1, y_2)$를 예로 들어 보겠습니다(그림 9.3 참고). 위 정의에 따라 두 벡터 x와 y의 유클리디안 거리는 $\sqrt{(y_1 - x_1)^2 + (y_2 - x_2)^2}$가 됩니다. 이는 그림 9.3에서 c의 길이와 같습니다. 그림 9.3에서 a, b, c 간의 관계는 피타고라스 정리에 의해 $c = \sqrt{a^2 + b^2}$입니다. 여기서 a는 직각 삼각형의 밑변의 길이를 의미하며 이는 $y_1 - x_1$가 되고, b는 직각 삼각형에서의 높이를 의미하고 이는 $y_2 - x_2$가 됩니다. 따라서 c, 즉 x와 y의 유클리디안 거리는 $\sqrt{(y_1 - x_1)^2 + (y_2 - x_2)^2}$가 됩니다.

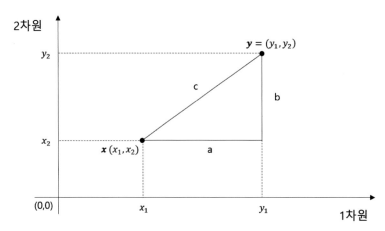

그림 9.3 유클리디안 거리 계산의 예

앞에서 다룬 세 벡터 $a = (1,2)$, $b = (2,2)$, $c = (-3, -3)$에 대해서 a와 b 사이의 유클리디안 거리와 a와 c 사이의 유클리디안 거리를 계산해 보겠습니다.

$$\overline{ab} = \sqrt{(2-1)^2 + (2-2)^2} = 1,$$
$$\overline{ac} = \sqrt{(-3-1)^2 + (-3-2)^2} = \sqrt{41} = 6.403$$

벡터 a와 b 사이의 거리는 1이고, a와 c 사이의 거리는 6.403입니다. 공간에서 벡터 간의 거리는 벡터 간 유사도를 의미하기 때문에, 위의 결과를 토대로 a는 c보다 b와 대략 6.4배 더 유사하다는 것을 알 수 있습니다.

9.1.4 파이썬에서 벡터 다루기

여기서는 파이썬을 이용해 벡터를 생성해 보고, 벡터와 관련된 연산을 수행해 보겠습니다. 관련 코드는 vector_example.ipynb 파일을 참고하세요.

9.1.4.1 벡터 생성하기

파이썬에서는 일반적으로 numpy 모듈[33]을 이용해 벡터를 다룹니다.[34] numpy를 사용하기 위해 다음과 같이 임포트합니다.

```
import numpy as np
```

numpy를 이용해 벡터를 생성할 때는 numpy에서 제공하는 array() 함수를 사용합니다. 리스트 데이터를 array() 함수의 인자로 제공하여 벡터를 생성할 수 있습니다.[35] 예를 들어, a = (1, 2) 벡터를 numpy를 이용하여 생성하기 위해서는 다음과 같이 입력합니다.

```
a = np.array([1, 2])
```

위와 같이 벡터를 생성한 후 shape이라는 키워드를 적용해 생성된 어레이(array) 데이터의 형태를 확인할 수 있습니다.

```
a.shape
```

결과는 다음과 같습니다. 첫 번째 원소는 행의 개수를, 두 번째 원소는 열의 개수를 표현합니다. numpy에서의 벡터는 열의 개수가 표시되지 않습니다. 다음 결과는 원소가 두 개인 벡터라는 것을 의미합니다.

```
(2,)
```

벡터 a의 원소 개수는 len() 함수를 사용해서도 확인할 수 있습니다.

```
len(a)
```

```
2
```

---

33 본 책에서는 필요한 경우가 아니라면 모듈, 패키지, 라이브러리를 구분하지 않고 '모듈'로 표현합니다.
34 Anaconda를 이용해 파이썬을 설치한 경우에는 numpy가 기본으로 설치되어 있기 때문에 추가로 설치할 필요가 없습니다.
35 numpy에서는 벡터를 1D array로 표현합니다. 여기서 1D는 1차원을 의미하는 것이 아니라 원소들을 일렬로 배열한 array라는 의미입니다. 참고로 행렬은 원소들을 가로와 세로 양방향으로 배열하기 때문에 2D array로 표현합니다.

9.1.4.2 벡터의 길이 계산하기

파이썬에서는 numpy의 하위 모듈인 linalg[36]에서 제공하는 norm() 함수[37]를 이용해 벡터의 길이를 계산할 수 있습니다. 여기서 벡터의 길이는 원점으로부터의 유클리디안 거리입니다. 예를 들어, 벡터 a=(1,2)의 길이는 원점 O=(0,0)과 a=(1,2) 사이의 유클리디안 거리, 즉 $\sqrt{(1-0)^2+(2-0)^2}=\sqrt{5}$ 가 됩니다. 이를 norm() 함수를 사용하면 다음과 같이 계산할 수 있습니다. 길이를 구하고자 하는 벡터를 norm() 함수의 인자로 입력합니다.

```
np.linalg.norm(a)
```

위 함수가 반환하는 값은 $\sqrt{5}$ 에 해당하는 2.23606797749979입니다.

9.1.4.3 norm() 함수를 이용해 유클리디안 거리 계산하기

norm() 함수를 이용해 두 벡터 사이의 유클리디안 거리를 계산해 보겠습니다. 이를 위해 먼저 두 벡터의 합과 차가 어떻게 계산되는지 간단히 살펴보겠습니다. 두 벡터의 합은 같은 자리에 있는 원소끼리의 합을 의미하고, 두 벡터의 차는 같은 자리에 있는 원소 간의 빼기를 의미합니다. 예를 들어, 두 벡터 $\boldsymbol{x}=(x_1, x_2)$ 와 $\boldsymbol{y}=(y_1, y_2)$에 대해 $\boldsymbol{x}+\boldsymbol{y}=(x_1+y_1, x_2+y_2)$가 되고 $\boldsymbol{y}-\boldsymbol{x}=(y_1-x_1, y_2-x_2)$가 됩니다. 두 벡터의 합과 차도 또 다른 하나의 벡터가 되는 것을 알 수 있습니다. $\boldsymbol{y}-\boldsymbol{x}$를 $\boldsymbol{z}$로 표현하겠습니다. 그러면 $\boldsymbol{z}$의 길이(즉, 원점으로부터의 유클리디안 거리)는 $\sqrt{(y_1-x_1-0)^2+(y_2-x_2-0)^2}=\sqrt{(y_1-x_1)^2+(y_2-x_2)^2}$가 됩니다. 즉, $\boldsymbol{z}=(\boldsymbol{y}-\boldsymbol{x})$의 길이는 두 벡터 $\boldsymbol{x}=(x_1, x_2)$와 $\boldsymbol{y}=(y_1, y_2)$ 사이의 유클리디안 거리가 됩니다. 따라서 norm() 함수를 이용해 벡터 $\boldsymbol{z}$의 길이를 계산함으로써 간단히 $\boldsymbol{x}$와 $\boldsymbol{y}$ 사이의 유클리디안 거리를 계산할 수 있습니다. 코드는 norm()와 같이 입력하면 됩니다. 예를 들어, 앞에서 본 $\boldsymbol{a}=(1,2)$, $\boldsymbol{b}=(2,2)$, $\boldsymbol{c}=(-3, -3)$에 대해 벡터 $\boldsymbol{a}$와 벡터 $\boldsymbol{b}$ 사이의 유클리디안 거리는 다음과 같이 계산합니다.

```
np.linalg.norm(b-a)
```
```
1
```

마찬가지로 $\boldsymbol{a}$와 $\boldsymbol{c}$ 사이의 유클리디안 거리는 다음과 같이 계산합니다.

```
np.linalg.norm(c-a)
```
```
6.4031242374328485
```

---

36 선형대수를 의미하는 linear algebra의 줄임말입니다.
37 norm은 선형대수에서 벡터의 길이를 의미합니다.

9.1.5 벡터의 길이, norm

선형대수에서는 벡터의 길이를 norm이라고 표현합니다. 여러 종류의 norm이 존재하지만, 일반적으로 많이 사용하는 norm은 Lp-norm(/엘피놈/)입니다. 벡터 $\boldsymbol{x}=(x_1,\ x_2,\ \cdots,\ x_k)$에 대해 Lp-norm은 다음과 같이 정의합니다.

$$Lp-norm=\|\boldsymbol{x}\|_p=\left(\sum_i|x_i|^p\right)^{\frac{1}{p}}=\left(|x_1|^p+|x_2|^p+\cdots+|x_k|^p\right)^{\frac{1}{p}}$$

데이터 분석에서 가장 많이 사용되는 Lp-norm은 p의 값이 1인 L1-norm과 2인 L2-norm입니다. L1-norm은 다음과 같이 표현합니다.

$$L1-norm=\|\boldsymbol{x}\|_1=\left(\sum_i|x_i|^1\right)^{\frac{1}{1}}=|x_1|+|x_2|+\cdots+|x_k|$$

L2-norm은 다음과 같습니다.[38]

$$L2-norm=\|\boldsymbol{x}\|_2=\left(\sum_i|x_i|^2\right)^{\frac{1}{2}}=\sqrt{(x_1)^2+(x_2)^2+\cdots+(x_k)^2}$$

두 벡터 $\boldsymbol{x}=(x_1,\ x_2,\ \cdots,\ x_k)$와 $\boldsymbol{y}=(y_1,\ y_2,\ \cdots,\ y_k)$의 차로 표현되는 벡터 $\boldsymbol{z}=\boldsymbol{x}-\boldsymbol{y}=(x_1-y_1,\ \cdots,\ x_k-y_k)$에 대한 Lp-norm은 다음과 같이 정의합니다.

$$\|\boldsymbol{z}\|_p=\|\boldsymbol{x}-\boldsymbol{y}\|_p=\left(\sum_i|x_i-y_i|^p\right)^{\frac{1}{p}}$$

벡터 $\boldsymbol{z}$의 Lp-norm은 두 벡터 $\boldsymbol{x}$와 $\boldsymbol{y}$ 사이의 Lp-norm으로 표현되는 거리를 의미합니다. $\boldsymbol{z}$에 대한 L1-norm은 다음과 같이 표현됩니다.

$$L1-norm=\|\boldsymbol{x}-\boldsymbol{y}\|_1=\left(\sum_i|x_i-y_i|^1\right)^{\frac{1}{1}}=|x_1-y_1|+|x_2-y_2|+\cdots+|x_k-y_k|$$

이는 벡터 $\boldsymbol{x}$와 $\boldsymbol{y}$ 사이의 L1-norm 거리이고, 이를 시티블록(city-block) 거리 혹은 맨해튼 거리 (Manhattan distance)라고도 합니다. 시티블록 거리는 파이썬에서 제공하는 **Scipy** 모듈의 하위 모듈인

---

38 $\frac{1}{2}$승은 제곱근을 의미합니다.

distance 모듈에서 제공되는 `cityblock()` 함수를 사용하여 계산할 수 있습니다.[39] 앞에서 살펴본 두 벡터 $a=(1,2)$, $b=(2,2)$ 사이의 시티블록 거리를 계산해 보겠습니다. 두 벡터를 `cityblock()` 함수의 인자로 입력합니다.

```
import scipy.spatial.distance as dst  # distance 모듈 임포트하기
dst.cityblock(a,b)  # |1-2| + |2-2|와 같으므로 1을 반환합니다.
```
```
1
```

두 벡터 사이의 L1-norm 거리는 numpy의 linalg 모듈에서 제공하는 `norm()` 함수를 이용해서 계산할 수도 있습니다. 다음과 같이 코딩합니다. 이번에는 $a=(1, 2)$와 $c=(-3, -3)$ 사이의 L1-norm 거리를 계산해 보겠습니다. L1-norm 거리를 계산하기 위해 두 번째 인자로 1의 값을 입력합니다. 두 번째 인자로 입력되는 숫자가 Lp-norm에서의 p를 의미합니다.

```
np.linalg.norm(c-a, 1) # |-3-1| + |-3-2|와 같으므로 결과는 9입니다.
```
```
9.0
```

z에 대한 L2-norm은 다음과 같이 표현합니다.

$$L2-norm = \|x-y\|_2 = \left(\sum_i |x_i - y_i|^2\right)^{\frac{1}{2}} = \sqrt{(x_1 - y_1)^2 (x_2 - y_2)^2 + \cdots + (x_k - y_k)^2}$$

위의 식에서 알 수 있듯이 두 벡터의 차로 표현되는 벡터의 L2-norm은 두 벡터 사이의 유클리디안 거리와 같습니다. 앞에서는 numpy 모듈에서 제공하는 `norm()` 함수를 이용해 계산했습니다. `norm()` 함수의 두 번째 인자의 기본값은 2라고 생각할 수 있습니다. 즉, 두 번째 인자의 값을 입력하지 않으면 두 벡터 사이의 L2-norm 거리가 계산됩니다. 유클리디안 거리는 Scipy 모듈의 하위 모듈인 distance 모듈에서 제공하는 `euclidean()` 함수를 이용해 계산할 수도 있습니다(다음 코드 참고). `euclidean()`는 거리를 구하고자 하는 두 벡터를 인자로 입력합니다.

```
dst.euclidean(a,c)
```
```
6.4031242374328485
```

---

[39] distance 모듈은 벡터 간의 거리를 계산하는 데 사용되는 여러 가지 함수를 제공하는데, 이는 https://docs.scipy.org/doc/scipy/reference/spatial.distance.html에서 확인할 수 있습니다.

9.1.6 그 외 자주 사용되는 거리 지표

지금까지 두 벡터 사이의 거리 지표로 유클리디안 거리와 시티블록 거리를 살펴봤습니다. 그 외 자주 사용되는 거리 계산 방식으로는 자카드(Jaccard) 거리와 해밍(Hamming) 거리가 있습니다. 두 거리 지표 모두 벡터의 원소가 취하는 값이 0 또는 1인 경우에 유용하게 사용할 수 있습니다.

9.1.6.1 자카드(Jaccard) 거리

0과 1의 값을 원소로 갖는 두 벡터에 대해 자카드 거리는 다음과 같이 정의됩니다.

$$\frac{C_{1,0} + C_{0,1}}{C_{1,1} + C_{1,0} + C_{0,1}}$$

$C_{1,0}$는 두 벡터의 같은 자리에 있는 원소들 중에서 첫 번째 벡터의 원소값은 1이고 두 번째 벡터의 원소값은 0인 원소 자리의 수가 됩니다. 예를 들어, 두 벡터 $d=(1, 0, 0)$, $e=(1, 1, 0)$이 있다고 가정하겠습니다. 두 벡터에 대해 $C_{1,0}$의 값은 0이 됩니다(즉, 같은 자리에 있는 원소 중에서 첫 번째 벡터의 원소값이 1이고 두 번째 벡터의 원소값이 0인 원소 자리는 하나도 없습니다). $C_{0,1}$은 같은 자리에 있는 원소들 중에서 첫 번째 벡터의 원소값은 0이고 두 번째 벡터의 원소값은 1인 원소 자리의 수가 됩니다. 두 벡터 d와 e에 대해서 $C_{0,1}$ 값은 1이 됩니다. 두 번째 자리의 원소들을 보면 벡터 d의 두 번째 원소의 값은 0이고, 벡터 e의 두 번째 원소의 값은 1입니다. 그리고 같은 원리로 $C_{1,1}=1$이 됩니다. 따라서 두 벡터 d와 e의 자카드 거리는 $\frac{1}{2}=0.5$가 됩니다. 자카드 거리는 Scipy의 distance 모듈에서 제공되는 jaccard() 함수를 사용해 계산할 수 있습니다(다음 참고).

```
d = np.array([1,0,0])
e = np.array([1,1,0])
dst.jaccard(d,e)
```
```
0.5
```

위의 공식에서 알 수 있듯이 같은 자리에 있는 원소들에 대해서 값이 다른 원소의 수가 많을수록 두 벡터 사이의 자카드 거리의 값이 커집니다.

9.1.6.2 해밍(Hamming) 거리

0과 1의 값을 취하는 원소를 갖는 두 벡터에 대해 해밍 거리는 다음과 같이 정의됩니다.

$$\frac{C_{1,\,0} + C_{0,\,1}}{n}$$

n은 각 벡터가 갖는 원소의 수를 의미합니다. $C_{1,\,0}$과 $C_{0,\,1}$은 자카드 공식에서와 동일한 의미를 갖습니다. 두 벡터 $d = (1, 0, 0)$, $e = (1, 1, 0)$ 사이의 해밍 거리는 1/3이 됩니다. 해밍 거리는 Scipy의 distance 모듈에서 제공하는 hamming() 함수를 이용해 계산합니다.

```
dst.hamming(d,e)
```

```
0.3333333333333333
```

9.1.7 코사인 유사도

이번에는 벡터 사이의 거리가 아닌 방향을 기준으로 한 유사도에 대해 살펴보겠습니다.

9.1.7.1 방향을 기준으로 한 벡터 간의 유사도

지금까지 배운 벡터 사이의 유사도를 계산하는 방법은 주로 벡터의 위치를 기반으로 한 것이었습니다. 즉, 가까이 위치할수록 더 유사하다는 개념을 기반으로 한 방법이었습니다. 벡터 간의 유사도를 측정하는 또 다른 방법으로 코사인 유사도(cosine similarity)가 있습니다. 이는 위치가 아니라 벡터 간 방향의 유사도를 기반으로 한 방법입니다. 벡터는 방향도 중요한데, 벡터의 방향은 원점을 기점으로 결정됩니다. 예를 들어, 벡터 $\vec{a} = (1, 2)$의 방향은 그림 9.4와 같이 표현할 수 있습니다. 방향이 중요한 경우에는 $\vec{a}$와 같이 화살표 위첨자를 이용하여 표현합니다.

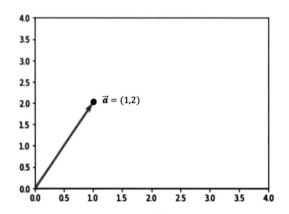

그림 9.4 벡터 $\vec{a} = (1, 2)$의 방향

공간에서 벡터가 갖는 방향 또한 벡터가 갖는 원소의 값에 의해 결정됩니다. 다시 한번 강조하지만, **원소의 값은 벡터의 고유한 특성을 나타냅니다**. 따라서 벡터의 방향 또한 벡터의 고유한 특성을 반영합니다. 이는 방향이 비슷할수록 벡터 간의 고유한 특성이 유사하다는 것을 의미합니다. 그림 9.5와 같이 2차원 공간에 존재하는 서로 다른 세 개의 벡터가 있다고 가정하겠습니다.

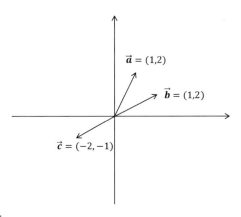

그림 9.5 방향이 다른 세 벡터의 예

방향을 기준으로 했을 때 벡터 $\vec{a}$는 벡터 $\vec{b}$와 $\vec{c}$ 중에서 어떤 벡터와 더 유사할까요? 그림에서 볼 수 있듯이 방향이 더 유사한 벡터 $\vec{b}$와 더 유사합니다.

그렇다면 방향을 기준으로 한 벡터 간의 유사도를 수치로 표현할 수 있는 방법이 있을까요? 이때 사용할 수 있는 방법이 코사인 유사도입니다. 코사인 유사도를 설명하기 위해 그림 9.6과 같은 두 벡터가 있다고 가정합니다.

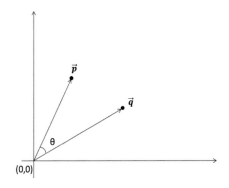

그림 9.6 두 벡터 사이의 사잇각(θ)

두 벡터 사이의 사잇각을 θ라고 표현하겠습니다. 두 벡터의 방향성 유사도는 사잇각의 값에 따라 달라집니다. 사잇각(θ)의 값이 0°에 가까울수록 방향이 유사하고, 그 값이 180°에 가까울수록 방향이 달라집니다. $\theta = 0°$인 경우 두 벡터는 동일한 방향을 갖고, 방향을 기준으로 했을 때 두 벡터의 유사도가 최대가 됩니다. $\theta = 180°$인 경우에는 방향이 정반대가 되어 방향을 기준으로 한 유사도가 가장 작습니다.

벡터의 원소값을 이용해 사잇각의 크기를 직접 계산하는 것이 쉽지 않기 때문에 일반적으로 방향을 기준으로한 유사도는 $\cos\theta$를 이용해 계산합니다. 사잇각(θ)의 크기에 따라 $\cos\theta$가 어떻게 달라지는지를 그림 9.7에서 살펴보겠습니다.

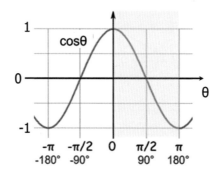

그림 9.7 코사인 함수($\cos\theta$)

사잇각은 180°가 넘어가면 다시 0°와 180° 사이의 값으로 표현할 수 있기 때문에 그림 9.7에서 우리가 관심 있는 구간은 θ의 값이 0°와 180° 사이입니다. 그림에서 볼 수 있듯이 해당 구간에서 $\cos\theta$ 값은 −1과 1 사이의 값을 갖습니다. θ의 값이 0°에 가까울수록 $\cos\theta$의 값이 증가하며 $\theta = 0°$일 때 최댓값인 1의 값을 갖고, 180°에 가까워질수록 그 값이 작아져 $\theta = 180°$일 때 최소인 −1의 값을 갖습니다. 즉, 사잇각(θ)이 0°에 가까울수록 $\cos\theta$ 값이 증가하고 180°에 가까울수록 $\cos\theta$ 값이 감소하기 때문에 $\cos\theta$의 값을 이용해 방향을 기준으로 한 두 벡터 사이의 유사도를 나타낼 수 있는 것입니다(즉, $\cos\theta$ 값은 방향을 기준으로 한 유사도와 비례합니다).

9.1.7.2 내적 공식을 이용한 $\cos\theta$ 계산하기

그렇다면 벡터의 원소값을 이용해서 $\cos\theta$의 값을 어떻게 계산할 수 있을까요? 이를 위해 내적의 개념을 활용합니다. 내적은 벡터 간의 곱하기라고 생각할 수 있습니다. 영어로는 dot product 혹은 inner product라고 합니다. 두 벡터 $\vec{x} = (x_1, x_2)$와 $\vec{y} = (y_1, y_2)$의 내적은 다음과 같이 정의합니다.

$$\vec{x} \cdot \vec{y} = x_1 y_2 + x_2 y_2$$

즉, 두 벡터 간의 내적은 같은 자리에 있는 원소들을 곱해서 더해준 것입니다. 내적의 결과는 하나의 숫자입니다(선형대수에서는 이러한 숫자를 스칼라라고 합니다). 구체적인 예를 들어보겠습니다. $\vec{a}=(1,\ 2)$, $\vec{b}=(2,\ 2)$라는 두 벡터의 내적은 얼마일까요? 직접 한번 계산해 보세요.

답은 6입니다. 계산 방법은 다음과 같습니다.

$$\vec{a} \cdot \vec{b} = 1 \times 2 + 2 \times 2 = 2 + 4 = 6$$

파이썬에서는 numpy에서 제공되는 dot() 함수를 사용해 벡터 간 내적을 계산할 수 있습니다. 다음과 같이 사용합니다.

```python
import numpy as np
a = np.array([1, 2])
b = np.array([2, 2])
np.dot(a, b)
```

```
6
```

그렇다면 내적을 이용해 어떻게 $\cos\theta$ 값을 구할 수 있을까요? 이를 위해 다음의 내적 공식을 이용합니다.

$$\vec{x} \cdot \vec{y} = \|\vec{x}\| \|\vec{y}\| \cos\theta$$

$\|\vec{x}\|$는 $\vec{x}$의 길이(즉, 원점으로부터의 유클리디안 거리)를 의미하고 θ는 $\vec{x}$와 $\vec{y}$의 사잇각을 의미합니다. 두 벡터 $\vec{x}=(x_1,\ x_2)$와 $\vec{y}=(y_1,\ y_2)$에 대해서 $\|\vec{x}\|=\sqrt{x_1^2+x_2^2}$, $\|\vec{y}\|=\sqrt{y_1^2+y_2^2}$ 가 됩니다. 위 식의 양변을 $\|\vec{x}\|\|\vec{y}\|$로 나눠주면 다음과 같은 결과를 얻을 수 있습니다.

$$\cos\theta = \frac{\vec{x} \cdot \vec{y}}{\|\vec{x}\| \|\vec{y}\|} = \frac{\vec{x} \cdot \vec{y}}{\sqrt{x_1^2+x_2^2}\sqrt{y_1^2+y_2^2}}$$

그리고 $\vec{x} \cdot \vec{y} = x_1 y_1 + x_2 y_2$인 사실을 이용하면, 다음 결과를 얻습니다.

$$\cos\theta = \frac{x_1 y_1 + x_2 y_2}{\sqrt{x_1^2+x_2^2}\sqrt{y_1^2+y_2^2}}$$

이번에도 두 벡터 $\vec{a}=(1,\ 2)$, $\vec{b}=(2,\ 2)$의 사잇각에 대한 코사인 값을 계산해 보겠습니다.

$$\cos\theta = \frac{\vec{a} \cdot \vec{b}}{\|\vec{a}\| \|\vec{b}\|} = \frac{1 \times 2 + 2 \times 2}{\sqrt{1+4}\sqrt{4+4}} = \frac{6}{\sqrt{40}} = 0.948683$$

이번에는 numpy를 이용해 계산해 보겠습니다. 다음과 같이 코딩할 수 있습니다. np.dot(a,b)는 두 벡터 $\vec{a}$, $\vec{b}$ 사이의 내적을, np.linalg.norm(a)은 벡터 $\vec{a}$의 길이를 계산합니다.

```
np.dot(a,b)/(np.linalg.norm(a)*np.linalg.norm(b))
```
```
0.9486832980505138
```

9.1.7.3 코사인 거리

$\cos\theta$의 값을 사용한 코사인 거리(cosine distance) 지표도 있습니다. $\cos\theta$ 값은 그 값이 커질수록 벡터 간의 유사도가 크다는 것을 의미합니다. 반대로 코사인 거리는 (거리이기 때문에) 값이 커질수록 유사도 가 작아집니다. 코사인 거리는 다음과 같이 정의됩니다.

$$코사인\ 거리 = 1 - \cos\theta$$

코사인 거리는 Scipy의 하위 모듈인 distance 모듈에서 제공하는 cosine() 함수를 사용해 계산할 수 있습니다. 이 함수는 $\cos\theta$가 아니라 $1 - \cos\theta$의 결과를 반환하니 주의하세요.

```
import scipy.spatial.distance as dst
dst.cosine(a,b)
```

위 코드는 0.05131670194948623의 값을 반환합니다. 이는 $1 - \cos\theta$(즉, $1 - 0.948683$)에 해당하는 값입니다.

9.1.7.4 코사인 유사도의 한계

코사인 유사도는 두 벡터 사이의 사잇각(즉, 방향의 유사도)만을 고려한 유사도라는 점을 주의해야 합니다. 즉, 두 벡터 간의 거리는 크게 고려하지 않습니다. 예를 들어 길이가 서로 다른 세 개의 벡터가 그림 9.8과 같이 존재한다고 가정합니다.

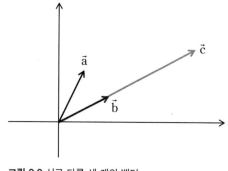

그림 9.8 서로 다른 세 개의 벡터

이번에도 같은 질문을 던져 보겠습니다. 방향을 기준으로 했을 때 벡터 $\vec{a}$는 벡터 $\vec{b}$와 $\vec{c}$ 중에서 어떤 벡터와 더 유사할까요? 방향을 기준으로 했을 때는 $\vec{a}$와 $\vec{b}$의 유사도는 $\vec{a}$와 $\vec{c}$의 유사도와 동일합니다. $\vec{a}$와 $\vec{b}$ 사이의 사잇각과 $\vec{a}$와 $\vec{c}$ 사이의 사잇각이 동일하기 때문입니다. 즉, $\vec{b}$와 $\vec{c}$의 길이가 다름에도 불구하고 $\cos\theta$ 값이 같습니다.

그렇다면 유클리디안 거리를 사용해 $\vec{a}$와 $\vec{b}$의 유사도, $\vec{a}$와 $\vec{c}$의 유사도를 계산하면 어떻게 될까요? 이 경우에는 $\vec{a}$와 $\vec{b}$의 유사도가 더 큽니다. 왜냐하면 $\vec{a}$와 $\vec{b}$ 사이의 거리가 더 짧기 때문입니다. 즉, 코사인 유사도는 벡터의 특성이 벡터의 길이보다는 방향을 통해 더 잘 표현될 때 사용하는 것이 좋습니다. 그래서 많은 경우 코사인 유사도는 벡터 간의 길이를 동일하게 작업한 후에 수행합니다. 벡터의 길이를 동일하게 하는 것을 정규화(normalization)라고 합니다. 보통은 길이를 1로 만들어 주는데, 이렇게 길이가 1인 벡터를 단위벡터(unit vector)라고 합니다. 단위벡터는 벡터를 자기 자신의 길이로 나눠서 계산할 수 있습니다.

9.1.7.5 단위벡터의 계산

$\vec{a}=(1,\ 2)$일 때 $\vec{a}$의 단위벡터는 $\vec{u}=\dfrac{\vec{a}}{\lVert\vec{a}\rVert}$와 같이 표현됩니다. $\lVert\vec{a}\rVert$는 $\vec{a}$의 (원점으로부터의) 길이를 의미합니다. $\lVert\vec{a}\rVert=\sqrt{1+4}=\sqrt{5}$가 됩니다. 그러면 $\vec{u}=\dfrac{\vec{a}}{\lVert\vec{a}\rVert}=\dfrac{(1,\ 2)}{\sqrt{5}}=\left(\dfrac{1}{\sqrt{5}},\ \dfrac{2}{\sqrt{5}}\right)$가 됩니다. 따라서 $\vec{u}$의 길이, 즉 $\lVert\vec{u}\rVert$는 1이 됩니다. 그리고 $\vec{u}$의 방향은 원래 벡터인 $\vec{a}$와 같은 것을 알 수 있습니다.

9.1.8 단위벡터에 대한 유클리디안 거리

단위벡터에 대한 유클리디안 거리를 구해보겠습니다. 단위벡터인 $x=(x_1,\ x_2)$와 $y=(y_1,\ y_2)$가 있다고 가정합니다. 앞의 정의에 따라 두 벡터 x와 y의 유클리디안 거리는 $\lVert xy\rVert=\sqrt{(y_1-x_1)^2+(y_2-x_2)^2}$가 됩니다. 제곱근 안의 $(y_1-x_1)^2+(y_2-x_2)^2$를 풀면 다음과 같이 됩니다.

$$y_1^2+x_1^2-2y_1x_1+y_2^2+x_2^2-2y_2x_2$$
$$=x_1^2+x_2^2+y_1^2+y_2^2-2(x_1y_1+x_2y_2)$$

$\lVert x\rVert=\sqrt{x_1^2+x_2^2}=1$, $\lVert y\rVert=\sqrt{y_1^2+y_2^2}=1$이기 때문에 위 식은 다음과 같이 됩니다. $2-2(x_1y_1+x_2y_2)$

이번에는 두 단위벡터 $x,\ y$에 대한 $\cos\theta$를 구해보겠습니다.

$$\cos\theta=\dfrac{x_1y_1+x_2y_2}{\sqrt{x_1^2+x_2^2}\sqrt{y_1^2+y_2^2}}$$

여기서 단위벡터의 길이는 1이기 때문에 분모의 값은 1입니다. 따라서 단위벡터 간의 $\cos\theta$는 다음과 같이 표현됩니다.

$$\cos\theta = x_1 y_1 + x_2 y_2$$

두 단위벡터 x와 y 사이의 유클리디안 거리의 제곱은 다음과 같이 표현할 수 있습니다.

$$\|xy\|^2 = 2(1 - x_1 y_1 + x_2 y_2) = 2(1 - \cos\theta)$$

여기서 $1 - \cos\theta$는 코사인 거리입니다. 따라서 단위벡터에 대해서는 유클리디안 거리와 코사인 거리가 서로 비례 관계인 것을 알 수 있습니다.

9.1.9 데이터 분석에서의 벡터

그렇다면 기계학습과 같은 실제 데이터 분석에서는 벡터가 어떻게 사용될까요? 설명을 위해 표 9.1과 같은 데이터가 있다고 가정하겠습니다. 세 명의 사람에 대한 나이 정보와 직장 경력 정보가 저장되어 있습니다. 보통 다음과 같은 데이터는 엑셀이나 csv 파일 형태로 저장합니다. 하지만 기계학습을 이용하여 해당 데이터를 분석하기 위해서는 각 관측치를 벡터로 표현해야 합니다.

표 9.1 세 개의 관측치로 구성된 데이터

관측치	나이	직장 경력
1	30	1
2	33	2
3	55	25

관측치 1은 벡터 1 = (30, 1)로 표현할 수 있습니다. 즉, 첫 번째 특성 정보인 나이의 값이 첫 번째 원소, 두 번째 특성 정보인 직장 경력의 값이 두 번째 원소가 됩니다. 해당 벡터는 원소를 두 개 갖고 있기 때문에 2차원 공간에 하나의 점으로 표시할 수 있고, 따라서 고유한 위치와 방향을 갖습니다. 그러한 위치와

방향은 벡터가 갖는 원소의 구체적인 값(즉, (30, 1))에 의해 결정됩니다. 나머지 두 개의 관측치도 벡터 2 = (33, 2), 3 = (55, 25)로 표현됩니다. 이러한 벡터 정보를 기계학습 알고리즘이 분석에 사용하는 것입니다. 세 개의 벡터를 공간상에 표현해 보겠습니다(그림 9.9 참고).

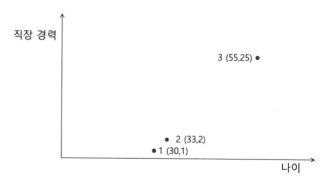

그림 9.9 2차원 공간에서 세 관측치의 위치

그림을 보면 관측치 1에 대한 벡터는 관측치 3에 대한 벡터보다 관측치 2에 대한 벡터와 위치가 더 가까운 것을 알 수 있습니다. 이는 관측치 2가 관측치 3에 비해 관측치 1과 더 유사하다는 것을 의미합니다(유클리디안 거리 기준으로 그러한 것입니다). 하지만 유념해야 할 것은 벡터로 표현되는 각 관측치의 특성은 각 관측치를 벡터로 표현할 때 사용된 특성 정보에 대한 것뿐이라는 것입니다. 즉, 이 예에서 벡터를 통해 파악할 수 있는 관측치의 특성은 나이와 직장 경력에 대한 것입니다. 각 관측치가 갖는 그 외 다른 특성(예: 성별, 정치 성향, 소득, 교육 정도 등)은 위 벡터를 통해 표현되지 않았고, 그렇기 때문에 다른 특성을 기준으로 한 관측치 간의 유사도는 위 벡터를 이용해서는 파악할 수 없습니다. 다시 정리하자면, 각 관측치를 벡터로 표현할 때 사용된 나이와 직장 경력 특성 기준으로는 1번 사람과 2번 사람 사이의 유사도가 1번 사람과 3번 사람 사이의 유사도보다 더 크다고 해석할 수 있는 것입니다.

이번에는 csv 파일에 저장되어 있는 데이터를 파이썬으로 불러와서 앞에서 설명한 유사도 값을 직접 계산해 보겠습니다. 예제 데이터는 **vector_example.csv** 파일에 저장되어 있습니다. csv 파일이나 엑셀 파일에 저장되어 있는 데이터를 파이썬으로 불러올 때 유용하게 사용할 수 있는 모듈이 **pandas**입니다. **pandas**에서 제공하는 **read_csv()** 함수를 이용해 **vector_example.csv** 파일의 내용을 다음과 같이 읽어옵니다.

```
import pandas as pd
data = pd.read_csv('vector_example.csv')
```

data 변수에는 표 9.2와 같은 내용이 저장돼 있습니다.

표 9.2 data 변수에 저장된 데이터

	Age	Experience
0	30	1
1	33	2
2	55	25

numpy 모듈에서 제공되는 함수를 이용해 벡터 관련 연산을 수행하려면 **pandas**를 이용해 읽어온 데이터를 **numpy**의 어레이(array) 형태로 변환해야 합니다. 이를 위해 다음과 같이 **values** 키워드를 사용합니다.

```
data_np = data.values
```

data_np에는 다음과 같이 어레이 형태의 데이터가 저장되어 있습니다.

```
array([[30,  1],
       [33,  2],
       [55, 25]], dtype=int64)
```

이러한 형태의 데이터를 행렬이라고 합니다. 행렬은 벡터를 쌓아 놓은 것이라고 생각하면 됩니다. 즉, 첫 번째 행([30,1])이 첫 번째 관측치에 대한 벡터, 두 번째 행이 두 번째 관측치에 대한 벡터(즉, [33, 20]), 세 번째 행이 세 번째 관측치에 대한 벡터가 되는 것입니다. 이러한 세 개의 벡터를 세로로 쌓아서 행이 3개, 열이 2개인 3×2 행렬을 만들었다고 생각할 수 있습니다.

각 관측치의 벡터를 추출하가 위해 인덱싱을 사용합니다. 첫 번째 관측치에 대한 벡터는 data_np[0], 두 번째는 data_np[1] 등이 됩니다. 이러한 벡터 정보를 사용해 벡터 간의 유사도를 계산할 수 있습니다. 여기서는 첫 번째 관측치의 벡터와 두 번째 관측치 벡터 간의 유클리디안 거리와 $\cos\theta$를 계산해 보겠습니다.

첫 번째 벡터와 두 번째 벡터 간의 유클리디안 거리는 다음과 같이 구할 수 있습니다.

```
np.linalg.norm(data_np[1]-data_np[0])
```
```
3.1622776601683795
```

$\cos\theta$는 다음과 같이 구할 수 있습니다.

```
np.dot(data_np[0],data_np[1])/(np.linalg.norm(data_np[0])*np.linalg.norm(data_np[1]))
```
```
0.999629802932285
```

마찬가지로 첫 번째 벡터와 세 번째 벡터의 유사도도 구할 수 있습니다(직접 구해서 예제 코드에 있는 답과 비교해 보세요). 유클리디안 거리, 코사인 유사도 모두 첫 번째와 두 번째 관측치가 더 유사하다는 것을 보여주고 있습니다.

9.2 단어의 빈도 정보를 사용해 문서를 벡터로 표현하기

앞에서 설명한 것처럼 하나의 관측치는 관측치가 갖고 있는 특성 정보(features)를 사용해 벡터로 표현합니다. 텍스트 분석에서는 일반적으로 하나의 문서가 하나의 관측치로 간주됩니다. 다시 말해 텍스트 데이터에 기계학습 알고리즘을 적용하기 위해서는 각 문서를 하나의 벡터로 표현하는 것이 필요하다는 뜻입니다. 그렇다면, 문서에서는 어떤 정보를 특성 정보로 사용할 수 있을까요? 즉, 문서가 가지고 있는 정보 중에서 문서의 고유한 특성을 잘 반영하는 정보가 무엇일까요? 대표적인 것이 바로 단어입니다(한글은 형태소가 될 수 있습니다). 어떤 단어가 얼마만큼 사용됐느냐에 따라 문서의 특성이 달라집니다.

일반적으로 문서를 벡터로 변환할 때 문서에 사용된 모든 단어의 정보를 사용하지는 않습니다. 분석에 중요한 역할을 하는 단어들의 정보만 특성 정보로 해서 각 문서를 벡터로 표현합니다. 많은 경우, 전처리 과정을 거쳐 추출된 특정 단어만[40] 사용해 문서를 벡터로 변환합니다. 문서의 특성을 잘 나타내는 단어 정보를 사용해 벡터로 변환하면 해당 벡터는 문서의 특성을 반영하게 됩니다.

그렇다면 문서에서 사용된 단어의 어떤 정보를 사용해서 문서를 벡터로 표현할 수 있을까요? 기계학습에서 많이 사용되는 방법은 다음 두 가지입니다.

① 문서에서 사용된 단어들의 빈도 정보(이를 term frequency라고 합니다. 여기서 term은 단어 또는 형태소를 의미합니다.)

② 문서에서 사용된 단어들의 상대적 빈도 정보(보통 term-frequency×inverse-document-frequency 값을 사용합니다. 이를 줄여서 TF-IDF라고 합니다.)

두 가지 방법 중에서 이 섹션에서는 단어들의 빈도 정보를 이용해서 문서를 벡터로 표현하는 방법에 대해 살펴보겠습니다. 단어들이 각 문서에서 사용된 빈도 정보를 이용해 문서를 벡터로 표현하는 방법을 단어가방모형(Bag-of-Words Model, 이하 BoW)이라고 합니다. 문서를 단어가 (순서 없이) 들어 있는 가방으로 간주하는 것입니다. 즉, BoW 방법은 문서에서 사용된 단어의 순서를 고려하지 않고 사용 빈도만 고려합니다.[41] 그래도 많은 경우 문서의 특성을 잘 반영합니다. BoW 방법을 사용해 문서를 어떻게 벡터로 변환할 수 있는지를 설명하기 위해 그림 9.10의 예제 텍스트 데이터를 사용하겠습니다. 해당 텍스트 데이터는 Doc 1, Doc 2, Doc 3의 세 개의 문서로 구성되어 있습니다. 그리고 각 문서는 여러 개의 단어로 구성되어 있습니다(해당 단어는 전처리 과정을 거친 단어라고 가정합니다).

Doc 1: 'banana apple apple orange'

Doc 2: 'apple carrot eggplant carrot'

Doc 3: 'banana mango orange orange'

그림 9.10 예제 텍스트 데이터

---

40 이러한 단어는 일반적으로 불용어가 제거된 특정한 품사의 단어가 됩니다.

41 나중에 다룰 딥러닝의 경우는 단어의 순서를 고려합니다. 딥러닝에서는 BoW 방법이 사용되지 않습니다. 대신 각 단어를 특정 차원의 벡터로 변환한 정보를 사용합니다.

각 문서를 벡터로 변환하기 위해 먼저 전체 텍스트 데이터[42]에서 사용된 (중복 없는) 단어가 무엇인지 파악합니다. 그리고 전체 단어를 알파벳 순서로 배열합니다(한글은 가나다 순입니다). 위 세 개의 문서에서 사용된 전체 단어를 알파벳 순서로 배열하면 다음과 같습니다.

apple, banana, carrot, eggplant, mango, orange

위 단어가 각 문서를 벡터로 변환할 때 사용되는 특성 정보가 되는 것입니다.[43] 각 문서에서 각 단어가 몇 번씩 사용되었는지를 파악합니다. 이를 정리하면 표 9.3과 같습니다.

표 9.3 각 문서에 대한 단어의 빈도

	apple	banana	carrot	eggplant	mango	orange
Doc 1	2	1	0	0	0	1
Doc 2	1	0	2	1	0	0
Doc 3	0	1	0	0	1	2

첫 번째 문서(Doc 1)의 경우, apple이 2번, banana가 1번 carrot, eggplant, mango는 0번, orange는 1번 사용됐습니다. 표 9.3과 같은 행렬을 문서-단어 행렬(Document-Term Matrix, DTM)이라고 합니다. 이 행렬은 3x6 행렬, 즉 행의 수가 3이고 열의 수가 6인 행렬이 되는데, 여기서 행의 수는 문서의 수를 의미하고 열의 수는 각 문서를 벡터로 표현할 때 사용된 단어의 수를 의미합니다. 즉, DTM의 각 행이 각 문서에 대한 벡터가 되는 것입니다. Doc1=(2,1,0,0,0,1), Doc2=(1,0,2,1,0,0), Doc3=(0,1,0,0,1,2)와 같이 나타낼 수 있습니다. 보다시피 각 문서가 갖는 원소의 수는 동일하고, 이는 텍스트 데이터에서 사용된 단어의 수와 같습니다. 이 예에서는 전처리 결과물로 얻은 텍스트 데이터에 여섯 개의 단어가 있기 때문에 각 문서가 원소의 수가 6인 벡터로 표현되었습니다. 원소의 수가 6개이기 때문에 각 벡터는 6차원 공간에 존재하는 하나의 점이 됩니다. 그리고 해당 점의 위치는 각 단어가 해당 문서에서 얼마나 자주 사용되었는지에 따라 다릅니다. 동일한 단어가 비슷한 정도로 사용된 문서들을 나타내는 벡터들이 공간상에서 위치가 유사하게 되는 것입니다(즉, 벡터 간의 거리가 짧아집니다).

각 문서를 벡터로 변환한 후에는 앞에서 배운 여러 가지 방법을 사용해 벡터 간의 유사도를 계산할 수 있습니다. 벡터 간의 유사도는 결국 문서 간의 유사도를 의미합니다. 여기서는 유클리디안 거리와 코사인 유사도를 계산해 보겠습니다. 관련 코드는 doc_vectorization_toy.ipynb 파일을 참고하세요.

---

42 이러한 전체 텍스트 데이터를 말뭉치(corpus)라고 표현하기도 합니다.
43 통계학적으로 표현하자면, 하나의 단어가 하나의 독립변수가 되는 것입니다.

numpy를 이용해 다음과 같이 세 개의 벡터를 생성합니다(지금은 벡터의 원소를 직접 입력하지만, 잠시 후에는 파이썬을 이용해 각 문서를 벡터로 변환하는 방법을 알아볼 것입니다).

```
import numpy as np

Doc1 = np.array([2, 1, 0, 0, 0, 1])
Doc2 = np.array([1, 0, 2, 1, 0, 0])
Doc3 = np.array([0, 1, 0, 0, 1, 2])
```

문서1과 문서2 벡터 사이의 유클리디안 거리는 다음과 같이 norm() 함수를 이용해 계산할 수 있습니다.

```
print(np.linalg.norm(Doc2-Doc1))
```

```
2.8284271247461903
```

문서1과 문서2 사이의 코사인 유사도는 다음과 같이 내적 공식을 이용해 계산할 수 있습니다.

```
np.dot(Doc1, Doc2)/(np.linalg.norm(Doc1)*np.linalg.norm(Doc2))
```

```
0.33333333333333337
```

■ 단어의 빈도 정보를 이용한 방법의 한계

단어의 빈도 정보를 이용해 문서를 벡터로 표현하는 방법은 한 가지 주요한 한계가 있습니다. 바로 단어가 각 문서에 대해 갖는 상대적 중요성을 반영하지 못한다는 것입니다. 이는 다르게 표현하면 각 단어의 정보가 문서의 고유한 특성을 잘 나타내지 못한다는 것을 의미합니다. 설명을 위해 표 9.4의 예를 보겠습니다. 각 셀의 값은 단어의 빈도를 의미합니다.

표 9.4 예제 텍스트 데이터

	Word 1	Word 2
Doc 1	10	0
Doc 2	10	10

이와 같은 DTM이 있다고 할 때, Word 1과 Word 2 중 어떤 단어가 Doc 2의 고유한 특성을 더 잘 반영할까요? Doc 2 경우, Word 1과 Word 2가 모두 10번 같은 횟수로 사용됐음을 알 수 있습니다. 하지만 데이터에 존재하는 다른 문서에서 각 단어가 사용된 정도까지 고려하면 상대적으로 Word 2가 Doc 2의 고유한 특성을 더 잘 반영한다는 것을 알 수 있습니다. 왜냐하면 Word 1은 Doc 1에서도 열 번 사용된 반면, Word 2는 Doc 1에서 사용되지 않았기 때문입니다. 즉, 각 단어가 각 문서의 고유한 특성을 얼마나 잘 표현하는지를 좀 더 정확하게 파악하기 위해서는 단어들이 해당 문서에서(다른 문서에서보다) 상대적

으로 얼마나 더 많이 사용되었는지를 알아야 합니다. 예를 들어, 특정 문서에서는 많이 사용되고 다른 문서에서는 사용된 정도가 적은 단어는 해당 문서의 고유한 특성을 잘 반영하는 것입니다. 이를 위해 TF-IDF(Term frequency – Inverse document frequency) 지표를 사용합니다.

9.3 TF-IDF

각 단어가 특정 문서에 대해 갖는 TF-IDF 값은 TF의 값에 IDF 값을 곱해서 계산합니다(즉, TF×IDF). TF(term frequency)는 해당 단어가 해당 문서에서 사용된 횟수입니다. 여기에 추가로 IDF 값을 고려해서 TF-IDF를 계산합니다. IDF(Inverse document frequency)는 DF의 역수(1/DF)로, 해당 단어가 얼마나 많은 문서에서 사용되지 않았는지를 의미합니다. DF(document frequency)는 텍스트 데이터에 존재하는 문서 중에서 해당 단어가 사용된 문서의 수를 의미합니다. 단어가 사용된 문서의 수가 적을수록(즉, DF의 값이 작을수록) IDF 값이 커집니다. 해당 문서에서 많이 사용되고(즉, TF 값의 크고), 사용된 문서의 수가 적을수록(즉, IDF 값이 클수록) TF-IDF 값이 커집니다. 즉, 해당 문서에 대한 상대적 빈도 값이 커지는 것입니다. 이는 해당 단어가 해당 문서에서 상대적으로 중요한 역할을 한다는 것을 의미합니다(혹은 해당 문서의 고유한 특성을 잘 반영한다는 뜻입니다).

표 9.4의 데이터에 대해 직접 TF-IDF를 계산해 보겠습니다. 표 9.5는 단어들의 TF 정보를 보여줍니다.

표 9.5 TF 정보

	Word 1	Word 2
Doc 1	10	0
Doc 2	10	10

이번에는 각 단어의 DF 값을 계산해 보겠습니다. 앞에서 언급한 것처럼 DF는 텍스트 데이터에 존재하는 문서들 중에서 해당 단어가 사용된 문서의 수를 의미합니다. DF 값은 표 9.6과 같습니다. Word 1의 값 2는 Word 1이 두 개의 문서(즉, Doc 1과 Doc 2)에서 사용됐다는 의미입니다. Word 2의 값 1은 Word 2가 하나의 문서(Doc 2)에서만 사용됐다는 의미입니다.

표 9.6 DF 정보

	Word 1	Word 2
Doc 1	2	1
Doc 2	2	1

이번에는 DF 정보를 이용해 IDF 값을 계산해 보겠습니다. 여기서는 간단히 설명하기 위해 1/DF의 값으로 IDF의 값을 계산해 보겠습니다.[44] IDF 값은 표 9.7과 같습니다.

표 9.7 IDF 정보

	Word 1	Word 2
Doc 1	$\frac{1}{2}$	1
Doc 2	$\frac{1}{2}$	1

TF 값과 IDF 값을 곱하여 표 9.8과 같이 TF-IDF 값을 구합니다.

표 9.8 TF-IDF 정보

	Word 1	Word 2
Doc 1	$10 \times \frac{1}{2} = 5$	$0 \times 1 = 0$
Doc 2	$10 \times \frac{1}{2} = 5$	$10 \times 1 = 10$

이러한 TF-IDF 정보를 이용해 각 문서를 벡터로 표현하면 Doc1 = (5, 0), Doc2 = (5,10)으로 표현됩니다. 앞에서 얘기했던 것처럼 Word 2가 Doc 2에 대해서 갖는 TF-IDF 값이 큰 것을 알 수 있습니다. 이를 바탕으로 Word2가 Doc 2에서 상대적으로 더 중요한 역할을 한 것을 알 수 있습니다(혹은 Doc 2의 고유한 특성을 더 잘 나타낸다고 생각할 수 있습니다).

9.4 sklearn을 이용해 문서를 벡터로 변환하기

파이썬에서는 기계학습에 사용되는 sklearn[45]을 사용해 문서를 벡터로 변환합니다. 문서를 벡터로 변환하기 위해서는 sklearn에서 제공하는 다음 두 가지 클래스를 사용합니다.

- CountVectorizer 클래스: 단어의 출현 빈도(즉, term frequency)를 이용해 문서를 벡터로 표현하고자 하는 경우에 사용합니다.
- TfidfVectorizer 클래스: 단어의 TF-IDF 값을 이용해 문서를 벡터로 표현하고자 하는 경우에 사용합니다.

각 클래스를 사용해 문서를 벡터로 변환하는 코드는 doc_vectorization_example1.ipynb 파일에 저장되어 있습니다. 여기서는 그림 9.11의 예제 텍스트 데이터를 사용합니다. 해당 텍스트 데이터에는 네 개의 문서가 존재하고, 각 문서는 전처리를 거친 단어로 구성되어 있다고 가정합니다.

---

44 IDF 값을 계산하는데 사용되는 일반적인 공식은 log [n / (DF + 1)]입니다. 여기서 n은 텍스트 데이터에 존재하는 전체 문서의 수입니다.
45 scikit-learn(/싸이킷-런/)을 의미하며 아나콘다를 이용하여 파이썬을 설치하는 경우 기본으로 설치되어 있습니다.

```
Doc 1 = 'banana apple apple eggplant',

Doc 2 = 'orange carrot banana eggplant',

Doc 3 = 'apple carrot banana banana',

Doc 4 = 'orange banana grape'
```

그림 9.11 예제 텍스트 데이터

CounterVectorizer 클래스 또는 TfidfVectorizer 클래스를 이용해 각 문서를 벡터로 표현하기 위해서는 텍스트 데이터를 다음과 같이 각 문서에 대한 문자열값을 원소로 갖는 리스트 데이터로 저장해야 합니다.

```
TEXT = [
        'banana apple apple eggplant',
        'orange carrot banana eggplant',
        'apple carrot banana banana',
        'orange banana grape'
]
```

9.4.1 빈도 정보를 사용하여 벡터로 표현하기

TEXT 변수에 저장된 각 문서를 단어 사용 빈도 정보를 이용해 벡터로 표현하기 위해 CountVectorizer 클래스를 사용합니다. 이를 위해 다음과 같이 해당 클래스를 임포트합니다.

```
from sklearn.feature_extraction.text import CountVectorizer
```

CountVectorizer 클래스에 포함된 함수를 사용해 문서들을 벡터로 표현하기 위해 일단 다음과 같이 해당 클래스의 생성자 함수를 이용해 객체를 만듭니다.

```
tf_vectorizer = CountVectorizer(min_df=2, max_df=0.8, ngram_range=(1,1))
```

CountVectorizer() 생성자 함수는 주요한 파라미터가 세 개 있습니다. min_df, max_df, ngram_range가 그것입니다. min_df와 max_df는 단어가 사용된 문서의 수를 기준으로 문서를 벡터로 표현할 때 사용하고자 하는 단어를 선별하는 목적으로 사용합니다. min_df는 minimum document frequency를 의미합니다. min_df로 지정된 값보다 더 적은 수의 문서에서 사용된 단어들은 문서를 벡터로 표현할 때 사용되지 않습니다. min_df는 0 이상의 정수 또는 0과 1 사이의 소수(float)를 값으로 입력받습니다.

0 이상의 정수는 절대적 문서 숫자를 의미하고, 0과 1 사이의 소수는 비율(ratio)을 의미합니다. 예를 들어 `min_df` = 2로 지정하면 전체 문서 중에서 2개 미만의 문서에서 사용된 단어들은 벡터화 작업에서 제외합니다(즉, 한 개의 문서에서만 사용된 단어는 제외됩니다). `min_df` = 0.1로 지정하면 전체 문서 중 10%에 해당하는 문서 미만에서 사용된 단어는 제외됩니다.

`max_df`는 maximum document frequency를 의미합니다. `max_df`로 지정된 값보다 더 많은 문서에서 사용된 단어 역시 벡터 변환에 사용되지 않습니다. `max_df` 또한 0 이상의 정수 또는 0과 1 사이의 소수를 값으로 입력받을 수 있습니다. `max_df` = 100이라고 입력하면 101개 이상의 문서에서 사용된 단어는 벡터 변환에서 제외합니다. `max_df` = 0.8이라고 한다면 전체 문서 중에서 80% 이상의 문서에서 사용된 단어는 벡터 변환에서 제외합니다.

`ngram_range`는 벡터로 변환할 때 사용하고자 하는 n-gram[46]의 범위를 지정하기 위해 사용합니다. 즉, 해당 파라미터의 값을 통해 유니그램(unigram)을 사용할 것인지, 바이그램(bigram) 혹은 트라이그램(trigram) 등까지 사용할 것인지를 결정합니다. `ngram_range=(1,2)`로 지정한다면 1-gram(즉, 유니그램)과 2-gram(즉, 바이그램) 단어를 벡터 변환에 사용하겠다는 뜻입니다. `ngram_range=(1,1)`로 지정하면 유니그램만 사용한다는 것이고, `ngram_range=(2,2)`는 바이그램만 사용한다는 것입니다. 텍스트 데이터에 자주 사용되는 혹은 중요한 역할을 하는 바이그램 표현이 있다면 바이그램도 포함시키는 것을 고려할 수 있습니다. 하지만 `ngram_range`를 통해서는 특정 기준을 만족하는 바이그램만 포함시킬 수는 없다는 단점이 있습니다. 전처리 결과로 나온 단어로부터 얻을 수 있는 모든 바이그램을 포함합니다.

`CouterVectorizer()` 생성자 함수를 이용해 `tf_vectorizer`라는 이름의 객체를 만들고, 해당 객체를 통해 `CouterVectorizer` 클래스에서 제공하는 `fit_transform()` 함수를 사용해 문서들을 벡터로 변환합니다. 텍스트 데이터가 저장된 TEXT 변수를 해당 함수의 인자로 입력합니다.

```
tf_features = tf_vectorizer.fit_transform(TEXT)
```

각 문서를 벡터로 변환한 결과가 `tf_features`라는 변수에 저장되었습니다. 즉, 전체 데이터에 대한 DTM 정보가 `tf_features` 변수에 저장되어 있습니다. `print()` 함수를 이용해 `tf_features`의 내용을 출력해 보겠습니다.

```
print(tf_features)
```

다음과 같은 결과가 출력됩니다.

---

46 n-gram은 연속된 n개의 토큰을 의미합니다. 단어가 하나의 토큰인 경우, n-gram은 연속된 n개의 단어를 의미합니다. 예를 들어 White House는 연속된 두 개의 단어이므로 2-gram 혹은 바이그램(bigram)이 됩니다. n-gram과 관련한 보다 자세한 내용은 5.2.7절을 참고하세요.

```
(0, 0)  2
(0, 2)  1
(1, 2)  1
(1, 3)  1
(1, 1)  1
(2, 0)  1
(2, 1)  1
(3, 3)  1
```

전체 데이터에서 사용된 단어가 많은 경우, 특정 문서에서 사용되지 않는 단어의 수가 많아지기 때문에 DTM이 갖는 많은 셀의 값이 0입니다. 공간 절약을 위해 0인 값은 보통 생략하고 저장합니다. tf_features에는 셀의 값이 0이 아닌 단어에 대한 결과만 저장되어 있습니다. 위의 결과가 의미하는 것이 무엇인지 살펴보겠습니다. 첫 번째 행의 값은 다음과 같습니다.

```
(0, 0)  2
```

이 결과에서 튜플의 첫 번째 숫자(0)는 문서 아이디입니다. 즉, 첫 번째 문서('banana apple apple eggplant')를 의미합니다. 그리고 튜플의 두 번째 숫자는 단어의 아이디입니다. 그 값이 0이므로 첫 번째 단어를 의미합니다(첫 번째 단어가 무엇인지 우리는 아직 알지 못합니다).[47] 그리고 튜플 다음에 나오는 숫자 2는 해당 단어가 해당 문서에서 사용된 빈도(frequency)를 의미합니다. 즉, 첫 번째 단어(단어 0)는 첫 번째 문서(문서 0)에서 두 번 사용되었다는 뜻입니다.

이러한 저장 방식은 컴퓨터 관점에서는 효율적이지만, 사람들이 보기에는 그다지 효과적이지 않습니다. 그렇다면 사람에게 친숙한 빈도=0을 포함한 DTM으로 표현해 보겠습니다. 이를 위해 다음과 같이 todense() 함수를 사용합니다.

```
features = tf_features.todense()
```

이 결과를 화면에 출력해 보면 다음과 같은 결과가 나옵니다.

```
features
```

```
array([[2, 0, 1, 0],
       [0, 1, 1, 1],
       [1, 1, 0, 0],
       [0, 0, 0, 1]], dtype=int64)
```

---

47 텍스트 데이터에 있는 단어들을 알파벳 순서로 배열했을 때 첫 번째 단어를 의미합니다.

보다시피 이번 결과는 사람이 해석하기에 좀 더 용이합니다. 이 결과는 전체 문서에 대한 DTM을 의미하므로 각 행이 각 문서에 대한 벡터가 됩니다. 예를 들어, 첫 번째 행은 첫 번째 문서에 대한 벡터입니다. 그리고 DTM의 열은 벡터 변환에 사용된 단어들을 의미합니다. TEXT 변수에 사용된 전체 단어는 여섯 개이지만, CountVectorizer 클래스 생성자 함수의 min_df 파라미터의 값을 2로 설정하여 1개의 문서에서만 사용된 단어들이 벡터 변환에서 제외되었습니다('grape'가 하나의 문서에서만 사용되었습니다). 그뿐만 아니라 max_df = 0.8로 지정함에 따라 80%가 넘는 문서에서 사용된 단어도 제외되었습니다(모든 문서에서 사용된 'banana'가 제외되었습니다). 그래서 각 문서가('banana'와 'grape'를 제외한) 총 네 개의 단어 정보에 대해서만 벡터로 표현되었습니다. 첫 번째 문서에 대한 벡터는 다음과 같습니다. 즉, 첫 번째 단어가 두 번 사용되었고, 두 번째 단어와 네 번째 단어는 0번, 그리고 세 번째 단어는 한 번 사용되었다는 것을 알 수 있습니다.

```
[2, 0, 1, 0]
```

그러면 이제 각 단어가 무엇인지 확인해 보겠습니다. 이를 위해 CounterVectorizer 클래스에서 제공되는 get_feature_names_out() 함수를 사용합니다.

```
feature_names = tf_vectorizer.get_feature_names_out()
```

get_feature_names_out() 함수는 벡터 표현에 사용된 단어들의 목록을 반환합니다. 여기서 feature는 단어를 의미합니다. 다음과 같이 feature_names를 화면에 출력해 보겠습니다.

```
print(feature_names)
```

그 결과는 다음과 같습니다.

```
['apple', 'carrot', 'eggplant', 'orange']
```

즉, 첫 번째 단어는 'apple', 두 번째 단어는 'carrot'입니다.

DTM 정보가 저장된 features 변수와 단어들의 정보를 담고 있는 feature_names 변수를 사용해 좀 더 보기 좋게 DTM을 화면에 출력해 보겠습니다. 다음과 같이 pandas의 DataFrame 형태로 표현합니다.

```
import pandas as pd
df = pd.DataFrame(data=features, columns=feature_names)
df
```

DataFrame()은 pandas에서 제공하는 DataFrame 클래스의 생성자 함수입니다. 이 생성자 함수는 data 파라미터에 입력되는 데이터와 columns 파라미터에 입력되는 헤더 정보를 이용해 DataFrame 형태의 데이터를 반환합니다(DataFrame 형태의 데이터는 엑셀의 테이블 형태와 비슷합니다). 결과는 그림 9.12와 같습니다.

	apple	carrot	eggplant	orange
0	2	0	1	0
1	0	1	1	1
2	1	1	0	0
3	0	0	0	1

그림 9.12 DTM 출력 결과

DTM 정보를 담고 있는 features 변수를 이용해 각 문서의 벡터를 추출할 수 있습니다. 이를 위해 다음과 같이 인덱싱 방법을 사용합니다. 첫 번째 문서에 대한 벡터는 DTM의 첫 번째 행이므로 features[0]을, 두 번째 문서의 벡터는 features[1]을 사용합니다. 추출된 각 문서를 나타내는 벡터들을 이용해 문서 간의 유사도를 구할 수 있습니다. 유클리디안 거리와 코사인 유사도는 다음과 같이 구합니다.

```
# 첫 번째 문서와 두 번째 문서 간 유클리디안 거리
print(np.linalg.norm(features[1]-features[0]))
```

```
2.449489742783178
```

```
# 첫 번째 문서와 두 번째 문서 간 코사인 유사도
print(np.dot(features[0],features[1])/(np.linalg.norm(features[0])*np.linalg.norm(features[1])))
```

```
0.2581988897471611
```

9.4.2 TF-IDF 정보를 사용해 벡터로 표현하기

이번에는 각 문서를 TfidfVectorizer 클래스를 사용해 TF-IDF 기반의 벡터로 변환해 보겠습니다. 이를 위해 다음과 같이 해당 클래스를 임포트하고, 생성자 함수를 이용해 객체를 만듭니다. TfidfVectorizer() 생성자 함수도 CountVectorizer() 생성자 함수와 동일한 파라미터를 갖습니다. 여기서도 각 파라미터의 값을 동일하게 설정합니다(즉, min_df=2, max_df=0.8, ngram_range=(1, 1)).

```
from sklearn.feature_extraction.text import TfidfVectorizer
tfidf_vectorizer = TfidfVectorizer(min_df=2, max_df=0.8, ngram_range=(1,1))
```

TF-IDF 기반의 DTM을 얻기 위해 TfidfVectorizer 클래스의 fit_transform() 함수를 사용합니다. TEXT 변수를 해당 함수의 인자로 입력합니다.

```
tfidf_features = tfidf_vectorizer.fit_transform(TEXT)
```

TF-IDF 기반의 DTM 정보가 **tfidf_features** 변수에 저장되어 있습니다. 이를 **print()** 함수를 이용해 출력해 보겠습니다.

```
print(tfidf_features)
```

```
(0, 2)  0.4472135954999579
(0, 0)  0.8944271909999159
(1, 1)  0.5773502691896257
(1, 3)  0.5773502691896257
(1, 2)  0.5773502691896257
(2, 1)  0.7071067811865475
(2, 0)  0.7071067811865475
(3, 3)  1.0
```

TF 기반의 DTM 정보를 저장하고 있는 **tf_features** 변수와 마찬가지로, **tfidf_features** 변수에도 메모리 공간을 절약하기 위해 TF-IDF의 값이 0이 아닌 값만 저장되어 있습니다. 첫 번째 행의 결과를 살펴보겠습니다.

```
(0, 2)  0.4472135954999579
```

튜플의 첫 번째 원소는 문서의 아이디를, 두 번째 원소는 단어의 아이디를 의미합니다. 튜플 옆의 숫자(0.4472135954999579)는 해당 단어가 해당 문서에 대해 갖는 TF-IDF 값입니다. **TfidfVectorizer** 클래스에서 IDF 값은 다음 공식으로 계산합니다.

$$IDF(t) = \ln\left\{\frac{n+1}{DF(t)+1}\right\} + 1$$

$IDF(t)$는 단어 t의 IDF 값이라는 뜻입니다. n은 텍스트 데이터에 존재하는 전체 문서의 수를, $DF(t)$는 단어 t가 사용된 문서의 수입니다. 예제 데이터의 경우, $n=4$입니다.

각 단어가 무엇인지 확인하기 위해 이번에도 **get_feature_names_out()** 과 **DateFrame()** 을 사용해서 다음과 같이 DTM을 출력합니다.

```
tfidf_feature_names = tfidf_vectorizer.get_feature_names_out()
df = pd.DataFrame(data=tfidf_features, columns=tfidf_feature_names)
df
```

결과는 그림 9.13과 같습니다.

값이 0인 셀은 TF의 값이 0인 것을 의미합니다. 'apple' 단어가
첫 번째 문서(문서 0)에 대해 갖는 TF–IDF 값인 0.894427이
어떻게 계산됐는지 알아보겠습니다. 'apple' 단어는 텍스트 데
이터에 존재하는 두 개의 문서(문서 0과 문서 2)에서 사용되었
으므로 해당 단어의 IDF 값은 다음과 같이 계산합니다.

	apple	carrot	eggplant	orange
0	0.894427	0.000000	0.447214	0.00000
1	0.000000	0.577350	0.577350	0.57735
2	0.707107	0.707107	0.000000	0.00000
3	0.000000	0.000000	0.000000	1.00000

그림 9.13 TF–IDF 기반 DTM

$$IDF(apple)=\ln\left\{\frac{n+1}{DF(apple)+1}\right\}+1=\ln\left(\frac{4+1}{2+1}\right)+1=0.510825+1=1.510825$$

그리고 'apple'은 문서 0에서 두 번 사용되었으므로 TF = 2입니다. 따라서 TF–IDF = 2×1.510825 =
3.021651이 됩니다. 하지만 이 값은 위에 나와 있는 0.894427과 다릅니다. `TfidfVectorizer` 클래스의
경우 기본적으로 원래의 값을 그대로 사용하지 않고, 각 문서의 벡터가 원래의 벡터가 아니라 단위벡터가
되게끔 결과를 출력합니다. 예를 들어 첫 번째 문서인 문서 0의 원래 TF–IDF 벡터는 다음과 같습니다.

문서 0의 원래 TF-IDF 벡터 $= (3.021651, 0, 1.510825, 0)$

그리고 해당 벡터의 길이(즉, 원점으로부터의 유클리디안 거리)는 3.37830829이기 때문에 해당 길이로
원래의 벡터를 나누면 다음의 결과를 얻습니다.

문서 0의 단위벡터 $=(3.021651/3.37830829, 0/3.37830829, 1.510825/3.37830829, 0/3.37830829)$
$$=(0.89442725, 0, 0.44721348, 0)$$

이렇게 얻은 결과가 위에서 `TfidfVectorizer` 클래스를 이용해 얻은 결과와 같은 것을 확인할 수 있습니
다. 각 문서의 벡터는 단위벡터이기 때문에 길이를 구해보면 다음과 같이 1의 값이 나오는 것을 확인할 수
있습니다.[48]

```
np.linalg.norm(tfidf_features[0])
```

```
1
```

---

[48] 컴퓨터에 따라 0.99999999 또는 1.00000001의 결과가 나올 수 있습니다.

이렇게 단위벡터로 계산되는 이유는 TfidfVectorizer 클래스의 생성자 함수가 갖는 norm 파라미터의 기본값이 'L2'로 설정되어 있기 때문입니다. 즉, TfidfVectorizer 클래스의 fit_transform() 함수는 결과로 L2-norm(원점으로부터의 유클리디안 거리)의 값이 1인 벡터를 반환한다는 것을 의미합니다. 단위벡터가 아닌 원래 벡터를 얻고자 한다면 norm 파라미터의 값을 None으로 설정하면 됩니다. 다음과 같이 해보겠습니다.

```
# norm = None으로 설정

tfidf_vectorizer1 = TfidfVectorizer(min_df=2, max_df=0.8, ngram_range=(1,1), norm=None)

tfidf_features1 = tfidf_vectorizer1.fit_transform(TEXT)
```

그 결과를 출력해 보면 그림 9.14와 같습니다.

```
df1 = pd.DataFrame(data=np.array(tfidf_features1.todense()),
columns=tfidf_feature_names)

df1
```

	apple	carrot	eggplant	orange
0	3.021651	0.000000	1.510826	0.000000
1	0.000000	1.510826	1.510826	1.510826
2	1.510826	1.510826	0.000000	0.000000
3	0.000000	0.000000	0.000000	1.510826

그림 9.14 단위벡터가 아닌 원래의 벡터 결과

첫 번째 행의 경우 앞에서 계산했던 원래의 값과 동일한 것을 확인할 수 있습니다(즉, 문서 0의 원래 TF-IDF 벡터 = (3.021651, 0, 1.510825, 0)).

일반적으로 TF-IDF 정보를 사용할 때는 원래의 벡터가 아니라 단위벡터를 사용합니다.

TF-IDF의 값이 클수록 해당 단어가 해당 문서의 고유한 특성을 더 잘 나타낸다는 것을 의미합니다. 예를 들어, 첫 번째 문서에서 'apple' 단어의 TF-IDF 값이 제일 크기 때문에, 해당 단어가 첫 번째 문서의 고유한 특성을 제일 잘 나타낸다고 생각할 수 있습니다.

TF-IDF 기반의 벡터들을 이용해 유클리디안 거리나 코사인 유사도 방법을 사용하여 문서 간의 유사도를 구할 수 있습니다. 해당 방법은 TF 기반의 벡터를 사용하는 경우와 동일하기 때문에 관련 설명은 생략하겠습니다.

9.4.3 실제 문서 벡터화하기

이번에는 실제 문서를 벡터화해보겠습니다. 관련 코드는 doc_
vectorization_example2.ipynb를 참고하세요. 해당 예제
코드에서는 docs라는 폴더에 저장된 네 개의 신문 기사(그림
9.15 참고), 즉 네 개의 문서 데이터를 읽어와서 각 문서를 하나
의 벡터로 변환하는 내용을 담고 있습니다.

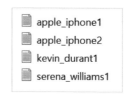

그림 9.15 Docs 폴더에 저장된 네 개의 문서

그림 9.15를 보면 각 문서가 저장된 파일 제목에 해당 문서가 무엇에 대해 다루는지를 나타내고 있습니다.
첫 번째 문서와 두 번째 문서는 애플 아이폰에 대해 다루는 서로 다른 신문 기사고, 세 번째 문서는 미국
농구 선수인 케빈 듀란트에 대한 신문 기사고, 네 번째 문서는 미국 테니스 선수인 세레나 윌리엄스에 대
한 신문 기사입니다.

doc_vectorization_example2.ipynb에는 각 문서를 벡터로 표현하고, 각 벡터 간의 유사도를 구해 문
서 간의 유사도를 파악하는 코드가 들어 있습니다. 그림 9.15의 파일 제목에서 알 수 있듯이 첫 번째와 두
번째 문서가 다루는 주제가 동일하기 때문에 두 문서를 나타내는 벡터 간 유사도가 상대적으로 크게 나와
야 합니다. 정말로 그런 결과가 나오는지 실제로 분석해 보겠습니다.

여기서는 각 문서를 벡터로 표현하기 전에 전처리 과정을 거쳐 불용어가 제거된 명사 단어들을 추출하고
그 결과물을 이용해 벡터화 작업을 수행합니다.

일단 먼저 다음과 같이 폴더에 저장된 각 파일의 내용을 읽어옵니다.

```python
from os import listdir
from os.path import isfile, join


mypath = './docs/'
# 아래 코드를 사용하여 폴더에 존재하는 파일의 이름만을 저장합니다.
onlyfiles = [f for f in listdir(mypath) if isfile(join(mypath, f))]

total_docs = []
for file in onlyfiles:
    file_path = mypath+file
    with open(file_path, 'r', encoding='utf8') as f:
        content = f.read()
    total_docs.append(content)
```

이 코드에서는 각 파일의 내용을 read() 함수를 이용해 하나의 문자열값으로 읽어와서 total_docs 리스트 변수에 저장합니다. 결과로 total_docs 변수는 네 개의 원소를 갖는데, 각 원소에는 각 파일의 내용이 담겨 있습니다. 첫 번째 원소는 첫 번째 파일의 내용을, 두 번째 원소는 두 번째 파일의 내용을 저장하고 있습니다.

전처리를 위해 preprocessing.py 파일에 저장되어 있는 En_preprocessing() 함수를 사용합니다. 해당 함수는 인자를 두 개를 받습니다. 첫 번째 인자는 전처리하고자 하는 원본 텍스트 데이터이고, 두 번째 인자는 사용자 정의 불용어 사전입니다. En_preprocessing() 함수의 바디는 5장에서 다룬 영어 텍스트 전처리 관련 코드로 구성되어 있습니다. 이 함수는 결과로 불용어가 제거된 명사의 단어들을 리스트 데이터의 형태로 반환합니다.

preprocessing.py 파일을 다음과 같이 임포트합니다(다음과 같이 파일을 임포트하기 위해서는 임포트할 파일이 현재 작업 중인 폴더에 저장되어 있어야 합니다).

```
import preprocessing
```

다음과 같이 리스트 데이터 형태로 사용자 정의 불용어 사전을 만듭니다(여기서는 설명을 위해 간단한 사용자 정의 불용어 사전을 사용했습니다).

```
stopwords = ['be', 'today', 'yesterday', 'tomorrow']
```

En_preprocessing() 함수를 이용해 각 문서를 전처리하고 그 결과를 다음과 같이 docs_nouns 리스트 변수에 저장합니다.

```
docs_nouns = [preprocessing.En_preprocessing(doc, stopwords) for doc in total_docs]
```

docs_nouns는 네 개의 원소를 갖는데, 각 원소는 다음과 같이 각 문서에 대해 전처리 결과물로 도출된 명사 단어들로 구성된 리스트 데이터입니다.

```
print(docs_nouns[0])
```

```
['smartphones', 'side', 'desk', 'pocket', 'bag', 'day', 'hour', 'day', 'software', 'iphone', 'phone', 'reveals', 'detail', 'surprise', 'battery', 'anxiety', 'malady', … <이하 생략>
```

이제 전처리 결과물에 CountVectorizer와 TfidfVectorizer 클래스를 적용해서 각 문서를 벡터로 표현해 보겠습니다. CountVectorizer와 TfidfVectorizer 클래스를 적용하기 위해서는 각 문서가 하나의 문자열값으로 저장돼 있어야 합니다. 하지만 이 경우 각 문서가 단어들의 리스트 데이터로 저장되어 있습니다. 일단, 이 리스트 데이터를 다음과 같이 **join()** 함수를 사용해 하나의 문자열값으로 변경합니다.

```
documents_filtered = [' '.join(doc) for doc in docs_nouns]
```

documents_filtered 변수는 네 개의 원소를 갖는 리스트 변수이고, 각 원소는 각 문서를 나타내는 하나의 문자열값입니다.

먼저 **CountVectorizer** 클래스를 이용해 각 문서를 빈도 기반의 벡터로 표현해 보겠습니다. 여기서는 **min_df**의 값을 1로 설정했습니다. 즉, 적어도 하나 이상의 문서에서 출현한 단어는 모두 사용해서 해당 문서를 벡터로 표현하겠다는 것을 의미합니다.

```
from sklearn.feature_extraction.text import CountVectorizer
tf_vectorizer = CountVectorizer(min_df=1, max_df=0.8, ngram_range=(1,1))
DTM_tf = tf_vectorizer.fit_transform(documents_filtered)
```

그리고 이를 numpy의 어레이 형태로 변환합니다.

```
import numpy as np
DTM_TF = np.array(DTM_tf.todense())
```

TF 기반의 DTM 정보를 저장하고 있는 **DTM_TF** 변수의 형태를 보겠습니다.

```
DTM_TF.shape
```

```
(4, 285)
```

이는 우리가 구한 DTM이 4×285 형태의 행렬이라는 것을 의미합니다. 즉, 행의 수가 4이고 열의 수가 285인 행렬입니다. DTM의 행의 수는 문서의 수를 의미하고, 열의 수는 문서를 벡터로 표현할 때 사용한 단어의 수를 의미합니다. 여기서는 문서를 벡터로 표현할 때 사용한 단어의 수가 285개라는 것을 의미하며, 이는 각 벡터가 285개의 원소를 갖는 벡터(즉, 285차원 벡터)라는 뜻입니다.

이러한 벡터를 이용해 첫 번째 문서와 나머지 세 개의 문서 간의 유클리디안 거리를 계산해 보겠습니다.

```
print(np.linalg.norm(DTM_TF[1]-DTM_TF[0])) # 첫 번째 문서와 두 번째 문서 간 유클리디안 거리
print(np.linalg.norm(DTM_TF[2]-DTM_TF[0])) # 첫 번째 문서와 세 번째 문서 간 유클리디안 거리
print(np.linalg.norm(DTM_TF[3]-DTM_TF[0])) # 첫 번째 문서와 네 번째 문서 간 유클리디안 거리
```

```
23.895606290697042
24.919871588754223
25.826343140289914
```

차이는 크게 나지 않지만, 첫 번째 문서와 두 번째의 문서의 유사도가 제일 큰 것으로 나왔습니다(앞 부분에서 이야기한 것처럼 두 문서는 모두 애플 아이폰에 대해 다루고 있습니다).

이번에는 코사인 유사도를 계산해 보겠습니다.

```python
print(np.dot(DTM_TF[0],DTM_TF[1])/(np.linalg.norm(DTM_TF[0])*np.linalg.norm(DTM_TF[1])))
print(np.dot(DTM_TF[0],DTM_TF[2])/(np.linalg.norm(DTM_TF[0])*np.linalg.norm(DTM_TF[2])))
print(np.dot(DTM_TF[0],DTM_TF[3])/(np.linalg.norm(DTM_TF[0])*np.linalg.norm(DTM_TF[3])))
```

```
0.5959464513198515
0.010149858103156184
0.021112128709387182
```

코사인 유사도 결과도 첫 번째 문서와 두 번째 문서 간의 유사도가 제일 크게 나왔습니다. 다만, 유클리디안 거리 결과에 비해 그 차이가 상대적으로 더 크게 나왔습니다.

이번에는 TfidfVectorizer 클래스를 이용해 벡터화 작업을 수행해 보겠습니다.

```python
from sklearn.feature_extraction.text import TfidfVectorizer
tfidf_vectorizer = TfidfVectorizer(min_df=1, max_df=0.8, ngram_range=(1,1))
DTM_tfidf = tfidf_vectorizer.fit_transform(documents_filtered)
DTM_TFIDF = np.array(DTM_tfidf.todense())
```

TF-IDF 기반의 DTM 정보가 DTM_TFIDF 변수에 저장돼 있습니다. 벡터화할 때 동일한 조건을 사용했기 때문에 DTM_TFIDF의 형태는 앞의 경우와 동일합니다. 즉, 4×285입니다.

```python
DTM_TFIDF.shape
```

```
(4, 285)
```

이번에도 마찬가지로 유클리디안 거리와 코사인 유사도를 이용해 첫 번째 문서와 나머지 문서 간의 유사도를 계산해 보겠습니다. 먼저 유클리디안 거리를 이용한 결과입니다.

```
print(np.linalg.norm(DTM_TFIDF[1]-DTM_TFIDF[0]))
print(np.linalg.norm(DTM_TFIDF[2]-DTM_TFIDF[0]))
print(np.linalg.norm(DTM_TFIDF[3]-DTM_TFIDF[0]))
```

```
0.9538556951497862
1.409374356422095
1.4028109418615884
```

첫 번째 문서와 두 번째 문서 간의 유클리디안 거리가 TF 정보를 이용하는 경우보다 상대적으로 작은 값이 나온 것을 확인할 수 있습니다.

이번에는 코사인 유사도 결과를 확인해 보겠습니다.

```
print(np.dot(DTM_TFIDF[0],DTM_TFIDF[1])/(np.linalg.norm(DTM_TFIDF[0])*np.linalg.norm(DTM_TFIDF[1])))
print(np.dot(DTM_TFIDF[0],DTM_TFIDF[2])/(np.linalg.norm(DTM_TFIDF[0])*np.linalg.norm(DTM_TFIDF[2])))
print(np.dot(DTM_TFIDF[0],DTM_TFIDF[3])/(np.linalg.norm(DTM_TFIDF[0])*np.linalg.norm(DTM_TFIDF[3])))
```

```
0.5450796564151593
0.006831961729902576
0.01606073069670202
```

이번에도 그 차이가 TF 정보를 이용했을 때보다 상대적으로 크게 나왔습니다. 이러한 결과는 TF-IDF 정보를 기반으로 한 벡터가 TF 기반 벡터보다 문서의 고유한 특성을 더 잘 나타낸다는 것을 의미한다고 볼 수 있습니다.

10

군집 분석

지금까지 문서를 벡터로 바꾸고 벡터 간의 유사도를 계산해 문서의 유사도를 파악하는 방법을 알아봤습니다. 그렇다면 문서 간의 유사도를 이용해 무엇을 할 수 있을까요? 여러 가지를 할 수 있지만, 대표적으로 할 수 있는 것이 유사한 문서를 같은 그룹으로 묶어주는 작업입니다. 이러한 작업을 군집화(clustering)라고 합니다. 문서의 유사도를 계산하기 위해 각 문서를 벡터로 변환한 후 유클리디안 거리나 코사인 유사도 등의 지표를 사용합니다.

군집 분석은 비지도학습 알고리즘을 사용합니다. 별도의 종속변수 혹은 레이블 정보가 없는 여러 개의 문서로 구성된 텍스트 데이터에 대해 문서에 사용된 단어들의 정보를 이용하여 상대적으로 유사한 문서끼리 같은 군집으로 묶어주는 분석입니다. 예를 들어, 여러 개의 신문 기사로 구성된 텍스트 데이터가 있는 경우, 해당 신문 기사가 '정치', '경제', '스포츠' 섹션에 속하는 것들이고 어느 섹션에 속한 기사인지에 따라 사용되는 단어에 차이가 있다고 가정한다면, 기사에 대한 섹션 정보(즉, 종속변수 값)가 없더라도 군집 분석을 사용해서 유사한 문서끼리 묶어줌으로써 같은 섹션에 속한 기사를 찾을 수 있습니다. 그뿐만 아니라, 같은 섹션(예: 정치 섹션)에 속하는 기사라고 하더라도 세부적으로 다루는 주제에 따라 사용되는 단어가 다를 수 있습니다. 이 경우, 군집 분석을 통해 기사가 다루는 주제에 따라 같은 혹은 유사한 주제를 다루는 기사를 같은 군집으로 묶어주는 작업을 수행할 수 있습니다.

일반적으로 군집 분석 과정은 다음과 같습니다.

① **텍스트 데이터 준비**

분석에 사용될 텍스트 데이터를 준비해야 합니다. 온라인에서 수집하는 경우라면 부록 A에 설명한 웹 스크레이핑 방법을 사용할 수 있습니다.

② **텍스트 전처리와 문서의 벡터화**

준비된 텍스트 데이터를 군집 분석에 사용할 수 있게 전처리 과정을 거쳐야 합니다. 전처리 과정을 통해 불용어가 제거된 특정 품사를 갖는 단어만 선택하여 최종 분석에 사용합니다. 군집화에서는 일반적으로 명사 단어들을 사용합니다. 그다음, 선택된 단어들을 이용해 각 문서를 벡터로 표현합니다. 즉, 전체 문서 데이터를 DTM으로 변환해야 하는데, 빈도 기반 DTM이나 TF-IDF 기반 DTM 형태로 변환할 수 있습니다.

③ **기계학습 알고리즘을 이용한 군집화 분석**

준비된 DTM에 군집화 분석 알고리즘을 적용하여 군집화합니다. 여러 가지 군집화 분석 알고리즘이 있지만, 이 책에서는 상대적으로 많이 사용되는 K-평균, 위계적 군집 분석(Hierarchical clustering analysis), DBSCAN, 가우시안 혼합 모형(Gaussian Mixture Model, GMM)에 대해 다루겠습니다. K-평균, 위계적 군집 분석, DBSCAN은 벡터의 유사도 기반으로 작동하며, 가우시안 혼합 모형은 확률 기반 방법입니다.

10.1 K-평균(K-Means) 알고리즘

벡터 간의 유사도에 대한 기본적인 이해를 토대로 지금부터는 군집화 분석에 사용하는 기계학습 알고리즘을 살펴보겠습니다. 첫 번째로 살펴볼 알고리즘은 K-평균 알고리즘입니다.

10.1.1 K-평균 작동 원리

K-평균 알고리즘에서는 벡터 간의 거리를 계산할 때 유클리디안 거리 지표가 사용됩니다.[49] K-평균을 통해 군집화되는 방식은 비교적 간단합니다. K-평균을 설명하기 위해 그림 10.1과 같이 여러 개의 관측치가 2차원 공간상에 존재한다고 가정하겠습니다.

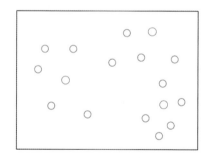

그림 10.1 관측치 벡터들의 분포

---

49 단위벡터 간의 유클리디안 거리는 코사인 거리와 비례 관계를 갖는 것을 기억하세요(9.1.8절을 참고하세요). 따라서 관측치 벡터를 단위벡터로 만든 후에 유클리디안 거리를 적용하는 것은 코사인 거리를 적용하는 것과 비슷한 결과를 얻습니다.

이 관측치 벡터에 대해 K-평균 알고리즘은 다음과 같은 순서로 작동합니다.

① 찾고자 하는 군집의 수(=K) 정하기(군집의 수를 정하는 데 사용되는 방법에 관해서는 다음 10.1.2절에서 설명합니다)

K-평균 알고리즘을 사용하기 위해서는 일단 먼저 사용자가 찾고자 하는 군집의 수(=K)를 지정해야 합니다. 그러면 K-평균 알고리즘은 (사용자가 정한) K개의 군집을 관측치 간의 유사성에 따라 찾아줍니다. 여기서는 설명을 위해 찾고자 하는 군집의 수를 3이라고 정했다고 가정합니다(즉, K=3).

② 각 군집의 중심 벡터 정하기

찾고자 하는 군집의 수가 3이라고 정해지면, K-평균 알고리즘은 처음에 무작위로 세 개의 관측치를 선택합니다.[50] 그 세 개의 관측치가 각 군집의 일시적인 중심이 됩니다(그림 10.2 참고).

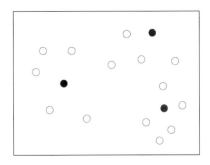

그림 10.2 첫 번째 단계에서 정해진 세 개의 중심

③ 각 관측치가 속하는 군집 정하기

그다음 데이터에 존재하는 각 관측치에 대해 이전 단계에서 정해진 세 개의 중심 중 제일 가까이 위치하는 중심을 찾습니다(중심과의 거리를 계산하기 위해 유클리디안 거리 지표를 사용합니다). 각 관측치가 속하는 군집은 가장 가까이 위치해 있는 중심이 속한 군집이 됩니다(그림 10.3 참고).

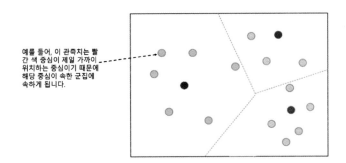

예를 들어, 이 관측치는 빨간 색 중심이 제일 가까이 위치하는 중심이기 때문에 해당 중심이 속한 군집에 속하게 됩니다.

그림 10.3 관측치 군집 할당의 예

---

50 sklearn에서는 무작위로 초기 중심을 선택하는 방법과 K-Means++ 알고리즘을 이용한 방법을 제공합니다. K-Means++ 알고리즘 작동 방식에 대해서는 10.1.3절 파이썬 코딩하기 부분에서 설명하겠습니다.

④ 각 군집의 새로운 중심 정하기

이전 단계를 거쳐 임시적인 군집이 형성됐습니다. 이번에는 이렇게 형성된 각 군집에 속한 각 관측치 벡터들의 평균값으로 군집의 중심점을 새롭게 선정합니다. 이렇게 되면 실제 관측치가 각 그룹의 중심이 되는 것이 아니라 가상의 중심점이 생기게 됩니다(그림 10.4 참고).

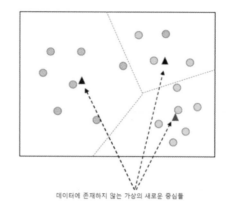

데이터에 존재하지 않는 가상의 새로운 중심들

그림 10.4 새로운 중심의 예

⑤ 각 관측치가 속하는 군집 새로 정하기

새롭게 정해진 중심에 대해 단계 3의 방법과 동일한 방법을 사용해 다시 한번 각 관측치가 속하는 군집을 결정합니다. 이전 단계의 중심에서 새로운 중심으로 이동했기 때문에 일부 관측치의 경우 가장 가까이 존재하는 중심이 달라졌을 수 있습니다. 즉, 속한 군집이 달라질 수 있습니다.

⑥ 단계 4, 5 과정 반복하기

앞의 단계에서 군집이 달라진 관측치가 있으면 단계 4, 5 과정을 반복합니다. 일반적으로 더 이상 군집이 바뀌는 관측치가 없을 때까지 이 과정을 반복합니다(혹은 사용자가 정한 횟수만큼 반복합니다).[51]

10.1.2 군집의 수 정하기

K-평균의 경우 앞에서 설명한 것처럼 사용자가 직접 군집의 수를 정해야 합니다. 유사도가 큰 관측치만 같은 군집에 속하게끔 군집화하려면 군집의 수를 적절하게 정하는 것이 중요합니다. 군집의 수를 잘못 지정하면 유사도가 낮은 관측치가 같은 군집에 속할 가능성이 높아집니다. 적절한 군집의 수를 정하기 위해 사용자가 갖고 있는 데이터에 대한 지식 혹은 관련 도메인 지식을 사용할 수도 있고, 수치적인 지표를 사용할 수도 있습니다. 여기서는 수치적 지표를 이용해 군집의 수를 정하는 방법에 대해 설명합니다. 그러한 방법으로는 크게 두 가지가 있습니다. 하나는 엘보(elbow) 방법이고, 다른 하나는 실루엣 값(silhouette score)을 사용하는 방법입니다.

---

51 https://www.naftaliharris.com/blog/visualizing-k-means-clustering/는 K-Means 알고리즘의 작동 과정을 시각적으로 확인할 수 있는 사이트입니다.

10.1.2.1 엘보 방법

엘보 방법(Elbow method)은 WCSS(Within Cluster Sum of Squares) 값을 사용해 적절한 군집의 수를 찾는 방법입니다. WCSS 값은 다음과 같이 정의됩니다.

$$WCSS = \sum_i (d_{i, center})^2$$

여기서 $d_{i, center}$는 관측치 i와 관측치 i가 속한 군집의 중심 간의 거리입니다. 예를 들어, 전체 관측치의 수가 8이고, 각 관측치가 그림 10.5와 같이 서로 다른 두 개의 군집에 속해 있다고 가정하겠습니다. 이 같은 경우 각 군집의 중심은 그림 10.5에서와 같이 파란색 삼각형으로 표현될 수 있습니다.

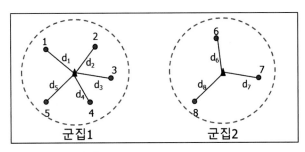

그림 10.5 $d_{i, center}$의 예

그림 10.5에 대한 WCSS 값은 $\sum_{i=1}^{8} (d_{i, center})^2$입니다(그림에는 간단하게 d_i로 표기했습니다).

이번에는 다른 예를 사용해 군집의 수에 따라 $\sum_i (d_{i, center})^2$ 값이 어떻게 달라지는지를 살펴보겠습니다. 데이터셋에 그림 10.6과 같이 여덟 개의 관측치가 존재하고, 정답 군집의 수가 2라고 가정합니다.

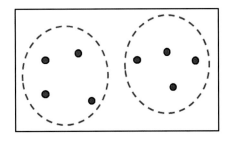

그림 10.6 정답 군집의 수가 2인 예제 데이터

여기서 찾아야 하는 군집의 수는 2입니다. 이를 위해 군집의 수를 1부터 시작해 하나씩 증가시키면서 $\sum_i (d_{i, center})^2$ 값이 어떻게 달라지는지를 살펴보겠습니다.

군집의 수 = 1인 경우 해당 군집의 중심은 그림 10.7과 같이 표기할 수 있습니다(파란색 삼각형이 중심입니다).

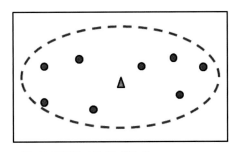

그림 10.7 군집의 수를 1로 했을 때

이번에는 군집의 수를 하나 증가시켜 보겠습니다. 그러면 각 군집의 중심은 그림 10.8과 같이 표기될 것입니다.

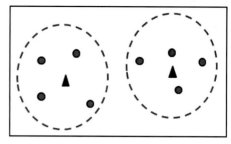

그림 10.8 군집의 수를 2로 했을 때

군집의 수가 1에서 2로 증가함에 따라 $\sum_i (d_{i,center})^2$ 값이 크게 줄어드는 것을 알 수 있습니다. 왜냐하면 각 관측치와 해당 관측치가 속한 군집의 중심 간의 거리가 크게 줄기 때문입니다. 여기에서 군집의 수를 하나 더 증가시켜 보겠습니다. 그러면 그림 10.9와 같이 군집의 중심이 표기될 수 있습니다(빨간색 점선은 정답 군집을 의미합니다).

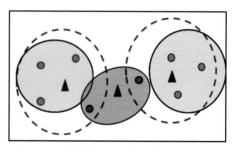

그림 10.9 군집의 수를 3으로 했을 때의 경우

군집의 수가 2에서 3으로 증가하는 경우에는 각 군집의 중심과 관측치 간의 거리가 크게 줄어들지 않습니다. 즉, $\sum_i (d_{i,center})^2$ 값이 조금 줄어듭니다. 군집의 수를 하나 더 늘려도 마찬가지로 $\sum_i (d_{i,center})^2$는 조금 밖에 줄어들지 않을 것입니다.

이제 각 군집 수에 따라 $\sum_i (d_{i,center})^2$ 값을 그래프로 표현해 보겠습니다(그림 10.10 참고).

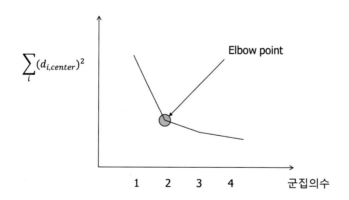

그림 10.10 군집의 수에 따른 WCSS($\sum_i (d_{i,center})^2$)의 변화

그림 10.10에서 보는 것처럼 군집의 수가 1에서 2로 증가하는 경우, $\sum_i (d_{i, center})^2$이 크게 줄어들고, 그 다음부터는 군집의 수가 증가해도 $\sum_i (d_{i, center})^2$가 줄어드는 정도가 크지 않습니다. 그리고 여기에서 기억해야 할 것은 우리가 찾고자 하는 실제 군집의 수는 2라는 것입니다. 즉, 최적의 군집 수 이전에는 $\sum_i (d_{i, center})^2$가 크게 줄어들고, 그 이후에는 조금만 줄어든다는 것입니다. **그래프가 급격하게 꺾이는 점 (위 그림에서의 Elbow point에 해당 하는 점)에 해당하는 군집의 수를 최적의 군집의 수로 선택**하게 되는데, 그 모양이 팔꿈치와 비슷해서 이 방법을 엘보 방법이라고 합니다.

10.1.2.2 실루엣 값 사용하기

이번에는 실루엣 값(Silhouette score)이라는 지표를 이용해 군집의 수를 정하는 방법을 살펴보겠습니다. 실루엣 값은 하나의 관측치에 대해 정의됩니다. 특정 관측치에 대해 해당 관측치가 속한 군집의 다른 관측치들과의 평균 거리와 해당 관측치가 속하지 않은 다른 군집에 속한 관측치들과의 평균 거리의 차이를 보는 것입니다. 실루엣 값이 클수록 같은 군집에 속한 관측치와의 거리는 가깝고, 다른 군집에 속한 관측치와의 거리는 멀다는 것을 의미합니다. 즉, 값이 클수록 군집화가 잘 된 것입니다. 군집 C_I에 속한 관측치 i의 실루엣 값은 다음과 같이 계산합니다.

$|C_I|>1$인 경우,

$$s_i = \frac{b_i - a_i}{\max(a_i, \ b_i)}$$

$|C_I|=1$인 경우,

$$s_i = 0$$

여기에서 $|C_I|$는 군집 C_I에 속한 관측치의 수가 됩니다. $|C_I|>1$인 경우를 살펴보겠습니다. 관측치 i에 대해 a_i는 다음과 같이 정의됩니다.

$$a_i = \frac{1}{|C_I|-1} \sum_{j \in C_I, \ i \neq j} d(i, \ j)$$

a_i는 관측치 i와 같은 군집(즉, C_I)에 속한 다른 관측치 간의 평균 거리입니다(시그마(Σ) 아래의 $j \in C_I$, $i \neq j$는 군집 C_I에 속한 관측치 중에서 관측치 i가 아닌 다른 모든 관측치를 의미합니다). a_i의 값이 작을수록 같은 군집에 속한 다른 관측치와의 거리가 짧다, 즉 유사도가 크다는 것을 의미합니다.

관측치 i에 대해 b_i는 다음과 같이 정의됩니다.

$$b_i = \min_{J \neq I} \frac{1}{|C_J|} \sum_{j \in C_J} d(i, j)$$

b_i는 관측치 i가 속하지 않은 군집 중에서 평균 거리가 가장 가까운 군집에 속해 있는 관측치와의(관측치 i 와의) 평균 거리를 의미합니다.

그리고 $s_i = \dfrac{b_i - a_i}{\max(a_i, \, b_i)}$의 분모에 존재하는 $\max()$ 함수는 입력된 두 값 중 큰 값을 반환합니다. 즉, $\max(a_i, b_i)$는 a_i와 b_i 중 큰 값을 반환합니다.

a_i와 b_i 값의 크기에 따라 위 실루엣 값의 정의는 다시 다음과 같이 표현할 수 있습니다.

$$s_i = \begin{cases} 1 - a_i/b_i, & \text{if } a_i < b_i \\ 0, & \text{if } a_i = b_i \\ b_i/a_i - 1, & \text{if } a_i > b_i \end{cases}$$

이는 $-1 \leq s_i \leq 1$을 의미합니다. 그리고 같은 군집에 속한 다른 관측치와의 거리가 가까울수록 a_i 값이 작아지고 다른 군집에 속한 관측치와의 거리가 멀수록 b_i 값이 커지므로 s_i 값이 1에 가까울수록 군집화가 잘됐다는 뜻입니다.

특정 주제 수에 대한 군집화 결과에 대한 실루엣 값은 각 관측치의 실루엣 값의 평균이 됩니다. 실루엣 값은 클수록 군집화가 잘 되었다는 의미이기 때문에 실루엣 값이 가장 큰 경우의 군집의 수를 최적 군집의 수로 선택합니다.

참고 **군집의 수를 정할 때 고려할 것**

엘보 방법이나 실루엣 값을 사용하는 방법이 항상 군집의 수를 정확하게 찾아주는 것은 아닙니다. 따라서 찾고자 하는 군집의 수를 잘 결정하기 위해서는 데이터의 특성을 이해하고, 더불어 도메인 지식을 활용하는 것이 필요합니다. 그리고 처음부터 한 번에 최적의 군집 수를 찾기보다는, 순차적인 방법으로 최적의 군집 수를 찾는 것도 생각해 볼 수 있습니다. 예를 들어, 찾고자 하는 군집의 수를 되도록 크게 하여 기계학습 알고리즘을 이용해 1차적으로 먼저 군집화하고, 도출된 군집에 대해 유사도가 상대적으로 큰 군집을 추가로 연결하는 작업을 수행할 수 있습니다. 유사도가 큰 군집을 찾을 때는 서로 다른 군집에 속한 관측치 간의 평균 거리를 계산하고 그러한 거리가 특정 기준값(threshold)보다 작은 군집만 추가로 연결할 수 있습니다. 아니면, 도메인 지식을 이용해 사용자가 직접 유사한 군집을 찾아 연결할 수도 있습니다.

10.1.3 파이썬 코딩하기

10.1.3.1 KMeans 클래스를 이용해 군집화 분석하기

여기서는 K-평균 알고리즘을 예제 영어 텍스트 데이터에 적용하여 군집화 분석을 수행해 보겠습니다. 관련 코드는 En_docs_clustering_KMeans.ipynb 파일을 참고하세요. 이 데이터는 example_En_docs 폴더에 저장돼 있습니다. 각 문서가 별도의 텍스트 파일로 저장되어 있으며, 각 문서는 특정한 주제에 대한 신문 기사입니다. 이 폴더에는 15개의 문서가 저장돼 있습니다. 각 문서가 다루는 주제는 파일 이름으로 구분되어 있습니다. 예를 들어 'doc0_1.txt' 파일의 경우 주제 0을 다루는 첫 번째 문서라는 것을 의미합니다. 즉, 파일 제목에 있는 'doc' 다음에 나오는 첫 번째 숫자가 주제의 아이디입니다. 제목의 첫 번째 숫자가 동일한 파일들이 동일한 주제를 다루는 파일이 되는 것입니다. 해당 폴더를 확인하면, 문서들이 다루는 전체 주제의 수가 다섯 개인 것을 알 수 있습니다. 따라서 찾고자하는 정답 군집의 수는 5라고 생각할 수 있습니다.

일단 다음과 같이 텍스트 데이터를 불러옵니다.

```python
import numpy as np
from os import listdir
from os.path import isfile, join


mypath = './example_En_docs/'
onlyfiles = [f for f in listdir(mypath) if isfile(join(mypath, f))]
onlyfiles.sort()

total_docs = []
for file in onlyfiles:
    file_path = mypath+file
    with open(file_path, 'r', encoding='utf8') as f:
        content = f.read()
    total_docs.append(content)
```

이 코드를 실행하면, total_docs 변수에 15개의 원소가 생기고, 각 원소는 각 문서의 원본 내용을 문자열 형태로 갖게 됩니다. 군집화 분석 알고리즘을 적용하기 전에 일단 먼저 전처리 작업을 해야 합니다. 전처리 작업을 통해 불용어가 제거된 특정 품사의 단어만 선택해 각 문서를 표현하는데, 군집화 분석에서는 보통 명사 단어들을 선택합니다. 그 이유는 군집화 분석을 통해 유사한 주제를 다루는 문서를 그루핑하고자 하는 경우가 많기 때문입니다. 전처리에 필요한 함수는 preprocessing.py 파일에 저장돼 있습니다. 해당 함수를 사용하기 위해 다음과 같이 preprocessing을 임포트합니다.

```
import preprocessing
```

해당 파일에 저장된 En_preprocessing() 함수를 사용해 전처리를 하는데, 이 함수는 두 개의 인자를 입력받습니다. 하나는 원본 문자열 데이터이고, 다른 하나는 사용자 정의 불용어 사전입니다. 여기서는 사용자 정의 불용어 사전을 리스트 데이터 형태로 만들어서 stopwords 변수에 저장했습니다(예를 보여주기 위해 간단한 사용자 정의 불용어 사전을 만들었습니다).

```
stopwords = ['be', 'today', 'yesterday', 'tomorrow'] # 불용어 사전 생성하기
docs_nouns = [preprocessing.En_preprocessing(doc, stopwords) for doc in total_docs]
```

docs_nouns는 리스트 변수로, 각 원소가 각 문서의 명사 단어를 포함하는 리스트입니다. 다음과 같이 첫 번째 원소를 확인해 보겠습니다.

```
print(docs_nouns[0])
```

```
['aleman', 'world', 'video', 'game', 'front', 'gunshot', 'restroom', 'cover', 'mass', 'shooting',
'florida', 'tournament', 'player', 'football', 'video', 'game', 'madden', 'jacksonville',
'winner', 'level', 'tournament', 'vega', 'october', 'cash', 'prize', 'participant',
'jacksonville', 'marketplace', 'store', 'bar', 'restaurant', 'st', 'john', 'river', 'david',
'gamer', 'baltimore', 'maryland', 'jacksonville', 'tournament', 'game', 'bar', 'back', 'pizza',
'restaurant', 'sunday', 'gun', 'venue', …이하 생략]
```

보다시피 첫 번째 문서(신문 기사)를 구성하는 명사 단어들로 구성된 리스트 데이터인 것을 확인할 수 있습니다. 이렇게 준비된 데이터를 sklearn에서 제공하는 CountVectorizer 또는 TfidfVectorizer 클래스를 이용해 DTM으로 변환합니다. docs_nouns의 경우 각 문서가 리스트 형태로 되어 있는데, CountVectorizer나 TfidfVectorizer 클래스를 사용하려면 각 문서를 하나의 문자열 형태로 변환해야 합니다. 이를 위해 다음 코드를 실행합니다.

```
# 불필요한 단어를 제거한 후 DTM로 변환하기 위해 다시 문자열 리스트의 형태로 변환
documents_filtered = [' '.join(doc) for doc in docs_nouns]
```

DTM을 만드는 방법은 앞에서 설명했으니 여기서는 코드만 살펴보겠습니다. 일단 빈도 기반 DTM을 생성합니다.

```
from sklearn.feature_extraction.text import CountVectorizer

tf_vectorizer = CountVectorizer()
```

```
DTM_tf = tf_vectorizer.fit_transform(documents_filtered)
DTM_TF = np.array(DTM_tf.todense())
```

DTM_TF는 각 셀에 단어가 각 문서에 대해 갖는 빈도 정보를 가지고 있는 DTM이 저장된 변수입니다. DTM_TF의 각 행이 각 문서의 벡터가 됩니다. 예를 들어, DTM_TF[0]은 첫 번째 문서(즉, 첫 번째 신문 기사)에 대한 벡터입니다. 각 문서에 대한 벡터를 이용해 문서 간 유사도를 계산할 수 있습니다. 유클리디안 거리는 다음과 같이 계산합니다. 다음 코드에서는 첫 번째 기사를 기준으로 두 번째 기사, 네 번째 기사, 그리고 여섯 번째 기사와의 유클리디안 거리를 계산합니다. 첫 번째 기사와 두 번째 기사가 동일한 주제를 다루고 있기 때문에 상대적으로 유클리디안 거리가 더 짧게 나온 것을 확인할 수 있습니다.

```
d1d2_tf = np.linalg.norm(DTM_TF[0]-DTM_TF[1])
d1d4_tf = np.linalg.norm(DTM_TF[0]-DTM_TF[3])
d1d6_tf = np.linalg.norm(DTM_TF[0]-DTM_TF[5])
print(d1d2_tf, d1d4_tf, d1d6_tf)
```

```
25.03996805109783 31.016124838541646 35.93048844644336
```

이번에는 코사인 유사도를 계산해 보겠습니다.

```
d1d2_cos_tf = np.dot(DTM_TF[0],DTM_TF[1]) / (
    np.linalg.norm(DTM_TF[0]) * np.linalg.norm(DTM_TF[1])
)
d1d4_cos_tf = np.dot(DTM_TF[0],DTM_TF[3]) / (
    np.linalg.norm(DTM_TF[0]) * np.linalg.norm(DTM_TF[3])
)
d1d6_cos_tf = np.dot(DTM_TF[0],DTM_TF[5]) / (
    np.linalg.norm(DTM_TF[0]) * np.linalg.norm(DTM_TF[5])
)
print(d1d2_cos_tf, d1d4_cos_tf, d1d6_cos_tf)
```

```
0.4797868087836209 0.08921136837371918 0.03923483668514357
```

이번에도 유클리디안 거리의 결과와 유사한 결과가 나온 것을 알 수 있습니다. 다만, 상대적인 차이가 더 명확하게 나왔습니다.

이번에는 K-평균 알고리즘을 빈도 기반 DTM에 적용해 보겠습니다. 이를 위해 다음과 같이 sklearn에서 제공되는 KMeans 클래스를 임포트합니다.

```
from sklearn.cluster import KMeans
```

그다음 KMeans 클래스의 생성자 함수를 이용해 객체를 만듭니다. 기본적으로 값을 설정해야 하는 파라미터는 군집의 수에 대한 n_clusters 파라미터입니다. 여기서는 찾고자 하는 군집의 수를 알기 때문에 그 값을 입력하겠습니다(5를 입력합니다).

```
kmeans = KMeans(n_clusters=5)
```

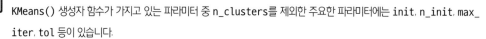

참고 KMeans() 생성자 함수가 가지고 있는 다른 파라미터들

KMeans() 생성자 함수가 가지고 있는 파라미터 중 n_clusters를 제외한 주요한 파라미터에는 init, n_init, max_iter, tol 등이 있습니다.

- **init**: 군집 분석의 첫 단계에서 군집의 중심에 해당하는 관측치들을 선택하는 방법과 관련된 파라미터입니다. 기본적으로 취할 수 있는 값은 'random'과 'kmeans++'가 있습니다(기본값은 'kmeans++'입니다). 'random'은 말 그대로 군집의 중심에 해당하는 관측치를 무작위로 선택하는 방법입니다. 예를 들어, 찾고자 하는 군집의 수가 5인 경우(즉, n_clusters=5), init='random'으로 설정하면, 데이터셋에 존재하는 관측치 중에서 무작위로 다섯 개의 관측치를 선택하고 그 관측치들을 찾고자 하는 군집의 중심으로 사용합니다. 하지만 무작위로 선택하면 어떤 관측치가 선택되느냐에 따라 군집화의 결과가 많이 달라집니다. 초기 중심이 잘못 선택되는 경우에는 군집화 결과가 안 좋게 나올 수 있습니다. 이러한 무작위 선택 방법의 대안으로 사용할 수 있는 것이 KMeans++ 방법입니다. KMeans++ 방법의 작동 원리는 다음과 같습니다.

  > **KMeans++ 작동 원리**
  >
  > - **단계 1**: 데이터셋에 존재하는 관측치 중 하나를 무작위로 선택하여 첫 번째 중심으로 삼습니다.
  > - **단계 2**: 모든 관측치에 대해 각 관측치와 단계 1에서 지정된 중심과의 거리를 계산합니다.
  > - **단계 3**: 두 번째 중심을 선정하는데, 두 번째 중심으로 선택될 확률은 첫 번째 중심과의 거리에 비례합니다. 즉, 첫 번째 중심과의 거리가 먼 관측치일수록 두 번째 중심으로 선택될 확률이 높습니다.
  > - **단계 4**: 두 번째 중심과 다른 관측치와의 거리를 계산하고, 단계 3의 방법으로 세 번째 중심을 선택합니다. 이러한 과정을 K개의 중심이 정해질 때까지 반복합니다.

- **n_init**: 이 파라미터는 K-평균 알고리즘이 서로 다른 초기 중심을 이용해 수행될 횟수를 의미합니다. 기본값은 10입니다. 이 파라미터는 초기의 중심들이 잘못 선정되어 군집화가 잘 안되는 문제를 방지하기 위해 사용합니다. n_init의 값으로 지정된 횟수만큼 반복 수행한 뒤, 최종 선택되는 초기 중심들은 WCSS 지표 기준으로 성능이 가장 좋은 경우의 것들입니다.

- **max_iter**: 이 파라미터는 군집의 새로운 중심을 정하고 해당 중심에 대해 관측치의 군집을 새롭게 할당하는 과정을 몇 번 반복할 것인지에 대한 것입니다. 기본값은 300으로 되어 있습니다.

- tol: 이 파라미터는 tolerance를 의미하며, 군집화 과정을 언제까지 반복할 것인지와 관련된 파라미터입니다. 업데이트 과정에서 발생하는 WCSS 값의 변화가 이 값보다 작아지면 군집화 과정이 수렴되었다고 판단하고 군집화 과정을 멈춥니다. 기본값은 0.0001로 설정되어 있습니다. 일반적으로 기본값을 그대로 사용합니다.

KMeans 클래스에서 제공하는 `fit_predict()` 함수를 이용해 군집화를 진행합니다. 이 함수의 인자로 빈도 기반 DTM 정보를 담고 있는 `DTM_TF` 변수를 입력합니다.

```
clusters_TF = kmeans.fit_predict(DTM_TF)
```

`clusters_TF`의 실행 결과를 보면 다음과 같습니다.

```
clusters_TF
```

```
array([4, 4, 4, 3, 2, 3, 3, 3, 1, 1, 1, 1, 0, 0, 0])
```

각 원소의 숫자는 각 문서가 속한 군집의 아이디입니다(여러분의 결과는 다를 수 있습니다). 우리가 찾은 전체 군집의 수가 5이므로 군집의 아이디는 0부터 4까지의 값을 갖습니다. 예를 들어, 첫 번째 문서는 군집 4에 속했습니다. 각 관측치가 어떤 군집에 속했는지는 별로 중요하지 않습니다. 더 중요한 것은 어떤 관측치들이 같은 군집에 속했는지입니다. 같은 군집에 속한 문서들이 동일한 주제 혹은 유사한 주제에 대해 다루고 있을 가능성이 큽니다. 위의 결과를 보면 첫 번째 세 개의 문서가 같은 군집(군집 4)에 속한 것을 확인할 수 있습니다. 이 세 개의 문서는 동일한 주제에 대해 다루고 있기 때문에 군집화가 잘 되었다고 판단할 수 있습니다. 같은 주제를 다루는 문서임에도 불구하고 다른 군집에 할당된 문서도 존재하는데 (예: 네 번째 문서와 다섯 번째 문서), 이는 군집화 분석이 제대로 되지 않았다는 것을 의미합니다. 군집화 분석 결과를 어떻게 평가하는지는 10.1.4절에서 다루겠습니다.

참고 clusters_TF = kmeans.fit_predict(DTM_TF) 코드를 실행하는 과정에서 컴퓨터 환경에 따라 아래와 같은 에러가 발생할 수 있습니다.

AttributeError: 'NoneType' object has no attribute 'split'

이러한 에러가 발생하는 경우, threadpoolctl 모듈의 버전을 최신 버전으로 업데이트 하는 것이 필요합니다. 명령 프롬프트에서 pip install -U threadpoolctl을 실행하거나, 주피터 노트북에서 !pip install -U threadpoolctl을 실행하세요.

각 군집의 중심은 **KMeans** 클래스의 `cluster_centers_` 변수를 이용해 확인할 수 있습니다.

```
kmeans.cluster_centers_
```

```
array([[0.33333333, 0.33333333, 0.33333333, ..., 0.        , 0.        ,     0.        ],
       [0.        , 0.        , 0.        , ..., 0.25      , 0.5       ,     0.5       ],
       [0.        , 1.        , 0.        , ..., 0.        , 0.        ,     0.        ],
       [0.        , 0.        , 0.        , ..., 0.        , 0.        ,     0.        ],
       [0.        , 0.        , 0.        , ..., 0.        , 0.        ,     0.        ]])
```

`cluster_centers_`의 각 행이 각 군집의 중심을 의미합니다. 이 경우 찾은 군집이 다섯 개이기 때문에 중심도 다섯 개입니다. 각 중심도 하나의 벡터이기 때문에 특정 관측치 벡터와의 유클리디안 거리나 코사인 유사도를 계산할 수 있습니다. 예를 들어, 다음 코드는 각 문서 벡터와 각 문서가 속한 군집의 중심 간의 유클리디안 거리를 계산합니다.

```
for i, k in enumerate(clusters_TF):
    dis = np.linalg.norm(DTM_TF[i]-kmeans.cluster_centers_[k])
    print('Doc: {0}, Cluster: {1}, Distance to the center: {2}'.format(i, k, dis))
```

```
Doc: 0, Cluster: 4, Distance to the center: 14.30617582258329
Doc: 1, Cluster: 4, Distance to the center: 15.459624833740307
Doc: 2, Cluster: 4, Distance to the center: 16.134848413707928
… (중간 결과 생략)
Doc: 14, Cluster: 1, Distance to the center: 16.8457050246577
```

이번에는 TF-IDF 기반의 DTM을 이용해 군집화 분석을 수행해 보겠습니다. 다음과 같이 TF-IDF 기반 DTM을 생성합니다.

```
from sklearn.feature_extraction.text import TfidfVectorizer # TF-IDF 기반 DTM

vectorizer = TfidfVectorizer()

# 문서들을 TF-IDF 기반 DTM으로 변환
DTM_tfidf = vectorizer.fit_transform(documents_filtered)

DTM_TFIDF = np.array(DTM_tfidf.todense())
```

DTM_TFIDF의 각 행이 각 문서의 TF-IDF 정보 기반 벡터입니다. 앞에서 했던 것과 동일하게, 그러한 벡터 정보를 이용해 문서 간의 유클리디안 거리나 코사인 유사도를 직접 계산할 수 있습니다.

K-평균 알고리즘을 DTM_TFIDF에 적용해 보겠습니다. 여기서도 n_cluster=5로 설정합니다. KMeans 클래스의 객체를 생성한 후 fit_predict() 함수를 이용해 군집화 분석을 합니다.

```
from sklearn.cluster import KMeans

kmeans = KMeans(n_clusters=5)
clusters_TFIDF = kmeans.fit_predict(DTM_TFIDF)
```

clusters_TFIDF에는 군집화 분석의 결과가 저장되어 있습니다.

```
clusters_TFIDF
```
```
array([0, 0, 0, 4, 4, 1, 1, 1, 2, 2, 2, 2, 3, 3, 3])
```

빈도 DTM을 사용했을 때의 결과와 마찬가지로, 위의 결과에서 각 숫자는 군집의 아이디입니다. 이번에는 동일한 주제를 다루는 기사들이 같은 군집에 할당된 것을 확인할 수 있습니다. 이는 빈도 정보 기반의 벡터보다는 TF-IDF 정보 기반의 벡터가 문서의 특성을 더 잘 나타낸다는 것을 의미합니다.

10.1.3.2 최적의 군집 수 찾아보기

이번에는 앞에서 설명한 엘보 방법과 실루엣 값을 이용해 최적의 군집 수를 찾아보겠습니다.

■ 엘보 방법

앞에서 설명한 것처럼 엘보 방법은 각 군집의 수에 대해 WCSS 값을 계산하고, 그래프로 그려서 최적의 군집 수를 찾는 방법입니다. 각 군집 수에 대한 WCSS 값은 군집화 결과로 도출되는 KMeans 클래스가 저장하고 있는 inertia_ 변수를 이용해 확인할 수 있습니다. 여기서는 TF-IDF 기반 DTM에 대해 군집의 수를 1부터 10까지 변경하면서 WCSS의 값을 시각화해 보겠습니다.

```
import matplotlib.pyplot as plt

wcss = []
for i in range(1,11):
    kmeans = KMeans(n_clusters=i, random_state=42)
    kmeans.fit(DTM_TFIDF)
```

```
    wcss.append(kmeans.inertia_)  # inertia_ => WCSS

plt.plot(range(1,11),wcss)
plt.xlabel('Number of Clusters')
plt.ylabel('WCSS')
plt.title('Elbow Curve')
plt.show()
```

시각화의 결과는 그림 10.11과 같습니다. 그래프가 급하게 꺾이는 지점의 군집 수가 최적의 군집의 수일 확률이 높다고 앞에서 얘기했습니다. 그림 10.11에서는 군집의 수 = 5인 지점에서 그래프가 상대적으로 더 심하게 꺾인 것을 확인할 수 있습니다. 즉, 그림 10.11을 토대로 한다면 최적 군집의 수는 5가 됩니다.

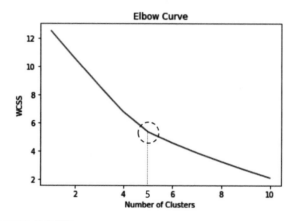

그림 10.11 군집의 수에 따른 WCSS 값의 변화

■ 실루엣 값

이번에는 실루엣 값을 확인해 보겠습니다. 이를 위해 sklearn.metrics에서 제공하는 silhouette_score() 함수를 사용합니다. 군집의 수를 2부터 10까지 변경해 가면서 실루엣 값을 계산해 보겠습니다.

```
from sklearn.metrics import silhouette_score

for k in range(2,11):
    kmeans = KMeans(n_clusters=k, random_state=42)
    cluster = kmeans.fit_predict(DTM_TFIDF)
    print(k, silhouette_score(DTM_TFIDF, cluster))
```

결과는 다음과 같습니다. 군집의 수 = 5인 경우 실루엣 스코어가 가장 큰 것을 확인할 수 있습니다. 이 결과 또한 최적 군집의 수는 5라는 것을 의미합니다.

```
2 0.09310558805889903
3 0.14179670602577632
4 0.20398498202942308
5 0.24302353093870305
6 0.22094875903585243
7 0.19474059372141436
8 0.19150731029915946
9 0.18306299142275123
10 0.14400718007859883
```

앞에서 언급한 것처럼 엘보 방법이나 실루엣 값을 이용해 최적의 군집 수를 결정할 수도 있지만, 이러한 방법이 항상 정확한 것은 아닙니다. 찾고자 하는 군집의 수를 결정하기 위해서는 데이터의 특성을 잘 파악하고 도메인 지식을 활용하는 것이 중요합니다. 엘보 방법의 결과와 실루엣 값은 참고 지표로 활용하는 것이 더 바람직합니다.

10.1.3.3 한글 텍스트 군집화해 보기

이번에는 K-평균을 이용해 한글 텍스트 군집화를 해보겠습니다. 관련 코드는 Kr_docs_clustering_KMeans.ipynb 파일을 참고하세요. K-평균을 이용해 군집화하는 것은 앞에서 살펴본 영어 텍스트 군집화와 동일하고, 전처리 과정만 다릅니다. 한글 텍스트 데이터는 example_Kr_docs 폴더에 저장되어 있습니다. 이 폴더에는 13개의 파일이 존재하고 각 파일은 특정 주제를 다루는 하나의 문서 데이터를 저장하고 있습니다. 파일 제목이 의미하는 것은 영어 텍스트의 경우와 동일합니다. 파일 제목의 첫 번째 숫자는 해당 문서가 다루는 주제 아이디입니다. 해당 폴더에 있는 문서들이 다루는 주제의 수는 네 개입니다. 따라서 군집화를 통해 우리가 찾고자하는 군집의 수도 네 개가 됩니다.

다음과 같이 파일을 읽어옵니다.

```python
import numpy as np
from os import listdir
from os.path import isfile, join

mypath = './example_Kr_docs/'
onlyfiles = [f for f in listdir(mypath) if isfile(join(mypath, f))]
```

```
onlyfiles.sort()

total_docs = []
for file in onlyfiles:
    file_path = mypath+file
    with open(file_path, 'r', encoding='utf8') as f:
        content = f.read()
    total_docs.append(content)
```

`total_docs` 변수에는 13개의 원소가 있고, 각 원소는 각 파일의 문자열 데이터입니다.

여기서는 키위 형태소 분석기를 이용해 전처리하겠습니다. 그리고 키위 형태소 분석기에서 제공하는 기본적인 불용어 사전을 이용해 불용어를 제거하겠습니다. 이를 위해 다음과 같이 코딩합니다.

```
from kiwipiepy import Kiwi
from kiwipiepy.utils import Stopwords
import re

kiwi = Kiwi()
stopwords_dict = Stopwords()
```

전처리를 위한 사용자 정의 함수를 다음과 같이 생성합니다. 여기서는 1음절이 아닌 명사의 단어만 사용합니다.

```
def Kr_preprocessing(text):
    text = text.strip()
    text = re.sub(r'[^\d\s\w]',' ',text)
    kiwi_tokens = kiwi.tokenize(text, stopwords=stopwords_dict)
    noun_words=[]
    for token in kiwi_tokens:
        if 'NN' in token.tag and len(token.form)>1: # 1음절이 아닌 명사의 단어들만 선택
            noun_words.append(token.form)
    return ' '.join(noun_words) # 선택된 단어들로 구성된 문자열 반환
```

다음과 같이 리스트 컴프리헨션 기능을 이용해 각 문서를 전처리한 후 그 결과를 원소로 갖는 `filtered_docs` 변수를 생성합니다.

```
filtered_docs = [Kr_preprocessing(doc) for doc in total_docs]
```

이후 과정은 영어와 동일합니다(따라서 자세한 설명은 생략합니다). 즉, 각 문서를 벡터로 변환하여 생성된 DTM에 K-평균 알고리즘을 적용하면 됩니다. 여기서는 TF-IDF 기반의 DTM을 사용하겠습니다.

```python
from sklearn.feature_extraction.text import TfidfVectorizer

tfidf_vectorizer = TfidfVectorizer()
DTM_tfidf = tfidf_vectorizer.fit_transform(filtered_docs) # TF-IDF 기반 DTM
DTM_TFIDF = np.array(DTM_tfidf.todense())
```

KMeans 클래스의 객체를 만들고 군집화를 수행합니다. 여기서는 n_clusters를 4로 설정합니다.

```python
from sklearn.cluster import KMeans

kmeans = KMeans(n_clusters=4)
clusters_TFIDF = kmeans.fit_predict(DTM_TFIDF)
clusters_TFIDF
```

```
array([1, 1, 1, 1, 0, 0, 0, 2, 2, 2, 3, 3, 3])
```

각자 TF 기반 DTM도 사용해 보고, 엘보 방법이나 실루엣 값을 이용해 최적의 군집 수를 찾아보는 작업도 직접 수행해 보기를 권장합니다.

10.1.4 군집화 결과 평가지표

여기서는 군집화 결과를 평가하는 데 사용되는 지표에 대해 살펴보겠습니다. 주요 지표로는 랜드 인덱스와 정규화된 상호 정보 등이 있습니다.

10.1.4.1 랜드 인덱스

랜드 인덱스(Rand Index, RI)는 동일한 데이터에 대해 서로 다른 두 개의 군집화 분석을 수행하고, 각 군집화 분석의 결과를 비교하는 데 사용하는 지표입니다. 군집화 결과를 평가하기 위한 목적으로 사용되는 경우, 수행한 군집화 결과가 정답과 얼마나 비슷한지를 파악하는 데 사용합니다. 즉, **랜드 인덱스를 사용하려면 정답 군집 정보가 있어야 합니다.**

랜드 인덱스는 다음과 같이 정의됩니다.

$$R = \frac{a+b}{\binom{n}{2}}$$

여기서 n은 데이터셋에 존재하는 관측치의 수를 의미합니다. $\binom{n}{2}$는 조합(combination)을 나타내며, $\frac{n(n-1)}{2}$로 계산합니다. 이는 n개의 관측 중에서 순서와 상관없이 두 개의 관측치를 추출할 수 있는 방법의 수를 의미합니다. 예를 들어 데이터셋에 네 개의 관측치(x_1, x_2, x_3, x_4)가 존재한다면 이에 대해 $\binom{n}{2} = \binom{4}{2} = \left(\frac{4 \cdot 3}{2}\right) = 6$이 됩니다. 네 개의 관측치 중에서 순서와 상관없이 두 개의 관측치를 추출하는 방법의 수입니다(즉 (x_1, x_2), (x_1, x_3), (x_1, x_4), (x_2, x_3), (x_2, x_4), (x_3, x_4)).

a는 군집화 분석을 두 번 수행하는 경우, 첫 번째 분석 결과에서도 서로 같은 군집에 속하고, 두 번째 분석 결과에서도 서로 같은 군집에 속한 관측치쌍(pair of data points)의 수를 나타냅니다. b는 군집화 분석을 두 번 수행하는 경우, 첫 번째 분석 결과에서도 서로 다른 군집에 속하고, 두 번째 분석 결과에서도 서로 다른 군집에 속한 관측치쌍의 수입니다.

예를 들어, 위의 데이터셋(x_1, x_2, x_3, x_4)에 두 가지 방법의 군집화 분석을 적용하여 다음과 같은 결과가 나왔다고 가정합니다(숫자는 군집의 ID입니다).

- 분석 방법 1 결과: (0, 0, 1, 1) (x_1, x_2는 군집 0에, x_3, x_4는 군집 1에 속함을 나타냅니다.)
- 분석 방법 2 결과: (0, 1, 1, 1) (x_1은 군집 0에, x_2, x_3, x_4는 군집 1에 속함을 나타냅니다.)

이 결과에 대해 $a=1$입니다. 즉, 분석 방법 1에서도 같은 군집에 속하고, 분석 방법 2에서도 같은 군집에 속하는 관측치쌍은 (x_3, x_4)밖에 없습니다.

이 결과에 대해 방법 1에서도 서로 다른 군집에 속하고, 방법 2에서도 서로 다른 군집에 속하는 관측치쌍은 (x_1, x_3), (x_1, x_4)로, 두 개 있습니다. 따라서 $b=2$이므로, 위의 결과에 대해 랜드 인덱스의 값은 다음과 같습니다.

$$R = \frac{a+b}{\binom{n}{2}} = \frac{1+2}{6} = 0.5$$

랜드 인덱스의 값은 0과 1 사이 값을 취하며, 1에 가까울수록 두 군집 분석의 결과가 유사하다는뜻입니다.

수행한 군집화 분석 결과의 정확도를 랜드 인덱스를 이용해 파악하고 싶다면 미리 준비된 정답 정보와 각자 수행한 군집 분석의 결과를 이용하여 랜드 인덱스의 값을 계산합니다. 이때도 랜드 인덱스의 값이 1에 가까울수록 군집화 분석이 잘 됐다는 뜻입니다.

파이썬에서는 **sklearn**에서 제공하는 rand_score() 함수를 이용해 랜드 인덱스를 계산할 수 있습니다. 이 함수는 두 개의 인자를 입력받는데, 첫 번째 인자는 정답 군집 정보이고, 두 번째 인자는 군집 분석 결과로 도출된 군집 정보입니다. 앞에서 다룬 영어 예제 텍스트에 대해 rand_score() 함수를 적용해 보겠습니다. 관련 코드는 **En_docs_clustering_KMeans.ipynb** 파일의 뒷부분을 참고하세요.

앞에서 사용한 영어 예제 텍스트 데이터에 속하는 각 문서에 대한 정답 군집 정보는 다음과 같습니다(각 문서가 어떤 군집 아이디 값을 갖는지는 중요하지 않습니다. 같은 군집에 속한 문서의 군집 아이디 값이 동일하기만 하면 됩니다).

```
true_labels = [0, 0, 0, 1, 1, 2, 2, 2, 3, 3, 3, 3, 4, 4, 4]
```

그리고 빈도 정보를 이용한 방법의 결과와 TF-IDF 정보를 이용한 방법의 결과를 다시 기술하면 다음과 같습니다.

```
# TF 결과
clusters_TF
```

```
array([1, 1, 1, 2, 3, 2, 2, 2, 4, 4, 4, 4, 0, 0, 0])
```

```
# TF-IDF 결과
clusters_TFIDF
```

```
array([0, 0, 0, 4, 4, 1, 1, 1, 2, 2, 2, 2, 3, 3, 3])
```

빈도 기반 DTM을 사용한 결과의 랜드 인덱스는 다음과 같습니다.

```
from sklearn.metrics import rand_score

rand_score(true_labels, clusters_TF)
```

```
0.9619047619047619
```

TF-IDF 기반 DTM을 사용한 결과의 랜드 인덱스는 다음과 같습니다.

```
rand_score(true_labels, clusters_TFIDF)
```

```
1
```

랜드 인덱스의 값이 1에 가까울수록 군집화가 더 잘 되었다는 것을 나타내기 때문에 위의 결과는TF-IDF 기반 DTM을 사용한 군집화 분석의 결과가 더 정확하다는 것을 의미합니다.

랜드 인덱스는 실제 군집화 분석에서는 잘 사용되지 않습니다. 이유는 군집의 수가 많아지면 일반적으로 분자의 b 값이 커지는 경향이 있기 때문입니다. 즉, 랜드 인덱스의 값이 결과의 정확도와 관계없이 증가합니다. 이러한 단점을 보완한 방법이 조절된 랜드 인덱스(Adjusted Rand Index)입니다.

10.1.4.2 조절된 랜드 인덱스

조절된 랜드 인덱스(Adjusted Rand Index), 즉 ARI는 다음과 같이 계산합니다.

$$\mathrm{ARI}(P^1,\ P^2)=\frac{\sum_{i,j}\binom{N_{ij}}{2}-\dfrac{\left[\sum_i\binom{N_i}{2}\sum_j\binom{N_j}{2}\right]}{\binom{N}{2}}}{\dfrac{1}{2}\left[\sum_i\binom{N_i}{2}+\sum_j\binom{N_j}{2}\right]-\dfrac{\left[\sum_i\binom{N_i}{2}\sum_j\binom{N_j}{2}\right]}{\binom{N}{2}}}$$

$P^k,\ where\ k\in\{1,\ 2\}$는 군집 분석 방법 k의 결과입니다. 랜드 인덱스와 마찬가지로 여러분이 수행한 군집화 분석의 결과를 평가하기 위해서는 P^1와 P^2 둘 중 하나는 정답 군집 정보에 대한 것이어야 합니다.

여기서 N은 데이터셋에 존재하는 관측치의 수입니다. N_{ij}는 분석 방법 1에서는 군집 i에 속하고 분석 방법 2에서는 군집 j에 속하는 관측치의 수를 의미합니다. N_i는 분석 방법 1에서 군집 i에 속한 관측치의 수, N_j는 군집 방법 2에서 군집 j에 속한 관측치의 수를 나타냅니다.

$\sum_i\binom{N_i}{2}$ 값을 계산해 보겠습니다. 예를 들어, 분석 방법 1을 통해 도출된 군집의 수가 3이고 각 군집에 속한 관측치의 수가 다음과 같다고 가정합니다.

군집 1에 속한 관측치의 수 = 3 ⇒ N_1 = 3

군집 2에 속한 관측치의 수 = 3 ⇒ N_2 = 3

군집 3에 속한 관측치의 수 = 4 ⇒ N_3 = 4

이 경우 $\sum_i\binom{N_i}{2}$는 다음과 같이 계산합니다.

$$\sum_i\binom{N_i}{2}=\binom{N_1}{2}+\binom{N_2}{2}+\binom{N_3}{2}=\binom{3}{2}+\binom{3}{2}+\binom{4}{2}$$

$\binom{n}{2} = \frac{n(n-1)}{2}$인 것을 기억하세요. 따라서 위 식의 결과는 다음과 같습니다.

$$\binom{3}{2} + \binom{3}{2} + \binom{4}{2} = 3 + 3 + 6 = 12$$

$ARI(P^i, P^g)$ 식의 다른 값도 이와 비슷하게 계산할 수 있습니다.

ARI 값도 일반적으로 0과 1 사이의 값을 가지며, 1에 가까울수록 두 군집 분석의 결과가 유사하다는 것을 의미합니다.

sklearn에서는 `adjusted_rand_score()` 함수를 사용해 ARI를 계산할 수 있습니다. 이 함수도 `rand_score()` 함수와 마찬가지로 실제 군집 정보와 군집화 분석의 결과로 도출된 군집 정보를 인자로 받습니다. 영어 예제 텍스트 데이터에 대한 결과는 다음과 같습니다(관련 코드는 `En_docs_clustering_KMeans.ipynb` 파일의 뒷부분을 참고하세요).

```
from sklearn.metrics import adjusted_rand_score

adjusted_rand_score(true_labels, clusters_TF)
```
```
0.8597194388777555
```

```
adjusted_rand_score(true_labels, clusters_TFIDF)
```
```
1
```

앞의 결과와 마찬가지로 TF-IDF 기반의 DTM을 사용했을 때 군집화 분석의 결과가 더 정확한 것을 확인할 수 있습니다.

10.1.4.3 정규화된 상호 정보

이번에는 정규화된 상호 정보(Normalized Mutual Information, NMI)에 대해 알아보겠습니다. 클래스 레이블 정보를 값으로 취하는 변수 Y와 군집 정보를 값으로 갖는 변수 C에 대해 NMI는 다음과 같이 정의됩니다(변수 Y는 정답 군집 정보를, 변수 C는 군집화 분석 결과로 나온 군집 정보를 값으로 취한다고 생각할 수 있습니다).

$$\text{NMI}(Y, C) = \frac{2 \cdot I(Y, C)}{H(Y) + H(C)}$$

여기서 H는 변수의 엔트로피(entropy)를 의미하고, I는 두 변수 사이에 존재하는 상호 정보량(mutual information)을 의미합니다. 엔트로피와 상호 정보량이 무엇을 의미하는지 살펴보겠습니다.

엔트로피는 변수의 불확실성(uncertainty)을 의미합니다. 확률분포 p를 갖는 어떤 변수 X에 대해 엔트로피는 다음과 같이 정의됩니다. 여기서는 설명을 위해 변수 X가 이산변수, 즉 한정된 수(K개)의 값을 취하는 변수라고 가정합니다.

$$H(X) = -\sum_{k=1}^{K} p(X=k) \log p(X=k)$$

이 값은 X가 특정한 값 하나를 가질 확률이 1인[52] 경우에 최소가 됩니다. 그때의 값은 0입니다(log1의 값은 0입니다). 반대로 각 값을 가질 확률이 동일한 경우, 즉 위의 경우는 $p(X=k) = \frac{1}{K}$인 경우 엔트로피 값이 최대가 됩니다. 이러한 경우 불확실성이 제일 크다고 생각할 수 있습니다.

$I(Y, C)$는 두 변수의 상호 정보량을 의미하며, 이는 다음과 같이 정의됩니다.

$$I(Y,C) = H(Y) - H(Y|C)$$

$H(Y)$는 변수 Y의 엔트로피로, 해당 변수가 갖는 불확실성을 나타내며, $H(Y|C)$는 변수 C를 조건으로 한 변수 Y의 조건부 엔트로피입니다. 이는 변수 C의 값을 알았을 때 변수 Y의 불확실성을 의미합니다. 따라서 $I(Y, C)$는 C의 값을 알았을 때 줄어드는 변수 Y의 불확실성이라고 생각할 수 있습니다.

조건부 엔트로피(conditional entropy)인 H(Y|C)는 다음과 같이 정의됩니다(log는 밑이 2인 로그입니다).

$$H(Y|C) = -\sum_{c \in C} \sum_{y \in Y} p(c, y) \log \frac{p(c, y)}{p(c)}$$

여기서, $p(c, y)$는 조건부 확률 공식에 의해

$$p(c, y) = p(c)p(y|c)$$

가 됩니다. 그러면,

---

[52] 즉, X가 항상 같은 값만 갖는다는 것을 의미합니다. 이때 불확실성 = 0이라고 말할 수 있습니다.

$$\mathrm{H(Y|C)} = -\sum_{c \in C} \sum_{y \in Y} p(c, y) \log \frac{p(c, y)}{p(c)}$$
$$= -\sum_{c \in C} \sum_{y \in Y} p(c)p(y|c) \log \frac{p(c)p(y|c)}{p(c)}$$
$$= -\sum_{c \in C} \sum_{y \in Y} p(c)p(y|c) \log p(y|c)$$

가 됩니다.

구체적인 예를 이용해 NMI(Y, C)를 구성하는 각 항의 값을 계산해 보겠습니다. 그림 10.12와 같은 데이터가 있다고 가정합니다. 즉, 클래스 레이블이 세 개이고, 두 개의 군집이 있는 경우입니다.

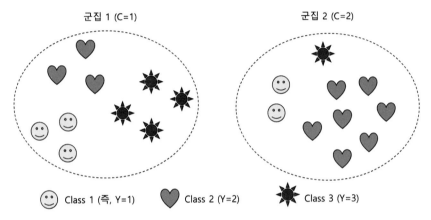

그림 10.12 군집과 클래스 정보

여기서 클래스 레이블은 정답 군집 정보라고 생각할 수 있습니다. 그리고 군집화 분석을 통해 도출된 군집의 수가 2인 경우라고 생각할 수 있습니다. Y는 클래스 레이블을 의미하고, C는 군집을 의미합니다. 위 예의 경우에는 Y∈{1, 2, 3}, C∈{1, 2}입니다.

먼저 H(Y)를 계산해 보겠습니다. 엔트로피 공식에 의해 위 데이터에 대해 H(Y)는 다음과 같습니다.

$$\mathrm{H(Y)} = -\sum_{y=1}^{3} p(Y=y) \log p(Y=y)$$

이를 계산하면 다음과 같습니다.

$$= -[p(Y=1)\log p(Y=1) + p(Y=2)\log p(Y=2) + p(Y=3)\log p(Y=3)]$$

$p(Y{=}1)$는 전체 관측치 중에서 클래스 레이블이 1인 관측치의 비중을 의미하기 때문에 $\frac{5}{20}$가 됩니다. 같은 원리로 $p(Y{=}2){=}\frac{5}{20}$, $p(Y{=}3){=}\frac{10}{20}$이 됩니다. 따라서,

$$H(Y) = -\left(\frac{5}{20}\log\frac{5}{20} + \frac{5}{20}\log\frac{5}{20} + \frac{10}{20}\log\frac{10}{20}\right) = 1.5$$

입니다.

이번에는 H(C)를 계산해 보겠습니다. 위 데이터에 대해 H(C)는 다음과 같이 표현됩니다.

$$\begin{aligned} H(C) &= -\sum_{c=1}^{2} p(C{=}c)\log p(C{=}c) \\ &= -[p(C{=}1)\log p(C{=}1) + p(C{=}2)\log p(C{=}2)] \end{aligned}$$

$p(C{=}1)$는 전체 관측치 중에서 군집 1에 속한 관측치의 비중을 의미합니다. 따라서 $p(C{=}1)$, $p(C{=}2)$의 값은 다음과 같습니다.

$$p(C{=}1) = \frac{10}{20}, \ p(C{=}2) = \frac{10}{20}$$

이를 이용해 H(C)를 계산하면 다음과 같습니다.

$$H(C) = -\left(\frac{10}{20}\log\frac{10}{20} + \frac{10}{20}\log\frac{10}{20}\right) = 1$$

이번에는 상호 정보량에서의 H(Y|C)를 계산해 보겠습니다. 앞에서 도출한 바에 따르면 H(Y|C)는 다음과 같습니다.

$$H(Y|C) = -\sum_{c \in C}\sum_{y \in Y} p(c)p(y|c)\log p(y|c)$$

위 데이터의 경우 다음과 같이 표현됩니다.

$$H(Y|C) = -\sum_{c=1}^{2}\sum_{y=1}^{3} p(c)p(y|c)\log p(y|c)$$

이는 다음과 같이 풀어서 표현할 수 있습니다.

$$= -\left\{ \sum_{y=1}^{3} p(C=1)p(y|C=1)\log p(y|C=1) + \sum_{y=1}^{3} p(C=2)p(y|C=2)\log p(y|C=2) \right\}$$

여기서 먼저 첫 번째 항 $\sum_{y=1}^{3} p(C=1)p(y|C=1)\log p(y|C=1)$을 계산해 보겠습니다. $p(C=1)$는 전체 군집 수인 두 개 중 하나를 의미하기 때문에 $\frac{1}{2}$이 됩니다. $p(Y=y|C=1)$은 군집 1에 속한 관측치 중에서 레이블의 값이 y인 관측치의 비중으로 계산됩니다. 즉,

$$p(Y=1|C=1) = \frac{3}{10}$$

이는 군집 1에 속하는 10개의 관측치 중에서 레이블의 값이 1인 관측치의 수가 3이라는 것을 의미합니다. 같은 원리로 다음을 구할 수 있습니다.

$$p(Y=2|C=1) = \frac{3}{10}$$
$$p(Y=3|C=1) = \frac{4}{10}$$

따라서 우리가 구하고자 하는 첫째 항의 값은 다음과 같습니다.

$$\sum_{y=1}^{3} p(C=1)p(y|C=1)\log p(y|C=1)$$
$$= p(C=1)\sum_{y=1}^{3} p(y|C=1)\log p(y|C=1)$$
$$= \frac{1}{2}\left(\frac{3}{10}\log\frac{3}{10} + \frac{3}{10}\log\frac{3}{10} + \frac{4}{10}\log\frac{4}{10} \right) \approx -0.7855$$

마찬가지로 오른쪽 항의 값을 다음과 같이 구할 수 있습니다.

$$\sum_{y=1}^{3} p(C=2)p(y|C=2)\log p(y|C=2) = p(C=2)\sum_{y=1}^{3} p(y|C=2)\log p(y|C=2)$$
$$= \frac{1}{2}\left(\frac{2}{10}\log\frac{2}{10} + \frac{7}{10}\log\frac{7}{10} + \frac{1}{10}\log\frac{1}{10} \right) \approx -0.5784$$

따라서 구하고자 하는 H(Y|C) 값은 다음과 같이 1.3639가 됩니다.

$$H(Y|C) = -(-0.7855 - 0.5784) = 1.3639$$

위의 값(H(Y)=1.5,H(C)=1,H(Y|C)=1.3639)을 다음 식에 대입해 보겠습니다.

$$\text{NMI(Y, C)} = \frac{2 \times I(Y, C)}{H(Y) + H(C)} = \frac{2 \times [H(Y) - H(Y|C)]}{H(Y) + H(C)}$$
$$= \frac{2 \times (1.5 - 1.3639)}{1.5 + 1} = 0.10888$$

NMI도 0과 1 사이의 값을 가지며, 1에 가까울수록 군집화가 잘 되었다는 것을 의미합니다. 하지만 랜드 인덱스와 마찬가지로 정답 군집 정보를 알고 있어야 계산할 수 있다는 단점이 있습니다.

파이썬에서는 NMI를 계산하기 위해 `sklearn`에서 제공하는 `normalized_mutual_info_score()` 함수를 이용합니다. `normalized_mutual_info_score()`도 정답 군집 정보와 군집화 분석 결과로 도출된 군집 정보를 인자로 입력받습니다. 영어 예제 텍스트 데이터에 적용해 보면 다음 결과를 얻습니다(관련 코드는 En_docs_clustering_KMeans.ipynb 파일에 저장되어 있습니다).

```
from sklearn.metrics import normalized_mutual_info_score

normalized_mutual_info_score(true_labels, clusters_TF)
```
```
0.9222165931504351
```

```
normalized_mutual_info_score(true_labels, clusters_TFIDF)
```
```
1
```

역시나 마찬가지로 TF-IDF 기반 DTM을 사용한 군집화 분석의 결과가 빈도 기반 DTM을 사용한 군집화 분석의 결과보다 더 정확한 것을 알 수 있습니다.

10.2 위계적 군집 분석

K-평균과 더불어 일반적으로 많이 사용되는 군집 분석 방법이 위계적 군집 분석 방법(hierarchical clustering analysis)입니다. 위계적 군집 분석 방법에는 크게 두 종류가 있습니다. 하나는 병합 (agglomerative) 방법입니다. 이는 'bottom-up' 방식이라고 볼 수 있는데, 처음에 각 관측치가 하나의 군집이라고 가정하고 군집들을 순차적으로 묶어주면서 진행하는 방법입니다. 다른 하나는 분할(divisive) 방법입니다. 이는 'top-down' 방식이라고 생각할 수 있는데, 병합 방법과는 반대로 작동합니다. 즉, 처음

에 모든 관측치가 하나의 군집에 속해 있다고 가정하고, 순차적으로 군집을 나눠주면서 진행하는 방식입니다. 여기서는 일반적으로 더 많이 사용되는 병합 방법에 대해 설명하겠습니다.

10.2.1 병합 군집 분석

병합(agglomerative) 군집 방법에서는 **각 관측치를 하나의 군집이라고 생각하고 시작**합니다. 즉, 처음에는 하나의 군집 안에 하나의 관측치만이 속해 있다고 생각할 수 있습니다.

그림 10.13처럼 (하나의 관측치로 구성된) 군집들이 특정한 공간상에 위치해 있다고 가정하겠습니다.

위계적 군집 분석은 이러한 군집 중에서 거리가 가장 가까운(혹은 유사도가 큰) 두 개의 군집끼리 순차적으로 연결해 군집을 키워가는 방식입니다(그림 10.14 참고). **처음에 가장 가까운 거리**에 있는 두 개를 연결해 하나의 군집으로 만들고(그림 10.14 첫 번째 단계의 파란색 군집), 이어서 그다음 가까운 거리에 있는 군집끼리 연결해서 또 새로운 군집을 만듭니다(그림 10.14 두

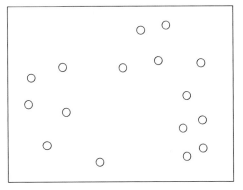

그림 10.13 초기 군집의 배치

번째 단계의 빨간색 군집). 이런 순서대로 군집의 수가 하나가 될 때까지 동일한 과정을 반복합니다.

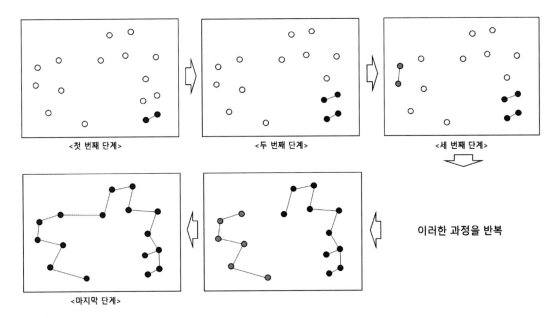

그림 10.14 병합 군집화의 과정

병합 군집 분석에서는 모든 점이 다 연결될 때까지 알고리즘이 작동합니다. 그리고 그 결과를 덴드로그램 (dendrogram)이라는 그래프를 이용해 시각화합니다. 덴드로그램을 이용해 찾고자 하는 군집을 구분합니다. 설명을 위해 그림 10.15와 같은 덴드로그램을 살펴보겠습니다. 15개의 관측치에 대해 병합 군집 분석을 통해서 다음과 같은 덴드로그램이 나왔다고 가정합니다.

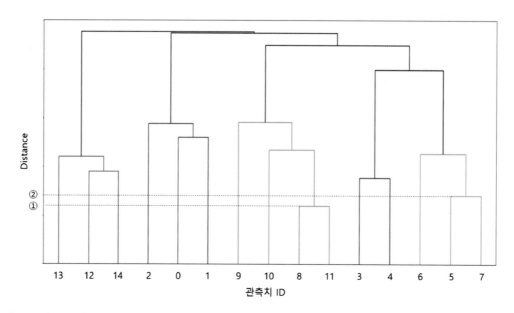

그림 10.15 덴드로그램의 예

이 그림에서 가로축은 관측치의 아이디를 보여주고, 세로축은 군집 간의 거리를 보여줍니다. 다시 말하지만, 병합 군집 분석 방법에서는 거리가 가까운 군집끼리 먼저 묶어줍니다. 8번과 11번 관측치(즉, 군집) 사이의 거리가 제일 짧아(즉, 유사도가 제일 커서) 제일 먼저 묶인 것을 알 수 있습니다(①). 그다음에는 5번과 7번 군집이 묶입니다(②). 위와 같은 덴드로그램에서 찾고자 하는 최종 군집의 수가 5라면 다음과 같이 군집 간의 거리를 기준으로 절단점(cutting point)을 지정할 수 있습니다. 그러면 그림 10.16에서와 같이 전체 관측치가 다섯 개의 군집으로 나뉩니다.

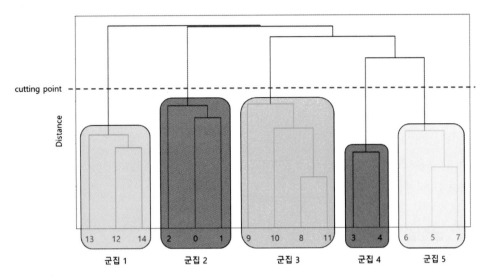

그림 10.16 덴드로그램을 이용한 다섯 개의 군집 결정

자르는 지점을 그림 10.17과 같이 지정한다면 네 개의 서로 다른 군집을 찾게 됩니다. 그림 10.16과 그림 10.17과의 차이가 보이나요? 그림 10.17의 경우, 자르는 지점이 그림 10.16에서보다 더 높아진 것을 확인할 수 있습니다. 즉, 군집 간 거리가 이전보다 조금 더 길어도 같은 군집으로 속하게 된 것입니다. 그러한 결과로 이전 그림에서는 서로 다른 군집이었던 군집 4와 군집 5가 그림 10.17에서는 하나의 군집으로 묶이게 되었습니다(그림 10.17의 군집 4).

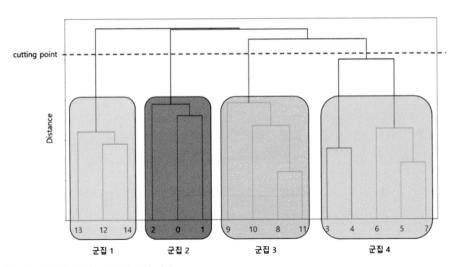

그림 10.17 덴드로그램을 이용한 네 개의 군집 결정

병합 군집 분석은 위와 같이 덴드로그램을 사용해 적정 수의 군집 수를 상대적으로 쉽게 파악할 수 있습니다. 가령 위의 데이터라면 군집의 수를 5로 하는 것과 4로 하는 것 중 어떤 것이 더 적절할까요? 이는 군집 간의 거리를 통해 확인할 수 있습니다. 그림 10.17에서와 같이 군집의 수를 4로 하면 군집 4에 존재하는 관측치 간(왼쪽의 2개 관측치, 즉 관측치 3, 4와 오른쪽의 세 개 관측치, 즉 관측치 6, 5, 7 간)의 거리가 상대적으로 큰 것을 알 수 있습니다. 같은 군집에 속한 관측치임에도 불구하고 관측치 간 거리가 먼 것입니다. 따라서 이러한 경우에는 그림 10.16에서와 같이 군집의 수를 5로 하는 것이 같은 군집 내 존재하는 관측치 간의 유사도를 크게 하는(그리고 서로 다른 군집에 속한 관측치 간의 거리는 멀게 하는) 더 나은 방법이라고 할 수 있습니다.

10.2.2 군집을 연결하는 방법

병합 군집에서 서로 다른 두 개의 군집을 연결하는 방법에는 크게 네 가지가 존재합니다(이러한 방법을 영어로 linkage 방법이라고 합니다). 이 중 세 가지는 군집에 속한 관측치 간의 거리 지표를 사용하는 방법이고, 나머지 하나는 군집 안에 존재하는 관측치들이 흩어진 정도, 즉 분산을 이용하는 방법입니다.

10.2.2.1 거리를 이용하는 방법

거리를 이용하는 방법은 모두 특정 기준에 따라 두 군집 간 거리를 계산한 다음, 거리가 가장 짧은 두 개의 군집을 하나의 군집으로 연결하는 방법입니다. 두 군집 간의 거리를 어떻게 측정하느냐에 따라 세 가지 방법으로 구분됩니다.

■ 싱글 연결(Single linkage)

싱글 연결 방법은 두 군집 간의 거리를 측정할 때 두 군집에 속한 관측치 중에서 거리가 가장 가까운 두 관측치 간의 거리를 두 군집 간의 거리로 사용하는 방법입니다(그림 10.18 참고). 두 관측치 간의 거리를 측정할 때는 주로 유클리디안 거리와 코사인 거리가 사용됩니다.

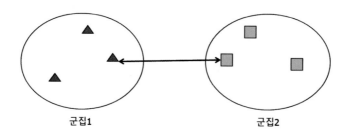

군집1　　　　　　군집2

그림 10.18 싱글 연결

■ **완전 연결(Complete linkage)**

완전 연결 방법은 싱글 연결 방법과는 반대로 작동합니다. 즉, 두 군집 간의 거리를 측정할 때 두 군집에 속해 있는 관측치 중에서 거리가 가장 멀리 떨어져 있는 관측치 간의 거리를 두 군집 간의 거리로 사용합니다(그림 10.19 참고).

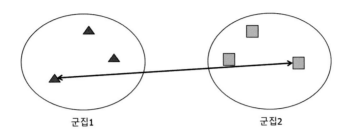

그림 10.19 완전 연결

■ **평균 연결(Average linkage)**

평균 연결 방법은 두 군집 간의 거리를 측정하기 위해 각 군집에 속하는 관측치 간의 평균 거리를 사용하는 방법입니다(그림 10.20 참고).

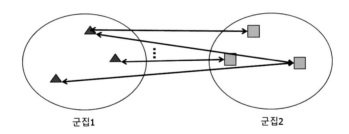

그림 10.20 평균 연결

10.2.2.2 분산을 사용하는 방법 – 워드 연결

워드(Ward) 연결은 분산을 사용해 두 군집을 묶어 주는 방법입니다(이때 사용되는 분산을 Ward 분산이라고 합니다). 여러 개의 군집 중에서 서로 다른 두 개의 군집을 묶었을 때 새롭게 생기는 군집에 속한 관측치들의 흩어진 정도, 즉 분산을 제일 작게 하는 군집들을 먼저 묶어주는 방법입니다. 예를 들어 그림 10.21과 같은 세 개의 군집이 있다고 가정하겠습니다. 그림 10.21의 세 개 군집에서 두 개의 군집을 묶는 방법에는 세 가지가 있습니다(즉, 군집1–군집2 묶기, 군집2–군집3 묶기, 군집1–군집3 묶기). 이 세 가지 방법 중에서 군집1-군집3을 우선적으로 묶어줍니다. 왜냐하면, 군집1-군집3을 묶었을 때 생성되는 새로운 군집의 분산이 다른 방법으로 군집을 묶었을 때 생기는 군집의 분산보다 작기 때문입니다(즉, 관측치가 흩어진 정도, 혹은 서로 떨어져 있는 정도가 더 작기 때문입니다).

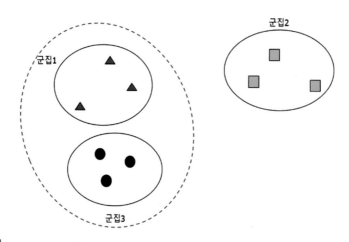

그림 10.21 워드 연결

10.2.2.3 연결 방법에 따른 차이

어떤 연결 방법을 사용하느냐에 따라 군집 분석의 결과가 달라집니다. 그러므로 네 가지 방법을 모두 사용해 보고 결과가 가장 정확하다고 생각되는 방법을 최종 방법으로 선택하는 것이 바람직합니다. 일반적으로 분석할 데이터의 특성(혹은 데이터의 관측치가 흩어진 형태)에 따라 상대적으로 더 적합한 연결 방법이 달라집니다. 그림 10.22는 관측치가 흩어져 있는 형태와 각 연결 방법에 따른 군집화 분석 결과를 보여줍니다. 예를 들어, 관측치가 도넛이나 타원의 형태로 분포된 경우 싱글 연결 방법이 상대적으로 더 적합합니다. 그리고 데이터가 특정한 형태를 띠지 않고 산발적으로 분포하는 경우(그림 10.22의 위에서 세 번째 줄) 워드 연결 방법이 더 적합합니다.

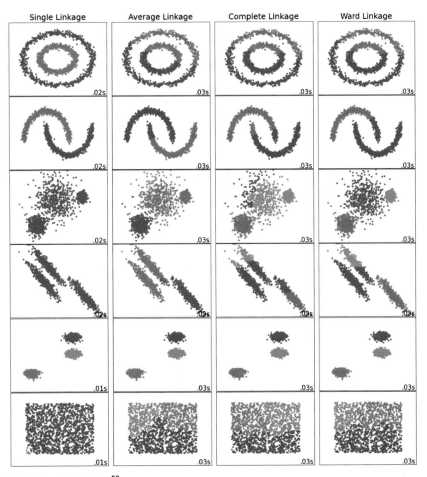

그림 10.22 연결 방법에 따른 결과 차이[53]

10.2.3 파이썬 코딩하기

여기서는 sklearn에서 제공하는 `AgglomerativeClustering` 클래스를 이용해 병합(agglomerative) 위계적 군집 분석을 해보겠습니다. 관련 코드는 `docs_clustering_Agglomerative_HC.ipynb` 파일을 참고하세요. 사용 데이터는 KMeans 알고리즘에서 사용한 15개의 영어 신문 기사 데이터입니다. 병합 위계적 군집 분석도 기본 과정은 KMeans와 동일합니다. 즉, 전처리 과정을 통해 DTM을 생성해야 합니다. 여기서는 TF-IDF 기반의 DTM(즉, `DTM_TFIDF`)을 그대로 사용하겠습니다.

---

53 출처: https://scikit-learn.org/stable/modules/clustering.html#hierarchical-clustering

위계적 군집 분석을 위해 다음과 같이 AgglomerativeClustering 클래스를 임포트합니다.

```
from sklearn.cluster import AgglomerativeClustering
```

그리고 생성자 함수를 사용해 객체를 생성합니다.

```
agg = AgglomerativeClustering(linkage='average', affinity='cosine', n_clusters=5)
```

이때, 생성자 함수의 주요한 파라미터로는 linkage, affinity, n_clusters가 있습니다. linkage 파라미터는 군집 간의 연결 방법에 대한 것으로, 앞에서 설명한 네 가지('single', 'complete', 'average', 'ward') 값 중 하나를 지정합니다. affinity 파라미터는 두 벡터 간의 거리를 측정할 때 사용하는 방법입니다. 기본적으로 'euclidean' 또는 'cosine'을 사용합니다. n_clusters는 찾고자 하는 군집의 수에 대한 파라미터입니다. KMeans의 예와 동일하게, 여기서도 찾고자 하는 군집의 수를 5로 지정합니다(앞에서 설명한 것처럼 병합 군집 분석에서는 최적의 군집 수를 찾기 위해 군집 분석의 결과로 도출되는 덴드로그램을 사용할 수 있습니다). 위 코드에서는 linkage를 'average'로, affinity를 'cosine'으로 지정했습니다. 참고로, linkage='ward'로 지정한 경우에는 affinity 파라미터의 값을 지정할 수 없습니다. ward 방법은 벡터 간의 거리를 사용한 것이 아니라 분산을 사용한 것이기 때문입니다.

그리고 다음과 같이 fit_predict() 함수를 이용해 군집화 분석을 합니다.

```
clusters = agg.fit_predict(DTM_TFIDF)
```

clusters 변수에는 군집화 결과가 저장돼 있습니다. 결과가 의미하는 것은 KMeans의 결과와 동일합니다. 즉, 각 문서가 속한 군집의 아이디입니다.

```
clusters
array([1, 1, 1, 4, 4, 3, 3, 3, 0, 0, 0, 0, 2, 2, 2], dtype=int64)
```

예를 들어 첫 번째 문서는 군집 1에 속합니다.

참고   워드(Ward) 연결 방법 사용

워드 연결 방법에서는 affinity 파라미터의 값을 설정하지 않습니다. 따라서 다음과 같이 생성자 함수를 호출합니다.

```
agg_ward = AgglomerativeClustering(linkage='ward', n_clusters=5)
clusters_ward = agg_ward.fit_predict(DTM_TFIDF)
clusters_ward
```
```
array([1, 1, 1, 4, 4, 3, 3, 3, 0, 0, 0, 0, 2, 2, 2], dtype=int64)
```

적정 군집 수를 찾기 위해 덴드로그램을 사용할 수 있습니다. 덴드로그램은 다음 코드를 사용해 시각화합니다. 여기서는 병합 군집 분석을 수행하기 위해 scipy 모듈에서 제공하는 linkage() 함수를 사용했습니다. linkage() 함수는 method와 metric 파라미터를 갖습니다. method는 연결 방식에 대한 파라미터이고, metric은 두 벡터 간 거리를 계산할 때 사용하는 지표에 대한 파라미터입니다. linkage() 함수는 모든 관측치를 연결하여 하나의 군집을 생성하는 것이 목적이기 때문에 n_cluster 파라미터를 갖고 있지 않습니다. 다음 코드에서는 ward 방법을 이용해 군집화합니다. linkage() 함수가 반환하는 군집화 결과를 덴드로그램으로 시각화하기 위해 scipy에서 제공하는 dendrogram() 함수를 사용합니다.

```
from matplotlib import pyplot as plt
from scipy.cluster.hierarchy import dendrogram, linkage

np.set_printoptions(precision=5, suppress=True)
Z = linkage(DTM_TFIDF, 'ward')  # Ward 연결 방법 사용
plt.figure(figsize=(25, 10))
plt.title('Hierarchical Clustering Dendrogram', fontsize=18)
plt.xlabel('Document ID', fontsize=18)
plt.ylabel('Distance', fontsize=18)
dendrogram(
    Z,
    leaf_rotation=90.,    # 리프 레이블을 90% 회전
    leaf_font_size=14.,   # 리프 레이블의 폰트 크기를 14로 설정
)
plt.show()
```

덴드로그램 시각화 결과는 그림 10.23과 같습니다. 다음 덴드로그램을 이용해 최적의 군집 수를 결정할 수 있습니다. 같은 군집에 속한 관측치 간의 거리는 가깝고 다른 군집에 속한 관측치 간의 거리는 되도록 멀게 자르는 지점(cutting point)을 정해 군집의 수를 결정합니다.

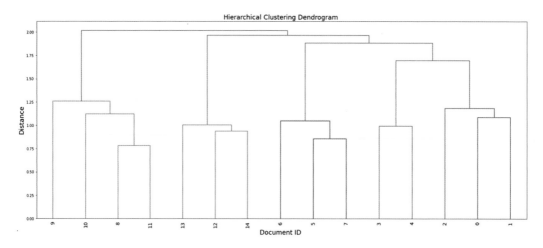

그림 10.23 예제 텍스트 데이터에 대한 덴드로그램

10.3 DBSCAN

이번에는 DBSCAN(Density-based spatial clustering of applications with noise) 알고리즘을 살펴보겠습니다.

10.3.1 DBSCAN 알고리즘의 작동 원리

DBSCAN 방법은 관측치의 밀집 정도에 따라(즉, density-based) 군집을 나누는 방법입니다. 즉, 관측치가 상대적으로 더 빽빽하게 밀집된 곳을 하나의 군집으로 지정하는 방식입니다. 이는 일정한 거리 내에 위치한 관측치를 서로 연결하면서 진행됩니다. 그림 10.24에서와 같이 관측치가 밀집된 곳이 하나의 군집이 됩니다(참고로 아무런 군집에도 속하지 않는 관측치를 이상치(outlier) 혹은 노이즈(noise)라고 합니다).

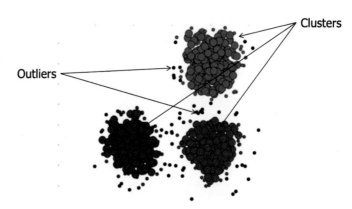

그림 10.24 관측치들이 밀집된 정도에 따른 군집화의 예

10.3.1.1 DBSCAN 알고리즘에서 사용되는 주요 용어

DBSCAN 알고리즘이 작동하는 방식을 설명하기 위해 먼저 DBSCAN에서 사용되는 주요 용어에 대해 알아보겠습니다.

- ε(epsilon, /입실론/): 특정 관측치의 반경을 나타내는 값으로, 관측치의 종류를 구분하는 역할을 합니다(어떻게 구분되는지는 다음 부분에서 설명합니다). ε은 사용자가 그 값을 결정하는 하이퍼파라미터입니다.

■ 관측치의 구분

DBSCAN에서는 각 관측치가 그 특성에 따라 다음 네 가지 중 하나로 구분됩니다.

- **코어 포인트(core point)**: 어떤 관측치 p로부터 반경 ε 안에 (자기 자신을 포함하여) 적어도 특정 수(보통 $minPts$(minimum points를 의미합니다)라고 표기합니다. $minPts$는 하이퍼파라미터입니다) 이상의 관측치가 존재할 때 이 관측치 p를 코어 포인트라고 합니다. **코어 포인트만이 다른 관측치로 연결할 수 있습니다.**
- **직접적으로 도달 가능한 포인트(directly reachable point)**: 관측치 q가 코어 포인트 p로부터 ε 거리 안에 있으면 p로부터 q로의 연결이 가능하고 관측치 q는 p로부터 직접적으로 도달 가능한 포인트가 됩니다.
- **도달 가능한 포인트(reachable point)**: 관측치 q가 코어 관측치 p로부터 직접 도달 가능한(directly reachable) 포인트는 아니지만, 중간에 위치하는 다른 관측치들을 통해 (간접적으로) 도달 가능한 경우에는 관측치 q를 관측치 p로부터 도달 가능한(reachable) 포인트라고 합니다. 코어 포인트만이 다른 관측치에 직접 도달(reach)할 수 있으므로, p와 q 중간에 있는 관측치는 모두 코어 포인트가 돼야 합니다.
- **이상치(outliers)**: 다른 어떤 관측치로부터도 도달 가능하지 못한 관측치들은 이상치가 됩니다. 또는 노이즈(noise)라고도 불립니다.

10.3.1.2 군집의 구성

특정 관측치 p가 코어 포인트라면 해당 포인트는 해당 포인트로부터 도달 가능한 다른 관측치들과 함께 하나의 군집을 이룹니다. 하나의 군집에는 적어도 하나의 코어 포인트가 있어야 합니다. 코어 포인트가 아닌 관측치도 군집에 포함될 수 있는데, 이러한 관측치를 해당 군집의 **에지 포인트(edge point)**라고 부릅니다.

구체적인 예를 들어 보겠습니다. 그림 10.25는 $\varepsilon = 1$, $MinPts = 3$인 경우에 대한 DBSCAN 군집화의 예를 보여줍니다.

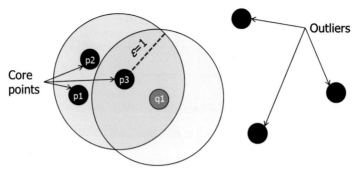

그림 10.25 DBSCAN 군집화의 예

그림 10.25에서 p1, p2, p3는 코어 포인트들입니다. 왜냐하면 반경 1(즉, $\varepsilon = 1$) 안에 자기 자신을 포함하여 적어도 세 개의 관측치가 존재하기 때문입니다. q1은 코어 포인트가 되지 못합니다. q1은 p3로부터 직접적으로 도달 가능한 포인트가 되고, p1으로부터는 도달 가능한 포인트가 됩니다. 따라서 p1, p2, p3, q1이 하나의 군집을 이룹니다. 검은색 관측치들은 코어 포인트로부터 도달 가능하지 않으므로 군집에 포함되지 않습니다. 그리고 군집을 이루지 못하기 때문에 이러한 포인트를 이상치가 됩니다.

앞에서 다룬 KMeans나 위계적 군집 알고리즘의 경우와 달리 **DBSCAN에서는 사용자가 찾고자 하는 군집의 수를 직접 지정하지 않습니다.** DBSCAN에서는 주어진 ε과 *MinPts* 값에 따라 알고리즘이 알아서 군집 분석을 수행합니다. 그리고 어느 군집에도 속하지 않는 이상치가 존재할 수 있습니다. KMeans나 위계적 군집 알고리즘의 경우, 이상치라도 정해진 수의 군집 중 하나에 반드시 할당돼야 하는 것과 달리 DBSCAN은 다른 관측치와 유사도 차이가 많이 나는 관측치들은 어떤 군집에도 할당되지 않을 수 있습니다. 그림 10.26은 관측치의 분포에 따른 K-평균, 병합 군집, DBSCAN 방법의 결과를 보여줍니다. DBSCAN 결과에서 검은 색 점은 어느 군집에도 속하지 않는 이상치를 의미합니다. 관측치가 도넛 형태 또는 두 개의 U자 형태로 분포된 경우, DBSCAN 알고리즘의 결과가 상대적으로 정확한 것을 확인할 수 있습니다.

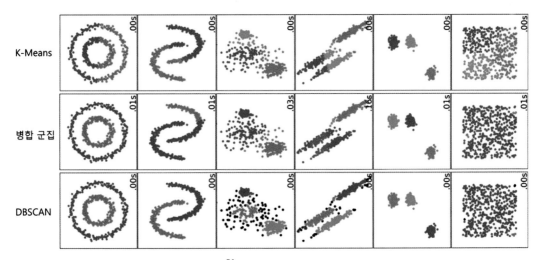

그림 10.26 K-평균, 병합 군집, DBSCAN 방법의 비교[54]

10.3.2 파이썬 코딩하기

이 섹션에서 사용된 파이썬 코드는 docs_clustering_DBSCAN.ipynb 파일을 참고하세요. DBSCAN을 이용한 군집 분석을 하기 위해서는 sklearn에서 제공하는 **DBSCAN** 클래스를 이용합니다. 여기서도 앞의 경우와 마찬가지로 15개의 신문 기사로 구성된 영어 텍스트 데이터를 이용합니다. 앞서 만든 TF-IDF 기반의 DTM인 **DTM_TFIDF** 변수를 사용하겠습니다. **DBSCAN** 클래스의 생성자 함수의 주요 파라미터로는 입실론(ε)을 의미하는 eps와 *MinPts*을 나타내는 **min_samples**가 있습니다.[55] eps의 값을 설정하기 위해 각 문서 벡터와 가장 가까운 문서 벡터와의 거리 정보를 사용할 수 있습니다. 각 문서 벡터에 대해, 해당 문서 벡터와 가장 가까운 문서 벡터와의 거리를 계산하기 위해 다음과 같은 사용자 정의함수를 사용합니다.

```
def nearest_dist(a):
    """
    각 벡터에 대해 가장 가까운 벡터와의 유클리디안 거리 정보가 저장된 리스트가
    반환됩니다.
    """
    norms = []
    for i in range(len(a)):
        temp_norms = []
```

---

54 출처: https://scikit-learn.org/stable/modules/clustering.html
55 다른 파라미터들의 값은 일반적으로 기본값을 그대로 사용합니다.

```
        for j in range(len(a)):
            if i != j:
                norm = np.linalg.norm(a[i]-a[j])
                temp_norms.append(norm)
        norms.append(min(temp_norms))
    return norms
```

DTM_TFIDF에 대해 위 함수를 적용하면 각 문서 벡터와 가장 거리가 가까운 다른 문서 벡터와의 거리가 계산됩니다. 예를 들어, 첫 번째 문서 벡터와 가장 가까운 문서 벡터의 거리는 1.086 정도입니다.

```
short_distances = nearest_dist(DTM_TFIDF)
print(short_distances)
```

```
[1.0862427819879066, 1.0862427819879066, 1.1509812879198542, 0.9912542627412413,
0.9912542627412413, 0.855206166281706, 0.9549035416762575, 0.855206166281706, 0.7840743895235609,
1.1454664510507953, 0.9986951838977298, 0.7840743895235609, 0.9367518539675339,
0.9638313983559299, 0.9367518539675339]
```

값의 분포를 시각화해 보겠습니다.

```
import matplotlib.pyplot as plt
plt.hist(short_distances)
plt.show()
```

그림 10.27과 같은 결과가 나옵니다.

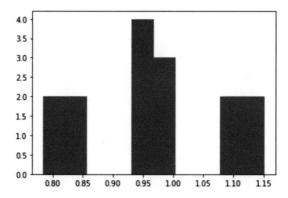

그림 10.27 가장 가까운 벡터와의 거리 분포

기본적으로 eps 파라미터의 값으로 가장 가까운 거리의 평균과 최댓값을 사용할 수 있습니다. 위의 예에서 최댓값은 1.15 정도이고, 평균은 0.97 정도입니다(다음 코드를 이용해 최댓값과 평균 거리를 계산할 수 있습니다).

```
max_dis = np.array(short_distances).max()
print(max_dis)  # 1.1509812879198542
mean_dis = np.array(short_distances).mean()
print(mean_dis)  # 0.9680624514602977
```

위 예제의 최댓값과 평균을 eps 파라미터의 값으로 각각 활용해 보겠습니다. 일반적으로 최댓값과 평균값을 그대로 사용하기보다는 약간 큰 값을 사용합니다. 여기서는 0.01의 값을 더해서 사용하겠습니다.

```
from sklearn.cluster import DBSCAN

# 최댓값을 사용하는 경우
dbscan1 = DBSCAN(eps=max_dis+0.01, min_samples=3)
clustering_DBS_max = dbscan1.fit_predict(DTM_TFIDF)
clustering_DBS_max
```
```
array([ 0,  0,  0, -1, -1,  1,  1,  1,  2,  2,  2,  2,  3,  3,  3], dtype=int64)
```

결과에서 0 이상의 정수는 문서가 속하는 군집의 아이디를 의미합니다. −1의 값은 이상치, 즉 어느 군집에도 속하지 않은 문서를 의미합니다. 네 번째와 다섯 번째 문서를 제외하고는 KMeans 또는 위계적 군집분석의 결과와 동일한 것을 알 수 있습니다(물론 군집 아이디는 다를 수 있습니다).

이번에는 평균 거리를 이용해 보겠습니다.

```
dbscan2 = DBSCAN(eps=mean_dis+0.01, min_samples=3)
clustering_DBS_mean = dbscan2.fit_predict(DTM_TFIDF)
clustering_DBS_mean
```
```
array([-1, -1, -1, -1, -1,  0,  0,  0, -1, -1, -1, -1,  1,  1,  1], dtype=int64)
```

평균 거리를 사용한 경우에는 이상치에 해당하는 문서가 더 많은 것을 확인할 수 있습니다. 더 보수적인 결과를 반환하는 것입니다.

이번에는 min_samples 파라미터에 대해 알아보겠습니다. min_samples는 일반적으로 2보다 큰 값을 사용합니다. $minPts$ 값을 결정할 때 일반적인 데이터 분석에는 다음 식이 적용됩니다.

$$minPts >= 데이터의\ 차원 + 1$$

하지만 텍스트 데이터의 경우, 각 문서를 벡터로 표현할 때 사용된 단어의 수가 데이터의 차원이 되는데, 그 값이 너무 크기 때문에 위의 식을 적용하기가 어렵습니다. 앞의 예에서 데이터의 차원은 1,166이고 데이터에 존재하는 관측치의 수는 15이기 때문에 더욱이 위의 규칙을 적용하기가 어렵습니다. `min_samples` 파라미터의 값은 일반적으로 사용자가 가지고 있는 데이터 특성에 대한 이해와 도메인 지식을 토대로 하는 것이 더 바람직합니다.

여기서는 `min_samples`의 값을 2부터 5까지의 값으로 달리하면서 각 경우의 군집화 분석 결과를 확인해 보겠습니다.

```
for minpts in range(2, 6):
    dbscan = DBSCAN(eps=max_dis+0.01, min_samples=minpts)
    print("minpts = {}: {}".format(minpts, dbscan.fit_predict(DTM_TFIDF)))
```

```
minpts = 2: [0 0 0 1 1 2 2 2 3 3 3 3 4 4 4]
minpts = 3: [ 0  0  0 -1 -1  1  1  1  2  2  2  2  3  3  3]
minpts = 4: [-1 -1 -1 -1 -1 -1 -1 -1  0  0  0  0 -1 -1 -1]
minpts = 5: [-1 -1 -1 -1 -1 -1 -1 -1 -1 -1 -1 -1 -1 -1 -1]
```

여기서는 `min_samples`의 값이 2일 때 원하는 결과가 나온 것을 확인할 수 있습니다. 군집에 대한 정답 정보가 존재한다면 앞에서 설명한 조절된 랜드 인덱스나 NMI 지표 등을 사용해 군집 분석 결과의 정확도를 파악할 수 있습니다.

10.4 가우시안 혼합 모형

이 섹션에서는 가우시안 혼합 모형(Gaussian Mixture Model, GMM)[56]을 이용한 군집화 분석 방법에 대해 살펴보겠습니다.

10.4.1 가우시안 혼합 모형이란?

앞에서 다룬 알고리즘들은 관측치 간의 유사도를 기반으로 작동합니다. 그와 달리 가우시안 혼합 모형은 확률 기반의 모형입니다. 즉, 관찰된 데이터가 어떤 확률 분포를 이용해 생성됐다고 가정합니다. 가우시안 혼합 모형에서 사용하는 확률 분포는 가우시안 분포입니다[57](가우시안 분포는 정규 분포를 의미합니다).

---

56 가우스 혼합 모형이라고도 합니다.
57 가우스 분포라고도 합니다.

이 책의 7.11.5절에서 살펴본 것처럼 정규 분포의 확률밀도함수는 다음과 같습니다(변수가 하나인 경우).

$$f(x) = \frac{1}{\sigma\sqrt{2\pi}} e^{-\frac{1}{2}\left(\frac{x-\mu}{\sigma}\right)^2}, \text{ for } -\infty < x < \infty$$

해당 확률밀도함수의 파라미터는 μ와 σ입니다. μ는 변수의 평균이고, σ는 표준편차입니다. 이러한 확률밀도함수의 정규 분포를 갖는 변수 X를 다음과 같이 표현합니다.

$$\text{X} \sim \text{N}(\mu,\ \sigma^2)$$

일반적으로 혼합 모형은 하나의 확률 분포가 아니라 여러 개의 확률 분포를 이용해서 데이터가 생성됐다고 가정합니다. 같은 종류의 확률 분포 여러 개를 사용해 생성됐을 수도 있고, 다른 종류의 확률 분포 여러 개를 이용해 생성됐을 수도 있습니다. 예를 들어, 데이터가 서로 다른 두 개의 정규 분포(서로 다른 파라미터의 값을 갖는 정규 분포)를 이용해 생성된 경우, 특정 관측치(x_i)의 확률은 다음과 같이 표현됩니다.

$$\text{p}(x_i) = \pi_1 \text{N}(x_i|\mu_1,\ \sigma_1^2) + \pi_2 \text{N}(x_i|\mu_2,\ \sigma_2^2)$$

여기서 π_1는 x_i가 첫 번째 정규 분포를 이용해 생성됐을 확률을 나타내고, π_2는 두 번째 정규 분포를 이용해서 생성됐을 확률을 의미합니다. 이를 혼합 계수(mixing coefficient)라고 합니다(혹은 가중치(weight)라고도 표현합니다). 두 개의 정규 분포 중 하나를 이용해 관측치가 생성됐기 때문에 $\pi_1 + \pi_2 = 1$이 돼야 합니다. 일반적으로 혼합 계수를 나타내기 위해서 z로 표현되는 잠재변수(latent variable)를 사용합니다. 잠재변수는 그 값이 관찰되지 않는(unobservable) 혹은 수집되지 않는 변수를 의미합니다. 여기서는 관측치가 생성될 때 사용된 분포를 나타내기 위해 임의로 사용하는 변수라고 생각할 수 있습니다. 관측치 i의 잠재변수는 z_i로 표시합니다. z_i가 취하는 값은 관측치 i가 생성될 때 사용된 분포를 나타냅니다. 즉, 위의 경우는 $z_i \in \{1, 2\}$가 되는 것입니다. 예를 들어, $z_i = 1$은 관측치 i가 첫 번째 정규 분포를 이용해 생성됐다는 것을 의미합니다. 그리고 p($z_i = 1$)은 그 확률을 나타냅니다. 즉, p($z_i = 1$) = π_1, p($z_i = 2$) = π_2가 되는 것입니다.

하나의 관측치(예: x_i)가 확률 분포를 이용해 생성되는 순서는 다음 두 단계로 생각할 수 있습니다.

- 단계 1: z_i의 값이 정해집니다(즉, x_i를 생성할 확률 분포가 정해집니다). 확률 분포 j가 선택될 확률은 p($z_i = j$) = π_j가 됩니다. 위의 예에서는 $j \in \{1, 2\}$입니다. 취할 수 있는 분포의 수가 K 개인 경우에는 $j \in \{1, 2, ..., K\}$가 됩니다.
- 단계 2: 단계 1에서 정해진 z_i의 값에 해당하는 분포를 이용해 관측치를 생성합니다. 위의 예에서는 단계 1에서 z_i가 1의 값을 취할 경우 N($x_i|\mu_1,\ \sigma_1^2$)가 선택되고 해당 분포를 이용해 관측치(즉, x_i)가 생성됩니다.

여러 개의 변수에 대한 정규 분포를 다변량 정규 분포(multivariate normal distribution)라고 합니다. 다변량 정규 분포는 여러 변수가 취하는 값에 대한 확률을 나타내기 때문에 결합확률분포(joint probability distribution)가 됩니다. 변수의 수가 M인 경우, 다변량 정규 분포는 다음과 같이 표시합니다.

$$N(\boldsymbol{\mu}, \boldsymbol{\Sigma})$$

여기서 $\boldsymbol{\mu}$는 각 변수의 평균을 원소로 갖는 벡터이며, $\boldsymbol{\mu} = (\mu_1, \mu_1, \cdots, \mu_M)$입니다. μ_i는 i번째 변수의 평균입니다. $\boldsymbol{\Sigma}$는 M개의 변수들의 공분산 행렬입니다. M=2, 즉 (X_1, X_2)라면 $\boldsymbol{\Sigma}$는 다음과 같이 표현됩니다.

$$\boldsymbol{\Sigma} = \begin{bmatrix} Var(X_1) & Cov(X_1, X_2) \\ Cov(X_1, X_2) & Var(X_2) \end{bmatrix}$$

혼합 모형에서 각 분포는 하나의 군집을 의미한다고 생각할 수 있습니다. 예를 들어, 그림 10.28과 같이 두 개의 변수로 구성된 관측치가 존재하고, 세 개의 군집이 존재한다고 가정하는 경우, 각 군집은 하나의 분포를 통해 생성된 관측치들로 구성되었다고 생각할 수 있는 것입니다.

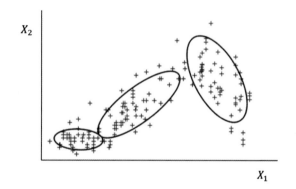

그림 10.28 군집을 나타내는 확률 분포의 예

가우시안 혼합 모형에서는 정규 분포를 사용하기 때문에 각 군집에 대한 정규 분포가 그림 10.29와 같이 하나씩 있다고 생각할 수 있습니다.

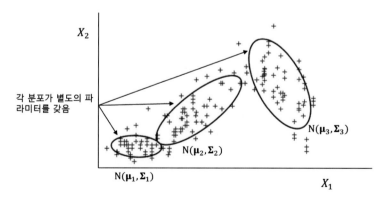

그림 10.29 확률 분포가 정규 분포인 경우의 예

각 관측치는 각 군집의 분포를 이용해 생성되었을 확률을 가지며, 그 확률이 가장 큰 군집에 최종적으로 할당됩니다.

그림 10.29에서 데이터의 확률은 다음과 같이 표현될 수 있습니다.

$$p(x_i) = \pi_1 N(x_i|\boldsymbol{\mu}_1, \ \boldsymbol{\Sigma}_1) + \pi_2 N(x_i|\boldsymbol{\mu}_2, \ \boldsymbol{\Sigma}_2) + \pi_3 N(x_i|\boldsymbol{\mu}_3, \ \boldsymbol{\Sigma}_3),$$
$$\text{where } \pi_1 + \pi_2 + \pi_3 = 1$$

$\boldsymbol{\mu}_1$은 첫 번째 정규 분포의 평균 벡터, 즉 $\boldsymbol{\mu}_1 = (\mu_{1,1}, \mu_{1,2})$이고, $\mu_{1,1}$는 첫 번째 정규 분포에서의 첫 번째 변수인 X_1의 평균을 나타냅니다. $\boldsymbol{\Sigma}_1$은 첫 번째 정규 분포에서의 두 변수 X_1과 X_2의 공분산 행렬입니다.

가우시안 혼합 모형을 이용해서 파악해야 하는 파라미터는 세 가지입니다. 첫 번째는 각 관측치가 특정 분포에 속할 확률인 혼합 계수(mixing coefficients), 두 번째는 각 정규 분포의 평균 벡터($\boldsymbol{\mu}_k$), 세 번째는 각 정규 분포의 공분산 행렬($\boldsymbol{\Sigma}_k$)입니다.

그렇다면 어떻게 우리가 가지고 있는 데이터를 이용해 각 파라미터의 값을 추정할까요? 최대우도추정방법(Maximum likelihood estimation, MLE)을 사용합니다. 이는 데이터의 확률을 최대로 하는 파라미터의 값을 찾는 방법입니다. 이를 위해서는 먼저 데이터의 확률, 즉 우도(likelihood)를 계산해야 합니다. 전체 데이터의 확률을 알아보기 전에 특정 관측치의 확률에 대해 먼저 살펴보겠습니다. 변수의 수가 M이고 찾고자 하는 군집의 수가 K인 경우 특정 관측치의 확률은 다음과 같이 표현됩니다.

$$p(x_i) = \pi_1 N(x_i|\boldsymbol{\mu}_1, \ \boldsymbol{\Sigma}_1) + \pi_2 N(x_i|\boldsymbol{\mu}_2, \ \boldsymbol{\Sigma}_2) + \cdots + \pi_K N(x_i|\boldsymbol{\mu}_K, \ \boldsymbol{\Sigma}_K) = \sum_{k=1}^{K} \pi_k N(x_i|\boldsymbol{\mu}_k, \ \boldsymbol{\Sigma}_k)$$

여기서 π_k는 다음 조건을 만족해야 합니다.

$$0 \le \pi_k \le 1 \text{ and } \sum_{k=1}^{K} \pi_k = 1$$

위의 우도는 데이터를 통해 계산(추정)해야 하는 파라미터 $\boldsymbol{\pi}_k, \boldsymbol{\mu}_k, \boldsymbol{\Sigma}_k$의 함수인 것을 알 수 있습니다. 이번에는 전체 데이터의 확률을 살펴보겠습니다. 관측치의 수가 N인 데이터(즉, $X = (x_1, x_2, \cdots, x_N)$)의 우도는 다음과 같이 표현할 수 있습니다.

$$P(X|\boldsymbol{\pi}, \ \boldsymbol{\mu}, \ \boldsymbol{\Sigma})$$

우도는 우리가 갖고 있는 데이터의 확률입니다. 그리고 위 식은 데이터의 확률이 파라미터 $\boldsymbol{\pi}, \boldsymbol{\mu}, \boldsymbol{\Sigma}$에 의해 달라진다는 것을 의미합니다. 이제 계산을 통해 이 확률값을 최대로 하는 파라미터의 값을 찾아야 합니다. 계산을 쉽게 하기 위해서 각 관측치가 서로 독립이라고 가정합니다. 그러면 다음과 같이 표현할 수 있습니다(서로 독립인 변수의 확률 관련해서는 7.15절을 참고하세요).

$$p(X|\boldsymbol{\pi}, \boldsymbol{\mu}, \boldsymbol{\Sigma}) = p(x_1, x_2, \cdots, x_N|\boldsymbol{\pi}, \boldsymbol{\mu}, \boldsymbol{\Sigma}) = p(x_1|\boldsymbol{\pi}, \boldsymbol{\mu}, \boldsymbol{\Sigma})p(x_2|\boldsymbol{\pi}, \boldsymbol{\mu}, \boldsymbol{\Sigma}) \cdots p(x_N|\boldsymbol{\pi}, \boldsymbol{\mu}, \boldsymbol{\Sigma}) = \prod_{i=1}^{N} p(x_i|\boldsymbol{\pi}, \boldsymbol{\mu}, \boldsymbol{\Sigma})$$

이러한 우도의 값을 최대로 하는 파라미터의 값을 찾는 방법이 최대우도추정방법입니다. 하지만 곱하기로 구성된 식을 직접 계산해서 파라미터의 값을 찾기가 어렵기 때문에 일반적으로 우도를 직접 사용하지 않고, 우도에 로그를 취한 로그우도(log-likelihood)를 사용합니다. 즉, 계산을 쉽게 하기 위해 우도에 다음과 같이 로그를 취해 줍니다(두 수의 곱하기에 로그를 취하면 더하기로 표현됩니다(즉, $\log ab = \log a + \log b$). 로그 함수는 단순 증가함수이기 때문에, 우도를 최대로 하는 파라미터의 값과 로그우도를 최대로 하는 파라미터의 값은 동일합니다.

$$\ln\left\{\prod_{i=1}^{N} p(x_i|\boldsymbol{\pi}, \boldsymbol{\mu}, \boldsymbol{\Sigma})\right\} = \sum_{i=1}^{N} \ln p(x_i|\boldsymbol{\pi}, \boldsymbol{\mu}, \boldsymbol{\Sigma})$$

이를 로그우도 혹은 로그우도함수(log-likelihood function)라고 합니다. 여기에서 각 관측치의 확률인 $p(x_i|\boldsymbol{\pi}, \boldsymbol{\mu}, \boldsymbol{\Sigma})$는 $p(x_i|\boldsymbol{\pi}, \boldsymbol{\mu}, \boldsymbol{\Sigma}) = \sum_{k=1}^{K} \pi_k N(x_i|\boldsymbol{\mu}_k, \boldsymbol{\Sigma}_k)$이기 때문에 위 식은 다시 다음과 같이 표현됩니다(찾고자 하는 군집의 수는 K입니다).

$$l(X|\boldsymbol{\pi}, \boldsymbol{\mu}, \boldsymbol{\Sigma}) = \sum_{i=1}^{N} \ln p(x_i|\boldsymbol{\pi}, \boldsymbol{\mu}, \boldsymbol{\Sigma}) = \sum_{i=1}^{N} \ln\left\{\sum_{k=1}^{K} \pi_k N(x_i|\boldsymbol{\mu}_k, \boldsymbol{\Sigma}_k)\right\}$$

이 식의 값을 최대로 하는 $\boldsymbol{\pi}, \boldsymbol{\mu}, \boldsymbol{\Sigma}$ 값을 찾으면 됩니다. 위 함수는 위로 볼록한 함수이기 때문에 각 파라미터에 대해 '1차 도함수 = 0'인 방정식을 풀어서 파라미터의 값들을 계산할 수 있습니다.

파라미터의 값들이 어떻게 계산되는지 설명하기 위해 변수가 한 개인 경우를 예로 들겠습니다. 그러한 경우, 로그우도함수는 다음과 같이 표현됩니다. 여기서 $\boldsymbol{\mu}_k$와 σ_k^2는 해당 변수가 분포 k에 대해 갖는 평균과 분산을 의미합니다.

$$l(X|\boldsymbol{\pi}, \boldsymbol{\mu}, \boldsymbol{\Sigma}) = \sum_{i=1}^{N} \ln\left\{\sum_{k=1}^{K} \pi_k N(x_i|\mu_k, \sigma_k^2)\right\}$$

이 식을 μ_k, π_k, σ_k^2에 대해 각각 미분하고 그 값이 0인 방정식을 풀면 다음을 얻게 됩니다(미분 과정은 생략하겠습니다).

$$\mu_k = \sum_{i=1}^{N} [\gamma(z_i=k)x_i] \Big/ \sum_{i=1}^{N} \gamma(z_i=k)$$

$$\pi_k = \frac{1}{N} \sum_{i=1}^{N} \gamma(z_i=k)$$

$$\sigma_k^2 = \sum_{i=1}^{N} [\gamma(z_i=k)(x_i-\mu_k)^2] \Big/ \sum_{i=1}^{N} \gamma(z_i=k)$$

여기서 $\gamma(z_i=k) = \mathrm{p}(z_i=k|x_i)$입니다.[58] 이는 주어진 데이터를 기반으로 관측치 i가 k번째 정규 분포를 이용해 생성됐을 확률을 의미합니다. 하지만 z_i는 직접 그 값을 관찰할 수 없는 잠재변수이기 때문에, 데이터를 이용해 $\mathrm{p}(z_i=k|x_i)$를 직접 계산할 수 없습니다. 이는 로그우도함수를 최대로 하는 파라미터의 값들을 최대우도추정방법을 이용해 직접 구할 수 없다는 것을 의미합니다.

일단 $\mathrm{p}(z_i=k|x_i)$가 어떻게 표현되는지 알아보겠습니다. $\mathrm{p}(z_i=k|x_i)$는 베이즈 공식에 의해 다음과 같이 표현됩니다(7.9절을 참고하세요).

$$\mathrm{p}(z_i=k|x_i) = \frac{\mathrm{p}(x_i|z_i=k)\mathrm{p}(z_i=k)}{\mathrm{p}(x_i)}$$

여기서, 분모는 $\mathrm{p}(x_i, z_i)$에 대한 x_i의 주변 확률이기 때문에 다음과 같이 표현할 수 있습니다.

$$\sum_{k=1}^{K} \mathrm{p}(x_i|z_i=k)\mathrm{p}(z_i=k)$$

그리고 $\mathrm{p}(z_i=k)$는 데이터가 k번째 분포로부터 생성될 확률이기 때문에 π_k가 됩니다. $\mathrm{p}(x_i|z_i=k)$는 군집이 k인 경우 x_i의 확률을 의미하기 때문에 $N(x_i|\mu_k, \sigma_k^2)$이 됩니다.

따라서,

$$\gamma(z_i=k) = \mathrm{p}(z_i=k|x_i) = \frac{\mathrm{p}(x_i|z_i=k)\mathrm{p}(z_i=k)}{\mathrm{p}(x_i)} = \frac{\pi_k N(x_i|\mu_k, \sigma_k^2)}{\sum_{k=1}^{K} [\pi_k N(x_i|\mu_k, \sigma_k^2)]}$$

---

[58] 왜 $\gamma(z_i=k)=\mathrm{p}(z_i=k|x_i)$와 같이 되는지 궁금한 독자는 '부록 C. EM 알고리즘'을 참고하세요.

이 됩니다. 즉, $\gamma(z_i=k)$ 값은 우리가 구하고자 하는 파라미터 값들의 함수인 것을 알 수 있습니다. 이는 파라미터의 값을 알아야지만 $\gamma(z_i=k)$를 계산할 수 있다는 뜻입니다. 그리고 앞에서 본 것처럼 $\gamma(z_i=k)$의 값을 알아야지만 파라미터의 값을 계산할 수 있습니다.

이러한 경우, 파라미터들의 값을 계산하기 위해 EM(Expectation-Maximization) 알고리즘을 사용합니다. EM 알고리즘은 E 단계와 M 단계를 반복적으로 여러 번 수행하여 파라미터의 최적값을 찾는 방법입니다. EM 알고리즘이 작동하는 방식은 다음과 같습니다(찾고자 하는 군집의 수는 K라고 가정합니다).[59]

- 단계 1: 파라미터인 μ_k, σ_k^2, π_k의 값을 데이터를 이용하여 초기화합니다. μ_k의 초깃값은 데이터에 존재하는 변수가 갖는 값 중에서 하나의 값을 무작위로 선택해 그 값으로 설정합니다. σ_k^2는 데이터에 존재하는 변수의 분산으로 설정합니다. π_k의 값은 $\frac{1}{K}$로 설정합니다.

- 단계 2(Expectation 단계): 단계 1에서 설정된 μ_k, σ_k^2, π_k의 값을 이용해

$$\gamma(z_i=k)=\frac{\pi_k N(x_i|\mu_k,\ \sigma_k^2)}{\sum_{k=1}^{K}[\pi_k N(x_i|\mu_k,\ \sigma_k^2)]}$$

을 계산합니다. $N(x_i|\mu_k,\ \sigma_k^2)$의 값은 정규 분포의 확률밀도함수를 이용해 구합니다.

- 단계 3(Maximization 단계): 단계 2에서 계산된 $\gamma(z_i=k)$의 값을 이용해 다시 μ_k, σ_k^2, π_k 값을 다음 식을 이용해 업데이트합니다.

$$\mu_k=\sum_{i=1}^{N}[\gamma(z_i=k)x_i]\Big/\sum_{i=1}^{N}\gamma(z_i=k)$$
$$\pi_k=\frac{1}{N}\sum_{i=1}^{N}\gamma(z_i=k)$$
$$\sigma_k^2=\sum_{i=1}^{N}[\gamma(z_i=k)(x_i-\mu_k)^2]\Big/\sum_{i=1}^{N}\gamma(z_i=k)$$

E와 M 단계를 파라미터 값이 수렴할 때까지, 혹은 정해진 횟수만큼 반복합니다.

■ 군집 할당

위 EM 알고리즘을 이용해 도출된 μ_k, σ_k^2, π_k 값에 대해 $\gamma(z_i=k)$ 값이 최대가 되는 군집 k에 관측치 x_i를 할당합니다. 예를 들어 관측치 x_i에 대해 $\gamma(z_i=3)$의 값이 제일 큰 경우에는 세 번째 군집에 x_i를 할당합니다. 즉, x_i는 세 번째 정규 분포인 $N(\mu_3,\ \sigma_3^2)$를 통해 생성되었을 확률이 제일 큰 것입니다.

---

59 EM 알고리즘에 대한 자세한 내용은 '부록 C. EM 알고리즘' 부분을 참고하세요.

10.4.2 파이썬 코딩하기

여기서는 가우시안 혼합 모형의 작동 원리를 이해하기 위해 먼저 간단한 예제 데이터에 가우시안 혼합 모형을 적용해 군집화 분석을 수행해 보겠습니다.

10.4.2.1 예제 데이터에 GMM 적용해 보기

관련 코드는 GMM_example.ipynb 파일을 참고하세요. 일단 먼저 다음과 같이 필요한 모듈과 클래스를 임포트합니다. 가우시안 혼합 모형을 사용하기 위해서는 sklearn에서 제공하는 GaussianMixture 클래스를 사용합니다. 그리고 임의의 예제 데이터를 생성하기 위해 make_blobs() 함수를 사용합니다. 시각화를 위해서는 matplotlib과 seaborn을 사용하겠습니다.

```
import numpy as np
from sklearn.datasets import make_blobs
from sklearn.mixture import GaussianMixture
from matplotlib import pyplot as plt
import seaborn as sns

sns.set()
```

다음과 같이 make_blobs() 함수를 사용해 예제 데이터를 생성합니다. 여기서는 독립변수(즉, 특성 정보)의 수가 두 개인 관측치를 300개 생성했습니다. 그리고 존재하는 군집의 수는 4로 설정했습니다. y 변수에는 각 관측치가 속한 군집의 아이디 정보가 저장됩니다. 여기서는 독립변수 정보만을 이용해 군집화해 보겠습니다.

```
X, y = make_blobs(
    n_samples=300,
    n_features=2,
    centers=4,
    cluster_std=0.60,   # 각 군집의 퍼진 정도를 결정하는 파라미터
    random_state=0
)
```

다음과 같이 산점도(scatter plot)를 이용해 관측치의 분포를 시각화합니다.

```
plt.scatter(X[:,0], X[:,1])
```

시각화 결과는 그림 10.30과 같습니다. 네 개의 군집이 존재하는 것을 확인할 수 있습니다.

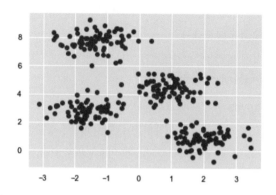

그림 10.30 예제 데이터의 분포

위 데이터에 대해 가우시안 혼합 모형을 적용하기 위해서 GaussianMixture 클래스의 생성자 함수를 이용해 객체를 만들고 fit_predict() 함수를 적용합니다. 생성자 함수가 갖는 n_components 파라미터의 값을 우리가 찾고자 하는 군집의 수로 설정합니다. 여기서는 4로 설정하겠습니다.

```
gmm = GaussianMixture(n_components=4)
labels = gmm.fit_predict(X)
```

labels 변수에는 fit_predict() 함수가 반환하는 군집화 결과가 저장됩니다. 즉, 각 관측치가 속한 군집의 아이디 정보가 저장되어 있습니다. 군집화 결과를 산점도를 이용해 다시 한번 시각화해 보면 그림 10.31과 같습니다.

```
plt.scatter(X[:, 0], X[:, 1], c=labels, cmap='viridis')
```

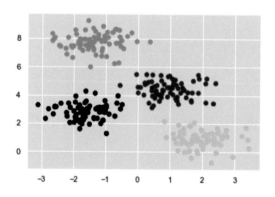

그림 10.31 군집화 분석의 결과

이번에는 각 관측치가 각 군집에 속할 확률을 확인해 보겠습니다. 이는 앞에서 설명한 $\gamma(z_i=k)$의 값이 됩니다. 다음과 같이 `predict_proba()` 함수를 사용합니다.

```
gmm.predict_proba(X)
```

결과는 다음과 같습니다. 예를 들어 첫 번째 관측치에 대한 결과([0.0023814 , 0.02592964, 0.   , 0.97168896])를 보면, 네 번째 군집에 속할 확률이 0.9717 정도로 제일 큰 것을 알 수 있습니다. 따라서 해당 관측치의 군집은 네 번째 군집이 됩니다(군집 ID = 3). `labels[0]`의 값이 3인 것을 확인할 수 있습니다.

```
array([[0.0023814 , 0.02592964, 0.         , 0.97168896],
       [0.         , 0.00000001, 0.99999999, 0.         ],
       [0.00000001, 0.99999997, 0.00000002, 0.         ],
       ...,
       [0.0000341 , 0.99996589, 0.00000001, 0.         ],
       [0.         , 0.00000301, 0.99999699, 0.         ],
       [0.99999956, 0.00000044, 0.         , 0.         ]])
```

가우시안 혼합 모형에서도 군집의 수를 사용자가 직접 설정해야 합니다. 그렇다면 가우시안 혼합 모형에서는 어떤 방법을 사용해 최적의 군집 수를 정할 수 있을까요? 일반적으로 AIC(Akaike information criterion) 또는 BIC(Bayesian information criterion) 값을 사용합니다. 각 지표의 값은 다음과 같이 계산됩니다.

$$\text{AIC} = -2 \cdot \text{log-likelihood} + 2s$$
$$\text{BIC} = -2 \cdot \text{log-likelihood} + \ln(N) \cdot s$$

여기서 s는 파라미터의 수를, N은 관측치의 수를 의미합니다.

AIC나 BIC 모두 그 값을 결정하는 중요한 역할을 하는 것은 $-2 \cdot \text{log-likelihood}$입니다. 로그우도는 우도에 로그를 취한 것입니다. 로그 함수는 단순 증가 함수이기 때문에 우도값과 로그우도의 값은 비례합니다. 그리고 우도는 데이터의 확률을 의미하기 때문에 모형이 데이터를 설명을 잘 할수록 그 값이 커집니다. 따라서 로그우도의 값을 제일 크게 하는 AIC나 BIC 값에 대한 군집의 수를 선택하면 됩니다. 하지만 우도는 확률값이기 때문에 0과 1 사이의 값을 갖습니다. 따라서 로그우도는 음수를 갖게 됩니다. 예를 들어, 우도 = 0.8인 경우 로그우도의 값은 −0.1 정도가 되고, 우도 = 0.2인 경우 로그우도의 값은 −0.7 정도가 됩니다(그림 10.32 참고). AIC와 BIC는 로 그우도 값에 −2를 곱하기 때문에 로그우도 값과 반비례 관계를 갖습니다. 즉, 로그우도의 값이 최대일 때 AIC와 BIC 값은 최소가 됩니다. 따라 서 AIC 또는 BIC 값이 최소가 되는 군집의 수를 선택하면 됩니다.

최적의 군집 수를 찾기 위해 다음과 같이 군집 의 수를 1부터 20까지 변경해 가면서 각 경우의 AIC와 BIC 값을 계산해 보겠습니다. AIC 값은 `GaussianMixture` 클래스에서 제공되는 `aic()` 함수를, BIC 값은 `bic()` 함수를 사용해 계산합 니다. 다음 코드는 해당 결과를 시각화하는 코드 입니다.

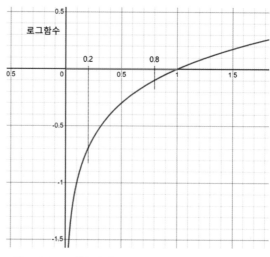

그림 10.32 로그 함수의 예

```python
n_components = np.arange(1, 21)
models = [GaussianMixture(n, random_state=0).fit(X) for n in n_components]
plt.plot(n_components, [m.aic(X) for m in models], label='AIC')
plt.plot(n_components, [m.bic(X) for m in models], label='BIC')
plt.legend(loc='best')
plt.xlabel('n_components');
```

결과는 그림 10.33과 같습니다. 군집의 수가 4인 경우에 AIC와 BIC의 값이 제일 작은 것을 확인할 수 있 습니다.

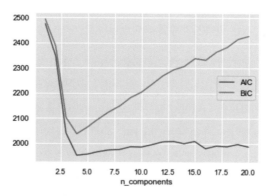

그림 10.33 군집 수에 따른 AIC와 BIC 값의 변화

10.4.2.2 텍스트 데이터에 GMM 적용해 보기

이번에는 텍스트 데이터에 가우시한 혼합 모형을 적용해 보겠습니다. 여기서도 앞에서 사용했던 `example_En_docs` 폴더에 저장된 문서들에 대해 군집화를 수행해 보겠습니다. 코드는 `docs_clustering_GMM.ipynb` 파일을 참고하세요. 앞에서와 마찬가지로 해당 폴더의 파일들을 읽어와서 전처리 작업을 수행하고 각 문서를 벡터로 표현하는 것이 필요합니다. 이 과정은 앞에서 살펴본 과정과 동일하므로 설명은 생략하겠습니다. 여기서는 각 문서에 대한 TF-IDF 기반 벡터를 사용해 가우시한 혼합 모형을 적용해 보겠습니다. TF-IDF 기반의 DTM은 `DTM_TFIDF` 변수에 저장되어 있습니다.

다음과 같이 `GaussianMixture` 클래스를 임포트하고 생성자 함수를 이용해 객체를 만듭니다. 여기서는 생성자 함수가 갖는 `covariance_type` 파라미터의 값을 `'diag'`로 설정했습니다. `covariance_type` 파라미터는 가우시안 혼합 모형에서 사용되는 가우시안 분포가 갖는 공분산의 형태를 결정하는 역할을 합니다. 취할 수 있는 값에는 `'full'`, `'tied'`, `'diag'`, `'spherical'` 네 가지가 있습니다. `'full'`은 각 군집이 고유한 공분산 행렬을 갖는다는 것을 의미하고, `'tied'`는 모든 군집이 동일한 공분산 행렬을 공유한다는 것을, `'diag'`는 각 군집이 고유한 대각 공분산 행렬[60]을 갖는다는 것을, `'spherical'`은 각 군집이 고유한 하나의 분산을 갖는다는 것을 의미합니다. 어떤 값이 더 좋은 결과를 내는지는 데이터의 특성에 따라 달라지므로 네 개의 값을 모두 시도해 보고 가장 좋은 성능을 내는 값을 선택하면 됩니다. 여기서는 `'diag'` 값을 사용해 보겠습니다. 그리고 찾고자 하는 군집의 수를 5로 설정합니다.

```
from sklearn.mixture import GaussianMixture

gmm = GaussianMixture(n_components=5, covariance_type='diag')
```

`fit_predict()` 함수를 이용해 군집화해 보겠습니다.

```
labels=gmm.fit_predict(DTM_TFIDF)
labels
```
```
array([0, 0, 0, 4, 4, 2, 2, 2, 1, 1, 1, 1, 3, 3, 3], dtype=int64)
```

동일한 주제를 다루는 문서들이 같은 군집에 할당된 것을 확인할 수 있습니다.

AIC와 BIC 값을 이용해 최적의 군집 수를 확인해 보겠습니다. 여기서는 군집의 수를 1에서 10까지 바꿔보겠습니다.

---

60 대각 성분이 아닌 다른 성분의 값이 모두 0인 공분산 행렬입니다. 즉, 각 단어가 갖는 공분산의 값이 0인 행렬이 됩니다.

```
from matplotlib import pyplot as plt
import seaborn as sns

sns.set()
n_components = np.arange(1, 11)
models = [
    GaussianMixture(n, covariance_type='diag',random_state=0).fit(DTM_TFIDF)
    for n in n_components
]
plt.plot(n_components, [m.aic(DTM_TFIDF) for m in models], label='AIC')
plt.plot(n_components, [m.bic(DTM_TFIDF) for m in models], label='BIC')
plt.legend(loc='best')
plt.xlabel('n_components');
```

결과는 그림 10.34와 같습니다. 그 값이 군집의 수가 5일 때 가장 작은 것을 확인할 수 있습니다.

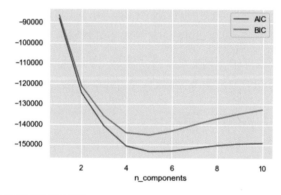

그림 10.34 군집화 수에 따른 AIC와 BIC 값의 변화

10.5 차원 축소 후 군집화 수행하기

이 섹션에서는 각 문서의 원래 벡터를 그대로 사용하지 않고 차원 축소 방법을 사용해 원소의 수를 줄인 후 군집화를 수행하는 방법을 알아보겠습니다. 일반적으로 텍스트 분석의 경우, 문서를 벡터로 변환할 때 사용되는 단어의 수가 무척 많습니다. 즉, 각 문서가 고차원의 벡터로 변환되는 것입니다. 하지만 각 문서를 벡터로 변환할 때 사용된 모든 단어가 문서의 특성을 구분하는 데 중요한 역할을 하는 것은 아닙니다. 오히려 많은 단어가 문서의 특성을 구분하는 데 있어 큰 역할을 하지 못합니다. 다시 말해 군집화에 별 역

할을 하지 못한다는 뜻입니다. 이러한 단어의 정보가 담긴 고차원의 벡터를 그대로 사용해 군집화하면 오히려 군집화가 잘 안 될 수도 있습니다. 따라서 텍스트 군집화에서는 경우에 따라 원래의 고차원 벡터를 그대로 사용하지 않고, 차원 축소를 통해 데이터의 특성을 잘 나타내는 정보를 추출하여 각 문서를 저차원의 벡터로 변환한 후 군집화하는 것이 더 좋은 결과를 내기도 합니다.

10.5.1 차원 축소 소개

차원 축소는 앞에서 언급한 것처럼 각 관측치를 나타내는 고차원 벡터를 저차원 벡터로 줄이는 것을 의미합니다. 다르게 표현하면, 벡터가 갖고 있는 원소의 수를 줄이는 것을 말합니다. 벡터가 갖는 원소의 수는 벡터가 존재하는 공간의 차원을 나타내기 때문에 원소의 수를 줄인다는 것은 벡터가 존재하는 공간의 차원 수를 줄인다는 것을 의미합니다.

차원 축소 방법에는 크게 두 가지가 있습니다. 하나는 특성 선택(feature selection)이고, 다른 하나는 특성 추출(feature extraction)입니다.[61]

■ 특성 선택(feature selection)

특성 선택은 원래 데이터에 존재하는 전체 특성들(features) 중에서(혹은 변수들 중에서) 일부 특성만을 선택하여 최종 분석에서 사용하는 것입니다. 이 방법은 새로운 특성을 생성하지는 않습니다. 예를 들어 보겠습니다. 원래 데이터에 나이, 성별, 키, 몸무게, 경력이라는 다섯 개의 특성이 있다고 가정합니다. 이 중에서 나이, 성별, 경력 정보만 선택하여 최종 분석에 사용하는 것이 특성 선택 방법입니다(특성 정보를 선택하는 방법은 여러 가지가 있습니다. 하지만 해당 내용은 이 책의 범위를 벗어나기 때문에 여기서는 설명하지 않습니다). 이러한 특성 선택 방법의 주요 단점은 선택되지 않은 특성이 갖고 있는 정보를 최종 분석에서 사용하지 못한다는 것입니다. 앞의 예에서 키와 몸무게가 문제를 푸는 데 있어 중요한 역할을 하는 정보를 어느 정도 포함하고 있다고 할지라도 해당 특성은 최종 분석에 사용되지 않기 때문에 그러한 특성이 가지고 있는 정보 또한 사용되지 않는 것입니다.

■ 특성 추출(feature extraction)

특성 추출 방법은 원래의 특성을 그대로 사용하는 것이 아니라 원래 특성이 가지고 있는 정보를 활용하여 데이터를 설명하는 데 있어 중요한 역할을 하는 새로운 특성을 생성하여 최종 분석에서 사용하는 방법입니다(원래 특성은 최종 분석에서 사용되지 않습니다). 이때 새롭게 생성된 특성의 수는 원래 특성의 수보다 작습니다. 즉, 차원 축소의 효과가 있습니다.

---

61 변수 선택과 변수 추출이라고도 표현합니다.

특성 추출 방법의 주요 장점은 원래 특성이 가지고 있는 정보를 되도록 많이 사용하면서 최종 분석에서 사용되는 특성의 수를 줄인다는 것입니다. 예를 들어, 앞에서와 마찬가지로 원래 데이터에 나이, 성별, 키, 몸무게, 경력이라고 하는 다섯 개의 특성이 있다면 이 특성들이 가지고 있는 정보를 이용해 새로운 특성 두 개를 생성하여 최종 분석에 사용하는 것입니다(원래 특성인 나이, 성별, 키, 몸무게, 경력은 최종 분석에서 사용하지 않습니다). 여기서 새롭게 생성된 두 특성은 원래 데이터에 존재하는 다섯 개의 특성들이 가지고 있는 정보를 어느 정도씩 포함합니다. 특성 추출 기반의 차원 축소 방법으로 가장 일반적으로 많이 사용되는 방법 중 하나가 주성분 분석(Principal Component Analysis, PCA)입니다. 여기서는 PCA를 이용해 차원축소를 어떻게 할 수 있는지 설명하고, 텍스트 데이터에 적용하여 군집화 분석을 해보겠습니다.

PCA가 구체적으로 어떤 원리에 의해 작동하는지를 설명하기 전에 PCA의 주요 작동 과정을 간단하게 먼저 살펴보겠습니다. PCA에서 PC, 즉 주성분(principal component)은 데이터에 존재하는 특성들이 가지고 있는 정보를 설명하는 축을 의미합니다(참고로 특성들이 가지고 있는 정보는 분산, 즉 값들이 흩어진 정도를 이용해 표현합니다). 전체 주성분의 수는 데이터에 존재하는 원래 특성의 수와 같습니다. 그리고 이러한 주성분이 우리가 생성하고자 하는 새로운 특성이 됩니다. 각 주성분에 의해 설명되어지는 원래 데이터가 갖고 있는 정보의 양이 다릅니다. 원래 데이터의 정보를 많이 설명하는 주성분도 있고, 조금만 설명하는 주성분도 있습니다. 원래 데이터에 대한 모든 주성분을 선택하는 것이 아니라, 데이터의 정보를 많이 설명하는 일부 주성분만 최종 분석에서 사용합니다. 이렇게 하면 원래 데이터가 갖고 있는 정보의 손실을 줄이면서 최종 분석에 사용되는 특성의 수를 줄이는 차원 축소의 효과가 있습니다.

예를 들어, 원래 데이터에 나이, 성별, 키, 몸무게, 경력이라는 다섯 개의 특성이 존재한다고 가정합니다. 그러면 해당 데이터에 대한 주성분 또한 다섯 개가 됩니다. 하지만 각 주성분에 의해 설명되는 원 데이터가 갖고 있는 정보의 정도가 다릅니다. 각 주성분에 의해 설명되는 정보의 양이 표 10.1과 같다고 가정합시다.

표 10.1 각 주성분에 설명되는 정보의 양

주성분	설명되는 정보의 양(%)
주성분 1	1.5
주성분 2	15
주성분 3	2.5
주성분 4	80
주성분 5	1

이 중 최종 분석에서 주성분 2와 주성분 4만을 새로운 특성으로 선택하여 사용한다면 원래 데이터가 갖고 있던 전체 정보 중 95%를 사용하는 셈이며, 특성의 수는 다섯 개에서 두 개로 줄게 되는 효과를 얻습니다.

주성분 분석은 기본적으로 행렬 분해 방법인 고유분해(eigendecomposition)와 그의 사촌 격인 특잇값 분해(singular value decomposition, SVD)를 이용해 작동하기 때문에 여기서는 고유분해와 특잇값 분해에 대해 먼저 알아보겠습니다. 이러한 행렬 분해 방법을 이해하려면 행렬의 기초적인 내용을 알고 있어야 합니다. 행렬이 생소한 독자라면 '부록 B. 행렬' 부분을 먼저 보기를 권장합니다(행렬 분해는 12장에서 다루는 LSI 토픽 모델링과도 밀접하게 관련되어 있습니다).

10.5.2 고유분해

고유분해(eigendecomposition)는 정방행렬(square matrix)을 해당 행렬의 고윳값(eigenvalues)과 고유벡터(eigenvectors)를 이용해 분해하는 것을 말합니다. A라는 정방행렬은 다음과 같이 분해됩니다.

$$A = V\Lambda V^{-1}$$

여기서 V는 A의 고유벡터를 열(column)로 갖는 행렬이 되고, Λ(대문자 람다)는 A의 고윳값을 대각성분으로 갖는 대각행렬입니다. 고윳값과 고유벡터가 무엇인지 알아보겠습니다.

10.5.2.1 고윳값과 고유벡터

행렬의 고윳값과 고유벡터는 행렬이 갖고 있는 고유한 특성을 나타내는 값과 벡터라고 생각하면 됩니다. 수학적으로는 정방행렬 A에 대해 다음 방정식을 만족시키는 **영(0)이 아닌 벡터** v가 A 행렬의 고유벡터가 되고 λ가 고윳값이 됩니다.

$$Av = \lambda v$$

여기서 A는 n×n 행렬, v는 n×1 벡터, λ는 스칼라(즉, 하나의 숫자)가 됩니다. n×n 행렬의 고유벡터(고윳값)는 n개 존재합니다.[62]

행렬의 기하학적 의미(즉, 공간상 의미)는 하나의 벡터를 선형이동(linear transformation)시키는 것입니다. 간단하게 말하면 하나의 벡터를 같은 차원의 다른 위치로 이동시키거나, 다른 차원의 공간으로 이동시키는 역할을 합니다. 따라서 위 식의 기학하적 의미는 그림 10.35와 같습니다.

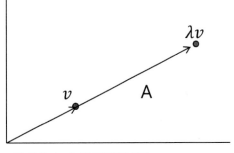

그림 10.35 $Av = \lambda v$의 기하학적 의미

---

62 이는 고윳값이 복소수인 경우와 중복인 경우를 포함합니다.

즉, 고유벡터 v는 행렬 A에 의해 선형변환될 때 방향은 바뀌지 않고, 길이만 달라지는 벡터를 의미합니다. 다르게 표현하면, **Av는 벡터 v의 방향은 바꾸지 않고, 크기만 바꿉니다.**

고윳값과 고유벡터를 직접 구해보겠습니다.

A$v = \lambda v$는 다음과 같이 변형됩니다.

$$(\Lambda - \lambda I_n)v = 0$$

여기서 I_n은 n×n 단위행렬입니다. 즉, 대각성분만 1이고 나머지 원소의 값은 0인 대각행렬입니다. 이 식이 영 벡터가 아닌 벡터 v에 대해 만족하기 위해서는 $(A - \lambda I)$의 역행렬이 존재하지 않아야 합니다. [63] $(A - \lambda I)$의 역행렬이 존재하는 경우에는 위의 식을 만족하는 v는 영 벡터밖에 없습니다. $(A - \lambda I)$의 역행렬이 존재하지 않는다는 것은 행렬식(determinant)의 값이 0이라는 것을 의미합니다. 행렬식의 값이 0이 된다는 사실을 사용하여 고윳값과 고유벡터를 구할 수 있습니다.

구체적으로 $A = \begin{bmatrix} 5 & 1 \\ 3 & 3 \end{bmatrix}$의 고윳값과 고유벡터를 구해보겠습니다. 이를 위해 다음 식을 이용합니다.

$$(A - \lambda I_2)v = 0$$

즉, 영 벡터가 아닌 v가 존재하기 위해서는 $(A - \lambda I_2)$가 역행렬이 없어야 하며, 역행렬이 없으면 $(A - \lambda I_2)$의 행렬식이 0이 됩니다. $A = \begin{bmatrix} 5 & 1 \\ 3 & 3 \end{bmatrix}$에 대해 $(A - \lambda I_2)$는 다음과 같습니다($\lambda I_2 = \begin{bmatrix} \lambda & 0 \\ 0 & \lambda \end{bmatrix}$입니다).

$$\begin{bmatrix} 5 - \lambda & 1 \\ 3 & 3 - \lambda \end{bmatrix}$$

이 행렬의 역행렬이 없으려면 행렬식, 즉 $(5 - \lambda)(3 - \lambda) - 3$의 값이 0이 되어야 합니다. $(5 - \lambda)(3 - \lambda) - 3 = 0$인 방정식을 만족하는 λ는 2, 6입니다. 즉, 두 개의 고윳값을 구했습니다.

이번에는 각 고윳값에 대응하는 고유벡터를 구해보겠습니다. 각 고윳값에 대한 고유벡터를 구하기 위해 다시 $(A - \lambda I)v = 0$을 이용합니다.

$v = \begin{bmatrix} x \\ y \end{bmatrix}$일 때, 위의 식은 다음과 같이 표현될 수 있습니다.

$$(A - \lambda I_2)v = \begin{bmatrix} 5 - \lambda & 1 \\ 3 & 3 - \lambda \end{bmatrix} \begin{bmatrix} x \\ y \end{bmatrix} = 0$$

---

63 역행렬 관련 내용은 '부록 B. 행렬'을 참고하세요.

$\lambda=2$일 때, 위의 식은 다음과 같이 표현됩니다.

$$\begin{bmatrix} 3 & 1 \\ 3 & 1 \end{bmatrix}\begin{bmatrix} x \\ y \end{bmatrix}=\begin{bmatrix} 3x+y \\ 3x+y \end{bmatrix}=\begin{bmatrix} 0 \\ 0 \end{bmatrix}=0$$

따라서 우리가 얻는 식은 $3x+y=0$입니다. 이 식을 만족하는 모든 x, y가 $\lambda=2$에 대한 고유벡터가 될 수 있습니다. 해당 고유 벡터 v_1은 다음과 같이 표현합니다.

$$v_1=k\begin{bmatrix} 1 \\ -3 \end{bmatrix}\left(or\ k\begin{bmatrix} -1 \\ 3 \end{bmatrix}\right),\ for\ \text{임의의 상수}\ k$$

즉, k가 취하는 값에 따라 고유벡터는 여러 개 나올 수 있습니다(하지만 길이만 다를 뿐 모두 방향은 동일합니다). 고유벡터는 방향성만 중요하기 때문에 보통은 길이가 1인 고유벡터를 사용합니다.

$\lambda=6$일 때, 위의 식은 다음과 같이 표현됩니다.

$$\begin{bmatrix} -1 & 1 \\ 3 & -3 \end{bmatrix}\begin{bmatrix} x \\ y \end{bmatrix}=0$$

이를 통해 얻는 방정식은 $x-y=0$입니다. 즉, 찾고자 하는 고유 벡터 v_2는 다음과 같이 표현됩니다.

$$v_2=k\begin{bmatrix} 1 \\ 1 \end{bmatrix}\left(or\ k\begin{bmatrix} -1 \\ -1 \end{bmatrix}\right),\ for\ \text{임의의 상수}\ k$$

마찬가지로 k의 값에 따라 여러 개의 고유벡터가 존재할 수 있고, 일반적으로 그중 그 길이가 1인 고유벡터를 선택합니다.

참고로 서로 다른 고윳값에 대한 고유벡터는 서로 선형독립이라는 특성을 갖습니다(증명은 생략하겠습니다).

10.5.2.2 고윳값의 특성

고윳값은 여러 가지 특성이 있지만, 이 섹션에서 살펴볼 특성은 다음 두 가지입니다.

- **고윳값의 특성 1**: 행렬의 대각합(trace)은 고윳값들의 합과 같다.
- **고윳값의 특성 2**: 행렬식의 값은 고윳값들의 곱과 같다.

■ 고윳값의 특성 1

행렬이 갖는 대각 성분의 합은 해당 행렬의 고윳값들의 합과 같습니다. 앞에서 살펴본 행렬 $A = \begin{bmatrix} 5 & 1 \\ 3 & 3 \end{bmatrix}$을 예로 들어보겠습니다. 해당 행렬의 대각 성분의 합(trace)은 5 + 3 = 8입니다. 그리고 앞에서 계산한 것처럼 해당 행렬의 고윳값은 2와 6입니다. 따라서 대각성분의 합은 고윳값의 합과 동일한 것을 알 수 있습니다.

■ 고윳값의 특성 2

행렬의 행렬식의 값은 고윳값들을 곱한 값과 같습니다. 위 행렬 A의 경우 행렬식은 $12(=5 \times 3 - 1 \times 3)$이고, 이는 해당 행렬의 고윳값인 2과 6의 곱과 동일한 것을 알 수 있습니다.

위 두 가지 특성을 좀 더 일반화해서 표현해 보겠습니다. 다음과 같은 행렬이 있다고 가정합니다.

$$A = \begin{bmatrix} a & b \\ c & d \end{bmatrix}$$

해당 행렬의 고윳값을 구해보겠습니다. 앞에서 살펴본 것처럼 $(A - \lambda I_2)v = 0$에서 $(A - \lambda I_2)$의 역행렬이 없어야 한다는 조건을 사용합니다. 즉, 해당 행렬의 행렬식 값이 0이 돼야 합니다. 우리가 찾고자 하는 고윳값은 다음 식을 만족하는 값입니다.

$$(a - \lambda)(d - \lambda) - bc = 0$$

식의 좌항을 풀면 다음과 같습니다.

$$\lambda^2 - (a+d)\lambda + ad - bc = 0 \qquad (1)$$

보다시피 람다에 대한 2차 함수이기 때문에 식을 만족하는 람다는 두 개입니다. 이 두 개의 값을 λ_1, λ_2으로 표현하겠습니다(λ_1, λ_2가 우리가 찾고자 하는 고윳값이 됩니다). λ_1, λ_2에 대해 다음 식을 만족합니다.

$$(\lambda - \lambda_1)(\lambda - \lambda_2) = 0$$

위 식을 풀면 $\lambda^2 - (\lambda_1 + \lambda_2)\lambda + \lambda_1\lambda_2 = 0$을 얻습니다. 이것이 식 (1)과 동일해야 합니다. 따라서 다음이 성립함을 알 수 있습니다.

$$a + d = \lambda_1 + \lambda_2 \qquad (2)$$
$$ad - bc = \lambda_1 \lambda_2 \qquad (3)$$

식 (2)는 행렬의 대각합은 고윳값의 합과 같다는 것을 의미하고, 식 (3)은 행렬식의 값은 고윳값의 곱과 같다는 것을 의미합니다.

10.5.2.3 고유분해 식의 도출

고윳값과 고유벡터를 이용해 하나의 정방행렬을 서로 다른 여러 개의 행렬로 분해하는 것을 고유분해라고 합니다. 그리고 이러한 고유분해가 주성분 분석 방법의 핵심입니다.

앞에서 언급한 것처럼 정방행렬은 다음과 같이 (고유)분해될 수 있습니다.

$$A = V \Lambda V^{-1}$$

Λ는 A의 고유벡터를 열(column)로 갖는 행렬이고, Λ는 A의 고윳값을 대각성분으로 갖는 대각행렬입니다. 위 식이 어떻게 도출되는지 확인해 보겠습니다. 행렬 $A = \begin{bmatrix} a & b \\ c & d \end{bmatrix}$의 두 고윳값이 λ_1, λ_2라고 가정합시다. 그러면 행렬 Λ는 다음과 같이 표현됩니다.

$$\Lambda = \begin{bmatrix} \lambda_1 & 0 \\ 0 & \lambda_2 \end{bmatrix}$$

λ_1의 고유벡터를 $v_1 = \begin{bmatrix} v_{11} \\ v_{12} \end{bmatrix}$, λ_2의 고유 벡터를 $v_2 = \begin{bmatrix} v_{21} \\ v_{22} \end{bmatrix}$라고 할 때, 행렬 V는 다음과 같습니다.

$$V = [v_1\ v_2] = \begin{bmatrix} v_{11} & v_{21} \\ v_{12} & v_{22} \end{bmatrix}$$

따라서 $\Lambda V = [\lambda_1 v_1\ \lambda_2 v_2]$가 됩니다. 마찬가지로 $AV = [Av_1\ Av_2]$가 됩니다. 고유벡터와 고윳값의 정의에 의해서 $Av_1 = \lambda_1 v_1$, $Av_2 = \lambda_2 v_2$가 됩니다. 따라서 다음 식을 얻습니다.

$$AV = \Lambda V$$

V의 역행렬이 존재하는 경우(즉, 고유벡터들이 상호 독립인 경우), 위 식 좌우 항의 오른쪽에 V^{-1}를 곱하면 다음을 얻습니다.

$$A = V \Lambda V^{-1}$$

10.5.2.4 Numpy를 이용해 고웃값과 고유벡터 구하기

이 섹션에 사용된 코드는 `eigen_examples.ipynb` 파일을 참고하세요. 파이썬에서는 numpy를 이용해 고웃값과 고유벡터를 구할 수 있습니다. 여기서는 앞에서 다룬 사각행렬인 $A = \begin{bmatrix} 5 & 1 \\ 3 & 3 \end{bmatrix}$의 고유벡터와 고웃값을 numpy를 이용해 구해보겠습니다. 이를 위해 일단 `array()` 함수를 사용해 행렬을 생성합니다.

```
import numpy as np

A = np.array([[5,1],
              [3,3]])
```

다음과 같이 numpy의 하위 모듈인 `linalg` 모듈이 갖고 있는 `eig()` 함수를 사용해 고웃값과 고유벡터를 구할 수 있습니다.

```
eigVals, eigVecs = np.linalg.eig(A)
```

`eigVals`에는 고웃값이 저장되어 있고, `eigVecs`에는 고유벡터가 저장되어 있습니다. 고웃값을 다음과 같이 확인해 보겠습니다.

```
eigVals
```

```
array([6., 2.])
```

직접 구한 두 개의 고웃값을 확인할 수 있습니다.

`eigVecs`는 각 고유벡터를 열로 갖는 행렬입니다.

```
eigVecs
```

```
array([[ 0.70710678, -0.31622777],
       [ 0.70710678,  0.9486833 ]])
```

첫 번째 열이 고웃값 6에 대한 고유벡터이고, 두 번째 열이 고웃값 2에 대한 고유벡터입니다. 다음과 같이 각 고유벡터를 추출할 수 있습니다.

```
v1 = eigVecs[:, 0]
v2 = eigVecs[:, 1]
```

각 벡터를 확인해 보면 다음과 같습니다.

```
v1
```

```
array([0.707107, 0.707107])
```

v1의 경우 x−y=0을 만족하는 x, y 값 중에서 벡터의 길이가 1인 것을 만족하는(즉, $\sqrt{x^2+y^2}=1$) x, y 값으로 구성된 고유벡터라는 것을 확인할 수 있습니다. 해당 벡터의 길이는 다음과 같이 norm() 함수를 이용해 구할 수 있습니다.[64]

```
np.linalg.norm(v1)
```

```
1
```

이렇게 구해진 고윳값과 고유 벡터에 대해 다음 식이 만족하는지 확인해 보겠습니다.

$$Av=\lambda v$$

```
np.dot(A, v1)
```

```
array([4.24264069, 4.24264069])
```

```
eigVals[0]*v1
```

```
array([4.24264069, 4.24264069])
```

np.dot(A, v1)(즉, Av)과 eigVals[0]*v1(즉, λv)의 결과가 같은 것을 알 수 있습니다.

다음과 같이 v2 고유벡터의 값도 확인할 수 있습니다. v2도 마찬가지로 3x + y = 0을 만족하는 x, y 값 중에서 벡터의 길이가 1인 조건을 만족하는 x, y 값으로 구성된 것을 확인할 수 있습니다.

```
v2
```

```
array([-0.316228, 0.948683])
```

```
np.linalg.norm(v2)
```

```
1
```

---

64 컴퓨터에 따라서 0.9999999999999999의 값이 나오는 경우도 있습니다.

고윳값과 고유벡터에 대해 간단하게 살펴봤습니다. 이러한 행렬 A의 고윳값과 고유벡터를 이용해 행렬 A에 대한 고유분해를 다음과 같이 표현할 수 있습니다.

$$A = V \Lambda V^{-1}$$

앞에서 numpy를 이용해 구한 eigVecs가 V가 되고, 각 고윳값을 대각원소로 갖는 행렬이 K입니다. 즉, 다음과 같이 표현됩니다.

$$A = \begin{bmatrix} 5 & 1 \\ 3 & 3 \end{bmatrix}$$
$$V = \begin{bmatrix} .7071067 & -.31622777 \\ .7071067 & .9486833 \end{bmatrix}$$
$$\Lambda = \begin{bmatrix} 6 & 0 \\ 0 & 2 \end{bmatrix}$$

$V \Lambda V^{-1}$가 정말로 A가 되는지 직접 확인해 보겠습니다. np.diag()를 사용해 대각행렬을 생성할 수 있습니다. 즉, 다음과 같이 하면 Λ 행렬을 구할 수 있습니다(여기서는 편의상 Λ 행렬을 L 행렬로 표현했습니다).

```
L = np.diag(eigVals)
```

파이썬에서는 np.linalg.inv() 함수를 이용해 역행렬을 구할 수 있습니다. 그리고 행렬 간의 곱하기 연산은 np.dot() 함수를 사용합니다. 따라서 $V \Lambda V^{-1}$은 다음과 같이 계산할 수 있습니다.

```
np.dot(np.dot(eigVecs,L),np.linalg.inv(eigVecs))
```

np.dot(eigVecs,L)은 $V\Lambda$를 의미하고, np.linalg.inv(eigVecs)는 V^{-1}을 의미합니다. 위 코드의 결과는 원래 행렬인 A 행렬이 되는 것을 알 수 있습니다.

```
array([[5., 1.],
       [3., 3.]])
```

10.5.3 특잇값 분해

일부 책이나 블로그에서는 주성분 분석을 특잇값 분해((singular value decomposition, SVD)를 이용한 방식이라고 설명하기도 합니다. 하지만 정확하게 말하면 SVD도 고유분해를 사용한 방법이기 때문에 주성분 분석은 결국 고유분해를 근간으로 하는 방법입니다. 혼동을 줄이기 위해 SVD가 무엇인지 설명하겠습니다. SVD는 고유분해의 일반화된 행렬 분해 방법이라고 생각할 수 있습니다. 다음과 같이 정의됩니다.

$$X = UDV^T$$

여기서 X는 사각행렬로 m×n 행렬로 표현할 수 있습니다.[65] U는 XX^T 행렬의 고유벡터를 열로 갖는 행렬이고, V는 X^TX의 고유벡터를 열로 갖는 행렬입니다. V^T는 행렬 V의 전치행렬을 의미합니다. 그리고 D는 m×n 대각행렬인데, 대각원소는 X의 특잇값(singular values)이 되고, 이는 X^TX 혹은 XX^T의 고윳값(λ_i)에 루트를 씌운 값($\sqrt{\lambda_i}$)이 됩니다(둘의 값은 같습니다).

m>n인 경우, D의 형태는 다음과 같습니다(다음 예는 m=3, n=2의 경우를 보여줍니다).

$$D = \begin{bmatrix} \sqrt{\lambda_1} & 0 \\ 0 & \sqrt{\lambda_2} \\ 0 & 0 \end{bmatrix}$$

m>n인 경우의 특잇값 분해의 형태를 살펴보면 그림 10.36과 같습니다.

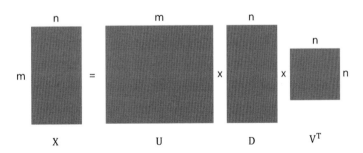

그림 10.36 m>n인 경우의 특잇값 분해의 형태

반대로 m<n인 경우(예: m=2, n=3), D의 형태는 다음과 같습니다.

---

65 m=n인 경우도 포함됩니다.

$$D = \begin{bmatrix} \sqrt{\lambda_1} & 0 & 0 \\ 0 & \sqrt{\lambda_2} & 0 \end{bmatrix}$$

m<n인 경우의 특잇값 분해의 형태는 그림 10.37과 같습니다.

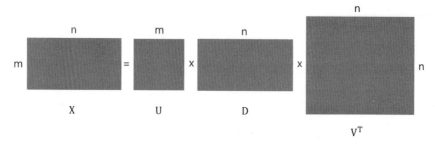

그림 10.37 m<n인 경우의 특잇값 분해의 형태

■ 특잇값 분해의 축소형(Reduced SVD)

특잇값 대각행렬(즉, D)에서 값이 0인 행이나 열은 별 의미를 갖지 않습니다. 따라서 값이 0인 행이나 열에 대응하는 U 혹은 V에 존재하는 열 벡터를 제거하고 축소된 형태로 표현해도 원래 행렬 X가 도출됩니다.

예를 들어, 앞에서 m=3, n=2일 때 D는 다음과 같았습니다.

$$D = \begin{bmatrix} \sqrt{\lambda_1} & 0 \\ 0 & \sqrt{\lambda_2} \\ 0 & 0 \end{bmatrix}$$

여기서 값이 0인 세 번째 행(즉, [0 0])을 제거하고, 이에 대응하는 U 행렬에서의 열 벡터를 제거하면 그림 10.38과 같은 형태로 표현할 수 있습니다.

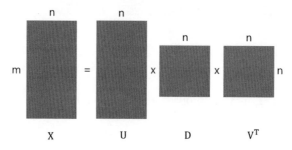

그림 10.38 축소된 형태의 특잇값 분해

m〈n인 경우에도 비슷한 방식으로 축소형을 생성할 수 있습니다.

파이썬을 이용해 SVD를 수행해 보겠습니다. 관련 코드는 **SVD_example.ipynb** 파일을 참고하세요. SVD를 설명하기 위해 다음과 같은 3×2 행렬을 사용하겠습니다.

$$X = \begin{bmatrix} 7 & 2 \\ 3 & 4 \\ 5 & 3 \end{bmatrix}$$

SVD는 np.linalg.svd() 함수를 이용해 수행할 수 있습니다. 먼저 다음과 같이 array() 함수를 이용해 행렬 X를 생성합니다.

```
X = np.array([[7, 2],
              [3, 4],
              [5, 3]])
```

이 행렬에 대해 svd() 함수를 다음과 같이 적용합니다.

```
U,sing_values,VT = np.linalg.svd(X)
```

svd() 함수가 반환하는 세 개의 값 중에서 U 변수는 XX^T의 고유벡터를 열로 갖는 행렬입니다. 이 행렬은 다음과 같습니다.

```
U
```
```
array([[-0.69366543,  0.59343205, -0.40824829],
       [-0.4427092 , -0.79833696, -0.40824829],
       [-0.56818732, -0.10245245,  0.81649658]])
```

XX^T의 고유벡터는 np.linalg.eig(np.dot(X,X.T))를 사용해서 확인할 수 있습니다(X.T는 X의 전치 행렬을 의미합니다). np.linalg.eig(np.dot(X,X.T))는 고윳값과 고유벡터들을 모두 반환하기 때문에 고유벡터만 확인하고자 하는 경우에는 np.linalg.eig(np.dot(X,X.T))[1]과 같이 인덱싱합니다.

```
np.linalg.eig(np.dot(X,X.T))[1]
```
```
array([[-0.69366543, -0.59343205, -0.40824829],
       [-0.4427092 ,  0.79833696, -0.40824829],
       [-0.56818732,  0.10245245,  0.81649658]])
```

위 결과를 확인하면 U 변수의 열 벡터와 방향이 정반대인 열 벡터가 존재하는 것을 확인할 수 있습니다 (예: 두 번째 열 벡터). 이는 방향이 정반대인 경우도 동일한 고유벡터로 간주하기 때문입니다.

svd()가 반환하는 세 번째 값인 VT는 X^TX의 고유벡터를 열로 갖는 행렬 V의 전치행렬입니다. 이를 확인해 보면 다음과 같습니다.

```
VT
```
```
array([[-0.88033817, -0.47434662],
       [ 0.47434662, -0.88033817]])
```

마찬가지로 X^TX의 고유벡터는 `np.linalg.eig(np.dot(X.T,X))[1]`의 전치행렬을 이용해 확인할 수 있습니다. `np.linalg.eig(np.dot(X.T,X))[1]`의 전치행렬은 `np.linalg.eig(np.dot(X.T,X))[1].T`가 됩니다(역시나 벡터의 방향이 반대로 나와도 상관없습니다).

```
np.linalg.eig(np.dot(X.T,X))[1].T
```
```
array([[ 0.88033817,  0.47434662],
       [-0.47434662,  0.88033817]])
```

sing_values 변수는 행렬 D의 대각 원소를 갖고 있습니다.

```
sing_values
```
```
array([10.25142677,  2.62835484])
```

이는 XX^T 혹은 X^TX의 0이 아닌 고윳값에 제곱근을 취한 값과 같음을 알 수 있습니다(XX^T 혹은 X^TX의 고윳값은 `np.linalg.eig()` 함수를 이용해 확인할 수 있습니다).

그리고 지금은 m×n에서 m=3, n=2인 경우이므로 D의 형태는 다음과 같습니다.

$$D = \begin{bmatrix} 10.25142677 & 0 \\ 0 & 2.62835484 \\ 0 & 0 \end{bmatrix}$$

정말로 UDVT가 X와 같은지 확인해 보겠습니다. 이를 위해 sing_values 변수에 저장된 특잇값들을 이용해 D를 다음과 같이 표현합니다. 이를 위해 먼저 3×2 형태의 영 행렬을 생성한 후, fill_diagonal() 함수를 사용해 대각원소의 값을 특잇값으로 설정합니다.

```
D = np.zeros((3, 2)) # 3x2의 영 행렬 생성
np.fill_diagonal(D, sing_values) # 대각원소의 값을 특잇값으로 대체
D
```

```
array([[10.25142677,  0.        ],
       [ 0.        ,  2.62835484],
       [ 0.        ,  0.        ]])
```

이를 이용해 UDVT를 다음과 같이 구해보겠습니다.

```
np.dot(np.dot(U,D),VT)
```

```
array([[7., 2.],
       [3., 4.],
       [5., 3.]])
```

원래의 행렬 X와 같음을 알 수 있습니다.

축소형을 구하기 위해서는 svd() 함수가 갖는 full_matrices 파라미터의 값을 False로 지정합니다.

```
U1,sing_values1,VT1=np.linalg.svd(X, full_matrices=False)
```

U1을 확인해 보면 다음과 같습니다.

```
U1
```

```
array([[-0.69366543,  0.59343205],
       [-0.4427092 , -0.79833696],
       [-0.56818732, -0.10245245]])
```

즉, U에서 세 번째 열이 제거된 형태인 것을 확인할 수 있습니다. sing_values1과 VT1은 앞에서 구한 sing_values 및 VT와 동일합니다.

축소형을 이용해 원래의 행렬을 구해보겠습니다. 이를 위해 먼저 2x2의 D 행렬을 다음과 같이 만듭니다.

```
D1 = np.zeros((2, 2)) # 2x2의 영 행렬 생성
np.fill_diagonal(D1, sing_values1)
```

그리고 U1, D1, VT1을 이용해 원래 행렬을 다음과 같이 계산합니다.

```
np.dot(np.dot(U1,D1),VT1)
```

```
array([[7., 2.],
       [3., 4.],
       [5., 3.]])
```

원래 행렬인 X와 같은 것을 확인할 수 있습니다.

10.5.4 주성분 분석

주성분 분석(Principal Component Analysis, PCA)은 원래 데이터셋에 특잇값 분해를 적용하거나 원래 데이터셋의 공분산 행렬에 고유분해를 적용한 결과를 사용하는 것입니다. 여기서는 주성분 분석의 작동 원리를 구체적으로 살펴보기 위해 후자의 방법을 설명하겠습니다.

주성분 분석의 주요 과정은 다음과 같습니다.

- 원 데이터의 특성(즉, 독립변수)이 갖는 값에서 해당 특성의 평균을 빼줍니다. 이렇게 원래 값에서 평균을 빼는 것을 **평균 중심화(mean centering)**라고 합니다. 주성분 분석은 특성 정보의 원래 값을 사용하지 않고, 평균을 뺀 값을 사용합니다. 이렇게 하는 주된 이유는 각 특성이 취하는 값의 단위가 달라서 발생할 수 있는 문제를 방지하기 위함입니다.
- 원 데이터에 대한 공분산 행렬(covariance matrix)을 생성합니다.
- 공분산 행렬에 대한 고윳값과 고유벡터를 계산합니다. 여기서 도출된 고유벡터가 주성분 분석에서 우리가 찾고자 하는 주성분(principal component)이 됩니다. 그리고 이러한 주성분이 차원 축소를 통해 새롭게 생성하고자 하는 특성입니다.
- 도출된 주성분(즉, 고유벡터) 중에서 원 데이터에 대한 설명력이 높은 상위 K 개를 선택합니다(K는 원 데이터에 존재하는 특성의 수보다 작습니다).
- 도출된 주성분에 대해 각 관측치의 값을 새롭게 계산합니다.

■ 공분산 행렬의 고윳값과 고유벡터

원 데이터에 M 개의 특성(즉, $X_1, X_2, \cdots, X_M$)이 존재하는 경우, 해당 데이터에 대한 공분산 행렬은 다음과 같이 표현됩니다.

$$Cov(X) = \begin{bmatrix} Var(X_1) & Cov(X_1, X_2) & \cdots & Cov(X_1, X_M) \\ Cov(X_2, X_1) & Var(X_2) & \cdots & Cov(X_1, X_M) \\ \cdots & \cdots & & \cdots \\ Cov(X_M, X_1) & Cov(X_K, X_2) & \cdots & Var(X_M) \end{bmatrix}$$

여기서 $Var(X_i)$는 특성 X_i의 분산을 의미하고, $Cov(X_i, X_j)$는 특성 X_i와 X_j 간의 공분산을 의미합니다. 그리고 원 데이터에 존재하는 전체의 분산[66]은 각 특성이 갖는 분산의 합으로 표현됩니다. 즉, 다음과 같습니다. 이는 공분산 행렬의 대각합(trace)이 됩니다.

$$\text{전체 분산} = \sum_{i=1}^{M} Var(X_i)$$

이러한 공분산 행렬의 고윳값을 $\lambda_1, \lambda_1, \cdots, \lambda_M$이라고 하고, 각 고윳값에 대한 고유벡터를 $v_1, v_1, \cdots, v_M$이라고 하겠습니다. 고윳값의 특성에 따라 고윳값들의 합은 공분산 행렬의 대각합, 즉 전체 분산을 의미합니다. 그리고 **각 고윳값은 해당 고윳값에 대한 고유벡터가 원래 데이터에 존재하는 분산을 설명하는 정도**를 나타냅니다. 즉, 고윳값이 클수록 해당 고유벡터에 의해 설명되는 분산의 크기가 큽니다. 주성분 분석에서 고유벡터는 하나의 주성분을 의미하기 때문에 최종 분석에서 사용하는 주성분을 선택할 때 각 주성분의 고윳값의 크기를 기준으로 선택합니다. 즉, 고윳값이 큰 주성분부터 선택하게 됩니다.

이러한 공분산 행렬은 대각선을 기준으로 위와 아래의 값이 동일한 대칭행렬입니다. **대칭행렬의 고유벡터들은 서로 수직이라는 특성**을 갖습니다. 따라서 주성분들은 서로 수직인 관계를 갖습니다.

주성분 분석의 작동 과정을 조금 더 구체적으로 살펴보기 위해 예제 데이터에 대해 주성분 분석을 수행해 보겠습니다. 해당 데이터는 **pca_data.csv** 파일에 저장돼 있습니다. 해당 데이터에는 두 개의 특성에 대한 정보가 저장되어 있습니다. 주성분 분석을 통해 기존의 두 특성 정보를 이용해 새로운 하나의 특성을 생성해 보겠습니다. 관련 코드는 **pca_example.ipynb** 파일을 참고하세요. pandas에서 제공하는 **read_csv()** 함수를 이용해 데이터를 읽어옵니다.

```
import numpy as np
import pandas as pd

d = pd.read_csv('pca_data.csv', header=None)
```

pandas의 head() 함수를 이용해 데이터의 일부분을 살펴보겠습니다. 여기서는 앞 세 개의 관측치에 대한 정보만 살펴봅니다.

```
d.head(3)
```

---

66 원 데이터에 존재하는 전체 정보의 양이라고 생각할 수 있습니다.

결과는 다음과 같습니다. 즉, 각 관측치가 두 개의 특성 정보를 갖는 것을 확인할 수 있습니다.

	0	1
0	2.5	2.4
1	0.5	0.7
2	2.2	2.9

numpy를 이용해 데이터를 다루기 위해 pandas의 데이터프레임 형태의 데이터를 다음과 같이 values 키워드를 사용해 numpy의 어레이 형태로 변환합니다.

```
d_np = d.values
```

먼저 평균 중심화 작업을 해줍니다. 각 특성의 값에서 각 특성의 평균을 빼주는 것입니다.

```
m = d_np.mean(axis=0)  # 각 특성의 평균 구하기
centered_d = d_np – m  # 원래 값에서 평균 빼기
```

평균 중심화 작업을 거친 데이터는 centered_d 변수에 저장됩니다. centered_d의 데이터를 이용해 공분산 행렬을 계산합니다. 공분산 행렬은 numpy에 있는 cov() 함수를 이용해 계산합니다. 원 데이터에 특성이 두 개밖에 없으므로 공분산 행렬의 형태는 2×2가 됩니다.

```
cov_m = np.cov(centered_d.T) # 데이터를 그대로 입력하지 않고 트랜스포즈해서 입력합니다.
cov_m
```

```
array([[0.61655556, 0.61544444],
       [0.61544444, 0.71655556]])
```

0.61655556은 첫 번째 특성의 분산, 0.71655556은 두 번째 특성의 분산, 그리고 0.61544444는 두 특성의 공분산이 됩니다. 위에서 볼 수 있는 것처럼 공분산 행렬은 대칭행렬입니다. 그리고 데이터에 존재하는 전체 분산은 각 특성이 갖는 분산의 합, 즉, 대각 성분의 합이 됩니다. 대각 성분의 합은 numpy에서 제공되는 trace() 함수를 사용해 계산합니다. 전체 분산의 크기가 1.333 정도 되는 것을 확인할 수 있습니다.

```
np.trace(cov_m)
```

```
1.3331111111111111
```

이번에는 공분산 행렬의 고윳값과 고유벡터를 구해보겠습니다. 이를 위해 np.linalg.eig() 함수를 사용합니다.

```
eigvalues, eigvectors = np.linalg.eig(cov_m)
```

eigvalues에는 두 개의 고윳값이 저장되어 있고, eigvectors에는 두 개의 고유벡터가 저장되어 있습니다. eigvectors의 각 열이 하나의 고유벡터가 되는 것입니다.

고윳값은 다음과 같습니다.

eigvalues
```
array([0.0490834 , 1.28402771])
```

두 고윳값의 합은 공분산 행렬의 대각합과 같은 것을 알 수 있습니다.

np.sum(eigvalues)
```
1.3331111111111111
```

각 고윳값은 각 고유벡터에 의해 설명되는 정보의 양, 즉 분산의 크기를 의미한다고 했습니다. 전체 분산 1.3331111111111111 중 첫 번째 고유벡터가 0.0490834를 설명하고, 두 번째 고유벡터가 1.28402771을 설명합니다. 즉, 두 번째 고유벡터로 설명되는 분산의 비중의 전체의 96.3% 정도 됩니다. 고유벡터는 주성분을 의미하기 때문에 두 주성분 중에서 두 번째 주성분 하나만 선택해서 데이터 분석에 사용하더라도 원 데이터가 갖고 있던 정보의 96.3%는 이용하면서 특성의 수는 두 개에서 한 개로 줄이는 효과를 얻을 수 있습니다.

이번에는 고유벡터를 확인해 보겠습니다. 먼저 고윳값 0.0490834에 대한 고유벡터는 다음과 같습니다.

eigvectors[:,0]
```
array([-0.73517866,  0.6778734 ])
```

고윳값 1.28402771에 대한 고유벡터는 다음과 같습니다.

eigvectors[:,1]
```
array([-0.6778734 , -0.73517866])
```

공분산 행렬이 대칭행렬이므로 두 고유벡터는 서로 수직 관계를 갖습니다. 따라서 두 고유벡터 간의 내적 값은 0이 됩니다.

```
np.dot(eigvectors[:,0], eigvectors[:,1])
```
```
0.0
```

내적값이 0이 된다는 것은 $\cos\theta$(θ는 사잇각)의 값이 0이 된다는 것을 의미합니다. 이는 θ=90°이기 때문에 그렇습니다.

원래의 데이터 위에 고유벡터를 시각화해 보겠습니다. 이를 위해 `matplotlib`을 사용합니다. 벡터를 시각화하는 데는 `quiver()` 함수를 사용했습니다.

```
import matplotlib.pyplot as plt

fig = plt.figure()
ax = fig.add_subplot(111)
ax.scatter(centered_d[:, 0], centered_d[:, 1])
ax.quiver(
    (0,0), (0,0), eigvectors[0,:], eigvectors[1,:], color=['g','b'], units='xy', scale=1
)
plt.axis('equal')
plt.show()
```

시각화 결과는 그림 10.39와 같습니다.

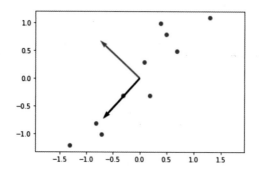

그림 10.39 고유벡터의 시각화

그림 10.39에서 데이터의 흩어진 정도를 많이 설명하는 파란색의 고유벡터가 고윳값 1.28402771에 대한 고유벡터입니다. 즉, `eigvectors[:,1]` (`[-0.6778734 , -0.73517866]`)가 됩니다. 그

리고 그와 수직인 관계를 갖는 초록색의 고유벡터가 고윳값 0.0490834에 대한 고유벡터입니다. 즉, eigvectors[:,0] ([-0.73517866, 0.6778734])가 됩니다. 원 데이터가 갖는 전체 분산(약 1.333) 중 파란색 고유벡터가 설명하는 분산의 크기는 1.28402771(즉, 96.3%)입니다.

■ 주성분 선택 후 특성의 새로운 값 계산하기

두 개의 고유벡터 중에서 여기서는 분산을 더 많이 설명하는 고유벡터, 즉 파란색의 고유벡터를 최종 데이터 분석에 사용할 주성분으로 선택하겠습니다. 해당 주성분이 새로운 특성(feature)이 되는 것입니다. 주성분을 선택한 이후에는 **각 관측치가 기존 특성에 대해 갖는 값을 선택된 주성분(즉, 특성)에 대한 값으로 다시 표현**해야 합니다. 이 값은 원래 관측치가 선택된 주성분으로 표현되는 축에 대해 갖는 원점으로부터의 길이가 됩니다. 다르게 표현하면, 원래 관측치가 주성분 축에 대해 갖는 투영 벡터(projection vector)의 길이가 됩니다. 해당 투영 벡터는 그림 10.40에서 빨간색 선으로 표현되는 벡터입니다. 즉, 각 관측치에 대해 주성분 축에 대한 투영 벡터의 길이를 계산해야 합니다.

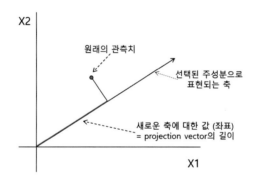

그림 10.40 관측치가 갖는 추출된 주성분에 대한 값(= 빨간색 선의 길이)

투영 벡터의 길이를 어떻게 구하는지를 알아보기 위해 그림 10.41을 살펴보겠습니다. 여기서 $\vec{x}_1$은 $\vec{x}$를 $\vec{v}$ 위로 투영해서 얻는 벡터이고, 우리는 해당 벡터의 길이를 구하고자 합니다(그 길이가 원 관측치가 선택된 주성분으로 표현되는 축(여기서는)에 대해 갖는 새로운 값이 됩니다).

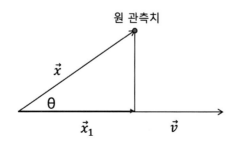

그림 10.41 투영 벡터 길이의 계산

위 그림에서 $\cos\theta$는 다음과 같습니다.

$$\cos\theta = \frac{|\vec{x}_1|}{|\vec{x}|}$$

여기서 $|\vec{x}_1|$는 $\vec{x}_1$의 길이를, $|\vec{x}|$는 $\vec{x}$의 길이를 나타냅니다. 위 식의 양변에 $|\vec{x}|$를 곱하면 다음 식을 얻습니다.

$$|\vec{x}_1| = |\vec{x}|\cos\theta$$

그림 10.41에서 $\cos\theta$는 $\vec{x}$와 $\vec{v}$를 사용해서도 표현할 수 있습니다. 두 벡터 간의 내적 공식을 이용하면 $\cos\theta$는 다음과 같이 표현됩니다.

$$\cos\theta = \frac{\vec{x}\cdot\vec{v}}{|\vec{x}||\vec{v}|}$$

따라서 $|\vec{x}_1| = |\vec{x}|\cos\theta$는 다음과 같이 표현됩니다.

$$|\vec{x}_1| = |\vec{x}|\cos\theta = |\vec{x}|\frac{\vec{x}\cdot\vec{v}}{|\vec{x}||\vec{v}|}$$

그리고 여기서 $\vec{v}$는 주성분을 나타내는 고유벡터로, 그 길이는 1입니다(즉, $|\vec{v}|=1$이 됩니다). 그렇기 때문에 최종적으로 다음 식이 도출됩니다.

$$|\vec{x}_1| = \vec{x}\cdot\vec{v}$$

즉, 각 관측치에 대해 우리가 새롭게 구하고자 하는 값은 관측치가 갖는 원래의 값에 대한 벡터와 주성분을 나타내는 고유벡터와의 내적이 되는 것입니다.

다시 앞의 예로 돌아가 보겠습니다. 우리가 선택한 주성분에 대한 고유벡터는 다음과 같습니다.

```
eigvectors[:,1]
```
```
array([-0.6778734 , -0.73517866])
```

따라서 각 관측치가 갖는 새로운 주성분(즉, 특성)에 대한 값은 다음과 같이 구할 수 있습니다.

```
new_data = np.dot(centered_d, eigvectors[:,1])
```

여기서 centered_d는 각 관측치의 평균 중심화된 값을 저장하고 있는 변수입니다. 앞에서 언급한 것처럼 주성분 분석에서는 원래 값을 사용하지 않고 평균 중심화된 값을 사용합니다. 각 관측치가 새로운 특성에 대해 취하는 값은 다음과 같습니다. 예를 들어 첫 번째 관측치가 추출된 주성분(즉, 새로운 특성)에 대해 갖는 값은 -0.82797019가 됩니다.

```
new_data
```

```
array([-0.82797019,  1.77758033, -0.99219749, -0.27421042, -1.67580142,
       -0.9129491 ,  0.09910944,  1.14457216,  0.43804614,  1.22382056])
```

이를 시각화해 보면 그림 10.42와 같습니다.

```
plt.plot(new_data,np.zeros(10), 'o', label='data')
plt.legend()
plt.show()
```

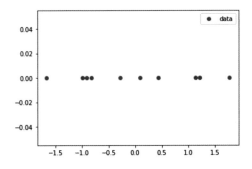

그림 10.42 관측치들이 새로운 특성에 대해 갖는 값

지금까지 주성분 분석의 주요 작동 원리에 대해 설명했습니다. 이번에는 sklearn에서 제공하는 PCA 클래스를 이용해서 앞에서 다룬 예제 데이터에 대해 주성분 분석을 수행해 보겠습니다. 이번에도 마찬가지로 하나의 주성분만을 새로운 특성으로 선택합니다.

다음과 같이 PCA 클래스를 임포트하고, 생성자 함수를 이용해 객체를 만듭니다.

```
from sklearn.decomposition import PCA

pca = PCA(n_components=1)
```

PCA 클래스의 생성자 함수가 갖는 n_components 파라미터의 값으로 추출하고자 하는 주성분의 수를 입력합니다. 여기서는 한 개의 주성분만 추출하기 때문에 1의 값을 입력했습니다. 그러고 나서 다음과 같이 fit_transform()을 원 데이터에 적용해 주성분 분석을 수행합니다(평균 중심화된 데이터를 입력해도 동일한 결과가 나옵니다).

```
pca.fit_transform(d_np)
```

그러면 다음과 같이 추출된 새로운 주성분에 대해 각 관측치가 갖는 값이 반환됩니다.

```
array([[-0.82797019],
       [ 1.77758033],
       [-0.99219749],
       [-0.27421042],
       [-1.67580142],
       [-0.9129491 ],
       [ 0.09910944],
       [ 1.14457216],
       [ 0.43804614],
       [ 1.22382056]])
```

앞에서 직접 계산한 것과 동일한 것을 확인할 수 있습니다.

주성분 분석을 수행한 뒤 도출된 주성분이 갖는 고윳값과 해당 주성분에 의해 설명되는 분산의 정도를 확인할 수 있습니다. 먼저 고윳값을 확인하기 위해 다음과 같이 코딩합니다(고윳값은 explained_variance_ 변수에 저장되어 있습니다).

```
pca.explained_variance_
```
```
array([1.28402771])
```

1.28402771는 앞에서 구한 고윳값과 동일합니다.

도출된 주성분이 설명하는 분산 정도는 다음과 같이 explained_variance_ratio_ 변수를 사용해 알아냅니다. 전체 분산 중 대략 96.3%가 설명되는 것을 알 수 있습니다.

```
pca.explained_variance_ratio_
```
```
array([0.96318131])
```

10.5.5 텍스트 데이터에 대해 주성분 분석을 수행한 후 군집화해 보기

이번에는 텍스트 데이터에 대해 주성분 분석을 이용해 문서 벡터의 차원을 축소한 후 군집화 분석을 수행해 보겠습니다. 관련 코드는 PCA_KMeans_example.ipynb 파일에 저장되어 있습니다. 이번에도 example_En_docs 폴더에 저장된 15개의 문서를 사용합니다. 앞에서 했던 것처럼 일단 텍스트 데이터에 대한 DTM을 생성합니다. 여기서는 TF-IDF 기반의 DTM만 사용하겠습니다. 이 과정은 앞에서 설명했기 때문에 관련 설명은 생략합니다.

DTM의 크기를 먼저 살펴보겠습니다.

```
DTM_TFIDF.shape
```

```
(15, 1166)
```

15는 문서의 수, 1166은 각 문서를 벡터로 표현할 때 사용된 단어의 수를 의미합니다. 문서에서는 단어가 특성이 되기 때문에 지금의 경우는 1166개의 특성이 존재하는 것입니다. 문서의 수가 15밖에 되지 않음에도 불구하고 상대적으로 많은 특성이 존재합니다. 1166개 단어 중에는 문서의 특성을 나타내는 데 있어별 역할을 하지 못하는 단어가 많이 있습니다. 그러한 단어의 정보를 이용해 군집화를 수행하면 오히려 결과가 안 좋게 나올 수 있습니다.

위와 같은 데이터에 대해 주성분 분석을 수행해 데이터에 대한 설명력이 높은 상위 10개의 주성분을 선택해 보겠습니다. 다음과 같이 코딩합니다.

```
pca = PCA(n_components=10)  # 10개의 주성분 추출
pca_results_tfidf = pca.fit_transform(DTM_TFIDF)
```

도출된 10개의 주성분이 원 데이터가 갖고 있는 분산을 어느 정도 설명하는지를 확인해 보겠습니다.

```
pca.explained_variance_ratio_
```

```
array([0.16995738, 0.15595055, 0.14023592, 0.10953876, 0.06273507,
       0.05587951, 0.04982095, 0.04679968, 0.04422534, 0.04143181])
```

가장 많이 설명하는 주성분이 전체의 17% 정도를 설명하고, 두 번째로 많이 설명하는 주성분이 15.6% 정도를 설명한다는 것을 확인할 수 있습니다. 상위 10개 주성분이 설명하는 정도를 구해보겠습니다.

```
sum(pca.explained_variance_ratio_)
```

```
0.8765749661517431
```

상위 10개 주성분의 설명력의 합을 계산해 보니 전체 분산의 87.7% 정도를 설명하는 것으로 나왔습니다. 특성의 수를 1165개에서 10개로 줄였음에도 불구하고 전체 정보의 87.7%를 사용하는 것입니다.

이번에는 이렇게 새롭게 도출된 10개의 특성을 이용해 군집화 분석을 수행해 보겠습니다. 여기서는 K-평균 알고리즘을 사용합니다. 이번에도 다섯 개의 군집을 찾아봅니다.

```
from sklearn.cluster import KMeans

kmeans = KMeans(n_clusters=5, random_state=42)
clusters_pca_tfidf = kmeans.fit_predict(pca_results_tfidf)
clusters_pca_tfidf
```

```
array([4, 4, 4, 3, 3, 0, 0, 0, 2, 2, 2, 2, 1, 1, 1])
```

군집화가 잘 된 것을 확인할 수 있습니다.

이번에는 주성분 분석을 통해 추출된 10개의 새로운 특성 정보를 이용해 군집화한 경우의 실루엣 값을 계산해 보고, 그 값을 원래의 TF-IDF 기반의 DTM을 이용했을 때의 실루엣 값과 비교해 보겠습니다.

```
from sklearn.metrics import silhouette_score

print(silhouette_score(pca_results_tfidf, clusters_pca_tfidf))
```

```
0.3710211001794674
```

위 결과는 주성분 분석 기반의 군집화 분석에 대한 실루엣 값입니다. 이번에는 차원 축소 없이 원래의 TF-IDF DTM을 이용해서 K-평균을 수행한 후, 실루엣 값을 계산해 보겠습니다.

```
kmeans1 = KMeans(n_clusters=5, random_state=42)
clusters_tfidf = kmeans1.fit_predict(DTM_TFIDF)
print(silhouette_score(DTM_TFIDF, clusters_tfidf))
```

```
0.24272695180620912
```

실루엣 값이 **0.24272695180620912**가 나왔습니다. 실루엣 값이 클수록 군집화가 잘 됐다는 것을 의미하기 때문에 주성분 분석을 통해 특성의 수를 10개 줄인 경우, 결과가 더 좋다는 것을 확인할 수 있습니다.

■ 차원 축소 후 군집화 결과 시각화하기

각 문서를 나타내는 벡터가 많은 원소를 가질 때는 군집화 분석의 결과를 시각화하기가 어렵습니다. 2차원이나 3차원 공간에 벡터들을 시각화하기가 쉽지 않기 때문입니다. 하지만 차원 축소를 하면 상대적으로 쉽게 군집화 결과를 시각화할 수 있습니다. 여기서는 2차원 공간에 시각화하기 위해서 주성분 분석을 통해 두 개의 주성분만 추출해서 군집화에 사용하겠습니다.

```
# 주성분 분석하기
pca = PCA(n_components=2)
pca_results_tfidf = pca.fit_transform(DTM_TFIDF)


# 군집화 수행하기
kmeans = KMeans(n_clusters=5)
clusters_pca_tfidf = kmeans.fit_predict(pca_results_tfidf)
```

군집화 결과는 다음과 같습니다.

```
clusters_pca_tfidf
```

```
array([3, 3, 3, 4, 4, 0, 0, 0, 1, 1, 1, 1, 2, 2, 2])
```

그리고 주성분 분석의 결과로 새롭게 생성된 데이터는 다음과 같습니다.

```
pca_results_tfidf
```

```
array([[ 0.20349993,  0.05548504],
       [ 0.21157439,  0.06688828],
       [ 0.20939505,  0.03296025],
       [ 0.11706569,  0.23414053],
       [ 0.08616315,  0.2649957 ],
       [-0.20278472,  0.58708559],
       [-0.20874408,  0.52101432],
       [-0.21275474,  0.60146383],
       [-0.5510365 , -0.45152148],
       [-0.37422994, -0.26291803],
       [-0.44995695, -0.37032732],
       [-0.51034492, -0.44571187],
       [ 0.57674518, -0.29472271],
       [ 0.53693851, -0.25950262],
       [ 0.56846995, -0.27932951]])
```

시각화를 위해 위의 데이터를 pandas의 데이터프레임 형태로 변환한 후, 군집화 분석 결과를 추가하겠습니다.

```
import pandas as pd

data = pd.DataFrame(pca_results_tfidf, columns=['x1', 'x2'])
data['cluster_id']=clusters_pca_tfidf.tolist()  # 군집화 결과를 추가 저장
```

최종 저장된 데이터는 다음과 같습니다(세 개의 관측치에 대한 정보만 보여줍니다).

```
data.head(3)
```

	x1	x2	cluster_id
0	0.203500	0.055485	3
1	0.211574	0.066888	3
2	0.209395	0.032960	3

이 데이터에 seaborn 모듈을 적용해 군집화 결과를 시각화해 보겠습니다.

```
import seaborn as sns
import matplotlib.pyplot as plt

sns.lmplot(x='x1', y='x2', data=data, hue='cluster_id', fit_reg=False)
plt.show()
```

시각화 결과는 그림 10.43과 같습니다. 군집 간 구분이 잘 됐음을 보여줍니다.

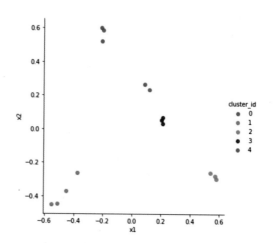

그림 10.43 차원 축소 기반 군집화 분석의 결과

11

텍스트 분류: 감성분석의 경우

이 장에서는 텍스트 분류에 대해 살펴보겠습니다. 텍스트 분류에는 지도학습 알고리즘을 사용합니다(8.3 절 참고). 분류의 문제이기 때문에 종속변수가 범주형 변수가 됩니다. 신문 기사의 섹션(정치, 경제, 사회 등), 신문 기사를 작성한 신문사의 정치 성향(보수, 진보 등), 문서의 감성(Sentiment, 즉 긍정, 부정) 등이 그러한 변수의 예입니다. 분류 문제에는 다양한 지도학습 알고리즘을 사용할 수 있습니다. 종속 변수가 무엇인지와 상관없이 알고리즘이 작동하는 방식이나 원리는 동일하기 때문에 여기서는 종속변수가 문서의 감성인 경우에 대해 설명합니다. 문서의 감성을 예측하는 것을 감성분석이라고 합니다.

참고 감성분석의 의미

감성분석은 영어로는 sentiment analysis라고 합니다.[67] 여기서 sentiment는 "a view of or attitude toward a situation or event", 즉 특정 사건이나 상황에 대한 태도 또는 관점을 의미합니다. 하지만 어떤 이유인지 모르겠지만, 한글로는 감성(sentitivity) 또는 감정(emotion)으로 표현합니다. 감성분석은 글의 sentiment, 즉 어떤 이슈에 대한 태도나 관점을 찾는 분석이라고 생각하는 것이 더 적합할 듯합니다. 여기서는 일반적으로 사용되는 감성분석이라는 표현을 그대로 사용하겠습니다.

감성분석은 하나의 문서를 해당 문서에 사용된 단어들이 무엇이냐에 따라 긍정 또는 부정의 문서로 구분하는 것을 말합니다. 예를 들어, 특정 영화에 대해 다음과 같은 두 개의 영화평이 있다고 가정합시다(하나의 영화평이 하나의 문서가 됩니다).

---

67 감성분석은 또 다른 말로는 오피니언 마이닝(opinion mining)이라고도 불립니다.

영화평1: 이 영화 정말 재미있다.

영화평2: 별점 1점도 아깝다.

사람은 각 영화평을 읽고, 쉽게 첫 번째 영화평은 해당 영화에 대한 긍정의 의미를 담고 있고, 두 번째 영화평은 부정의 의미를 담고 있다는 것을 알 수 있습니다. 따라서 '영화평1 = 긍정, 영화평2 = 부정'으로 구분할 수 있습니다. 하지만, 문서의 양이 많은 경우에는 사람이 작업하는 것이 효율적이지 못합니다. 그뿐만 아니라, 사람의 판단에는 주관이 작용하기 때문에 그 결과의 객관성이 떨어질 수 있습니다. 이러한 이유로 우리는 컴퓨터를 이용해 감성분석을 합니다(특히, 문서의 양이 많은 경우).

컴퓨터를 사용한 이러한 감성분석은 크게 두 가지 방법을 통해 이루어집니다. 하나는 기계학습을 사용하는 것이고, 다른 하나는 감성어 사전을 사용하는 것입니다. 최근에는 기계학습 알고리즘의 발달과 학습 데이터의 증가로 감성분석에 기계학습 기반 방법을 사용하는 경우가 많아졌습니다. 여기서는 기계학습 기반의 방법을 중점적으로 설명하겠습니다. 감성어 사전 기반 방법은 간략하게 다룹니다.

감성분석은 지도학습 기반의 기계학습 알고리즘을 사용합니다. 지도학습은 정답과 힌트 간의 관계를 파악하기 위해 특정한 기계학습 알고리즘을 선택하고, 선택된 알고리즘을 이용하여 정답과 힌트 정보가 모두 있는 학습 데이터를 사용하여 정답과 학습 간 최적의 관계를 학습한 다음, 그 결과를 이용하여 정답이 없고 힌트 정보만 있는 새로운 데이터에 존재하는 관측치의 정답을 예측합니다. 감성분석에서의 정답은 문서의 긍·부정이 됩니다. 이러한 형태의 정답을 레이블(label)이라고도 합니다.

영화평에 대한 감성분석을 예로 들어보겠습니다. 영화평에 대한 감성분석에서는 영화평 하나가 하나의 문서가 됩니다. 그리고 우리는 각 문서의 감성(sentiment), 즉 레이블이 긍정인지 부정인지를 파악하는 작업을 합니다. 지도학습 알고리즘을 사용해 정답이 있는 학습 데이터를 학습하게 되는데, 학습 데이터의 각 영화평에는 정답, 즉 긍·부정의 레이블 정보가 달려 있습니다(그림 11.1 참고).

영화평	Label
돈이 아깝네요	부정
강추입니다.	긍정
또 보고 싶어요.	긍정
...	...

그림 11.1 영화평 학습 데이터의 예

우리는 지도학습 알고리즘을 이용하여 학습 데이터 존재하는 정답(즉, 레이블)과 힌트 간의 관계를 파악합니다. 감성분석에서 정답을 예측할 때 사용되는 힌트 정보는 단어 정보입니다. 즉, 학습을 통해 어떤 단어가 얼마나 사용되었는지에 따라 해당 영화평이 긍정일 확률과 부정일 확률이 어떻게 되는지를 계산합니다. 그다음, 이러한 학습의 결과를 긍·부정 레이블이 없는 새로운 영화평 데이터에 적용합니다. (학습을 토대로 도출된 구체적인 파라미터값을 갖는 모형을 바탕으로) 새로운 데이터의 각 영화평에 대해 어떤 단어가 얼마나 사용되었는지에 따라 해당 영화평이 긍정일 확률과 부정일 확률을 계산하는 것입니다. 그리고 긍정과 부정 중에서 확률이 높은 것으로 해당 영화평의 감성을 결정합니다.

기계학습 알고리즘을 이용해 수행되는 감성분석의 일반적인 과정은 다음과 같습니다.

① **텍스트 데이터 준비**

기계학습을 이용한 감성분석은 지도학습 알고리즘을 사용하기 때문에 정답이 있는 데이터가 있어야 합니다. 즉, 여러 개의 문서와 각 문서의 감성이 긍정인지 부정인지에 대한 정보를 갖고 있는 데이터를 준비해야 합니다. 이러한 데이터를 가지고 학습과 평가를 할 수 있습니다. 그뿐만 아니라, 풀고자 하는 문제에 대한 데이터도 있어야 합니다. 학습을 통해 도출된 특정한 형태의 모형을 풀고자 하는 문제에 대한 데이터에 적용해 해당 데이에 존재하는 각 문서의 긍부정을 예측합니다.

② **텍스트 데이터 전처리**

정답이 있는 텍스트 데이터를 준비했다면, 분석에 사용할 수 있는 형태로 변환해야 합니다. 즉, 텍스트 데이터의 전처리를 해야 하고 전처리 과정을 통해 추출된 최종 단어(혹은 형태소) 정보를 사용하여 텍스트 데이터에 존재하는 각 문서를 벡터로 변환해야 합니다. 5장에서 설명한 것처럼 전처리 과정을 통해 불용어가 제거된(풀고자 하는 문제와 관련이 높은) 문서의 특성을 잘 나타내는 단어들을 추출합니다. 감성분석의 경우 최종적으로 선택된 단어들이 감성분석 관련하여 각 문서의 특성, 즉 감성적인 특성을 잘 반영할 수 있는 단어여야 합니다. 이렇게 분석에 사용되는 최종적으로 선택된 단어들을 특성 정보(features)라고 부릅니다.[68] 보통 전처리 과정을 통해 불용어가 제거된 특정한 품사의 단어(혹은 형태소)를 선택합니다. 감성분석 관련해서는 명사 단어 이외에도 감성을 나타내는 데 사용되는 형용사와 부사 단어를 선택합니다.

③ **문서의 벡터화**[69]

전처리가 끝난 다음에는 각 문서를 최종적으로 선택된 단어 정보를 사용하여 벡터로 변환해야 합니다. 그리고 각 문서의 벡터 정보를 이용하여 전체 데이터를 하나의 행렬(즉, DTM)로 표현합니다.

④ **학습**

이렇게 데이터가 준비됐다면, 이를 이용해 기계학습 알고리즘을 학습시킵니다. 감성분석, 조금 더 일반적으로는 텍스트 분류에 사용될 수 있는 전통적인 기계학습 알고리즘으로는 나이브 베이즈(Naïve Bayes), 로지스틱 회귀 모형, 결정 트리(Decision Tree) 기반의 앙상블(Ensemble) 방법들(예: Random Forest, XGBoost, Light GBM 등), SVM(Support vector machine) 등의 알고리즘이 있습니다. 이 외에 딥러닝 알고리즘도 사용할 수 있습니다. 딥러닝 알고리즘의 경우는 (일반적으로) 문서(혹은 문장)에서 사용된 단어의 순서까지 고려하기 때문에 그 결과가 더 정확할 수 있습니다. 딥러닝 알고리즘에 대해서는 2권에서 다룹니다.

⑤ **평가 및 문제 데이터에 적용**

학습이 끝난 다음에는 모형의 성능을 평가하는 과정이 필요합니다. 평가 데이터를 이용해 모형의 성능을 평가하고, 그 결과가 괜찮다는 판단이 서면 그 이후에 해당 모형을 풀고자 하는 문제 데이터에 적용하여 문제를 풀게 됩니다. 평가

---

68 독립변수라고도 생각할 수 있습니다.
69 9장을 참고하세요.

결과가 좋지 못한 경우에는 이전 단계로 돌아가 모형의 성능을 높이기 위한 작업(예: 추가 데이터 수집, 이상치 제거, 또 다른 품사의 단어 선택, 하이퍼파라미터 튜닝 등)을 수행해야 합니다.

텍스트 분류에 적용할 수 있는 일부 기계학습 알고리즘(예: 나이브 베이즈, 로지스틱 회귀모형 등)은 확률을 기반으로 합니다. 따라서 해당 알고리즘의 작동 원리를 더 잘 이해하기 위해서는 확률의 기본 개념에 대해 이해하고 있는 것이 필요합니다. 이와 관련해서 '7. 확률의 이해' 부분을 참고하기 바랍니다.

여기서는 로지스틱 회귀모형에 대해 먼저 설명하겠습니다.

11.1 로지스틱 회귀모형을 이용한 감성분석

이번 절에서는 로지스틱 회귀모형을 이용해 감성분석을 수행하는 방법을 살펴보겠습니다.

11.1.1 로지스틱 회귀모형

로지스틱 회귀모형(Logistic regression model)은 일반적으로 종속변수가 취할 수 있는 값의 수가 한정된 범주형 변수 또는 명목변수인 문제에 적용됩니다. 종속변수가 취할 수 있는 값의 수가 두 개인 문제에 적용되는 로지스틱 회귀모형을 이항(binomial) 로지스틱 회귀모형이라고 하고, 세 개 이상인 문제에 적용되는 모형을 다항(multinomial) 로지스틱 회귀모형이라고 합니다. 이항 모형과 다항 모형은 작동하는 원리는 유사하기 때문에 여기서는 종속변수가 취할 수 있는 값이 두 개, 즉 긍정과 부정인 경우에 대해 설명하겠습니다.

종속변수(Y)가 취할 수 있는 값이 두 개인 경우, 보통 0과 1로 표현합니다(−1과 1로 표현하는 경우도 있습니다). 감성분석에서는 긍정을 1, 부정을 0으로 표현합니다. 로지스틱 회귀모형에서 Y=1일 확률은 다음과 같이 정의됩니다. 오른쪽 변에 존재하는 함수가 표준 로지스틱 분포에 대한 누적분포함수이기 때문에 해당 모형을 로지스틱 회귀모형이라고 합니다.

$$P(Y=1|X)=\frac{1}{1+e^{-z}}$$

여기에서 $z=w_0+w_1X_1+w_2X_2+\cdots+w_pX_p$입니다. X_k는 독립변수(기계학습에서는 특성 정보라고 표현합니다)를 의미합니다. 그리고 w_k는 각 독립변수에 대한 파라미터이고, 이는 Y값을 결정하는 데 각 독립변수가 얼마나 중요한 역할을 하는지를 나타내는 값이라고 볼 수 있습니다. 텍스트 분석의 경우 각 독

립변수(X_i)는 각 단어가 됩니다. 그리고 X_i가 취하는 값은 일반적으로 각 단어가 문서에 대해 갖는 사용 빈도 또는 TF-IDF 값이 됩니다. Y가 취하는 값이 0과 1밖에 없기 때문에 Y가 0의 값을 취할 확률(즉, $P(Y=0|X)$)은 $1-P(Y=1|X)$가 됩니다. $P(Y=1|X)$는 조건부 확률로 Y=1일 확률이 독립변수(X)가 어떤 값을 취하느냐에 따라 달라진다는 뜻입니다.

8장에서 다룬 선형회귀모형과 마찬가지로, 로지스틱 회귀모형도 하나의 수학적 모형입니다. 그리고 w_k가 모형이 갖는 파라미터이고, 이는 모형의 종속변수 $P(Y=1|X)$와 독립변수 간의 관계를 정의하는 역할을 합니다. 따라서 학습 데이터를 학습해서 비용함수를 최소화하는 파라미터의 값을 찾게 됩니다. 로지스틱 회귀모형은 분류 문제에 적용되기 때문에 교차 엔트로피 비용함수를 사용합니다.

■ 로지스틱 회귀모형 파라미터 값의 의미

로지스틱 회귀모형은 비선형 모형(즉, 모형이 파라미터에 대해 비선형)이기 때문에 파라미터의 값이 선형회귀모형의 기울기의 의미를 갖지 않습니다. 즉, 선형회귀모형에서의 파라미터 값은 해당 독립변수의 값이 1만큼 증가할 때 달라지는 종속변수의 값을 의미했습니다. 하지만 로지스틱 회귀모형의 경우, 파라미터 값을 통해 파악할 수 있는 것은 크게 두 가지입니다. 첫 번째는 해당 독립변수와 모형의 종속변수인 $P(Y=1|X)$가 갖는 관계의 방향입니다. 예를 들어, $w_1 > 0$일 때 해당 독립변수인 X_1과 $P(Y=1|X)$가 양의 관계를 갖는다는 것을(즉, X_1 값이 증가하면 Y가 1의 값을 가질 확률도 증가한다는 것을) 의미합니다. 반대로 $w_1 < 0$일 때는 해당 독립변수인 X_1과 $P(Y=1|X)$가 음의 관계를 갖는다는 것을 의미합니다.

그리고 독립변수의 값들이 정규화 혹은 표준화된 경우, 파라미터의 절댓값의 크기는 독립변수가 종속변수를 설명하는 정도를 나타냅니다. 예를 들어 $w_1 = 1$이고 $w_2 = -2$일 때, w_2의 절댓값이 더 크기 때문에 해당 독립변수 X_2가 종속변수를 설명하는 정도가 X_1보다 크다는 것을 의미합니다.

예를 들어, 감성분석을 수행해 다음과 같은 파라미터의 값이 도출됐다고 가정합니다.

$$P(Y=1|X)=\frac{1}{1+e^{-(2-3\text{노잼}+5\text{최고}+\cdots)}}$$

위의 경우, '노잼'이라는 단어(텍스트 분석에서는 하나의 단어가 독립변수 혹은 특성 정보로 간주된다고 했습니다)의 파라미터 값이 −3이고 '최고'라는 단어의 파라미터 값이 5가 나왔습니다. 즉, '노잼' 단어는 Y=1일 확률(즉, 문서의 감성이 긍정일 확률)과 음의 관계를 갖고, '최고' 단어는 양의 관계를 갖는다는 말입니다. 그리고 '최고' 단어 파라미터의 절댓값이 '노잼' 단어 파라미터 절댓값보다 더 크기 때문에 '최고' 단어가 종속변수인 문서의 감성을 설명 혹은 예측하는 데 있어 더 큰 역할을 한다고 해석할 수 있습니다.

11.1.2 비용함수: 교차 엔트로피

종속변수가 취할 수 있는 값이 0과 1인 경우(즉, $y_i \in \{0, 1\}$), 교차 엔트로피(Cross Entropy) 비용함수는 다음과 같이 정의합니다.

$$-\left[\sum_{i=1}^{N} y_i \log P(y_i=1|\boldsymbol{x_i}) + (1-y_i) \log P(y_i=0|\boldsymbol{x_i})\right]$$

위 식에서 N은 학습 데이터에 존재하는 전체 관측치의 수를 나타내고, y_i는 관측치 i의 실제 종속변수 값, 그리고 $P(y_i=1|\boldsymbol{x_i})$는 모형을 통해 예측되는 $y_i = 1$일 확률을 의미합니다. 로지스틱 회귀모형을 사용하면, 그 회귀모형을 이용해 $P(y_i=1|\boldsymbol{x_i})$가 예측되는 것입니다. 위 비용함수는 종속변수의 실제값에 대한 확률을 제대로 예측할수록 그 값이 작아지고, 반대로 예측을 잘못 할수록 그 값이 커집니다. 따라서 위의 값을 최소로 하는 파라미터의 값을 찾아야 합니다.

위의 비용함수는 두 가지 방법을 이용해 도출할 수 있습니다. 하나는 최대우도추정(maximum likelihood estimation) 방법이고, 다른 하나는 정보 이론의 엔트로피 개념을 바탕으로 한 방법입니다.

11.1.2.1 비용함수 도출: 최대우도추정 기반

어떤 변수가 취할 수 있는 값이 두 개인 경우, 해당 변수는 베르누이(Bernoulli) 확률 분포를 따른다고 할 수 있습니다. 베르누이 확률 분포의 확률질량함수는 다음과 같습니다.

$$P(y) = p^y (1-p)^{1-y}, \text{ where } y \in \{0, 1\}$$

여기에서 $p = P(y=1)$을 의미합니다.

로지스틱 회귀모형의 경우에는

$$p = P(y=1) = \frac{1}{1+e^{-z}}$$

이 됩니다(여기서 $z = w_0 + w_1 x_1 + w_2 x_2 + \cdots + w_p x_p$ 입니다). 이를 앞의 확률질량함수 식에 대입하면 $P(y) = \left(\frac{1}{1+e^{-z}}\right)^y \left(1 - \frac{1}{1+e^{-z}}\right)^{1-y}$ 이 됩니다.

우리가 가지고 있는 데이터의 확률(혹은 데이터가 발견될 확률)을 우도(likelihood, 또는 가능도)라고 합니다. 관측치가 서로 독립이라고 가정하는 경우(즉, 특정 관측치의 y 값이 1일 확률이 다른 관측치가 취하는 y 값에 의해 영향을 받지 않는다고 가정하는 경우), N 개의 관측치의 종속변수에 대한 우도(혹은 우도함수라고도 합니다)는 다음과 같이 정의됩니다.

$$\mathrm{P}(y_1)\mathrm{P}(y_2)\cdots\mathrm{P}(y_N)$$

각 관측치의 종속변수가 특정한 값을 가질 확률을 곱한 것이 됩니다. 이는 간단히 다음과 같이 표현됩니다.

$$L(\boldsymbol{w})=\prod_{i=1}^{N}\mathrm{P}(y_i;\ \boldsymbol{w})$$

$\prod$(Pi, 파이)는 곱하기를 의미합니다. 우도는 파라미터, 즉 $\boldsymbol{w}=(w_0,\ w_1,\ \cdots,\ w_p)$의 함수가 됩니다. 이러한 데이터에 대한 우도($L(\boldsymbol{w})$)의 값을 최대로 하는 파라미터의 값을 찾아야 합니다. 이러한 방법을 통해 파라미터의 값을 찾는 것을 최대우도추정(maximum likelihood estimation)이라고 합니다. 그런데 곱하기는 미분 등의 계산을 하는 것이 쉽지 않기 때문에 앞에 자연로그를 붙여줍니다. 이를 로그우도(log-likelihood)라고 합니다.

두 수의 곱하기에 로그를 취하면 더하기로 표현됩니다(즉, $\log ab=\log a+\log b$). 따라서 위의 우도함수에 자연로그를 취하면 다음과 같이 됩니다.

$$l(\boldsymbol{w})=\log L(\boldsymbol{w})=\log\prod_{i=1}^{N}P(y_i;\ \boldsymbol{w})=\sum_{i=1}^{N}\log P(y_i;\ \boldsymbol{w})$$

이를 로그우도함수라고 합니다. 여기에서 y_i가 베르누이 변수이므로,

$$P(y_i;\ \boldsymbol{w})=p^{y_i}(1-p)^{1-y_i}$$

가 됩니다. 이를 로그우도함수($l(\boldsymbol{w})$)에 대입하면 다음 식을 얻습니다.

$$\sum_{i=1}^{N}\log\left[p^{y_i}(1-p)^{1-y_i}\right]=\sum_{i=1}^{N}\left[y_i\log p+(1-y_i)\log(1-p)\right]$$

여기에서 $p=\mathrm{P}(y_i=1|\boldsymbol{x}_i;\ \boldsymbol{w})$를 의미합니다. $\mathrm{P}(y_i=1|\boldsymbol{x}_i;\ \boldsymbol{w})$는 y_i가 1의 값을 가질 확률이 해당 관측치의 독립변수 정보($\boldsymbol{x}_i$)와 모형의 파라미터 값($\boldsymbol{w}$)에 영향을 받는다는 것을 나타내는 조건부 확률입니다. $p=\mathrm{P}(y_i=1|\boldsymbol{x}_i;\ \boldsymbol{w})$를 위 식에 대입하면 다음과 같습니다.

$$l(\boldsymbol{w})=\sum_{i=1}^{N}\left[y_i\log P(y_i=1|\boldsymbol{x}_i;\ \boldsymbol{w})+(1-y_i)\log(1-P(y_i=1|\boldsymbol{x}_i;\ \boldsymbol{w}))\right]$$

여기서 로지스틱 회귀모형을 사용하는 경우,

$$P(y_i=1|\boldsymbol{x_i};\ \boldsymbol{w})=\frac{1}{1+e^{-(w_0+w_1x_{i,1}+w_2x_{i,2}+\cdots+w_px_{i,p})}}$$

이 됩니다.

위의 로그우도함수($l(\boldsymbol{w})$)의 값을 최대화하는 파라미터(즉, $\boldsymbol{w}$)의 값을 찾습니다. 하지만 기계학습에서 사용하는 로지스틱 회귀모형은 위의 로그우도함수를 목적 함수로 직접 사용하지 않고, 앞에 마이너스(−)를 붙여서 비용함수로 만듭니다. 즉, 다음과 같은 비용함수를 사용합니다.

$$-\sum_{i=1}^{N}[y_i\log P(y_i=1|\boldsymbol{x_i};\ \boldsymbol{w})+(1-y_i)\log(1-P(y_i=1|\boldsymbol{x_i};\ \boldsymbol{w}))]$$

이 비용함수를 최소화하는 것은 결국 로그우도함수를 최대화하는 것과 같습니다.

11.1.2.2 비용함수 도출: 교차 엔트로피 기반

교차 엔트로피 비용함수는 정보 이론의 교차 엔트로피 개념을 가지고도 설명할 수 있습니다. 그래서 해당 비용함수를 교차 엔트로피 비용함수라고 합니다. 이를 설명하기 위해 엔트로피의 개념을 먼저 설명하겠습니다.

■ **엔트로피**

엔트로피(entropy)는 정보 이론(information theory)에서 사용되는 개념으로[70] 변수의 불확실성 (uncertainty)을 의미합니다. 확률 분포 p를 갖는 어떤 변수 X에 대해 엔트로피는 다음과 같이 정의됩니다. 여기서는 설명을 위해 변수 X가 이산변수, 즉 한정된 수(K 개)의 값을 취하는 변수라고 가정합니다.

$$H(p)=-\sum_{k=1}^{K}p(X=k)\log p(X=k)$$

해당 값은 X가 특정한 값 하나를 가질 확률이 1인[71] 경우에 최소가 됩니다. 그때의 값은 0이 됩니다(log1 의 값은 0입니다). 반대로 각 값을 가질 확률이 동일한 경우, 즉 위의 경우는 $p(X=k)=\frac{1}{K}$인 경우 엔트로피 값이 최대가 됩니다. 이러한 경우 불확실성이 제일 크다고 생각할 수 있습니다.

---

70 정보 이론에 관심이 있는 독자들은 Cover, T. M., & Thomas, J. A. (2012). Elements of information theory. John Wiley & Sons.를 참고하기 바랍니다.
71 즉, X가 항상 같은 값만을 갖는다는 것을 의미합니다. 이때 불확실성 = 0이라고 말할 수 있습니다.

■ 교차 엔트로피

엔트로피가 하나의 변수의 불확실성을 의미한다면, 교차 엔트로피(Cross entropy)는 하나의 변수(X)가 가질 수 있는 서로 다른 분포들(예: p와 q) 간의 차이를 의미합니다. 교차 엔트로피는 다음과 같이 정의됩니다.

$$H(p,\ q) = -\sum_{k=1}^{K} p(X=k) \log q(X=k)$$

여기서 X는 1, 2, …, K 값을 취할 수 있습니다. 두 분포(p, q)의 차이가 클수록 $H(p,\ q)$ 값이 커집니다.

로지스틱 회귀모형에서는 p를 종속변수의 실제값(y), 그리고 q를 모형을 통해 예측된 값($\hat{y}$)을 이용해 나타냅니다. 종속변수가 취할 수 있는 값이 0과 1인 경우, $p \in \{y,\ 1-y\}$ 그리고 $q \in \{\hat{y},\ 1-\hat{y}\}$가 됩니다. 종속변수가 취하는 값이 두 개인 경우, 하나의 관측치에 대한 교차 엔트로피는 다음과 같이 표현됩니다.

$$-\sum_{k \in \{0,\ 1\}} p_k \log q_k = -[y \log \hat{y} + (1-y) \log(1-\hat{y})]$$

y 값이 1일 때 $-y \log \hat{y}$, $y=0$일 때 $-(1-y) \log(1-\hat{y})$가 교차 엔트로피가 되는 것입니다. 위의 식에서 $\hat{y}$은 P($y=1$)을 의미합니다. 즉, 실제 y값과 모형을 통해 예측된 확률 간 차이가 크게 날수록 교차 엔트로피의 값이 커집니다. 달리 말해, 비용함수를 최소화한다는 것은 실제 y값에 대해 예측을 되도록 정확하게 한다는 것을 의미합니다.

따라서 전체 관측치에 대한 교차 엔트로피는

$$-\sum_{i=1}^{N} \{ y_i \log P(y_i=1|\boldsymbol{x}_i;\ \boldsymbol{w}) + (1-y_i) \log(1-P(y_i=1|\boldsymbol{x}_i;\ \boldsymbol{w})) \}$$

가 됩니다.

> **참고 쿨백-라이블러 발산(Kullback-Leibler divergence)**
>
> 정보 이론 개념 중 데이터 분석이나 기계학습 분야에서 자주 사용되는 개념이 쿨백-라이블러(KL) 발산입니다. KL 발산도 교차 엔트로피와 마찬가지로 하나의 변수가 가질 수 있는 서로 다른 두 개의 확률 분포의 차이를 파악하기 위해 사용됩니다. 변수 X가 갖는 서로 다른 확률 분포 p와 q에 대해 KL 발산은 다음과 같이 정의됩니다(여기서는 X가 이산변수인 경우에 대해서 다룹니다).
>
> $$KL(p\|q) = \sum_{k=1}^{K} p_k \log \frac{p_k}{q_k}$$

이는 다시 다음과 같이 표현할 수 있습니다.

$$\mathrm{KL}\,(p\|q) = \sum_{k=1}^{K} p_k \log \frac{p_k}{q_k} = \sum_{k=1}^{K} p_k (\log p_k - \log q_k)$$

$$= \sum_{k=1}^{K} (p_k \log p_k - p_k \log q_k) = \sum_{k=1}^{K} p_k \log p_k - \sum_{k=1}^{K} p_k \log q_k = -\mathrm{H}(p) + \mathrm{H}(p,\, q)$$

이는 다음과 같이 정리됩니다.

$$\mathrm{KL}\,(p\|q) = \mathrm{H}(p,\, q) - \mathrm{H}(p)$$

여기서 $\mathrm{H}(p)$는 하나의 확률 분포에 대한 엔트로피이며, $\mathrm{H}(p, q)$는 서로 다른 두 분포에 대한 교차 엔트로피가 됩니다. 지도학습의 경우에는 p가 실제 종속변수 값에 대한 것이기 때문에 고정되어 있다고 간주할 수 있습니다. 따라서 지도학습에서는 KL 발산을 최소화하는 것과 교차 엔트로피를 최소화하는 것은 동일합니다. 하지만 지도학습의 경우에는(특히, 딥러닝 알고리즘의 경우), 학습 데이터 전체를 한꺼번에 사용해 학습하지 않고, 여러 개로 분할해서 사용합니다.[72] 이러한 경우에는 KL 발산보다 교차 엔트로피가 더 안정적이라고 알려져 있습니다.

11.1.3 파이썬 코딩하기

지금까지 로지스틱 회귀모형의 수학적 원리에 대해 살펴봤습니다. 이 섹션에서는 로지스틱 회귀모형을 영화평 데이터에 적용해 감성분석을 수행해 보겠습니다. 여기서는 한글 영화평 데이터를 사용합니다.

11.1.3.1 영화평 데이터

전체 영화평 데이터는 2016_movie_reviews.txt 파일에 저장돼 있습니다. 해당 데이터는 2016년에 국내에서 개봉된 영화 중에서 매출액 기준 상위 300개 영화에 대한 영화평 데이터입니다. 해당 파일은 용량이 커서 전처리 작업과 학습에 시간이 많이 소요됩니다. 여기서는 설명을 위해 일부 영화평만 저장해 놓은 2016_movie_reviews_part.txt 파일을 사용하겠습니다. 해당 파일의 내용은 다음과 같습니다.

```
125802        손예진 김주혁은 이영화를 왜 찍었을까.. 의문스럽다 개런티를 엄청 받은건가? ㅋㅋㅋ 진심 기분만 더러워지.
125802        괜찮은 시나리오를 감독이 망쳤네요.                    3
125802        최악이다... 대체 어떤 메세지를 줄려고하는지 하나도 모르겠다          1
125802        몰입도 좋았구 손예진님 연기도 .. 연출도 독특해서 흥미로웠습니다           9
125802        손예진이랑 김주혁이 다죽어가는 영화에 심폐소생술하는 연기를 본듯한 그런.. 느낌적인 느낌.. 뻔한소재에 빈
125802        '남성'에게는 불친절하고, '여성'에게는 공감대가 높을 영화. 8점 정도가 적당하지 싶은데, 악평이 너무 많아 1
```

---

[72] 이러한 분할된 학습 데이터를 미니배치(mini batch)라고 합니다. 이에 대해서는 이 책의 딥러닝 부분에서 자세하게 다룹니다.

각 행은 서로 다른 세 가지 정보(즉, 영화 ID, 영화평, 평점)를 저장하고 있습니다. 그리고 각 정보는 탭 두 개(\t\t)를 이용해 구분되어 있습니다.

11.1.3.2 전처리하기

2016_movie_reviews_part.txt에 저장된 영화평은 원본 그대로의 데이터입니다. 기계학습 알고리즘을 적용해 감성분석을 수행하기 위해서는 일단 원본 텍스트 데이터에 대한 전처리 작업과 각 문서를 벡터로 표현하는 과정이 필요합니다. 먼저 전처리 작업을 수행해 보겠습니다.

기억하겠지만, 전처리 과정을 통해 불용어가 제거된 분석 목적에 맞는 품사의 단어(혹은 형태소)를 추출해야 합니다. 여기서는 감성분석을 수행하기 때문에 문서의 긍·부정을 잘 나타내는 품사의 단어를 선택하는 것이 필요합니다. 이 예제 코드에서는 명사, 형용사, 부사, 동사 단어를 선택하겠습니다.[73] 그리고 형태소 분석을 위해 키위 형태소 분석기를 사용합니다. 관련 코드는 Movie_review_preprocessing.ipynb 파일에 저장되어 있습니다.

먼저 다음과 같이 kiwipiepy 모듈의 Kiwi 클래스를 임포트하고 객체를 생성합니다.

```
from kiwipiepy import Kiwi

kiwi = Kiwi()
```

그리고 전처리 과정의 결과로 추출하고자 하는 품사 태그를 다음과 같이 리스트 형태로 저장합니다. 'NNG'는 일반명사, 'NNP'는 고유명사, 'VA'는 형용사, 'VV'는 동사, 'MAG'은 일반부사를 의미합니다.

```
FEATURES =['NNG', 'NNP', 'VA', 'VV', 'MAG']
```

전처리하고자 하는 영화평 데이터를 불러옵니다.

```
with open('2016_movie_reviews_part.txt', 'r', encoding='utf-8') as f:
    docs = [doc.strip().split('\t\t') for doc in f]
```

2016_movie_reviews_part.txt 파일의 각 행에 대해 \t\t를 이용해 구분하는 작업을 하여 리스트 형태로 docs 변수에 저장합니다. 영화평에 대해서만 전처리 작업을 수행하기 위해 다음의 select_words() 사용자 정의 함수를 이용합니다.[74]

---

[73] 더욱 성능이 좋은 모형을 도출하기 위해서는 품사의 종류를 달리하면서 모형의 성능이 어떻게 되는지를 비교해 보는 것이 필요합니다.
[74] 여기서는 불용어 제거 작업은 수행하지 않았지만, 여러분들은 불용어 제거 작업을 수행하여 모형의 성능을 비교해 볼 것을 권장합니다.

```
import re

def select_words(text):
    text = text.strip()
    text = re.sub(r'[^\d\s\w]', ' ', text)  # 기호 제거
    kiwi_tokens = kiwi.tokenize(text)
    selected_words=[]
    for token in kiwi_tokens:
        if token.tag in FEATURES:
            selected_words.append(token.form)
    return ' '.join(selected_words)
```

다음과 같이 각 영화평에 대해 전처리 작업을 수행하고 그 결과를 2016_filtered_review_part.txt
파일에 저장합니다.

```
with open('2016_filtered_review_part.txt', 'w', encoding='utf-8') as f1:
    for doc in docs:
        if len(doc)==3:
            review=doc[1]
            doc_review = doc[0] + '\t\t' + select_words(review) + '\t\t' + doc[2] + '\n'
            f1.write(doc_review)
```

11.1.3.3 로지스틱 회귀모형 이용하기

전처리 작업을 거친 데이터를 저장하고 있는 2016_filtered_review_part.txt 파일을 사용합니다. 해
당 파일에는 다음과 같은 내용이 포함돼 있습니다.

125802	괜찮 시나리오 감독 망치	3

첫 번째 열의 값은 영화 아이디이며 두 번째는 해당 영화에 대한 전처리가 끝난 단어로 구성된 영화평이
고, 마지막 값(3)은 해당 영화평의 평점입니다. 각 정보는 두 개의 탭(\t\t)을 이용해 구분돼 있습니다.
영화 아이디는 감성분석에 필요 없는 정보이므로 두 번째와 세 번째 정보만 사용합니다. 다음과 같이 코딩
합니다. 파이썬 코드는 LR_sentiment.ipynb 파일에 저장되어 있습니다.

```
with open('2016_filtered_review_part.txt', encoding='utf-8') as f:
    docs = [doc.strip().split('\t\t') for doc in f]
```

```
# 각 행에서 두 번째와 세 번째 칼럼을 읽음
docs = [(doc[1], int(doc[2])) for doc in docs if len(doc) == 3]

texts, scores = zip(*docs)  # 둘을 분리해서 별도의 list 변수로 저장
```

로지스틱 회귀모형을 사용해 감성분석을 수행하기 위해서는 일단 위의 데이터를 이용하여 학습 데이터를 구축해야 합니다. 감성분석의 경우는 종속변수가 긍정 또는 부정 두 가지 값 중 하나의 값을 갖습니다. 하지만 지금 가지고 있는 데이터의 종속변수는 평점 정보인 1~10 사이의 자연수를 취합니다. 따라서 이러한 평점 정보를 긍·부정의 레이블로 변환하는 것이 필요합니다. 즉, 평점이 몇 점 이상이면 해당 영화평을 긍정으로, 반대로 평점이 몇 점 이하이면 해당 영화평을 부정으로 레이블링하는 작업이 필요합니다.

여기서는 8점 이상이면 긍정(1), 4점 이하이면 부정(0)으로 레이블링했습니다. 나머지 평점을 갖는 영화평들은 학습 데이터로 사용하지 않았습니다. 그 이유는 평점 4~8 사이의 영화평에 사용된 단어들은 긍정 또는 부정을 명확하게 표현하지 않거나, 긍정 또는 부정을 나타내는 단어가 모두 포함되어 있어 학습 목적에는 적합하지 않을 수 있기 때문입니다. 하지만 평점 기준은 데이터의 특성 또는 학습의 성능에 맞게 각자 선택할 수 있습니다. 여기서는 4점과 8점을 선택했지만, 다른 점수(예: 3점 또는 9점 등)를 레이블링 기준으로 사용해도 됩니다. 다음과 같은 코드를 사용합니다.

```
filtered_texts = []
filtered_labels = []

for text, score in zip(texts, scores):
    if 4 < score < 8:
        continue

    # 평점 기준으로 문서에 label을 부여
    # 1~4 -> 부정, 0
    # 8~10 -> 긍정, 1
    filtered_texts.append(text)
    filtered_labels.append(1 if score >= 8 else 0) # 조건부 표현 사용
```

참고   **조건부 표현(conditional expression)**

if-else 구문을 다음과 같이 표현할 수 있는데, 이를 조건부 표현이라고 합니다.

```
X if 조건 else Y
```

'조건'의 결과가 True인 경우에는 X가 반환되고, 그렇지 않은 경우에는 Y가 반환됩니다. 위의 코드마지막 줄에서 사용된 1
if score >= 8 else 0의 경우, 조건인 score >= 8의 결과가 True인 경우에는 1이 반환되고, 그렇지 않은 경우에
는 0이 반환됩니다.

평점 4와 8을 기준으로 하는 경우, 긍부정 영화평의 수가 어떻게 되는지 확인해 보겠습니다.

```
print('전체 영화평의 수: {}'.format(len(filtered_labels)))
print('긍정 영화평의 수: {}'.format(sum(filtered_labels)))
print('긍정 영화평의 비율: {0:.2f}'.format(sum(filtered_labels)/len(filtered_labels)))
```

```
전체 영화평의 수: 19513
긍정 영화평의 수: 17890
긍정 영화평의 비율: 0.92
```

평점을 기준으로 레이블링한 결과로 도출된 영화평은 19,513이고, 그중 긍정의 영화평이 92%(즉,
17,890개)를 차지합니다. 긍정 클래스와 부정 클래스에 속한 영화평의 비율이 대략 9:1로 긍정의 영화
평이 훨씬 더 많습니다. 이렇게 한쪽 클래스에 속한 관측치의 수가 상대적으로 더 많거나 적은 것을 클래
스 불균형(class imbalance) 문제라고 합니다. 이러한 문제가 존재하면 모형이 학습을 통해 다수 클래스
(majority class)에 속한 관측치의 특성을 과도하게 학습하는 경향이 있어 일반적으로 학습에 사용되지 않
은 데이터에 대한 모형의 성능이 좋지 않게 됩니다. 이러한 클래스 불균형 문제를 어떻게 해결할 수 있는
지에 대해서는 잠시 후 자세히 다루겠습니다.

■ 학습 데이터와 평가 데이터로 구분하기

우리가 사용하는 모형의 성능을 평가하기 위해 정답이 있는 데이터의 일부를 평가 데이터로 사용해야 합
니다. 여기서는 전체 정답이 있는 영화평 데이터 중 90%는 학습 데이터로, 나머지 10%는 평가 데이터로
사용하겠습니다. 이를 위해 sklearn에서 제공하는 train_test_split() 함수를 사용했습니다.

```
from sklearn.model_selection import train_test_split

train_texts, test_texts, train_labels, test_labels = train_test_split(
    filtered_texts, filtered_labels, test_size=0.1, random_state=42
)
```

train_test_split() 함수의 첫 번째 인자로는 영화평 정보, 두 번째 인자로는 영화평에 대한 긍·부정 레이블 정보가 제공됐습니다. 그리고 test_size라는 파라미터를 통해 평가 데이터의 비중을 설정했습니다. 0.1은 전체 데이터 중 10%를 평가 데이터로 사용한다는 뜻입니다. train_test_split() 함수는 전체 데이터를 랜덤하게 정해진 비율에 따라 학습 데이터와 평가 데이터로 구분합니다. 함수가 호출될 때마다 학습 데이터와 평가 데이터에 속한 관측치가 달라집니다. 이를 방지하려면 random_state 파라미터의 값을 특정한 숫자로 지정해 줍니다. 이렇게 파라미터를 설정하고 train_test_split() 함수를 적용하면 해당 함수는 학습 데이터와 평가 데이터를 구분해서 반환합니다. 학습 데이터의 영화평 정보는 train_texts에, 정답인 레이블 정보는 train_labels 변수에 저장되어 있습니다. 평가 데이터의 영화평 정보는 test_texts에, 정답인 레이블 정보는 test_labels 변수에 저장되어 있습니다.

이제 학습 데이터(즉, train_texts와 train_labels)를 사용해서 로지스틱 회귀모형을 학습시킵니다. 즉, 모형이 갖고 있는 파라미터의 최적값을 찾는 것입니다. 다시 말해, 앞에서 설명한 로지스틱 회귀모형의 비용함수를 최소화하는 파라미터의 값을 찾습니다.

로지스틱 회귀모형은 sklearn에서 제공하는 LogisticRegression 클래스를 사용합니다. 해당 클래스를 이용해 학습하기 위해 텍스트 형태의 영화평 정보를 벡터로 변환합니다. 이를 위해서는 sklearn에서 제공하는 CountVectorizer 또는 TfidfVectorizer 클래스를 사용할 수 있습니다. CountVectorizer 클래스는 단어의 사용 빈도 정보를, TfidfVectorizer 클래스는 단어의 TF-IDF 정보를 사용해 각 영화평을 벡터로 변환합니다(자세한 방법은 '9. 문서의 벡터화' 부분을 참고하세요). 여기서 주의할 것은 영화평을 벡터화할 때 학습 데이터의 영화평과 평가 데이터의 영화평을 구분해서 벡터화 작업을 해야 하고, 학습 데이터의 영화평을 벡터화할 때 사용한 단어 정보를 이용해 평가 데이터의 영화평도 벡터화해야 한다는 것입니다. 이를 위해 일단 먼저 학습 데이터의 영화평을 벡터화하고, 학습 데이터를 벡터화할 때 사용한 정보를 이용해 평가 데이터의 영화평도 벡터화합니다(다음 코드 참고). 이렇게 하면 학습 데이터에서 사용된 단어들만 이용해 평가 데이터의 영화평을 벡터화합니다. 이렇게 해야지만 학습에 사용된 단어들만 이용해 모형이 평가 데이터에서 어느 정도 성능을 내는지 평가할 수 있습니다.

여기서는 먼저 CountVectorizer 클래스를 이용해 빈도 정보 기반의 벡터로 표현합니다.

```
from sklearn.feature_extraction.text import CountVectorizer

tf_vectorizer = CountVectorizer()
tf_train_features = tf_vectorizer.fit_transform(train_texts) # 학습 데이터의 문서 벡터화
tf_test_features = tf_vectorizer.transform(test_texts) # 학습 데이터를 벡터화할 때 사용한 정보를
이용해서 평가 데이터의 문서 벡터화
```

그다음, 독립변수 정보(즉, 특성 정보 또는 단어 정보)와 종속변수 정보(즉, 긍·부정 레이블 정보)에 대한 학습 데이터, 즉 `tf_train_features`와 `train_labels`를 이용해 단어들과 영화평이 긍정 또는 부정일 확률과의 관계를 학습합니다.

학습을 위해 `LogisticRegression` 클래스에서 제공하는 `fit()` 함수를 사용합니다. 이를 위해 먼저 `LogisticRegression` 클래스의 객체를 만듭니다. 객체를 만들 때는 `LogisticRegression()` 생성자 함수를 사용합니다. 해당 생성자 함수는 중요한 몇 개의 파라미터를 갖습니다. 그중 첫 번째가 `penalty` 파라미터입니다. 즉, 규제화(regularization) 방법으로 어떤 방법을 사용할 것인지를 정하는 목적으로 사용됩니다. `penalty` 파라미터가 취할 수 있는 값은 네 가지가 있습니다. 즉, {`'l1'`, `'l2'`, `'elasticnet'`, `'none'`}입니다. L1 방법을 사용하고자 하는 경우에는 `'l1'`을, L2 방법을 사용하고자 하는 경우에는 `'l2'`를, 그리고 L1과 L2를 같이 혼용하고자 하는 경우에는 `'elasticnet'`을 선택합니다. 여기서는 L1 규제화와 L2 규제화를 사용해 학습하고 그 결과를 비교해 보겠습니다.

먼저 L1 방법을 사용해 보겠습니다. 이를 위해 `penalty='l1'`로 설정합니다. 그리고 그다음으로 설정해야 하는 파라미터가 C입니다. `LogisticRegression` 클래스의 생성자 함수가 갖는 C 파라미터는 규제화에서의 규제 강도(regularization strength) 하이퍼파라미터(λ)의 역수가 됩니다. 즉, $C=1/\lambda$이 됩니다. 이는 $\lambda=1/C$을 의미하므로, C의 값이 작을수록 페널티의 정도가 커집니다. 페널티를 많이 준다는 뜻은 학습의 결과로 도출되는 파라미터의 절댓값을 그만큼 더 많이 줄인다는 것을 의미하고, L1의 경우는 파라미터의 값이 0이 되는 독립변수의 수가 그만큼 늘어난다는 것을 의미합니다. 여기서는 `C=0.1`로 지정해서 학습해 보겠습니다. C는 하이퍼파라미터이기 때문에 여러 가지 값을 시도해 보고 모형의 성능을 가장 좋게 하는 값을 최종적으로 선택해야 합니다. 이러한 과정을 하이퍼파라미터 튜닝이라고 합니다. 이에 대해서는 잠시 후에 자세하게 설명하겠습니다.

그다음으로 살펴봐야 하는 파라미터는 `solver`라는 파라미터입니다. 이는 비용함수의 최솟값을 어떤 방법으로 찾을 것인지를 지정하는 파라미터입니다. 해당 파라미터가 취할 수 있는 값에는 `'newton-cg'`, `'lbfgs'`, `'liblinear'`, `'sag'`, `'saga'`가 있습니다. 각 방법의 자세한 작동원리는 이 책의 범위를 벗어나므로 여기서는 간단하게만 설명하겠습니다. 규제화 방법에 따라 사용할 수 있는 solver가 달라집니다. 표 11.1은 각 solver가 사용될 수 있는 규제화 방법을 보여줍니다.

표 11.1 Solver의 종류와 사용할 수 있는 규제화 방법

Solver	사용할 수 있는 규제화
'newton-cg'	'l2', 'none
'lbfgs'	'l2', 'none'
'liblinear'	'l1', 'l2'
'sag'	'l2', 'none'
'saga'	'elasticnet', 'l1', 'l2', 'none'

'newton-cg'는 뉴튼-랩슨(Newton-Raphson) 방법을 의미합니다. 이는 경사하강법과 마찬가지로 여러 번의 업데이트를 통해 비용함수를 최소화하는 파라미터의 값을 찾는 방법입니다. 하지만 1차 도함수(즉, 접선의 기울기) 정보만을 사용하는 경사하강법과 달리 2차 도함수를 계산해야 하기 때문에 학습하는 데 시간이 더 오래 걸린다는 단점이 있습니다.

'lbfgs'(Limited-memory Broyden – Fletcher – Goldfarb – Shanno)는 뉴튼-랩슨 방법을 약간 변형한 방법입니다. 뉴튼-랩슨 방법과의 차이는 2차 도함수를 정확하게 계산하는 것이 아니라 근사치를 사용한다는 것입니다. 그렇기 때문에 'newton-cg'에 비해 상대적으로 속도가 빠릅니다.

'liblinear'는 좌표 하강법(Coordinate descent)을 사용하여 비용함수를 최소화하는 파라미터의 값을 찾는 방법입니다. 좌표 하강법도 경사하강법과 유사하게 반복적으로 파라미터의 값을 업데이트하여 최적값을 찾습니다. 하지만 파라미터의 값을 업데이트할 때 좌표축 정보를 사용합니다. 즉, 반복적으로 각 좌표축을 따라 움직이며 비용함수의 최솟값을 찾습니다. 각 업데이트에서 좌표 선택 규칙에 따라 특정 좌표축을 선택한 뒤(즉, 하나의 파라미터를 선택), 선택되지 않은 좌표축(들)은 고정한 채로 축의 방향을 따라 파라미터를 업데이트하는 방식이라고 생각할 수 있습니다. 이는 파라미터가 여러 개 있는 경우, 한 번의 업데이트를 할 때 나머지 파라미터는 고정시킨 채 하나의 파라미터에 대해서만 업데이트를 진행하는 것을 의미합니다.

'sag'는 Stochastic Average Gradient descent를 의미합니다. 경사하강법과 유사하게 작동하지만 기본적인 경사하강법과 달리 이전 업데이트 단계에서의 경사값을 현재 업데이트에 사용합니다. 이렇게 하면 학습이 더 빠르게 진행된다는 장점이 있습니다. 하지만 'sag'는 L2 규제화 방법만 지원합니다. 'saga'는 'sag'의 일종으로, 'sag'와 비슷한 방식으로 작동하지만 L1 규제화 방법도 지원한다는 장점이 있습니다. 'sag'와 'saga' 모두 학습 데이터의 양이 많은 경우 속도가 빠른 것으로 알려져 있습니다.

어떤 solver의 성능이 더 좋은지는 풀고자 하는 문제의 종류와 데이터의 특성에 따라 달라집니다. 따라서 solver 파라미터의 값을 달리하면서 모형의 성능이 어떻게 되는지를 파악하고, 성능이 가장 좋은 경우의 방법을 사용하길 권장합니다. 여기서는 'saga' 방법을 사용해 보겠습니다.

max_iter 파라미터의 값도 설정해 주는 것이 좋습니다. 이는 solver를 이용해 최적의 파라미터 값을 찾을 때 실행되는 업데이트의 최대 횟수를 의미합니다. 이 값을 너무 작게 하면 최적값을 찾기 전에 학습이 종료될 수 있습니다(이러한 경우를 수렴(converge)이 되지 못했다고 합니다. 기본값은 100으로 설정되어 있습니다). 여기서는 max_iter 파라미터의 값을 10000으로 설정해 보겠습니다.

```python
lr_tf_l1 = LogisticRegression(C=0.1, penalty='l1', solver='saga', max_iter=10000)
```

다음과 같이 fit() 함수를 사용해 학습 데이터에 대해(즉, tf_train_features와 train_labels에 대해) 학습합니다. 학습을 통해 각 영화평에 사용된 단어와 영화평의 레이블(즉, 긍·부정)의 관계를 가장 잘 설명하는 로지스틱 회귀모형이 갖는 파라미터의 값이 결정됩니다.

```python
lr_tf_l1.fit(tf_train_features, train_labels)
```

tf_train_features는 train_texts를 빈도 기반의 DTM으로 변환한 것입니다.

데이터의 양이 많은 경우 학습 시간이 오래 걸릴 수 있습니다. 학습에 걸리는 시간을 계산하기 위해서는 다음 코드를 사용할 수 있습니다.

```python
import time

start = time.time()
lr_tf_l1.fit(tf_train_features, train_labels) # 학습
end = time.time()
elapsed = end - start
print('\nLearning time: {0:.3f} seconds'.format(elapsed))
```
```
Learning time: 3.211 seconds
```

저자의 컴퓨터에서는 3.2초 정도 걸리는 것으로 나왔습니다.

모형의 성능을 평가하기 위해 학습에 사용되지 않은(하지만 정답이 존재하는) 평가 데이터를 이용합니다. 이를 위해 다음과 같이 평가 데이터에 존재하는 독립변수 정보(즉, 영화평 정보)를 사용해 영화평의 긍부정을 예측합니다. 그리고 그 모형을 통해 예측된 값과 평가 데이터에 존재하는 각 영화평에 대한 실제 긍부정 값을 비교해서 우리가 학습시킨 모형의 성능을 평가합니다. 분류 모형의 성능을 평가할 때 가장 일반

적으로 사용되는 지표는 정확도(accuracy)입니다(다른 성능 평가 지표에 대해서는 다음 섹션에서 다룹니다). 이는 전체 관측치 중에서 종속변수의 값을 맞힌 관측치의 비중을 의미합니다. 이는 sklearn에서 제공하는 accuracy_score() 함수를 사용해 계산할 수 있습니다.

```
pred_labels_tf_l1 = lr_tf_l1.predict(tf_test_features)

from sklearn.metrics import accuracy_score

accuracy_score(test_labels, pred_labels_tf_l1)
```

```
0.9385245901639344
```

accuracy_score() 함수는 0.938 정도의 값을 반환합니다. 즉, 평가 데이터에 존재하는 전체 영화평 중에서 93.8%를 정확하게 맞혔다는 뜻입니다.

■ 각 단어의 긍·부정 정도 파악하기

로지스틱 회귀모형에서는 하나의 단어가 하나의 특성 정보, 즉 독립변수를 의미한다고 했습니다. 그리고 각 독립변수는 파라미터를 갖습니다. 이러한 파라미터를 이용해 상대적으로 긍정적인 역할을 하는 단어와 부정적인 역할을 단어의 목록을 파악할 수 있습니다. 이를 위해 다음과 같이 학습의 결과로 얻어진 파라미터의 값을 추출합니다.

```
coefficients = lr_tf_l1.coef_.tolist()
```

coef_.tolist()는 다음과 같은 결과를 반환합니다.

```
[(8402, 3.2834260607516965), (50619, 2.8758307801962313), (49991, 2.793400720353563), (50012,
2.7417887272975565), (50561, 2.731604141685505), …]
```

즉, 각 원소는 두 개의 서로 다른 원소를 저장하고 있는 튜플입니다. 예를 들어, 첫 번째 튜플을 살펴보면 다음과 같습니다.

```
(8402, 3.2834260607516965)
```

튜플의 첫 번째 원소(8402)는 단어의 아이디이며, 두 번째 원소는 해당 단어의 파라미터 값입니다. 해당 파라미터의 값이 클수록 긍정적인 역할을 하는 단어라고 생각할 수 있습니다. 즉, 해당 단어가 출현하는 영화평의 경우 긍정의 영화평일 확률이 높습니다.

각 아이디에 해당하는 단어가 무엇인지를 파악하기 위해 다음과 같이 CountVectorizer 클래스의 객체인 tf_vectorizer를 이용해 단어 아이디를 키(key)로 하고 단어를 값(value)으로 하는 words_dict 사전 변수를 다음과 같이 생성합니다.

```
# 단어 사전 만들기
words_dict = {}
for word, index in tf_vectorizer.vocabulary_.items():
    words_dict[index]=word
```

다음 코드에서는 상위 긍정 단어 30개와 부정 단어 30개를 확인합니다.

```
sorted_coefficients = sorted(enumerate(coefficients[0]), key=lambda x:x[1], reverse=True)
# 학습에 사용된 각 단어마다 파라미터 값이 존재
# 파라미터 값이 큰 순으로 정렬 'reverse=True'

K=30
# 상위 K개의 긍정 단어 출력
print("긍정 단어 상위 {} 개".format(str(K)))
for word_id, coef in sorted_coefficients[:K]:
    print('{0:} ({1:.3f})'.format(words_dict[word_id], coef))

# 상위 K개의 부정 단어 출력
print("\n부정 단어 상위 {} 개".format(str(K)))
for word_id, coef in sorted_coefficients[-K:]:
    print('{0:} ({1:.3f})'.format(words_dict[word_id], coef))
```

파라미터의 값이 제일 큰 단어는 '재밌'이라는 단어로 나왔습니다. 즉, 해당 단어가 가장 긍정적인 의미를 갖는 단어라고 해석할 수 있으며, 이는 해당 단어가 출현한 수가 많을수록 해당 영화평이 긍정일 확률이 (다른 단어가 출현했을 때보다) 더 크다는 의미입니다.

```
재밌 (1.539)
재미있 (1.383)
최고 (1.269)
영상미 (0.953)
역시 (0.903)
...
```

부정 상위 30개 단어 중 파라미터의 값이 제일 작은 단어는 '최악'으로 나왔습니다. 즉, '최악'이라는 단어가 가장 부정적인 의미의 단어라는 것을 나타냅니다.

```
최악 (-2.904)
노잼 (-2.686)
재미없 (-2.334)
알바 (-1.908)
아깝 (-1.890)
...
```

■ TF-IDF 정보 사용하기

이번에는 TfidfVectorizer 클래스를 이용해 영화평을 TF-IDF 기반의 벡터로 표현해 보겠습니다. 다음과 같이 코딩합니다.

```python
from sklearn.feature_extraction.text import TfidfVectorizer

tfidf_vectorizer = TfidfVectorizer()
tfidf_train_features = tfidf_vectorizer.fit_transform(train_texts)
tfidf_test_features = tfidf_vectorizer.transform(test_texts)
```

이번에도 앞에서와 마찬가지로 L1 규제화 방법을 사용하겠습니다.

```python
lr_tfidf_l1 = LogisticRegression(C=0.1, penalty='l1', solver='saga', max_iter=10000)
lr_tfidf_l1.fit(tfidf_train_features, train_labels)  # 학습
pred_labels_tfidf = lr_tfidf_l1.predict(tfidf_test_features)
accuracy_score(test_labels, pred_labels_tfidf) # 평가
```

```
0.9339139344262295
```

빈도 정보를 사용해 벡터로 표현한 경우보다 정확도가 조금 더 떨어지는 것을 확인할 수 있습니다. 감성 분석의 경우에는 TF-IDF 정보가 TF 정보보다 덜 적절할 수 있다는 것을 의미합니다. 이는 영화평의 긍부정을 의미하는 단어의 TF-IDF 값이 상대적으로 작을 수 있어서 그렇습니다. 예를 들어, 긍정의 의미를 나타내는 '최고', '재밌' 등이나 부정의 의미를 나타내는 '최악', '노잼' 등의 단어는 상대적으로 많은 문서에서 나타나는 단어입니다. 따라서 TF-IDF 값(특히 IDF 값)이 작을 가능성이 높습니다.

이번에도 긍정의 단어와 부정의 단어를 출력해 보겠습니다.

```
coefficients = lr_tfidf_l1.coef_.tolist()
sorted_coefficients = sorted(enumerate(coefficients[0]), key=lambda x:x[1], reverse=True)


K=30
# 상위 K개의 긍정 단어 출력
print("긍정 단어 상위 {} 개".format(str(K)))
for word_id, coef in sorted_coefficients[:K]:
    print('{0:} ({1:.3f})'.format(words_dict[word_id], coef))

# 상위 K개의 부정 단어 출력
print("부정 단어 상위 {} 개".format(str(K)))
for word_id, coef in sorted_coefficients[-K:]:
    print('{0:} ({1:.3f})'.format(words_dict[word_id], coef))
```

파라미터의 값이 큰 긍정 단어는 다음과 같습니다.

```
재밌 (3.705)
재미있 (2.458)
최고 (1.607)
마블 (1.375)
역시 (1.043)
...
```

파라미터의 값이 작은 부정 단어는 다음과 같습니다.

```
최악 (-5.927)
재미없 (-4.342)
감독 (-3.681)
알바 (-3.614)
아깝 (-3.409)
...
```

■ L2 규제화 방법 사용하기

이번에는 L2 규제화 방법을 사용해 보겠습니다. 다음과 같이 생성자 함수를 호출합니다. penalty 파라미터의 값으로 이번에는 'l2'를 입력합니다. 이번에도 'saga' solver를 사용합니다.

```
lr_tf_l2 = LogisticRegression(C=0.1, penalty='l2', solver='saga', max_iter=10000)
```

먼저 TF 기반의 벡터 정보를 이용해 학습하고 모형의 성능을 파악해 보겠습니다. 전반적인 과정은 L1 정규화 방법을 이용할 때와 거의 동일합니다.

```
start = time.time()
lr_tf_l2.fit(tf_train_features, train_labels)  # 학습
end = time.time()
elapsed = end - start
print('\nLearning time: {0:.3f} seconds'.format(elapsed))
```

```
Learning time: 0.736 seconds
```

L1 방법이 학습 속도는 더 빠른 것으로 나왔습니다.

```
pred_labels_tf_l2 = lr_tf_l2.predict(tf_test_features) # 예측
accuracy_score(test_labels, pred_labels_tf_l2)
```

```
0.9395491803278688
```

TF 기반의 L1 방법의 성능(0.93852459)보다 TF 기반의 L2 방법의 성능이 조금 더 좋은 것으로 나왔습니다.

이번에는 TF-IDF 기반의 L2 규제화 모형의 성능을 파악해 보겠습니다.

```
lr_tfidf_l2 = LogisticRegression(C=0.1, penalty='l2', solver='saga', max_iter=10000)
lr_tfidf_l2.fit(tfidf_train_features, train_labels)  # 학습
pred_labels_tfidf_l2 = lr_tfidf_l2.predict(tfidf_test_features)
accuracy_score(test_labels, pred_labels_tfidf_l2)
```

```
0.9298155737704918
```

L1 규제화와 마찬가지로 L2 규제화에서도 TF-IDF 정보를 이용할 때 모형의 성능이 TF 정보를 이용하는 것보다 더 낮게 나오는 것을 확인할 수 있습니다.

11.1.4 분류 모형의 성능 평가 지표

앞에서는 분류 모형(즉, 로지스틱 회귀모형)의 성능을 평가하기 위해 정확도(accuracy)만 사용했습니다. 분류 모형의 성능 평가 지표로는 그 외에도 재현율(recall), 정밀도(precision), F1 score, AUC 등이 있

습니다. 이러한 성능 평가 지표는 혼동 행렬(confusion matrix)을 이용해 계산합니다. 따라서 혼동 행렬이 무엇인지 먼저 살펴보겠습니다.

11.1.4.1 혼동 행렬

혼동 행렬은 종속변수의 실제값과 모형을 통해 예측된 종속변수 값에 따른 관측치들의 분포를 나타내는 행렬입니다. 종속변수가 취할 수 있는 값이 긍정(positive)과 부정(negative)인 경우 혼동 행렬은 그림 11.2와 같이 표현됩니다.

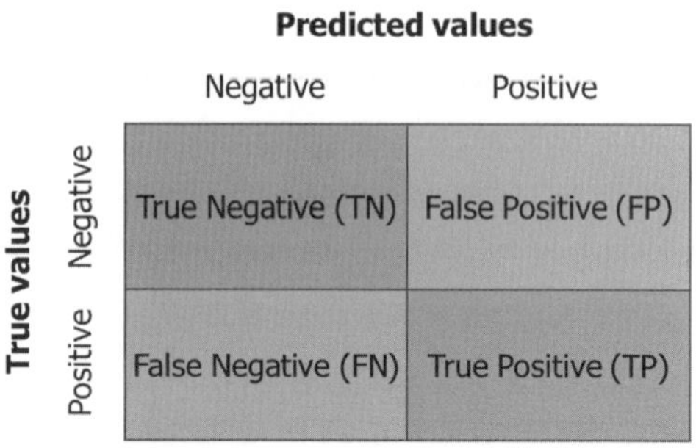

첫 번째 셀인 TN(True Negative)은 종속변수의 실제값도 부정(negative)이고, 모형을 통해 예측된 값도 부정(negative)인 관측치의 수를 의미합니다. 첫

Predicted values

	Negative	Positive
Negative	True Negative (TN)	False Positive (FP)
Positive	False Negative (FN)	True Positive (TP)

True values

그림 11.2 혼동 행렬(Confusion matrix)

번째 행, 두 번째 열의 셀 FP(False Positive)는 실제 종속변수 값은 부정인데, 모형이 긍정(positive)으로 잘못 예측한 관측치의 수를 나타냅니다. 두 번째 행, 첫 번째 열의 셀 FN(False Negative)은 실제 값은 긍정인데, 모형이 부정이라고 잘못 예측한 관측치의 수를 나타내고, 마지막 셀인 TP(True Positive)는 실제값과 예측치가 모두 긍정인 관측치의 수를 나타냅니다.

그림 11.3과 같이 각 셀이 구체적인 값을 갖는다고 가정해 보겠습니다. 다음 혼동 행렬의 경우 첫 번째 행, 첫 번째 열의 셀 값이 8인데, 이는 데이터에 존재하는 관측치 중에서 종속변수의 실제값이 부정이고 모형을 통해 예측된 값도 부정인 관측치의 수가 8이라는 것을 의미합니다. 첫 번째 행, 두 번째 열의 셀 값은 2입니다. 이는 원래의 종속변수의 값은 부정인데 모형을 통해 긍정이라고 잘못 예측된 관측치의 수를 의미합니다.

Predicted values

	Negative	Positive
Negative	8	2
Positive	5	15

True values

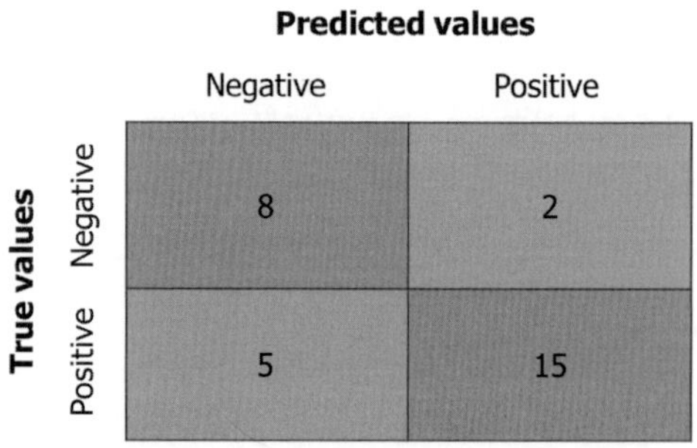

그림 11.3 혼동 행렬의 구체적인 예

11.1.4.2 정확도, 재현율, 정밀도, F1

혼동 행렬에 대해 정확도(accuracy), 재현율(recall), 정밀도(precision), F1은 표 11.2와 같이 정의됩니다. 재현율, 정밀도, F1은 각 클래스(즉, 긍정과 부정 클래스)별로 그 값이 존재합니다.

표 11.2 정확도, 재현율, 정밀도, F1 정의

지표	식	의미
정확도	$\dfrac{TP+TN}{FP+FN+TP+TN}$	• 전체 관측치 중에서 정확하게 예측된 관측치의 비중
긍정 클래스에 대한 재현율(sensitivity 라고도 함)	$\dfrac{TP}{TP+FN}$	• 종속변수의 실제값이 긍정인 관측치 중에서 모형을 통해 종속변수의 값이 긍정으로 예측된 관측치의 비중 • 긍정 클래스가 얼마나 정확하게 예측되었는지를 의미 • 예) 실제로 암에 걸린 사람 중에서 암에 걸렸다고 진단된 사람의 비중
부정 클래스에 대한 재현율(specificity 라고도 함)	$\dfrac{TN}{TN+FP}$	• 종속변수의 실제값이 부정인 관측치 중에서 모형을 통해 종속변수의 값이 부정으로 예측된 관측치의 비중 • 부정 클래스가 얼마나 정확하게 예측되었는지를 의미 • 예) 실제로 암에 걸리지 않은 사람 중에서 암에 걸리지 않았다고 진단된 사람의 비중
긍정 클래스에 대한 정밀도	$\dfrac{TP}{TP+FP}$	• 모형을 통해 긍정이라고 예측된 관측치 중에서 실제 종속변수의 값이 긍정인 관측치의 비중 • 예측된 결과가 얼마나 정확한가를 의미 • 예) 암으로 진단된 사람 중에서 실제 암에 걸린 사람의 비중
부정 클래스에 대한 정밀도	$\dfrac{TN}{TN+FN}$	• 모형을 통해 부정이라고 예측된 관측치 중에서 실제 종속변수의 값이 부정인 관측치의 비중 • 예측된 결과가 얼마나 정확한가를 의미 • 예) 암이 없다고 진단된 사람 중에서 실제 암에 걸리지 않은 사람의 비중
F1	$2\dfrac{PRE \times REC}{PRE+REC}$	• 재현율과 정밀도의 조화 평균 • 긍정(부정) 클래스의 F1의 경우는 긍정(부정) 클래스에 대한 재현율과 정밀도값을 사용

11.1.4.3 파이썬을 이용한 계산

이 섹션에서 사용된 코드는 `LR_sentiment_evaluation_metrics.ipynb` 파일을 참고하세요. 이번에도 `2016_filtered_review_part.txt` 파일에 저장된 영화평 데이터를 사용하겠습니다. 모형 평가 지표를

설명하기 위해 여기서는 L1 규제화 기반의 로지스틱 회귀모형과 TF 기반의 벡터 정보를 사용해 보겠습니다. 앞에서 설명한 부분은 생략하고 새로운 내용만 설명하겠습니다. 다음과 같이 학습한 결과를 이용해서 평가 데이터에 존재하는 관측치의 긍부정을 예측합니다.

```
pred_labels = lr_tf_l1.predict(tf_test_features)
```

먼저 혼동 행렬을 생성해 보겠습니다. 혼동 행렬은 sklearn에서 제공하는 confusion_matrix() 함수를 사용하여 생성할 수 있습니다. 다음과 같이, 실제 종속변수 값을 첫 번째 인자로, 모형을 통해 예측된 값을 두 번째 인자로 입력합니다.

```
from sklearn.metrics import confusion_matrix

confusion_matrix(test_labels, pred_labels)
```

그러면 다음과 같은 어레이 타입의 혼동 행렬이 반환됩니다.

```
array([[  29,  109],
       [  11, 1803]], dtype=int64)
```

셀의 배치는 그림 11.2와 동일합니다. 예를 들어 29는 TN(True Negative)을 의미하고, 1803은 TP(True Positive)를 의미합니다.

이번에는 정확도, 재현율, 정밀도, F1의 값을 확인해 보겠습니다. 이는 sklearn에서 제공되는 classification_report() 함수를 사용합니다. 여기서도 마찬가지로 실제 종속변수 값을 첫 번째 인자로, 모형을 통해 예측된 값을 두 번째 인자로 입력합니다.

```
from sklearn.metrics import classification_report

print(classification_report(test_labels, pred_labels))
```

결과는 다음과 같습니다.

```
              precision    recall  f1-score   support

           0       0.72      0.21      0.33       138
           1       0.94      0.99      0.97      1814
```

accuracy			0.94	1952
macro avg	0.83	0.60	0.65	1952
weighted avg	0.93	0.94	0.92	1952

첫 번째 열의 0은 부정, 1은 긍정을 의미합니다. 위에서 볼 수 있는 것처럼 정밀도(precision), 재현율(recall), F1은 각 클래스별로 값이 존재합니다. 반면에 정확도(accuracy)는 하나의 값만 존재합니다. 마지막 열의 **support**는 각 클래스에 속한 관측치의 수를 나타냅니다. 평가 데이터에 존재하는 전체 관측치의 수는 1,952이고, 그중 종속변수 값이 1인 관측치는 1,814개, 그리고 0인 관측치의 수는 138입니다. 정확도와 긍정 클래스에 대한 성능은 좋게 나왔는데, 부정 클래스에 대한 성능이 좋게 나오지 않은 것을 확인할 수 있습니다. 특히 재현율이 낮게 나왔습니다. 이는 실제 종속변수의 값이 부정인 관측치를 잘 찾아내지 못한다는 것을 의미합니다. 그 주요한 이유는 앞에서 간략하게 언급했던 학습 데이터에 존재하는 클래스 불균형 문제 때문입니다. 학습 데이터의 경우 전체의 92% 정도가 긍정의 영화평이었습니다. 이렇게 되면 소수 클래스(minority class, 즉 부정 클래스)에 속한 영화평들의 특성을 제대로 학습하지 못하는 문제가 있습니다. 그 결과로 평가 데이터에 존재하는, 혹은 학습에 사용되지 않은 데이터에 존재하는 부정 클래스의 관측치에 대한 모형의 성능이 떨어지는 현상이 발생합니다.

위 결과에서 매크로 평균(macro avg)은 각 클래스에 속한 관측치의 수를 고려하지 않은 평균을 의미합니다. 예를 들어 정밀도에 대한 매크로 평균은 다음과 같이 계산됩니다.

$$\frac{(0.72+0.94)}{2}=0.83$$

반면, 가중 평균(weighted avg)은 각 클래스에 속한 관측치의 수를 고려한 가중 평균입니다. 예를 들어 정밀도에 대한 가중 평균은 다음과 같이 계산됩니다.

$$0.72 \cdot \frac{138}{1952} + 0.94 \cdot \frac{1814}{1952} = 0.93$$

클래스 불균형 문제가 존재하는 경우, 매크로 평균을 리포트하는 것이 일반적으로 더 바람직합니다.

11.1.4.4 AUC(Area under the curve)

이번에는 AUC 지표에 대해 알아보겠습니다. AUC는 Area under the curve의 약자로, 어떤 커브 아래 영역의 크기를 의미합니다. 여기서 말하는 커브는 ROC(Receiver Operating Characteristics) 커브입니다. ROC 커브와 AUC는 그림 11.4와 같이 표현할 수 있습니다.

세로축의 TPR은 True Positive Ratio를 의미하고 TPR = TP/(TP+FN)으로 계산됩니다. 그림 11.2에서 볼 수 있는 것처럼 TP + FN은 실제 종속변수의 값이 긍정인 관측치를 의미합니다. 따라서 TPR은 긍정 클래스에 대한 재현율(즉, sensitivity)을 의미합니다. 모형이 긍정 클래스 예측을 잘할수록 해당 지표의 값이 증가합니다. 반면에 가로축의 FPR은 False Positive Ratio를 의미하고 FP/(FP+TN)와 같이 계산됩니다. 분모인 FP+TN은 종속변수의 실제값이 부정인 관측치들을 의미합니다. 즉, FPR은

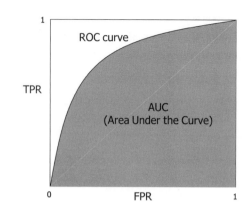

그림 11.4 ROC 커브와 AUC의 예

종속변수의 실제값이 부정인 관측치 중에서 모형이 긍정이라고 잘못 예측된 관측치의 비중으로, 모형이 부정 클래스 예측을 잘못할수록 그 값이 커집니다.

ROC 커브가 어떻게 그려지는지 알아보겠습니다. ROC 커브는 종속변수 값을 무엇으로 예측할 것인지의 기준이 되는 확률(threshold probability) 값에 따른 TPR과 FPR 값을 선으로 연결한 것입니다. 종속변수가 취할 수 있는 값이 긍정과 부정일 때 기준 확률이 0.5라는 것은 모형을 통해 계산된 긍정일 확률이 0.5 이상이면 해당 관측치의 값을 1로 예측하고, 그렇지 않으면 0으로 예측한다는 것을 의미합니다. ROC 커브는 기준 확률 값을 0에서 1까지 순차적으로 변경(예: 0, 0.1, 0.2, …, 1)해 가면서 각 값에 따른 (TPR, FPR)을 계산하고 해당 점을 선으로 연결한 것입니다. 모형의 성능이 좋을수록 TPR의 값이 FPR에 비해 더 커지기 때문에 ROC 커브 아래 영역의 크기도 커집니다(그림 11.5 참고). 즉, AUC 값은 0과 1 사이의 값을 취할 수 있고, 1에 가까울수록 모형의 성능이 좋다는 것을 의미합니다.

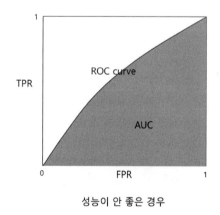

성능이 안 좋은 경우

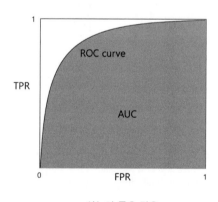

성능이 좋은 경우

그림 11.5 성능이 안 좋은 경우와 좋은 경우의 ROC 커브 비교

이번에는 파이썬을 이용해 ROC 커브를 그려보고 AUC 값을 계산해 보겠습니다. 코드는 LR_sentiment_evaluation_metrics.ipynb 파일의 뒷부분을 참고하세요. 앞에서 설명한 부분은 생략하겠습니다.

ROC 커브를 그리기 위해 일단 먼저 평가 데이터의 각 영화평에 대해 종속변수의 값이 긍정일 확률과 부정일 확률을 계산합니다. 이를 위해 LogisticRegression 클래스에서 제공되는 predict_proba() 함수를 사용합니다.

```
pred_probs = lr_tf_l1.predict_proba(tf_test_features)
```

pred_probs에는 다음과 같은 확률 값이 저장되어 있습니다. 첫 번째 열의 확률 값은 종속변수의 값이 0(즉, 부정)일 확률이고 두 번째 열은 종속변수의 값이 1(즉, 긍정)일 확률입니다.

```
pred_probs
```

```
array([[0.05355168, 0.94644832],
       [0.02862634, 0.97137366],
       [0.07124556, 0.92875444],
       ...,
       [0.09161569, 0.90838431],
       [0.02171245, 0.97828755],
       [0.07124556, 0.92875444]])
```

ROC 커브를 그리기 위해 다음 코드를 사용합니다. TPR과 FPR의 값을 각 기준 확률(threshold)에 대해 계산하기 위해서 sklearn에서 제공하는 roc_curve() 함수를 사용합니다. roc_curve() 함수는 세 개의 인자를 입력받습니다. 첫 번째는 실제 종속변수의 값이고, 두 번째는 모형에 의해 계산된 종속변수의 값이 1일 확률, 세 번째는 pos_label 파라미터의 값으로 긍정 레이블을 나타내는 값인 1을 입력합니다. 그러면 해당 함수는 FPR, TPR, 그리고 FPR과 TPR을 계산하는 데 사용된 기준 확률 값을 반환합니다. 시각화를 위해 matplotlib에서 제공하는 pyplot 모듈을 사용합니다.

```
from sklearn.metrics import roc_curve
import matplotlib.pyplot as plt

# roc curve() 사용하기
fpr1, tpr1, thresh1 = roc_curve(test_labels, pred_probs[:,1], pos_label=1)

# 기준이 되는 tpr = fpr 선을 그리기 위한 부분
```

```
random_probs = [0 for i in range(len(test_labels))]
p_fpr, p_tpr, _ = roc_curve(test_labels, random_probs, pos_label=1)


# roc curve 그리기
plt.plot(fpr1, tpr1,color='orange', label='ROC curve') # 실제 ROC 커브는 오렌지 색으로
plt.plot(p_fpr, p_tpr, linestyle='--', color='blue') # 기준이 되는 ROC 커브는 파란색 점선으로


plt.title('ROC curve for Sentiment analysis') # 제목
plt.xlabel('False Positive Rate') # x 축 레이블
plt.ylabel('True Positive rate') # y 축 레이블
plt.legend(loc="lower right")
plt.savefig('ROC.png',dpi=300) # 시각화 결과를 이미지로 저장
plt.show()
```

이 코드의 결과는 그림 11.6과 같습니다.

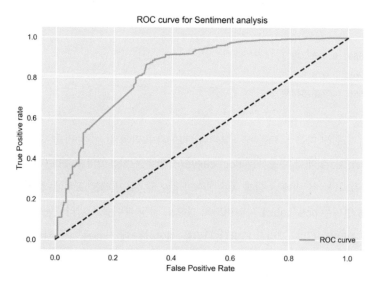

그림 11.6 ROC 커브 시각화

이번에는 AUC 값을 계산해 보겠습니다. AUC를 계산하기 위해서는 sklearn에서 제공하는 roc_auc_score() 함수를 사용합니다. 해당 함수는 두 개의 인자를 받습니다. 첫 번째는 실제 종속변수 값이고, 두 번째는 모형에 의해 계산된 종속변수의 값이 1일 확률입니다.

```
from sklearn.metrics import roc_auc_score

auc_score = roc_auc_score(test_labels, pred_probs[:,1])
auc_score
```

```
0.834529744499305
```

앞의 예제의 경우, AUC 값이 0.83 정도 나왔습니다.

11.1.5 하이퍼파라미터 튜닝(Hyperparameter tuning)

기계학습에서 사용되는 파라미터에는 크게 두 종류가 존재합니다. 하나는 학습에 의해 그 값이 자동으로 결정되는 모형이 갖는 파라미터이고, 다른 하나는 학습에 의해 값이 결정되는 것이 아니라 사용자가 직접 그 값을 결정하는 파라미터입니다. 두 번째 종류의 파라미터를 하이퍼파라미터라고 합니다.

로지스틱 회귀모형을 다시 한번 살펴보겠습니다. 종속변수가 취하는 값이 0과 1인 경우 다음과 같이 정의 됩니다.

$$P(Y=1|X)=\frac{1}{1+e^{-(w_0+w_1X_1+w_2X_2+\cdots+w_pX_p)}}$$

이 식에서 w_i가 학습에 의해 그 값이 자동으로 결정되는 파라미터입니다. 로지스틱 회귀모형과 관련된 하이퍼파라미터에는 규제화의 종류(예: L1, L2, ElasticNet 등), (특정 규제화 방법을 사용하는 경우에는) 규제화 강도(penalty strength) 등이 있습니다. 이러한 하이퍼파라미터는 일반적으로 사용하고자 하는 기계학습 알고리즘에 대해 **sklearn**에서 제공하는 클래스의 생성자 함수의 파라미터로 존재합니다. 로지스틱 회귀모형에 대한 **LogisticRegression** 클래스의 생성자 함수가 갖는 파라미터에는 규제화 방법에 대한 **penalty**라는 파라미터, 규제화 강도와 관련이 있는 **C** 파라미터 등이 있습니다.

11.1.5.1 하이퍼파라미터 튜닝이란?

하이퍼파라미터가 어떤 값을 취하느냐에 따라 모형의 성능이 달라집니다. 하지만 사람이 그 값을 결정하기 때문에 자동으로 모형의 성능을 최적으로 하는 값을 찾기가 어렵습니다. 보통은 사전 지식 혹은 이론적 근거 등을 토대로 하이퍼파라미터가 취할 수 있는 몇 가지 값을 시도해 보고 그중에서 모형의 성능을 제일 좋게 하는 값을 최종적으로 선택합니다. 이와 같이 하이퍼파라미터의 값을 변경해 가면서 모형의 성능을 파악하는 과정을 **하이퍼파라미터 튜닝(tuning)**이라고 합니다.

하이퍼파라미터 값을 변경하고 모형의 성능을 평가하기 위해 평가 데이터를 사용하는 것은 바람직하지 않습니다. 평가 데이터는 최종적으로 도출된 모형이 학습이나 튜닝 과정에 사용되지 않은 데이터에 대해 얼마만큼 성능이 좋은지를(또는 안 좋은지를) 객관적으로 평가하기 위한 것이기 때문에 모형의 성능을 개선시키는 것이 목적인 튜닝 용도로 사용되면 안 됩니다.

하이퍼파라미터 튜닝을 위해 사용되는 데이터를 검증 데이터(validation data)라고 합니다. 이는 정답이 존재하는 데이터이기는 하지만, 학습에 사용되지 않은 데이터입니다. 일반적으로 정답이 있는 데이터를 학습 데이터와 평가 데이터로 분할한 후, 학습 데이터를 최종 학습 데이터와 검증 데이터로 다시 한번 분할합니다. 그다음, 하이퍼파라미터들이 취할 수 있는 여러 값 중에서 특정한 값을 갖는 모형을 최종 학습 데이터를 이용해 학습하고, 그 결과로 도출된 모형의 성능을 검증 데이터를 이용해 파악합니다. 이러한 과정을 하이퍼파라미터 값을 변경해 가면서 여러 번 수행한 후, 검증 데이터에 대한 성능이 좋은 경우의 하이퍼파라미터 값을 선택하여 최종적으로 평가 데이터를 이용해 모형의 성능을 평가합니다.

11.1.5.2 K-fold 교차 검증

특정한 하이퍼파라미터 값을 이용해서 학습한 모형의 성능을 검증 데이터를 이용해 파악하는 것을 검증(validation)이라고 합니다. 검증 방법으로 일반적으로 많이 사용되는 방법은 K-fold 교차 검증(cross validation)입니다.

K-fold 교차 검증이 작동하는 방식을 살펴보겠습니다. K-fold 교차 검증은 정답 데이터를 학습 데이터와 평가 데이터로 구분한 후에 학습 데이터를 K 개의 서로 다른 그룹으로 분할합니다. 이때 각 그룹을 폴드(fold)라고 합니다. K 개의 폴드 중에서 하나의 폴드를 검증 데이터로 사용하고 나머지 K-1 개의 폴드를 학습 데이터로 사용합니다. 하이퍼파라미터(들)의 특정한 값을 설정한 후 K-1 개의 폴드를 이용해서 학습한 후, 그 결과로 도출된 모형의 성능을 검증 데이터에 해당하는 폴드를 이용해 파악합니다. 이러한 과정을 각 폴드를 검증 데이터로 사용해 반복합니다. 폴드가 K 개 있기 때문에 검증 과정을 K번 수행하게 되는 것입니다. 구체적인 예를 들어 보겠습니다. 그림 11.7은 K=5인 경우를 보여줍니다.

K=5이기 때문에 학습 데이터를 다섯 개의 그룹, 즉 폴드로 분할했습니다. 첫 번째 검증에서는 첫 번째 폴드(Fold 1)를 검증 데이터로 사용하고 나머지 네 개의 폴드(즉, Fold 2 - 5)를 학습 데이터로 사용합니다. 즉, 하이퍼파라미터(들)의 값을 특정 값으로 설정하고 모형을 Fold 2 - 5를 이용해 학습한 후, 학습 결과로 도출된 모형의 성능을 Fold 1을 이용해 파악합니다. 두 번째 검증에서는 두 번째 폴드(즉, Fold 2)를 검증 데이터로 사용하고 나머지 네 개의 폴드를 학습 데이터로 사용하고, 동일한 하이퍼파라미터 값에 대해 다시 학습과 검증 과정을 수행합니다. 이러한 과정을 각 폴드를 검증 데이터로 해서 반복합니다. 즉, K-fold 교차 검증의 경우, K 번의 검증을 수행하게 되는 것입니다. 검증 과정을 여러 번 수행하는 것을

교차 검증이라고 합니다. 교차 검증을 하는 이유는 모형이 갖는 일반화의 정도를 높여서 과적합 문제를 줄이기 위해서입니다.

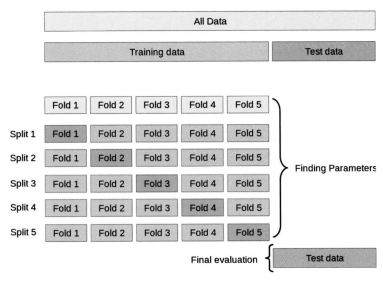

그림 11.7 K-fold 작동의 예

11.1.5.3 파이썬을 이용해 K-fold 교차 검증 해보기

관련 코드는 k_fold_validation_grid_search.ipynb 파일을 참고하세요. 여기서도 앞에서 사용한 영화평 데이터 파일(2016_filtered_review_part.txt)을 사용하겠습니다. 데이터를 읽어오고 종속변수의 값을 레이블링하는 과정은 이전과 동일하므로 관련 설명은 생략하겠습니다.

여기서는 LogisticRegression 클래스의 생성자 함수가 갖는 C와 penalty에 해당하는 하이퍼파라미터의 값을 각각 1과 'l1'의 값으로 설정하고 해당 값에 대해 K-fold 교차 검증을 수행해 보겠습니다. 파이썬의 경우, K-fold 교차 검증은 sklearn에서 제공하는 KFold 클래스와 cross_val_score() 함수를 이용해 수행합니다. KFold 클래스를 이용해 K 개의 폴드로 구분한 후에 각 폴드를 검증 데이터로 이용해 모형의 성능을 파악하는 데는 cross_val_score() 함수를 이용합니다. 다음과 같이 코딩할 수 있습니다.

```
from sklearn.model_selection import train_test_split

train_texts, test_texts, train_labels, test_labels = train_test_split(
    filtered_texts, filtered_labels, test_size=0.1, random_state=42
)
```

```
from sklearn.feature_extraction.text import CountVectorizer

tf_vectorizer = CountVectorizer()
tf_train_features = tf_vectorizer.fit_transform(train_texts)
tf_test_features = tf_vectorizer.transform(test_texts)

from sklearn.linear_model import LogisticRegression

lr_p1 = LogisticRegression(C=1, penalty='l1', solver='saga', max_iter=10000)

from sklearn.model_selection import KFold # KFold 클래스 임포트

# KFold 클래스를 이용해서 10개의 폴드로 구분
cv = KFold(n_splits=10, random_state=1, shuffle=True)

from sklearn.model_selection import cross_val_score

# 각 폴드를 검증 데이터로 이용해서 모형 성능 파악
scores = cross_val_score(lr_p1, tf_train_features, train_labels, cv=cv)
```

위의 경우 **KFold** 클래스 생성자 함수가 갖는 **n_splits**의 값을 10으로 설정했습니다. 이 값이 K–fold 교차 검증에서 K의 값이 됩니다. 즉, 학습 데이터를 10개의 폴드로 분할한 것입니다. 각 폴드를 검증 데이터로 해서 검증을 수행하기 위해서는 **cross_val_score()** 함수를 사용합니다. 해당 함수의 첫 번째 인자로는 사용하고자 하는 모형을 입력하고(여기서는 **lr_p1**), 두 번째와 세 번째 인자에는 독립변수와 종속변수에 대한 학습 데이터를 입력합니다. 그리고 **KFold** 클래스를 이용해서 10개의 폴드로 분할된 정보를 cv 파라미터의 값으로 입력합니다. 그러면 각 폴드를 검증 데이터로 해서 10번의 검증 과정이 수행되고 각 과정에 대한 모형의 성능(정확도)이 scores 변수에 저장됩니다. 위 코드를 실행한 후 scores 변수에 저장된 결과는 다음과 같습니다.

```
scores
```
```
array([0.94137735, 0.93621868, 0.93963554, 0.94077449, 0.93792711,
       0.93906606, 0.94931663, 0.93394077, 0.93507973, 0.94020501])
```

일반적으로 교차 검증을 통한 모형의 성능은 각 검증 결과의 평균을 사용합니다. 다음과 같이 계산할 수 있습니다.

```
scores.mean()
```

```
0.9393541356863466
```

이러한 과정을 시도하고자 하는 하이퍼파라미터 값에 대해 반복합니다. 그리고 하이퍼파라미터 값으로 시도한 여러 가지 값 중에서 교차 검증의 성능이 제일 좋은 값을 최종적인 값으로 선택합니다.[75] 그런 다음, 최종 모형의 성능을 평가 데이터를 이용하여 평가합니다. 예를 들어, 이번에는 **penalty**라는 하이퍼파라미터의 값을 '**l2**'로 변경하고 교차 검증을 통해 모형의 성능을 파악해 보겠습니다.

```
lr_p2 = LogisticRegression(C=1, penalty='l2', solver='saga', max_iter=10000)
scores2 = cross_val_score(lr_p2, tf_train_features, train_labels, cv=cv)
scores2.mean()
```

```
0.9404359133592541
```

결과에 따르면 **penalty**라는 하이퍼파라미터는 '**l1**'보다 '**l2**'의 값을 취할 때 모형의 성능이 더 좋은 것으로 나왔습니다. 따라서 최종 모형이 갖는 **penalty** 하이퍼파라미터의 값은 '**l1**'보다는 '**l2**'가 되어야 합니다.

11.1.5.4 계층적 K-fold 교차 검증

앞에서 다룬 일반적인 K-fold 교차 검증은 데이터를 K개의 폴드로 구분할 때 종속변수 값의 비율을 고려하지 않습니다(즉, 클래스의 비율을 고려하지 않습니다). 이러한 방법을 사용하면 클래스 불균형 문제가 있는 경우에는 클래스(종속변수 값)에 따른 관측치의 비율이 폴드마다 다르게 되고, 심한 경우에는 폴드에 존재하는 모든 관측치가 동일한 클래스를 갖게 됩니다. 이렇게 클래스 불균형이 존재하는 경우에 사용할 수 있는 교차 검증 방법이 계층적(stratified) K-fold 교차 검증 방법입니다. 계층적 K-fold 교차 검증 방법은 각 폴드에 존재하는 클래스의 비율이 전체 학습 데이터에 존해하는 클래스의 비율과 동일하게 K개의 폴드로 분할합니다. 계층적 K-fold 교차 검증은 **StratifiedKFold** 클래스와 **cross_val_score()** 함수를 사용합니다. 코드는 다음과 같습니다. 여기서는 앞에서 사용했던 **lr_p1** 모형을 사용합니다.

```
from sklearn.model_selection import StratifiedKFold

scv = StratifiedKFold(n_splits=10, random_state=1, shuffle=True)
```

---

75 하지만 여러 개의 하이퍼파라미터 값을 일일이 직접 변경해 가면서 교차 검증을 하는 것은 효율적이지 못한 방법입니다. 일반적으로는 격자 탐색(grid search) 방법을 사용해서 시도하고자 하는 하이퍼파라미터 값들에 대해서 하이퍼파라미터 튜닝 과정을 자동으로 진행하게 됩니다. 이 부분에 대해서는 잠시 후에 설명하겠습니다.

```
scores3 = cross_val_score(lr_p1, tf_train_features, train_labels, cv=scv)
scores3.mean()
```

```
0.9378167771478354
```

계층적 K-fold 교차 검증을 수행하는 더 간단한 방법은 **cross_val_score()** 함수가 갖는 **cv** 파라미터의 값으로 K에 해당하는 자연수를 직접 입력하는 방법입니다. **cv** 파라미터의 값으로 자연수가 입력되면 해당 함수는 자동으로 계층적 방법을 사용해서 학습 데이터를 K 개의 폴드로 분할합니다. 예를 들어, 다음과 같이 입력하면 **cross_val_score()** 함수는 계층적 방법을 사용하여 학습 데이터를 10개의 폴드로 분할하고 교차 검증을 수행합니다.

```
scores4 = cross_val_score(lr_p1, tf_train_features, train_labels, cv=10)
```

위의 결과는 다음과 같습니다.

```
scores4.mean()
```

```
0.9383859939350959
```

11.1.5.5 그리드 탐색 방법 사용하기

앞에서 언급한 것처럼 튜닝해야 하는 하이퍼파라미터가 많거나 각 하이퍼파라미터가 취할 수 있는 값이 많은 경우, 사용자가 직접 하이퍼파라미터 값을 변경해 가면서 모형의 성능을 파악하는 것은 번거로운 작업입니다. 이러한 경우에 하이퍼파라미터 튜닝을 보다 효율적으로 수행할 수 있는 방법이 그리드 탐색 (Grid Search) 방법입니다. 그리드 탐색 방법은 하이퍼파라미터(들)에 대해 사용자가 시도해 보고자 하는 여러 가지 값의 조합을 사용해 자동으로 학습과 검증을 수행하고, 성능을 제일 좋게 하는 하이퍼파라미터 값을 찾는 방법입니다.[76]

구체적인 예를 들어 설명하겠습니다. 로지스틱 회귀모형과 관련된 하이퍼파라미터 중에서 **penalty**와 **C**에 대해 다음 값들을 시도해 보고자 한다고 가정합니다.

- penalty: 'l1', 'l2'
- C: 0.1, 0.5, 1, 2

---

76 그리드 탐색 방법보다 사용되는 정도는 적지만 하이퍼파라미터 튜닝을 위해 사용될 수 있는 또 다른 방법 중 하나가 무작위 검색(randomized search) 방법입니다. 무작위 검색 방법은 하이퍼파라미터의 값으로 시도하고자 하는 값을 특정한 구간이나 확률 분포를 이용해서 무작위로 선택합니다. 이 방법은 일반적으로 하이퍼파라미터에 대한 사전 지식이 부족하여 어떠한 값을 시도하는 것이 좋은지 모르는 경우나 탐색해야 하는 값들이 많은 경우에 사용합니다. sklearn에서 제공하는 RandomizedSearchCV 클래스를 이용하여 수행할 수 있습니다. 해당 클래스를 사용하는 방법은 본 책에서 설명하는 그리드 탐색을 위한 GridSearchCV 클래스의 사용법과 크게 다르지 않기 때문에 여기서는 설명을 생략하겠습니다.

이러한 경우 그리드 서치 방법은 하이퍼파라미터의 각 값을 이용해서 학습과 검증을 수행하고 모형의 성능을 가장 좋게 하는 경우의 하이퍼파라미터 값을 도출합니다. 파이썬에서는 GridSearchCV 클래스를 이용해 그리드 검색 방법을 사용합니다. GridSearchCV 클래스를 사용하기 위해서는 일단 다음과 같이 기본 모형을 생성합니다. 관련된 코드는 k_fold_validation_grid_search.ipynb 파일의 뒷부분을 참고하세요.

```
lr_model = LogisticRegression(solver='saga', max_iter=10000)
```

GridSearchCV 클래스를 다음과 같이 임포트하고, 시도해 보고자 하는 하이퍼파라미터의 값들을 다음과 같이 사전 형태로 준비합니다.

```
from sklearn.model_selection import GridSearchCV

LR_params = {
    'penalty' : ['l1', 'l2'],
    'C': [0.1, 0.5, 1, 2]
}
```

그리고 GridSearchCV 클래스의 생성자 함수를 이용해 객체를 생성합니다. GridSearchCV 클래스의 생성자 함수의 첫 번째 인자로는 앞에서 생성한 기본 모형을 입력하고, 두 번째는 param_grid 파라미터의 값으로 시도해 보고자 하는 하이퍼파라미터의 값이 저장된 사전 변수를 지정합니다. 그리고 마지막으로 cv 파라미터의 값을 지정합니다. cv 파라미터는 계층적 K-fold 교차 검증을 위한 파라미터입니다. GridSearchCV 클래스는 각 하이퍼파라미터 값에 대해 계층적 K-fold 교차 검증을 수행합니다. 해당 클래스가 갖는 cv 파라미터의 값으로 K의 값을 입력합니다. 여기서는 다음과 같이 5의 값을 입력했습니다. 그리고 GridSearchCV() 생성자 함수는 scoring이라는 파라미터를 갖습니다. 이는 모형의 성능을 검증 데이터를 이용해 평가할 때 사용되는 지표를 설정하는 역할을 하는 파라미터입니다. 분류 문제의 경우는 scoring 파라미터의 값으로 'accuracy', 'f1', 'f1_macro', 'f1_weighted', 'neg_log_loss', 'roc_auc' 등이 존재합니다.[77] 여기서는 'f1_macro' 지표를 사용하겠습니다. 기본값은 'accuracy'입니다.

```
grid_search = GridSearchCV(lr_model, param_grid=LR_params, cv=5, scoring='f1_macro')
```

---

77 'f1'은 긍정 클래스에 대한 f1 score입니다. 'neg_log_loss'는 교차 엔트로피 비용함수입니다. scoring 파라미터가 취할 수 있는 값의 전체 목록은 https://scikit-learn.org/stable/modules/model_evaluation.html#scoring-parameter를 참고하세요.

GridSearchCV 클래스에서 제공하는 fit() 함수를 이용해 그리드 탐색을 수행합니다. 해당 함수의 인자로 독립변수와 종속변수의 학습 데이터(즉, tf_train_features, train_labels)를 입력합니다.

```
grid_search.fit(tf_train_features, train_labels)
```

각 하이퍼파라미터의 값에 따른 모형의 성능을 살펴보겠습니다. 다음과 같이 cv_results_ 변수가 갖는 'mean_test_score' 키의 값을 확인합니다. 아래 코드가 반환하는 결과의 값은 각 하이퍼파라미터(즉, 'penalty'와 'C') 값을 이용해 학습 결과로 도출된 모형을 각 폴드를 검증 데이터로 평가해서 나온 성능의 평균값을 의미합니다(여기서는 f1_macro의 평균값입니다).

```
grid_search.cv_results_['mean_test_score']
```

출력되는 결과는 다음과 같습니다. 일곱 번째 결과가 제일 좋은 것을 알 수 있습니다.

```
array([0.65612093, 0.66837602, 0.72744873, 0.72822862, 0.74056478, 0.74542467, 0.75410575,
0.7539371 ])
```

교차 검증에서 사용된 하이퍼파라미터 값들의 조합 및 그 순서는 다음과 같이 확인할 수 있습니다.

```
grid_search.cv_results_['params']
```

```
[{'C': 0.1, 'penalty': 'l1'},
 {'C': 0.1, 'penalty': 'l2'},
 {'C': 0.5, 'penalty': 'l1'},
 {'C': 0.5, 'penalty': 'l2'},
 {'C': 1, 'penalty': 'l1'},
 {'C': 1, 'penalty': 'l2'},
 {'C': 2, 'penalty': 'l1'},
 {'C': 2, 'penalty': 'l2'}]
```

따라서 모형의 성능이 제일 좋은 결과에 대한 조합은 일곱 번째 조합인 {'C': 2, 'penalty': 'l1'}입니다. 이는 best_params_ 변수의 값을 확인하면 알 수 있습니다. best_params_ 변수는 모형의 성능을 가장 좋게 하는 하이퍼파라미터의 값을 저장하는 역할을 합니다.

```
grid_search.best_params_
```

결과는 다음과 같습니다.

```
{'C': 2, 'penalty': 'l1'}
```

즉, 시도한 여러 가지 값 중에서 `C = 2`, `penality = 'l1'`인 경우에 모형의 성능이 제일 좋다는 것을 의미합니다.

그리고 그러한 하이퍼파라미터 값을 갖는 가장 성능이 좋은 모형은 **best_estimator_** 변수에 저장되어 있습니다. 다음과 같이 해당 모형을 추출하고 추출된 모형의 성능을 평가 데이터를 이용해 평가할 수 있습니다.

```
best_model = grid_search.best_estimator_ # Best estimator(모형)을 반환합니다.
pred_labels = best_model.predict(tf_test_features)

from sklearn.metrics import classification_report

print(classification_report(test_labels, pred_labels))
              precision    recall  f1-score   support

           0       0.66      0.41      0.50       138
           1       0.96      0.98      0.97      1814

    accuracy                           0.94      1952
   macro avg       0.81      0.69      0.74      1952
weighted avg       0.94      0.94      0.94      1952
```

참고 GridSearchCV 클래스를 사용할 때 한 번에 많은 하이퍼파라미터에 대해 많은 값을 시도하면 검색에 너무 오랜 시간이 걸립니다. 보다 효율적인 방법은 한 번에 소수(예: 2, 3개)의 하이퍼파라미터에 대해 소수의 값을 시도하고, 이러한 과정을 여러 번 반복해서 수행하는 것입니다.

11.1.6 클래스 불균형 문제

분류 문제를 다룰 때 발생할 수 있는 클래스 불균형 문제(Class imbalance problem)에 대해 살펴보겠습니다.

11.1.6.1 클래스 불균형 문제란?

클래스는 분류 문제에서 종속변수가 취하는 값을 의미합니다. 감성분석의 경우 긍정의 클래스와 부정의 클래스가 존재합니다. 클래스 불균형 문제는 **학습 데이터에 존재하는 각 클래스에 속하는 관측치의 수의 분포가 한쪽으로 치우친 경우**를 말합니다. 그림 11.8은 그러한 불균형 문제의 예를 보여줍니다. 예시는 종속변수가 취할 수 있는 값이 0과 1인 경우입니다. 그림을 통해 쉽게 알 수 있듯이 0의 값을 갖는 관측치의 수(즉, 클래스 0에 속한 관측치의 수)가 1의 값을 갖는 관측치의 수보다 훨씬 많은 것을 알 수 있습니다.

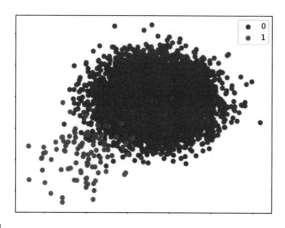

그림 11.8 클래스 불균형의 예

다수의 관측치가 속한 클래스를 다수 클래스(majority class)라고 하고, 그렇지 않은 클래스를 소수 클래스(minority class)라고 합니다. 위 그림에서는 0이 다수 클래스가 되고 1이 소수 클래스가 됩니다.

학습 데이터에 존재하는 클래스 불균형 문제는 모형의 성능을 저하시키는 원인이 됩니다. 특히, 소수 클래스에 대한 모형의 성능이 좋지 못합니다. 일반적으로 소수 클래스에 대한 재현율(즉, specificity)의 값이 좋지 못합니다. 주된 이유는 클래스 불균형 문제가 있는 경우, 모형은 종속변수의 값을 다수 클래스의 값으로 예측하고자 하는 경향이 높아지기 때문입니다. 즉, 실제의 값이 소수 클래스의 값이라고 할지라도 다수 클래스의 값으로 예측될 가능성이 높아지게 됩니다. 학습 데이터에 클래스 불균형 문제가 있으면 모형은 다수 클래스에 속하는 관측치의 특성은 잘 파악하는 반면, 소수 클래스에 속한 관측치의 특성은 잘 파악하지 못합니다. 그러면 소수 클래스에 속한 관측치들을 다수 클래스에 속한 관측치들로부터 구분하는 것이 어려워집니다. 우리가 수행하는 데이터 분석에서는 소수 클래스를 정확하게 예측하는 것이 더 중요한 경우가 많기 때문에 이러한 불균형 문제를 해결하는 것이 중요합니다. 예를 들어, 질병을 예측하는 문제, 신용 불량자를 예측하는 문제, 사기 거래를 예측하는 문제 등이 소수 클래스를 정확하게 예측하는 것이 중요한 문제의 예입니다.

클래스 불균형 문제가 있는 경우에는 정확도는 모형의 성능을 제대로 나타내지 못하는 지표이기 때문에 재현율, 정밀도, F1, AUC 등의 다른 지표의 값도 같이 리포트하는 것이 필요합니다.

11.1.6.2 클래스 불균형 문제에 사용될 수 있는 방법들

학습 데이터에 존재하는 클래스 불균형 문제를 해결하기 위해 여러 가지 방법이 사용될 수 있습니다. 가장 좋은 방법은 소수 클래스에 대한 데이터를 더 많이 수집하는 것입니다. 하지만 많은 경우 소수 클래스에 대한 데이터를 추가로 수집하는 것은 쉽지 않습니다. 또 다른 방법은 기존 데이터를 재표집(resampling) 하는 것입니다. 재표집 방법에는 크게 두 가지가 있습니다. 하나는 소수 클래스에 대해 오버샘플링 (oversampling)을 하는 것이고, 다른 하나는 다수 클래스에 대해 언더샘플링(undersampling)을 하는 것입니다.

오버샘플링의 경우, 간단한 방법은 기존 소수 클래스에 속한 관측치를 복사하는 것입니다. 하지만 이러한 방법은 새로운 특성을 가진 관측치의 수는 증가하지 않고, 기존 관측치의 특성과 동일한 특성을 갖는 관측 치의 수만 증가하기 때문에 과적합 등의 문제가 발생할 수 있습니다.

오버샘플링의 또 다른 방법은 기존 관측치를 있는 그대로 복사해서 관측치의 수를 증가시키는 것이 아니라 기존 관측치가 갖는 특성 정보를 활용해서 새로운 관측치를 생성하는 방법입니다. 이렇게 생성되는 관측치를 합성 관측치(synthetic data points)라고 합니다. 즉, 기존 관측치가 갖는 특성 정보를 합성해서 새로운 관측치를 생성하는 것을 의미합니다. 대표적인 방법으로 SMOTE(Synthetic Minority Oversampling Technique), Borderline SMOTE, ADASYN(Adaptive Synthetic Sampling), SVM SMOTE, KMeansSMOTE 등이 있습니다.

언더샘플링은 표현 그대로 다수 클래스에 속한 관측치의 수를 줄여서 클래스의 균형을 맞추는 방법입니다. 단순하게 기존에 존재하는 일부 관측치를 삭제해서 관측치의 수를 줄일 수도 있고, 무작위 추출 (random sampling) 방법을 사용해 일부 관측치를 선택해서 해당 클래스에 속한 관측치의 수를 줄일 수도 있습니다.

 참고 학습 데이터에 대해서는 클래스 불균형 문제를 해결하는 것이 필요하지만, 평가 데이터나 검증 데이터에 대해서는 클래스 별 관측치의 분포를 임의로 조정해서는 안 됩니다. 평가 데이터(혹은 검증 데이터)의 경우는 풀고자 하는 문제에 대한 데이터를 반영하게끔 클래스별 관측치가 분포되어 있어야 합니다. 그 이유는 평가 데이터는 모형이 풀고자 하는 문제에 적용했을 때 성능이 어떻게 될 것인지를 미리 가늠해 보기 위해서 사용하는 데이터이기 때문입니다.

과적합 문제를 줄일 수 있는 또 다른 방법은 Cost Sensitive 학습 방법을 사용하는 것입니다. 이는 관측치의 수를 조절하는 것이 아니라 학습 데이터에 존재하는 각 클래스의 비율에 따라 각 클래스별 비용에 다른 가중치를 부여하는 방법입니다. 즉, 소수 클래스에 대한 비용에는 더 큰 가중치를 주어 학습할 때 모형이 소수 클래스에 더 많이 신경 쓰게끔 하는 방법이라고 생각할 수 있습니다.

또 다른 방법은 클래스 불균형 문제에 상대적으로 영향을 덜 받는 알고리즘을 사용하는 것입니다. 대표적인 것이 결정 트리 기반의 앙상블 방법들입니다. 랜덤 포레스트(Random Forest), 배깅(Bagging), 부스팅(Boosting) 방법이 있습니다. 이러한 알고리즘에 대해서는 11.4절에서 자세히 설명합니다.

여기서는 먼저 SMOTE 기반의 오버샘플링 방법에 대해 살펴보겠습니다.

11.1.6.3 SMOTE

SMOTE(Synthetic Minority Oversampling Technique) 방법은 소수 클래스에 속한 관측치들의 특성 정보를 합성해서 새로운 관측치를 생성하는 오버샘플링 방법입니다. 작동하는 과정은 다음과 같습니다.

① 소수 클래스에 속한 관측치 하나를 무작위로(randomly) 선택합니다.

② 소수 클래스에 속한 다른 관측치 중에서 단계 ①에서 선택된 관측치와 유사도가 큰 K 개의 관측치를 선택합니다(K는 사용자가 그 값을 결정하는 하이퍼파라미터입니다).

③ 단계 ①에서 선택된 관측치와 단계 ②에서 선택된 K 개의 관측치 각각에 대해 유클리디안 거리를 계산합니다.

④ 0과 1 사이의 값을 무작위로 선택해서 단계 ③에서 계산된 거리에 곱합니다.

⑤ 단계 ④에서 계산된 위치에 대해 새로운 관측치를 생성합니다.

위의 과정을 필요한 만큼 반복합니다.

설명을 위해 구체적인 예를 들어보겠습니다. 그림 11.9와 같이 소수 클래스에 속한 관측치들이 분포해 있다고 가정합니다. 그리고 단계 ①에서 관측치 x_1이 선택됐다고 가정하겠습니다.

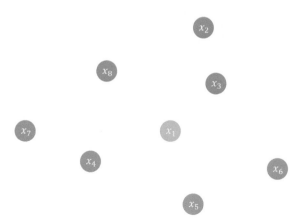

그림 11.9 SMOTE 작동 과정: 단계 1

그다음 단계에서는 관측치 x_1을 기준으로 거리가 가까운 K 개의 관측치들을 선택합니다. 여기서 K = 4라고 가정합니다. 그럼, 그림 11.10과 같이 관측치 x_3, x_4, x_5, x_8(노란색 원으로 표시)이 선택됩니다.

그림 11.10 SMOTE 작동 과정: 단계 2

그다음 단계에서는 관측치 x_3, x_4, x_5, x_8 각각에 대해 다음 작업을 수행합니다. 여기서는 관측치 x_5를 예로 설명하겠습니다. 관측치 x_1과 x_5의 유클리디안 거리를 계산합니다. 그리고 0과 1 사이의 값을 무작위로 선택하고 그 값을 두 관측치의 거리와 곱합니다. 그렇게 계산된 길이를 이용해 관측치 x_1과 x_5 사이에서 다음과 같이 새로운 관측치를 생성합니다(그림 11.11에서 r_1).

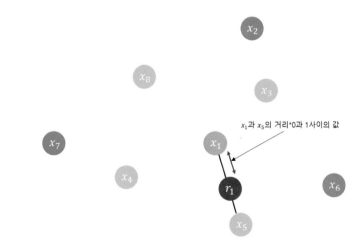

그림 11.11 SMOTE 작동 과정: 단계 3, 4, 5

이러한 과정을 오버샘플링하고자 하는 관측치의 수에 따라 반복합니다.

■ 파이썬에서 SMOTE 사용하기

SMOTE 방법을 사용하기 위해서는 먼저 imbalanced-learn 모듈을 설치해야 합니다. `pip install imbalanced-learn` 명령어를 사용해 설치합니다.

다음과 같이 해당 모듈 임포트합니다.[78]

```
import imblearn
```

여기서는 SMOTE 사용 방법을 설명하기 위해 임의의 관측치들을 생성하겠습니다. 이를 위해 다음과 같이 sklearn에서 제공되는 `make_classification()` 함수를 사용합니다. 다음 코드는 특성 정보가 두 개이고 종속변수가 취하는 값이 0과 1 두 개인 관측치를 10,000개 만듭니다. 그리고 `weights` 파라미터의 0.99는 관측치의 99%가 0의 값을 갖는다는 것을 의미합니다. `make_classification()` 함수가 반환하는 특정 정보는 변수 X에, 종속변수는 변수 y에 저장됩니다.

```
from sklearn.datasets import make_classification

X, y = make_classification(
    n_samples=10000, n_features=2, n_redundant=0, n_clusters_per_class=1, weights=[0.99],
    flip_y=0, random_state=1
)
```

데이터를 생성한 후에 Counter 클래스를 이용해 각 클래스에 속한 관측치의 수를 확인해 보겠습니다.

```
from collections import Counter

counter = Counter(y)
print(counter)
```
```
Counter({0: 9900, 1: 100})
```

10,000개의 관측치 중 99%에 해당하는 9,900개 관측치의 종속변수 값이 0입니다. 심각한 클래스 불균형 데이터인 것을 알 수 있습니다. 다음과 같이 `matplotlib` 모듈에서 제공되는 `scatter()` 함수를 이용해 데이터의 분포를 시각화해 보겠습니다. 결과는 그림 11.12와 같습니다.

---

[78] 관련 코드는 Oversampling_methods_example.ipynb 파일을 참고하세요.

```
import matplotlib.pyplot as plt
from numpy import where

for label, _ in counter.items():
    row_ix = where(y == label)[0]
    plt.scatter(X[row_ix, 0], X[row_ix, 1], label=str(label))
plt.legend()
plt.show()
```

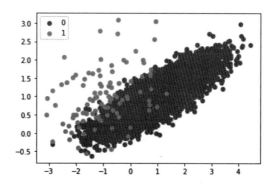

그림 11.12 데이터의 분포

위 데이터에 대해 SMOTE 방법을 사용해 소수 클래스 관측치를 오버샘플링해 보겠습니다. 이를 위해 `imblearn` 모듈에서 제공되는 `SMOTE` 클래스의 객체를 만들고, 해당 클래스에서 제공되는 `fit_resample()` 함수를 이용합니다. 다음과 같이 `SMOTE` 클래스의 객체를 만들 때 생성자 함수에 아무런 인자를 입력하지 않으면, 기본적으로 소수 클래스에 속한 관측치의 수가 다수 클래스 관측치의 수와 동일하게끔 오버샘플링을 수행합니다. 그리고 `SMOTE()` 생성자 함수는 `k_neighbors`라는 파라미터를 갖습니다. 해당 파라미터는 새로운 합성 관측치를 생성할 때 사용되는 이웃한 관측치의 수를 지정하는 역할을 합니다(앞에서 설명한 단계 ②에서의 K를 의미합니다). 해당 파라미터의 기본값은 5로 설정되어 있습니다. 여기서는 기본값을 그대로 사용하겠습니다.

```
from imblearn.over_sampling import SMOTE

smt = SMOTE() # 아무런 인자를 입력하지 않은 경우, k_neighbors=5

X_new, y_new = smt.fit_resample(X, y)
counter = Counter(y_new)
print(counter)
```

위 코드의 결과는 다음과 같습니다. 종속변수 값이 1인 관측치의 수도 9,900개가 된 것을 알 수 있습니다.

```
Counter({0: 9900, 1: 9900})
```

오버샘플링된 관측치를 포함한 데이터를 시각화해 보겠습니다. 결과는 그림 11.13과 같습니다.

```
for label, _ in counter.items():
    row_ix = where(y_new == label)[0]
    plt.scatter(X_new[row_ix, 0], X_new[row_ix, 1], label=str(label))
plt.legend()
plt.show()
```

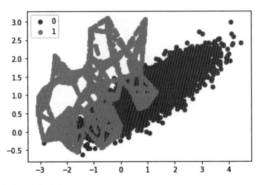

그림 11.13 SMOTE를 이용한 오버샘플링의 결과

소수 클래스에 속한 기존 관측치 사이의 선을 긋고 그 위에서 새로운 관측치를 오버샘플링하기 때문에 그림 11.13과 같은 결과가 나온 것입니다.

이번에는 소수 클래스에 속한 관측치의 수가 다수 클래스 관측치 수의 50%가 되도록 오버샘플링해 보겠습니다. 이 경우, SMOTE 클래스의 객체를 생성할 때 생성자 함수가 갖는 sampling_strategy 파라미터의 값을 0.5로 설정합니다.

```
smt1 = SMOTE(sampling_strategy=0.5) # minority class가 majority class의 50%가 되도록
X_new1, y_new1 = smt1.fit_resample(X, y)
counter = Counter(y_new1)
print(counter)
```

```
Counter({0: 9900, 1: 4950})
```

위와 같이 종속변수의 값이 1인 관측치의 수가 0의 값을 갖는 관측치 수의 50%가 되는 것을 확인할 수 있습니다.

이번에는 소수 클래스에 속한 관측치의 수를 직접 지정해서 오버샘플링을 해보겠습니다. 이 경우에는 클래스별 관측치의 수를 저장하는 사전 변수를 생성하고 해당 변수를 `sampling_strategy` 파라미터 값으로 입력합니다. 이때, 지정하는 관측치의 수는 원래 관측치의 수보다 작을 수 없습니다(오버샘플링 방법이기 때문에 그렇습니다. 원래 관측치의 수보다 줄이고자 하는 경우에는 언더샘플링 방법을 사용해야 합니다. 이는 잠시 후에 설명하겠습니다). 다음 예에서는 종속변수의 값이 1인 관측치의 수를 6,600으로 설정했습니다. 즉, 오버샘플링을 해서 종속변수 값이 1인 관측치의 수를 6,600개로 증가시키겠다는 것을 의미합니다.

```
strategy = {0:9900, 1:6600}
smt2 = SMOTE(sampling_strategy=strategy)
X_new2, y_new2 = smt2.fit_resample(X, y)
counter = Counter(y_new2)
print(counter)
```

```
Counter({0: 9900, 1: 6600})
```

11.1.6.4 Borderline SMOTE

이번에는 Borderline SMOTE 방법에 대해 살펴보겠습니다. Borderline SMOTE 방법은 SMOTE 방법을 약간 변형한 방법입니다. 이름이 의미하듯이 오버샘플링을 하기 위해 소수 클래스에 속한 모든 관측치를 대상으로 하는 것이 아니라 클래스를 구분하는 경계에 가까이 존재하는 관측치를 사용하는 방법입니다. 작동 과정은 다음과 같습니다.

① 소수 클래스에 속한 모든 관측치에 대해 클래스와 상관없이 거리가 가까운 M 개의 이웃 관측치를 선택합니다.

② 단계 ①에서 선택된 M 개의 이웃 관측치 중에서 절반 이상이 다수 클래스 관측치인 소수 클래스 관측치를 '위험(DANGER)' 관측치로 구분합니다. 이러한 '위험' 관측치는 주변에 다수 클래스에 속한 관측치가 많은 관측치로 클래스를 구분하는 경계(borderline) 근처에 존재할 가능성이 높은 관측치가 됩니다.

③ 소수 클래스에 속한 관측치 중에서 단계 ②에서 구분한 '위험' 관측치와 거리가 가까운 K 개의 관측치를 선택합니다.

④ 단계 ③에서 선택된 K 개의 관측치를 이용하여 SMOTE에서의 동일한 방법으로 새로운 합성 관측치를 생성합니다 (즉, 두 관측치 사이의 선을 긋고, 그 선 위에서 무작위로 새로운 관측치를 생성합니다).

단계 ③, ④를 필요한 만큼 반복합니다.

■ 파이썬에서 Borderline SMOTE 사용하기

imblearn 모듈에서 제공하는 BorderlineSMOTE 클래스를 임포트합니다. BorderlineSMOTE 클래스를 사용하는 방법은 SMOTE 클래스를 사용하는 것과 거의 동일합니다.

```
from imblearn.over_sampling import BorderlineSMOTE
```

여기서는 오버샘플링을 통해 종속변수의 값이 1인 관측치가 5,500개입니다. 이를 위해 다음과 같이 코딩합니다.

```
strategy = {0:9900, 1:5500}
bdsmt = BorderlineSMOTE(sampling_strategy=strategy)
X_border, y_border = bdsmt.fit_resample(X, y)
counter = Counter(y_border)
print(counter)
```

```
Counter({0: 9900, 1: 5500})
```

Borderline SMOTE를 이용한 결과를 시각화하면 그림 11.14와 같습니다. 0과 1 클래스의 경계면에서 상대적으로 더 많은 관측치가 오버샘플링된 것을 확인할 수 있습니다.

```
for label, _ in counter.items():
    row_ix = where(y_border == label)[0]
    plt.scatter(X_border[row_ix, 0], X_border[row_ix, 1], label=str(label))
plt.legend()
plt.show()
```

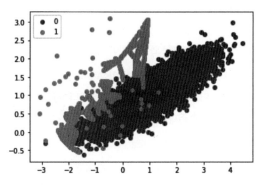

그림 11.14 Borderline SMOTE를 이용한 오버샘플링의 결과

11.1.6.5 SVM SMOTE

SVM(Support Vector Machines) SMOTE는 Borderline SMOTE와 마찬가지로 클래스를 구분하는 경계에 존재할 가능성이 큰 소수 클래스에 속한 관측치를 이용해 오버샘플링하는 방법입니다. 하지만 Borderline SMOTE와 달리, 경계 근처에 존재하는 소수 클래스에 속한 관측치들을 찾기 위해 SVM 알고리즘을 사용합니다. SVM 알고리즘의 경우, 경계 가까이 존재하는 관측치(혹은 그러한 관측치를 나타내는 벡터)를 서포트 벡터(support vector)라고 합니다. SVM SMOTE의 경우, SVM을 이용해 일단 먼저 소수 클래스에 속하는 서포트 벡터를 찾은 후 SMOTE 방법을 사용해 오버샘플링하는 방법입니다. SVM 알고리즘의 작동 원리에 대한 자세한 설명은 11.5절에서 제공하므로 여기서는 SVM 알고리즘에 대한 설명은 생략하겠습니다.

■ 파이썬에서 SVM SMOTE 이용하기

파이썬에서는 imblearn 모듈에서 제공하는 SVMSMOTE 클래스를 이용해 SVM SMOTE 방법을 사용합니다. SVMSMOTE 클래스를 이용하는 방법은 앞에서 살펴본 BorderlineSMOTE 클래스와 유사합니다. 여기서도 소수 클래스에 속한 관측치의 수를 5,500으로 설정합니다.

```python
from imblearn.over_sampling import SVMSMOTE # 클래스 임포트하기

strategy = {0:9900, 1:5500} # 오버샘플링 전략 설정
svm = SVMSMOTE(sampling_strategy=strategy)
X_svm, y_svm = svm.fit_resample(X, y)
```

시각화한 결과는 그림 11.15와 같습니다.

```python
for label, _ in counter.items():
    row_ix = where(y_svm == label)[0]
    plt.scatter(X_svm[row_ix, 0], X_svm[row_ix, 1], label=str(label))
plt.legend()
plt.show()
```

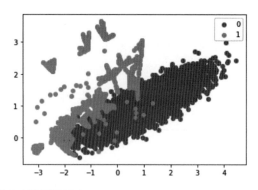

그림 11.15 SVM SMOTE를 이용한 오버샘플링의 결과

11.1.6.6 ADASYN

ADASYN(Adaptive Synthetic Sampling) 오버샘플링 방법은 소수 클래스에 속한 관측치를 오버샘플링할 때 주변에 존재하는 다수 클래스에 속한 관측치가 많을수록 더 많이 오버샘플링하는 방법입니다. 주변에 다수 클래스에 속한 관측치가 많은 소수 클래스 관측치일수록 분류가 어려운 관측치라는 의미인데, 그러한 소수 클래스 관측치 정보를 이용해 오버샘플링하면 일반적으로 분류 모형의 성능이 더 좋아집니다. 구체적인 예를 들어보겠습니다. 표 11.3은 특정 소수 클래스 관측치에 대해 거리가 가까운 다섯 개의 이웃 관측치 정보를 보여줍니다.

표 11.3 이웃 관측치의 비율

소수 클래스 관측치	이웃 소수 클래스 관측치의 수	이웃 다수 클래스 관측치의 수	다수 클래스의 비율
x_1	3	2	0.4 (=2/5)
x_2	4	1	0.2 (=1/5)
x_3	1	4	0.8 (=4/5)
x_4	5	0	0

이웃 관측치 중에서 다수 클래스 관측치의 비율이 높을수록 오버샘플링을 더 많이 합니다. 예를 들어, 관측치 x_3에 대해 오버샘플링되는 관측치의 수는 관측치 x_1에 대해 오버샘플링되는 관측치의 두 배입니다. 각 관측치에 대해 오버샘플링하는 방법은 SMOTE와 유사합니다.

■ **파이썬에서 ADASYN 이용하기**

파이썬에서 ADASYN 방법을 이용하기 위해서는 **imblearn** 모듈에서 제공하는 **ADASYN** 클래스를 사용합니다. 여기서도 오버샘플링을 통해 종속변수의 값이 1인 관측치가 5,500개입니다. 코드는 앞에서 살펴본 것과 유사합니다.

```
from imblearn.over_sampling import ADASYN

strategy = {0:9900, 1:5500}
adasyn = ADASYN(sampling_strategy=strategy)
X_ads, y_ads = adasyn.fit_resample(X, y)
```

결과를 시각화해 보면 그림 11.16과 같습니다.

```
for label, _ in counter.items():
    row_ix = where(y_ads == label)[0]
    plt.scatter(X_ads[row_ix, 0], X_ads[row_ix, 1], label=str(label))
plt.legend()
plt.show()
```

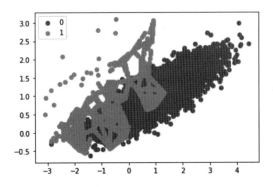

그림 11.16 ADASYN을 이용한 오버샘플링의 결과

11.1.6.7 K-평균 SMOTE

K-평균 SMOTE는 SMOTE를 적용하기 전에 K-평균 알고리즘을 이용해 군집화를 먼저 수행합니다. K-평균 SMOTE 방법은 크게 다음의 3단계로 구분됩니다.

1. 군집화(clustering)

2. 필터링(filtering)

3. 오버샘플링(oversampling).

첫 번째 단계인 군집화 단계에서는 K-평균 알고리즘을 이용해 데이터를 군집화합니다. 그다음, 필터링 단계에서는 오버샘플링하기 위한 군집을 선택합니다. K-평균 SMOTE의 경우, 모든 군집에 대해 오버샘플링을 수행하는 것이 아니라 소수 클래스에 속한 관측치의 수가 상대적으로 많은 군집에 대해서만 오버샘플링을 수행합니다. 이를 위해 각 군집에 속한 소수 클래스 관측치와 다수 클래스 관측치의 비율을 구합니다(이를 불균형 비율(imbalance ratio)이라고 하고, $\frac{\text{소수 클래스 관측치}}{\text{다수 클래스 관측치}}$로 계산합니다. 이 값이 1보다 큰 군집만을 선택합니다. 마지막 단계에서는 필터링 단계에서 선택된 군집에 대해 SMOTE 방법을 이용해 오버샘플링을 수행합니다. 이때, 소수 클래스에 속한 관측치들이 밀집된 정도가 덜한 군집에 대해 상대적으로 더 많은 합성 관측치를 새롭게 오버샘플링합니다. 이러한 과정을 그림으로 요약하면 그림 11.17과 같습니다.

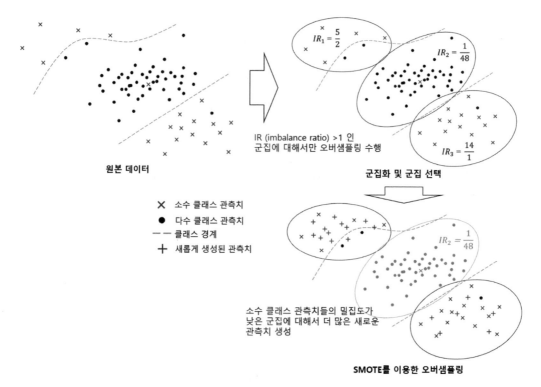

그림 11.17 K-평균 SMOTE 작동 과정

■ **파이썬에서 K-평균 SMOTE 이용하기**

K-평균 SMOTE는 `imblearn` 모듈에서 제공하는 KMeansSMOTE 클래스를 사용합니다. KMeansSMOTE 클래스 생성자 함수는 `kmeans_estimator` 파라미터를 가지며, 이 파라미터의 값으로 KMeans 클래스의 객체를 입력해야 합니다. 여기서는 `km = KMeans(n_clusters=15)`를 이용해 찾고자 하는 군집의 수를 15로 설정하고 KMeans 클래스의 객체를 생성한 후, 해당 객체를 `kmeans_estimator` 파라미터 값으로 설정했습니다.

```
from imblearn.over_sampling import KMeansSMOTE # 클래스 임포트하기
from sklearn.cluster import KMeans # KMeans 클래스 임포트하기


km = KMeans(n_clusters=15)
strategy = {0:9900, 1:5500}
ksm = KMeansSMOTE(sampling_strategy=strategy, kmeans_estimator=km)
X_k, y_k = ksm.fit_resample(X, y)
```

결과를 시각화해 보면 그림 11.18과 같습니다. K-평균 SMOTE는 다른 방법에 비해 상대적으로 성능이 별로 좋지 않은 것으로 알려져 있습니다.

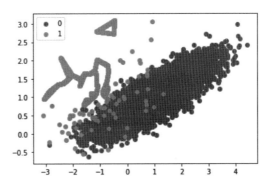

그림 11.18 K-평균 SMOTE를 이용한 오버샘플링의 결과

11.1.6.8 언더샘플링

클래스 불균형 문제가 있는 경우 일반적으로 소수 클래스를 오버샘플링하는 방법을 사용하지만, 소수 클래스 관측치가 분석을 하기에 충분히 많다면 다수 클래스 관측치를 줄일 수도 있습니다. 다수 클래스에 속한 관측치의 수를 줄이는 것을 언더샘플링(Undersampling)이라고 합니다. 언더샘플링에도 여러 가지 방법이 있지만, 여기서는 간단히 무작위 언더샘플링(Random undersampling) 방법과 NearMiss 언더샘플링 방법에 대해서 살펴보겠습니다.

■ 무작위 언더샘플링

무작위 언더샘플링은 말 그대로 다수 클래스에 속한 관측치 중에서 일부를 무작위로 선택하는 방법입니다. 파이썬에서는 imblearn 클래스에서 제공되는 RandomUnderSampler 클래스를 이용해 수행할 수 있습니다.

RandomUnderSampler 클래스의 생성자 함수도 sampling_strategy 파라미터를 갖습니다. 해당 파라미터가 작동하는 방식은 앞에서 살펴본 것과 동일합니다. 즉, 해당 파라미터의 값을 지정하지 않으면, 언더샘플링을 통해 추출되는 다수 클래스 관측치의 수는 소수 클래스 관측치의 수와 동일합니다. 위의 예에서는 100개가 됩니다. 이와 관련된 코드는 다음과 같습니다.

```python
from imblearn.under_sampling import RandomUnderSampler

undersample = RandomUnderSampler()
X_under, y_under = undersample.fit_resample(X, y)
counter = Counter(y_under)
print(counter)
```

```
Counter({0: 100, 1: 100})
```

이를 시각화해 보면 그림 11.19와 같습니다.

```python
for label, _ in counter.items():
    row_ix = where(y_under == label)[0]
    plt.scatter(X_under[row_ix, 0], X_under[row_ix, 1], label=str(label))
plt.legend()
plt.show()
```

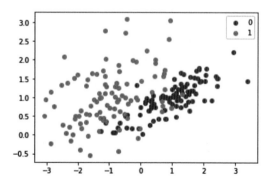

그림 11.19 무작위 언더샘플링의 결과

이번에는 다음과 같이 `sampling_strategy` 파라미터의 값을 구체적으로 설정해 보겠습니다. 언더샘플링이기 때문에 각 클래스에 속한 관측치의 수를 원래의 수보다 크게 할 수 없습니다.

```
strategy = {0:200, 1:100}
undersample = RandomUnderSampler(sampling_strategy=strategy)
X_under2, y_under2 = undersample.fit_resample(X, y)
counter = Counter(y_under2)
print(counter)
```

```
Counter({0: 200, 1: 100})
```

■ NearMiss 언더샘플링

이번에는 NearMiss 언더샘플링 방법에 대해서 알아보겠습니다. NearMiss는 소수 클래스 관측치와의 거리를 기반으로 다수 클래스 관측치를 샘플링하는 방법으로 세 가지 버전이 존재합니다 (즉, NearMiss-1, NearMiss-2, NearMiss-3).

NearMiss-1은 다수 클래스 관측치 중에서 세 개의 가장 가까운 소수 클래스 관측치와의 평균 거리가 가장 짧은 관측치를 선택합니다. NearMiss-2는 다수 클래스 관측치 중에서 세 개의 가장 먼 소수 클래스 관측치와의 평균 거리가 가장 짧은 관측치를 선택하는 방법입니다. NearMiss-3은 각 소수 클래스 관측치에 대해 가장 가까이 존재하는 다수 클래스 관측치를 정해진 숫자만큼 선택하는 방법입니다.

파이썬에서는 `imblearn`에서 제공하는 `NearMiss` 클래스를 이용해서 수행할 수 있습니다. 다음과 같이 임포트합니다.

```
from imblearn.under_sampling import NearMiss
```

그 다음 `NearMiss` 클래스 생성자 함수를 이용해서 객체를 만듭니다. 해당 생성자 함수는 `sampling_strategy` 이외에 주요 파라미터로 `version`을 갖습니다. `version` 파라미터는 사용하고자 하는 NearMiss의 버전을 정하는 역할을 하며, 취할 수 있는 값은 1, 2, 3입니다. 여기서는 먼저 NearMiss-1을 사용해 보겠습니다. 이를 위해 `version` 파라미터의 값을 1로 설정합니다. `NearMiss` 클래스를 사용하는 방법은 앞에서 살펴본 `RandomUnderSampler`와 거의 동일합니다.

```
strategy = {0:200, 1:100}
undersample = NearMiss(sampling_strategy=strategy, version=1)
X_under_NM1, y_under_NM1 = undersample.fit_resample(X, y)
counter = Counter(y_under_NM1)
```

```
print(counter)
```

```
Counter({0: 200, 1: 100})
```

이를 시각화하면 그림 11.20과 같습니다.

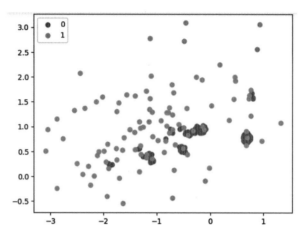

그림 11.20 NearMiss−1 언더샘플링의 결과

NearMiss−2를 사용하기 위해서는 **NearMiss** 클래스 생성자 함수가 갖는 **version** 파라미터의 값을 2로 설정하면 됩니다. 나머지 과정은 앞의 과정과 동일하기 때문에 코드 설명은 생략하겠습니다. 해당 코드는 **Oversampling_methods_example.ipynb** 파일을 참고하세요.

NearMiss−3의 경우는 **version** 파라미터의 값을 3으로 설정하는 것 이외에 추가적으로 **n_neighbors_ver3** 파라미터의 값을 설정해야 합니다. 이 파라미터는 각 소수 클래스 관측치에 대해 가장 가까운 몇 개의 다수 클래스 관측치를 선택할 것인지를 결정하는 역할을 합니다. 기본값은 3으로 되어 있습니다. 여기서도 그 값을 3으로 설정하고 사용해 보겠습니다. 코드는 다음과 같습니다.

```
strategy = {0:200, 1:100}
undersample = NearMiss(sampling_strategy=strategy, version=3, n_neighbors_ver3=3) # NearMiss-3
X_under_NM3, y_under_NM3 = undersample.fit_resample(X, y)
counter = Counter(y_under_NM3)
print(counter)
```

```
Counter({0: 126, 1: 100})
```

앞의 결과를 보면, 표집 전략을 {0:200, 1:100}으로 설정했음에도 불구하고 결과로 도출된 클래스 0에 속한 관측치의 수가 126 밖에 되지 않습니다. 그 이유는 각 소수 클래스 관측치에 대해 가장 가까운 세 개의 다수 클래스 관측치만을 선택했고, 선택된 다수 클래스 관측치 간에 중복이 가능하기 때문입니다.

이러한 언더샘플링 결과를 시각화하면 그림 11.21과 같습니다.

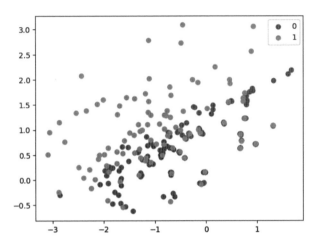

그림 11.21 NearMiss-3 언더샘플링의 결과

세 가지 버전 중에서 NearMiss-3이 일반적으로 많이 사용됩니다.

11.1.6.9 오버샘플링과 언더샘플링 같이 사용하기

실제 데이터 분석에서는 일반적으로 오버샘플링과 언더샘플링을 모두 사용합니다. 보통 오버샘플링을 먼저 수행하고 그다음 언더샘플링을 수행합니다. 여기서는 위 예제 데이터에 대해 SMOTE를 이용해 오버샘플링을 먼저 수행하고, 그다음 무작위 언더샘플링 방법을 사용해 언더샘플링을 수행해 보겠습니다.

다음과 같이 먼저 오버샘플링을 수행합니다. 소수 클래스 관측치의 수를 100에서 1,000개로 증가시킵니다.

```
over_strategy = {0:9900, 1:1000}
smt2 = SMOTE(sampling_strategy=over_strategy)
X_new1, y_new1 = smt2.fit_resample(X, y)
```

이번에는 위 결과를 이용해 언더샘플링을 진행합니다. 여기서는 다수 클래스 관측치의 수를 2,000개로 줄이겠습니다.

```
under_strategy = {0:2000, 1:1000}
undersample2 = RandomUnderSampler(sampling_strategy=under_strategy)
X_new2, y_new2 = undersample2.fit_resample(X_new1, y_new1)
counter = Counter(y_new2)
print(counter)
```

```
Counter({0: 2000, 1: 1000})
```

최종 결과로 도출된 관측치의 수는 다수 클래스가 2,000개, 소수 클래스가 1,000개인 것을 확인할 수 있습니다.

11.1.7 오버샘플링과 언더샘플링을 이용한 감성분석

이번에는 오버샘플링과 언더샘플링을 적용해 감성분석을 수행해 보겠습니다. 관련 코드는 LR_sentiment_over_undersampling.ipynb 파일을 참고하세요. 여기서도 앞에서 사용했던 영화평 데이터인 2016_filtered_review_part.txt를 사용해 보겠습니다(앞에서 사용했던 코드와 동일한 부분에 대해서는 설명을 생략하겠습니다).

일단 학습 데이터와 평가 데이터로 구분합니다. 그다음에 학습 데이터에 대해 각 클래스에 속한 관측치의 수를 살펴보겠습니다. 이를 위해 numpy에서 제공하는 unique() 함수를 사용합니다. 전체 17,561개의 관측치 중에서 부정의 값을 갖는 관측치가 1,485개이고, 긍정의 값을 갖는 관측치의 수가 16,076개입니다. 긍정 클래스의 관측치가 10.8배 정도 많은 불균형 데이터입니다.

```
from sklearn.model_selection import train_test_split

train_texts, test_texts, train_labels, test_labels = train_test_split(
    filtered_texts, filtered_labels, test_size=0.1, random_state=42
)

values, n_samples = np.unique(train_labels, return_counts=True)
print(
    '0: {0} \n1: {1} \ntotal: {2}'.format(n_samples[0], n_samples[1], len(train_labels))
)
```

```
0: 1485
1: 16076
total: 17561
```

위 데이터에 대해 TF 정보 기반의 DTM을 사용하고 L2 규제화 기반의 로지스틱 회귀모형이 평가 데이터에 대해 갖는 성능은 다음과 같았습니다.

```
              precision    recall  f1-score   support

           0       0.73      0.23      0.35       138
           1       0.94      0.99      0.97      1814

    accuracy                           0.94      1952
   macro avg       0.84      0.61      0.66      1952
weighted avg       0.93      0.94      0.92      1952
```

재현율의 매크로 평균은 0.61이고, F1 스코어의 매크로 평균은 0.66이었습니다.

이번에는 AUC의 값을 확인해 보겠습니다. 그 값이 0.87 정도됩니다.

```
pred_probs = lr_tf_l2.predict_proba(tf_test_features)
from sklearn.metrics import roc_auc_score
auc_score = roc_auc_score(test_labels, pred_probs[:,1])
auc_score
```

```
0.8678235303516929
```

추가적으로 혼동 행렬을 확인해 보겠습니다. False Positive의 값이 106인 것을 확인할 수 있습니다. 즉, 종속변수의 값이 0인 관측치 전체 138개 중 106개의 종속변수 값을 잘못 예측한 것입니다. 평가 데이터도 클래스 불균형 데이터이기 때문에 이러한 결과가 나올 가능성이 높기는 하지만, 학습 데이터의 불균형 문제로 인해 그 정도가 심해질 수 있습니다.

```
array([[  32,  106],
       [  12, 1802]], dtype=int64)
```

이번에는 오버샘플링과 언더샘플링을 적용해 보겠습니다. 여기서는 먼저 Borderline SMOTE를 사용해 소수 클래스인 부정 클래스의 관측치 수를 4,000개로 증가시키고, 그다음에 무작위 언더샘플링 방법을 사용해 다수 클래스인 긍정 클래스 관측치의 수를 8,000개로 줄여 보겠습니다. 따라서 최종 관측치의 수는 부정 영화평 4,000개, 긍정 영화평 8,000개가 됩니다. 다시 한번 강조하지만, 평가 데이터에 존재하는 관측치의 수는 조절하지 않습니다.

```
from imblearn.over_sampling import BorderlineSMOTE
from imblearn.under_sampling import RandomUnderSampler
from collections import Counter


# 먼저 오버샘플링을 진행합니다.
over_strategy = {0:4000, 1:16076}
smt1 = BorderlineSMOTE(sampling_strategy=over_strategy)
X_train1, y_train1 = smt1.fit_resample(tf_train_features, train_labels)

# 그다음 언더샘플링을 진행합니다.
under_strategy = {0:4000, 1:8000}
undersample = RandomUnderSampler(sampling_strategy=under_strategy)
X_train2, y_train2 = undersample.fit_resample(X_train1, y_train1)
```

학습 데이터에 존재하는 클래스별 최종 관측치의 수는 다음과 같습니다.

```
counter = Counter(y_train2)
print(counter)
```
```
Counter({1: 8000, 0: 4000})
```

비교를 위해 앞에서 사용한 모형과 동일한 하이퍼파라미터를 갖는 모형을 이번에는 오버/언더 샘플링된 데이터에 적용합니다.

```
lr_resample = LogisticRegression(C=0.1, penalty='l2', solver='saga', max_iter=10000)
lr_resample.fit(X_train2,y_train2) # 오버/언더 샘플링된 데이터에 대해 학습하기
pred_labels_resample = lr_resample.predict(tf_test_features)
```

평가 데이터에 대한 모형의 성능은 다음과 같습니다.

```
print(classification_report(test_labels, pred_labels_resample))
              precision    recall  f1-score   support

           0       0.39      0.57      0.46       138
           1       0.97      0.93      0.95      1814

    accuracy                           0.91      1952
   macro avg       0.68      0.75      0.71      1952
weighted avg       0.93      0.91      0.91      1952
```

AUC 값은 다음과 같습니다.

```
pred_probs_resample = lr_resample.predict_proba(tf_test_features)
auc_score2 = roc_auc_score(test_labels, pred_probs_resample[:,1])
auc_score2
```

```
0.8504266334308039
```

오버/언더 샘플링을 사용한 경우와 그렇지 않은 경우의 모형 성능을 정리하면 표 11.4와 같습니다(정밀도, 재현율, F1의 값은 매크로 평균입니다).

표 11.4 오버/언더 샘플링을 사용한 경우와 그렇지 않은 경우의 성능 비교

성능 지표	오버/언더 샘플링 방법을 사용하지 않은 경우 (부정 관측치: 1485, 긍정 관측치: 16076, 비율=1:10.8)	오버/언더 샘플링 방법을 사용한 경우 (부정 관측치: 4000, 긍정 관측치: 8000, 비율=1:2)
정확도	0.94	0.91
정밀도	0.84	0.68
재현율	0.61	0.75
F1	0.66	0.71
AUC	0.868	0.850

재현율과 F1 값은 증가했고, 정밀도는 감소했으며 AUC 값도 다소 감소한 것으로 나타났습니다. 오버샘플링이나 언더샘플링 방법을 사용할 것인지 얼마만큼 오버/언더 샘플링할 것인지는 수행하는 데이터 분석의 목적에 따라 달라져야 합니다. 예를 들어, 소수 클래스에 대한 재현율이 중요한 경우에는 오버샘플링 방법을 사용하는 것이 더 바람직합니다.

11.1.8 Cost Sensitive 방법을 적용한 감성분석

지금까지는 클래스 불균형 문제를 해결하기 위해 특정 클래스에 속하는 관측치의 수를 증가 혹은 감소시키는 방법에 대해 살펴봤습니다. Cost Sensitive 방법은 관측치의 수를 조절하는 대신, 각 클래스에 대한 비용(cost)에 가중치를 달리 주어 학습하는 방법입니다. 소수 클래스에 대한 비용에 상대적으로 더 많은 가중치를 줍니다. 그렇게 하면, 학습을 진행할 때 소수 클래스에 속한 관측치의 종속변수를 잘못 예측했을 때 발생하는 비용(혹은 증가하는 비용함수의 값)이 커지기 때문에 모형은 소수 클래스에 속한 관측치의

종속변수를 제대로 예측하기 위해 더 많이 신경 씁니다. 이렇게 하면 소수 클래스에 속한 관측치의 특성을 더 잘 학습합니다.

교차 엔트로피 비용함수의 경우, 종속변수가 취할 수 있는 값이 0과 1 두 개인 문제에 대해 특정 관측치에 대한 비용은 다음과 같습니다.

$$-\{y_i \ln p(y_i=1) + (1-y_i)\ln p(y_i=0)\}, \text{ where } y_i \in \{0,\ 1\}$$

관측치 i가 갖는 종속변수의 실제값(즉, y_i)이 0인 경우의 비용은 $-\ln p(y_i=0)$이 되고, 1인 경우는 $-\ln p(y_i=1)$이 됩니다. 각 클래스(즉, 종속변수 값)의 비용에 대해 가중치를 부여하면 다음과 같이 표현할 수 있습니다.

$$-\{w_1 y_i \ln p(y_i=1) + w_0(1-y_i)\ln p(y_i=0)\}$$

위 식에서 w_0는 종속변수의 값이 0인 클래스에 대한 가중치이고 w_1은 종속변수의 값이 1인 클래스에 대한 가중치입니다. w_0의 값을 w_1에 비해 상대적으로 크게 하면 종속변수의 값이 0인 관측치의 종속변수 값을 잘못 예측하는 경우 발생하는 비용의 크기가 상대적으로 더 커지기 때문에 모형은 종속변수의 값이 0인 관측치의 종속변수 값을 정확하게 예측하기 위해 더 많은 신경을 쓰게 됩니다. 종속변수의 값이 0인 클래스가 소수 클래스라면 w_0의 값을 상대적으로 크게 하고, 1인 클래스가 소수 클래스라면 w_1의 값을 상대적으로 크게 합니다.

sklearn 모듈에서 제공하는 LogisticRegression 클래스의 경우, 생성자 함수가 class_weight라는 파라미터를 갖습니다. 해당 파라미터를 이용해 각 종속변수의 값을 잘못 예측했을 때의 비용에 대한 가중치를 부여할 수 있습니다. class_weight 파라미터는 클래스별 가중치의 값을 저장하고 있는 사전 데이터를 인자로 받을 수도 있고, 'balanced'라는 문자열값을 인자로 취할 수도 있습니다. 사전 데이터를 사용하는 경우는 각 비용의 가중치 값을 직접 지정합니다. 예를 들어, 위 식에서 w_0의 값을 3으로, w_1의 값을 1로 하고자 하는 경우에는 다음과 같이 사전 변수를 생성하고, 해당 변수를 class_weight 파라미터의 값으로 입력합니다.

```
weights = {0:3.0, 1:1.0}
lr_cost_sensitive = LogisticRegression(class_weight=weights)
```

class_weight 파라미터의 값이 'balanced'인 경우, 각 비용에 대한 가중치의 값은 학습 데이터에 존재하는 각 클래스에 속한 관측치 비율의 역수로 지정됩니다. 예를 들어 클래스 0에 속한 관측치의 수가 90이고, 클래스 1에 속한 관측치의 수가 10인 경우, 클래스 0에 대한 비용의 가중치는 1/0.9(1.1111)가 되고, 클래스 1에 대한 비용의 가중치는 1/0.1(=10)이 됩니다.[79]

11.1.8.1 Cost Sensitive 방법을 적용한 감성분석 실습

관련 코드는 LR_sentiment_cost_sensitive.ipynb 파일을 참고하세요. 여기서도 앞에서 사용했던 영화평 데이터인 2016_filtered_review_part.txt를 사용해 보겠습니다(앞에서 사용했던 코드와 동일한 부분에 대해서는 설명을 생략하겠습니다).

각 클래스의 비용에 대한 가중치의 값들을 다음과 같이 여러 개 설정하고 그리드 탐색 방법을 사용하겠습니다. 다음과 같이 학습합니다.

```
LR_params = {
    'class_weight': [{0:3,1:1}, {0:2,1:1}, {0:1,1:1}, {0:1,1:2}, {0:1,1:3}, 'balanced']
}
lr_cs = LogisticRegression(C=0.1, penalty='l2', solver='saga', max_iter=10000)

from sklearn.model_selection import GridSearchCV

gs_cs = GridSearchCV(lr_cs, param_grid=LR_params, cv=5) # 그리드 탐색
gs_cs.fit(tf_train_features, train_labels) # 학습하기
```

검증 데이터에 대해 모형의 성능을 가장 좋게 하는 하이퍼파라미터의 값을 확인해 보면 다음과 같습니다. 시도한 값 중에서는 가중치 값을 2와 1로 하는 것의 성능이 가장 좋게 나왔습니다(물론 더 많은 값을 시도해 보는 것이 필요합니다).

```
gs_cs.best_params_
```

```
{'class_weight': {0: 2, 1: 1}}
```

베스트 모형의 성능을 평가 데이터를 이용해 파악해 보겠습니다.

```
best_model = gs_cs.best_estimator_     # Best estimator(모형)을 반환합니다.
pred_labels_cs = best_model.predict(tf_test_features)
print(classification_report(test_labels, pred_labels_cs))
```

---

[79] LogisticRegression 클래스의 경우, 정확하게는 '학습 데이터에 존재하는 전체 관측치의 수 / (클래스의 수*특정 클래스에 속한 관측치의 수)'로 계산됩니다.

```
              precision    recall  f1-score   support

           0       0.65      0.39      0.49       138
           1       0.96      0.98      0.97      1814

    accuracy                           0.94      1952
   macro avg       0.80      0.69      0.73      1952
weighted avg       0.93      0.94      0.94      1952
```

AUC의 값도 확인해 보겠습니다.

```
pred_probs_cs = best_model.predict_proba(tf_test_features)
auc_score_cs = roc_auc_score(test_labels, pred_probs_cs[:,1])
auc_score_cs
```

```
0.8727250211718838
```

Cost Sensitive 방법을 사용했을 때의 결과와 그렇지 않은 경우의 결과를 정리해 보겠습니다(표 11.5 참고: 정밀도, 재현율, F1의 값은 매크로 평균입니다). 정확도와 정밀도를 제외한 다른 지표 중에서 모형의 전체적인 성능을 나타내는 F1과 AUC 값이 어느 정도 증가하는 것을 확인할 수 있습니다.

표 11.5 Cost Sensitive를 사용한 경우와 그렇지 않은 경우의 성능 비교

성능 지표	Cost Sensitive 방법을 사용하지 않은 경우	Cost Sensitive 방법을 사용한 경우 ($w_0 = 2$, $w_1 = 1$의 경우)
정확도	0.94	0.94
정밀도	0.84	0.80
재현율	0.61	0.69
F1	0.66	0.73
AUC	0.868	0.873

11.2 나이브 베이즈

이 섹션에서는 나이브 베이즈(Naïve Bayes) 알고리즘에 대해 살펴보겠습니다.

11.2.1 나이브 베이즈의 작동 원리

나이브 베이즈는 분류 문제에 사용되는 지도학습 알고리즘입니다. 하지만 앞에서 살펴본 로지스틱 회귀모형과 달리 비용함수를 사용하지 않습니다.

나이브 베이즈는 우리가 풀고자 하는 문제에 대한 데이터에 존재하는 관측치의 종속변수가 취하는 값이 무엇인지 예측하기 위해 각 관측치가 가지고 있는 독립변수 정보를 이용해 해당 관측치의 종속변수가 특정한 값을 취할 확률을 구합니다. 이러한 확률은 다음과 같은 조건부 확률로 표현할 수 있습니다.

$$P(Y_i = j | X_1 = x_1, \ X_2 = x_2, \ \cdots, \ X_k = x_k)$$

위 조건부 확률을 구하기 위해 나이브 베이즈는 베이즈 공식(Bayes' rule)을 사용합니다. 두 사건 A, B에 대한 베이즈 공식은 다음과 같습니다(관련 내용은 7.9절을 참고하세요).

$$P(B|A) = \frac{P(A|B)P(B)}{P(A)}$$

그리고 베이즈 공식을 이용해 확률값을 계산하기 위해 학습 데이터를 사용합니다. 주어진 독립변수 정보를 이용해 종속변수가 각 값을 취할 확률을 계산한 후, 확률값이 제일 큰 값으로 해당 관측치 종속변수의 값을 예측합니다.

예를 들어 종속변수가 취할 수 있는 값이 0과 1인 경우(즉, $y_i \in \{0, \ 1\}$), 특정 관측치의 독립변수의 값을 이용해 해당 관측치의 종속변수 값이 0일 확률과 1일 확률을 구합니다. 각각의 확률은 다음과 같이 표현됩니다.

$$P(Y_i = 0 | X_1 = x_1, \ X_2 = x_2, \ \cdots, \ X_k = x_k)$$
$$P(Y_i = 1 | X_1 = x_1, \ X_2 = x_2, \ \cdots, \ X_k = x_k)$$

$P(Y_i = 0 | X_{i,1} = x_1, \ X_{i,2} = x_2, \ \cdots, \ X_{i,k} = x_k) > P(Y_i = 1 | X_{i,1} = x_1, \ X_{i,2} = x_2, \ \cdots, \ X_{i,k} = x_k)$라면, 해당 관측치의 종속변수 값은 0으로, 그렇지 않으면 1로 예측됩니다.

위의 각 확률을 베이즈 공식을 이용해 표현해 보겠습니다.

$$P(Y_i=1|X_1=x_1,\ X_2=x_2,\ \cdots,\ X_k=x_k)=\frac{P(X_1=x_1,\ X_2=x_2,\ \cdots,\ X_k=x_k|Y_i=1)P(Y_i=1)}{P(X_1=x_1,\ X_2=x_2,\ \cdots,\ X_k=x_k)}$$

$$P(Y_i=0|X_1=x_1,\ X_2=x_2,\ \cdots,\ X_k=x_k)=\frac{P(X_1=x_1,\ X_2=x_2,\ \cdots,\ X_k=x_k|Y_i=0)P(Y_i=0)}{P(X_1=x_1,\ X_2=x_2,\ \cdots,\ X_k=x_k)}$$

두 확률의 대소를 비교할 때 베이즈 공식의 분모는 별로 중요한 역할을 하지 않습니다. 왜냐하면 분모인 $P(X_1=x_1,\ X_2=x_2,\ \cdots,\ X_k=x_k)$가 공통적으로 사용되기 때문입니다. 따라서 $P(Y_i=1|X_1=x_1,\ X_2=x_2,\ X_k=x_k)$와 $P(Y_i=0|X_1=x_1,\ X_2=x_2,\ \cdots,\ X_k=x_k)$의 크기는 분자의 값에 따라 달라집니다. 그렇기 때문에 일반적으로 분모의 값은 계산하지 않습니다.

독립변수가 특정 값을 갖는 경우에 대해 종속변수의 값이 1인 확률의 분자를 계산해 보겠습니다. 이는 $P(X_1=x_1,\ X_2=x_2,\ \cdots,\ X_k=x_k|Y_i=1)P(Y_i=1)$이 됩니다.

첫 번째 항을 먼저 살펴보겠습니다.

$$P(X_1=x_1,\ X_2=x_2,\ \cdots,\ X_k=x_k|Y_i=1)$$

나이브 베이즈에서는 이 값을 구하기 위해 각 독립변수가 서로 독립(independent)이라고 가정합니다. 즉, 특정 독립변수가 어떤 값을 취할 확률이 다른 독립변수에 의해 영향을 받지 않는다는 것을 의미합니다. 이러한 가정하에서는 위 조건부 확률을 쉽게 계산할 수 있습니다.[80] 독립변수가 독립인 경우 위 식은 다음과 같이 표현됩니다.

$$P(X_1=x_1,\ X_2=x_2,\ \cdots,\ X_k=x_k|Y_i=1)=P(X_1=x_1|Y_i=1)P(X_2=x_2|Y_i=1)\cdots P(X_k=x_k|Y_i=1)$$

여기에서 $P(X_j=x_j|Y_i=1)$은 학습데이터를 이용해 계산합니다. 그리고 $P(Y_i=1)$도 학습데이터를 이용해 계산합니다.

이러한 값들이 어떻게 계산되는지를 설명하기 위해 구체적인 예를 들어 보겠습니다. 표 11.6과 같은 학습 데이터가 있다고 가정합니다. 종속변수가 특정한 날에 골프를 쳤는지 그렇지 않은지에 대한 것이고, 이에 대한 독립변수 정보로 습도(humidity)와 바람의 여부(windy)가 있습니다.

---

80 실제 데이터의 경우, 독립변수가 서로 독립이 아닐 수 있습니다. 이러한 가정을 사용하기 때문에 알고리즘 이름에 나이브(Naïve)라는 표현이 사용된 것입니다.

표 11.6 학습 데이터의 예

독립변수		종속변수(Play)
Humidity	Windy	
high	false	No
high	true	No
high	false	Yes
high	false	Yes
normal	false	Yes
normal	true	No
normal	true	Yes
high	false	No
normal	false	Yes
normal	false	Yes
normal	true	Yes
high	true	Yes
normal	false	Yes
high	true	No

Humidity 변수는 취할 수 있는 값이 high, normal, low인데, 표 11.6에는 high, normal만 나와 있습니다. 그리고 Windy 변수는 false와 true의 값을 취합니다. 이와 같은 학습 데이터에 대해 새로운 관측치에 대한 종속변수의 값을 예측하고자 한다고 가정합니다. 그리고 해당 관측치의 독립변수 정보는 다음과 같습니다.

$$\text{Humidity} = \text{normal}, \text{Windy} = \text{true}$$

해당 관측치의 종속변수, 즉 Play의 값이 Yes인지 No인지를 예측하기 위해 해야 하는 것은 P(Play=Yes|Humidity=normal, Windy=true)와 P(Play=No|Humidity=normal, Windy=true) 중 어떤 값이 더 큰지를 파악하는 것입니다. 이를 위해 각 확률을 베이즈 공식을 이용해 표현하고 베이즈 공식의 분자값을 계산해서 둘의 대소를 비교합니다.

먼저 P(Play=Yes|Humidity=normal, Windy=true)의 경우를 살펴보겠습니다. 이를 베이즈 공식을 이용해 표현하면 다음과 같습니다.

$$P(\text{Play}=\text{Yes}|\text{Humidity}=\text{normal, Windy}=\text{true})$$
$$=\frac{P(\text{Humidity}=\text{normal, Windy}=\text{true}|\text{Play}=\text{Yes})\,P(\text{Play}=\text{Yes})}{P(\text{Humidity}=\text{normal, Windy}=\text{true})}$$

여기에서 우리가 계산해야 하는 것은 분자입니다. 먼저 왼쪽 항의 값부터 계산해 보겠습니다.

$$P(\text{Humidity}=\text{normal, Windy}=\text{true}|\text{Play}=\text{Yes})$$

이를 위해 각 독립변수가 독립이라고 가정합니다. 그러면 위의 식은 다음과 같이 표현됩니다.

$$P(\text{Humidity}=\text{normal}|\text{Play}=\text{Yes})\,P(\text{Windy}=\text{true}|\text{Play}=\text{Yes})$$

각 확률은 학습 데이터(즉, 표 11.6의 데이터)를 이용해 계산합니다.

P(Humidity=normal|Play=Yes)는 종속변수의 값이 Yes인 날 중에서 Humidity가 normal인 날의 비중을 의미하기 때문에 다음과 같이 계산됩니다.

$$\frac{\text{종속변수의 값이 Yes인 관측치 중에서 Humidity가 normal인 관측치의 수}}{\text{종속변수의 값이 Yes인 관측치의 수}}$$

표 11.6의 데이터를 확인해 보면 종속변수의 값이 Yes인 관측치의 수 = 9이고, 종속변수의 값이 Yes인 관측치 중에서 Humidity가 normal인 관측치의 수 = 6입니다. 따라서 P(Humidity=normal|Play=Yes) $=\frac{6}{9}$이 됩니다.

비슷한 방법으로 P(Windy=true|Play=Yes)의 값을 구하면 $\frac{3}{9}$이 됩니다.

그렇다면 P(Play=Yes)는 어떻게 구할까요? 이는 학습 데이터에 존재하는 전체 관측치 중에서 종속변수의 값이 Yes인 관측치의 비중으로 구합니다. 그 값은 다음과 같습니다.

$$P(\text{Play}=\text{Yes})=\frac{\text{종속변수의 값이 Yes인 관측치의 수}}{\text{학습 데이터에 존재하는 전체 관측치의 수}}=\frac{9}{14}$$

따라서 P(Play=Yes|Humidity=normal, Windy=true)의 분자의 값은

$$\frac{6}{9}\cdot\frac{3}{9}\cdot\frac{9}{14}=\frac{1}{7}$$

이 됩니다.

이번에는 P(Play=No|Humidity=normal, Windy=true)를 살펴보겠습니다. 베이즈 공식을 사용하면 다음과 같이 표현됩니다.

$$P(\text{Play}=\text{No}|\text{Humidity}=\text{normal, Windy}=\text{true})$$

$$=\frac{P(\text{Humidity}=\text{normal, Windy}=\text{true}|\text{Play}=\text{No})\,P(\text{Play}=\text{No})}{P(\text{Humidity}=\text{normal, Windy}=\text{true})}$$

마찬가지로 분자의 값만 계산합니다. 독립변수가 서로 독립이라면, 분자의 첫 번째 항은 다음과 같이 표현됩니다.

$$P(\text{Humidity}=\text{normal, Windy}=\text{true}|\text{Play}=\text{No})=P(\text{Humidity}=\text{normal}|\text{Play}=\text{No})$$
$$P(\text{Windy}=\text{true}|\text{Play}=\text{No})$$

각 값을 학습 데이터를 이용해 계산합니다.

$$P(\text{Humidity}=\text{normal}|\text{Play}=\text{No})=\frac{1}{5},\ P(\text{Windy}=\text{true}|\text{Play}=\text{No})=\frac{3}{5}$$

그리고 $P(\text{Play}=\text{No})=\frac{5}{14}$가 됩니다.

따라서 우리가 구하고자 하는 P(Play=No|Humidity=normal, Windy=true)의 분자의 값은 다음과 같습니다.

$$\frac{1}{5}\cdot\frac{3}{5}\cdot\frac{5}{14}=\frac{3}{70}$$

따라서 P(Play=Yes|Humidity=normal, Windy=true)의 분자가 $\frac{10}{70}$이고 P(Play=No|Humidity=normal, Windy=true)의 분자가 $\frac{3}{70}$이기 때문에, Humidity=normal, Windy=true일 때 종속변수 값은 Yes로 예측됩니다.

■ 독립변수가 연속변수인 경우

앞의 예에서는 독립변수(Humidity, Windy)가 모두 범주형 변수였습니다. 그러한 경우에는 앞의 방법으로 구하고자 하는 확률을 독립변수가 특정한 값을 취하는 관측치의 수를 세어서 쉽게 계산할 수 있습니다. 그렇다면 독립변수가 연속변수인 경우에는 그러한 확률을 어떻게 구할까요?

그때는 일반적으로 두 가지 방법을 사용할 수 있습니다. 하나는 연속변수를 범주형 변수로 변환하는 방법입니다. 연속변수가 취하는 값을 특정 기준에 따라 몇 개의 그룹으로 구분하고 원래의 값이 속한 그룹의 이름을 새로운 변수의 값으로 사용합니다. 예를 들어, 1과 100 사이의 값을 취하는 연속변수 X가 있다고 가정하는 경우, 1 이상 50 미만을 하나의 그룹으로, 50 이상 100 이하를 또 다른 그룹으로 정할 수 있습니다. 그리고 원래의 값이 첫 번째 그룹에 속하는 경우는 그 값을 1로, 두 번째 그룹에 속하는 경우는 값을 2로 하는 새로운 범주형 변수를 생성할 수 있습니다(표 11.7의 예 참고). 범주형 변수로 변환한 다음에는 앞에서 살펴본 방법을 이용해 확률을 구할 수 있습니다.

표 11.7 연속변수를 범주형 변수로 변환

원래 연속변수(X)	속한 그룹	새로운 범주형 변수(Xnew)
32	그룹 1	1
55	그룹 2	2
68	그룹 2	2

또 다른 방법은 확률을 구하기 위해 특정 연속확률분포의 확률밀도함수를 사용하는 것입니다. 나이브 베이즈에서는 연속변수의 확률분포로 정규 분포를 사용합니다. 즉, 정규 분포의 확률밀도함수를 이용해 변수가 특정한 값을 취할 확률을 구합니다. 정확하게 말하면, 확률밀도함수의 값을 확률 대신 사용하는 것입니다. 이는 확률은 확률밀도함수의 값과 비례하기 때문입니다(관련해서는 7장을 참고하세요). 정규 분포의 확률밀도함수는 다음과 같이 정의됩니다.

$$f(x) = \frac{1}{\sigma\sqrt{2}} e^{-\frac{1}{2}\left(\frac{x-\mu}{\sigma}\right)^2}, \text{ for} -\infty < x < \infty$$

여기서 평균(μ)과 표준편차(σ)는 학습데이터를 이용해 계산합니다.

예를 들어, 종속변수가 취할 수 있는 값이 0과 1이고, 연속형 독립변수 X에 대해, X=10인 새로운 관측치의 종속변수가 0 또는 1의 값을 취할 확률은 다음과 같이 표현됩니다.

$$P(y=0|X=10), \ P(y=1|X=10)$$

두 확률값을 베이즈 공식과 학습 데이터를 이용해 구한 후 그 값들을 비교해서 확률값이 큰 값을 종속변수의 값으로 예측합니다. 예를 들어, $P(y=0|X=10)$은 다음과 같이 표현됩니다.

$$P(y=0|X=10)=\frac{P(X=10|y=0)P(y=0)}{P(X=10)}$$

앞에서와 마찬가지로 확률값의 크기를 비교하기 위해 분자 부분만 계산하면 됩니다. $P(y=0)$은 앞에서와 마찬가지로 학습 데이터에 존재하는 전체 관측치 중에서 종속변수의 값이 0인 관측치의 비중으로 계산됩니다. 하지만 X는 연속변수이기 때문에 P(X=10 | y=0)은 앞에서의 방법을 이용해 계산할 수 없습니다. 이는 정규 분포의 확률밀도함수를 이용해 계산합니다. 그러기 위해서는 일단 사용하고자 하는 확률밀도함수의 파라미터인 평균과 표준편차를 계산해야 합니다. 이 값들도 학습 데이터를 이용해 계산합니다. P(X=10 | y=0)의 경우는 학습 데이터에 존재하는 관측치 중에서 종속변수의 값이 0인 관측치들의 변수 X의 평균과 표준편차를 사용합니다. 그러한 값을 μ_0, σ_0라고 표현하겠습니다. 그러면 P(X=10 | y=0)을 계산하기 위해 사용하는 확률밀도함수는 다음과 같이 됩니다.

$$f_0(x)=\frac{1}{\sigma_0\sqrt{2}}e^{-\frac{1}{2}\left(\frac{x-\mu_0}{\sigma_0}\right)^2}$$

P(X=10 | y=0)의 값은 $x=10$인 경우이므로 이에 대한 확률밀도함수의 값은 다음과 같습니다.

$$f_0(10)=\frac{1}{\sigma_0\sqrt{2}}e^{-\frac{1}{2}\left(\frac{10-\mu_0}{\sigma_0}\right)^2}$$

위의 값을 P(X=10 | y=0) 값 대신 사용합니다.

P(y=1 | X=10)인 경우도 동일한 방법으로 계산합니다. 즉,

$$P(y=1|X=10)=\frac{P(X=10|y=1)P(y=1)}{P(X=10)}$$

에서 P(X=10 | y=1)를 계산하기 위해 일단 학습 데이터에 존재하는 관측치 중에서 종속변수의 값이 1인 관측치들의 변수 X의 평균과 표준편차를 사용해, 사용하고자 하는 정규 분포 확률밀도함수의 평균과 표준편차를 구합니다. 이러한 값들을 μ_1, σ_1이라고 하겠습니다. 해당 값들에 대해 확률밀도함수의 값은 다음과 같습니다. 다음 값을 P(X=10 | y=1) 대신 사용합니다.

$$f_1(10)=\frac{1}{\sigma_1\sqrt{2}}e^{-\frac{1}{2}\left(\frac{10-\mu_1}{\sigma_1}\right)^2}$$

11.2.2 다항 나이브 베이즈를 이용한 감성분석

독립변수들이 카운트 변수(count variable)인 경우, 즉 변수의 값이 특정 사건이 발생한 횟수를 의미하는 경우, 해당 독립변수들은 다항분포(multinomial distribution)를 따릅니다. 이러한 경우에는 다항 나이브 베이즈(Multinomial Naïve Bayes)를 사용합니다. 대표적인 예가 텍스트 데이터가 됩니다. 텍스트 분석에서는 (로지스틱 회귀모형에서 살펴본 것처럼) 단어가 독립변수(특성 정보)가 됩니다. 각 단어에 대한 독립변수가 취하는 값은 각 문서에서 해당 단어가 몇 번 사용되었는지에 대한 빈도 정보가 됩니다. 즉, 단어 변수는 카운트 변수가 되는 것입니다. 하나의 문서에 대한 이러한 단어들에 대한 데이터는 다항 분포를 갖는다고 할 수 있습니다. 따라서 감성분석과 같은 텍스트 분류를 할 때 적합하게 사용할 수 있는 나이브 베이즈가 다항 나이브 베이즈가 됩니다.

다항 나이브 베이즈를 잘 이해하기 위해서는 다항 분포에 대해 이해하는 게 필요합니다. 다항 분포는 이항분포의 일반화된 분포입니다. 따라서 여기서는 좀 더 간단한 형태인 이항 분포에 대해 먼저 살펴보겠습니다

■ 이항 분포(Binomial distribution)

'성공'과 '실패' 둘 중 하나의 값이 결과로 나올 수 있는 시행(이러한 시행을 베르누이 시행이라고합니다)을 n번 수행할 때 나오는 '성공'의 횟수를 값으로 취하는 변수를 X라고 할 때, 이 X 변수는 이항분포를 따릅니다. 그리고 보통 '성공'을 1로, '실패'를 0으로 표현합니다.

이항 분포의 확률질량함수는 다음과 같습니다.

$$\mathrm{P}_X(x) = \binom{n}{x} p^x (1-p)^{n-x}$$

위 식에서 n은 베르누이 시행의 횟수를 의미하고, p는 한 번 시행했을 때 1의 값이 나올 확률을 의미합니다. x는 n번의 시행에서 1의 값이 나온 시행의 횟수가 됩니다. $\binom{n}{x}$는 조합(combination)을 의미하며, 다음과 같이 계산됩니다.

$$\binom{n}{x} = \frac{n!}{x!\,(n-x)!}$$

이항 분포를 갖는 대표적인 예가 동전을 n번 던졌을 때 나오는 앞면의 수를 취하는 변수입니다. 여기에서 동전을 한 번 던졌을 때 나올 수 있는 값은 앞면과 뒷면 두 개가 되고, 앞면을 1 또는 '성공'으로, 뒷면을 0 또는 '실패'라고 간주할 수 있습니다. 그리고 한 번 던졌을 때 앞면이 나올 확률이 p가 되는 것입니다.

■ 다항 분포(Multinomial distribution)

다항 분포는 이항 분포의 일반화된 분포입니다. 이항 분포의 경우, 한 번의 시행에서 나올 수 있는 값이 오직 두 개(즉, '성공'과 '실패' 혹은 1과 0)인 반면, 다항 분포의 경우는 한 번의 시행에서 나올 수 있는 값이 세 개 이상입니다. 주사위를 던지는 경우가 그러한 예입니다. 주사위를 한 번 던지는 경우 나올 수 있는 값의 수는 여섯 개입니다. 그리고 각 값이 나올 확률은 1/6입니다. 이와 같이 여러 개의 결괏값을 가질 수 있는 시행을 n번 수행했을 때 각 결괏값이 나오는 횟수를 값으로 취하는 변수들의 분포를 다항 분포라고 합니다. 주사위를 던지는 경우 변수가 여섯 개가 존재하는 것입니다. 이를 X_1, X_2, $\cdots$, X_6라고 표현하겠습니다. 주사위를 n번 던졌을 때 1의 눈이 나오는 횟수를 결과로 취하는 변수가 X_1, 2의 눈이 나오는 횟수를 결과로 취하는 변수가 X_2가 되는 것입니다. n번 시행에 대해 각 변수가 취하는 값을 x_i라고 하면 다음 식이 만족합니다.

$$\sum_{i=1}^{6} x_i = n$$

한 번 시행했을 때 K 개의 결과가 나올 수 있고, j 결과가 나올 확률을 p_j라고 하면 다음 식을 만족해야 합니다.

$$\sum_{j=1}^{K} p_j = 1$$

주사위 예의 경우, K의 값은 6이고, 다음 식을 만족해야 합니다.

$$\sum_{j=1}^{6} p_j = 1$$

주사위의 경우, p_1은 주사위를 한 번 던졌을 때 1의 눈이 나올 확률(즉, $\frac{1}{6}$)을 의미합니다. 주사위의 경우 모든 $p_1 = \frac{1}{6}$이 됩니다.

한 번 시행했을 때 K 개의 결과가 나올 수 있는 시행을 n번 수행한 경우에 대한 다항 분포의 확률질량함수는 다음과 같이 정의됩니다.

$$P(X_1 = x_1, \cdots, X_K = x_K) = \frac{n!}{x_1! \cdots x_K!} p_1^{x_1} \cdots p_K^{x_K}$$

앞의 식에서 X_1은 시행을 n번 수행했을 때 1의 값이 나오는 횟수를 값으로 하는 변수를 의미합니다. p_j는 해당 시행을 한 번 수행했을 때 j 결과가 나올 확률을 나타냅니다.

참고로 다항 분포에서 시행의 횟수가 1인 경우(즉, $n=1$인 경우)의 분포를 카테고리(Categorical) 분포라고 합니다.

다항 나이브 베이즈를 이용해 감성 분석을 어떻게 수행할 수 있는지를 설명하기 위해 다음과 같은 문서 D를 예로 들어보겠습니다.

문서 D = 'I like the movie and you also like it'

문서 D에 해당하는 영화평의 긍부정을 예측하기 위해 다항 나이브 베이즈 알고리즘을 사용한다고 가정합니다. 이를 위해 우리가 비교해야 하는 값은 P(Positive|D)와 P(Negative|D)입니다. P(Positive|D)를 먼저 살펴보겠습니다. 여기서 D는 예측하고자 하는 문서에 대한 데이터로, 이는 다음과 같이 표현할 수 있습니다.

$$P(Positive|also=1, and=1, i=1, it=1, like=2, movie=1, the=1, you=1)$$

원래는 텍스트 데이터에 존재하는 단어 중에서 문서 D에서 사용되지 않은 단어에 대한 정보도 포함돼야 하지만, 그러한 단어는 위 확률에 영향을 주지 않으므로 생략합니다. 그리고 also, and, the와 같은 단어는 별 의미가 없는 불용어로 간주되어 일반적으로 전처리 과정에서 제거되지만, 여기서는 설명을 위해 포함합니다.

P(Positive|also=1, and=1, i=1, it=1, like=2, movie=1, the=1, you=1)은 베이즈 공식에 따라 다음과 같이 표현됩니다.

$$P(Positive|also=1,\ and=1,\ i=1,\ it=1,\ like=2,\ movie=1,\ the=1,\ you=1) =$$
$$\frac{P(also=1,\ and=1,\ i=1,\ it=1,\ like=2,\ movie=1,\ the=1,\ you=1|Positive)P(Positive)}{P(also=1,\ and=1,\ i=1,\ it=1,\ like=2,\ movie=1,\ the=1,\ you=1)}$$

그리고 P(Negative|also=1, and=1, i=1, it=1, like=2, movie=1, the=1, you=1)은 다음과 같이 표현됩니다.

$$P(Negative|also=1,\ and=1,\ i=1,\ it=1,\ like=2,\ movie=1,\ the=1,\ you=1) =$$
$$\frac{P(also=1,\ and=1,\ i=1,\ it=1,\ like=2,\ movie=1,\ the=1,\ you=1|Negative)P(Negative)}{P(also=1,\ and=1,\ i=1,\ it=1,\ like=2,\ movie=1,\ the=1,\ you=1)}$$

둘의 값을 비교하기 위해 분자의 값만 계산하면 됩니다. 분자의 값을 계산하기 위해 학습 데이터가 사용됩니다. P(Positive)는 학습 데이터에 존재하는 전체 문서 중 긍정 문서들의 비중이 됩니다.

P(also=1, and=1, i=1, it=1, like=2, movie=1, the=1, you=1 | Positive)의 값이 어떻게 계산되는지 먼저 알아보겠습니다. 해당 값은 다항 분포를 이용해 계산됩니다. 해당 값을 계산하기 위해 사용되는 다항 분포의 경우, 한 번의 시행에서 나올 수 있는 결과의 수는 텍스트 데이터에 있는 전체 단어의 수가 됩니다(여기서 한 번의 시행은 단어를 하나 선택하는 시행이라고 생각할 수 있습니다).

다항 분포의 확률질량함수를 다시 한번 기술해 보겠습니다. 다음과 같습니다.

$$P(X_1=x_1, \cdots, X_K=x_K)=\frac{n!}{x_1! \cdots x_K!} p_1^{x_1} \cdots p_K^{x_K}$$

여기서 X_i는 하나의 단어를 의미하고 x_i는 단어 X_i가 특정 문서에서 사용된 횟수를 나타냅니다. 문서 D에 대해 P(also=1, and=1, i=1, it=1, like=2, movie=1, the=1, you=1 | Positive)의 값을 위의 확률질량함수를 이용해 계산해야 하는 것입니다. 이 경우, 위의 함수는 다음과 같이 표현됩니다(다시 한번 얘기하지만, 특정 문서에서 사용되지 않은 단어는 고려하지 않아도 됩니다. $0!=1$, $p^0=1$이 되기 때문입니다).

$$P(X_1=x_1, \cdots, X_K=x_K | \text{Positive})=\frac{n!}{x_1! \cdots x_K!} p_1^{x_1} \cdots p_K^{x_K}$$

위 식에서 p_i는 다음과 같이 표현됩니다.

$$p_i = \Pr(X_i | \text{Positive})$$

즉, 긍정의 문서에서 단어 i가 출현할(혹은 사용될) 확률을 의미합니다. 이 값은 학습 데이터를 이용하여 계산되고, 계산을 위해 사용되는 식은 다음과 같습니다.

$$\frac{N_{pos,i}+\alpha}{N_{pos}+\alpha u}$$

여기에서 $N_{pos,i}$는 학습 데이터에 존재하는 긍정의 문서에서 단어 i가 사용된 횟수를 의미하고, N_{pos}는 긍정인 문서에서 전체 단어가 사용된 횟수가 됩니다(중복으로 사용된 단어의 수도 포함됩니다). u는 텍스트 데이터에 존재하는 (고유한) 단어의 수를 의미합니다. α는 분자가 0이 되는 것을 방지하기 위해, 그리고 확률을 계산할 때 사용된 문서들에서 사용되지 않은 단어를 고려하기 위해 사용된 하이퍼파라미터[스무딩

항(smoothing term)이라고 합니다]로, $\alpha = 1$인 경우는 라플라스 스무딩(Laplace smoothing)이라고 하고, $\alpha < 1$인 경우는 리드스톤 스무딩(Lidstone smoothing)이라고 합니다.

$\dfrac{n!}{x_1! \cdots x_K!} p_1^{x_1} \cdots p_K^{x_K}$에서 n!과 $x_1! \cdots x_K!$은 종속변수 값(즉, Positive 또는 Negative)에 영향을 받지 않으므로 결과에 영향을 미치지 않아 계산에서 생략해도 상관없습니다.

따라서 P(also=1, and=1, i=1, it=1, like=2, movie=1, the=1, you=1 | Positive)에 대해 다음과 같이 표현할 수 있습니다.

$$P(\text{also}=1,\ \text{and}=1,\ \text{i}=1,\ \text{it}=1,\ \text{like}=2,\ \text{movie}=1,\ \text{the}=1,\ \text{you}=1|\text{Positive}) \propto$$
$$p_{also}^1 \cdot p_{and}^1 \cdot p_i^1 \cdot p_{it}^1 \cdot p_{like}^2 \cdot p_{movie}^1 \cdot p_{the}^1 \cdot p_{you}^1$$

예를 들어, 위 식에서 p_{also}는 $\Pr(also|\text{Positive})$를 의미하며, 이는 다음 식을 이용해 계산할 수 있습니다.

$$\frac{N_{pos,\,also} + \alpha}{N_{pos} + \alpha u}$$

여기서 $N_{pos,\,also}$는 학습 데이터에 존재하는 긍정의 문서들에서 단어 also가 사용된 횟수를 나타냅니다. 다른 단어에 대한 확률값도 동일한 방식으로 계산됩니다.

베이즈 공식 분자의 또 다른 항인 P(Positive)는 전체 학습 데이터에 존재하는 관측치 중에서 긍정 문서의 비중을 의미합니다.

P(also=1, and=1, i=1, it=1, like=2, movie=1, the=1, you=1 | Negative)도 마찬가지로 다항 분포의 확률질량함수를 이용해 구합니다.

$$P(X_1 = x_1,\ \cdots,\ X_K = x_K | \text{Negative}) = \frac{n!}{x_1! \cdots x_K!} p_1^{x_1} \cdots p_K^{x_K}$$

이 경우에는

$$p_i = \Pr(X_i | \text{Negative})$$

를 의미하고, 이는

$$\frac{N_{neg,i}+\alpha}{N_{neg}+\alpha u}$$

와 같이 계산됩니다.

마찬가지로 P(Negative)는 전체 학습 데이터에 존재하는 관측치 중에서 부정 문서의 비중을 의미합니다.

11.2.3 파이썬 코딩하기

이번에는 영화평 감성분석을 다항 나이브 베이즈를 이용해 수행해 보겠습니다. 파이썬 코드는 MNB_sentiment.ipynb 파일을 참고하세요. 여기서는 Korean_movie_reviews_2016.txt 파일에 저장된 영화평 데이터를 사용하겠습니다. 앞에서 사용한 영화평 데이터는 불균형 문제가 심한 데이터였습니다. Korean_movie_reviews_2016.txt의 경우에는 긍정과 부정의 영화평 비율이 대략 0.52:0.48로 큰 차이가 나지 않습니다. 그리고 전처리 과정을 거친 텍스트 데이터가 저장되어 있으며, 평점 정보를 이용하여 생성된 긍부정 레이블 정보도 포함되어 있습니다(여기서도 0은 부정, 1은 긍정을 의미합니다. 여기서도 평점 8점 이상을 긍정으로, 4점 이하를 부정으로 레이블링했습니다). Korean_movie_reviews_2016.txt 파일의 예는 그림 11.22와 같습니다. 영화평과 감성 레이블은 탭(\t)을 구분자로 해서 구분되어 있습니다. 영화평은 키위 형태소 분석기를 이용해 전처리가 수행됐습니다.

```
부산 행 때문 너무 기대하고 봤          0
한국 좀비 영화 어색하지 않게 만들어졌 놀랍      1
조금 전 보고 왔 지루하다 언제 끝나 이 생각 드  0
평 밥 끼 먹자 돈 니 내고 미친 놈 정신사 좀 알 싶어 그래 밥 먹다
점수 대가 과 이 엑소 팬 어중간 점수 줄리 없겠 클레멘타인 이후
평점 너무 높 공감 이해 안되는 스토리 0
경 각심 일 깨워 준 영화 였  1
```

그림 11.22 영화평 데이터의 예

다음 코드를 이용해 해당 파일에 저장된 데이터를 읽어옵니다. 첫 번째 열과 두 번째 열의 정보를 불어와 저장한 후에 zip() 함수를 이용해 둘을 구분해서 별도의 변수(즉, texts와 labels)에 저장합니다. 영화평은 texts 변수에 저장되고, 종속변수의 값은 labels 변수에 저장됩니다.

```python
with open('Korean_movie_reviews_2016.txt', encoding='utf-8') as f:
    docs = [doc.strip().split('\t') for doc in f]
    docs = [(doc[0], int(doc[1])) for doc in docs if len(doc) == 2]
    texts, labels = zip(*docs)
```

긍정 영화평의 수와 비중은 다음과 같습니다.

```
print('전체 영화평의 수: {}'.format(len(labels)))
print('긍정 영화평의 수: {}'.format(sum(labels)))
print('긍정 영화평의 비율: {0:.2f}'.format(sum(labels)/len(labels)))
```

```
전체 영화평의 수: 165384
긍정 영화평의 수: 86806
긍정 영화평의 비율: 0.52
```

학습 데이터와 평가 데이터로 구분합니다. 여기서는 전체 데이터의 10%만 평가 데이터로 사용하겠습니다.

```
from sklearn.model_selection import train_test_split

train_texts, test_texts, train_labels, test_labels = train_test_split(texts, labels, test_size=0.1,
random_state=0)
```

여기서는 CountVectorizer 클래스를 이용해 빈도 기반의 DTM을 생성하고, 해당 DTM을 이용해 다항
나이브 베이즈를 적용해 보겠습니다.

```
from sklearn.feature_extraction.text import CountVectorizer

tf_vectorizer = CountVectorizer()
tf_train_features = tf_vectorizer.fit_transform(train_texts)
tf_test_features = tf_vectorizer.transform(test_texts)
```

다항 나이브 베이즈를 사용하기 위해 sklearn에서 제공하는 MultinomialNB 클래스를 사용합니다. 해당
클래스 생성자 함수의 주요한 파라미터로는 alpha가 있습니다. alpha는 앞에서 살펴본 것처럼 다항 분
포의 확률질량함수에서 각 단어의 확률을 계산할 때 사용되는 공식에 포함된 하이퍼파라미터입니다. 해당
공식의 예는 다음과 같습니다(공식과 관련한 자세한 내용은 앞 부분을 참고하세요).

$$\frac{N_{pos,\,i}+\alpha}{N_{pos}+\alpha u}$$

alpha의 값으로는 일반적으로 1이 사용되는데, 여기서는 그 값을 0.1, 0.5, 1, 2, 5로 변경해 가면서 모형
의 성능을 확인해 보겠습니다. 이를 위해 앞에서 공부한 그리드 서치 방법을 사용합니다. 일단 다음과 같
이 기본 다항 나이브 베이즈 모형을 만듭니다.

```
from sklearn.naive_bayes import MultinomialNB

mnb_clf = MultinomialNB()
```

그리고 다음과 같이 그리드서치를 적용합니다.

```
from sklearn.model_selection import GridSearchCV

MNB_params = {
    'alpha': [0.1, 0.5, 1, 2, 5]
}
grid_search = GridSearchCV(mnb_clf, param_grid=MNB_params, cv=5) # K-Fold에서 K=5
grid_search.fit(tf_train_features, train_labels)
```

alpha 파라미터의 각 값에 따른 모형의 성능을 살펴보겠습니다. 이를 위해 다음과 같이 코딩합니다. cv_results_['mean_test_score']는 하이퍼파라미터의 각 값에 대한 검증 결과를 반환합니다.

```
grid_search.cv_results_['mean_test_score']
```

위 코드는 다음과 같이 alpha의 각 값에 대한 성능 값을 다음과 같이 반환합니다.

```
array([0.88075515, 0.88375827, 0.8841345 , 0.88388592, 0.88162854])
```

alpha = 0.1인 경우의 검증 데이터에 대한 모형의 성능은 0.88075515이고, alpha = 0.5인 경우의 성능은 0.88375827입니다. alpha=1인 경우의 성능이 가장 좋은 것을 확인할 수 있습니다. 따라서 다음과 같이 best_params_ 변수의 값을 확인해 보면 alpha = 1의 값이 나오는 것을 확인할 수 있습니다.

```
grid_search.best_params_
```
```
{'alpha': 1}
```

alpha=1인 경우(즉, 성능이 제일 좋은 경우)의 모형을 이용해 평가 데이터의 관측치 종속변수를 예측합니다.

```
pred_labels = grid_search.best_estimator_.predict(tf_test_features)
```

평가 데이터에 대한 모형의 성능을 평가하기 위해 sklearn에서 제공하는 classification_report() 함수를 사용합니다.

```
from sklearn.metrics import classification_report

print(classification_report(test_labels, pred_labels))
```

```
              precision    recall  f1-score   support

           0       0.87      0.88      0.88      7766
           1       0.90      0.89      0.89      8773

    accuracy                           0.89     16539
   macro avg       0.89      0.89      0.89     16539
weighted avg       0.89      0.89      0.89     16539
```

F1의 매크로 평균의 값이 0.89가 나오는 것을 확인할 수 있습니다. 나이브 베이즈는 텍스트 분류에 있어 학습 속도가 빠르고 모형의 성능은 좋은 것으로 알려져 있습니다.

11.3 결정 트리

최근 정형 데이터에 대해 적용되어 좋은 성능을 내는 지도학습 알고리즘으로 랜덤 포레스트(Random Forest), XGBoost, Light GBM, CatBoost 등이 있습니다. 이러한 알고리즘은 앙상블(ensemble) 기반의 알고리즘으로 특정 모형을 하나만 사용하는 것이 아니라 여러 개를 사용하여 모형의 성능을 높이는 방법입니다(앙상블 방법에 대해서는 다음 섹션에서 자세히 설명합니다). 이러한 앙상블 기반의 방법들은 일반적으로 기본 모형으로 결정 트리(Decision Tree) 모형을 사용합니다. 따라서 이 장에서는 결정 트리에 대해 먼저 설명하고, 이후 여러 가지 앙상블 기반 알고리즘에 대해 설명하겠습니다.

11.3.1 결정 트리의 작동 원리

결정 트리는 데이터에 있는 관측치를 특성 정보(features, 또는 독립변수)의 값에 따라 종속변수의 값이 유사한 여러 개의 그룹으로 분리하고, 각 그룹에 속한 관측치의 종속변수 값을 동일한 값으로 예측하는 알고리즘입니다. 데이터를 여러 개의 그룹으로 분리하는 과정이 나무와 닮았다고 해서 결정 트리라는 이름이 붙었습니다.[81]

결정 트리는 회귀 문제와 분류 문제에 모두 적용할 수 있습니다. 회귀 문제에 적용되는 트리를 회귀 트리(regression tree)라고 하고, 분류 문제에 적용되는 트리를 분류 트리(classification tree)라고 합니다.

---

81 정확하게는 나무를 뒤집어 놓은 모습을 닮았습니다.

결정 트리의 작동 방식을 설명하기 위해 그림 11.23과 같은 데이터가 있다고 가정합니다. 이 데이터에 존재하는 각 관측치는 두 개의 특성 정보(X1, X2)와 종속변수를 갖습니다. 각 관측치는 두 개의 특성 정보를 이용해 벡터로 표현됩니다. 따라서 그림 11.23과 같이 2차원 공간의 점으로 표현됩니다.

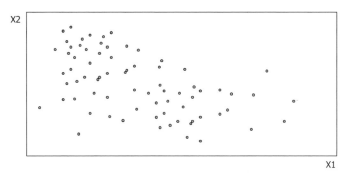

그림 11.23 예제 데이터

결정 트리는 그림 11.23과 같이 존재하는 관측치들을 특성 정보, 즉 X1과 X2의 값을 토대로 서로 다른 그룹으로 분할합니다. 그림 11.24와 같은 트리를 이용해 데이터가 분할된다고 가정해 보겠습니다.

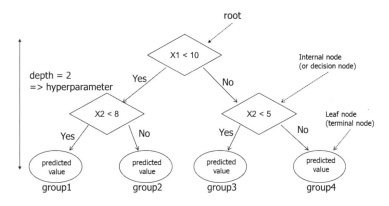

그림 11.24 결정 트리의 예

위 그림에서 마름모에 해당하는 노드를 결정 노드(decision node, 또는 internal node)라고 합니다. 결정 노드에서는 특정한 특성 정보의 특정한 값을 기준으로 데이터를 두 개의 그룹으로 분할합니다. 제일 위에 존재하는 결정 노드를 루트 노드라고 합니다. 분할 과정의 결과로 도출된 제일 아래 있는 타원을 리프 노드(leaf node, 또는 terminal node라고도 합니다)라고 합니다. 리프 노드에는 종속변수의 값이 상대적으로 유사한 관측치들이 포함되어 있습니다(리프 노드는 분할 과정을 통해 도출된 종속변수의 값이 유사한 관측치가 포함된 하나의 그룹으로 간주될 수 있습니다). 그리고 루트 노드에서 리프 노드까지의 길이를 트리의 깊이(depth)라고 합니다. 위 트리의 깊이는 2입니다.

위의 트리에 따르면 관측치들은 가장 먼저 X1을 기준으로 서로 다른 두 개의 그룹으로 분할됩니다. 구분의 기준이 되는 값은 X1=10입니다(두 개의 그룹으로 분할할 때 어떤 변수와 해당 변수의 어떤 값을 사용하는지에 대해서는 나중에 다시 설명하겠습니다). 즉, 전체 관측치가 X1이 10보다 작은 그룹과 그렇지 않은 그룹으로 구분되는 것입니다(그림 11.25 참고).

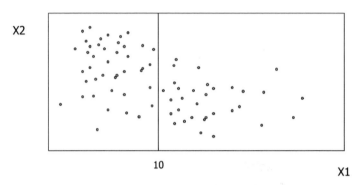

그림 11.25 첫 번째 결정 노드에서의 그룹 분할

그다음에는 첫 번째 과정에서 구분된 **두 개의 그룹 각각에 대해** 다시 한번 분할 작업을 합니다. 즉, X1이 10보다 작은 왼쪽 그룹을 특정한 변수의 특정한 값을 이용해 다시 한번 두 개의 그룹으로 분리하고, X1이 10 이상인 그룹에 대해서도 동일한 작업을 수행합니다. 위의 트리에 따르면, X1이 10보다 작은 그룹은 X2의 값 8을 기준으로 다시 한번 두 개의 그룹으로 분할되었고, X1이 10 이상인 그룹은 X2의 값 5를 기준으로 서로 다른 두 개의 그룹으로 분할됐습니다. 이러한 분리의 결과로 우리는 그림 11.26과 같은 서로 다른 네 개의 그룹을 얻을 수 있습니다. **각 그룹이 하나의 리프 노드가 되는 것**입니다.

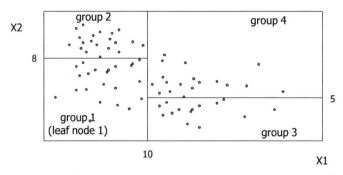

그림 11.26 두 번째 레벨에서의 그룹 분할

결정 트리는 이러한 과정을 특정한 기준이 만족할 때까지 반복합니다. 예를 들어, 특정 깊이(depth)까지 데이터를 분할하거나, 분할 시 발생하는 하나의 그룹 안에 존재하는 관측치의 수가 특정 수보다 클 때까지 반복합니다. 분할 시 사용되는 기준에 대해서는 잠시 후 조금 더 자세히 설명하겠습니다.

결정 트리는 특성 정보를 이용해 데이터에 존재하는 관측치를 서로 다른 그룹으로 분할하는 과정을 여러 번 수행한 후, 같은 그룹(즉, 리프 노드)에 속한 관측치들의 종속변수 값을 동일한 값으로 예측합니다. 예측하는 방식은 풀고자 하는 문제가 회귀 문제인지, 아니면 분류 문제인지에 따라 달라집니다. 회귀 문제에서는 같은 그룹에 속한 관측치가 갖는 종속변수 값의 평균을 종속변수의 예측치로 사용하고, 분류 문제인 경우에는 종속변수가 취할 수 있는 값 중에서 최빈값(mode)을 종속변수의 예측치로 사용합니다. 즉, 해당 그룹에 존재하는 관측치 중에서 제일 많은 관측치가 갖는 종속변수의 값을 예측치로 사용하는 것입니다.

회귀 문제와 분류 문제에서 각 그룹의 종속변수 값이 어떻게 예측되는지에 대한 구체적인 예를 살펴보겠습니다.

① 회귀 문제

회귀 문제의 경우는, 특정 그룹에 속한 관측치가 갖는 종속변수 값의 평균값으로 예측합니다. 예를 들어, 특정 그룹에 열 개의 관측치가 속해 있고, 각 관측치가 다음과 같은 연속변수 형태의 종속변수 값을 갖는다고 가정하겠습니다.

$$(2, 3, 4, 4, 3, 6, 4, 10, 2, 12)$$

이 경우 해당 관측치의 종속변수 값은 위 종속변수 값들의 평균인 5(= (2 + 3 + 4 + 4 + 3 + 6 + 4 + 10 + 2 + 12)/10)로 예측됩니다. 이는 다음과 같이 표현할 수 있습니다.

$$\hat{y}_k = \frac{1}{m_k} \sum_{i \in Group_k} y_i, \text{ where } m_k = \text{그룹 } k\text{에 속한 관측치의 수}$$

② 분류 문제

분류 문제의 경우는 특정 그룹에 속한 관측치의 종속변수 값의 최빈값으로 예측합니다. 이번에는 특정 그룹에 열 개의 관측치가 속해 있고, 각 관측치가 다음과 같은 명목변수 형태의 종속변수 값을 갖는다고 가정합니다.

$$(2, 0, 1, 1, 1, 2, 1, 1, 0, 1)$$

이 경우에는 가장 많은 관측치가 갖는 종속변수의 값(즉, 최빈값)은 1이므로, 해당 그룹에 속해 있는 관측치의 종속변수는 1로 예측됩니다.

■ **결정 노드에서 데이터 분할 시 사용되는 변수와 변수의 값**

그렇다면 특정 결정 노드에서 어떤 변수의 어떤 값(cutpoint)으로 관측치를 서로 다른 두 개의 그룹으로 분할할까요? 이때는 두 개의 그룹으로 분할되었을 때 발생하는 에러의 정도를 최소화하는 방법으로 두 개의 그룹으로 분할합니다. 특정 그룹에 존재하는 에러 정도를 측정하는 방법 역시 회귀 문제인지 혹은 분류 문제인지에 따라 달라집니다.

① **회귀 문제에서의 에러 정도**

회귀 문제에서는 분할 시 발생하는 각 그룹에 대한 에러 정도를 측정하기 위해 일반적으로 잔차 제곱의 합(residual sum of squares, RSS)을 사용합니다. 하나의 그룹에 대한 RSS는 다음과 같이 계산됩니다. 다음 식은 그룹 j에 대한 RSS를 나타냅니다.

$$RSS_j = \sum_{i \in G_j}(y_i - \hat{y}_{G_j})^2$$

위 식에서 y_i는 그룹 j에 속하는 관측치 i의 실제 종속변수 값을 의미하며, $\hat{y}_{G_j}$는 그룹 j에 대한 종속변수의 예측치입니다. 해당 그룹에 속하는 관측치의 실제 종속변수 값에서 해당 그룹에 대한 예측치를 뺀 값의 제곱으로 계산하게 됩니다.

특정한 결정 노드에서 분할의 결과로 서로 다른 두 개의 그룹이 생길 텐데, 각 그룹에 대한 RSS 값의 합을 최소화하는 변수 l과 해당 변수의 값 s를 결정합니다. 다음과 같이 표현할 수 있습니다.[82]

$$\min_{l,s}(RSS_1 + RSS_2)$$

RSS_1은 분할 시 발생하는 두 개의 그룹 중 첫 번째 그룹에 대한 RSS가 됩니다. 이를 그림으로 표현하면 그림 11.27과 같습니다.

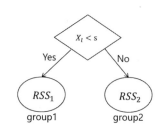

그림 11.27 그룹 분할 시 잔차 제곱의 예

---

82 두 그룹에서 발생하는 RSS의 값을 그냥 더할 수도 있고, 각 그룹에 속한 관측치의 수를 고려하여 가중 평균값을 사용할 수도 있습니다. 첫 번째 그룹에 속한 관측치의 수가 n1이고 두 번째 그룹에 속한 관측치의 수가 n2인 경우, 가중 평균은 $\frac{n_1}{n}RSS_1 + \frac{n_2}{n}RSS_2$입니다(n = n_1 + n_2).

② 분류 문제에서의 에러 정도

분류 문제에서 에러 정도를 측정하기 위해서는 일반적으로 지니 인덱스(Gini index) 또는 엔트로피 (entropy) 값을 사용합니다. 즉, 두 개의 그룹으로 분할했을 때 존재하는 각 그룹별 지니 인덱스값의 합이나 엔트로피 값의 합[83]을 최소화하는 변수와 해당 변수의 값을 이용해 두 개의 서로 다른 그룹으로 분할합니다.

종속변수가 취하는 값이 {1, 2, ⋯, K}인 경우, 특정 그룹에 대한 지니 인덱스는 다음과 같이 계산합니다.

$$G_j = \sum_{k=1}^{K} \hat{p}_{j,k} (1 - \hat{p}_{j,k})$$

G_j는 그룹 j에 대한 지니 인덱스를 의미합니다. $\hat{p}_{j,k}$는 그룹 j에서 종속변수의 값이 k인 관측치의 비중을 의미하며, 이는 다음과 같이 계산됩니다.

$$\frac{m_k}{m_j}$$

m_j는 그룹 j에 속한 모든 관측치의 수이며, m_k는 해당 그룹에 속한 관측치 중 종속변수의 값이 k인 관측치의 수를 의미합니다.

그렇다면 특정 그룹의 지니 인덱스 값은 언제 작아질까요? 지니 인덱스의 값은 해당 그룹에 속한 모든 관측치가 동일한 값을 가질 때 가장 작아집니다. 설명을 위해, 열 개의 관측치로 구성된 그룹이 하나 있다고 가정하겠습니다. 종속변수가 취할 수 있는 값이 0과 1인 경우에 대해 다음과 같이 서로 다른 세 가지 케이스에 대해 지니 인덱스를 계산해 보겠습니다.

Case 1: (0,0,0,0,0,0,0,0,0,0) (모든 관측치의 종속변수 값이 0인 경우)

Case 2: (0,0,0,0,0,1,1,1,1,1)

Case 3: (0,0,0,1,1,1,1,1,1,1)

Case 1에 대한 지니 인덱스를 먼저 계산해 보겠습니다. 종속변수가 취하는 값이 0과 1 두 개이기 때문에 다음과 같이 표현됩니다.

---

83 가중 평균을 사용할 수도 있습니다.

$$G_j = \sum_{k=0}^{1} \hat{p}_{j,k}(1-\hat{p}_{j,k}) = \hat{p}_{j,0}(1-\hat{p}_{j,0}) + \hat{p}_{j,1}(1-\hat{p}_{j,1})$$

여기서 $\hat{p}_{j,0}$은 해당 그룹에 속한 관측치 중에서 종속변수의 값이 0인 관측치의 비중을, $\hat{p}_{j,1}$는 종속변수의 값이 1인 관측치의 비중을 나타냅니다. 해당 그룹에 속한 전체 관측치의 수가 10이고, 모든 관측치의 종속변수 값이 0이기 때문에 $\hat{p}_{j,0}$과 $\hat{p}_{j,1}$은 다음과 같이 계산됩니다.

$$\hat{p}_{j,0} = \frac{10}{10} = 1$$
$$\hat{p}_{j,1} = \frac{0}{10} = 0$$

따라서 해당 그룹의 지니 인덱스 값은 다음과 같습니다.

$$G_j = \sum_{k=0}^{1} \hat{p}_{j,k}(1-\hat{p}_{j,k}) = \hat{p}_{j,0}(1-\hat{p}_{j,0}) + \hat{p}_{j,1}(1-\hat{p}_{j,1}) = 1(1-1) + 0(1-0) = 0$$

Case 2의 경우는 0의 값을 갖는 관측치의 수와 1의 값을 갖는 관측치의 수가 각각 5이므로 지니 인덱스의 값은 다음과 같습니다.

$$G_j = \hat{p}_{j,0}(1-\hat{p}_{j,0}) + \hat{p}_{j,1}(1-\hat{p}_{j,1}) = \frac{1}{2}\left(1-\frac{1}{2}\right) + \frac{1}{2}\left(1-\frac{1}{2}\right) = \frac{1}{2} = 0.5$$

Case 3의 경우, 지니 인덱스 값은 다음과 같습니다.

$$G_j = \hat{p}_{j,0}(1-\hat{p}_{j,0}) + \hat{p}_{j,1}(1-\hat{p}_{j,1}) = \frac{3}{10}\left(1-\frac{3}{10}\right) + \frac{7}{10}\left(1-\frac{7}{10}\right) = 0.42$$

위에서 볼 수 있는 것처럼 지니 인덱스의 값은 그룹에 속한 모든 관측치가 동일한 종속변수의 값을 갖는 경우 0으로 제일 작아지고, 서로 다른 값을 갖는 관측치의 수가 동일한 경우(Case 2) 그 값이 제일 커집니다. 분류 문제의 경우는 종속변수의 값이 최빈값으로 예측되므로 Case 1의 경우는 종속변수의 값이 0으로 예측됩니다. 즉, 모든 관측치의 종속변수 값이 정확히 예측됩니다. 하지만 Case 2의 경우는 종속변수의 값이 0 또는 1로 예측됩니다. 즉, 그룹에 속한 관측치 중 반에 해당하는 관측치의 종속변수 값이 틀리게 예측되는 것입니다.

이번에는 엔트로피에 대해 살펴보겠습니다. 종속변수가 취하는 값이 {1, 2, ⋯, K}인 경우, 하나의 그룹에 대한 엔트로피[84]의 값은 다음과 같이 계산됩니다.

$$E_j = -\sum_{k=1}^{K} \hat{p}_{j,k} \log \hat{p}_{j,k}$$

E_j는 그룹 j에 대한 엔트로피를 의미합니다. 지니 인덱스에서와 마찬가지로 $\hat{p}_{j,k}$는 그룹 j에서 종속변수의 값이 k인 관측치의 비중을 의미합니다. 엔트로피도 지니 인덱스와 마찬가지로 그룹에 속한 모든 관측치들의 종속변수 값이 동일한 경우 그 값이 가장 작아집니다.

지니 인덱스와 엔트로피 중 어떤 지표를 사용하는지는 모형의 성능에 큰 영향을 미치지 않습니다. 엔트로피의 경우 로그 계산을 해야 하기 때문에 데이터의 양이 많은 경우 지니 인덱스보다 계산 속도가 조금 느릴 수 있습니다. sklearn에서는 기본적으로 지니 인덱스를 사용합니다.

그렇다면, 결정 노드에서는 각 변수에 대해서 어떤 값을 이용해서 분할 시도를 하게 될까요? 데이터에 존재하는 변수의 실제값을 활용합니다. 구체적으로 어떤 값을 사용하는지는 변수가 연속변수인지 혹은 범주형 변수인지에 따라서 달라집니다. 범주형 변수 경우는 변수가 갖고 있는 실제값을 그대로 사용합니다. 하지만 연속변수는 실제의 값을 그대로 사용하지 않고 인접한 값들의 평균값을 사용합니다.

연속변수의 경우 어떤 값들이 사용되는지를 설명하기 위해 구체적인 예를 살펴보겠습니다. 몸무게라는 연속변수가 있고 해당 변수가 갖는 실제 값이 그림 11.28의 왼쪽과 같다고 가정합니다. 결정 트리는 일단 해당 변수의 값들을 크기순으로 정렬한 뒤 인접한 두 값의 평균값(그림 11.28의 오른쪽 참고)을 사용해서 결정 노드에서 데이터를 서로 다른 두 개의 그룹으로 분할을 시도합니다.

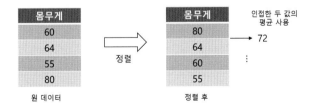

그림 11.28 연속 변수의 예

---

[84] 엔트로피라는 개념은 정보 이론(information theory)에서 사용되는 개념입니다. 엔트로피는 변수의 불확실성 (uncertainty)을 의미합니다. 여기서는 특정 그룹에 존재하는 종속변수의 불확실성이라고 생각할 수 있습니다.

결정 트리의 분할 중단 기준

그렇다면 결정 트리에서의 분할은 언제까지 계속 진행되는 것일까요? 중단 기준(stopping criterion)이 만족될 때까지 계속해서 분할합니다. 중단 기준으로 사용되는 주요한 하이퍼파라미터에는 max_depth, min_samples_split, min_samples_leaf, max_leaf_nodes 등이 있습니다. 각 하이퍼파라미터에 대해서 알아보겠습니다.

- **max_depth:** max_depth는 트리가 가질 수 있는 최대 깊이를 의미합니다. 예를 들어, max_depth=2라고 설정하면 해당 트리의 최대 깊이는 2가 됩니다. 더 분할할 수 있다고 할지라도 트리의 깊이가 2가 넘게는 분할하지 않습니다. max_depth의 값이 커질수록 트리의 형태가 더 복잡해 집니다. 즉, 과적합이 발생할 가능성이 커지게 되는 것입니다. 반대로 max_depth의 값이 너무 작으면 모형이 단순해져 과소적합의 문제가 발생할 수도 있습니다.

- **min_samples_split:** min_samples_split는 하나의 노드가 추가적으로 분할되기 위해서 가져야 하는 최소한의 관측치 수를 나타냅니다. 예를 들어, min_samples_split=10인 경우 포함된 관측치의 수가 10 미만인 리프 노드는 더 이상 분할 되지 않습니다. 이 값이 작을수록 분할이 더 많이 진행되기 때문에 트리가 더 복잡해 지고 따라서 과적합 문제가 발생할 가능성이 증가합니다.

- **min_samples_leaf:** min_samples_leaf는 리프 노드가 가져야 하는 최소한의 관측치 수를 의미합니다. 분할 후 리프 노드에 존재하는 관측치의 수가 이 값보다 작게 되면 분할이 진행되지 않습니다. 예를 들어, min_samples_leaf=10인 경우, 분할을 했는데 리프 노드에 속한 관측치의 수가 10 미만인 경우에는 해당 분할은 진행되지 않습니다. 이 값이 작을수록 트리가 복잡해 집니다.

- **max_leaf_nodes:** max_leaf_nodes는 트리가 가질 수 있는 최대 리프 노드의 수를 의미합니다. 분할을 했을 때 존재하는 전체 리프 노드의 수가 이 값보다 커지는 경우 해당 분할은 진행되지 않습니다. 이 값이 커질수록 트리가 복잡해 집니다.

결정 트리의 경우 하이퍼파라미터와 각 하이퍼파라미터가 취할 수 있는 값의 수가 많기 때문에 하이퍼파라미터 튜닝을 위해서 일반적으로 그리드 탐색 방법 등을 사용합니다.

■ 결정 트리의 주요 장단점

결정 트리는 일반적으로 다음과 같은 장단점을 갖습니다.

장점

- 작동 과정을 해석하는 것이 쉽습니다. 노드 분할 과정을 시각화해서 어떤 결정 노드에서 어떤 변수의 어떤 값으로 분할이 되었는지를 쉽게 파악할 수 있어, 왜 그러한 결과가 나왔는지를 상대적으로 쉽게 파악할 수 있다는 장점이 있습니다.

- 다른 알고리즘들에 비해서 학습하는데 상대적으로 적은 양의 데이터만 있어도 됩니다.

- 결측치가 있어도 상대적으로 작동을 잘 합니다.

단점

- 과적합 문제가 쉽게 발생할 수 있고, 이상치에 취약합니다. 따라서 결정 트리를 사용할 때는 모형이 너무 복잡해지는 것을 유의해야 하고, 이상치를 되도록 잘 제거하는 것이 필요합니다.

- 일반적으로 단일 모형의 성능이 좋지 못합니다. 이러한 의미에서 하나의 결정 트리를 약한 학습기(weak leaner)라고 합니다. 따라서 일반적으로 결정 트리 모형을 여러 개 같이 사용하는 앙상블 방법을 사용합니다.

11.3.2 파이썬 코딩하기

11.3.2.1 예제 데이터: 아이리스 꽃 데이터

결정 트리가 작동하는 방식을 보다 잘 이해하기 위해서 간단한 예제 데이터에 결정 트리를 적용해 보겠습니다. 여기서는 아이리스 꽃 데이터를 사용하겠습니다. 해당 데이터는 `iris_data.csv` 파일에 저장되어 있습니다. 파이썬 코드는 `DT_clf_example.ipynb` 파일을 참고하세요.

기본적으로 다음과 같이 numpy와 pandas를 임포트 합니다.

```
import pandas as pd
import numpy as np
```

pandas의 `read_csv()` 함수를 이용해서 데이터 프레임 형태로 데이터를 불러 옵니다.

```
df_iris = pd.read_csv('iris_data.csv')
```

해당 데이터는 다음과 같습니다.

```
df_iris.head()
```

	sepal_length	sepal_width	petal_length	petal_width	species
0	7.0	3.2	4.7	1.4	0
1	6.4	3.2	4.5	1.5	0
2	6.9	3.1	4.9	1.5	0
3	5.5	2.3	4.0	1.3	0
4	6.5	2.8	4.6	1.5	0

특성 정보가 네 개(꽃받침의 길이와 너비, 꽃잎의 길이와 너비)이고, 종속변수는 species(꽃의 종)가 됩니다. 종속 변수가 취할 수 있는 값은 0과 1이고, 0은 versicolor를 1은 virginica를 의미합니다. 각 종은 그림 11.29과 같이 생겼습니다.

Versicolor

Virginica

그림 11.29 아이리스 꽃의 종류

종속변수와 특성 정보를 다음과 같이 구분하여 저장합니다.

```
X = df_iris.iloc[:,:-1] # 모든 행 포함, 마지막 열은 제외한다는 것을 의미합니다.
y = df_iris.iloc[:,-1] # 모든 행 포함, 마지막 열만 포함한다는 것을 의미합니다.
```

학습 데이터와 평가 데이터로 구분합니다.

```
from sklearn.model_selection import train_test_split

X_train, X_test, y_train, y_test = train_test_split(X, y, test_size=.2)
```

다음과 같이 분류 결정 트리를 사용하기 위해 sklearn에서 제공되는 DecisionTreeClassifier 클래스를 임포트합니다.

```
from sklearn.tree import DecisionTreeClassifier
```

일단 DecisionTreeClassifier() 생성자 함수가 갖는 파라미터 중에서 max_depth의 값을 2로 설정해서 모형을 만들어 보겠습니다. 이렇게 하면 학습을 통해 생성되는 트리의 최대 깊이가 2가 됩니다.

```
model = DecisionTreeClassifier(max_depth=2)
```

fit() 함수를 이용해서 학습을 하고, predict()을 이용해서 평가 데이터에 존재하는 관측치들의 종속변수 값을 예측합니다.

```
model.fit(X_train, y_train)
y_preds = model.predict(X_test)
```

classification_report() 함수를 사용해서 평가 데이터에 대한 모형의 성능 지표를 확인합니다.

```
from sklearn.metrics import classification_report

print(classification_report(y_test, y_preds))
```

	precision	recall	f1-score	support
0	1.00	0.80	0.89	10
1	0.83	1.00	0.91	10
accuracy			0.90	20
macro avg	0.92	0.90	0.90	20
weighted avg	0.92	0.90	0.90	20

F1의 매크로 평균값이 0.9가 나오는 것을 확인할 수 있습니다.

학습의 결과로 도출된 결정 트리 모형을 시각화해 보겠습니다. 시각화를 위해서 다음과 같이 **sklearn**에서 제공되는 **tree** 모듈의 `plot_tree()` 함수를 사용합니다. `plot_tree()` 함수의 인자로는 학습을 마친 결정 트리 모형(즉, **model** 객체)을 입력합니다.

```
from sklearn import tree
import matplotlib.pyplot as plt

fig, axes = plt.subplots(nrows = 1,ncols = 1,figsize = (3,3), dpi=300)
tree.plot_tree(model) # 모형의 시각화
plt.show() # 화면에 출력 결정 트리를 이용한 감성분석
```

시각화 결과는 그림 11.30과 같습니다.

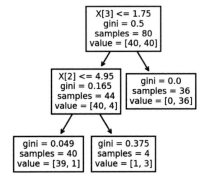

그림 11.30 결정 트리 시각화의 예

첫 번째 결정 노드(즉, 루트 노드)의 경우 X[3]의 특성 정보의 1.75 값을 기준으로 서로 다른 두 개의 그룹으로 분할된 것을 알 수 있습니다. X에는 네 개의 열이 있기 때문에 X[3]은 네 번째 열에 해당하는 특성 정보(즉, petal_width, 꽃잎의 너비)를 의미합니다. 즉, 꽃잎 너비의 값 1.75를 기준으로 학습 데이터에 있는 관측치가 두 개의 그룹으로 구분된 것입니다. 첫 번째 결정 노드에 존재하는 전체 관측치의 수는 80(즉, samples = 80)으로 이는 학습 데이터에 존재하는 전체 관측치의 수와 동일합니다. 그리고 value = [40, 40]은 80개의 관측치들 중에서 종속변수의 값이 0인 관측치가 40개, 그리고 1의 값을 갖는 관측치의 수가 40이라는 것을 의미합니다. 따라서 해당 노드에서의 지니 인덱스 값은 0.5가 됩니다.

X[3] <= 1.75를 만족하는 관측치들은 왼쪽 노드로 그렇지 않은 관측치들은 오른쪽 노드로 분할됩니다. 레벨 1의 첫 번째 노드(즉, 그림 11.31)를 보면 해당 노드에 속한 관측치의 수는 44인 것을 알 수 있습니다. 즉, 루트 노드에서의 분할 기준이었던 X[3] <= 1.75를 만족하는 관측치가 학습 데이터에 44개 존재한다는 것을 의미합니다. 그 중 40개의 관측치가 0의 값

> X[2] <= 4.95
> gini = 0.165
> samples = 44
> value = [40, 4]

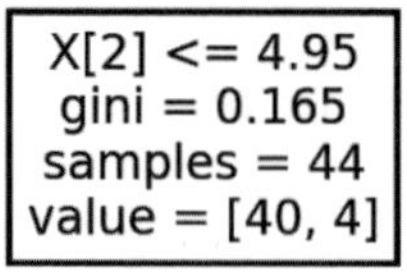

그림 11.31 레벨 1의 첫 번째 노드

을 갖고, 4개의 관측치가 1의 값을 갖습니다. 그에 해당하는 지니 인덱스는 0.165가 됩니다. 해당 노드에서 사용된 분류 기준은 X[2] <= 4.95입니다. X[2]는 X에 저장되어 있는 세 번째 열의 특성 정보(즉, petal_length, 꽃잎의 길이)를 의미합니다.

나머지 노드들의 정보도 비슷한 식으로 해석될 수 있습니다.

그림 11.30에서 볼 수 있듯이 결과로 나온 트리의 깊이는 2입니다. 이는 DecisionTreeClassifier() 생성자 함수가 갖는 max_depth의 값을 2로 설정했기 때문에 그렇습니다.

로지스틱 회귀모형의 경우, 각 특성 정보가 종속변수를 설명하는 데 있어서 얼마나 중요한 역할을 하는지를 학습의 결과로 도출된 모형의 파라미터 절댓값을 이용해서 파악할 수 있었습니다(즉, 모형 파라미터의 절댓값이 클수록 종속변수에 대한 설명력이 큰 것을 의미합니다). 결정 트리의 경우는 각 특성 정보의 중요도를 파악하기 위해서 DecisionTreeClassifier 클래스가 갖고 있는 feature_importances_ 변수에 저장되어 있는 값을 확인하면 됩니다. feature_importances_ 변수는 각 특성 정보들이 종속변수를 설명하는 데 있어서 얼마나 중요한 역할을 하는지를 나타냅니다. 각 특성 정보의 중요도는 각 특성 정보로 인해 줄어든 에러 정도(예: 분류 문제의 경우 지니 인덱스 또는 엔트로피의 값)에 따라 달라집니다. 에러가 많이 줄어들수록 중요도의 값이 커지는 것입니다. 위 모형에 대해 feature_importances_ 변수값을 확인해 보겠습니다(아래 코드 참고).

```
model.feature_importances_
```

```
array([0.        , 0.        , 0.10458898, 0.89541102])
```

보다 해석하기 쉽게 아래 코드를 사용해서 결과를 출력해 보겠습니다.

```
feature_dict = dict(zip(X.columns, model.feature_importances_))
[(k,v) for k, v in sorted(feature_dict.items(), key=lambda item: item[1], reverse=True)]
```

```
[('petal_width', 0.8954110185300336),
 ('petal_length', 0.10458898146996648),
 ('sepal_length', 0.0),
 ('sepal_width', 0.0)]
```

petal_width 변수가 정답을 예측하는 데 가장 중요하며 petal_length가 두 번째로 중요하다는 것을 알 수 있습니다. 그림 11.30을 보면 petal_width가 제일 먼저 분할 기준으로 사용됐고, 그 다음에 petal_length가 사용된 것을 확인할 수 있습니다. 그리고 sepal_length와 sepal_width는 분할 기준으로 사용되지 않았습니다.

위 결과를 seaborn 모듈의 boxplot() 함수를 이용해서 다음과 같이 시각화할 수 있습니다.

```
import seaborn as sns

sns.barplot(x=model.feature_importances_, y=X.columns)
```

결과는 그림 11.32와 같습니다.

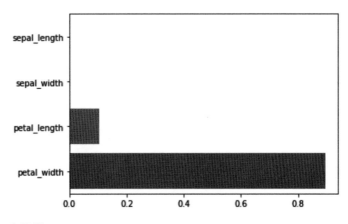

그림 11.32 피처 중요도의 시각화

이번에는 GridSearchCV 클래스를 이용해서 하이퍼파라미터 튜닝을 해보겠습니다. 앞에서 언급한 것처럼 결정 트리의 주요한 하이퍼파라미터에는 max_depth, min_samples_split, min_samples_ leaf, max_leaf_nodes가 있습니다. 그리고 에러의 정도를 어떤 지표를 이용해서 측정할 것인지에 대한 criterion이 있습니다. 이러한 하이퍼파라미터는 DecisionTreeClassifier() 생성자 함수의 파라미터로 지정돼 있습니다. 각 하이퍼파라미터의 값으로 시도하고자 하는 값들을 다음과 같이 설정합니다.

```python
from sklearn.model_selection import GridSearchCV

params={'criterion':['entropy', 'gini'],
        'min_samples_split':[2, 3, 4, 5, 6, 8, 10],
        'min_samples_leaf':[0.01, 0.02, 0.03, 0.04, 0.05],
        'max_leaf_nodes':[10, 15, 20, 25, 30, 35, 40, 45, 50],
        'max_depth':[2,4,6,8],
        }
gs_model = GridSearchCV(model, param_grid=params, cv=5)
```

 참고   효율적인 하이퍼파라미터 튜닝

여기서는 공간 절약과 설명을 위해서 한 번에 여러 개의 하이퍼파라미터의 값을 튜닝하고 있지만, 한 번에 여러 개의 하이퍼파라미터에 대해 여러 값을 이용하여 튜닝을 하는 경우 시간이 오래 걸리게 됩니다. 따라서 튜닝 시간을 줄이기 위해서는 한 번에 소수의 하이퍼파라미터의 값들을 튜닝하는 것이 더 바람직합니다.

다음과 같이 학습을 합니다.

```python
gs_model.fit(X_train, y_train)
```

학습이 끝나면 모형의 성능을 가장 좋게 하는 하이퍼파라미터의 값들이 best_params_ 변수에 저장되어 있습니다. 다음과 같이 확인합니다.

```python
gs_model.best_params_
```

```python
{'criterion': 'entropy',
 'max_depth': 6,
 'max_leaf_nodes': 20,
 'min_samples_leaf': 0.01,
 'min_samples_split': 2}
```

그리고 이러한 베스트 하이퍼파라미터의 값을 갖는 모형은 best_estimator_ 변수에 저장되어 있습니다. 다음과 같이 도출할 수 있습니다.

```
best_gs_model=gs_model.best_estimator_
```

`best_gs_model`의 `predict()` 함수를 이용해서 평가 데이터에 대한 종속변수의 값을 예측합니다.

```
y_preds_gs = best_gs_model.predict(X_test)
# 위의 결과는 다음과 같습니다
# y_preds_gs = gs_model.predict(X_test)
```

`best_estimator_`에 저장되어 있는 모형을 이용해서 예측을 하는 것과 `gs_model`을 이용해서 예측하는 것은 동일한 결과를 반환합니다. 즉, `gs_model`을 이용해서 예측하면 기본적으로 성능이 가장 좋은 모형을 이용해서 예측합니다.

`classification_report()` 함수를 이용해서 모형의 성능을 확인해 보겠습니다.

```
print(classification_report(y_test, y_preds_gs))
              precision    recall  f1-score   support

           0       1.00      0.80      0.89        10
           1       0.83      1.00      0.91        10

    accuracy                           0.90        20
   macro avg       0.92      0.90      0.90        20
weighted avg       0.92      0.90      0.90        20
```

위의 결과에서 볼 수 있는 것처럼 하이퍼파라미터 튜닝을 통해 얻은 베스트 모형의 성능은 하이퍼파라미터 튜닝을 하지 않은 모형의 결과와 동일합니다. 일반적으로는 하이퍼파라미터 튜닝을 통해 얻은 모형의 결과가 튜닝을 하지 않은 모형의 결과보다 더 좋게 됩니다. 하지만, 위의 예의 경우는 데이터의 크기가 크지 않아 차이가 없는 것으로 나왔습니다.

11.3.2.2 결정 트리를 이용한 감성분석

이번에는 결정 트리를 이용해서 감성분석을 수행해 보도록 하겠습니다. 여기서도 11.2절에서 사용한 Korean_movie_reviews_2016.txt 파일에 저장되어 있는 영화평 데이터를 빈도 기반의 DTM으로 변환한 후 결정 트리를 적용하겠습니다. 관련 코드는 DT_sentiment_example.ipynb 파일을 참고하세요. 파일에서 데이터를 읽어오고 학습 데이터와 평가 데이터로 분할한 후 DTM으로 변환하는 과정은 동일하기 때문에 관련 설명은 생략하겠습니다.

준비된 빈도 기반 DTM에 결정 트리를 적용하겠습니다. 여기서는 간단하게 다음과 같이 클래스 생성자 함수가 갖는 파라미터들의 기본값을 이용해서 객체를 생성해 보겠습니다.

```
from sklearn.tree import DecisionTreeClassifier

dt_clf = DecisionTreeClassifier()
```

그런 다음 fit() 함수를 이용해서 학습을 하고 predict() 함수를 이용해서 평가 데이터에 존재하는 영화평의 종속변수 값을 예측합니다.

```
dt_clf.fit(tf_train_features, train_labels)
pred_labels = dt_clf.predict(tf_test_features)
```

classification_report() 함수를 이용해서 모형의 성능을 살펴보면 다음과 같습니다.

```
print(classification_report(test_labels, pred_labels))
```

	precision	recall	f1-score	support
0	0.80	0.80	0.80	7766
1	0.82	0.82	0.82	8773
accuracy			0.81	16539
macro avg	0.81	0.81	0.81	16539
weighted avg	0.81	0.81	0.81	16539

모형의 성능이 동일한 데이터에 적용된 나이브 베이즈에 비해서 좋지 않은 것을 확인할 수 있습니다. 나이브 베이즈의 경우는 F1 매크로 평균이 0.89이었습니다.

11.4 앙상블 방법

결정 트리의 경우, 일반적으로 하나의 트리만을 사용하게 되면 (과적합 등의 문제로 인해) 모형의 성능이 별로 좋지 않습니다. 모형의 성능을 높이기 위해서 여러 개의 결정 트리를 사용하게 되는데 이러한 방법을 앙상블(Ensemble) 방법이라고 합니다. 앙상블 방법은 서로 다른 단일 모형을 여러 개 사용하여 종속 변수에 대한 예측력을 높이는 방법입니다. 기본이 되는 단일 모형을 기본 모형(base model)이라고 표현합니다. 기본 모형으로는 여러 가지의 지도학습 알고리즘(예: 로지스틱 회귀모형, 결정 트리, 나이브 베이즈 등)이 사용될 수 있습니다. 하지만, 일반적으로 결정 트리가 사용됩니다. 앞에서 언급한 것처럼 하나의 결정 트리의 성능은 별로 좋지 않습니다. 그렇기 때문에 하나의 결정 트리를 보통 약한 학습기(weak learner)라고 부릅니다. 앙상블 방법의 주요한 목적은 여러 개의 약한 학습기를 합쳐서 하나의 강한 학습기(strong learner)를 만드는 것입니다. 앙상블 방법은 크게 배깅(bagging)과 부스팅(boosting) 방법으로 구분됩니다. 각 방법에 대해 살펴보겠습니다.

11.4.1 배깅

먼저 배깅 방법에 대해서 살펴보겠습니다.

11.4.1.1 배깅 작동 원리

Bagging은 Bootstrap aggregating[85]을 의미합니다. 배깅 방법은 우리가 갖고 있는 학습 데이터를 이용하여 여러 개의 하위 샘플 데이터(subsample data)를 만들고, 각 하위 샘플 마다 별도의 결정 트리를[86] 적용하여 하위 샘플별로 종속변수의 예측값을 계산하고 그러한 예측값들의 평균(회귀 문제의 경우) 또는 최빈값(분류 문제의 경우)으로 최종 종속변수의 값을 예측하는 방법입니다.

예를 들어, 학습 데이터에 100개의 관측치가 있다고 가정합시다. 이 100개의 관측치를 이용해서, 같은 크기의 서로 다른 여러 개의 하위 샘플을 만들 수가 있을 것입니다. 그리고, 각 하위 샘플에 대해서 서로 다른 결정트리를 적용해서 종속변수의 값을 예측할 수 있는 것입니다. 서로 다른 하위 샘플이 10개가 있다고 가정하는 경우, 특정한 관측치에 대해서 각 하위 샘플에서 종속변수의 예측치가 계산됩니다. 해당 관측치의 최종 종속변수 예측치로는 회귀 문제에서는 각 하위 샘플의 예측치들의 평균을, 분류 문제에서는 최빈값을 사용합니다.

그러면 배깅에서는 원본 데이터에서 하위 샘플을 어떻게 생성할까요?(원본 데이터에서 하위 샘플을 생성하는 것을 재표집(resampling)이라고 합니다) **배깅(Bagging, Boostrap aggregating)**은 이름에서도 알 수 있듯이 부트스트랩(bootstrap) 방법을 이용해서 하위 샘플을 생성합니다. 부트스트랩은 무작위 복원추출(random sampling with replacement) 방법입니다. 원본 데이터로부터 관측치 하나씩을 추출하여 하위 샘플을 생성하는데 이전에 추출된 관측치를 제거하지 않고 다음 추출에서도 다시 고려하는 방법입니다. 이렇게 하면 하나의 관측치가 하위 샘플에 여러 번 포함될 수 있습니다. 구체적인 예를 들어 보겠습니다. 원본 데이터에 다음과 같이 10개의 관측치가 있다고 가정합니다.

---

85 Bootstrap aggregation이라고 하는 경우도 있습니다.
86 결정 트리가 아닌 다른 알고리즘을 기본 모형을 사용할 수도 있습니다.

$$\text{원본 데이터} \Rightarrow (dp_1, dp_2, dp_3, dp_4, dp_5, dp_6, dp_7, dp_8, dp_9, dp_{10})$$

동일한 크기(즉, 10개의 관측치)의 하위 샘플을 부트스트랩 방법을 이용해 추출해 보겠습니다. 한 번에 하나의 관측치를 무작위 추출합니다. 예를 들어, 첫 번째 추출에서 관측치 3(즉, dp_3)이 추출된 경우, dp_3를 버리지 않고, 다시 원본 데이터에 집어 넣습니다. 그리고 다시 원본 데이터로부터 두 번째 무작위 추출을 진행합니다. dp_3이 여전히 포함되어 있기 때문에 해당 관측치가 다시 뽑힐 가능성이 있는 것입니다. 이런 식의 무작위 복원 추출을 원하는 크기의 하위 샘플을 생성할 때까지 반복합니다. 동일한 방법을 이용해서 같은 크기의 하위 샘플을 여러 개 생성할 수 있습니다(몇 개의 서브 샘플을 생성하는지는 사용자가 결정합니다). 만약, 두 개의 하위 샘플을 생성한 경우 그 예는 다음과 같을 수 있습니다. 하위 샘플 1의 경우, dp_3, dp_6 등이 두 개씩 포함되어 있는 것을 확인할 수 있습니다.

$$\text{하위 샘플 1} \Rightarrow (dp_3, dp_6, dp_7, dp_3, dp_1, dp_{10}, dp_6, dp_9, dp_5, dp_2)$$
$$\text{하위 샘플 2} \Rightarrow (dp_5, dp_2, dp_1, dp_1, dp_{10}, dp_9, dp_8, dp_7, dp_7, dp_4)$$

그렇다면, 각 관측치의 최종 종속변수의 값은 어떻게 예측될까요? 종속변수의 최종값이 예측되는 방법은 풀고자 하는 문제의 종류에 따라 다릅니다. 앞에서도 언급한 것처럼, 회귀 문제의 경우는 각 하위 샘플 예측치의 평균을 사용하고, 분류 문제의 경우는 다수 보팅(majority voting) 방법을 사용합니다. 예를 들어 그림 11.33과 같이 원본 데이터로부터 세 개의 하위 샘플을 추출했다고 가정합니다.

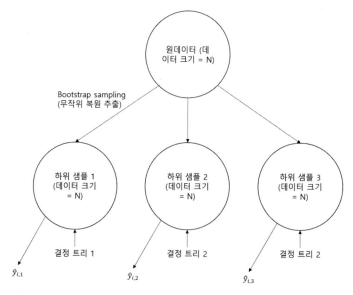

그림 11.33 각 하위 샘플에서 종속변수 값 예측

각 하위 샘플에 결정 트리를 적용하여 각 관측치의 종속변수 값을 예측합니다. 그림 11.33에서는 관측치 i의 종속변수가 예측된 것을 확인할 수 있습니다. 회귀 문제의 경우, 관측치 i의 최종 종속변수 값은 다음과 같이 예측됩니다.

$$\frac{1}{T}\sum_{t=1}^{T}\hat{y}_{i,t}$$

여기서 T는 하위 샘플의 수가 됩니다(이는 적용된 결정 트리의 수와 동일합니다). 위의 예에서는 $T=3$입니다.

분류 문제의 경우에는 다수 보팅[87] 방법이 사용됩니다. 다수 보팅은 각 하위 샘플을 이용해 예측된 종속변수 값의 최빈값을 최종 종속변수 값으로 사용하는 것입니다. 예를 들어, 종속변수가 취할 수 있는 값이 0과 1이고, $\hat{y}_{i,1}=1$, $\hat{y}_{i,2}=1$, $\hat{y}_{i,3}=0$이라면 관측치의 최종 종속변수 값은 1로 예측됩니다.

이렇게 여러 개의 하위 샘플을 사용하게 되면 일반적으로 모형이 갖는 일반화 정도가 커져 과적합 문제가 줄어들어 모형의 성능이 좋아집니다.

11.4.1.2 파이썬 코딩하기

예제에는 Korean_movie_reviews_2016.txt 파일에 저장된 영화평 데이터를 사용합니다. 관련 코드는 Bagging_sentiment.ipynb 파일을 참고하세요. 데이터를 준비하는 과정은 이전과 동일하기 때문에 관련된 설명은 생략하겠습니다. 여기서도 빈도 기반의 DTM에 배깅 알고리즘을 적용해 보겠습니다. 분류의 문제에 적용되는 배깅이기 때문에 sklearn에서 제공하는 BaggingClassifier 클래스를 사용합니다(회귀 문제인 경우는 BaggingRegressor 클래스를 사용합니다).

```
from sklearn.ensemble import BaggingClassifier
```

BaggingClassifier의 경우는 기본 모형을 설정해 줘야 합니다. 앞에서 언급한 것처럼 여러 가지 종류의 분류 모형(예: 로지스틱 회귀모형, 나이브 베이즈, 결정 트리 등)이 기본 모형으로 사용될 수 있습니다. 여기서는 결정 트리를 기본 모형으로 사용하겠습니다. 결정 트리를 기본 모형으로 사용하기 위해서는 결정 트리 모형을 먼저 생성해야 합니다. 즉, sklearn의 DecisionTreeClassifier 클래스를 임포트하고 객체를 생성해야 합니다. 여기서는 간단하게 DecisionTreeClassifier 클래스 생성자 함수가 갖는 depth 파라미터의 값만을 2로 설정하고 객체를 생성하겠습니다.

---

87 이러한 방법을 하드 보팅(hard voting)이라고 표현하기도 합니다.

```
from sklearn.tree import DecisionTreeClassifier
base_learner = DecisionTreeClassifier(max_depth=2)
```

생성된 기본 모형을 `BaggingClassifier` 클래스 생성자 함수의 첫 번째 인자로 입력하여 `BaggingClassifier` 클래스의 객체를 생성합니다.

```
bag_clf = BaggingClassifier(base_learner, n_estimators=100)
```

`BaggingClassifier()` 생성자 함수가 갖는 **n_estimators** 파라미터는 사용하고자 하는 하위 샘플의 수 (즉, 기본 모형의 수)를 의미합니다. 여기서는 100을 사용했습니다. 이 값은 하이퍼파라미터이기 때문에 그 값을 적절하게 조절하는 것이 필요합니다.

그다음에는 학습을 하고, 평가 데이터를 이용해 모형의 성능을 평가하면 됩니다.

```
bag_clf.fit(tf_train_features, train_labels)
pred_labels_tf = bag_clf.predict(tf_test_features)

from sklearn.metrics import classification_report

print(classification_report(test_labels, pred_labels_tf))
```

	precision	recall	f1-score	support
0	0.93	0.11	0.19	7864
1	0.55	0.99	0.71	8675
accuracy			0.57	16539
macro avg	0.74	0.55	0.45	16539
weighted avg	0.73	0.57	0.46	16539

모형의 성능이 전반적으로 좋지 않게 나왔는데, 이는 배깅 방법이 갖는 단점 때문에 그렇습니다. 그러한 단점을 보완하기 위해 제안된 방법이 랜덤 포레스트(Random Forest)입니다. 이에 대해서는 다음 섹션에서 설명합니다.

참고 **oob_score 파라미터**

BaggingClassifier 클래스의 생성자 함수가 가지고 있는 파라미터 중에 **oob_score** 파라미터가 있습니다. 여기서 oob는 out of bag을 의미합니다. **oob_score** 파라미터가 어떤 역할을 하는지 이해하기 위해서는 먼저 oob 관측치가 무엇인지를 아는 것이 필요합니다. oob 관측치는 원본 데이터에 존재하는 관측치들 중에서 하위 샘플에 포함되지 않은 관측치를 의미합니다. 부트스트랩 표집 방법은 복원 추출 방법이기 때문에 두 번 이상 추출되는 관측치가 존재합니다. 이는 하위 샘플의 크기를 원본 데이터의 크기와 동일하게 하는 경우, 원본 데이터에 존재하는 관측치 중에서 하위 샘플에 포함되지 않는 관측치가 존재한다는 것을 의미합니다. 예를 들어 원본 데이터에 표 11.8과 같이 네 개의 관측치에 대한 정보가 저장되어 있다고 가정하겠습니다. 폐암 여부가 종속변수입니다.

표 11.8 원본 데이터의 예

관측치	나이	도시 거주 여부	흡연 여부	폐암 여부
1	50	Yes	Yes	Yes
2	41	No	No	No
3	34	No	Yes	Yes
4	25	Yes	No	No

위 데이터를 이용해 크기가 4인 하위 샘플을 다섯 개 생성한다고 가정하겠습니다. 예를 들어, 첫 번째 하위 샘플에 '관측치 1, 관측치 1, 관측치 2, 관측치 3'이 존재하는 경우, 해당 하위 샘플에 대해서는 관측치 4가 oob 관측치가 됩니다. 다섯 개의 하위 샘플 중에서 관측치 4가 oob 관측치인 하위 샘플이 첫 번째, 두 번째, 다섯 번째 하위 샘플이라고 가정합니다. 각하위 샘플을 이용해 학습된 결정 트리를 통해 관측치 4의 종속변수가 표 11.9와 같이 예측됐다고 가정합니다.

표 11.9 각 하위 샘플에서의 관측치 4의 종속변수 값 예측치

하위 샘플	관측치 4의 종속변수(폐암 여부) 값 예측치
1	No*
2	No
5	Yes

* 이는 첫 번째 하위 샘플을 이용해 학습된 결정 트리를 통해 예측된 관측치 4의 종속변수 값입니다.

No로 예측된 횟수가 더 많기 때문에 관측치 4의 최종 종속변수의 값은 No로 예측됩니다. 다른 oob 관측치에 대해서도 동일한 작업을 수행할 수 있습니다. 전체 oob 관측치에 대한 oob_score는 다음과 같이 계산됩니다(정확도를 의미합니다).

$$\frac{\text{종속변수가 제대로 예측된 oob 관측치의 수}}{\text{전체 oob 관측치의 수}}$$

이러한 oob 관측치들은 학습에 사용되지 않은 관측치이기 때문에 평가 데이터로 사용될 수 있습니다.

oob_score를 도출하기 위해서는 BaggingClassifier 클래스의 생성자 함수가 갖는 oob_score 파라미터의 값을 True로 설정합니다(기본값은 False로 되어 있습니다). 학습을 통해 계산되는 oob_score 값은 BaggingClassifier 클래스가 갖는 oob_score_ 변수에 저장되어 있습니다. 다음과 같이 사용할 수 있습니다.

```
bag_clf_oob = BaggingClassifier(base_learner, n_estimators=100, oob_score=True)
bag_clf_oob.fit(tf_train_features, train_labels)
bag_clf_oob.oob_score_
```

```
0.5744297759414155
```

위의 경우는 oob_score의 값이 0.574 정도인 것을 확인할 수 있습니다.

11.4.2 랜덤 포레스트

여기서는 랜덤 포레스트(Random Forest) 방법에 대해 알아보겠습니다.

11.4.2.1 랜덤 포레스트 작동 원리

랜덤 포레스트는 기본적으로 배깅과 유사합니다. 즉, 하위 샘플을 부트스트랩 표집 방법을 이용해 생성하고 각 하위 샘플에 기본 모형을 적용하여 각 관측치의 종속변수 값을 예측하고, 그 결과를 이용해 최종 종속변수 값을 예측합니다(즉, 회귀 문제는 평균을, 분류 문제는 최빈값을 사용합니다). 하지만 랜덤 포레스트는 기본 모형으로 결정 트리를 사용합니다. 결정 트리를 여러 개 사용했기 때문에 이름이 포레스트(forest, 숲)가 되는 것입니다.

배깅의 경우는 각 결정 노드에서 데이터를 서로 다른 두 개의 그룹으로 분할할 때 데이터에 존재하는 모든 독립변수를 고려합니다. 하지만 이렇게 하면 하위 샘플별로 각 샘플에 속한 관측치가 크게 다르지 않기 때문에 각 하위 샘플의 결정 노드에서 사용되는 독립변수가 크게 다르지 않습니다. 그뿐만 아니라, 일반적으로 종속변수를 잘 설명하는 독립변수가 노드 분할 시 먼저 사용되는데, 먼저 사용되는 독립변수가 하위 샘플별로 큰 차이가 없게 됩니다. 이렇게 하면 데이터로부터 각 기본 모형이 추출하는 정보가 유사합니다. 유사한 특성 정보를 추출하는 모형을 여러 개 사용하는 것으로는 성능을 크게 개선하기가 어렵습니다. 그리고 이러한 경우에는 과적합 문제가 발생할 가능성이 커집니다.

이러한 문제를 해소하기 위한 것이 랜덤 포레스트입니다. 랜덤 포레스트는 각 결정 노드에서 노드 분할 시 모든 독립변수를 고려하는 것이 아니라, 무작위로 선택된 일부 독립변수만 고려합니다. 이렇게 하면, 모형이 갖는 일반화 정도가 커져 과적합 문제가 줄어드는 효과가 있습니다. 그리고 배깅에서는 고려되지 않았던 다른 독립변수가 갖는 정보도 이용할 수 있게 되어 모형의 성능이 전반적으로 개선됩니다.

일반적으로 랜덤 포레스트의 각 결정 노드에서 고려되는 독립변수의 수는 m($=\sqrt{p}$)입니다. 여기서 p는 데이터에 존재하는 전체 독립변수의 수입니다. 예를 들어 전체 독립변수의 수 = 100이라면 각 결정 노드에서 10($=\sqrt{100}$)개의 독립변수만 고려합니다.

11.4.2.2 랜덤 포레스트를 이용한 감성분석

코드는 RF_sentiment.ipynb 파일을 참고하세요. 여기서도 Korean_movie_reviews_2016.txt 파일에 저장된 영화평 데이터를 사용합니다. 데이터를 읽어오고 DTM을 생성하는 과정은 앞에서와 동일합니다. 여기서도 빈도 기반 DTM을 사용하겠습니다. 랜덤 포레스트는 sklearn에서 제공하는 RandomForestClassifier 클래스를 사용합니다(회귀 문제의 경우는 RandomForestRegressor를 사용합니다). 먼저 클래스의 생성자 함수를 이용해 객체를 생성합니다.

```
from sklearn.ensemble import RandomForestClassifier


rf_clf = RandomForestClassifier(n_estimators = 100)
```

랜덤 포레스트는 기본 모형으로 결정 트리를 사용하기 때문에 기본 모형을 별도로 지정하지 않아도 되는 대신 sklearn의 DecisionTreeClassifier 클래스 생성자 함수가 가지고 있는 파라미터를 그대로 가지고 있습니다. 그 파라미터의 값을 달리하면서 모형의 성능을 파악해 보는 것이 필요합니다. 그리고 배깅 방법을 기반으로 하기 때문에 oob_score 파라미터를 가지고 있습니다. 해당 파라미터의 역할과 사용 방법은 배깅과 동일합니다. RandomeForestClassifier 클래스 생성자 함수의 파라미터 중에서 중요한 것이 max_features입니다. 이 파라미터는 각 결정 노드에서 몇 개의 독립변수를 고려할 것인지를 정하는 역할을 합니다. 기본값은 'sqrt'로 되어 있습니다. 즉, 전체 독립변수의 수 = p라면 $\sqrt{p}$개를 고려하겠다는 뜻입니다. 해당 파라미터가 취할 수 있는 다른 값으로는 'log2'가 있습니다. 이는 각 결정 노드에서 $\log_2 p$개의 독립변수를 고려한다는 것입니다. 그 외에도 자연수나 0과 1 사이의 소수를 입력할 수도 있습니다. 숫자 10이라고 입력하면, 전체 독립변수 중 10개를 사용하겠다는 것을 의미하고, 0.1이라는 숫자를 입력하면 전체 독립변수 중 10%를 고려하겠다는 것을 의미합니다.

그리고 클래스 불균형 데이터에 사용할 수 있는 class_weight라는 파라미터가 있습니다. 이 파라미터는 로지스틱 회귀모형을 위한 클래스인 LogisticRegression 클래스의 생성자 함수가 갖는 class_weight 파라미터와 같은 역할을 합니다. 즉, Cost Sensitive 방법으로 학습하고자 하는 경우에 사용할 수 있는 파라미터입니다. 해당 파라미터가 취할 수 있는 문자열 값에는 'balanced'와 'balanced_subsample'이 있습니다. 'balanced'는 각 클래스의 비용에 대한 가중치를 학습 데이터에 존재하는 각 클래스에 속한 관측치의 수를 고려하여 달리하겠다는 것을 의미합니다. 각 관측치의 비중의 역수를 취한 값으로 가중치가 계산됩니다. 예를 들어, 종속변수가 취할 수 있는 값이 0과 1이고, 학습 데이터에 0의 값을 갖는 관측치가 90%, 그리고 1의 값을 갖는 관측치가 10%인 경우, 0에 대한 비용의 가중치는 $\frac{1}{0.9} \approx 1.111$, 1에 대한 비용의 가중치는 $\frac{1}{0.1} = 10$이 됩니다. `'balanced_subsample'`은 `'balanced'`와 유사한데, 가중치를 계산하기 위해 전체 학습 데이터를 사용하는 것이 아니라 각 하위 샘플을 이용합니다. 즉, 각 클래스의 비용에 대한 가중치가 하위 샘플마다 달라집니다. 문자열 값이 아니라 각 클래스별 가중치 정보를 담고 있는 사전 데이터를 인자로 입력받을 수도 있습니다. 예를 들어 {0:1, 1:3}이라고 입력하면, 클래스 0에 대한 가중치는 1로, 클래스 1에 대한 가중치는 3으로 하겠다는 의미입니다.

생성된 객체를 이용해 다음과 같이 학습합니다.

```
rf_clf.fit(tf_train_features, train_labels)
```

그다음, 평가 데이터를 이용해 평가합니다.

```
pred_labels_tf = rf_clf.predict(tf_test_features)
from sklearn.metrics import classification_report
print(classification_report(test_labels, pred_labels_tf))
```

```
              precision    recall  f1-score   support

           0       0.85      0.87      0.86      7766
           1       0.88      0.86      0.87      8773

    accuracy                           0.86     16539
   macro avg       0.86      0.86      0.86     16539
weighted avg       0.86      0.86      0.86     16539
```

배깅 방법에 비해 성능이 좋게 나오는 것을 확인할 수 있습니다.

11.4.3 부스팅

이번에는 부스팅(boosting) 기반의 앙상블에 대해 살펴보겠습니다. 부스팅은 기본적으로 같은 데이터에 대해 여러 개의 기본 모형을 순차적으로(sequentially) 적용하는 것을 의미합니다.[88] 그리고 각 단계에 적용되는 기본 모형의 목적은 이전 단계에서 적용된 기본 모형이 제대로 예측하지 못한 부분을 보완하

---

88 배깅은 여러 개의 기본 모형이 각 하위 샘플에 동시에(pararell) 적용됩니다. 부스팅은 순차적으로 적용되기 때문에 속도 면에서 배깅 방법보다 느릴 수 있습니다.

는 것입니다. 부스팅 방법에는 크게 두 가지가 있습니다. 하나는 에이다 부스팅(AdaBoosting, adaptive boosting)이고 다른 하나는 그래디언트 부스팅(gradient boosting)입니다.

11.4.3.1 에이다 부스팅

에이다 부스팅은 이전 단계에서 적용된 모형이 종속변수의 값을 잘못 예측한 관측치에 가중치를 더 크게 주어 현재 단계에서 해당 관측치를 더 많이 고려하는 방식으로 작동합니다. 회귀 문제와 분류 문제 모두에 적용될 수 있지만, 여기서는 분류 문제를 예로 설명하겠습니다. 에이다 부스팅은 그래디언트 부스팅에 비해 사용 빈도가 적기 때문에 간단히 작동 원리만 설명하겠습니다.

설명을 위해 종속변수가 취할 수 있는 값이 1과 −1이라고 하고, 학습 데이터에 존재하는 관측치의 수를 n 이라고 가정합시다. 에이다 부스팅의 경우 기본 모형으로 결정 트리가 아닌 다른 알고리즘을 사용할 수 있습니다. 따라서 가장 먼저 해야 할 일은 기본 모형으로 사용하고자 하는 알고리즘을 선택하는 것입니다. 여기서는 결정 트리를 사용하겠습니다.

에이다 부스팅은 학습 데이터에 존재하는 각 관측치에 가중치를 부여합니다. 첫 단계에서는 모두 동일한 가중치를 갖습니다. 관측치의 수가 n인 경우에는 각 관측치의 가중치가 $\frac{1}{n}$이 됩니다. 이는 $w_i = \frac{1}{n}$과 같 이 표현할 수 있습니다. w_i는 관측치 i의 가중치를 의미합니다.

각 관측치의 가중치와 기본 모형을 이용해서 다음 과정을 반복합니다.

- 원본 데이터에 대해 부트스트랩 방법을 사용해서 하나의 하위 샘플을 생성합니다. 일반적으로 해당 샘플의 크기는 원 본 데이터의 크기와 동일합니다(하지만 더 작은 크기의 샘플을 사용할 수도 있습니다). **원본 데이터에 존재하는 각 관 측치가 하위 샘플에 뽑힐 확률은 각 관측치의 가중치에 비례합니다.** 즉, 가중치의 값이 큰 관측치가 하위 샘플에 포 함될 확률이 높아지는 것이는 것입니다. 처음에는 모든 관측치의 가중치가 $\frac{1}{n}$로 동일하기 때문에 하위 샘플에 뽑힐 확 률이 동일합니다(즉, $\frac{1}{n} \times 100\%$의 확률).
- 기본 모형을 위의 하위 샘플에 적용해 학습합니다.
- 학습 결과를 원본 데이터에 적용해 에러 정도를 계산합니다. 에러 정도는 다음과 같이 계산합니다.

$$E = \frac{\text{잘못 예측된 관측치의 수}}{\text{전체 관측치의 수}}$$

- 위의 에러 정도를 이용해 모형의 성능을 계산합니다. 이는 다음과 같이 계산됩니다.

$$\alpha_t = \frac{1}{2} \ln\left(\frac{1-E}{E}\right)$$

여기서 α_t는 단계 t에서 사용된 기본 모형의 성능이라는 것을 의미합니다. 에러의 정도가 작을수록 모형의 성능이 좋다 는 것을 의미합니다.

- 모형의 성능(즉, α_t의 값)을 이용해서 각 관측치의 가중치를 업데이트합니다.

  - 잘못 예측된 관측치의 경우: $w_{t+1} = w_t \cdot e^{\alpha t}$
  - 제대로 예측된 관측치의 경우: $w_{t+1} = w_t \cdot e^{-\alpha t}$

  여기서 w_t는 단계 t에서의 가중치를 의미합니다. 위 식은 단계 t에서 예측이 제대로 안 된 관측치의 가중치 값을 크게 하고 예측이 제대로 된 관측치의 가중치는 그 값을 줄이겠다는 것을 의미합니다.

- 처음 단계로 돌아가 동일한 과정을 정해진 횟수만큼 반복합니다.

각 관측치의 최종 종속변수의 값은 다음과 같이 예측됩니다.

$$\hat{y}_i = sign\left(\sum_{t=1}^{T} \alpha_t \cdot M_{t,i}(x) \right)$$

여기서 $\hat{y}_i$는 관측치 i의 최종 종속변수 예측치입니다. T는 학습에 적용된 기본 모형의 수입니다. α_t는 앞에서 설명한 것처럼 단계 t에서 적용된 모형의 성능을 의미합니다. 즉, 모형의 성능이 좋을수록 해당 모형의 결과를 최종 예측에 더 많이 반영하겠다는 것을 의미합니다. $M_{t,i}(x)$는 관측치 i의 종속변수에 대한 단계 t에서 적용된 모형의 예측치를 의미합니다. $\sum_{t=1}^{T} \alpha_t \cdot M_{t,i}(x)$의 값이 양수인 경우에는 $\hat{y}_i$가 +1로 예측되고, 그 값이 음수인 경우에는 $\hat{y}_i$가 −1로 예측됩니다.

예를 들어 $T=5$이고 각 단계에서 모형의 성능과 관측치 i에 대한 예측치가 표 11.10과 같다고 가정합니다.

표 11.10 단계별 모형의 성능과 관측치 i에 대한 예측치

단계 (t)	모형 성능 (α_t)	관측치 i에 대한 예측치 ($M_{t,i}(x)$)
1	0.5	+1
2	0.8	−1
3	0.6	+1
4	0.9	−1
5	0.8	−1

이 경우, $\sum_{t=1}^{5} \alpha_t \cdot M_{t,i}(x) = 0.5 \times 1 + 0.8 \times (-1) + 0.6 \times 1 + 0.9 \times (-1) + 0.8 \times (-1) = -1.4$가 됩니다. 따라서 $sign\left(\sum_{t=1}^{5} \alpha_t \cdot M_{t,i}(x)\right) = sign(-1.4) = -1$이 관측치 i의 최종 종속변수 예측치가 됩니다.

11.4.3.2 그래디언트 부스팅

그래디언트 부스팅(Gradient Boosting)도 부스팅의 한 종류이기 때문에 여러 개의 기본 모형을 순차적으로 적용합니다(그래디언트 부스팅에서는 기본 모형으로 결정 트리를 사용합니다). 하지만 에이다 부스팅과 달리 현재 단계에서 적용되는 모형은 이전 단계에서 적용된 모형이 종속변수를 설명하지 못한 정도를 추가적으로 설명하는 방식으로 작동합니다. 여기서는 조금 더 이해하기 쉬운 회귀 문제를 예로 그래디언트 부스팅의 작동 원리를 설명하겠습니다(분류 문제의 경우도 회귀 문제에서의 작동 방식과 크게 다르지 않습니다).

전반적인 과정은 다음과 같습니다.

단계 1: 기본 모형을 이용해 학습 데이터를 학습하고 각 관측치의 종속변수 값을 예측합니다. 예를 들어 단계 1에서의 관측치 i의 종속변수 예측치는 $\hat{y}_{1,i}$로 표현됩니다(단계 1에서의 종속변수 예측치를 종속변수의 평균값으로 하는 경우도 있습니다).

단계 2:

- 두 번째 단계부터 적용되는 기본 모형은 종속변수 값을 예측하는 것이 아니라 이전 단계에서 적용된 모형이 종속변수를 설명하지 못한 정도, 즉 나머지를 예측합니다. 나머지는 다음과 같이 계산됩니다.

$$r_{1,i} = y_i - \hat{y}_{1,i}$$

여기서 y_i는 관측치 i의 실제 종속변수 값이고, $r_{1,i}$는 관측치 i에 대해 단계 1에서 적용된 기본 모형이 종속변수를 설명하지 못하는 정도, 즉 나머지가 됩니다.

- 두 번째 단계에서 적용되는 기본 모형은 $r_{1,i}$에 대한 예측치를 계산합니다. 이는 $\hat{r}_{1,i}$로 표현됩니다.

- 이전 단계까지의 종속변수의 예측치, 즉 $\hat{y}_{1,i}$에 $\hat{r}_{1,i}$를 더해 종속변수의 예측값을 업데이트합니다.

$$\hat{y}_{2,i} = \hat{y}_{1,i} + \hat{r}_{1,i}$$

- $\hat{y}_{2,i}$를 이용해 나머지를 새롭게 구합니다.

$$r_{2,i} = y_i - \hat{y}_{2,i}$$

위 식은 다음과 같이 표현할 수도 있습니다.

$$r_{2,i} = y_i - \hat{y}_{2,i} = y_i - (\hat{y}_{1,i} + \hat{r}_{1,i}) = y_i - \hat{y}_{1,i} - \hat{r}_{1,i} = r_{1,i} - \hat{r}_{1,i}$$

위의 과정을 정해진 횟수만큼 반복합니다.

관측치에 대한 최종 종속변수 예측치는 다음과 같이 계산됩니다.

$$\hat{y}_i = \hat{y}_{1,i} + \eta \sum_{t=1}^{T} \hat{r}_{t,i}$$

여기서 η는 학습률(learning rate)을 의미합니다. 즉, 각 단계에 적용된 기본 모형이 최종 종속변수의 값을 예측하는데 기여하는 정도를 조절하는 역할을 합니다(경사하강법에서의 학습률과 비슷한 역할을 한다고도 생각할 수 있습니다. 대신 여기서는 파라미터의 값을 업데이트하는 정도를 조절하는 것이 아니라, 종속변수의 예측치가 업데이트되는 정도를 조절하는 역할을 합니다). 학습률을 작게 할 때는 각 단계에서의 모형이 기여하는 정도가 작기 때문에 대신 T의 값을 크게 해야 합니다.

■ 파이썬 코딩하기

여기서는 그래디언트 부스팅의 작동 원리를 자세히 살펴보기 위해 일단 먼저 예제 데이터에 그래디언트 부스팅을 적용해 보겠습니다. 관련 코드는 GB_example.ipynb 파일을 참고하세요. 사용하고자 하는 예제 데이터는 bike_rentals.csv 파일에 저장되어 있습니다. 종속변수는 일일 자전거 대여 횟수가 되고, 독립변수에는 년, 월, 휴일 여부, 평일 여부, 날씨, 기온, 체감온도, 습도, 바람 속도 등이 존재합니다.

다음과 같이 데이터를 읽어오고 head() 함수를 사용해 일부 관측치의 내용을 확인해 봅니다.

```python
import pandas as pd
import numpy as np

df_bikes = pd.read_csv('bike_rentals.csv')
df_bikes.head()
```

	year	month	holiday	workingday	weathersit	temp	atemp	humidity	windspeed	bike_rentals
0	0	1	0	0	2	0.344167	0.363625	0.805833	0.160446	985
1	0	1	0	0	2	0.363478	0.353739	0.696087	0.248539	801
2	0	1	0	1	1	0.196364	0.189405	0.437273	0.248309	1349
3	0	1	0	1	1	0.200000	0.212122	0.590435	0.160296	1562
4	0	1	0	1	1	0.226957	0.229270	0.436957	0.186900	1600

연도(year) 변수는 더미 코딩이 되어 있습니다. 즉, 데이터에는 두 개의 연도가 존재하는데, 첫 번째 연도는 0으로 두 번째 연도는 1로 코딩되어 있습니다. 여기서는 각 독립변수의 의미는 중요하지 않기 때문에 자세한 설명은 생략하겠습니다. 우리가 예측해야 하는 종속변수는 bike_rentals입니다. 일일 자전거 대여 수를 의미합니다.

일단 다음과 같이 종속변수 데이터와 독립변수 데이터를 구분하여 저장합니다.

```
X_bikes = df_bikes.iloc[:,:-1]
y_bikes = df_bikes.iloc[:,-1]
```

그다음 train_test_split() 함수를 사용해 학습 데이터와 평가 데이터를 분할합니다.

```
from sklearn.model_selection import train_test_split

X_train, X_test, y_train, y_test = train_test_split(X_bikes, y_bikes, test_size=0.2, random_state=42)
```

그래디언트 부스팅의 작동 방식을 이해하기 위해 여기서는 해당 종속변수의 값을 두 가지 방법을 이용해 예측해 보겠습니다. 첫 번째는 직접 결정 트리 모형을 순차적으로 여러 개 적용해 보는 방법이고 두 번째는 그래디언트 부스팅을 사용하는 방법입니다.

먼저 여러 개의 결정 트리 모형을 순차적으로 적용해 보겠습니다. 여기서는 세 개의 결정 트리, 즉 기본 모형을 적용해 보겠습니다.

첫 번째 결정 트리를 학습 데이터에 적용해 학습을 수행합니다.

```
from sklearn.tree import DecisionTreeRegressor

tree_1 = DecisionTreeRegressor(max_depth=2, random_state=2) # random_state 값을 특정한 숫자로 지정합니다.
tree_1.fit(X_train, y_train)
```

학습 결과를 이용해서 학습 데이터에 존재하는 관측치들의 종속변수 값을 예측하고, 그 예측치를 이용해 나머지를 구합니다.

```
y_train_pred = tree_1.predict(X_train) # 학습 데이터에 존재하는 관측치들의 종속변수 예측
residual1 = y_train - y_pred1 # 첫 번째 단계에서의 나머지를 구합니다.
```

이번에는 또 다른 결정 트리 모형을 생성하고 학습 데이터를 이용해서 다시 학습시킵니다. 하지만 이번 단계에서 적용되는 결정 트리가 예측해야 하는 값은 종속변수의 값이 아니라 이전 단계에서 도출된 나머지, 즉 residual1이 됩니다.

```
tree_2 = DecisionTreeRegressor(max_depth=2, random_state=2)
tree_2.fit(X_train, residual1) # 나머지가 종속변수가 됩니다.
```

학습의 결과를 이용해 각 관측치의 나머지를 예측합니다.

```
residual1_preds = tree_2.predict(X_train)
```

두 번째 단계에서 적용된 결정 트리를 이용해 나머지를 새롭게 구합니다.

```
residual2 = residual1 - residual1_preds
```

이는 앞에서 살펴봤던 $r_{2,i} = y_i - \hat{y}_{2,i} = y_i - (\hat{y}_{1,i} + \hat{r}_{1,i}) = y_i - \hat{y}_{1,i} - \hat{r}_{1,i} = r_{1,i} - \hat{r}_{1,i}$ 식에 해당합니다.

세 번째 결정 트리 모형을 생성하고 **residual2**를 종속변수로 해서 학습합니다.

```
tree_3 = DecisionTreeRegressor(max_depth=2, random_state=2)
tree_3.fit(X_train, residual2)
```

학습 결과를 이용해 각 관측치의 나머지를 다시 예측합니다.

```
residual2_preds = tree_3.predict(X_train)
```

이러한 학습의 결과를 평가 데이터에 적용해 모형의 성능을 평가해 보겠습니다. 일단 먼저 앞에서 생성한 세 개의 결정 트리 모형을 이용해 평가 데이터에 존재하는 각 관측치의 종속변수 값을 예측합니다. 다시 정리하면, 첫 번째 결정 트리는 종속변수의 값을 예측했고, 두 번째와 세 번째 결정 트리는 이전 단계에서 적용된 결정 트리가 종속변수를 설명하지 못하는 정도인 나머지를 예측했습니다. 따라서 종속변수의 최종 예측치는 다음과 같이 계산됩니다.

종속변수의 최종 예측치 = 첫 번째 모형의 예측치 + 두 번째 모형의 예측치 + 세 번째 모형의 예측치

이는 앞에서 설명한 $\hat{y}_i = \hat{y}_{1,i} + \eta \sum_{t=1}^{2} \hat{r}_{t,i}$, where $\eta = 1$인 경우에 해당합니다. 즉, 다음과 같이 평가 데이터의 종속변수 값을 예측합니다.

```
y1_preds = tree_1.predict(X_test)
r1_preds = tree_2.predict(X_test)
r2_preds = tree_3.predict(X_test)
y_preds_final = y1_preds + r1_preds + r2_preds
```

여기서는 RMSE를 이용해서 모형의 성능을 평가해 보겠습니다. 이를 위해 **sklearn**에서 제공하는 **mean_squared_error()** 함수를 사용합니다. 그 값이 1017 정도 나오는 것을 확인할 수 있습니다.

```
from sklearn.metrics import mean_squared_error as MSE

MSE(y_test, y_preds_final)**0.5
```

```
1017.3231163706917
```

이번에는 그래디언트 부스팅을 이용해 보겠습니다. 회귀 문제에 대한 그래디언트 부스팅은 sklearn에서 제공하는 GradientBoostingRegressor 클래스를 사용합니다.

```
from sklearn.ensemble import GradientBoostingRegressor
```

다음과 같이 생성자 함수를 호출하여 객체를 생성합니다.

```
gbr = GradientBoostingRegressor(
    max_depth=2, n_estimators=3, random_state=2, learning_rate=1.0
)
```

각 결정 트리의 최대 깊이(max_depth)를 앞에서와 동일하게 2로 설정합니다. 그리고 random_state도 같은 값으로 설정합니다. 앞에서 결정 트리 모형을 세 개 사용했기 때문에 여기서도 n_estimators의 값을 3으로 설정합니다. 그리고 앞의 경우는 학습률이 1이었기 때문에 learning_rate 파라미터의 값을 1로 설정합니다.

학습을 하고 나서 평가 데이터를 이용해 모형의 성능을 RMSE를 이용해 평가해 보겠습니다.

```
gbr.fit(X_train, y_train)
y_preds = gbr.predict(X_test)
MSE(y_test, y_preds)**0.5
```

```
1017.3231163706913
```

앞에서와 같은 결과가 나오는 것을 확인할 수 있습니다. 그래디언트 부스팅 알고리즘의 작동 방식이 어느 정도 이해되었기를 바랍니다.

참고 subsample 파라미터

GradientBoostingRegressor 클래스(혹은 GradientBoostingClassifier 클래스)의 생성자 함수가 갖는 파라미터 중 subsample이 있습니다. 이 파라미터는 0과 1 사이의 값을 갖습니다. 각 단계에서 사용되는 데이터의 크기를 설정하는 역할을 합니다. 예를 들어, subsample=0.5인 경우에는 각 단계에서 전체 학습 데이터를 모두 사용하는 것이 아니라 무작위로 추출된 50%의 데이터만 사용합니다. 일부 데이터를 사용하면 배깅의 효과를 얻을 수 있습니다. 즉, 과적합 문제가 줄어들고, 데이터가 가지고 있는 더 많은 정보를 추출하여 일반적으로 모형의 성능이 좋아집니다.

■ 그래디언트 부스팅을 이용해 감성 분석 해보기

이번에는 그래디언트 부스팅을 사용해 감성 분석을 수행해 보겠습니다. 파이썬 코드는 **GB_sentiment. ipynb** 파일을 참고하세요. 여기서도 **Korean_movie_reviews_2016.txt** 파일을 사용하겠습니다.

이번에는 분류 문제이기 때문에 **GradientBoostingClassifier** 클래스를 사용합니다. 다음과 같이 생성자 함수를 사용해 객체를 만듭니다.

```
from sklearn.ensemble import GradientBoostingClassifier

gb_clf = GradientBoostingClassifier(
    max_depth=2, n_estimators=300, random_state=2, learning_rate=1.0
)
```

여기서도 빈도 기반 DTM을 사용하겠습니다.

```
gb_clf.fit(tf_train_features, train_labels)
```

학습한 후에 다음과 같이 평가 데이터에 대해 평가합니다.

```
pred_labels_tf = gb_clf.predict(tf_test_features)
from sklearn.metrics import classification_report
print(classification_report(test_labels, pred_labels_tf))
```

	precision	recall	f1-score	support
0	0.88	0.79	0.83	7766
1	0.83	0.90	0.86	8773
accuracy			0.85	16539
macro avg	0.85	0.84	0.85	16539
weighted avg	0.85	0.85	0.85	16539

F1 매크로 평균의 값이 0.85가 나옵니다.

이번에는 사용되는 결정 트리의 수를 변경해 가면서 모형의 성능이 어떻게 되는지를 확인해 보겠습니다. 모형의 평가 지표로는 F1 매크로 평균값을 사용하겠습니다. 이를 위해 sklearn에서 제공하는 **f1_ score()** 함수를 사용합니다.

```
from sklearn.metrics import f1_score

n_estimators_values = [10, 50, 100, 300, 500, 700, 1000]
for value in n_estimators_values:
    gbr = GradientBoostingClassifier(
        max_depth=2, n_estimators=value, random_state=2, learning_rate=1.0
    )
    gbr.fit(tf_train_features, train_labels)
    y_preds = gbr.predict(tf_test_features)
    f1 = f1_score(test_labels, y_preds, average='macro')
    print('Number of estimators:', value, ', Score:', f1)
```

```
Number of estimators: 10 , Score: 0.6784392545754462
Number of estimators: 50 , Score: 0.7820051717989631
Number of estimators: 100 , Score: 0.811061913512709
Number of estimators: 300 , Score: 0.846026773404942
Number of estimators: 500 , Score: 0.8589618955476586
Number of estimators: 700 , Score: 0.8657011556835132
Number of estimators: 1000 , Score: 0.8688241194847548
```

사용된 결정 트리의 수가 많을수록 모형의 성능이 더 좋아지는 것을 확인할 수 있습니다. 하지만 n_estimators의 값이 너무 큰 경우에는 과적합 문제가 발생할 수 있습니다.

이번에는 학습률을 변경해 가면서 모형의 성능이 어떻게 되는지를 확인해 보겠습니다.

```
learning_rate_values = [0.01, 0.1, 0.3, 0.5, 1.0]
for value in learning_rate_values:
    gbr = GradientBoostingClassifier(
        max_depth=2, n_estimators=500, random_state=2, learning_rate=value
    )
    gbr.fit(tf_train_features, train_labels)
    y_preds = gbr.predict(tf_test_features)
    f1 = f1_score(test_labels, y_preds, average='macro')
    print('Learning rate:', value, ', Score:', f1)
```

```
Learning rate: 0.01 , Score: 0.6906814272563049
Learning rate: 0.1 , Score: 0.8010863578544098
Learning rate: 0.3 , Score: 0.8390737037497261
Learning rate: 0.5 , Score: 0.853282905191383
Learning rate: 1.0 , Score: 0.8589618955476586
```

학습률의 값이 1인 경우, 성능이 제일 좋은 것으로 나왔습니다.

이번에는 subsample의 값을 변경해 가면서 모형의 성능을 확인해 보겠습니다.

```
subsample_values = [0.1, 0.3, 0.5, 1]
for value in subsample_values:
    gbr = GradientBoostingClassifier(
        max_depth=2, n_estimators=500, random_state=2, learning_rate=1.0,
        subsample=value
    )
    gbr.fit(tf_train_features, train_labels)
    y_preds = gbr.predict(tf_test_features)
    f1 = f1_score(test_labels, y_preds, average='macro')
    print('Subsample ratio:', value, ', Score:', f1)
```

```
Subsample ratio: 0.1 , Score: 0.8190527603070623
Subsample ratio: 0.3 , Score: 0.8423571326394537
Subsample ratio: 0.5 , Score: 0.8550180840632975
Subsample ratio: 1 , Score: 0.8589618955476586
```

subsample의 값이 1인 경우의 성능이 제일 좋은 것으로 나왔습니다. 여기서는 한 번에 하나의 하이퍼파라미터 값을 변경했지만, 각자 한 번에 여러 하이퍼파라미터의 값을 동시에 변경해 보고, 그중 성능을 가장 좋게 하는 조합을 찾아내는 것이 필요합니다.

11.4.3.3 XGBoost

이번에는 XGBoost(eXtreme Gradient Boosting) 알고리즘에 대해 설명하겠습니다. XGBoost는 그래디언트 부스팅의 한 종류입니다. 하지만 기본 그래디언트 부스팅에 비해 성능과 속도가 크게 개선되었습니다. XGBoost는 첸과 게스트린(Chen & Guestrin, 2016)이 2016년도에 제안한 방식입니다.[89] 속도가 개선된 주된 이유는 하드웨어적인 개선이 있었기 때문입니다. 예를 들어, CPU 병렬 처리가 가능하게 되었고, GPU를 지원하는 기능이 추가되었습니다. 성능 면에서도 큰 개선이 있었는데, 이와 관련해서 가장 중요한 부분은 규제화 방법을 사용했다는 것입니다. 여기서는 XGBoost의 작동 원리 중심으로 설명하겠습니다.

---

89 Chen, T., & Guestrin, C. (2016, August). Xgboost: A scalable tree boosting system. In Proceedings of the 22nd acm sigkdd international conference on knowledge discovery and data mining (pp. 785–794).

XGBoost에서는 기본 모형으로 결정 트리를 사용합니다. 그리고 그래디언트 부스팅의 한 종류이기 때문에 기본적으로 작동하는 방식은 그래디언트 부스팅과 비슷합니다. 즉, 이전 모형이 설명하지 못한 부분(나머지)을 현재 단계에서 적용되는 모형이 설명하는 식으로 종속변수의 값을 예측합니다.

XGBoost의 작동 원리를 설명하겠습니다.

일반적으로 앙상블 방법의 종속변수 예측치는 다음과 같이 표현할 수 있습니다.

$$\hat{y}_i = \sum_{k=1}^{K} f_k(x_i), \text{ where } f_k \in \mathcal{F}$$

여기서 K는 트리의 수, $\mathcal{F}$는 함수 공간(여러 개의 함수 집합이라고 생각할 수 있습니다), 그리고 f_k는 k번째 트리에 대한 함수입니다. 이는 곧 k번째 트리를 통해 예측되는 종속변수의 예측치라고 생각할 수 있습니다. x_i는 관측치 i의 특성 정보 벡터입니다.

그리고 그래디언트 부스팅의 경우, t 단계까지의 종속변수의 예측치는 다음과 같이 표현할 수 있습니다.[90]

$$\hat{y}_i^{(t)} = \sum_{k=1}^{t} f_k(x_i) = \hat{y}_i^{(t-1)} + f_t(x_i)$$

즉, $t-1$ 단계까지의 예측치($\hat{y}_i^{(t-1)}$)에 t 단계에서 사용된 트리가 예측하는 값, 즉 $f_t(x_i)$를 더하는 것입니다. 그래디언트 부스팅에서는 t 단계에서 사용된 트리가 예측하는 값, 즉 $f_t(x_i)$는 이전 단계 트리가 설명하지 못한 나머지에 대한 예측치가 됩니다. 즉, $y_i - \hat{y}_i^{(t-1)}$에 대한 예측치가 되는 것입니다.

규제화 항을 포함하고 있는 비용함수는 다음과 같이 표현될 수 있습니다.[91] 이는 t 단계에서의 비용함수가 됩니다. XGBoost에서는 이와 같이 규제화 항이 포함된 비용함수를 사용합니다.

$$obj^{(t)} = \sum_{i=1}^{n} l(y_i, \hat{y}_i^{(t)}) + \sum_{i=1}^{t} \omega(f_i)$$

$\sum_{i=1}^{n} l(y_i, \hat{y}_i^{(t)})$는 모든 관측치에 대한 원래의 비용함수이고, $\sum_{i=1}^{t} \omega(f_i)$는 t 단계까지 적용된 트리에 대한 규제화 항의 합입니다. $\omega(f_i)$는 모형의 복잡한 정도를 규제하는 역할을 한다고 생각할 수 있습니다.

$\hat{y}_i^{(t)} = \hat{y}_i^{(t-1)} + f_t(x_i)$이기 때문에 위의 비용함수는 다시 다음과 같이 표현할 수 있습니다.

---

90 $\hat{y}_i^{(t-1)} + f_t(x_i)$는 학습률(learning rate)을 고려하는 경우, $\hat{y}_i^{(t-1)} + \eta f_t(x_i)$와 같이 표현됩니다.
91 원 논문에서는 목적함수(objective function)라는 표현을 사용했습니다.

$$\sum_{i=1}^{n} l\left(y_i,\ \hat{y}_i^{(t-1)}+f_t(x_i)\right)+\sum_{i=1}^{t}\omega(f_i)$$

위 비용함수는 t 단계에서 사용되는 트리 전체의 비용함수가 되기 때문에 t 단계에서 위 비용함수를 최소화하는 트리가 선택돼야 합니다. SE(squared errors) 비용함수를 사용한다면 위 식은 다음과 같이 표현됩니다.

$$\sum_{i=1}^{n}\left(y_i-\left(\hat{y}_i^{(t-1)}+f_t(x_i)\right)\right)^2+\sum_{i=1}^{t}\omega(f_i)$$

이를 풀면 다음과 같이 표현할 수 있습니다. 다음 식에서 constant는 t에 영향을 받지 않는 값들을 의미합니다. $\omega(f_t)$만 남은 이유도 $t-1$ 단계까지의 트리 구조는 이미 결정되어 있기 때문에 t에 더 이상 영향을 받지 않기 때문입니다(다르게 표현하면 t 단계에서 그 구조가 변경되지 않기 때문입니다).

$$\sum_{i=1}^{n}\left[2\left(\hat{y}_i^{(t-1)}-y_i\right)f_t(x_i)+f_t(x_i)^2\right]+\omega(f_t)+\text{constant}$$

SE 비용함수는 위와 같이 간단하게 표현되지만, 교차 엔트로피 등의 다른 비용함수가 사용되는 경우 위와 같이 간단한 형태로 표현되지 않습니다. 그래서 원래 비용함수가 무엇인지와 상관없이 비용함수 부분을 간단하게 표현하기 위해 XGBoost에서는 근사치를 사용합니다. 해당 논문에서는 근사치를 표현하기 위해 테일러 급수(Taylor series)를 사용합니다(정확하게는 2차 테일러 급수를 사용합니다).

참고 **테일러 급수(Taylor series)**

테일러 급수는 다항함수 $f(x)$를 x의 특정한 값(예: x_0)을 기준으로 확장한 것을 의미하며, 다음과 같이 표현됩니다(이를 n차 급수라고 합니다).

$$f(x)=\frac{f(x_0)}{0!}+\frac{f'^{(x_0)}}{1!}(x-x_0)+\frac{f''^{(x_0)}}{2!}(x-x_0)^2+\cdots+\frac{f^{(n)}(x_0)}{n!}(x-x_0)^n$$

이를 이용해 $f(x)$의 값을 직접 계산하기 힘든 경우, x 근처의 x_0 값을 이용해 $f(x)$의 근사치를 계산할 수 있습니다. XGBoost에서는 $f(x)$의 근사치를 계산하기 위해 2차 테일러 급수를 사용했습니다. 2차 테일러 급수는 다음과 같이 표현됩니다.

$$f(x)\cong\frac{f(x_0)}{0!}+\frac{f'^{(x_0)}}{1!}(x-x_0)+\frac{f''^{(x_0)}}{2!}(x-x_0)^2$$

여기서 $x = x_0 + \delta$라고 표현할 수 있습니다.

구체적인 예를 하나 들어 보겠습니다. $f(x) = \sqrt[3]{x}$일 때 $\sqrt[3]{8.1}$을 $x_0 = 8$에서의 2차 테일러 급수를 이용해 계산해 보겠습니다. 위 식을 사용하면 $\sqrt[3]{8.1}$은 다음과 같이 표현됩니다.

$$\sqrt[3]{8.1} \cong \frac{\sqrt[3]{8}}{0!} + \frac{f'^{(8)}}{1!}(8.1-8) + \frac{f''^{(8)}}{2!}(8.1-8)^2$$

$f(x) = \sqrt[3]{x}$에 대해 $f'(x)$는 1차 도함수이기 때문에 $f'(x) = \frac{1}{3} \cdot \frac{1}{x^{\frac{2}{3}}}$이 되고, $f''(x)$는 $-\frac{2}{9} \cdot \frac{1}{x^{\frac{5}{3}}}$이 됩니다. 따라서 $f'^{(8)} = \frac{1}{3} \cdot \frac{1}{8^{\frac{2}{3}}} = \frac{1}{3} \cdot \frac{1}{4} = \frac{1}{12}$이 되고 $f''^{(8)} = -\frac{2}{9} \cdot \frac{1}{8^{\frac{5}{3}}} = -\frac{2}{9} \cdot \frac{1}{32} = \frac{1}{144}$이 됩니다. 그리고 $0! = 1$이기 때문에 위 식은 다음과 같이 됩니다.

$$\sqrt[3]{8.1} \cong \frac{\sqrt[3]{8}}{0!} + \frac{f'^{(8)}}{1!}(8.1-8) + \frac{f''^{(8)}}{2!}(8.1-8)^2$$
$$= 2 + \frac{0.1}{12} + \frac{0.01}{288} = 2.00829861111\cdots$$

이는 $\sqrt[3]{8.1}$의 실제값인 $2.0082988502465\cdots$와 큰 차이가 없습니다.

$$f(x) \cong \frac{f(x_0)}{0!} + \frac{f'^{(x_0)}}{1!}(x-x_0) + \frac{f''^{(x_0)}}{2!}(x-x_0)^2$$

$x = x_0 + \delta$와 $x - x_0 = \delta$를 이용해 위 식을 다시 표현하면 다음과 같습니다.

$$f(x_0 + \delta) \cong \frac{f(x_0)}{0!} + \frac{f'(x_0)}{1!}(\delta) + \frac{f''(x_0)}{2!}\delta^2$$
$$= f(x_0) + f'(x_0)\delta + \frac{f''(x_0)}{2}\delta^2$$

원래의 비용함수를 2차 테일러 급수를 사용해 표현하면 다음과 같이 됩니다(구체적인 도출 과정은 생략하겠습니다).

$$obj^{(t)} = \sum_{i=1}^{n}\left[l\left(y_i, \hat{y}_i^{(t-1)}\right) + g_i f_t(x_i) + \frac{1}{2}h_i f_t^2(x_i)\right] + \omega(f_t) + \mathrm{constant}$$

여기에서 g_i와 h_i는 다음과 같이 정의됩니다.

$$g_i = \partial_{\hat{y}_i^{(t-1)}} l\left(y_i, \hat{y}_i^{(t-1)}\right)$$
$$h_i = \partial^2_{\hat{y}_i^{(t-1)}} l\left(y_i, \hat{y}_i^{(t-1)}\right)$$

g_i는 비용함수 $l(y_i, \hat{y}_i^{(t-1)})$를 $\hat{y}_i^{(t-1)}$에 대해 한 번 미분한 값을 의미하고 h_i는 두 번 미분한 값을 의미합니다. 두 번 미분한 값을 헤시안(Hessian)이라고도 표현합니다. 위 식은 2차 테일러 급수의 형태와 유사합니다. 여기서는 t 단계에서 예측되는 값인 $f_t(x_i)$가 δ가 되는 것입니다.

불필요한 상수항을 삭제한 후, t 단계에서의 목적함수는 다음과 같습니다.

$$\sum_{i=1}^{n}[g_i f_t(x_i) + \frac{1}{2}h_i f_t^2(x_i)] + \omega(f_t)$$

이것이 t 단계에서 적용되는 트리의 목적함수가 됩니다. t 단계에서 적용되는 트리는 위의 목적함수를 이용해 각 노드에서 데이터를 두 개의 그룹으로 분할합니다. 이 목적함수를 이용해 t 단계에서 적용되는 트리의 노드가 어떻게 분할되는지는 잠시 후에 설명하겠습니다.

위 목적함수의 장점은 원래의 목적함수(즉, 비용함수)가 무엇이든 상관없이 g_i와 h_i 값만 알면 계산할 수 있다는 것입니다.

■ 규제화 항

$\omega(f_t)$는 규제화 항을 의미한다고 했습니다. 그렇다면 XGBoost에서는 $\omega(f_t)$가 어떻게 정의될까요? 이를 알아보기 위해, 먼저 $f_t(x)$를 조금 더 명확하게 정의해 봅시다.

$$f_t(x) = w_{q(x)}, \ w \in R^T, \ q: R^d \rightarrow \{1, 2, \cdots, T\}.$$

x는 특성 정보를 담고 있는 d 차원의 벡터입니다. 그리고 $f_t(x)$는 t 단계에서 적용되는 트리입니다(리프 노드들이 구체적인 종속변수의 예측치를 가지고 있습니다). w는 리프 노드의 스코어(score) 벡터입니다. 여기서 말하는 스코어는 리프 노드에서 예측되는 종속변수의 예측치입니다. $w \in R^T$는 벡터 w의 원소의 수가 T라는 것을 의미합니다. T는 리프 노드의 수이고, 이는 t 단계에서 사용되는 결정 트리가 갖는 리프 노드의 수가 됩니다. 리프 노드마다 하나의 예측치를 갖기 때문에 전체 예측치의 수는 리프 노드의 수와 동일합니다. q는 각 관측치를 특정 리프 노드에 할당하는 역할의 함수입니다. $w_{q(x)}$는 함수 q를 이용해 각 관측치의 종속변수 값이 결정된다는 것을 의미합니다. 리프 노드마다 특정한 종속변수 값을 갖기 때문에 이는 결국 각 관측치가 q에 의해 특정한 노드에 속하게 된다는 것을 의미합니다. 즉, $f_t(x)$는 각 관측치의 스코어, 즉 종속변수의 값을 정하는 역할을 합니다.

XGBoost에서의 규제화 항은 다음과 같이 정의됩니다. 이는 트리의 복잡도를 규제하는 역할을 합니다(이 규제화 항은 모형의 복잡도 자체를 나타낸다고도 생각할 수 있습니다. 즉, 규제화 항의 값이 커질수록 모형의 복잡도가 커집니다).

$$\omega(f) = \gamma T + \frac{1}{2}\lambda\sum_{j=1}^{T}w_{j}^{2}$$

여기서 w_j는 리프 노드 j가 갖는 스코어, 즉 종속변수의 예측치가 됩니다. T는 리프 노드의 수이며, γ와 λ는 사용자가 그 값을 결정하는 하이퍼파라미터입니다. γ와 λ는 규제화 정도를 조절하는 역할을 하는 하이퍼파라미터입니다. γ 혹은 λ 값을 크게 하면 할수록 규제화를 많이 합니다. 모형이 단순해지는 효과가 있는 것입니다. λ 혹은 λ 값을 크게 하면 목적함수에서 규제화 항(즉, $w(f)$)이 차지하는 부분이 커지기 때문에 학습 과정에서 복잡도 부분을 줄이는 방향으로 학습됩니다. 즉, T와 w_j^2의 값이 작아지게 학습되는 것입니다. 이렇게 되면, 모형이 단순해집니다. 선형회귀모형이나 로지스틱 회귀모형에서의 L1, L2 규제화 방법에서 규제화 강도(즉, λ)를 크게 하면 파라미터의 절댓값이 줄어드는 효과가 있는 것과 같은 원리입니다.

참고로 위 규제화 항에서 $\sum_{j=1}^{T}w_j^2$은 L2 규제화 항이 됩니다(각 값의 제곱합으로 표현되기 때문에 그렇습니다). XGBoost에서 제공되는 **XGBoostRegressor**나 **XGBoostClassifier** 클래스 생성자 함수가 갖는 **reg_lambda**가 λ이고, L2 규제화 파라미터를 의미합니다. 이 값을 크게 할수록 학습을 통해 도출되는 w_j의 절댓값이 작아지는 효과가 있습니다.

특정한 트리 구조에 대해 위의 규제화 항이 어떻게 계산되는지 구체적인 예를 이용해 살펴보겠습니다. 그림 11.34와 같은 결정 트리가 있다고 가정합니다.

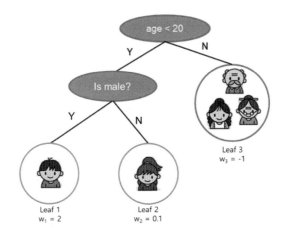

그림 11.34 결정 트리의 예

w_j는 리프 노드 j에서 예측되는 종속변수의 값을 의미하고, XGBoost에서는 스코어(score)로 표현됩니다. 즉, Leaf 1에 있는 한 사람(한 개의 관측치)의 종속변수 값이 2이고, Leaf 2에 있는 한 사람의 종속변수 값

은 0.1, 그리고 Leaf 3에 있는 세 사람은 -1이라는 동일한 종속변수 값을 갖게 됩니다. 위 예제에 대한 규제화 항은 다음과 같습니다.

$$\gamma T + \frac{1}{2}\lambda\sum_{j=1}^{T}w_j^2 = \gamma 3 + \frac{1}{2}\lambda(4+0.01+1)$$

주어진 γ, λ에 대해 T의 값과 w_j의 절댓값이 크면 규제화 항의 값이 커지는데, 이는 모형의 복잡도가 증가한다는 뜻입니다. 따라서 γ, λ 값이 커지면 목적함수에서 $w(f)$ 부분의 비중이 커지기 때문에 학습할 때는 해당 부분의 값을 작게 하는 방식으로 학습됩니다. 즉, T의 값과 w_j의 절댓값이 작아지게 학습됩니다. 참고로, 논문 저자들에 따르면 모형의 복잡도를 정의하는 방식에는 여러 가지가 있을 수 있지만, 위의 정의는 실제 데이터 분석에서 잘 작동한다고 합니다.

앞의 정의를 이용하면,

$$obj^{(t)} = \sum_{i=1}^{n}\left[g_i f_t(x_i) + \frac{1}{2}h_i f_t^2(x_i)\right] + \omega(f_t)$$

는 다시 다음과 같이 표현될 수 있습니다($f_t(x)=w_{q(x)}$로 정의됐다는 것을 기억하세요).

$$\sum_{i=1}^{n}\left[g_i w_{q(x_i)} + \frac{1}{2}h_i w_{q(x_i)}^2\right] + \gamma T + \frac{1}{2}\lambda\sum_{j=1}^{T}w_j^2$$

위의 식은 다음과 같이 표현될 수 있는데, 그 이유는 같은 노드에 속한 관측치는 모두 같은 종속변수의 값(score)을 갖기 때문입니다.

$$\sum_{j=1}^{T}\left[\left(\sum_{i\in I_j}g_i\right)w_j + \frac{1}{2}\left(\sum_{i\in I_j}h_i+\lambda\right)w_j^2\right] + \gamma T$$

다시 한번 강조하지만, T는 트리의 수가 아니라 리프 노드의 수입니다. $I_j=\{i|q(x_i)=j\}$는 j번째 리프 노드에 속한 관측치 i를 의미합니다. 즉, $\sum_{i\in I_j}g_i$는 j번째 리프 노드에 속한 관측치들의 g_i의 합을 의미합니다. $G_j=\sum_{i\in I_j}g_i$라고 정의하고, $H_j=\sum_{i\in I_j}h_i$로 정의하면 위 식은 다시 다음과 같이 간단하게 표현됩니다.

$$obj^{(t)} = \sum_{j=1}^{T}\left[G_j w_j + \frac{1}{2}(H_j+\lambda)w_j^2\right] + \gamma T$$

$G_j w_j + \dfrac{1}{2}(H_j + \lambda)w_j^2$에 대해, 이를 w_j에 대해 미분해 정규 방정식을 풀면 w_j의 최적값이 다음과 같이 도출됩니다.

$$w_j^* = -\frac{G_j}{H_j + \lambda}$$

w_j^*를 다시 목적함수에 대입하면 다음과 같은 목적함수가 도출됩니다(이를 minimum objective function이라고도 합니다).

$$obj^* = -\frac{1}{2}\sum_{j=1}^{T}\frac{G_j^2}{H_j + \lambda} + \gamma T$$

그렇다면 위의 목적함수는 결정 노드에서 서로 다른 두 개의 그룹으로 분할할 때 어떻게 사용될까요? 설명을 위해 그림 11.35를 참고하겠습니다.

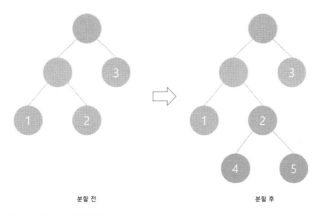

분할 전 　　　　　　　　　　　　　분할 후

그림 11.35 XGBoost에서 결정 트리 노드 분할의 예

분할 전의 리프 노스의 수는 3(노드 1, 2, 3)이고, 분할 후 리프 노드의 수는 4(노드 1, 3, 4, 5)입니다. 분할 전의 목적함수 값은 다음과 같습니다.

$$obj_{before} = -\frac{1}{2}\sum_{j=1}^{3}\frac{G_j^2}{H_j + \lambda} + 3\gamma = -\frac{1}{2}\left(\frac{G_1^2}{H_1 + \lambda} + \frac{G_2^2}{H_2 + \lambda} + \frac{G_3^2}{H_3 + \lambda}\right) + 3\gamma$$

그리고 분할 후의 목적함수는 다음과 같습니다.

$$obj_{after} = -\frac{1}{2}\sum_{j=1}^{4}\frac{G_j^2}{H_j+\lambda}+4\gamma = -\frac{1}{2}\left(\frac{G_1^2}{H_1+\lambda}+\frac{G_3^2}{H_3+\lambda}+\frac{G_4^2}{H_4+\lambda}+\frac{G_5^2}{H_5+\lambda}\right)+4\gamma$$

노드 2가 노드 4와 5로 분할됐을 때 발생하는 Gain은 분할 전과 후의 목적함수 값의 차로 정의됩니다(즉, $obj_{before}-obj_{after}$). 이를 식으로 나타내면 다음과 같습니다.

$$Gain = obj_{before}-obj_{after} =$$

$$-\frac{1}{2}\left(\frac{G_1^2}{H_1+\lambda}+\frac{G_2^2}{H_2+\lambda}+\frac{G_3^2}{H_3+\lambda}\right)+3\gamma-\left[-\frac{1}{2}\left(\frac{G_1^2}{H_1+\lambda}+\frac{G_3^2}{H_3+\lambda}+\frac{G_4^2}{H_4+\lambda}+\frac{G_5^2}{H_5+\lambda}\right)+4\gamma\right]$$

$$=\frac{1}{2}\left(\frac{G_4^2}{H_4+\lambda}+\frac{G_5^2}{H_5+\lambda}-\frac{G_2^2}{H_2+\lambda}\right)-\gamma$$

하나의 노드가 왼쪽 노드와 오른쪽 노드 두 개로 분할되는 경우 발생하는 Gain은 다음과 같이 일반화할 수 있습니다.

$$Gain = \frac{1}{2}\left(\frac{G_L^2}{H_L+\lambda}+\frac{G_R^2}{H_R+\lambda}-\frac{G_{Org}^2}{H_{Org}+\lambda}\right)-\gamma$$

여기서 G_{Org}^2와 H_{Org}는 분할되기 이전 노드의 G^2와 H를 의미합니다. XGBoost는 이 값을 가장 크게 하는 특성 정보(즉, 독립변수)와 해당 정보의 값을 이용해 두 개의 노드로 분할됩니다. 그리고 Gain의 값이 음수가 되는 경우, 노드 분할을 중단합니다. 즉, γ의 값이 크면 클수록 Gain의 값이 음수가 될 가능성이 더 커지기 때문에 분할을 더 적게 합니다. 즉, 모형이 상대적으로 단순해지고, 따라서 과적합 문제가 발생할 가능성이 줄어들게 됩니다.

참고로, 규제화 부분에 L1 항을 포함하면 다음과 같이 됩니다.

$$\omega(f)=\gamma T+\frac{1}{2}\lambda\sum_{j=1}^{T}w_j^2+\alpha\sum_{j=1}^{T}|w_j|$$

xgboost 모듈이 갖는 생성자 함수(XGBClassifier() 등)의 파라미터 중 gamma는 위의 γ를, reg_lambda는 위의 λ를, reg_alpha는 α를 의미합니다.

▪ XGBoost를 활용한 감성분석

XGBoost를 사용하려면 XGBoost 패키지를 먼저 설치해야 합니다. `pip install xgboost` 명령어를 사용합니다.

여기서도 `Korean_movie_reviews_2016.txt` 파일의 영화평 데이터를 사용합니다. 코드는 XGBoost_sentiment.ipynb 파일을 참고하세요. 모형을 데이터에 적용하기 이전까지의 과정은 앞에서 다룬 내용과 동일합니다.

다음과 같이 **xgboost** 모듈에서 제공하는 **XGBoostClassifier** 클래스를 임포트합니다.

```
from xgboost import XGBClassifier
```

그리고 다음과 같이 생성자 함수를 이용해 객체를 생성합니다.

```
xgb_clf = XGBClassifier(max_depth=2, n_estimators=300, learning_rate=1.0, subsample=0.7)
```

XGBoost도 기본적으로 그래디언트 부스팅 방법을 사용하기 때문에 `GradientBoostingClassifier` 생성자 함수가 갖는 파라미터를 포함하고 있습니다. 주요 파라미터에 대해서는 잠시 후에 설명하기로 하고, 여기서는 `max_depth`, `n_estimators`, `learning_rate`, `subsample`의 값만 설정하겠습니다.

다음과 같이 학습하고 평가 데이터를 이용해 평가합니다.

```
xgb_clf.fit(tf_train_features, train_labels)
pred_labels_tf = xgb_clf.predict(tf_test_features)

from sklearn.metrics import classification_report

print(classification_report(test_labels, pred_labels_tf))
```

결과는 다음과 같습니다.

	precision	recall	f1-score	support
0	0.87	0.80	0.83	7766
1	0.83	0.90	0.87	8773
accuracy			0.85	16539
macro avg	0.85	0.85	0.85	16539
weighted avg	0.85	0.85	0.85	16539

그래디언트 부스팅 방법에 비해 성능이 약간 좋게 나온 것을 확인할 수 있습니다.

XGBClassifier 클래스의 생성자 함수가 갖는 주요한 파라미터에 대해 설명하겠습니다. XGBClassifier 클래스의 생성자 함수가 갖는 파라미터 중 DecisionTreeClassifier 클래스나 GradientBoosting Classifier 클래스의 생성자 함수가 갖는 파라미터에 대한 설명은 생략합니다.

- reg_alpha: 이 파라미터는 L1 규제화 정도를 결정하는 역할을 합니다. 값이 클수록 L1 규제화를 많이 합니다.
- reg_lambda: 이 파라미터는 L2 규제화 정도를 결정하는 역할을 합니다. 값이 클수록 L2 규제화를 많이 합니다.

두 파라미터가 어떤 역할을 하는지는 앞에서 살펴본 규제화 항의 식을 보면 조금 더 쉽게 이해할 수 있습니다(다음과 같습니다). 다음 식에서 α는 reg_alpha, λ는 reg_lambda입니다.

$$\omega(f) = \gamma T + \frac{1}{2}\lambda\sum_{j=1}^{T}w_j^2 + \alpha\sum_{j=1}^{T}|w_j|$$

- gamma: 이 파라미터는 노드가 분할되기 위해 필요한 최소한의 에러 감소 정도입니다. 앞에서 살펴본 Gain의 식을 살펴보면 이해하기 쉽습니다.

$$Gain = \frac{1}{2}\left(\frac{G_L^2}{H_L+\lambda} + \frac{G_R^2}{H_R+\lambda} - \frac{G_{Org}^2}{H_{Org}+\lambda}\right) - \gamma$$

감마의 값이 커지면 Gain이 줄어드는 것을 확인할 수 있습니다. 그리고 Gain이 음수가 되면 분할을 중단합니다. 따라서 감마의 값이 커지면 Gain의 값이 음수가 될 가능성이 커지기 때문에 분할이 잘 안된다는 것을 의미합니다.

- colsample_bytree: 이 파라미터는 각 트리에서 사용되는 특성 정보의 수를 결정하는 역할을 합니다. 0과 1 사이의 값을 갖습니다. 예를 들어 이 파라미터의 값이 0.5라면 하나의 결정 트리에서 전체 특성 정보의 50%에 해당하는 특성 정보만을 사용한다는 것을 의미합니다.
- colsample_bylevel: 이 파라미터는 트리의 각 레벨에서 사용되는 특성 정보의 수를 결정하는 역할을 합니다. 나머지 내용은 colsample_bytree와 같습니다.
- colsample_bynode: 이 파라미터는 트리의 각 결정 노드에서 사용되는 특성 정보의 수를 결정하는 역할을 합니다. 나머지 내용은 colsample_bytree과 같습니다.

  colsample_by* 파라미터는 여러 개를 함께 사용할 수 있습니다. 그리고 그 효과는 누적되어 적용됩니다. 예를 들어 {'colsample_bytree':0.5, 'colsample_bylevel':0.5, 'colsample_bynode':0.5}라고 설정하면 전체 학습 데이터에 64개의 특성 정보가 있는 경우 하나의 결정 노드에서 고려되는 특성 정보의 수는 8(=64*0.5*0.5*0.5)이 됩니다.

- early_stopping_rounds: 이 파라미터는 학습의 조기 종료를 위한 파라미터입니다. 이 파라미터의 값을 특정한 값으로 설정하면, 검증 데이터를 기준으로 모형의 성능을 평가하고 그에 따른 조기 종료가 적용됩니다. 하지만 이 파라미

터의 값은 조기 종료 자체를 의미하는 것이 아니라, 검증 데이터에 대한 모형이 갖는 비용함수의 값이 제일 작은 단계를 기준으로 이후 몇 번이나 학습을 더할지를 결정합니다. 예를 들어 이 파라미터의 값을 10으로 설정하면, 검증 데이터의 비용함수 값이 최소가 되는 단계를 기준으로 10번 더 학습합니다. 추가로 진행된 10번의 학습 과정 동안 더 작은 비용함수의 값이 나오지 않으면 10번 추가 학습 이후 학습을 종료하고, 그렇지 않고 추가 10번의 과정 중 더 작은 비용함수의 값이 나오는 경우에는 해당 값이 나온 과정을 기준으로 다시 10번의 추가 학습을 진행합니다. 필요한 경우 이러한 과정을 반복합니다.

early_stopping_rounds 파라미터 사용 방법과 작동 원리를 설명하기 위해 간단한 예제 데이터를 사용해 보겠습니다. 해당 데이터는 iris_data.csv 파일에 저장되어 있습니다. 종속변수는 꽃의 종류를 의미하며, 0은 'versicolor'를, 1은 'virginica'를 의미합니다. 파이썬 코드는 XGBoost_early_stopping_example.ipynb 파일을 참고하세요.

다음과 같이 데이터를 읽어옵니다.

```python
import pandas as pd
import numpy as np


data = pd.read_csv('iris_data.csv')
```

해당 데이터는 다음과 같습니다.

```python
data.head()
```

	sepal_length	sepal_width	petal_length	petal_width	species
0	7.0	3.2	4.7	1.4	0
1	6.4	3.2	4.5	1.5	0
2	6.9	3.1	4.9	1.5	0
3	5.5	2.3	4.0	1.3	0
4	6.5	2.8	4.6	1.5	0

독립변수 데이터와 종속변수 데이터를 다음과 같이 구분해 저장합니다.

```python
X = data.drop("species", axis=1)
y = data['species']
```

전체 데이터의 30%를 평가 데이터로 분리합니다.

```
from sklearn.model_selection import train_test_split

X_train, X_test, y_train, y_test = train_test_split(X, y, test_size = 0.3)
```

그리고 학습 데이터의 20%를 검증 데이터로 사용합니다.

```
X_train, X_val, y_train, y_val = train_test_split(X_train, y_train, test_size = 0.2)
```

다음과 같이 XGBClassifier 클래스의 객체를 생성합니다.

```
from xgboost import XGBClassifier

xgb_model = XGBClassifier(
    max_depth=2, n_estimators=1000, learning_rate=0.01, early_stopping_rounds=10
)
```

여기서는 early_stopping_rounds 파라미터의 값을 10으로 설정했습니다.

해당 객체를 이용해 다음과 같이 학습합니다. early_stopping_rounds 파라미터를 사용하기 위해서는 반드시 다음과 같이 fit() 함수의 eval_set 파라미터 값으로 학습 데이터와 검증 데이터를 명시적으로 입력해줘야 합니다.

```
xgb_model.fit(X_train, y_train, eval_set=[(X_train, y_train), (X_val, y_val)])
```

위 코드를 실행하면 다음과 같이 학습 과정에서 발생하는 학습 데이터에 대한 비용함수 값과 검증 데이터에 대한 비용함수 값이 출력됩니다(그림 11.36 참고). validation_0-logloss는 학습 데이터에 대한 비용함수 값을, validation_1-logloss는 검증 데이터에 대한 비용함수 값을 의미합니다.

```
[360]    validation_0-logloss:0.12982    validation_1-logloss:0.16716
[361]    validation_0-logloss:0.12946    validation_1-logloss:0.16688
[362]    validation_0-logloss:0.12917    validation_1-logloss:0.16677
[363]    validation_0-logloss:0.12886    validation_1-logloss:0.16706
[364]    validation_0-logloss:0.12858    validation_1-logloss:0.16706
[365]    validation_0-logloss:0.12828    validation_1-logloss:0.16735
[366]    validation_0-logloss:0.12800    validation_1-logloss:0.16724
[367]    validation_0-logloss:0.12772    validation_1-logloss:0.16725
[368]    validation_0-logloss:0.12738    validation_1-logloss:0.16701
[369]    validation_0-logloss:0.12710    validation_1-logloss:0.16702
[370]    validation_0-logloss:0.12676    validation_1-logloss:0.16678
[371]    validation_0-logloss:0.12647    validation_1-logloss:0.16707
```

그림 11.36 학습 과정에서 발생하는 메시지

위의 결과에서 알 수 있듯이, 학습 과정이 [371]에서 조기 종료된 것을 알 수 있습니다. [371]은 372번째 트리를 의미합니다. 즉, 우리가 n_estimators=1000을 설정했음에도 불구하고, 372개의 트리만 사용해 학습된 것입니다. 그림 11.36에서 하이라이트된 부분을 보면 검증 데이터에 대한 비용함수의 값이 0.16677로 제일 작습니다. 해당 단계는 [362]입니다. early_stopping_rounds 파라미터의 값을 10으로 설정했기 때문에 이후 추가 학습 10번의 과정(제일 작은 과정 포함)에서 해당 값보다 더 작은 비용함수 값이 나오지 않는 이상 학습을 종료합니다. 위에서는 그 값보다 더 작은 값이 추가 학습 과정에서 나오지 않아 [371]에서 조기 종료되었습니다. 이렇게 조기 종료되면 학습의 결과로 검증 데이터에 대한 비용함수의 값을 제일 작게 하는 모형이 저장됩니다.

학습 과정에서 발생하는 학습 데이터와 검증 데이터에 대한 비용함수의 값을 시각화해 보겠습니다.

```python
import matplotlib.pyplot as plt

results = xgb_model.evals_result()
plt.figure(figsize=(10,7))
plt.plot(results["validation_0"]["logloss"], label="Training loss")
plt.plot(results["validation_1"]["logloss"], label="Validation loss")
plt.axvline(362, color="gray", label="Optimal tree number")
plt.xlabel("Number of trees")
plt.ylabel("Loss")
plt.legend()
```

결과는 다음과 같습니다. 그림 11.37에 보이는 세로선은 검증 데이터에 대한 비용함수의 값이 제일 작아지는 경우를 나타냅니다.

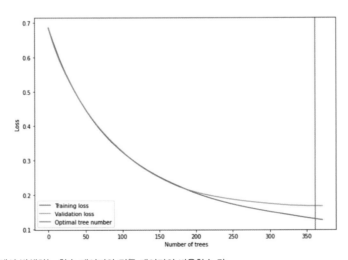

그림 11.37 학습 과정에서 발생하는 학습 데이터와 검증 데이터의 비용함수 값

비용함수의 값을 제일 작게 하는 트리는 **best_ntree_limit** 변수의 값을 이용해 확인할 수 있습니다.

```
xgb_model.best_ntree_limit
```

```
363
```

위의 결과는 363번째 트리에서 비용함수의 값이 제일 작다는 것을 의미합니다. 363번째 트리의 번호는 [362]가 됩니다.

이러한 조기 종료 기능은 과적합을 방지하는 데 있어 중요한 역할을 합니다. 학습 데이터는 잘 설명하는데 학습에 사용되지 않은 데이터에 대한 설명력은 낮은 경우 과적합 문제가 있다고 합니다. 과적합이 발생하는 큰 이유 중 하나는 부스팅에서 너무 많은 트리를 사용하기 때문입니다(즉, 학습을 너무 많이 하기 때문입니다).

그림 11.38에서 분홍색 부분이 과적합 문제가 발생하는 부분입니다. 학습 데이터에 대한 비용함수의 값은 계속해서 줄어드는데 학습에 사용되지 않은 데이터(여기서는 검증 데이터)에 대한 비용함수의 값은 증가하고 있습니다. 과적합 문제를 줄이기 위해서는 검증 데이터에 대한 모형의 성능(여기서는 비용함수의 값)을 기준으로 학습을 조기 종료하는 것이 바람직합니다.

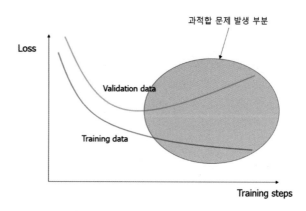

그림 11.38 과적합의 예

11.4.3.3 Light GBM

Light GBM도 그래디언트 부스팅을 기반으로 하며, XGBoost를 개선한 방법이라고 생각할 수 있습니다. Light GBM은 2017년에 마이크로소프트에서 제안한 방법입니다.[92]

수학적인 내용은 앞의 내용과 유사하기 때문에 여기서는 Light GBM이 사용한 주요 방법의 특징만 설명하겠습니다.

- **히스토그램 기반 알고리즘**: 연속변수의 값을 그대로 사용하지 않고 몇 개의 그룹(원 논문에서는 bin이라는 표현을 사용했습니다)으로 구분하여 범주형 변수화를 한 후 사용하는 방법입니다.

---

92 Ke, G., Meng, Q., Finley, T., Wang, T., Chen, W., Ma, W., ... & Liu, T. Y. (2017). Lightgbm: A highly efficient gradient boosting decision tree. Advances in neural information processing systems, 30.

예를 들어, height라는 변수가 있고 원 변수가 취하는 값이 150, 152, 162, 167, 175 등과 같이 있을 때(크기순으로 정렬합니다) 이 값들을 그대로 사용해 노드를 분할하는 것이 아니라, 그루핑해서 범주형 변수로 만든 다음 해당 값을 이용해 노드 분할을 하는 것입니다. 표 11.11에서 '그루핑한 이후의 값'을 사용해 노드 분할을 합니다. 이렇게 하면 학습 속도가 개선되는 효과가 있습니다.

표 11.11 원 값에 따른 그루핑의 예

원래 변수(Height)의 값	각 값이 속한 그룹(혹은 bin)	그루핑한 이후의 값
150	150-159 그룹	1
152	150-159 그룹	1
162	160-169 그룹	2
167	160-169 그룹	2
175	170-179 그룹	3

- **배타적 특성 번들링**(Exclusive feature bundling): 이 방법은 특성 정보의 수를 줄이기 위해 사용된 방법입니다. 서로 배타적인 특성 정보(즉, 동일 관측치에 대해서 서로 같은 값을 갖지 않는 특성 정보)를 하나의 특성 정보로 합쳐서 특성 정보의 수를 줄이는 방법입니다.

- **경사기반 단방향 표집**(Gradient-based One Side Sampling, GOSS): 특정 단계에서 사용되는 하위 샘플을 생성할 때 이전 단계에서 적용된 기본 모형이 설명을 제대로 못한 관측치를 더 많이 고려하기 위해 사용된 방법입니다. 이전 단계에서 계산된 각 관측치의 그래디언트(경사값)를 사용합니다. 그리고 이러한 그래디언트의 절댓값은 나머지의 크기, 즉 설명이 안 된 정도를 의미합니다. 예를 들어, SE(squared errors) 비용함수에서 관측치 i의 비용함수는 다음과 같이 표현될 수 있습니다.

$$E = (y_i - \hat{y}_i^t)^2$$

이를 $\hat{y}_i^t$를 이용해 미분하면 그래디언트(경사, 즉 접선의 기울기)를 구할 수 있습니다.

$$\frac{\partial E}{\partial \hat{y}_i^t} = -2(y_i - \hat{y}_i^t)$$

여기에서 $y_i - \hat{y}_i^t$는 나머지가 됩니다. 따라서 $\frac{\partial E}{\partial \hat{y}_i^t}$의 절댓값이 클수록 나머지가 큽니다. GOSS는 그래디언트의 절댓값이 큰 관측치를 현재 단계에서 더 많이 표집하는 방법입니다.

- **리프 기반 성장**(Leaf-wise growth): 이 방법은 노드를 분할할 때 깊이 기준(depth-wise growth)으로 분할하는 것이 아니라 리프 노드 기준으로 분할하는 것입니다. 예를 들어 그림 11.39와 같은 상태의 트리가 있다고 가정합니다.

그림 11.39 결정 트리의 예

레벨 기준 방법의 경우는 일단 두 개의 리프 노드들 중에서 분할 시 에러가 줄어드는 정도가 큰 노드를 먼저 분할합니다. 예를 들어, L1 리프 노드가 그러한 노드라고 가정하겠습니다. 그러면 그림 11.40의 왼쪽과 같이 분할됩니다. 그다음에는 각 리프 노드 분할 시 줄어드는 에러의 정도와 상관없이 같은 레벨에 있는 L2 리프 노드가 분할됩니다(그림 11.40의 오른쪽의 경우).

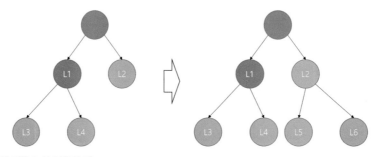

그림 11.40 레벨 기준 노드 분할의 예

그에 반해 리프 기준 방법은 무조건적으로 같은 레벨에 있는 노드를 먼저 분할하지 않습니다. 같은 레벨에 있지 않다고 할지라도 분할 시 줄어드는 에러 정도가 제일 큰 리프 노드를 분할합니다. 예를 들어 다음 그림의 왼쪽에서 리프 노드는 L2, L3, L4입니다. 이러한 리프 노드 중에서 분할 시 에러 정도가 제일 많이 줄어드는 노드가 L4라면 레벨과 상관없이 해당 노드가 먼저 분할됩니다(그림 11.41의 오른쪽 참고).

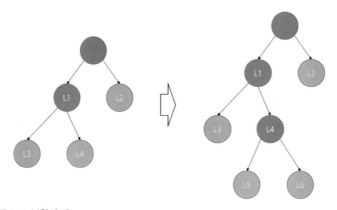

그림 11.41 리프 기준 노드 분할의 예

■ Light GBM을 이용한 감성분석

관련 코드는 LGBM_sentiment.ipynb 파일을 참고하세요. Light GBM을 사용하기 위해서는 lightgbm 모듈을 설치해야 합니다. pip install lightgbm 명령문을 실행해 설치합니다.

여기서도 Korean_movie_reviews_2016.txt 파일에 저장된 영화평 데이터를 사용하고, 빈도 기반의 DTM을 이용해 감성 분석을 수행합니다. 앞에서 수행한 부분에 대한 설명은 생략합니다.

다음과 같이 LGBMClassifier 클래스를 임포트하고 생성자 함수를 이용해 객체를 생성합니다. 객체를 생성할 때 LGBMClassifier 클래스의 생성자 함수가 갖는 objective 파라미터의 값을 설정해 야 합니다. 회귀 문제인 경우에는 'regression'이라고 입력하고, 분류 문제인 경우에는 'binary' 혹은 'multiclass'를 입력합니다. 여기서는 종속변수가 취할 수 있는 값의 수가 두 개이기 때문에 'binary'를 입력합니다. 세 개 이상인 경우에는 'multiclass'를 입력하니다. 그 외 파라미터는 대부분 XGBoostClassifier 클래스의 생성자 함수가 갖는 파라미터와 비슷합니다. 따라서 파라미터 관련 내용 은 XGBoostClassifier 클래스의 생성자 함수에 대한 설명을 참고하길 바랍니다.

```
from lightgbm import LGBMClassifier

lgbm_clf = LGBMClassifier(
    objective='binary', n_estimators=300, learning_rate=1.0, subsample=0.7
)
```

다음 코드와 같이 fit() 함수를 이용해 학습합니다. 하지만 LGBMClassifier 클래스의 fit() 함수는 독립변수의 값으로 정수형이 아니라 소수형(float type)의 데이터를 입력받기 때문에 다음과 같이 소수 형태로 타입을 변환해야 합니다.

```
lgbm_clf.fit(tf_train_features.astype('float32'), train_labels)
```

학습 결과를 이용해 평가 데이터를 평가합니다.

```
pred_labels_tf = lgbm_clf.predict(tf_test_features.astype('float32'))

from sklearn.metrics import classification_report

print(classification_report(test_labels, pred_labels_tf))
              precision    recall  f1-score   support
```

	precision	recall	f1-score	support
0	0.88	0.85	0.87	7766
1	0.87	0.90	0.89	8773
accuracy			0.88	16539
macro avg	0.88	0.88	0.88	16539
weighted avg	0.88	0.88	0.88	16539

F1 값이 0.88로 나온 것을 확인할 수 있습니다.

참고 **텍스트 분석에서의 결정 트리**

결정 트리 기반의 알고리즘은 일반적으로 독립변수, 혹은 특성 정보의 수가 많은 경우에는 성능이 별로 좋지 않은 것으로 알려져 있습니다. 텍스트 데이터의 경우는 단어가 독립변수(혹은 피처)가 되는데, 보통의 경우 데이터에 존재하는 단어의 수가 많습니다. 앞의 감성분석에서 사용된 영화평 데이터도 최종 분석에 사용된 단어의 수가 47,707개입니다. 이렇게 독립 변수의 수가 많은 경우에는 트리 기반 방법의 성능이 좋지 않을 수 있습니다. 그럼에도 불구하고 이 책에서 트리 기반의 방법을 설명하는 주된 이유는 상대적으로 양이 적은 텍스트 데이터에 대해 성능이 좋을 수 있고, 최근 정형 데이터에 대해 성능이 가장 좋은 방법이기 때문에 기계학습을 공부하는 사람이라면 필수적으로 공부하는 것이 필요하다고 판단했기 때문입니다.

11.5 SVM

이번에는 SVM(support vector machines) 알고리즘[93]을 이용해 감성분석을 해보겠습니다.

11.5.1 SVM 알고리즘의 기본 원리

SVM은 데이터의 분류를 위해 관측치들을 벡터로 변환하여 특정 차원 공간에 위치시킵니다(텍스트 분석에서는 하나의 문서가 하나의 관측치가 됩니다). SVM은 이렇게 특정 차원의 공간에 존재하는 관측치들을 종속변수 값에 따라 구분하는 역할을 합니다. SVM을 설명하기 위해 관측치들이 그림 11.42와 같이 2차원 공간에 위치한다고 가정하겠습니다.

---

[93] SVM 알고리즘은 딥러닝 알고리즘이 인기를 얻기 이전에 가장 많이 사용되었던 알고리즘입니다.

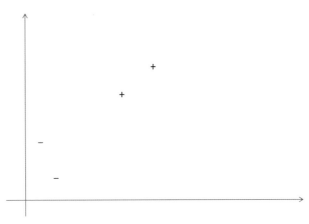

그림 11.42 2차원 공간에 위치한 네 개의 관측치의 예

그림 11.42에는 총 네 개의 관측치가 있습니다. 그중 두 개는 +에 해당하는 레이블(즉, 종속변수 값)을, 그리고 나머지 두 개는 –에 해당하는 레이블 정보를 갖습니다. 감성분석에서 +는 긍정의 감성이라고 생각할 수 있고, –는 부정의 감성이라고 생각할 수 있습니다.

SVM이 하는 것은 관측치들을 위와 같이 벡터로 표현하여 특정 차원의 공간상 점으로 표현한 다음, 종속변수 값(여기서는 +와 –)에 따라 구분하는 것입니다. 구분할 때 관측치들을 종속변수의 값에 따라 분류할 수 있는 하이퍼플레인(hyperplane, 초평면이라고도 합니다)이라고 하는 것을 사용합니다. 2차원 공간에서의 하이퍼플레인은 하나의 직선입니다(3차원 공간에서의 하이퍼플레인은 하나의 평면입니다). 하지만 위 그림에 존재하는 네 개의 관측치를 레이블에 따라 나눌 수 있는 직선(즉, 하이퍼플레인)은 굉장히 많습니다. 그림 11.43과 같이 표현할 수 있습니다.

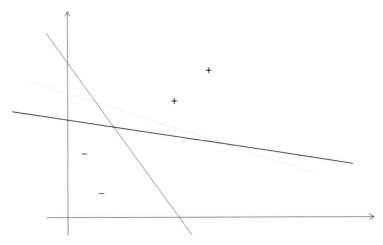

그림 11.43 네 개의 점을 구분하는 여러 개의 직선 존재

SVM은 관측치를 분류할 수 있는 이러한 여러 개의 하이퍼플레인 중에서 최적의 하이퍼플레인을 찾는 작업을 합니다. 그러면 어떤 하이퍼플레인이 최적이 될까요? 예를 들어, 그림 11.42처럼 위치한 관측치들을 구분하는 최적의 직선은 무엇일까요? **관측치들을 구분하는 직선으로부터 가장 가까이 있는 벡터들과의 거리를 가장 크게 하는 직선이 최적의 직선이 됩니다.** 그림 11.44를 보면서 설명하겠습니다.

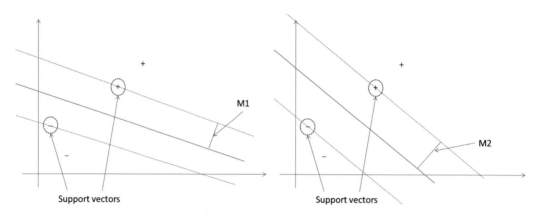

그림 11.44 마진(margin)의 예

그림 11.44의 초록색 직선이 하이퍼플레인입니다. 그리고 하이퍼플레인과 가장 가까이 위치한 벡터를 서포트 벡터(support vector)라고 합니다. 하이퍼플레인과 서포트 벡터까지의 거리를 마진(margin)이라고 표현하는데, 여러 개의 가능한 하이퍼플레인 중에서 이 마진의 크기가 가장 큰 하이퍼플레인을 찾는 것입니다. 그림 11.44를 보면 오른쪽 그림의 마진(M2)이 왼쪽 그림의 마진(M1)보다 더 큰데, 그렇다면 오른쪽의 하이퍼플레인이 더 선호되는 것입니다. 그러한 하이퍼플레인을 선택하는 이유는 과적합 문제를 줄이고, 새로운 데이터에 대한 예측의 정확성을 높일 수 있기 때문입니다.

P 차원 공간에 존재하는 하이퍼플레인은 다음과 같이 정의됩니다.

$$b_0 + b_1 x_1 + b_2 x_2 + \cdots + b_p x_p = 0$$

따라서 2차원 공간에 존재하는 직선의 하이퍼플레인은 다음과 같습니다. 이는 하나의 직선을 의미합니다.

$$b_0 + b_1 x_1 + b_2 x_2 = 0$$

여기에서 x_1과 x_2는 해당 하이퍼플레인 위에 있는 임의의 점입니다. 그리고 해당 하이퍼플레인의 구체적인 위치는 b_0, b_1, b_2에 의해 결정됩니다. 즉, 우리는 마진을 가장 크게 하는 b_0, b_1, b_2를 찾아야 합니다. 그러한 값들을 $\hat{b}_0$, $\hat{b}_1$, $\hat{b}_2$로 표현할 수 있습니다. 즉, 학습을 통해 $\hat{b}_0$, $\hat{b}_1$, $\hat{b}_2$의 값을 찾습니다. 그리고 새로운 관측치 $x_{new}=(x_{1,new},\ x_{2,new})$에 대해 해당 관측치가 우리가 찾아낸 $\hat{b}_0$, $\hat{b}_1$, $\hat{b}_2$의 값을 갖는 하이퍼플레인의 어느 쪽에 위치하는지를 파악하고, 그 결과에 따라 x_{new}의 레이블을 결정합니다. 즉, $\hat{b}_0+\hat{b}_1 x_{1,new}+\hat{b}_2 x_{2,new}>0$인 경우에는 긍정으로(위의 예에서는 +로), $\hat{b}_0+\hat{b}_1 x_{1,new}+\hat{b}_2 x_{2,new}<0$인 경우에는 부정으로(위의 예에서는 -로) 레이블을 결정하게 되는 것입니다.

■ $\hat{b}_i$ 값 찾기

찾고자 하는 하이퍼플레인을 결정하는 $\hat{b}_i$ 값은 다음 식을 만족하는 값으로 결정됩니다.

$$\underset{b}{\mathrm{argmax}}\, M$$

여기에서 M은 마진을 의미합니다. 즉, 마진을 가장 크게 하는 b_i 값들을 찾는 것입니다. 이 마진은 $b_0+b_1 x_1+b_2 x_2=0$으로 나타내는 하이퍼플레인과 평행한 또 다른 직선 간의 거리라고 할 수 있습니다. 혹은 하이퍼플레인과 평행한 직선상에 있는 점과 하이퍼플레인 간의 거리라고도 할 수 있습니다. 점과 직선 사이의 거리를 어떻게 구하는지 알아보겠습니다.

■ 점과 직선 사이의 거리

점 $(x_0,\ y_0)$와 직선 $ax+by+c=0$ 사이의 거리는 다음과 같이 정의됩니다.

$$\frac{|ax_0+by_0+c|}{\sqrt{a^2+b^2}}$$

분자에서 $ax_0+by_0+c=$k로 표현할 수 있는데, 여기서 점 $(x_0,\ y_0)$는 직선 $ax+by+c=$k 위의 점이고, 이 직선 $(ax+by+c=$k)는 $ax+by+c=0$으로 표현되는 하이퍼플레인과 평행한 직선입니다. 하이퍼플레인이 $b_0+b_1 x_1+b_2 x_2=0$으로 정의되는 경우, 서포트 벡터와의 마진은 그림 11.45와 같이 표현할 수 있습니다.

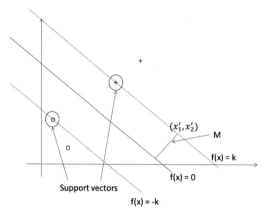

그림 11.45 하이퍼플레인과 서포트 벡터 간의 마진

위의 그림에서 $f(x) = b_0 + b_1 x_1 + b_2 x_2 = 0$은 하이퍼플레인입니다. 빨간색의 서포트 벡터를 지나는(하이퍼플레인 직선과 평행한) 직선의 방정식은 $b_0 + b_1 x_1 + b_2 x_2 = k$로 표현할 수 있고, 해당 직선위에 있는 임의 점 (x_1', x_2')과 하이퍼플레인 직선 간의 거리는 다음과 같습니다.

$$\frac{|b_0 + b_1 x_1' + b_2 x_2'|}{\sqrt{b_1^2 + b_2^2}}$$

여기에서 $|b_0 + b_1 x_1' + b_2 x_2'| = k$이므로 위의 식은

$$\frac{k}{\sqrt{b_1^2 + b_2^2}}$$

가 됩니다. 즉, 마진은 다음과 같이 표현됩니다.

$$M = \frac{k}{\sqrt{b_1^2 + b_2^2}}$$

이를 최대화하는 b_1과 b_2의 값을 찾아야 하는 것입니다. 그리고 그러한 b_1과 b_2 값은 하이퍼플레인을 정의합니다. k는 상수이기 때문에 위의 식을 최대화하는 것은 분모인 $\sqrt{b_1^2 + b_2^2}$를 최소화하는 것과 같습니다. 즉, 다음을 만족하는 b 값을 찾아야 합니다.

$$\underset{b_j}{\mathrm{argmin}} \sqrt{b_1^2 + b_2^2}$$

최소화 문제는 k의 값이 얼마인지와 상관없기 때문에 설명을 쉽게 하기 위해 여기서는 k=1이라고 하겠습니다. 그러면 서포트 벡터를 지나는 직선은 f(x)=1과 f(x)=−1로 표현됩니다(그림 11.46 참고).

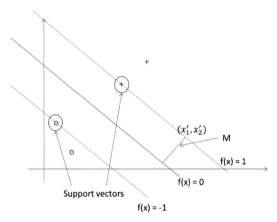

그림 11.46 하이퍼플레인과 서포트 벡터의 예

우리가 풀어야 하는 최소화 문제, 즉 $\underset{b_j}{\mathrm{argmin}}\sqrt{b_1^2+b_2^2}$를 푸는 데 있어 제약 조건이 하나 있습니다. 제약 조건이 무엇인지 살펴보겠습니다. 관측치가 취할 수 있는 종속변수의 값을 y_i라고 하고 y_i가 취할 수 있는 값에는 −1과 1이 있다고 가정합니다(즉, $y_i \in \{-1, 1\}$). −1은 부정, 1은 긍정의 레이블을 의미합니다. 위의 그림에서 $f(x_i) \geq 1$를 만족하는 관측치는 긍정의 레이블($y_i=1$)을 갖고, $f(x_i) \leq -1$을 만족하는 관측치는 부정의 레이블($y_i=-1$)을 갖습니다. 이 조건은 다음과 같이 표현됩니다.

$$y_i f(x_i) \geq 1$$

위 부등식은 y_i가 1인 경우 $f(x_i)$는 1보다 크거나 같고, y_i가 −1인 경우 $f(x_i)$는 −1보다 작거나 같으므로 y_i와 $f(x_i)$의 곱은 항상 1 이상이 돼야 함을 의미합니다. 즉, 우리는 위 조건을 만족하는 b값 중 $\sqrt{b_1^2+b_2^2}$를 최소화하는 값을 찾아야 합니다. 이는 다음과 같이 표현할 수 있습니다. 즉, 학습을 통해 다음 식을 만족하는 b 값을 찾아야 하는 것입니다.

$$\underset{b_j}{\mathrm{argmin}}\sqrt{b_1^2+b_2^2}, \text{ subject to } y_i f(x_i) \geq 1$$

위와 같이 제약 조건이 있는 방정식은 일반적으로 라그랑주 승수법(Lagrange multiplier method)을 사용해 풉니다. 라그랑주 승수법은 다음의 참고 부분을 참고하세요.

✅

라그랑즈 승수법은 제약 조건이 있는 최적화 문제를 풀고자 할 때 사용하는 방법입니다. 제약 조건의 종류는 두 가지로 구분할 수 있습니다. 하나는 등호가 있는 제약 조건이고, 다른 하나는 부등호가 있는 제약 조건입니다. 여기서는 상대적으로 간단한 등호가 있는 제약 조건에 대해 살펴보겠습니다.

설명을 위해 다음과 같은 예제 문제가 있다고 가정합니다.

$$\max_{x_1, x_2} x_1 x_2 + 2x_1, \ subject\ to\ 4x_1 + 2x_2 = 60$$

$x_1 x_2 + 2x_1$의 값을 최대로 하는 x_1과 x_2의 값을 찾는 문제입니다. 하지만 위 문제에는 $4x_1 + 2x_2 = 60$이라는 등호가 포함된 제약 조건이 있습니다. 즉, $4x_1 + 2x_2 = 60$ 식을 만족하는 x_1과 x_2 중에서 $x_1 x_2 + 2x_1$의 값을 최대로 하는 x_1과 x_2의 값을 찾아야 하는 것입니다. 이러한 문제를 풀기 위해 다음과 같이 제약 조건을 반영한 목적 함수를 새롭게 만들 수 있습니다. 이렇게 새롭게 생성된 목적 함수(Z)를 라그랑주 함수(Lagrangian function)라고 합니다. 그리고 라그랑주 함수를 만들 때 사용하는 λ를 라그랑주 승수(Lagrange multiplier)라고 합니다. 원래의 목적 함수인 $x_1 x_2 + 2x_1$을 최대로 하는 x_1과 x_2의 값을 찾는 것이 아니라, 새롭게 생성된 목적 함수인 Z를 최대로 하는 x_1과 x_2의 값을 찾는 방법을 라그랑주 승수법이라고 합니다.

$$Z = x_1 x_2 + 2x_1 + \lambda(60 - 4x_1 - 2x_2)$$

Z에 대해 제약 조건, 즉 $4x_1 + 2x_2 = 60$이 만족한다는 것을 보이면 λ가 어떤 값을 취하든 Z의 마지막 항인 $\lambda(60 - 4x_1 - 2x_2)$는 위 식에서 사라지게 될 것입니다. 그러면 Z를 최대로 하는 x_1과 x_2는 (제약 조건하에서) 원래의 목적 함수를 최대로 하는 x_1과 x_2의 값이 됩니다. 그렇다면 어떻게 $\lambda(60 - 4x_1 - 2x_2)$를 사라지게 만들 수 있을까요? 혹은 $4x_1 + 2x_2 = 60$을 만족하게 할 수 있을까요? 이를 위해 λ를 x_1과 x_2 이외의 추가적인 선택 변수(choice variable)로 간주합니다. 그 경우, 풀어야 하는 정규 방정식은 다음과 같습니다.

$$\frac{\partial Z}{\partial x_1} = 0$$

$$\frac{\partial Z}{\partial x_2} = 0$$

$$\frac{\partial Z}{\partial \lambda} = 0$$

즉, 위 세 식을 동시에 만족하는 x_1, x_2, λ의 값을 구해야 합니다. λ를 추가적인 선택 변수로 간주하는 경우, λ에 대한 일차 도함수, 즉 $\frac{\partial Z}{\partial \lambda}$는 $60 - 4x_1 + 2x_2$가 됩니다. 따라서 λ에 대한 정규 방정식은 다음과 같이 됩니다.

$$\frac{\partial Z}{\partial \lambda} = 60 - 4x_1 - 2x_2 = 0 \rightarrow 4x_1 + 2x_2 = 60$$

즉, λ를 추가적인 선택 변수로 간주하는 경우, 최적화 문제에서의 제약 조건은 자동으로 만족하게 되는 것입니다.

위 세 개의 식을 만족하는 x_1, x_2, λ 값은 다음과 같습니다.

$$x_1 = 8, \ x_2 = 14, \ \lambda = 4$$

등호가 포함된 제약 조건에 대한 라그랑주 승수법은 다음과 같이 일반화할 수 있습니다.

$$z = f(x, y), \quad subject\ to\ g(x, y) = c$$

위 식에서 선택 변수는 x와 y가 되고, 제약 조건은 $g(x, y) = c$가 됩니다(c는 상수입니다). 이 경우, 라그랑주 함수(Z)는 다음과 같이 표현됩니다.

$$Z = f(x, y) + \lambda[c - g(x, y)]$$

위 식에서 λ는 추가 선택 변수이고, 위 함수에 대한 1차 도함수 조건은 다음과 같습니다.

$$\frac{\partial Z}{\partial \lambda} = c - g(x, y) = 0$$

$$\frac{\partial Z}{\partial x} = f_x - \lambda g_x = 0$$

$$\frac{\partial Z}{\partial y} = f_y - \lambda g_y = 0$$

지금까지 등호가 포함된 제약 조건이 있는 최적화 문제를 라그랑주 승수법을 이용해 어떻게 풀 수 있는지 살펴봤습니다. 부등호가 포함된 제약 조건이 있는 문제도 위와 비슷하게 라그랑주 승수법을 사용하여 풀 수 있습니다. 다만, 부등호가 포함된 제약 조건의 경우에는 해당 문제가 KKT(Karush-Kuhn-Tucker) 조건을 만족하는지를 확인하는 추가적인 과정이 필요합니다. 관련 내용은 https://machinelearningmastery.com/lagrange-multiplier-approach-with-inequality-constraints/를 참고하기를 바랍니다.

11.5.2 선형 하이퍼플레인으로 분리할 수 없는 경우 (Non-linearly separable cases)

앞에서 살펴본 예는 선형 하이퍼플레인(즉, 직선)을 이용해 공간상의 레이블이 다른 관측치들을 완벽하게 분리하는 것이 가능한 경우였습니다. 하지만 항상 선형 하이퍼플레인을 가지고 관측치를 레이블에 따라 구분할 수 있는 것은 아닙니다. 즉, 그림 11.47과 같은 상황이 있을 수도 있습니다.

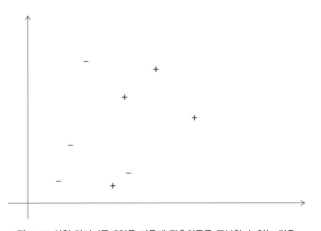

그림 11.47 선형 하이퍼플레인을 이용해 관측치들을 구분할 수 없는 경우

그림 11.47은 긍정과 부정 관측치를 완벽하게 구분할 수 있는 선형 하이퍼플레인(즉, 직선)이 존재하지 않습니다. 이러한 경우에는 보통 다음 두 가지 방법을 사용하여 문제를 해결합니다.

① 슬랙(Slack) 변수 사용하기
② 관측치들을 고차원 공간으로 이동시켜 분리하기

11.5.2.1 슬랙 변수 사용하기

슬랙(Slack) 변수를 사용하는 방법은 어느 정도 에러를 인정하면서 분류하는 방법입니다.[94] 즉, 하이퍼플레인을 찾을 때 잘못 분류되는 관측치의 발생을 어느 정도 허용하는 방법입니다. 그림 11.48을 보면 빨간색 원 안에 있는 관측치들은 분류가 잘못됐습니다. 즉, 이렇게 분류가 잘못되는 관측치가 발생하는 것을 어느 정도 허용하는 방법이 슬랙 변수를 사용하는 방법입니다.

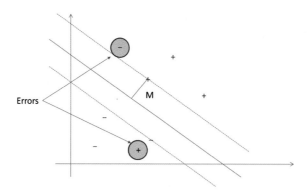

그림 11.48 잘못 분류된 관측치가 존재하는 경우

하이퍼플레인을 이용해서 관측치들을 분류할 때 발생하는 에러 정도를 표현하기 위해 슬랙 변수를 사용합니다. 슬랙 변수는 각 관측치의 에러 정도를 나타내는 역할을 합니다. 각 관측치에 대한 에러 정도를 표현하기 위해 관측치마다 서로 다른 슬랙 변수 ξ_i를 할당합니다. ξ_i는 관측치 i에 할당되는 슬랙 변수를 의미합니다. 분류가 제대로 되는 관측치들의 슬랙 변수 값은 0이고, 분류가 제대로 되지 않는 관측치가 갖는 슬랙 변수의 값만 0보다 큽니다. 분류가 잘못된 관측치의 슬랙 변수 값은 해당 관측치가 직선 $f(x)=1$(또는 $f(x)=-1$)로부터 떨어진 거리입니다. 위의 예에서 원래 + 클래스를 갖는데 − 클래스로 분류된 관측치의 경우, 해당 관측치의 슬랙 변수 값은 해당 관측치가 $f(x)=1$로부터 떨어진 거리를 의미하고, 반대로 원래 − 클래스를 갖는데 + 클래스로 분류된 관측치의 경우, 해당 관측치의 슬랙 변수 값은 해당 관측치가

---

94 slack은 우리말로 '느슨한'의 뜻을 가지고 있습니다. 즉, 제약 조건을 어느 정도 느슨하게 만드는 역할을 하는 변수를 slack 변수라고 생각할 수 있습니다.

f(x) = −1로부터 떨어진 거리를 의미합니다. 이는 그림 11.49와 같이 표현할 수 있습니다. 그림에 11.49 에서 분류가 제대로 된 관측치들(예: x_3)의 슬랙 변수 값은 0이 됩니다.

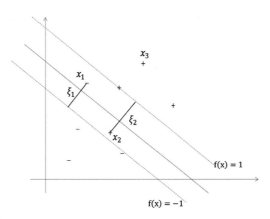

그림 11.49 슬랙 변수 값의 의미

슬랙 변수를 사용하면 풀어야 할 최소화 문제가 다음과 같이 됩니다.

$$\min_{b,\,\xi} \sqrt{b_1^2 + b_2^2} + C \sum_{i=1}^{N} \xi_i, \text{ subject to } y_i f(x_i) \geq 1 - \xi_i$$

위의 목적함수는 마진을 되도록 크게 하면서(각 관측치의 슬랙 변수 값의 합으로 표현되는) 에러의 정도를 최소화하는 하이퍼플레인을 찾는다는 것을 의미합니다. 그리고 제약조건 $y_i f(x_i) \geq 1 - \xi_i$는 잘못 분류되는 관측치의 경우, $f(x_i)=1$(혹은 $f(x_i)=-1$)로부터 ξ_i만큼 떨어져 있을 수 있다(즉, 에러를 어느 정도 허용한다)는 것을 의미합니다. 위의 목적함수에서 C는 사용자가 그 값을 정하는 하이퍼파라미터가 됩니다. C의 값이 커지면, 목적함수에서 $C \sum_{i=1}^{N} \xi_i$ 부분의 값이 커지기 때문에 목적함수의 값을 작게 하기 위해서는 정해진 C의 값에 대해 $C \sum_{i=1}^{N} \xi_i$ 부분의 값을 작게 하는 방향으로 학습됩니다. 즉, $\sum_{i=1}^{N} \xi_i$ 부분의 값이 작아져야 한다는 것을 의미하고, 이는 각 관측치의 슬랙 변수의 값이 작아져야 한다는 것을 의미합니다. 이는 학습 데이터에 대한 에러의 정도가 줄어든다는 것을 의미합니다. 하지만 그렇게 되면 과적합 문제가 발생할 가능성이 높아질 수 있기 때문에 C의 값을 적절하게 선택하는 것이 필요합니다.

11.5.2.2 관측치들을 고차원 공간으로 이동시켜 분리하기

이번에는 또 다른 예를 살펴보겠습니다. 그림 11.50과 같이 관측치들이 분포된 경우에는 선형의 하이퍼플레인을 이용해 관측치를 분류하기가 불가능합니다.

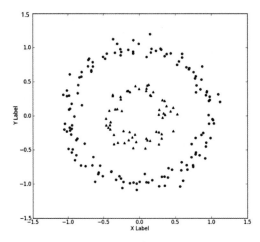

그림 11.50 선형 하이퍼플레인으로 분류가 불가능한 또 다른 예

이러한 경우에는 그림 11.51과 같이 관측치를 고차원으로 이동시켜 분류할 수 있습니다.

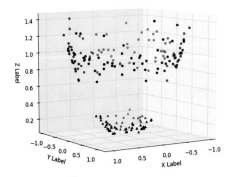

그림 11.51 2차원 공간의 점을 3차원으로 이동시킨 예[95]

그림 11.51에서는 빨간색의 관측치와 파란색의 관측치를 구분할 수 있는 선형의 하이퍼플레인이 존재합니다(해당 하이퍼플레인은 평면 형태입니다).

저차원의 관측치들을 고차원으로 이동시킨 후 해당 고차원 공간에서 하이퍼플레인을 찾는 과정에는 다음의 두 단계가 필요합니다.

---

95 이 경우는 2차원 공간의 점들을 3차원 공간으로 이동했습니다. 하지만 필요에 따라서는 그 이상의 차원으로 이동시킬 수 있습니다.

1. 관측치들을 고차원으로 이동시키기

2. 고차원에서의 관측치들 사이의 내적[96] 계산하기

하지만 관측치가 많은 경우 모든 점을 일일히 고차원으로 이동시킨 다음, 해당 차원의 공간에서 관측치들의 내적을 구하는 데 많은 시간이 소요되기 때문에 SVM에서는 커널(Kernel) 방법을 사용합니다. 커널은 선형대수에서 사용되는 개념으로 커널 함수를 사용하면 점들을 직접 고차원 공간으로 보내지 않고 간단하게 고차원 공간에서의 내적을 계산한 결과를 얻을 수 있습니다. 자주 사용되는 커널 함수의 종류에는 다항 커널(polynomial kernel) 함수, RBF(radius basis function) 커널 함수 등이 있습니다.

■ 다항 커널 함수

서로 다른 두 벡터(예: $\mathbf{x}$, $\mathbf{y}$)에 대한 다항 커널 함수의 일반적인 형태는 다음과 같습니다.

$$\mathrm{k}(\mathbf{x},\ \mathbf{y}) = (b + \gamma \mathbf{x}^T \mathbf{y})^d$$

$\mathbf{x}^T\mathbf{y}$는 두 벡터의 내적을 나타냅니다. 그리고 b와 γ(/감마/), d는 하이퍼파라미터입니다. 커널 함수가 어떻게 작동하는지를 설명하기 위해서 여기서는 $b=0$, $\gamma=1$, $d=2$라고 가정하겠습니다. 그러면 다항 커널 함수는 다음과 같습니다.

$$\mathrm{k}(\mathbf{x},\ \mathbf{y}) = (\mathbf{x}^T \mathbf{y})^2$$

$\mathbf{x}=(x_1,\ x_2)$, $\mathbf{y}=(y_1,\ y_2)$일 때,

$$\mathrm{k}(\mathbf{x},\ \mathbf{y}) = (x_1 y_1 + x_2 y_2)^2 = x_1^2 y_1^2 + 2 x_1 x_2 y_1 y_2 + x_2^2 y_2^2$$

이 됩니다. $x_1^2 y_1^2 + 2 x_1 x_2 y_1 y_2 + x_2^2 y_2^2$은 다르게 표현하면 다음과 같은 두 벡터 간의 내적으로 표현할 수 있습니다. 다음 벡터들은 원소의 수가 3이기 때문에 3차원 공간의 점이 됩니다.

$$(x_1^2,\ \sqrt{2}\, x_1 x_2,\ x_2^2),\ (y_1^2,\ \sqrt{2}\, y_1 y_2,\ y_2^2)$$

즉, $\mathrm{k}(\mathbf{x},\ \mathbf{y}) = (\mathbf{x}^T \mathbf{y})^2$은 2차원 공간에 있는 벡터를 3차원 공간으로 이동한 후 해당 공간에서 내적을 계산하는 역할을 합니다. 하지만 이러한 작업을 하기 위해 명시적으로 벡터들을 2차원에서 3차원으로 이동하지 않습니다. 그러한 과정 없이 3차원에서의 내적값을 구할 수 있는 것입니다. d의 값이 증가할수록 더 높

---

96 벡터 간의 내적은 유사도와 비례합니다.

은 차원에서의 내적 값을 구합니다. 그리고 γ 값이 커지면 고차원 공간에서의 두 벡터의 내적 값이 커진다는 것을 알 수가 있습니다. 내적 값은 벡터 간의 유사도와 비례하기 때문에 내적 값이 커진다는 것은 두 벡터가 더 유사한 벡터로 간주된다고 생각할 수 있습니다.

■ **RBF(radius basis function) 커널 함수**

다항 커널 함수와 함께 많이 사용되는 것이 RBF 커널 함수입니다. RBF 커널 함수는 다음과 같이 정의됩니다.

$$k(\boldsymbol{x},\ \boldsymbol{y}) = \exp\left(-\frac{\|\boldsymbol{x}-\boldsymbol{y}\|^2}{2\sigma^2}\right)$$

여기에서 $\frac{1}{2\sigma^2}$ 을 γ 로 대체해 다음과 같이 표현하는 경우도 있습니다.

$$\exp(-\gamma\|\boldsymbol{x}-\boldsymbol{y}\|^2)$$

여기서 $\|\boldsymbol{x}-\boldsymbol{y}\|^2$ 은 두 벡터 간 유클리디안 거리의 제곱을 의미합니다. γ 의 값이 클수록 고차원에서의 내적 값이 작아지는 것을 알 수 있습니다. 즉, 커널 함수의 값은 고차원[97]에서의 두 벡터 간의 유사도를 의미하므로 γ 값이 커질수록 벡터 간의 유사도가 작아진다는 것을 의미합니다. 다르게 표현하면 가까이 위치한 벡터들만 유사한 벡터로 간주한다고 볼 수도 있습니다.

11.5.3 SVM을 이용한 감성분석

관련 코드는 SVM_sentiment.ipynb 파일을 참고하세요. 여기서도 Korean_movie_reviews_2016.txt 파일의 데이터를 사용합니다. 데이터를 준비하는 과정은 앞부분과 동일하기 때문에 설명을 생략합니다. SVM을 이용한 분류기(classifier)는 sklearn에서 제공하는 **SVC**라는 클래스를 사용합니다. 해당 클래스의 생성자 함수의 경우에는 여러 개의 파라미터를 가지고 있는데, 그중 중요한 몇 가지에 대해 설명하겠습니다.

- **C** : 첫 번째로 중요한 파라미터가 C입니다. C는 앞에서 살펴본 SVM에서 사용하는 슬랙 변수를 포함한 목적함수에 존재하는 하이퍼파라미터입니다. C의 값이 커질수록 학습 데이터에 대해 에러를 허용하는 정도가 작아집니다. C가 너무 크면 과적합 문제가 발생할 수 있습니다.

---

97 rbf kernel은 저차원 공간의 벡터를 무한 차원(infinite dimension)으로 보내고 그곳에서의 내적을 구하는 효과가 있습니다.

- kernel : kernel 파라미터는 SVC에서 사용하는 커널 함수를 의미합니다. 앞에서 설명한 대로 커널 함수는 저차원 벡터들에 대해서 고차원으로 이동한 후의 벡터 간 내적을 계산할 때 사용되는 함수입니다. sklearn에서 제공하는 커널 함수에는 'linear', 'poly', 'rbf', 'sigmoid', 'precomputed' 등이 있습니다. 이 중에서 일반적으로 'poly'와 'rbf' 함수가 많이 사용됩니다. 기본값은 'rbf'입니다.

- degree : 사용하는 커널 함수가 'poly'인 경우에 지정하는 파라미터입니다. 즉, 각 변수의 최고차항을 결정하는 파라미터입니다. 기본값은 3입니다. degree의 값이 커질수록 하나의 관측치가 이동하는 공간의 차원 수가 커진다고 생각할 수 있습니다.

- gamma : gamma 파라미터는 SVM에서 사용되는 커널 함수와 관련된 것으로, 사용되는 커널 함수에 의해 계산되는 고차원에서의 벡터 간 유사도를 조절하는 역할을 합니다. 예를 들어, rbf 커널의 경우 gamma의 값이 작으면 작을수록 고차원에서의 유사도 값이 커지게 됩니다. 즉, 멀리 떨어져 있는 벡터들도 유사도가 크게 계산되는 것입니다. 이렇게 되면, 멀리 떨어져 있는 벡터(즉, 관측치)도 동일한 종속변수의 값으로 예측되어, 종속변수의 값을 구분하는 결정 경계선(decision boundary)이 넓어지게 됩니다. 반대로 gamma의 값이 커지면, 결정 경계선이 좁아집니다. 이러한 경우에는 과적합 문제가 발생할 가능성이 커집니다. SVC의 경우, 'scale', 'auto', float의 값을 취할 수 있습니다. float는 0보다 큰 실수를 의미합니다. 'scale'은 1 / (n_features * X.var())을 사용하고, 'auto'는 1 / n_features를 사용합니다. n_features는 학습 데이터에 존재하는 특성 정보(feature)의 수를 의미합니다. X.var()는 학습데이터에 존재하는 모든 feature 값에 대한 분산을 의미합니다. 데이터에 존재하는 분산의 값이 작을수록 gamma의 값이 커집니다. 기본값은 'scale'로 설정돼 있습니다.

SVC 클래스는 다음과 같이 사용할 수 있습니다. 일단 SVC 클래스의 생성자 함수를 이용해 객체를 만듭니다. 여기서는 해당 생성자 함수가 갖는 여러 가지 파라미터 중에서 kernel 파라미터의 값만 'rbf'로 지정했습니다. 과적합에 영향을 줄 수 있는 다른 파라미터(예: C 또는 gamma 등)의 값을 달리하면서 모형의 성능을 파악해야 합니다. 그러한 하이퍼파라미터 튜닝을 위해 그리드 탐색 방법을 사용할 수 있습니다.

객체를 생성한 다음에는 fit() 함수를 이용해 학습 데이터에 대해 학습을 수행합니다. 여기서도 빈도 기반의 DTM을 사용합니다.[98]

```
from sklearn.svm import SVC

svc_clf = SVC(kernel='rbf')
svc_clf.fit(tf_train_features, train_labels)
```

학습한 후에는 다음과 같이 평가 데이터를 이용해 평가합니다.

---

[98] SVM은 학습하는 데 다른 알고리즘보다 많은 시간이 걸립니다.

```
pred_labels_tf = clf.predict(tf_test_features)

from sklearn.metrics import classification_report

print(classification_report(test_labels, pred_labels_tf))
```

```
              precision    recall  f1-score   support

           0       0.88      0.88      0.88      7766
           1       0.89      0.90      0.89      8773

    accuracy                           0.89     16539
   macro avg       0.89      0.89      0.89     16539
weighted avg       0.89      0.89      0.89     16539
```

f1 매크로 평균이 0.89가 나오는 것을 확인할 수 있습니다.

참고 **각 모형의 성능 비교**

지금까지 살펴본 분류 모형의 성능을 비교해 보겠습니다(표 11.12 참고). 데이터는 모두 동일하게 Korean_movie_reviews_2016.txt의 영화평 데이터를 이용했고, 빈도 기반의 DTM을 사용했습니다.

표 11.12 각 모형의 성능 비교

모형	정확도	정밀도*	재현율*	F1*
LogisticRegression(C=0.5, penalty='l1', solver='saga', max_iter=10000)	0.88	0.88	0.88	0.88
LogisticRegression(C=0.5, penalty='l2', solver='saga', max_iter=10000)	0.89	0.89	0.89	0.89
MultinomialNB(alpha=1)	0.89	0.89	0.89	0.89
RandomForestClassifier(n_estimators = 100)	0.86	0.86	0.86	0.86
GradientBoostingClassifier(max_depth=2, n_estimators=300, random_state=2, learning_rate=1.0)	0.85	0.85	0.84	0.85
XGBClassifier(max_depth=2, n_estimators=500, learning_rate=1.0, subsample=0.7)	0.86	0.87	0.86	0.86

모형	정확도	정밀도*	재현율*	F1*
LGBMClassifier(objective = 'binary', n_estimators=300, learning_rate=1.0, subsample=0.7)	0.88	0.88	0.88	0.88
SVC(kernel='rbf')	0.89	0.89	0.89	0.89

* 정밀도, 재현율, F1은 모두 매크로 평균입니다.

각 모형에서 하이퍼파라미터 값으로 특정한 값을 사용했기 때문에 위의 결과만 놓고, 특정 모형이 항상 더 우수하다고 판단하기는 어렵습니다. 그리고 각 모형의 성능은 분석하고자 하는 데이터에 따라 달라질 수 있기 때문에 여러 개의 모형을 사용해 보고 그중 성능이 가장 좋게 나오는 모형을 선택해서 사용해야 합니다(각 모형에 대해서도 하이퍼파라미터 튜닝을 수행하는 것이 필요합니다).

11.6 감성어 사전 기반의 감성분석

이번에는 감성어 사전을 이용한 방법에 대해 간략하게 알아보겠습니다. 기계학습 기반의 방법은 학습할 수 있는 학습 데이터가 있는 경우에는 쉽게 사용할 수 있지만, 그렇지 않은 경우에는 사용하기 힘들다는 단점이 있습니다. 그리고 도메인마다 사용되는 용어와 표현이 다르기 때문에 분석 결과가 도메인의 영향을 받는다는 단점도 존재합니다. 이러한 상황에서 보완적으로 사용할 수 있는 것이 감성어 사전 기반 방법입니다. 사전을 이용할 때는 일반적으로 다음과 같은 과정을 거쳐 감성분석을 진행합니다.

① 감성어 사전 준비

일단 사전을 준비해야 합니다. 영어는 잘 만들어진 감성어 사전이 이미 공개되어 있어 그러한 사전을 사용하는 것이 가능하지만[99], 한글은 공개된 제대로 된 감성어 사전이 별로 없습니다. 따라서 감성어 사전을 이용해 한글 텍스트에 대한 감성분석을 해야 한다면 사전을 직접 만들어야 한다는 어려움이 있습니다.

감성어 사전은 일반적으로 단어와 해당 단어의 긍·부정 점수로 구성돼 있습니다(예: '재미없다: −0.5', '밝다: 0.4', '지루하다: −0.4', '흥미롭다: 0.5' 등). 좀 더 단순하게는 긍정의 단어와 부정의 단어로만 분류된 사전을 만들 수도 있습니다(다음 예 참고).

```
pos_words = ['happy', 'fun', 'great', 'exciting', 'fantastic']
neg_words = ['boring', 'disappointing', 'bad', 'unpleasant']
```

---

[99] 공개된 영어 감성어 사전에는 Bing Liu's Opinion Lexicon, SentiWordNet, VADER 등이 있습니다. 파이썬의 nltk 모듈에서는 SentiWordNet와 VADER 사전을 기반으로 한 감성분석 기능을 제공합니다.

② 문서의 감성 점수 계산하기

감성어 사전이 준비됐으면 다음 단계는 우리가 가지고 있는 텍스트 데이터에서 사전에 있는 단어들을 추출하여 감성어 사전을 이용해 각 단어의 감성 점수를 부여하고 이를 이용해 특정 문서의 감성 점수를 계산하면 됩니다. 각 단어의 점수를 이용하여 문서 전체의 감성 점수를 계산하는 방식에는 여러 가지가 있을 수 있습니다. 가장 간단한 방법은 합이나 평균을 이용하는 것입니다.

③ 문서의 긍·부정 판별하기

각 문서에 부여된 감성 점수를 바탕으로 해당 문서의 긍 · 부정을 판별합니다.

11.6.1 VADER 감성어 사전을 사용해 감성분석하기

여기서는 영어 텍스트에 대해 `nltk`에서 제공하는 VADER(Valence Aware Dictionary and sEntiment Reasoner)[100]라는 감성어 사전을 사용해 보겠습니다. 파이썬 코드는 `lexicon_based_sentiment.ipynb`를 참고하세요. 해당 감성어 사전을 사용하기 위해서는 다음과 같이 `SentimentIntensityAnalyzer` 클래스를 임포트합니다.

```
from nltk.sentiment.vader import SentimentIntensityAnalyzer
```

그리고 생성자 함수를 사용해 해당 클래스의 객체를 다음과 같이 생성합니다.

```
sid = SentimentIntensityAnalyzer()
```

이렇게 하면 `sid`를 이용해 `SentimentIntensityAnalyzer` 클래스에서 제공하는 `polarity_scores()` 함수를 사용할 수 있습니다. `polarity_scores()` 함수를 사용해 입력된 텍스트의 감성 점수를 계산합니다.

```
ss = sid.polarity_scores('the movie was great.')
```

`ss`에는 다음과 같은 값이 저장되어 있습니다.

```
{'neg': 0.0, 'neu': 0.423, 'pos': 0.577, 'compound': 0.6249}
```

여기에서 `compound`의 값이 감성분석의 총점입니다. 이 값은 −1(아주 부정) ~ 1(아주 긍정)의 분포를

---

100 Hutto, C. J., & Gilbert, E. (2014, May). Vader: A parsimonious rule-based model for sentiment analysis of social media text. In Eighth international AAAI conference on weblogs and social media.

갖습니다. 'the movie was great'에 대한 **compound** 값이 0.6249이기 때문에 해당 문서는 긍정의 문서입니다.

다음 코드는 또 다른 예를 보여줍니다. 이번에는 **compound**의 값이 음수가 나왔으므로 해당 문서의 감성이 부정이라는 것을 의미합니다.

```
sid.polarity_scores('the movie was awful.')
```

```
{'neg': 0.5, 'neu': 0.5, 'pos': 0.0, 'compound': -0.4588}
```

12

토픽 모델링

이번 장에서는 토픽 모델링(topic modeling)에 대해 살펴보겠습니다. 토픽 모델링은 텍스트 데이터를 구성하는 각 문서의 주제를 찾을 때 사용합니다. 토픽 모델링에 사용되는 주요 방법으로는 LSI(Latent Semantic Index), pLSA(probabilistic Latent Semantic Analysis), LDA(Latent Dirichlet Allocation), NMF(Non-negative Matrix Factorization)가 있습니다. LSI와 NMF는 행렬 기반의 방법이고, pLSA와 LDA는 확률 기반의 방법입니다. 여기서는 일반적으로 더 많이 사용되는 LSI와 LDA를 설명하겠습니다 (딥러닝 기반의 BERT를 이용한 토픽 모델링 방법은 2권에서 다룹니다).

12.1 LSI

먼저 LSI(Latent Semantic Index)에 대해 알아보겠습니다(LSI는 LSA(latent semantic analysis)라고도 표현합니다).[101] LSI는 행렬 분해 방법을 사용하여 전체 텍스트 데이터를 구성하는 문서들의 주제를 찾는 방법입니다. 사실 LDA가 2003년에 제안되고 나서는 LSI는 토픽 모델링에서 사용되는 정도가 많이 줄었습니다. 하지만 행렬 분해 방법을 사용해 문서의 정보를 추출하는 것은 토픽 모델링의 목적 이외에도 다양한 목적으로 사용될 수 있어 자연어 처리 혹은 텍스트 분석 분야에서 잘 알아둬야 하는 내용입니다.

---

101 관련 논문은 Deerwester, S., Dumais, S. T., Furnas, G. W., Landauer, T. K., & Harshman, R. (1990). Indexing by latent semantic analysis. Journal of the American society for information science, 41(6), 391-407을 참고하세요.

12.1.1 LSI 이해하기

※ LSI는 고유분해를 기반으로 하므로 '10.5.2 고유분해'를 미리 읽기 바랍니다.

LSI는 우리가 갖고 있는 텍스트 데이터, 즉 문서의 집합에 대한 문서-단어행렬(document-term matrix, DTM)을 이용하는 방법입니다. LSI는 DTM에 특잇값 분해를 적용하거나 DTM의 전치행렬과 DTM을 곱해서 나오는 정방행렬을 고유분해한 결과를 사용합니다(여기서는 LSI의 작동 원리를 설명하기 위해 후자의 방법을 사용하겠습니다). LSI의 작동원리를 이해하기 위해 간단한 예제 텍스트 데이터에 LSI를 적용해 보겠습니다. 다음과 같은 텍스트 데이터가 있다고 가정합니다. 관련 코드는 LSI_toy_example.ipynb 파일을 참고하세요.

```
CORPUS = [
    'apple banana apple banana orange',
    'apple orange banana orange',
    'orange apple apple banana apple',
    'carrot spinach eggplant carrot',
    'spinach carrot potato spinach',
    'carrot potato eggplant eggplant'
]
```

여섯 개의 문서로 구성된 텍스트 데이터로 볼 수 있습니다. LSI를 수행하기 위해서는 일단 전체 텍스트 데이터를 DTM으로 변경해야 합니다. 이를 위해 sklearn에서 제공하는 CountVectorizer 클래스를 사용하여 빈도 기반의 DTM을 생성합니다.

```
from sklearn.feature_extraction.text import CountVectorizer

vec = CountVectorizer()
features = vec.fit_transform(CORPUS)
```

생성된 DTM을 다음과 같이 numpy의 어레이 형태로 변환하고 X 변수에 저장합니다.

```
X = np.array(features.todense())
X
```

```
array([[2, 2, 0, 0, 1, 0, 0],
       [1, 1, 0, 0, 2, 0, 0],
       [3, 1, 0, 0, 1, 0, 0],
       [0, 0, 2, 1, 0, 0, 1],
```

```
       [0, 0, 1, 0, 0, 1, 2],
       [0, 0, 1, 2, 0, 1, 0]], dtype=int64)
```

X의 각 행은 문서를, 각 열은 단어를 의미합니다. 단어의 목록을 확인해 보겠습니다. 이를 위해 `get_feature_names_out()` 함수를 사용합니다.

```
vec.get_feature_names_out()
```

```
array(['apple', 'banana', 'carrot', 'eggplant', 'orange', 'potato', 'spinach'], dtype=object)
```

텍스트 데이터에서 사용된 전체 단어는 `'apple'`, `'banana'`, `'carrot'`, `'eggplant'`, `'orange'`, `'potato'`, `'spinach'`임을 확인할 수 있습니다.

LSI를 수행하기 위해서는 일단 DTM인 X의 전치행렬과 X의 곱을 구해야 합니다(즉, X^TX). X가 문서-단어 행렬이기 때문에 X^T는 단어-문서(term-document) 행렬이 됩니다. 따라서 X^TX는 단어-단어 행렬이 됩니다. **X^TX의 각 원소는 서로 다른 두 개의 단어가 얼마나 자주 혹은 많이 같은 문서에서 사용되는지를 나타냅니다.** 우리는 이러한 행렬의 정보를 사용해 어떤 단어가 얼마나 자주 같은 문서에서 사용되는지를 파악합니다. 그리고 **자주 같이 사용되는 단어들이 유사한 주제와 관련이 있다고 간주**를 하는 것입니다. 각 단어가 특정 주제와 얼마나 관련이 있는지를 고유분해를 사용해 파악할 수 있는 것입니다.

X^TX는 다음과 같이 됩니다. X가 6×7 행렬이므로, X^TX는 7×7 행렬이 됩니다(X^TX는 `np.dot(X.T,X)`를 사용해 쉽게 구할 수 있습니다).

```
XTX = np.dot(X.T,X)
XTX
```

```
array([[14,  8,  0,  0,  7,  0,  0],
       [ 8,  6,  0,  0,  5,  0,  0],
       [ 0,  0,  6,  4,  0,  2,  4],
       [ 0,  0,  4,  5,  0,  2,  1],
       [ 7,  5,  0,  0,  6,  0,  0],
       [ 0,  0,  2,  2,  0,  2,  2],
       [ 0,  0,  4,  1,  0,  2,  5]], dtype=int64)
```

`np.linalg.eig()`를 사용해 X^TX의 고윳값과 고유벡터를 계산합니다. 7×7 행렬이기 때문에 고윳값이 일곱 개가 나오고 각 고윳값에 대한 고유벡터가 하나씩 계산됩니다. 이러한 고유벡터는 X^TX에 존재하는 데이터의 흩어진 정도(혹은 데이터가 갖고 있는 전체 정보)를 설명하는 축을 의미합니다. 즉, (행렬 X^TX

를 통해 나타내는) 단어들이 갖고 있는 전체 정보가 100이라고 한다면, 그 100이라는 정보의 양이 일곱 개의 축으로 설명되는 것입니다. 그리고 각 축에 의해 설명되는 정보의 양은 서로 다릅니다. 고유벡터에 대응하는 고윳값이 클수록 해당 고유벡터에 의해 설명되는 정보의 양이 많습니다. **LSI에서는 이러한 하나의 축(즉, 하나의 고유벡터)을 하나의 주제(혹은 주제와 관련된 축)라고 간주**합니다. 즉, 우리가 찾을 수 있는 전체 주제는 일곱 개(이는 텍스트 데이터에 존재하는 단어의 수와 동일합니다)가 있고, 그 주제들은 고유벡터를 통해 표현되는 것입니다. 그리고 전체 텍스트 데이터에서 각 주제가 다뤄지는 정도가 다른 것입니다(즉, 각 주제가 데이터를 설명하는 정도가 다릅니다). 보통 전체 주제 중에서 데이터를 상대적으로 많이 설명하는 상위 몇 개의 주제만을 선택합니다. 구체적으로 몇 개를 선택해야 하는지는 데이터의 특성과 분석의 목적에 따라 다릅니다.

고윳값은 각 고유벡터가 데이터를 설명하는 정도를 뜻합니다. 예를 들어, 우리가 얻은 고윳값이 세 개이고 각 고윳값이 6, 3, 1이라면 첫 번째 고윳값에 대한 고유벡터에 의해 전체 데이터가 설명되는 정도는 전체의 60%(즉, 6/(6+3+1))가 되는 것입니다(이는 고윳값 6에 해당하는 고유벡터, 즉 주제가 텍스트 데이터에서 60% 다뤄지고 있다고 생각할 수 있습니다). 그렇기 때문에 우리는 데이터를 많이 설명하는 상위 몇 개의 고유벡터를 선택할 때, 각 고유벡터의 고윳값의 크기를 가지고 선택할 수 있습니다.

X^TX에 대해 고유벡터와 고윳값을 다음과 같이 구해보겠습니다.

```
eigVals, eigVecs = np.linalg.eig(XTX)
```

eigVals에는 일곱 개의 고윳값이 저장되어 있습니다(참고로 여기서 얻은 eigVecs는 X를 특잇값 분해해서 얻는 V와 동일합니다[102]).

```
eigVals
```
```
array([23.224972, 2., 0.775028, 12.744563, 4., -0, 1.255437])
```

찾고자 하는 주제의 수가 두 개라면 값이 큰 순서대로 두 개의 고윳값을 선택하고 그에 대한 고유벡터를 선택하면 됩니다. 일곱 개의 고윳값 중에서 첫 번째(23.224972)와 네 번째 값(12.744563)이 가장 큰 것을 알 수 있습니다. 따라서 eigVecs에 있는 벡터 중에서 첫 번째와 네 번째 고유벡터를 선택합니다.

```
eigvec1 = eigVecs[:, 0] # 첫 번째 고유벡터
eigvec2 = eigVecs[:, 3] # 네 번째 고유벡터
```

---

102 특잇값 분해에 대해서는 10.5.3절을 참고하세요.

첫 번째 고유벡터를 살펴보겠습니다. 이는 첫 번째 주제에 대한 고유벡터가 됩니다. 그리고 고유벡터의 각원소의 절댓값이 의미하는 것은 해당 주제가 각 단어와 관련된 정도입니다(고유벡터이기 때문에 길이가 1입니다).[103]

```
eigvec1
```
```
array([-0.755115, -0.480250, 0., 0., -0.446274, 0., 0.])
```

단어의 순서는 'apple', 'banana', 'carrot', 'eggplant', 'orange', 'potato', 'spinach'입니다. eigvec1로 나타내는 첫째 주제는 첫째 단어인 'apple'이라는 단어와 관련이 제일 높습니다. 그리고 전체적으로 보면 'apple', 'banana', 'orange' 단어와 관련이 높은 주제라는 것을 알 수 있습니다.

고유벡터의 원소 값이 왜 단어와의 관련된 정도를 의미하는지 간단한 예를 이용해 살펴보겠습니다. 설명을 위해 텍스트 데이터에 '단어1'과 '단어2'만 존재한다고 가정합니다. 그러면 텍스트 데이터에 존재하는 문서들은 '단어1'과 '단어2'의 빈도에 따라 그림 12.1과 같이 '단어1'에 대한 축과 '단어2'에 대한 축으로 표현되는 점으로 나타낼 수 있습니다. 그리고 단어의 수가 2이기 때문에 고유벡터도 두 개가 존재합니다. 첫 번째 고유벡터가 그림 12.1과 같이 표현된다고 가정하겠습니다(해당 고유벡터는 길이가 1인 벡터인 것을 기억하세요). 해당 고유벡터는 (0.951, 0.309)입니다. 즉, '단어1' 축에 대한 값이 0.951이고 '단어2'에 대한 축의 값이 0.309입니다. 그림에서 볼 수 있듯이 '단어1' 축에 대한 원소의 값이 클수록 고유벡터와 해당 축의 방향이 더 유사한 것을 알 수 있습니다. 즉, 해당 고유벡터가 '단어1'과 갖는 관련도가 그만큼 커지는 것입니다.

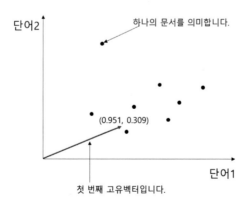

그림 12.1 고유벡터 원소 값의 의미

---

[103] 이러한 고유벡터는 다음 장에서 다루는 LDA와 같은 확률 모형에서 사용하는 주제별 단어 분포와 유사한 의미를 갖습니다.

두 번째 주제에 대한 고유벡터를 살펴보겠습니다.

```
eigvec2
```
```
array([0., 0., -0.663535, -0.483527, 0., -0.303519, -0.483527])
```

eigvec1로 표현되는 주제와 달리 eigvec2로 나타내지는 두 번째 주제는 세 번째 단어인 'carrot'과 가장 관련이 높은 것으로 나타났습니다. 전체적으로 보면 'carrot', 'eggplant', 'potato', 'spinach'와 관련이 있는 주제라는 것을 알 수 있습니다(첫 번째 주제가 과일과 관련이 높은 주제이고, 두 번째 주제는 채소와 관련이 높은 주제라는 것을 파악할 수 있나요?).

그렇다면 각 문서의 주제는 어떻게 찾을 수 있을까요? LSI의 경우는 각 문서의 주제를 각 문서와 각 주제의 유사한 정도로 찾습니다. **이 유사한 정도는 문서를 나타내는 벡터와 주제를 나타내는 고유벡터 간의 내적으로 계산**합니다. 왜냐하면 내적은 두 벡터의 유사도와 비례한다는 특성을 갖기 때문입니다. 각 문서는 각 단어가 해당 문서에서 사용된 빈도값을 원소로 갖는 벡터로 표현됩니다. 예를 들어 첫 번째 문서는 다음과 같은 벡터를 갖습니다.

```
[2, 2, 0, 0, 1, 0, 0]
```

위의 벡터는 첫 번째 단어인 'apple'이 문서1에서 두 번, 두 번째 단어인 'banana'가 두 번, 'orange'가 한 번 사용되었다는 것을 의미합니다. 그리고 DTM 행렬, 즉 행렬 X의 첫 번째 행이 첫 번째 문서의 벡터가 됩니다.

첫 번째 문서와 첫 번째 주제를 나타내는 고유벡터의 유사성은 다음과 같은 내적을 이용해 계산됩니다.

```
doc1 = X[0]  # DTM의 첫 번째 행은 첫 번째 문서의 벡터
np.dot(doc1,eigvec1)  #Doc1와 eigvec1 간의 내적
```
```
-2.917005078618542
```

첫 번째 문서와 두 번째 주제 간의 유사도는 다음과 같이 구합니다.

```
np.dot(doc1,eigvec2)  # Doc1과 eigvec2 간의 내적
```
```
0.0
```

문서1과 첫 번째 주제와의 유사한 정도는 −2.917005078618542입니다(이 값은 −0.755115× 2−0.480250×2+0×0+0×0−0.446274×1+0×0+0×0을 계산해서 나온 값입니다). 다시 말하지만, 이 값의 부호는 중요하지 않습니다. 절댓값이 중요합니다.

문서1과 두 번째 주제와의 유사한 정도는 0이 됩니다. 즉, 두 번째 주제와는 아무런 관련이 없다는 뜻입니다. 이는 두 번째 주제를 나타내는 단어들이 문서1에서 하나도 사용되지 않았기 때문입니다.

위 결과를 통해 문서1은 첫 번째 주제와 훨씬 더 관련이 높은 것을 알 수 있습니다(혹은 첫 번째 주제와 관련이 높은 단어들이 문서1에서 많이 사용되었다고 생각할 수 있습니다).

12.1.2 gensim을 이용한 LSI

LSI를 이용한 토픽 모델링은 gensim이라고 하는 모듈에서 제공되는 LsiModel 클래스를 이용해서 할 수 있습니다. genism은 기본적으로 설치되어 있지 않으므로 직접 설치해야 합니다. 명령 프롬프트 창에서 `pip install gensim`을 입력하여 genism을 설치합니다.

12.1.2.1 예제 데이터의 경우

먼저 앞에서 살펴본 예제 데이터에 gensim에서 제공되는 LsiModel 클래스를 적용해 보겠습니다. 관련 코드는 LSI_toy_example.ipynb 파일을 참고하세요.

Gensim은 DTM을 만들기 위해 자체적인 방법을 사용합니다. 이를 위해 각 문서를 단어들의 리스트로 표현해야 합니다. 앞에서 살펴본 CORPUS 변수에는 각 문서가 하나의 문자열값으로 저장되어 있습니다. 따라서 다음과 같이 각 단어를 원소로 갖는 리스트 형태로 각 문서를 변환하여 저장합니다.

```
docs_words = [doc.split() for doc in CORPUS]
docs_words  # 각 문서가 단어들을 원소로 갖는 리스트 형태로 저장돼 있습니다.
```

```
[['apple', 'banana', 'apple', 'banana', 'orange'],
 ['apple', 'orange', 'banana', 'orange'],
 ['orange', 'apple', 'apple', 'banana', 'apple'],
 ['carrot', 'spinach', 'eggplant', 'carrot'],
 ['spinach', 'carrot', 'potato', 'spinach'],
 ['carrot', 'potato', 'eggplant', 'eggplant']]
```

이러한 데이터에 gensim에서 제공하는 LsiModel 클래스를 적용하기 위해서는 데이터를 빈도 기반 DTM으로 변환해야 합니다. gensim은 sklearn에서 제공하는 CountVector 클래스를 사용하는 것이 아니라, 자체적인 방법을 사용해 DTM을 생성합니다. gensim에서는 DTM을 생성하기 위해 일단 데이터에서 사용된 각 단어에 고유한 아이디를 부여합니다. 이는 genism의 하위 모듈인 corpora에서 제공하는 Dictionary 클래스를 사용해 수행합니다.

```
from gensim.corpora import Dictionary
```

준비된 텍스트 데이터를 Dictionary 클래스 생성자 함수의 인자로 입력해 객체를 만듭니다.

```
dictionary = Dictionary(docs_words)
```

이렇게 하면 Dictionary 클래스의 객체인 dictionary는 docs_words 변수에 저장된 각 단어에 대해 고유한 아이디를 부여합니다(데이터의 출현순으로 부여됩니다). 이러한 정보는 해당 객체가 가지고 있는 token2id 변수를 이용해 확인할 수 있습니다.

```
print(dictionary.token2id)
```
```
{'apple': 0, 'banana': 1, 'orange': 2, 'carrot': 3, 'eggplant': 4, 'spinach': 5, 'potato': 6}
```

그다음에는 위에서 부여된 단어의 아이디 정보를 이용하여 분석하고자 하는 텍스트 데이터(즉, 여기서는 docs_words 변수에 저장된 데이터)에 대한 빈도 기반의 DTM을 다음과 같이 생성합니다.

```
DTM = []
for doc in docs_words:
    bow = dictionary.doc2bow(doc)
    DTM.append(bow)
```

DTM 변수의 내용을 확인해 보면 다음과 같습니다.

```
DTM
```
```
[[(0, 2), (1, 2), (2, 1)],
 [(0, 1), (1, 1), (2, 2)],
 [(0, 3), (1, 1), (2, 1)],
 [(3, 2), (4, 1), (5, 1)],
 [(3, 1), (5, 2), (6, 1)],
 [(3, 1), (4, 2), (6, 1)]]
```

각 문서가 하나의 리스트 데이터로 표현돼 있습니다. 예를 들어, 첫 번째 문서는 [(0, 2), (1, 2), (2, 1)]입니다. 리스트 데이터의 각 원소는 하나의 튜플로 되어 있고, 튜플은 두 개의 원소를 갖습니다. 튜플의 첫 번째 원소는 단어의 아이디를 의미하며, 두 번째 원소는 해당 단어가 해당 문서에서 사용된 횟수를 의미합니다. 즉, 첫 번째 문서 리스트 데이터의 첫 번째 튜플인 (0, 2)는 아이디가 0인 단어가 첫 번째 문서에서 두 번 사용됐다는 것을 의미합니다(아이디가 0인 단어는 'apple'이고 해당 단어는 첫 번째 문서에서 두 번 사용되었습니다).

이렇게 준비된 DTM에 gensim에서 제공하는 LsiModel 클래스를 적용하여 LSI 토픽 모델링을 수행합니다. 이를 위해 LsiModel 클래스의 객체를 해당 클래스의 생성자 함수를 이용해 생성합니다. 생성자 함수를 호출할 때 중요하게 지정해야 하는 인자가 세 개 있습니다. 첫 번째는 분석하고자 하는 텍스트 데이터에 대한 DTM입니다(여기서는 DTM 변수에 저장되어 있습니다). 두 번째는 num_topics 파라미터의 값입니다. num_topics 파라미터는 토픽 모델링을 이용해서 찾고자 하는 주제의 수입니다. LSI 토픽 모델링 방법에서는 찾고자 하는 주제의 수를 사용자가 직접 정해줘야 합니다. 여기서는 num_topics=2라고 설정해 보겠습니다(찾고자 하는 주제의 수를 어떻게 결정할 수 있는지는 잠시 후에 설명하겠습니다). 그리고 세 번째는 id2word 파라미터입니다. 이 파라미터의 값으로는 단어들의 아이디 정보를 담고 있는 dictionary 객체를 입력합니다.

```
model = LsiModel(DTM, num_topics=2, id2word=dictionary)
```

위의 코드를 실행하면 첫 번째 인자로 입력된 텍스트 데이터에 대한 토픽 모델링이 수행됩니다. 그 결과를 확인해 보겠습니다. 먼저, LsiModel 클래스의 print_topics() 함수를 사용해 각 주제가 각 단어와 얼마나 연관되어 있는지 확인해 보겠습니다.

```
model.print_topics()
```

결과는 다음과 같습니다. 리스트 데이터 각 원소인 튜플의 첫 번째 원소는 주제 아이디를 의미합니다.

```
[(0,
  '0.755*"apple" + 0.480*"banana" + 0.446*"orange" + -0.000*"carrot" + -0.000*"spinach" +
-0.000*"eggplant" + 0.000*"potato"'),
 (1,
'-0.664*"carrot" + -0.484*"eggplant" + -0.484*"spinach" + -0.304*"potato" + 0.000*"banana" +
-0.000*"apple" + 0.000*"orange"')]
```

앞에서 X^TX에 대한 고유벡터를 구한 결과와 동일한 결과가 나옵니다. 다만, 앞에서 구한 고유벡터와 방향이 반대로 나옵니다. 다시 말하지만, 방향은 중요하지 않습니다. print_topics() 함수는 num_words 파라미터를 갖습니다. 전체 단어 중 각 주제와 관련이 높은 상위 몇 개의 단어만 확인하고자 할 때 사용하는 파라미터입니다. 다음과 같이 사용할 수 있습니다.

```
# 각 주제와 관련이 높은 상위 k 개의 단어만 확인하기
k=3
model.print_topics(num_words=k)
```

```
[(0, '0.755*"apple" + 0.480*"banana" + 0.446*"orange"'),
 (1, '-0.664*"carrot" + -0.484*"eggplant" + -0.484*"spinach"')]
```

참고로 get_topics() 함수도 비슷한 결과를 반환하지만, 단어의 정보는 포함하지 않습니다.

```
model.get_topics()
```

```
array([[ 0.75511545,  0.48025006,  0.44627407, -0.        , -0.        , -0.        ,  0.        ],
       [-0.        ,  0.        ,  0.        , -0.66353532, -0.48352718, -0.48352718, -0.30351904]])
```

각 문서가 각 주제와 얼마나 관련이 있는지를 확인하기 위해서는 다음 코드를 사용합니다.

```
model[DTM[0]]     # DTM[0]는 첫 번째 문서를 의미합니다.
```

```
[(0, 2.917005078618542)] #첫 번째 문서가 첫 번째 주제와 갖는 관련도 정도입니다.
```

첫 번째 문서와 첫 번째 주제의 내적 값이 나옵니다. 앞에서 구한 값과 절댓값이 같은 것을 알 수 있습니다. 이 값의 절댓값이 크면 클수록 문서가 해당 주제에 대해 많이 다루고 있는 것입니다. 지금은 두 번째 주제에 대한 내적 값이 0이기 때문에 그 값이 출력되지 않았습니다.

■ LSI를 실제 데이터에 적용하기

여기서는 군집화 분석에서 사용된 15개의 신문 기사로 구성된 영어 텍스트 데이터를 사용해 LSI 토픽 모델링을 수행해 보겠습니다. 예제에 사용된 기사는 example_En_docs 폴더에 저장되어 있습니다. 관련 코드는 LSI_gensim_example.ipynb 파일을 참고하세요. 전처리하고, gensim을 이용해 DTM을 만드는 것은 앞에서 살펴본 내용과 동일하기 때문에 여기서는 생략하겠습니다. 우리가 다루는 텍스트 데이터의 신문 기사들이 다루는 주제의 수는 5라고 했습니다. 따라서 여기서 찾고자 하는 주제의 수를 5로 설정하고 LsiModel 클래스의 생성자 함수를 호출해서 토픽 모델링을 수행합니다.

```
model = LsiModel(DTM, num_topics=5, id2word=dictionary)
```

각 주제가 어떤 단어와 관련이 높은지 확인해 보겠습니다. 여기서는 관련이 높은 상위 10개의 단어만 확인해 보겠습니다.

```
model.print_topics(num_words=10)
```

```
[(0,
  '-0.450*"trump" + -0.420*"president" + -0.255*"mccain" + -0.178*"mccains" + -0.144*"john" +
-0.126*"admission" + -0.120*"week" + -0.118*"senator" + -0.116*"house" + -0.113*"trade"'),
 (1,
  '0.449*"admission" + 0.352*"student" + 0.296*"harvard" + 0.190*"college" + 0.189*"applicant" +
-0.180*"trump" + 0.179*"university" + 0.167*"case" + 0.161*"race" + 0.150*"court"'),
 (2,
  '0.275*"trade" + 0.275*"economy" + 0.244*"export" + 0.242*"china" + 0.211*"september" +
0.189*"survey" + 0.186*"order" + 0.174*"growth" + 0.168*"company" + 0.164*"month"'),
 (3,
  '-0.293*"jacksonville" + -0.248*"people" + -0.231*"williams" + -0.231*"tournament" + -0.177*"game"
+ -0.163*"victim" + -0.147*"video" + -0.133*"area" + -0.133*"hospital" + -0.131*"landing"'),
 (4,
  '-0.368*"agreement" + -0.319*"mexico" + -0.301*"canada" + -0.281*"deal" + -0.187*"negotiation" +
-0.187*"trade" + -0.166*"issue" + -0.158*"talk" + 0.156*"mccain" + -0.146*"official"')]
```

위의 결과를 보면, 첫 번째 주제는 'trump', 'president', 'mccain'이라는 단어와 상대적으로 관련이 높은 주제인 것을 알 수 있습니다. 네 번째 주제는 'jacksonville', 'people' 등과 관련이 높은 것을 알 수 있습니다.

각 문서는 어떤 주제와 관련이 높은지 확인해 보겠습니다. 다음은 첫 번째 문서에 대한 결과입니다. 절댓값이 큰 주제가 관련이 제일 높은 주제입니다. 주제 3(네 번째 주제)에 대한 값이 −17.5 정도로 절댓값이 가장 큰 것을 알 수 있습니다. 즉, 첫 번째 문서는 네 번째 주제와 관련이 제일 높은 것입니다. 위의 결과를 확인해 보면 네 번째 주제는 'jacksonville', 'people', 'tournament', 'williams' 등의 단어와 관련이 높은 주제입니다.

```
model[DTM[0]]
```

```
[(0, -5.010340723721413),
 (1, 1.9889856978513853),
 (2, 3.2091776041683833),
 (3, -17.513347297018426),
 (4, -1.7555975726161503)]
```

example_En_docs 폴더에 저장된 첫 번째 파일의 내용을 살펴보겠습니다(여러분도 직접 한번 해당 파일의 내용을 확인해 보세요). 해당 신문 기사를 보면 'jacksonville', 'tournament', 'game' 등의 단어가 자주 등장하는 것을 확인할 수 있습니다.

두 번째 신문 기사에 대한 결과를 확인해 보겠습니다. 첫 번째 신문 기사와 마찬가지로 네 번째 주제와의 관계가 가장 큰 것으로 나왔습니다. 두 신문 기사는 동일한 주제를 다루고 있기 때문에 결과가 제대로 나온 것으로 해석할 수 있습니다.

```
model[DTM[1]]
```

```
[(0, -6.396194084941487),
 (1, 1.5227026892174982),
 (2, 2.8191051872486597),
 (3, -18.82765710924198),
 (4, -1.3939499564797027)]
```

나머지 신문 기사에 대해서도 직접 확인해 보기를 바랍니다.

12.1.2.2 찾고자 하는 주제의 수 정하기

LSI나 이후에 다루는 LDA 기반 토픽 모델링의 경우, 찾고자 하는 주제의 수를 사용자가 직접 지정해야 합니다. 여기서는 LSI에서 주제의 수를 찾기 위해 주로 사용되는 지표에 대해 살펴보겠습니다.

LSI의 경우 일반적으로 응집도(Coherence) 지표를 사용하여 찾고자 하는 주제의 수를 결정합니다. 응집도 지표에는 여러 종류가 존재하지만, 여기서는 일반적으로 많이 사용되는 'u_mass'와 'c_v'에 대해 설명하겠습니다.

'u_mass' 지표는 밈노 등(2011)의 논문에서 제안된 방법입니다[104]. 특정 주제 t의 응집도는 다음과 같이 계산됩니다.

$$C(t;\ V^{(t)}) = \sum_{m=2}^{M} \sum_{l=1}^{m-1} \log \frac{D(v_m^{(t)},\ v_l^{(t)}) + 1}{D(v_l^{(t)})}$$

여기서 $V^{(t)} = (v_1^{(t)},\ v_2^{(t)},\ \cdots,\ v_M^{(t)})$는 주제 t와 관련이 높은 상위 M 개의 단어들을 의미합니다(어떤 단어가 특정 주제와 관련이 높은지는 앞에서 본 것처럼 토픽 모델링의 결과로 얻을 수 있습니다). $D(v)$는 단어 v가 (적어도 한 번 이상 사용된) 문서의 수를, $D(v,\ v')$는 단어 v와 단어 v'가 공동으로 사용된 문서의 수를 의미합니다. $C(t;\ V^{(t)})$의 값은 특정 주제와 관련이 높은 단어들이 함께 사용된 문서의 수가 많을수록 그 값이 커집니다.

---

104 Mimno, D., Wallach, H., Talley, E., Leenders, M., & McCallum, A. (2011, July). Optimizing semantic coherence in topic models. In Proceedings of the 2011 conference on empirical methods in natural language processing (pp. 262–272).

'c_v' 지표는 바우마(2009)에 의해 제안된 정규화된 PMI(Normalized Pointwise Mutual Information, NPMI)를 기반으로 합니다.[105] 이는 각 주제와 관련이 높은 상위 단어 간의 응집도를 의미합니다. 특정 주제와 관련이 높은 두 개의 단어 w_i, w_j에 대해서 NPMI는 다음과 같이 정의됩니다.

$$\mathrm{NPMI}(w_i,\ w_j) = \frac{\ln\dfrac{\mathrm{P}(w_i,\ w_j)+\epsilon}{\mathrm{P}(w_i)\mathrm{P}(w_j)}}{-\ln\mathrm{P}(w_i,\ w_j)}$$

여기서 P(w_i)는 단어 w_i의 확률로 간단하게 전체 문서 중에서 단어 w_i가 사용된 문서의 비중으로 계산될 수 있습니다. 그리고 P(w_i, w_j)는 전체 문서 중에서 두 단어 w_i, w_j가 함께 사용된 문서의 비중으로 계산될 수 있습니다. 따라서 두 단어가 함께 사용된 문서의 수가 많을수록 NPMI(w_i, w_j)의 값이 커집니다.

여기서는 gensim을 이용해 각 지표에 해당하는 응집도를 이용해 주제의 수를 찾아보겠습니다. 이를 위해 gensim에서 제공하는 CoherenceModel 클래스를 사용합니다. 관련 코드는 LSI_gensim_example. ipynb 파일을 참고하세요.

```
from gensim.models import CoherenceModel
```

적절한 주제의 수를 찾기 위해, 찾고자 하는 주제의 수를 달리하면서 각 경우에 대한 응집도의 값이 어떻게 되는지를 확인하고 응집도의 값이 제일 큰 경우의 주제를 선택하면 됩니다. 먼저 'u_mass' 지표를 사용해 보겠습니다. 앞의 예제 데이터에 대해 주제의 수를 1부터 10까지 변경해 가면서 각 주제의 수에 대한 'u_mass' 응집도를 계산한 다음 시각화해 보겠습니다. 특정 주제 수에 대한 'u_mass' 지표의 값을 계산하기 위해서는 먼저 CoherenceModel 클래스의 객체를 생성자 함수를 이용해 만들어야 합니다.

다음과 같이 코딩합니다.

```
start = 1
limit = 11
step = 1
coherence_values_umass = []
for num_topics in range(start, limit, step):
    lsi_model = LsiModel(DTM, num_topics=num_topics, id2word=dictionary)
    coherencemodel = CoherenceModel(
        model=lsi_model, corpus=DTM, dictionary=dictionary, coherence='u_mass', topn=10
    )
    coherence_values_umass.append(coherencemodel.get_coherence())
```

---

[105] Bouma, G. (2009). Normalized (pointwise) mutual information in collocation extraction. Proceedings of GSCL, 30, 31-40.

for 구문의 바디를 살펴보겠습니다. CoherenceModel 클래스의 생성자 함수는 첫 번째 파라미터인 model의 값으로 응집도 값을 계산할 때 사용하고자 하는 LsiModel 클래스의 객체를 입력받습니다. 이를 위해 특정 주제의 수에 대한 LsiModel 클래스의 객체를 먼저 생성합니다. LsiModel 클래스 생성자 함수가 갖는 num_topics 파라미터의 값을 찾고자 하는 주제의 수로 설정하고 객체를 생성합니다. CoherenceModel 클래스 생성자 함수가 갖는 다른 파라미터의 값을 설정합니다. corpus 파라미터의 값으로는 앞에서 생성한 DTM을 입력합니다. dictionary 파라미터의 값으로는 앞에서 생성한 Dictionary 클래스의 객체(즉, dictionary)를 입력합니다. coherence 파라미터의 값으로 사용하고자 하는 응집도 지표, 여기서는 'u_mass'를 입력합니다. 마지막으로 topn 파라미터의 값을 지정해 줍니다. 이는 'u_mass' 지표를 계산할 때 사용되는 각 주제와 관련이 높은 상위 n 개의 단어에 대한 파라미터입니다. 이 값을 달리하면서 결과를 확인하는 것이 필요합니다. 여기서는 값으로 10을 사용해 보겠습니다. 각 주제의 수에 대한 'u_mass' 응집도 값을 CoherenceModel 클래스의 get_coherence() 함수를 이용해 추출하고, 그 값을 coherence_values_umass 리스트 변수에 순차적으로 저장합니다. coherence_values_umass에 저장된 결과를 다음과 같이 시각화해 보겠습니다.

```python
import matplotlib.pyplot as plt

limit=limit; start=start; step=step;
x = range(start, limit, step)
plt.plot(x, coherence_values_umass)
plt.xlabel("Num Topics")
plt.ylabel("Coherence score: u mass")
plt.legend(("coherence_values"), loc='best')
plt.show()
```

그림 12.2의 결과가 나옵니다.

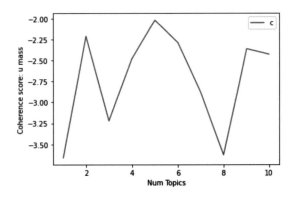

그림 12.2 주제 수에 따른 응집도 u_mass 값

그림 12.2를 보면 주제의 수가 5인 경우에 그 값이 제일 큰 것을 알 수가 있습니다.

이번에는 'c_v' 지표의 값을 확인해 보겠습니다. 여기서도 주제의 수를 1에서 10까지 변경하면서 각 경우의 값을 계산해 보겠습니다. 사용하는 방식은 앞에서 설명한 'u_mass' 지표의 경우와 거의 유사합니다. 다만 CoherenceModel 클래스 생성자 함수에 입력되는 인자의 값이 약간 다릅니다. 다음과 같이 코딩합니다. 여기서는 topn의 값을 30으로 지정했습니다. 각자 topn의 결과를 변경해 가면서 결과를 확인해 보세요.

```
coherence_values_cv = []
for num_topics in range(start, limit, step):
    lsi_model = LsiModel(DTM, num_topics=num_topics, id2word=dictionary)
    coherencemodel = CoherenceModel(
        model=lsi_model, corpus=DTM, texts=docs_nouns, dictionary=dictionary,
        coherence='c_v', topn=30
    )
    coherence_values_cv.append(coherencemodel.get_coherence())
```

'c_v' 지표를 사용하는 경우에는 coherence 파라미터의 값을 'c_v'로 지정해야 합니다. 추가적으로 texts 파라미터의 값으로 각 문서가 문서에서 사용된 단어를 원소로 하는 리스트 데이터로 저장된 텍스트 데이터를 입력합니다(여기서는 docs_nouns 변수에 그러한 데이터가 저장되어 있습니다).

coherence_values_cv 변수에 저장된 결과를 다음과 같이 시각화해 보겠습니다.

```
x = range(start, limit, step)
limit=limit; start=start; step=step;
plt.plot(x, coherence_values_cv)
plt.xlabel("Num Topics")
plt.ylabel("Coherence score")
plt.legend(("coherence_values"), loc='best')
plt.show()
```

결과는 그림 12.3과 같습니다.

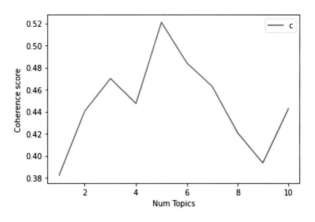

그림 12.3 주제 수에 따른 응집도 c_v 값

그림 12.3을 보면 주제의 수가 5인 경우에 그 값이 제일 큰 것을 확인할 수 있습니다.

참고 **주제의 수 정하기**

앞에서 살펴본 응집도의 값이 최적의 주제 수를 찾는 데 있어 절대적 기준이 되지는 않습니다. 응집도의 값이 정확하지 않은 경우도 있기 때문에 응집도 값만을 토대로 찾고자 하는 주제의 수를 정하기보다는 여러분이 갖고 있는 데이터에 대한 이해와 LSI 토픽 모델링을 수행하고 도출된 결과의 타당성(즉, 얼마나 말이 되는지)을 토대로 찾고자 하는 주제의 수를 정하는 것이 더 바람직합니다.

12.2 LDA

이번 섹션에서는 LSI보다 사용빈도가 높은 확률 기반의 토픽 모델링 방법인 LDA(Latent Dirichlet Allocation)에 대해 살펴보겠습니다. LDA를 이해하기 위해서는 기본적으로 LDA에서 사용되는 확률 분포에 대해 알아야 합니다. 이를 위해 LDA에서 중요한 역할을 하는 디리클레(Dirichlet) 확률 분포와 다항(Multinomial) 확률 분포에 대해 먼저 알아보겠습니다.

12.2.1 디리클레 분포

디리클레 분포(Dirichlet distribution)는 베타(Beta) 분포의 일반화된 형태이기 때문에, 디리클레 분포에 대한 이해를 쉽게 하기 위해 베타 분포를 먼저 살펴보겠습니다.

12.2.1.1 베타 분포

베타 분포(Beta distribution)는 0과 1 사이의 값을 갖는 **하나의 연속변수에 대한 확률 분포**입니다(여기서는 해당 연속변수를 X라고 표현하겠습니다). 0과 1 사이의 값을 갖는 변수는 일반적으로 확률을 의미하기 때문에 베타 분포는 확률 값을 취하는 연속변수에 대한 확률 분포라고 생각할 수 있습니다. 베타 분포의 형태는 두 개의 파라미터에 의해 결정됩니다. 보통 α, β로 표현됩니다. 베타 확률 분포의 확률밀도함수(probability density function)는 다음과 같습니다.

$$p(x;\ \alpha,\ \beta)=beta(x;\ \alpha,\ \beta)=\frac{x^{(\alpha-1)}(1-x)^{(\beta-1)}}{B(\alpha,\ \beta)}$$

여기서 $B(\alpha, \beta)$는 다음과 같습니다.

$$B(\alpha,\ \beta)=\frac{\Gamma(\alpha)\Gamma(\beta)}{\Gamma(\alpha+\beta)}$$

위 식에서 $\Gamma()$는 감마 함수입니다. 감마 함수는 다음과 같이 정의됩니다.

$$\Gamma(z)=\int_0^\infty x^{z-1}\exp(-x)dx$$

감마함수는 $\Gamma(z)=\Gamma(z-1)\cdot(z-1)$의 특성을 갖습니다.

베타 분포는 파라미터인 α, β의 값에 따라 그림 12.4와 같은 다양한 형태를 갖습니다.

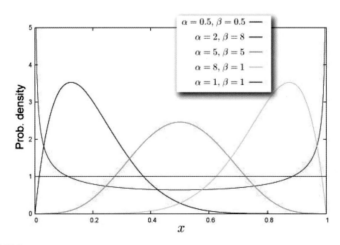

그림 12.4 베타 분포의 형태

그림 12.4에서 볼 수 있는 것처럼 α와 β 값에 따라 변수 X가 1에 가까운 값을 취할 확률이 더 큰지, 반대로 0에 가까운 값을 취할 확률이 더 큰지가 결정됩니다. α 값이 β 값보다 상대적으로 더 큰 경우에는 변수가 1에 가까운 값을 취할 확률이 더 커집니다(노란색 선). 반대로 β 값이 α 값보다 상대적으로 더 큰 경우에는 변수가 0에 가까운 값을 가질 확률이 더 커집니다(파란색 선). 디리클레 분포에서도 분포의 형태를 결정하는 파라미터들이 이러한 역할을 합니다. α와 β 값이 동일한 경우에는 좌우가 대칭인 분포의 형태가 됩니다. $\alpha=\beta=1$인 경우에는 균등(Uniform) 분포, U(0, 1)과 같은 형태가 됩니다. α와 β 값 모두 증가할수록 X = 0.5일 확률이 증가하는 대칭 분포가 됩니다. α와 β 값이 1보다 작은 경우에는 0 또는 1에 가까운 값을 가질 확률이 커지게 됩니다(빨간색 선). 이러한 파라미터 값은 베타 분포의 일반화 버전인 디리클레 분포에서도 유사한 역할을 합니다.

12.2.1.2 디리클레 분포

디리클레 분포는 베타 분포를 일반화한 것이라고 생각할 수 있습니다. 즉, [0,1] 사이의 값을 취하는 여러 개(두 개 이상)의 연속변수에 대한 확률 분포입니다. 예를 들어 0~1 사이의 값을 갖는 k 개의 연속변수가 있다고 가정합니다. 이러한 변수를 X_1, X_2, $\cdots$, X_k라고 표현하면, 디리클레 분포는 $(X_1, X_2, \cdots, X_k)$에 대한 확률 분포, 즉 $P(X_1=p_1, X_2=p_2, \cdots, X_k=p_k)$가 됩니다. p_i는 0과 1 사이의 값을 갖고 각 변수가 취하는 값의 합은 1이 되어야 합니다. 즉,

$$\sum_{i=1}^{k} p_i = 1$$

을 만족해야 합니다.

디리클레 분포의 확률밀도함수는 다음과 같습니다.

$$\frac{1}{B(\alpha)}\prod_{i=1}^{k} p_i^{\alpha_i-1}$$

여기서 $B(\alpha)$는 다음과 같이 정의됩니다.

$$B(\alpha)=\frac{\prod_{i=1}^{k}\Gamma(\alpha_i)}{\Gamma(\sum_{i=1}^{k}\alpha_i)}$$

그리고 $\alpha=(\alpha_1, \alpha_2, \cdots, \alpha_k)$입니다.

디리클레 분포의 형태는 파라미터 벡터인 α에 의해 결정됩니다. 벡터 α는 원소의 개수가 k 개인 벡터이고(변수의 수와 동일합니다), 각 원소가 해당 디리클레 분포의 형태를 결정하는 파라미터가 됩니다. 여기에서 α의 원소인 α_1, α_2, $\cdots$, α_k는 베타 분포에서의 α, β와 유사한 역할을 한다고 생각할 수 있습니다. 디리클레 분포에서는 α_j의 값이 커질수록 확률분포에서 갖는 X_j 변수의 비중이 더 커집니다. 그리고 $\alpha_1 = \alpha_2 = \cdots = \alpha_k$인 경우 각 방향이 서로 대칭인 확률 분포를 갖게 됩니다. 그 값들이 클수록 가운데가 볼록한 형태가 됩니다(그림 12.5에서는 진한 색으로 표현되었습니다). 그림 12.5는 변수가 세 개인 경우를 보여줍니다.

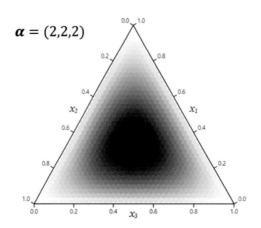

그림 12.5 $\alpha = (2, 2, 2)$인 경우 디리클레 분포의 형태

이 경우, 각 변수의 주변 확률밀도함수는 그림 12.6과 같습니다.

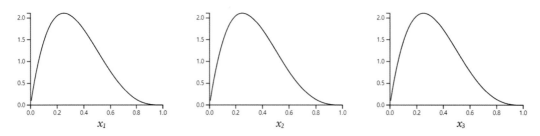

그림 12.6 $\alpha = (2, 2, 2)$인 경우 각 변수의 주변 확률밀도함수의 형태

이번에는 각 원소의 값은 동일하지만, 각 값이 1보다 작은 경우를 살펴보겠습니다(베타 분포와 비교해서 살펴보기를 권장합니다). 그림 12.7은 $\alpha = (0.8, 0.8, 0.8)$인 경우를 보여줍니다. 확률분포가 각 변수에 대해 대칭 형태이기는 하지만, 가장자리 부분의 밀도가 가운데 부분보다 더 높은 형태인 것을 확인할 수 있습니다.

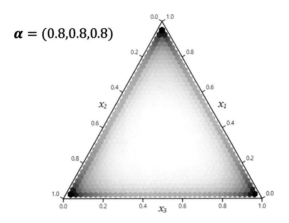

그림 12.7 $\alpha = (0.8, 0.8, 0.8)$인 경우 디리클레 분포의 형태

이 경우, 각 변수의 주변 확률밀도함수는 그림 12.8과 같습니다.

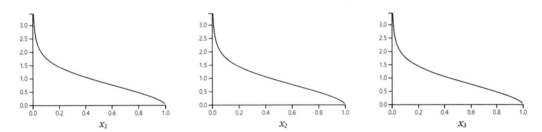

그림 12.8 $\alpha = (0.8, 0.8, 0.8)$인 경우 각 변수의 주변 확률밀도함수의 형태

이번에는 원소의 값이 서로 다른 경우를 살펴보겠습니다. 그림 12.9는 $\alpha = (2, 5, 10)$인 경우를 보여줍니다. 원소의 값이 큰 변수쪽으로 확률분포가 더 많이 치우친 것을 확인할 수 있습니다.

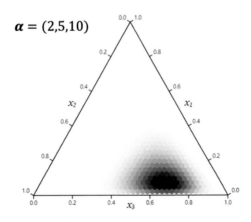

그림 12.9 $\alpha = (2, 5, 10)$인 경우 디리클레 분포의 형태

이러한 경우, 각 변수의 주변 확률밀도함수는 그림 12.10과 같습니다.

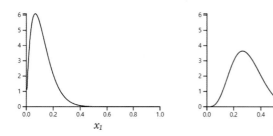 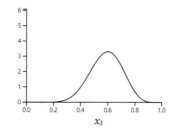

그림 12.10 $\alpha = (2, 5, 10)$인 경우 각 변수의 주변 확률밀도함수의 형태

12.2.2 다항 분포

LDA를 이해하기 위해 알아야 하는 분포가 하나 더 있습니다. 바로 다항 분포(Multinomial distribution) 입니다. 다항 분포에 대해서는 11.2.2절에서 설명했기 때문에 여기서는 추가로 설명하지 않겠습니다. 다 항 분포가 익숙하지 않은 독자는 11.2.2절을 참고하기 바랍니다.

다항 분포의 확률질량함수는 다음과 같이 정의됩니다.

$$P(X_1 = x_1, \cdots, X_K = x_K) = \frac{n!}{x_1! \cdots x_K!} p_1^{x_1} \cdots p_K^{x_K}$$

위 식에서 X_j는 시행을 n번 수행했을 때 j의 값이 나오는 횟수를 값으로 하는 변수입니다. p_j는 해당 시행 을 한 번 수행했을 때 결과로 j가 나올 확률을 나타냅니다.

다항 분포의 형태를 결정하는 파라미터에는 n과 $p_1, p_2, \cdots, p_K$가 있습니다. 여기에서 $p_1, p_2, \cdots, p_K$가 디리클레 분포를 따르는 또 다른 변수라고 생각할 수 있습니다. 따라서 디리클레 분포와 다항 분포가 크게 관련이 있는 것입니다. 베이지안 추론에서는 디리클레 분포를 다항 분포의 켤레 사전(conjugate prior) 분포라고 합니다.[106] 이는 다항분포와 디리클레 분포의 곱하기의 형태는 디리클레 분포와 동일한 형태가 된다는 것을 의미합니다. LDA에서는 두 분포가 갖는 이러한 관계를 이용합니다. 참고로 다항 분포에서 시 행이 1인 경우(즉, $n=1$인 경우)의 분포를 카테고리 분포(Categorical distribution)라고 합니다.

---

[106] 베이지안 추론에 대한 구체적인 설명은 '부록 D. 베이지안 추론' 부분을 참고하세요.

12.2.3 LDA의 이해

지금까지 LDA 알고리즘을 이해하는 데 필요한 기본적인 확률 분포 개념에 대해 살펴봤습니다. 이를 토대로 이제 LDA 알고리즘이 어떻게 작동되는지 설명해 보겠습니다. LDA는 확률적 생성 모형입니다. 즉, 우리가 관측한 혹은 수집한 텍스트 데이터에 존재하는 문서가 특정한 확률 분포를 통해서 생성됐다고 가정합니다. LDA는 이러한 확률 분포로 서로 다른 두 종류의 확률 분포를 사용합니다. 하나는 문서별 주제 분포이고, 다른 하나는 주제별 단어 분포입니다. 둘 모두 디리클레 분포입니다.

12.2.3.1 LDA에서 사용되는 확률 분포의 종류

■ 분포 1: 문서별 주제 분포

첫 번째 종류의 확률 분포는 문서별 주제 분포가 됩니다. 각 문서별로 주제 분포를 갖습니다. 해당 분포가 갖는 구체적 값은 디리클레 분포를 통해 결정합니다. 즉, 문서별 주제 분포는 디리클레 분포 자체를 의미하는 것이 아니라 디리클레 분포를 통해 생성된 특정한 확률값을 갖는 하나의 벡터라고 생각하는 것이 더 적절합니다.

전체 주제의 수가 K일 때 특정 주제 k가 특정 문서 d에서 다뤄질 확률은 $p_{k,d}$로 표현하겠습니다. 즉, $p_{k,d}$는 문서 d에서 주제 k가 다뤄지는 정도를 의미합니다. 주제 k가 문서 d에서 다뤄지는 비중이 클수록 $p_{k,d}$ 값이 커집니다. 그리고 K 개의 주제에 대해 다음 식이 만족해야 합니다.

$$\sum_{i=1}^{K} p_{i,d} = 1$$

예를 들어, 문서의 수 = 2이고 각 문서에서 다뤄지는 주제가 3개(Sports, Health, Science)라고 가정하겠습니다. 이 경우, 각 문서별 주제 분포는 그림 12.11과 같이 각 주제의 확률을 나타내는 디리클레 분포 위의 한 점으로 표현할 수 있습니다. 예를 들어, 문서1에 대한 주제 분포는 (Science=0.7, Health=0.14, Sports=0.16)이고, 각 주제 확률의 합이 1이 되는 것을 알 수 있습니다. 문서1에 대해서는 Science 주제의 확률이 제일 크기 때문에 해당 문서에서는 Science 주제가 제일 많이 다뤄진다는 것을 의미합니다(그리고 그 비중은 70%입니다).

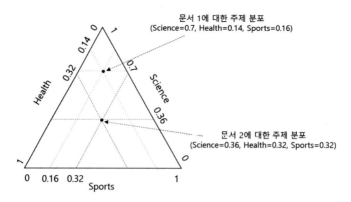

그림 12.11 문서별 주제 분포 생성을 위해 사용되는 디리클레 분포의 예

데이터에 존재하는 각 문서는 문서에서 다뤄지는 각 주제의 확률값에 따라 위와 같은 디리클레 분포 위의 한 점으로 표현할 수 있습니다. 하지만 데이터 분석을 하기 전에는 각 문서가 위와 같은 디리클레 분포 위의 어느 위치에 존재하는지 알 수 없습니다. **LDA 알고리즘을 데이터에 적용해 각 문서에 대한 주제 분포의 구체적인 값을 도출합니다.**

■ **분포 2: 주제별 단어 분포**

두 번째 종류의 확률 분포는 주제별 단어 분포입니다. 주제별로 단어 분포를 하나씩 가집니다. 이 분포는 각 단어가 특정한 주제와 얼마나 관련이 있는지를 나타냅니다. 특정 단어 j가 특정 주제 k와 관련이 있는 정도를 $p_{j,k}$라고 표현할 수 있습니다. 단어가 갖는 확률이 높을수록 그 주제와 관련이 높은 단어입니다. 그리고 텍스트 데이터에서 사용된 총 단어의 수가 N 개인 경우 특정 주제 k에 대해 다음 식을 만족합니다.

$$\sum_{i=1}^{N} p_{i,k} = 1$$

주제마다 고유한 단어 분포를 가지고 있습니다. 하지만 이러한 주제별 단어 분포가 하나의 디리클레 분포 자체를 의미하지 않습니다. 디리클레 분포를 이용해 생성되는 $p_{j,k}$ 값으로 구성된 하나의 벡터로 간주하는 것이 더 적합합니다.

예를 들어 보겠습니다. 전체 텍스트 데이터에서 사용된 단어의 수가 3이고(apple, banana, carrot), 해당 텍스트 데이터에서 다뤄지는 주제의 수가 2라고 가정할 경우, 그림 12.12와 같은 디리클레 분포를 사용할 수 있습니다. 그림 12.12에서의 주제 1에 대한 단어 분포는 (apple=0.26, banana=0.6, carrot=0.14)입니다. 이는 apple이 26% 정도 주제 1과 관련이 있고, banana는 60%, carrot은 14% 정도 관련이 있다는 것을 의미합니다. 즉, 주제 1과 관련이 제일 높은 단어는 banana입니다. 주제 2에 대한 단어 분포는 (apple=0.54, banana=0.1, carrot=0.32)이고 주제 2의 경우 apple 단어와 관련이 제일 높습니다.

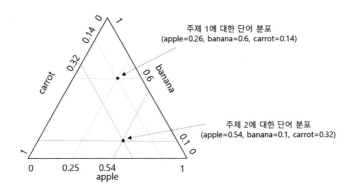

그림 12.12 주제별 단어 분포 생성을 위해 사용되는 디리클레 분포의 예

각 주제별 단어 분포의 구체적인 값은 LDA 알고리즘을 데이터에 적용하여 계산합니다.

LDA는 이러한 두 가지 종류의 확률 분포를 통해 **특정 문서에서 사용되는 각 단어가 선택됐다고(혹은 생성됐다고) 가정**합니다(그리고 그러한 과정을 반복적으로 거쳐 우리가 갖고 있는 전체 텍스트 데이터가 생성됐다고 가정합니다). 그래서 LDA를 확률적 생성 모형이라고도 합니다. 그리고 우리가 가지고 있는 텍스트 데이터의 각 문서에 출현한 단어들의 횟수 정보를 사용하여 역으로 텍스트 데이터를 가장 잘 설명하는 이 두 종류의 분포의 구체적인 형태를 추정하게 됩니다. 즉, 각 문서별 주제 분포와 각 주제별 단어 분포의 구체적인 확률값을 추정하게 되는 것입니다.

12.2.3.2 특정 단어(단어 n) 생성 순서

LDA에서는 다음과 같은 순서로 특정 문서(문서 d라고 하겠습니다)에서 특정 단어(단어 n이라고 하겠습니다)가 선택되어 사용되었다고 가정합니다.[107]

1. 문서 d에 대한 주제 분포, θ_d를 선택합니다. θ_d는 디리클레 분포를 따릅니다(즉, $\theta_d \sim Dir(\alpha)$).

   * 여기서 θ_d는 각 주제가 문서 d에서 다뤄지는 비중에 대한 확률값을 원소로 갖는 벡터라고 생각할 수 있습니다. 전체 주제의 수가 K일 때, θ_d는 K 개의 원소를 갖습니다. 그리고 각 원소의 값은 $Dir(\alpha)$에 의해 결정됩니다.

---

107 LDA의 원 논문은 Blei, D. M., Ng, A. Y., & Jordan, M. I. (2003). Latent dirichlet allocation. Journal of machine Learning research, 3(Jan), 993–1022입니다. 하지만 조금 더 쉽게 설명된 논문으로 Blei, D. M. (2012). Probabilistic topic models. Communications of the ACM, 55(4), 77–84가 있습니다.

** 여기서 α는 해당 디리클레 분포의 형태를 결정하는 파라미터 벡터로, 원소의 수는 주제의 수와 같습니다(즉, $\alpha=(\alpha_1, \alpha_2, \cdots, \alpha_K)$). 이는 디리클레 분포에 대한 사용자의 사전 믿음(prior belief)을 반영합니다(실제 데이터 분석에서는 이 파라미터들은 하이퍼파라미터로 그 값을 사용자가 직접 정해줘야 합니다. 이와 관련해서는 12.2.4절에서 다룹니다).

2. 위의 주제 분포(θ_d)에 대해 단어 n은 다음과 같은 순서를 통해 선택됩니다.

   2.1 주제 할당(topic assignment): 단어 n의 주제를 선택합니다.

   단어 n의 주제를 할당하기 위해 LDA 모형은 잠재변수(어떤 값을 취하는지가 직접 관찰되지 않는 변수를 의미합니다)를 사용합니다. 해당 잠재변수는 $Z_{d,n}$으로 표기되고, 이는 문서 d에 존재하는 단어 n의 주제를 의미하는 변수입니다. 해당 잠재변수는 카테고리 분포를 따릅니다(앞에서 설명한 것처럼, 카테코리 분포는 시행의 횟수가 1인 다항 분포를 의미합니다). 즉, 다음과 같이 표현됩니다.

$$Z_{d,n} \sim Cat(\theta_d)$$

   K 개의 주제가 있다면 $Z_{d,n}$이 취할 수 있는 값은 0, 1, $\cdots$, K$-$1이 되고, 각 값을 취할 확률이 θ_d, 즉 문서 d의 주제 분포에 의해 결정됩니다. 여기서 $Z_{d,n}=j$가 선택된다면, 단어 n의 주제는 j가 되는 것입니다. $P(Z_{d,n}=j)=p_{j,d}$는 문서 d에서의 주제 j의 확률을 의미합니다.

   2.2 해당 주제에 대한 주제별 단어 분포를 선택합니다.

   단어 n의 주제가 선택된 후에는 해당 주제에 대한 단어 분포를 선택합니다. 주제 j가 선택된 경우(즉, $Z_{d,n}=j$)에는 주제 j에 대한 단어 분포를 선택합니다. 이 분포는 텍스트 데이터에 존재하는 각 단어가 주제 j와 관련된 정도를 나타내는 확률 분포가 됩니다. 이 주제 j의 단어 분포를 β_j라고 표현하겠습니다(β_j는 원소의 수가 전체 단어의 수와 동일한 하나의 벡터라고 간주될 수 있습니다). 이는 또 다른 디리클레 분포를 따릅니다. 다음과 같이 표현됩니다.

$$\beta_j \sim Dir(\eta)$$

   여기서 η는 해당 디리클레 분포의 형태를 결정하는 파라미터 벡터로, 원소의 수는 전체 단어의 수와 같습니다. 텍스트 데이터에서 사용된 전체 단어의 수가 N이라면, $\eta=(\eta_1, \eta_2, \cdots, \eta_N)$이 됩니다. η도 앞에서 다룬 α와 마찬가지로, 디리클레 분포에 대한 사용자의 사전 믿음(prior belief)을 반영하는 하이퍼파라미터로 그 값을 사용자가 직접 정해줍니다.

   2.3 해당 주제별 단어 분포로부터 단어 n을 선택합니다.

   마지막으로 또 다른 카테고리 분포에서 단어 n을 선택합니다. 이 카테고리 분포의 파라미터는 β_j입니다. 즉, 다음과 같이 표현됩니다. 이는 단어 n이 선택될 확률이 β_j에 의해 결정된다는 것입니다.

$$word_n \sim Cat(\beta_j)$$

   일반적으로 관련 논문들에서는 $Cat(\beta_j)$에서 단어 n(즉, W_n)이 선택될 확률을 $P(W_n|Z_{d,n}, \beta_j)$와 같은 조건부 확률로 나타냅니다. $P(W_n|Z_{d,n}, \beta_j)$는 단어 n이 선택될 확률이 해당 단어의 주제(즉, $Z_{d,n}$)와 해당 주제의 단어 분포(즉,

β_j)에 의해 영향을 받는다는 것을 뜻합니다. 그리고 $Z_{d,n}$이 어떤 값을 취하는지는 문서별 주제 분포인 θ_d에 의해 결정됩니다.

블레이의 논문(Blei, 2012)[108]에서는 이러한 단어 생성 과정을 그림 12.13과 같은 그래프 모형으로 표현하기도 했습니다.

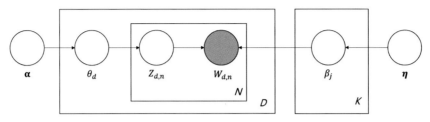

그림 12.13 단어 생성 과정

그림 12.13에서 N은 텍스트 데이터에 있는 전체 단어의 수이며, D는 전체 문서의 수, 그리고 K는 전체 주제의 수가 됩니다. 그림 12.13의 과정을 확률로 표현하면 다음과 같습니다.

$$p(\beta_{1:K}, \ \theta_{1:D}, \ z_{1:D}, \ w_{1:D})$$
$$= \prod_{i=1}^{K} p(\beta_i) \prod_{d=1}^{D} p(\theta_d) \left\{ \prod_{n=1}^{N} p(z_{d,n}|\theta_d) p(w_{d,n}|\beta_{1:K}, \ z_{d,n}) \right\}$$

위 식에서 $\prod_{n=1}^{N} p(z_{d,n}|\theta_d) p(w_{d,n}|\beta_{1:K}, \ z_{d,n})$은 앞에서 설명한 단어 생성 과정에 해당하는 의존 관계(dependency)를 보여줍니다. $p(z_{d,n}|\theta_d)$는 문서 d에 존재하는 단어 n의 주제가 선택될 확률은 해당 문서의 주제 분포(θ_d)에 영향을 받는다는 것을 의미하고, $p(w_{d,n}|\beta_{1:K}, \ z_{d,n})$는 문서 d에서 단어 n이 사용되는 확률은 선택된 단어 n의 주제(즉, $z_{d,n}$)와 해당 주제의 단어 분포($\beta_{1:K}$)에 의해 영향을 받는다는 것을 의미합니다. 주제별 단어 분포(β_i)와 문서별 주제 분포(θ_d)는 주어진 상황이라고 생각할 수 있습니다.

12.2.3.3 문서별 주제 분포와 주제별 단어 분포의 구체적인 값 계산하기

LDA 알고리즘은 이러한 과정을 거쳐 문서 데이터가 생성됐다고 가정하고, 역으로 우리가 가지고 있는 텍스트 데이터를 가장 잘 설명하는 두 종류의 분포를 찾습니다. 즉, 각 문서의 주제 분포(θ_d)와 각 주제의 단어 분포(β_j)의 구체적인 형태, 즉 각 원소의 구체적인 값을 도출합니다. 이를 위해서는

---

108 Blei, D. M. (2012). Probabilistic topic models. Communications of the ACM, 55(4), 77–84

$$p(\beta_{1:K},\ \theta_{1:D},\ z_{1:D}|w_{1:D})$$

의 형태를 알아야 합니다. $p(\beta_{1:K},\ \theta_{1:D},\ z_{1:D}|w_{1:D})$는 관찰된 문서에서 사용된 단어 데이터(즉, $w_{1:D}$)를 기반으로 했을 때 $\beta_{1:K},\ \theta_{1:D},\ z_{1:D}$의 확률 분포를 의미합니다. 이를 계산하기 위해 베이지안 추론 방법을 사용합니다. 베이즈 공식에 의하면 $p(\beta_{1:K},\ \theta_{1:D},\ z_{1:D}|w_{1:D})$는 다음과 같이 표현됩니다.

$$p(\beta_{1:K},\ \theta_{1:D},\ z_{1:D}|w_{1:D})$$
$$=\frac{p(\beta_{1:K},\ \theta_{1:D},\ z_{1:D},\ w_{1:D})}{p(w_{1:D})}$$

$\dfrac{p(\beta_{1:K},\ \theta_{1:D},\ z_{1:D},\ w_{1:D})}{p(w_{1:D})}$를 사용해 $p(\beta_{1:K},\ \theta_{1:D},\ z_{1:D}|w_{1:D})$의 형태를 파악해야 하는 것입니다.

참고 ✅ **베이지안 추론(Bayesian inference)**[109]

베이지안 추론은 우리가 가지고 있는 데이터를 근거로 하여 해당 데이터를 생산하는 데 사용된 확률 분포의 파라미터 값을 추론하는 방법을 말합니다. 이를 위해 베이즈 공식(Bayes' rule)을 사용합니다.

베이즈 공식은 다음과 같이 조건부 확률을 기반으로 합니다. $P(\theta|y)$가 의미하는 것은 y가 발생했다는 조건에서 θ가 발생할 확률을 의미합니다.

$$P(\theta|y)=\frac{P(y|\theta)P(\theta)}{P(y)}=\frac{P(y|\theta)P(\theta)}{\sum_{\theta}P(y,\ \theta)}=\frac{P(y|\theta)P(\theta)}{\sum_{\theta}P(y|\theta)P(\theta)}$$

여기서 θ는 우리가 궁금해하는 파라미터이고 y는 우리가 현재 가지고 있는(θ에 영향을 받아 생성된) 데이터를 의미합니다. 위 식에서 $P(\theta|y)$는 θ의 사후분포(Posterior distribution), $P(y|\theta)$는 (θ에 영향을 받는) 우리가 가지고 있는 데이터의 확률(즉, 우도, Likelihood), $P(\theta)$는 θ의 사전확률(Prior distribution), 그리고 $P(y)$는 데이터의 확률(증거, evidence)이라고 표현합니다. $P(y)$는 $P(\theta|y)$가 확률 분포가 될 수 있게 전체의 합 = 1로 만들어주는 역할을 합니다(이를 normalizing factor라고 합니다). θ가 연속변수인 경우에는 $P(y)=\int P(y|\theta)P(\theta)d\theta$입니다.

LDA에서 우리가 계산해야 하는 것은 $\beta_{1:K},\ \theta_{1:D},\ z_{1:D}$입니다. 이들의 구체적인 형태를 추론하기 위해 현재 가지고 있는 데이터(즉, $w_{1:D}$)를 사용합니다. 베이즈 공식을 사용하면 다음과 같이 표현됩니다.

---

109 베이지안 추론과 관련한 더욱 자세한 설명은 '부록 D. 베이지안 추론'을 참고하세요.

$$p(\beta_{1:K},\ \theta_{1:D},\ z_{1:D}|w_{1:D})$$

$$=\frac{p(\beta_{1:K},\ \theta_{1:D},\ z_{1:D},\ w_{1:D})}{p(w_{1:D})}$$

$$=\frac{p(\beta_{1:K},\ \theta_{1:D},\ z_{1:D},\ w_{1:D})}{\int_{\beta}\int_{\theta}\sum_{z}p(\beta_{1:K},\ \theta_{1:D},\ z_{1:D},\ w_{1:D})}$$

즉, 위의 식을 이용해 $w_{1:D}$라는 데이터를 토대로 역으로 $\beta_{1:K}$, $\theta_{1:D}$, $z_{1:D}$의 형태를 추정하는 것입니다. 하지만 위 식을 이용해 계산하기 위해서는 분모, 분자를 계산해야 합니다. 분자는 계산하는 것이 용이하지만, 분모는 모든 계산을 직접하기는 어렵습니다. 따라서 분모를 직접 구하지 않고, $P(\theta_d, \beta_j|W)$의 형태를 파악하기 위해 MCMC(Markov Chain Monte Carlo) 시뮬레이션 방법이 사용됩니다. 그중에서도 깁스 샘플링(Gibbs sampling)이라는 방법이 사용됩니다(Blei, 2012).

베이지안 추론을 통해 θ_d와 β_j의 구체적 형태를 파악하기 위해서는 먼저 θ_d와 β_j가 따르는 디리클레 분포의 파라미터들, 즉 $\theta_d \sim Dir(\alpha)$와 $\beta_j \sim Dir(\eta)$에서의 α 벡터와 η 벡터의 값을 먼저 결정해야 합니다(α와 η는 하이퍼파라미터입니다). 이 값들은 결정하는 방법은 여러 가지입니다. 연구자의 도메인 지식을 이용해 정할 수도 있고, 데이터를 이용해서 구할 수도 있습니다. 예를 들어 주제가 고루 분포되어 있는 경우에는 파라미터의 값을 동일한 값으로 크게 설정하는 것이 필요합니다. 특정한 주제가 더 많이 다뤄진 것 같다면 해당 주제에 대한 파라미터 값을 크게 설정해야 합니다.[110]

■ 깁스 샘플링 방법 사용하기

LDA에서는 깁스 샘플링의 변형된 버전인 축약된 깁스 샘플링(Collapsed Gipps Sampling) 방법을 사용합니다. 해당 방법은 나머지 변수는 고정시킨 채 한 변수만 변화시키되, 불필요한 일부 변수를 샘플링에서 제외하는 방법입니다. Z_d, θ_d, β_j에서 θ_d, β_j은 제외하고 Z_d를 추정합니다. θ_d, β_j는 Z_d를 추정하는 과정에서 얻어진 정보를 이용해 쉽게 계산할 수 있기 때문에 그렇습니다. Z_d를 추정할 때 사용되는 식은 다음과 같습니다. 즉, 특정 단어가 특정 주제를 가질 확률을 다음 식을 이용해 계산합니다(다음 식이 어떻게 도출되는지에 대한 설명은 이 책의 범위를 벗어나기 때문에 생략하겠습니다).

$$\mathrm{P}(z_i=j|z_{-i},\ w_i,\ d_i)\propto \frac{C_{w_j}^{WT}+\eta}{\sum_{w=1}^{W}+W\eta}\times \frac{C_{d,j}^{DT}+\alpha}{\sum_{t=1}^{T}+T\alpha}$$

---

110 원 논문(Blei et al., 2003)에서는 데이터의 확률을 최대로 하는 α와 η 값을 추정했습니다. α와 η의 값으로 표현되는 전체 문서 데이터, 즉, W의 확률은 $p(W|\alpha, \eta)$로 표현합니다. 즉, $p(W|\alpha, \eta)$의 값을 최대로 하는 α와 η 값을 선택하는 것입니다.

$P(z_i = j | z_{-i}, w_i, d_i)$는 단어 i가 주제 j를 취할 확률이 나머지 단어의 주제(z_{-1})와 데이터에 존재하는 i번째 단어(w_i)가 무엇인지와 단어 i를 포함하는 문서(d_i)에 영향을 받는다는 것을 의미합니다.

이를 계산해서 확률값이 제일 큰 주제로 단어 i의 주제를 새롭게 할당합니다. 이러한 과정을 모든 단어에 대해 여러 번 반복합니다(예: 10,000번). 그러면 우리가 알고자 하는 값들이 수렴합니다. 그렇게 얻어진 값들을 이용해 θ_d, β_j을 계산합니다.

위 식을 이용해 특정 단어의 주제가 어떻게 업데이트되는지 구체적인 예를 통해 확인해 보겠습니다.

C^{WT}는 텍스트 데이터에 대한 단어-주제 행렬(word-topic matrix)로 각 셀의 값은 단어가 특정 주제를 갖는 횟수를 나타냅니다(구체적인 예를 잠시 후에 살펴보겠습니다). $\sum_{w=1}^{W} C_{wj}^{WT}$는 각 주제와 관련된 전체 단어의 수를 의미합니다. C^{DT}는 텍스트 데이터에 대한 문서-주제 행렬(document-topic matrix)로, 각 셀은 각 문서에서 각 주제와 관련하여 사용된 단어의 수를 의미합니다. $\sum_{t=1}^{T} C_{d_i t}^{DT}$는 문서 i에서 사용된 전체 단어의 수를 의미합니다. η는 하이퍼파라미터로 주제별 단어 분포의 형태를 결정하는 역할을 합니다. α도 하이퍼파라미터로 각 문서에 대한 주제 분포의 형태를 결정합니다. W는 텍스트 데이터에 존재하는 전체 단어의 수이며, T는 찾고자 하는 주제의 수입니다.

위의 식을 이용해 특정 단어의 주제가 어떻게 업데이트되는지를 구체적인 예를 통해 살펴보겠습니다.

다음과 같이 다섯 개의 문서로 구성된 텍스트 데이터가 있다고 가정합니다.

> Doc 1: 'banana apple apple orange'
> Doc 2: 'apple carrot eggplant carrot'
> Doc 3: 'banana mango orange orange banana'
> Doc 4: 'mango eggplant cucumber eggplant carrot'
> Doc 5: 'onion spinach eggplant cucumber onion'

위 데이터에 대해서 찾고자 하는 주제의 수는 두 개이며, 주제 0과 주제 1로 표현한다고 가정합니다. 이때 깁스 샘플링의 작동 과정은 다음과 같습니다.

처음에 각 문서에 존재하는 각 단어에 대해 무작위로 주제를 할당합니다. 여기서 주의할 것은 동일한 단어라고 할지라도 다른 주제를 가질 수 있다는 것입니다. 다음과 같이 각 단어의 주제가 할당됐다고 가정합니다. 예를 들어 Doc 1의 첫 번째 단어인 banana의 주제는 0입니다.

```
Doc 1: 0 1 0 1
Doc 2: 1 1 1 0
Doc 3: 0 0 1 1 1
Doc 4: 1 1 0 1 1
Doc 5: 1 0 0 0 0
```

위 정보를 이용해 단어-주제 행렬과 문서-주제 행렬을 생성합니다. 먼저 단어-주제 행렬을 살펴보겠습니다. 단어-주제 행렬의 각 셀 값은 각 주제에 대해 각 단어가 사용된 횟수입니다. 위 데이터에 대한 단어-주제 행렬은 표 12.1과 같습니다. 이 행렬은 위 식에서 C^{WT}를 의미합니다.

표 12.1 예제 데이터에 대한 단어-주제 행렬

	apple	banana	carrot	cucumber	eggplant	mango	onion	orange	spinach
주제 0	1	2	1	2	1	1	1	0	1
주제 1	2	1	2	0	3	1	1	2	0

그다음에는 표 12.2와 같이 문서-주제 행렬을 생성합니다. 문서-주제 행렬의 각 셀은 각 문서에 존재하는 각 주제 관련 단어의 수를 의미합니다. 예를 들어, 첫 번째 셀의 숫자 2는 Doc 1에서 주제 0과 관련된 단어의 수가 2라는 것을 의미합니다. 다음 행렬은 위 식에서의 C^{DT}를 의미합니다.

표 12.2 예제 데이터에 대한 문서-주제 행렬

	Doc 1	Doc 2	Doc 3	Doc 4	Doc 5
주제 0	2	1	2	1	4
주제 1	2	3	3	4	1

위와 같은 행렬을 이용해 각 문서에서 사용된 각 단어의 주제를 업데이트합니다. 예를 들어, 업데이트하고자 하는 단어가 첫 번째 문서에서 사용된 첫 번째 단어(즉, banana)라고 가정합니다.

■ 첫 번째 문서의 첫 번째 단어(즉, banana)의 주제 업데이트하기

먼저 하이퍼파라미터인 η와 α의 값을 설정합니다(η는 주제별 단어 분포에 대한 디리클레 분포의 파라미터이며, α는 문서별 주제 분포에 대한 디리클레분포의 파라미터입니다). 여기서는 두 값 모두 1로 설정하겠습니다.

첫 번째 단어인 banana의 주제를 업데이트하기 위해서는 해당 단어를 제외한 다른 단어들의 주제 정보를 사용해야 하기 때문에 앞에서 생성한 단어-주제 행렬과 문서-주제 행렬에서 첫 번째 문서의 첫 번째 단어인 banana의 정보를 제거하고 단어-주제 행렬과 문서-주제 행렬을 다시 생성합니다.

현재 단계에서 첫 번째 문서에서 첫 번째 단어로 사용된 banana의 주제는 0이기 때문에 이 정보를 제거하고 단어-주제 행렬을 새롭게 생성하면 표 12.3과 같습니다.

표 12.3 새로운 단어-주제 행렬

	apple	banana	carrot	cucumber	eggplant	mango	onion	orange	spinach
주제 0	1	1(=2-1)	1	2	1	1	1	0	1
주제 1	2	1	2	0	3	1	1	2	0

※ 단어 banana의 주제가 주제 0이기 때문에 해당 셀의 기존 값에서 1을 빼줍니다.

첫 번째 문서에 대해서도 banana의 원래 주제인 주제 0의 값을 제거함에 따라 표 12.4와 같이 해당 셀의 값에서 1을 빼줍니다.

표 12.4 새로운 문서-주제 행렬

	Doc 1	Doc 2	Doc 3	Doc 4	Doc 5
주제 0	1 (=2-1)	1	2	1	4
주제 1	2	3	3	4	1

이렇게 새롭게 업데이트된 행렬들을 이용해 $\frac{C_{wj}^{WT}+\eta}{\sum_{w=1}^{W}C_{wj}^{WT}+W\eta}$와 $\frac{C_{dj}^{DT}+\alpha}{\sum_{t=1}^{T}C_{d_{i}t}^{DT}+T\alpha}$를 계산합니다.

C_{wj}^{WT}는 단어-주제 행렬에서 단어 w_i(즉, 지금은 banana)에 대한 열을 의미합니다. 즉, 다음과 같습니다. 이는 $(1,1)$의 벡터로 표현됩니다.

banana
1(=2-1)
1

따라서 $C_{wj}^{WT}+\eta=(1,\ 1)+1=(2,\ 2)$가 됩니다.

$\sum_{w=1}^{W}C_{wj}^{WT}$는 단어-주제 행렬에서 주제별 행의 합을 의미합니다. 이것도 두 개의 원소를 갖는 벡터가 됩니다. 주제 0과 관련된 단어의 수는 9이고, 주제 1과 관련된 단어의 수는 12가 됩니다. 즉, $(9,12)$입니다.

W는 전체 단어의 수를 의미하므로 9가 됩니다. 따라서 다음 결과를 얻습니다.

$$\sum_{w=1}^{W} C_{wj}^{WT} + W\eta = (9, \ 12) + 9 \times 1 = (18, \ 21)$$

결과적으로 $\dfrac{C_{wj}^{WT} + \eta}{\sum_{w=1}^{W} C_{wj}^{WT} + W\eta} = \left(\dfrac{2}{18}, \ \dfrac{2}{21}\right)$가 됩니다.

$C_{d,j}^{DT}$는 문서-주제 행렬에서 첫 번째 문서에 대한 열을 의미합니다. 다음과 같이 벡터 (1,2)가 됩니다.

Doc 1
1 (=2-1)
2

따라서 다음의 결과를 얻습니다.

$$C_{d,j}^{DT} + \alpha = (1, \ 2) + 1 = (2, \ 3)$$

$\sum_{t=1}^{T} C_{d,t}^{DT}$는 문서-주제 행렬에서 문서 d_i에 해당하는 열에 존재하는 각 셀 값의 합을 의미합니다. 지금은 문서 1에 대해 다루고 있으므로, 문서-주제 행렬에서 문서 1 열의 각 셀의 합이 됩니다. 즉, 아래 셀들의 합 3이 됩니다.

Doc 1
1 (=2-1)
2

T는 주제의 수를 의미하며, 여기서는 2가 됩니다. 따라서 다음의 결과를 얻습니다.

$$\sum_{t=1}^{T} C_{d,t}^{DT} + T\alpha = 3 + 2 \times 1 = 5$$

결과적으로 다음을 얻을 수 있습니다.

$$\frac{C_{d,j}^{DT} + \alpha}{\sum_{t=1}^{T} C_{d,t}^{DT} + T\alpha} = \left(\frac{2}{5}, \ \frac{3}{5}\right)$$

따라서 최종 결과는 다음과 같이 됩니다.

$$\left(\frac{2}{18},\ \frac{2}{21}\right)\times\left(\frac{2}{5},\ \frac{3}{5}\right)=\left(\frac{4}{18\times5},\ \frac{6}{21\times5}\right)=(0.044444,\ 0.057143)$$

첫 번째 원소의 값은 banana 단어가 주제 0을 취할 확률, 두 번째 원소는 주제 1을 취할 확률을 의미합니다. 이 확률값을 이용해 banana(즉, 첫 번째 문서의 첫 번째 단어)의 주제를 업데이트합니다. 주제 1의 확률이 높으니, 주제 1로 업데이트될 가능성이 더 큽니다. 예를 들어 주제 1로 업데이트되었다고 가정합니다. 그러면 Doc 1: 0 1 0 1 ⇒ Doc 1: 1 1 0 1로 변경되고, 이를 이용해 WT와 DT를 새롭게 업데이트합니다.

이러한 과정을 모든 단어에 대해 여러 번(예: 10,000번 이상) 반복해 수행하면 각 값이 수렴합니다. 그러면 마지막으로 도출된 단어–주제 행렬과 문서–주제 행렬의 정보를 이용해 다음을 구할 수 있습니다.

$$\beta_{i,j}=\frac{C_{ij}^{WT}+\eta}{\sum_{k=1}^{W}C_{kj}^{WT}+W\eta}$$

$\beta_{i,j}$는 단어 w_i가 주제 j와 관련된 확률을 의미합니다. 즉, 이를 통해 주제별 단어 분포의 구체적인 값을 얻을 수 있는 것입니다.

$$\theta_{d,j}=\frac{C_{dj}^{DT}+\alpha}{\sum_{k=1}^{T}C_{dk}^{DT}+T\alpha}$$

$\theta_{d,j}$는 문서 d에서의 주제 j의 확률을 의미합니다. 즉, 이 값을 계산해서 문서별 주제 분포의 구체적인 값을 얻을 수 있습니다.

12.2.4 Gensim을 이용한 LDA 수행하기

이 섹션에서는 gensim 모듈을 이용해서 LDA를 수행하는 방법에 대해 알아보겠습니다.[111] 해당 코드는 LDA_example.ipynb을 참고하세요.

먼저 분석하고자 하는 데이터를 읽어옵니다. 해당 데이터는 total_sections_morphs.p 파일에 저장되

---

111 LSI 토픽 모델링 부분에서 gensim 모듈을 설치하지 않은 사람은 pip install genism 명령문을 사용해 gensim을 설치할 수 있습니다.

어 있습니다.[112] 해당 피클(pickle) 파일은 사전 형태로 저장된 데이터를 저장하고 있는 파일입니다. 다음과 같이 pickle 모듈에서 제공하는 load() 함수를 이용해 데이터를 읽어옵니다.

```
import pickle

total_morphs = pickle.load(open('total_sections_morphs.p','rb'))
```

해당 파일에는 2016년도에 포털에 올라온 정치, 경제, 사회 섹션 기사 중에서 일별로 사람들이 많이 읽은 30개의 기사를 3개월 동안 수집한 데이터가 저장되어 있습니다(7,837개의 신문 기사가 저장되어 있습니다). total_morphs는 사전 변수이고 해당 변수의 키(key)는 신문 기사의 고유한 아이디입니다(예: '001-0008403019'). 각 신문 기사에 대해서는 기사의 제목과 기사의 내용을 Okt 형태소 분석기를 이용해 형태소를 분석해 놓은 결과물이 저장되어 있습니다(그리고 해당 데이터셋에는 기사의 아이디가 한 번 더 저장되어 있습니다). 두 번째 레벨의 키는 다음과 같습니다.

```
total_morphs['001-0008403019'].keys()
```
```
dict_keys(['text_title', 'paper_id', 'content'])
```

LDA 토픽 모델링에는 기사의 내용 데이터만 사용되기 때문에 다음과 같이 기사의 내용, 아이디, 제목을 별도의 리스트 변수에 저장합니다. 토픽 모델링에서는 일반적으로 명사 단어만 사용되기 때문에 여기서는 get_noun_words()라는 사용자 정의 함수를 이용해 명사 단어만 추출하여 저장합니다.

```
documents =[]
article_ids = []
text_titles = []
for key in total_morphs:
    documents.append(get_noun_words(total_morphs[key]['content'])) # 명사만 추출
    article_ids.append(total_morphs[key]['paper_id'])
    text_titles.append(total_morphs[key]['text_title'])
```

get_noun_words() 함수는 다음과 같이 정의됩니다. 품사가 명사인 단어만 추출합니다. 즉, 품사 태그가 'Noun'인 단어만 추출하고 그 결과를 리스트 데이터 형태로 반환합니다.

```
def get_noun_words(morphs):
```

---

112 깃허브에는 total_sections_morphs.vol1.egg와 total_sections_morphs.vol2.egg로 분할 압축된 파일이 업로드 돼 있습니다. 알집 프로그램을 이용해서 첫 번째 파일의 압축을 풀면, 자동으로 분할 압축이 풀립니다.

```
    Noun_words = []
    for word, tag in morphs:
        if tag == 'Noun':
            Noun_words.append(word)
    return Noun_words
```

첫 번째 문서에서 사용된 명사 단어를 확인해 보면 다음과 같습니다.

```
print(documents[0])
```

```
['매출', '기준', '천', '개사', '조사', '억대', '연봉', '곳', '서울', '연합뉴스', '옥철',
'기자', '매출', '조원', '대기업', '직원', '매출', '천억원', '미만', '중소기업', '직원', '해',
'천', '만원', '정도', '더', '버', '것', '이', '기준', '대기업', '평균', '연봉', '천', '만원',
'중소기업', '천', '만원', '중소기업', '연봉', '대기업', '수준', '지난해', '국내', '천대',
'기업', '중', '직원', '억대', '연봉', '손', '쥐', '여준', '기업', '모두', '곳', '집계',
'장기', '불황', '전년', '곳', '대비', '크게', '일', '한국', '만', '기업', '연구소', '소장',
… (이하 내용 생략)]
```

토픽 모델링의 경우는 불용어를 되도록 잘 제거해야 정확한 결과를 얻을 수 있습니다. 이와 관련해 위에서 추출된 명사 단어에 대해 불용어 제거 작업을 수행하겠습니다. 여기서는 두 가지 방법을 사용해 불용어를 제거합니다. 첫 번째는 단어들이 사용된 빈도 정보를 이용해 너무 적게 혹은 너무 많이 사용된 단어들을 불용어로 간주하고 제거하는 작업을 수행합니다. 이러한 작업을 수행하는 이유는 너무 조금 사용되거나 너무 많이 사용되는 단어들은 주제를 파악하는 데 중요한 역할을 하지 않을 가능성이 높기 때문입니다. 두 번째 방법은 사용자 정의 불용어 사전을 사용하는 것입니다.

단어가 사용된 빈도를 기준으로 단어들을 제거하기 위해 다음과 같은 사용자 정의 함수를 사용합니다.

```
from collections import defaultdict

# 너무 많이 사용된 단어나 너무 적게 사용된 단어를 제거하기 위한 함수
def get_filtered_words(docs):
    term_fre_dict = defaultdict(int)
    doc_fre_dict = defaultdict(int)

    for doc in docs:
        for word in doc:
            term_fre_dict[word] += 1
        for word in set(doc):
```

```
            doc_fre_dict[word] += 1

    max_doc_frequency = 1000  # 최대 문서의 수
    min_doc_frequency = 3      # 최소 문서의 수
    max_term_frequency = 7000 # 최대 단어 사용 빈도
    min_term_frequency = 5     # 최소 단어 사용 빈도

    doc_frequency_filtered = {
        k:v
        for k, v in doc_fre_dict.items()
        if ((v>=min_doc_frequency) and (v <= max_doc_frequency))
    }
    term_frequency_filtered = {
        k:v
        for k, v in term_fre_dict.items()
        if ((v>=min_term_frequency) and (v <= max_term_frequency))
    }
    both_satisfied = {
        k:v
        for k, v in term_frequency_filtered.items()
        if k in doc_frequency_filtered
    }

    return both_satisfied
```

여기서는 단어가 사용된 문서의 수와 단어가 사용된 빈도 정보를 이용하여 단어를 제거합니다. 이를 위해 max_doc_frequency(최대 문서의 수), min_doc_frequency(최소 문서의 수), max_term_frequency(최대 단어 사용 빈도), min_term_frequency(최소 단어 사용 빈도) 변수를 지정합니다. 각 변수의 값은 분석하고자 하는 텍스트 데이터의 특성에 따라 다르게 설정해야 합니다. 여기서는 사용된 문서의 수가 min_doc_frequency 이상이고 max_doc_frequency 이하인 단어, 그리고 단어 사용 빈도가 min_term_frequency 이상이고 max_term_frequency 이하인 단어들만 선택합니다.

명사 단어들만 저장하고 있는 documents 변수를 get_filtered_words() 함수의 인자로 입력하여 해당 함수를 호출합니다.

```
both_satisfied = get_filtered_words(documents)
```

그다음에는 사용자 정의 불용어 사전을 사용합니다. 이 예의 경우에는 사용자 정의 불용어 사전이 텍스트 파일 형태로 저장되어 있습니다. 해당 파일은 'stop_words.txt'이며 내용은 다음과 같습니다(그림 12.14는 해당 파일의 일부 내용을 보여줍니다).

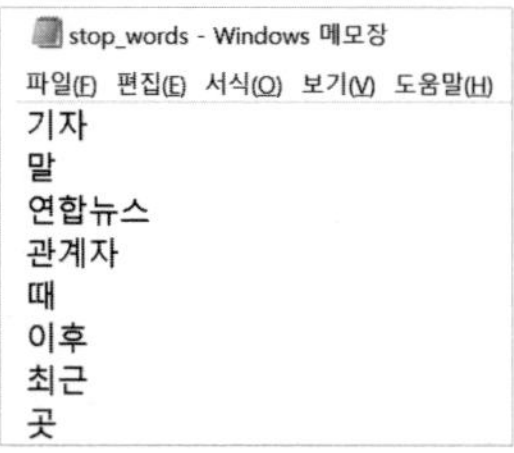
stop_words - Windows 메모장
파일(F) 편집(E) 서식(O) 보기(V) 도움말(H)
기자
말
연합뉴스
관계자
때
이후
최근
곳

그림 12.14 stop_words.txt 파일의 일부분

해당 파일에 저장된 단어들을 제거하기 위해 먼저 다음과 같이 단어들을 읽어와서 임의의 변수에 저장합니다.

```
f_stop = open('stop_words.txt', 'r', encoding='utf-8')
stop_words = [word.strip() for word in f_stop.readlines()]
f_stop.close()
```

`both_satisfied` 변수와 `stop_words` 변수를 이용해 다음과 같이 최종 분석에서 사용하고자 하는 단어들을 선택합니다. 여기서는 1음절의 명사 단어도 제거합니다.

```
docs_filtered = [
    [
        term
        for term in doc
        if term in both_satisfied and term not in stop_words and len(term)>1
    ]
    for doc in documents
]
```

첫 번째 기사에 대해 최종적으로 선택된 단어를 확인해 보면 다음과 같습니다.

```
print(docs_filtered[0])
```

```
['매출', '개사', '억대', '연봉', '옥철', '매출', '조원', '대기업', '직원', '매출', '천억원', '미만',
'중소기업', '직원', '대기업', '평균', '연봉', '중소기업', '중소기업', '연봉', '대기업', '천대', '직원',
'억대', '연봉', '여준', '집계', '장기', '불황', '전년', '대비', '크게', '연구소', '소장', '오일',
'매출', '천대', '직원', '평균', '보수', '천대', '평균', '연봉', '월급', '평균', '연봉', '전년',
… (이하 결과 생략)]
```

그다음에는 LSI에서 했던 것과 마찬가지로 각 단어에 아이디를 부여하고, DTM을 생성합니다. 각 단어에 아이디를 부여하기 위해 gensim의 하위 모듈인 corpora에서 제공하는 Dictionary 클래스를 사용합니다.

```python
from gensim.corpora import Dictionary

dictionary = Dictionary(docs_filtered)
DTM = []
for doc in docs_filtered:
    bow = dictionary.doc2bow(doc)
    DTM.append(bow)
```

DTM이 준비되면, DTM에 gensim에서 제공하는 LdaModel 클래스를 적용해 LDA 토픽 모델링을 수행합니다. LdaModel 클래스의 생성자 함수를 이용해 객체를 생성함으로써 토픽 모델링을 수행할 수 있습니다. 해당 클래스의 생성자 함수를 보면 주요한 파라미터가 다섯 개 있습니다. 첫 번째는 분석하고자 하는 텍스트 데이터를 입력받는 corpus 파라미터이고, 두 번째는 해당 텍스트 데이터에서 찾고자 하는 주제의 수(num_topics), 그리고 단어들의 아이디 정보를 입력받는 id2word입니다. 첫 번째 파라미터인 corpus 파라미터의 값으로는 전체 데이터에 대한 DTM을 입력합니다. id2word 파라미터의 값으로는 단어들의 아이디 정보를 저장하고 있는 dictionary 객체를 입력합니다.

```python
from gensim import models

NUM_TOPICS = 30 # 찾고자 하는 주제의 수
lda_model = models.ldamodel.LdaModel(
    corpus=DTM, num_topics=NUM_TOPICS, id2word=dictionary, alpha='auto', eta='auto'
)
```

그다음으로 설정해야 하는 것이 alpha와 eta 파라미터입니다. alpha는 문서별 주제 분포가 갖는 디리클레 분포의 파라미터 벡터를 의미하며, eta는 주제별 단어 분포가 갖는 디리클레 분포의 파라미터 벡터입니다. alpha와 eta가 취할 수 있는 값으로는 하나의 숫자 혹은 원소별 값을 갖고 있는 벡터, 또는 'symmetric', 'asymmetric', 'auto'의 문자열값이 있습니다. alpha의 기본값은 'symmetric'입니다. 하나의 숫자를 입력하는 경우 모든 원소의 값이 동일한 값을 갖습니다. 즉, 우리가 사용하는 디리클레 분포가 대칭(symmetric)이 됩니다. 예를 들어 찾고자 하는 주제의 수가 3인 경우 문서별 주제에 대한 디리클레 분포의 파라미터 α는 원소가 세 개인 벡터, 즉 $\alpha = (\alpha_1, \alpha_2, \alpha_3)$가 됩니다. 이 경우, alpha = 1이라고 설정

하면, $\alpha_1 = \alpha_2 = \alpha_3 = 1$이 됩니다. 이는 그림 12.15의 왼쪽과 같이 대칭인 분포를 사용하겠다는 것을 의미합니다. 각 원소의 값을 구체적으로 설정할 수도 있습니다. 예를 들어, `alpha=(1, 10, 5)`라고 설정하면 그림 12.15의 오른쪽과 같은 형태의 디리클레 분포를 사용한다는 것을 의미합니다.

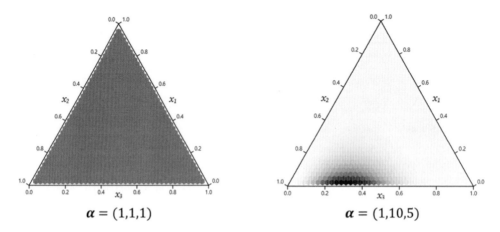

그림 12.15 alpha 파라미터 설정의 예

문자열 값들의 경우, 'symmetric'은 대칭인 디리클레 분포를 사용하겠다는 것을 의미합니다. 기본적으로 각 원소의 값을 '1/주제의 수'로 설정합니다. 주제의 수가 3이라면, 각 원소의 값은 1/3(0.333)이 됩니다. 즉, $\alpha_1 = \alpha_2 = \alpha_3 = 0.33333$입니다.[113] 이러한 경우의 디리클레 분포는 그림 12.16과 같습니다.

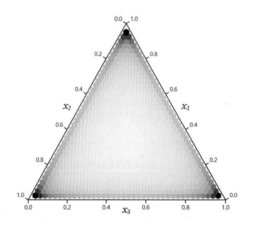

그림 12.16 $\alpha_1 = \alpha_2 = \alpha_3 = 0.33333$인 경우의 디리클레 분포

---

113 디리클레 분포 시뮬레이터는 https://observablehq.com/@herbps10/dirichlet-distribution을 참고하세요.

이 경우, 각 변수의 주변확률밀도함수의 형태는 그림 12.17과 같습니다. 즉, 각 변수가 0과 1에 가까운 값을 취할 확률이 커집니다.

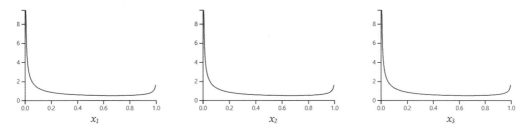

그림 12.17 $\alpha_1 = \alpha_2 = \alpha_3 = 0.33333$인 경우 각 변수의 주변확률밀도함수의 형태

해당 파라미터의 값이 'asymmetric'인 경우에는 비대칭 디리클레 분포를 사용합니다. 벡터 α의 각 원소의 값은 다음과 같이 계산됩니다.

$$\frac{1}{(\text{주제 아이디}+\text{sqrt}(\# \text{ of topics}))}$$

예를 들어, 우리가 찾고자 하는 주제의 수가 3인 경우 alpha 벡터가 갖는 주제 1에 대한 원소의 값은 $\frac{1}{(1+\sqrt{3})} \approx 0.366$이 됩니다.

`alpha='auto'`는 데이터의 내용을 반영하여 사전 분포의 파라미터값을 결정한다는 것을 의미합니다.[114]

`eta` 파라미터의 값도 앞에서 설명한 `alpha` 파라미터의 값과 유사한 방식으로 지정할 수 있습니다. `alpha`나 `eta` 파라미터의 값을 어떤 값으로 설정하는지는 데이터의 특성에 대한 이해와 도메인 지식을 기반으로 해야 합니다. 데이터의 특성을 사전에 잘 모르는 경우에는 비교적 안전한 방법인 `'symmetric'`이나 `'auto'`를 사용하는 것이 바람직합니다. 여기서는 `'auto'`로 설정하고 LDA 토픽 모델링을 수행하겠습니다.

위의 코드를 수행하면 LDA를 이용한 토픽 모델링의 결과가 `lda_model`이라는 객체에 저장됩니다.

12.2.4.1 주제별 단어 분포 보기

`lda_model`에 대해 주제별 단어 분포 결과를 보기 위해서는 `LdaModel` 클래스의 `show_topic()` 함수를 사용합니다. `show_topic()` 함수는 기본적으로 두 개의 인자를 받습니다. 첫 번째 인자는 주제 아이디이

---

114 gensim의 웹 페이지에는 정확하게 어떤 방식으로 데이터의 내용을 반영하는 값을 계산하는지에 대한 내용이 기술되어 있지 않습니다. 저자가 생각하기에는 아마도 데이터의 확률을 가장 크게 하는 값들을 사용하지 않을까 합니다.

며, 두 번째 인자는 보고자 하는 주제와 관련이 높은 단어의 수입니다. 여기서는 주제 0과 관련이 높은 상위 다섯 개의 단어를 확인해 보겠습니다.

```
TOPIC_ID = 0
NUM_TOPIC_WORDS = 5
lda_model.show_topic(TOPIC_ID, NUM_TOPIC_WORDS)
```

결과는 다음과 같습니다. 첫 번째 주제(Topic 0)와 관련이 높은 단어는 '대출', '은행', '금융' 등인 것을 알 수 있습니다(각자 얻은 결과가 다를 수 있습니다).

```
[('대출', 0.016000533),
 ('은행', 0.011538816),
 ('금융', 0.0100387037),
 ('금리', 0.0082136001),
 ('투자', 0.0064033791)]
```

다음 코드를 사용해 모든 주제에 대한 단어 분포를 확인해 보겠습니다.

```
for topic_id in range(lda_model.num_topics):
    word_probs = lda_model.show_topic(topic_id, NUM_TOPIC_WORDS)
    print("Topic ID: {}".format(topic_id))
    for word, prob in word_probs:
        print("\t{}\t{}".format(word, prob))
    print("\n")
```

결과는 다음과 같습니다. 각 주제에 대해 관련이 높은 상위 다섯 개의 단어만 결과로 출력되었습니다(출력되는 단어의 수는 해당 파이썬 코드에서 변경할 수 있습니다).

결과를 해석할 때 주의할 사항은 LDA 분석의 결과는 각 주제의 이름을 제공하지 않는다는 것입니다. 각 주제가 무엇에 대한 것인지는 사용자가 해당 주제와 관련이 높은 단어를 참고하여 판단해야 합니다. 예를 들어, 첫 번째 주제(즉, Topic 0)는 '금융', 두 번째 주제는 '북한' 등이 될 수 있습니다.

```
Topic ID: 0
        대출     0.0160005334764719
        은행     0.011538815684616566
        금융     0.010038703680038452
        금리     0.008213600143790245
```

```
       투자      0.006403379142284393
Topic ID: 1
       북한      0.038489051163196564
       외교부    0.007968795485794544
       외교      0.007699171546846628
       관계      0.0074824620969593525
       중앙      0.007443654350936413
Topic ID: 2
       차량      0.020030029118061066
       사고      0.018661534413695335
       부산      0.01660761795938015
       안전      0.01109011285007
       선원      0.008808810263872147
(이하 생략)
```

12.2.4.2 문서별 주제 분포 보기

이번에는 문서별 주제 분포를 확인해 보겠습니다. 이는 `LdaModel`에서 제공하는 `get_document_topics()` 함수를 이용해 확인할 수 있습니다. 해당 함수는 첫 번째 인자로 문서의 데이터를 입력받으며, 두 번째 인자로는 `minimum_probability` 파라미터의 값을 입력받습니다. `minimum_probability` 파라미터는 주제의 확률에 따라 결과로 출력되는 주제를 결정하기 위한 파라미터입니다. 예를 들어, `minimum_probability` 파라미터의 값을 0.1로 설정하면, 0.1보다 확률이 낮은 주제에 대한 결과는 출력되지 않습니다. 다음 코드에서는 앞의 열 개 문서에 대한 문서별 주제 분포를 확인하고 있습니다. 그리고 각 문서별 주제 중에서 확률이 가장 높은 주제를 출력하기 위해 `get_highest_topic()`이라는 사용자 정의 함수를 사용했습니다.

```python
# 문서별 주제 분포 확인하기
for i in range(10):
    print(article_ids[i])
    print(text_titles[i])
    topics_list = lda_model.get_document_topics(DTM[i], minimum_probability=0.1)
    print(topics_list)
    hi_topic, hi_prob = get_highest_topic(topics_list) # 가장 확률이 높은 주제를 출력합니다.
    print('The most covered topic is Topic {0} and percentage is {1:.2f}'.format(hi_topic,
hi_prob), '\n')
```

결과는 다음과 같습니다.

```
001-0008427957
대기업 연봉 6천700만원…中企보다 2천500만원 더 …
[(5, 0.11525885), (12, 0.5234083), (22, 0.20709486)]
The most covered topic is Topic 12 and percentage is 0.52


016-0001073431
 [주택연금의 경제학①] 불안한 노후…주택연금 창…
[(0, 0.15071727), (11, 0.13504338), (25, 0.3110705), (26, 0.21050291)]
The most covered topic is Topic 25 and percentage is 0.31


025-0002623216
이상돈 "김수민 공천 의혹 조사, 안철수 의지에 달…
[(7, 0.17233278), (8, 0.1570977), (24, 0.6400474)]
The most covered topic is Topic 24 and percentage is 0.64
(이하 결과 생략)
```

첫 번째 문서(문서 ID: 001-0008427957)에 대한 결과를 살펴보겠습니다. 기사의 제목은 "대기업 연봉 6천700만원…中企보다 2천500만원 더 …"입니다. 그리고 해당 문서에서 다뤄진 정도가 0.1보다 큰 주제 세 개만 결과로 출력되었습니다(주제 5, 주제 12, 주제 22). 주제의 ID가 12인 주제가 0.52 정도로 가장 큰 값을 가지고 있습니다. 이는 해당 주제가 해당 문서에서 가장 많이 다뤄졌다는 것을 의미하고(52% 정도), 해당 주제와 관련된 단어가 그만큼 해당 문서에서 많이 사용되었다는 것을 의미합니다. 그렇다면 주제 ID 12의 주제는 무엇일까요? 이를 위해 앞에서 살펴본 주제별 단어 분포 결과를 확인해 볼 수 있습니다. 다음과 같이 해당 주제는 여성, 연봉, 성과, 직원 등의 단어와 관련이 높은 주제라는 것을 확인할 수 있습니다.

```
Topic ID: 12
        여성    0.02460976131260395
        연봉    0.01671423949301243
        성과    0.012372258119285107
        직원    0.01124818529933691
        메트로   0.009512704797089
```

12.2.4.3 주제 수 결정하기

LDA를 수행할 때 중요하게 결정해야 하는 것이 주어진 텍스트 데이터에서 찾고자 하는 전체 주제의 수입니다. 주제의 수는 사용자가 직접 결정하는 하이퍼파라미터인데, LDA의 경우 토픽의 수를 결정할 때 크게 두 가지 지표를 사용할 수 있습니다. 하나는 혼잡도(perplexity)이고, 다른 하나는 응집도(coherence) 값입니다. 응집도에 대해서는 LSI 토픽 모델링에서 설명했기 때문에 여기서는 혼잡도에 대해서만 설명하겠습니다.

■ 혼잡도

혼잡도는 데이터의 확률(조금 더 정확하게는 텍스트 데이터에 존재하는 단어들의 확률), 즉 데이터에 대한 우도(Likelihood)와 관련이 있는 개념입니다. 혼잡도는 다음과 같이 정의할 수 있습니다.

$$Perplexity(W) = \exp\left[-\frac{L(W)}{\# \ of \ words}\right]$$

여기에서 $L(W)$가 데이터의 확률인 우도입니다. 이는 LDA 토픽 모델링의 결과로 도출된 β, θ, 즉 문서별 주제 분포와 주제별 단어 분포를 이용해 계산합니다. W는 우리가 갖고 있는 데이터(혹은 데이터를 구성하는 각 단어)를 의미합니다. 즉, 데이터의 확률과 혼잡도는 반비례 관계를 갖습니다. 다음과 같이 표현할 수 있습니다.

$$Perplexity(W) \propto \exp(-L(W))$$

위 식에서 우도(즉, $L(W)$)는 모형이 데이터를 잘 설명할수록 그 값이 커집니다. 즉, 해당 데이터가 사용한 모형에 의해 생성됐을 확률이 그만큼 크다는 것을 의미합니다. 따라서 우리는 여러 가지 결과 중에서 데이터의 확률, 즉 우도 값을 크게 하는 결과를 선택해야 합니다. 이는 혼잡도의 값이 낮은 주제 수를 사용해야 한다는 뜻이기도 합니다.

예를 들어 보겠습니다. $L(W)$ 값이 0.1인 경우와 0.2인 경우가 있다고 가정합시다. $L(W)$는 모형의 설명력을 나타내기 때문에 0.2인 경우의 모형의 설명력이 더 좋다는 것을 의미합니다. 즉, 0.1인 경우의 모형이 아니라 0.2에 해당하는 모형을 선택해야 합니다(그에 해당하는 주제의 수를 선택해야 하는 것입니다). $L(W)=0.1$인 경우에는 $\exp(-L(W)) \approx 0.9048$이 되고, $L(W)=0.2$인 경우에는 $\exp(-L(W)) \approx 0.8187$이 됩니다. 즉, $Perplexity(W)$의 값이 모형의 설명력이 더 좋을 때(즉, $L(W)=0.2$인 경우) 더 작습니다. gensim의 LdaModel에서는 `log_perplexity()` 함수를 사용하여 로그 혼잡도 값을 사용합니다. 위의 $\exp(-L(W))$값에 대해 $\ln \exp(-L(W))$를 구해보겠습니다. $\exp(-L(W)) \approx 0.9048$에 대해서는

$\ln \exp(-L(W)) \approx -0.0434$, 그리고 $\exp(-L(W)) \approx 0.8187$에 대해서는 $\ln \exp(-L(W)) \approx -0.0869$입니다. 따라서 로그 혼잡도 값이 작은 경우의 모형을 선택해야 합니다. 이는 일반적으로 로그 혼잡도값이 가장 작은 경우의 주제의 수가 혼잡도를 기반으로 했을 때 가장 적합하다는 것을 의미합니다.

다음과 같이 주제의 수를 변경해 가면서 각 경우에 대한 로그 혼잡도를 계산합니다. 그리고 그 결과를 `perplexity_scores` 변수에 저장합니다. `log_perplexity()` 함수의 인자로는 토픽 모델링에 사용된 DTM을 입력합니다. 여기서는 주제의 수를 21부터 63까지 3씩 증가하면서 변경했습니다.

```
start1 = 21
limit1 = 63
step1 = 3
perplexity_scores=[]
for num_topics in range(start1, limit1, step1):
    model = models.ldamodel.LdaModel(DTM, num_topics=num_topics,
                    id2word=dictionary, alpha='auto', eta='auto', iterations=100)
    perplexity_scores.append(model.log_perplexity(DTM))
```

로그 혼잡도의 값을 다음과 같이 시각화해 보겠습니다.

```
import matplotlib.pyplot as plt

x = range(start1, limit1, step1)
plt.plot(x, perplexity_scores)
plt.xlabel("Num Topics")
plt.ylabel("Log Perplexity scores")
plt.legend(("Log Perplexity"), loc='best')
plt.show()
```

결과는 그림 12.18과 같습니다.

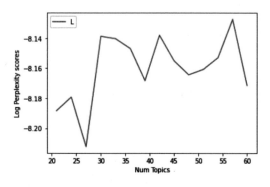

그림 12.18 주제 수에 따른 로그 혼잡도 값의 변화

위의 결과에 따르면 주제의 수 = 27에서 로그 혼잡도의 값이 제일 작아지는 것으로 나왔습니다.

 참고 일반적으로 로그 혼잡도의 값은 주제의 수가 늘어날수록 그 값이 감소하는 경향을 갖습니다. 따라서 동일한 주제에 대해 서로 다른 모형(예: LDA vs. LSI 등)을 비교하는 목적으로는 적합할 수 있으나, 하나의 모형에 대해 적절한 주제의 수를 찾을 때는 적합하지 않을 수도 있는 방법입니다.

■ 응집도

이번에는 응집도 값을 확인해 보겠습니다. 여기서도 'u_mass'의 값과 'c_v'의 값을 사용합니다. 응집도 값을 계산하는 방법은 LSI 부분에서 설명했기 때문에 여기서는 자세한 설명은 생략합니다. 먼저 다음과 같이 'u_mass' 값을 계산합니다.

```python
from gensim.models import CoherenceModel

def compute_coherence_values_umass(dictionary, corpus, texts, limit, start=2, step=3):
    coherence_values = []
    for num_topics in range(start, limit, step):
        model = models.ldamodel.LdaModel(
            corpus, num_topics=num_topics, id2word=dictionary, alpha='auto',
            eta='auto', iterations=100
        )
        coherencemodel = CoherenceModel(
            model=model, texts=texts, dictionary=dictionary, coherence='u_mass', topn=30
        )
        coherence_values.append(coherencemodel.get_coherence())
    return coherence_values

coherence_values_cv = compute_coherence_values_umass(
    dictionary=dictionary, corpus=DTM, texts=docs_filtered, start=start1,
    limit=limit1, step=step1
)
```

이를 다음과 같이 시각화합니다.

```python
x = range(start1, limit1, step1)
plt.plot(x, coherence_values)
```

```
plt.xlabel("Num Topics")
plt.ylabel("Coherence score: u_mass")
plt.legend(("coherence_values"), loc='best')
plt.show()
```

시각화 결과는 그림 12.19와 같습니다.

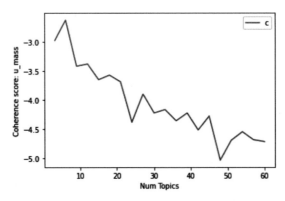

그림 12.19 주제 수에 따른 응집도 'u_mass' 값의 변화

이번에는 'c_v' 값을 계산해 보겠습니다.

```
def compute_coherence_values_cv(dictionary, corpus, texts, limit, start=2, step=3):
    coherence_values = []
    for num_topics in range(start, limit, step):
        model = models.ldamodel.LdaModel(
            corpus, num_topics=num_topics, id2word=dictionary, alpha='auto', eta='auto',
            iterations=100
        )
        coherencemodel = CoherenceModel(
            model=model, texts=texts, dictionary=dictionary, coherence='c_v', topn=30
        )
        coherence_values.append(coherencemodel.get_coherence())
    return coherence_values

coherence_values_cv = compute_coherence_values_cv(
    dictionary=dictionary, corpus=DTM, texts=docs_filtered, start=start1, limit=limit1,
    step=step1
)
```

역시나 마찬가지로 결과를 시각화해 봅니다.

```
x = range(start1, limit1, step1)
plt.plot(x, coherence_values)
plt.xlabel("Num Topics")
plt.ylabel("Coherence score: c_v")
plt.legend(("coherence_values"), loc='best')
plt.show()
```

시각화 결과는 그림 12.20과 같습니다.

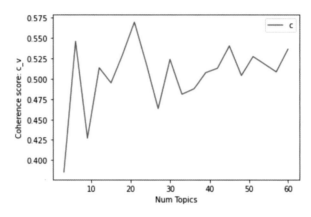

그림 12.20 주제 수에 따른 응집도 'u_mass' 값의 변화

 참고 혼잡도나 응집도 값을 바탕으로 한 주제 수 선정

앞에서 혼잡도와 응집도를 바탕으로 한 주제의 수를 선정하는 방법에 대해 설명했습니다. 하지만 혼잡도나 응집도에 의해 제안되는 주제의 수가 항상 정확한 것은 아닙니다. 오히려 많은 경우에 정확하지 않을 수 있습니다. 이러한 경우에는 토픽 모델링의 결과를 직접 확인하고 텍스트 데이터에 대한 지식이나 관련 도메인 지식을 활용해 토픽 모델링 결과의 정확성 정도를 판단하는 것이 필요합니다. 토픽 모델링의 결과를 확인할 때는 LdaModel 클래스를 이용한 결과 이외에도 다음 섹션에서 설명하는 pyLDAvis 모듈을 이용한 시각화 결과도 같이 참고하는 것이 필요합니다.

12.2.4.4 LDA 결과 시각화

LDA 분석 결과를 시각화하기 위해 pyLDAvis라는 모듈을 사용할 수 있습니다. 해당 모듈은 윈도우의 경우 명령 프롬프트 창에 `pip install pyldavis`를 입력해서 설치합니다. 여기서는 앞에서 수행한 LDA 결과를 pyLDAvis를 이용해 시각화해 보겠습니다. 관련 코드는 LDA_example.ipynb 파일을 참고하세요.

일단 다음과 같이 필요한 모듈을 임포트합니다.

```
import pyLDAvis
import pyLDAvis.gensim_models as gensimvis

pyLDAvis.enable_notebook() # 주피터 노트북에서의 시각화를 가능하게 합니다.
```

그리고 gensimvis 모듈에서 제공되는 prepare() 함수를 이용해 시각화 결과물을 생성합니다. 해당 함수는 다음과 같이 세 개의 인자를 입력받습니다. 첫 번째는 시각화하고자 하는 LDA 객체이고, 두 번째는 텍스트 데이터의 DTM, 세 번째는 단어의 아이디 정보를 저장하고 있는 dictionary 객체입니다.

```
prepared_data = gensimvis.prepare(lda_model, DTM, dictionary)
```

시각화 결과물을 다음과 같이 pyLDAvis에서 제공하는 display() 함수를 이용해 시각화합니다. display() 함수를 이용해 주피터 노트북에서 시각화 결과물이 출력됩니다.

```
pyLDAvis.display(prepared_data)
```

시각화 결과물을 확장자가 .html인 웹 문서 형태로 저장할 수도 있습니다. 다음과 같이 save_html() 함수를 이용해 저장합니다. 그러면 현재 작업하고 있는 폴더에 'LDAvis.html'이라는 이름의 파일이 생성됩니다.

```
pyLDAvis.save_html(prepared_data, 'LDAvis.html')
```

해당 파일을 열면 기본 브라우저로 설정된 브라우저를 이용해 파일이 열립니다. 그 결과는 그림 12.21과 같습니다.

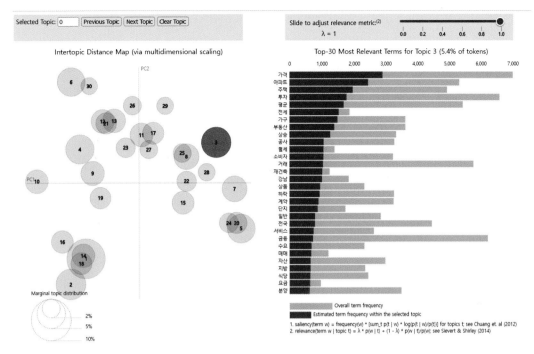

그림 12.21 pyLDAvis 시각화 결과물

그림 12.21의 왼쪽 그림은 30개의 주제가 2차원 공간에 어떻게 위치하는지를 보여주고, 오른쪽 그림은 특정 주제(위의 경우는 주제 3)와 관련이 높은 단어의 빈도를 보여줍니다.

먼저 왼쪽 그림을 살펴보겠습니다. 왼쪽 그림을 보면 각 주제가 하나의 원으로 표현되어 있습니다. 원의 크기는 해당 주제가 전체 텍스트 데이터에서 얼마나 다뤄졌는지를 의미합니다. 즉, 원의 크기가 클수록 해당 주제가 텍스트 데이터에서 더 많이 다뤄졌다는 것을 의미합니다. 그리고 주제를 나타내는 원 간의 거리는 주제 간의 유사도를 의미합니다. 거리가 가까울수록 비슷한 내용을 다루는 주제라는 것을 의미합니다(이는 각 주제와 관련된 단어가 서로 유사하다는 의미이기도 합니다). 위 그림에서 주제 8과 25는 주제를 나타내는 원이 많이 겹치는데, 이는 각 주제와 관련이 있는 많은 단어가 서로 동일하기 때문에 그렇습니다.

이번에는 오른쪽 그림을 살펴보겠습니다. 특정 주제와 관련이 높은 순으로 단어들의 빈도 정보를 보여줍니다. 빨간색 바는 각 단어가 해당 주제와 관련해 사용된 횟수를 나타내고, 파란색 바는 전체 데이터에서 해당 단어가 사용된 횟수를 의미합니다. 예를 들어 '가격'이라는 단어는 주제 3과 관련해 대략 3,000번 정도 사용됐고, 전체 데이터에서는 7,000번 정도 사용됐습니다.

그런데 관련이 높은 단어가 무엇인지를 확인할 때 보통은 주제별 단어 분포에서 확률값이 상대적으로 큰 단어들을 확인합니다. 하지만 이 방법의 경우 동일한 단어가 서로 다른 주제에 대해 상위에 존재하는 경우, 주제가 무엇인지를 명확하게 파악하기가 어렵습니다(혹은 주제를 구분하는 것이 어렵습니다).[115] 이러한 경우 사용할 수 있는 지표가 관련도(relevance)라는 지표입니다. 관련도는 다음과 같이 정의합니다.

$$r_{i,k} = \lambda \log(\phi_{i,k}) + (1-\lambda) \log\left(\frac{\phi_{i,k}}{p_i}\right)$$

여기서 $r_{i,k}$는 단어 i와 주제 k의 관련도를 의미합니다. $\phi_{i,k}$는 단어 i가 주제 k에 대해 갖는 확률을, p_i는 전체 텍스트 데이터에서 단어 i의 확률을 의미합니다. 그리고 λ는 두 항 간의 가중치를 의미하며, $0 \leq \lambda \leq 1$의 값을 취합니다.

예를 들어, 주제 k에서뿐만 아니라 전체 텍스트 데이터에서도 많이 사용된 단어는 $\frac{\phi_{i,k}}{p_i}$의 값이 상대적으로 작습니다. 반면, 주제 k에서는 많이 사용되었는데 전체 데이터에서는 적게 사용된 단어는 $\frac{\phi_{i,k}}{p_i}$의 값이 큽니다. λ의 값을 0에 가깝게 할수록 $\frac{\phi_{i,k}}{p_i}$ 값을 고려하는 비중이 커집니다. 즉, 전체 데이터에서 사용된 정도 대비 주제 k에서 사용된 정도를 더 크게 고려하는 것입니다. 반대로 λ의 값이 1에 가까울수록 주제에 대해 단어가 갖는 확률값만을 더 많이 고려한다는 것을 의미합니다. 그렇게 되면 다른 주제에서도 많이 사용되는 단어를 제거하기가 어렵습니다.

pyLDAvis 시각화 결과의 오른쪽 상단을 보면 이 λ 값을 조절할 수 있게 되어 있습니다. 그림 12.21에서는 $\lambda=1$인 경우를 보여줍니다. '가격' 단어는 주제 3과 관련이 높기는 하지만, 다른 주제에서도 많이 사용된 것으로 나옵니다. $\lambda=0$으로 설정하면 주제 3과 관련하여 다음과 같은 결과가 나옵니다. '임시직', '잔돈' 등이 관련이 제일 높은 단어로 나타납니다(그림 12.22 참고).

---

115 Sievert, C., & Shirley, K. (2014, June). LDAvis: A method for visualizing and interpreting topics. In Proceedings of the workshop on interactive language learning, visualization, and interfaces (pp. 63–70).

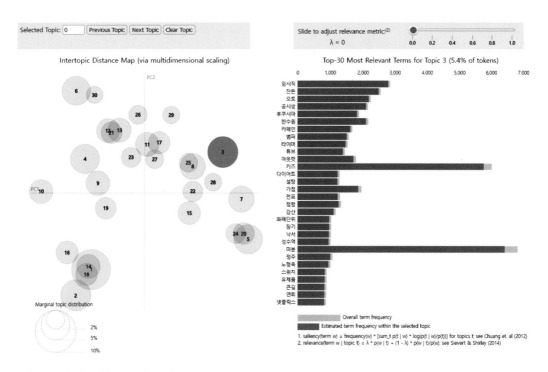

그림 12.22 $\lambda = 0$인 경우의 pyLDAvis 결과물

이번에는 $\lambda = 0.5$로 설정해 보겠습니다(그림 12.23 참고).

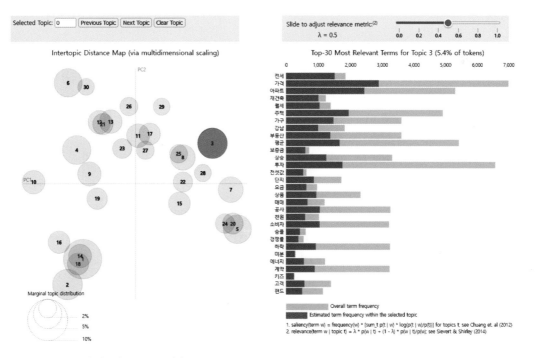

그림 12.23 $\lambda = 0.5$인 경우의 pyLDAvis 결과물

이 값을 적절하게 조절하면서 결과를 확인하고, 도메인 지식을 토대로 가장 적절한 값을 선택하는 것이 바람직합니다. 참고로 관련도 지표를 제안한 시버트와 실리의 논문(Sievert & Shirley, 2014)에서는 0.3과 0.6 사이의 값을 사용했습니다.

12.2.5 LDA 결과를 이용한 문서 간, 단어 간의 유사도 파악하기

LDA의 결과로 두 가지 종류의 확률 분포를 얻습니다. 하나는 문서별 주제 분포이고, 다른 하나는 주제별 단어 분포입니다. 이러한 확률 분포 정보를 이용해 문서 간 유사도와 단어 간 유사도를 파악하는 방법을 살펴보겠습니다.

12.2.5.1 문서 간 유사도 파악하기

LDA의 결과로 얻어진 문서별 주제 분포는 표 12.5와 같은 행렬로 표현할 수 있습니다.

표 12.5 문서별 주제 분포 행렬

	주제 0	주제 1	주제 2	...	주제 K
문서 0	0.01	0.22	0.12	...	0.07
문서 1	0.38	0.11	0.09	...	0.01
...	...	...	...	...	...
문서 M	0.04	0.18	0.29	...	0.25

위 행렬의 각 행이 하나의 문서에 대한 주제 분포가 됩니다. 그리고 각 행의 합은 1이 되어야 합니다. **문서별 주제의 확률 분포(즉, 각 행)를 각 문서의 벡터로 생각할 수 있습니다.** 그 경우, 각 벡터는 문서의 주제와 관련된 특성을 나타냅니다. 그리고 그러한 벡터 정보를 이용해 문서 간 유사도를 계산하면 주제 관련해서 문서 간의 유사도를 파악할 수 있습니다.

앞에서 수행한 LDA 결과를 이용해 분석해 보겠습니다. 관련 코드는 `LDA_example.ipynb` 파일의 뒷부분을 참고하세요.

각 문서의 주제 분포는 `LdaModel` 클래스에서 제공하는 `get_document_topics()` 함수를 이용해 얻을 수 있습니다. `get_document_topics()` 함수의 첫 번째 인자로 주제 확률 분포를 얻고자 하는 문서 정보를 입력합니다. 다음에서는 첫 번째 문서(DTM[0])에 대한 데이터를 입력했습니다. 그리고 모든 주제에 대한 확률값을 도출하기 위해 `minimum_probability` 파라미터의 값을 0으로 설정합니다.

```
doc1 = lda_model.get_document_topics(DTM[0], minimum_probability=0.0)
```

그 결과는 다음과 같습니다.

```
print(doc1)
```

```
[(0, 0.00016805656), (1, 0.00014913135), (2, 0.00015200557), (3, 0.00018420767), (4,
0.00016572209), (5, 0.115288585), (6, 0.00015652888), (7, 0.00014418556), (8, 0.00016303002), (9,
0.00013972867), (10, 0.00015133794), (11, 0.00014690637), (12, 0.5234858), (13, 0.00013990978),
(14, 0.00013269109), (15, 0.0001730178), (16, 0.00017599232), (17, 0.00016074919), (18,
0.00017308358), (19, 0.00017595077), (20, 0.00014734043), (21, 0.09657573), (22, 0.20714884),
(23, 0.00013447106), (24, 0.00017029565), (25, 0.00014358027), (26, 0.05362208), (27,
0.00014229043), (28, 0.00014252155), (29, 0.0001462641)]
```

doc1 변수는 리스트 데이터를 저장하고 있고, 각 원소는 하나의 튜플이 되며, 튜플은 두 개의 원소를 갖고
있습니다. 첫 번째 원소는 주제의 아이디를, 두 번째 원소는 해당 주제가 문서에 대해 갖는 확률이 됩니다.
예를 들어, (0, 0.00016805656)은 주제 0이 첫 번째 문서에 대해 0.00016805656의 확률을 갖는다는 뜻
입니다. 이러한 정보를 이용해 확률값만을 원소로 하는 벡터를 다음과 같이 생성합니다.

```
doc1_vec = [prob for k, prob in doc1]
print(doc1_vec)
```

```
[0.00016805656, 0.00014913135, 0.00015200555, 0.00018420766, 0.00016572209, 0.11520963,
0.00015652888, 0.00014418554, 0.00016303001, 0.00013972867, 0.00015133792, 0.00014690636,
0.5234521, 0.00013990977, 0.00013269107, 0.00017301779, 0.0001759923, 0.00016074917,
0.00017308356, 0.00017595076, 0.00014734041, 0.0963151, 0.20715506, 0.00013447105, 0.00017029564,
0.00014358026, 0.053989064, 0.00014229042, 0.00014252153, 0.00014626408]
```

numpy 모듈을 이용해 벡터 간의 유사도를 계산하기 위해 위에서 생성한 리스트 데이터를 numpy의 어레이
형태로 변환합니다.

```
import numpy as np
doc1_vec=np.array(doc1_vec)
```

동일한 작업을 두 번째 문서와 세 번째 문서에 대해서도 수행해 보겠습니다.

```
doc2 = lda_model.get_document_topics(corpus[1], minimum_probability=0.0)
doc3 = lda_model.get_document_topics(corpus[2], minimum_probability=0.0)
doc2_vec = [prob for k, prob in doc2]
```

```
doc3_vec = [prob for k, prob in doc3]
doc2_vec=np.array(doc2_vec)
doc3_vec=np.array(doc3_vec)
```

각 문서가 어떤 문서인지 확인하기 위해 각 문서의 제목을 다음과 같이 확인해 봅니다.

```
for k in range(3):
    print('문서 {0}의 제목: {1}'.format(k+1, text_titles[k]))
```

```
문서 1의 제목: 대기업 연봉 6천700만원...中企보다 2천500만원 더 ...
문서 2의 제목:  [주택연금의 경제학①] 불안한 노후...주택연금 창...
문서 3의 제목: 이상돈 "김수민 공천 의혹 조사, 안철수 의지에 달...
```

문서 1을 기준으로 문서 2와 3 중에서 어떤 문서가 더 유사도가 큰지 확인해 보겠습니다. 여기서는 코사인 유사도값을 계산합니다.

```
print(np.dot(doc1_vec, doc2_vec)/(np.linalg.norm(doc1_vec)*np.linalg.norm(doc2_vec)))
print(np.dot(doc1_vec, doc3_vec)/(np.linalg.norm(doc1_vec)*np.linalg.norm(doc3_vec)))
```

```
0.044665776
0.00071347295
```

문서 1과 문서 2의 유사도가 문서 1과 문서 3의 유사도보다 크게 나오는 것을 확인할 수 있습니다. 즉, 문서 1에서 다루는 주제들의 확률이 문서 2에서 다루는 주제들의 확률과 더 유사하다는 것을 의미합니다.

이러한 문서의 벡터 정보를 이용하면, 주제 분포 정보를 바탕으로 한 군집화 분석도 수행할 수 있습니다. 다음과 같이 주제 벡터 정보를 이용해 텍스트 데이터에 대한 DTM을 생성합니다(참고로 이 DTM은 앞에서 살펴본 문서–주제 행렬과 동일합니다).

```
topic_results=lda_model.get_document_topics(DTM, minimum_probability=0.0)
topic_DTM =[]
for k in range(len(topic_results)):
    topic_vector = [prob for i, prob in topic_results[k]]
    topic_DTM.append(topic_vector)
topic_DTM = np.array(topic_DTM) # 어레이 형태로 변환합니다.
```

도출된 DTM의 크기를 확인해 보면 다음과 같습니다.

```
topic_DTM.shape
```

```
(7837, 30)
```

7837는 DTM의 행의 수를, 30은 열의 수를 의미합니다. 행의 수는 전체 문서의 수가 되며, 열의 수는 주제의 수가 됩니다. 즉, 각 문서가 30개의 원소를 갖는 벡터로 표현된 것입니다.

K−평균 알고리즘은 다음과 같이 적용할 수 있습니다(여기서는 찾고자 하는 군집의 수를 30으로 설정했습니다).

```
from sklearn.cluster import KMeans
kmeans = KMeans(n_clusters=30)
clusters = kmeans.fit_predict(topic_DTM)
```

첫 번째 10개 문서의 군집 정보를 확인해 보겠습니다.

```
for k in range(10):
    print(clusters[k], text_titles[k])
```

```
15 대기업 연봉 6천700만원…中企보다 2천500만원 더 …
21 [주택연금의 경제학①] 불안한 노후…주택연금 창…
23 이상돈 "김수민 공천 의혹 조사, 안철수 의지에 달…
1 [단독]5시 넘으면 '눈치'… 말뿐인 종일보육
13 [카드뉴스] 1950년 6월 27일, 허름한 군 트럭에 금…
13 '간호사 연쇄 성추행 사건' 삼성의료원 육교에 CC…
9 미국행 접고 국회직 수락한 우윤근 "개헌특위 설치…
2 한민구 "北 도발 지속하면 자멸" 경고…전군 주요…
6 '혼밥족' 이유…20대 "여유"vs 30대이상 "어쩔 수 …
24 현대상선, 대주주 감자 원안 통과..산은 자회사로 …
```

각자 다른 군집화 알고리즘도 사용해 보세요.

12.2.5.2 단어 간 유사도 파악하기

LDA 분석 결과로 도출되는 또 다른 종류의 확률 분포는 주제별 단어 분포입니다. 이는 표 12.6과 같은 행렬로 표현할 수 있습니다.

표 12.6 주제별 단어 분포 행렬

	단어 0	단어 1	단어 2	...	단어 N
주제 0	0.001	0.003	0.019	...	0.072
주제 1	0.002	0.022	0.092	...	0.007
...	...	...	...	...	...
주제 K	0.004	0.031	0.001	...	0.009

위 행렬의 각 행이 주제별 단어 확률 분포를 나타내기 때문에 각 행에 존재하는 셀의 합은 1이 되어야 합니다. 하지만 위 행렬을 열 기준으로 보면, **각 열은 각 단어에 대한 하나의 벡터가 됩니다.** 즉, 주제와 관련된 정보를 담고 있는 주제의 수와 동일한 수의 원소를 갖고 있는 벡터가 됩니다. 각 단어의 이러한 벡터 정보를 사용해 유사도를 계산하면, 주제 관련한 단어 간의 유사도를 파악할 수 있습니다.

LDA 결과로 도출되는 주제별 단어 분포는 LdaModel 클래스에서 제공하는 get_topics() 함수를 이용해 얻을 수 있습니다.

```
topics_terms_prob = lda_model.get_topics()
```

topics_terms_prob는 위에서 살펴본 주제-단어 행렬입니다(numpy의 어레이 형태의 데이터를 저장하고 있습니다). 해당 행렬의 크기를 확인해 보겠습니다.

```
topics_terms_prob.shape
```
```
(30, 17702)
```

행의 수가 30이고 열의 수가 17,702인 행렬입니다. 행의 수는 주제의 수를, 열의 수는 단어의 수를 의미합니다. 각 행이 각 주제에 대한 단어 확률 분포가 됩니다. 그리고 앞에서 언급한 것처럼 열은 각 단어의 벡터입니다. 예를 들어 첫 번째 단어에 대한 열 정보는 다음과 같이 추출할 수 있습니다.

```
topics_terms_prob[:,0]
```
```
array([0.00098206, 0.0003997 , 0.00072519, 0.00057994, 0.0002918 ,
       0.00204158, 0.00055059, 0.00070686, 0.00051473, 0.00151767,
       0.00099583, 0.00068581, 0.00036737, 0.00180666, 0.00068492,
       0.00030315, 0.00052186, 0.00026628, 0.00090697, 0.0005186 ,
       0.00057028, 0.00096874, 0.00150006, 0.00051097, 0.00075248,
       0.00030792, 0.00129084, 0.00261269, 0.00125385, 0.001089  ],
      dtype=float32)
```

각 원소의 값은 첫 번째 단어가 각 주제와 관련된 정도를 나타내는 확률값입니다.

서로 다른 단어 간의 유사도를 파악하기 위해서는 단어가 무엇인지 알아야 합니다. 단어의 이름은 lda_model 객체가 갖고 있는 **id2word** 변수를 사용해 확인할 수 있습니다. 다음과 같이 코딩해서 단어의 아이디 순서대로 단어 정보를 추출합니다.

```
LDA_words = []
for k in lda_model.id2word:
    LDA_words.append(lda_model.id2word[k])
```

LDA_words 변수에는 단어 목록이 아이디 순으로 저장되어 있습니다. 앞의 10개 단어를 확인해 보겠습니다.

```
LDA_words[:10]
```

```
['각각', '개사', '건설', '격차', '고액', '다음', '단연', '단위', '달라', '대기업']
```

단어의 이름을 이용해 각 단어의 벡터 정보를 추출하기 위해서는 다시 각 단어의 아이디 정보를 알아야 합니다. 이를 위해 다음과 같이 아이디 정보를 다시 생성하고, 단어와 아이디 정보를 사전 변수에 저장합니다.

```
words_dict={}
for i, word in enumerate(LDA_words):
    words_dict[word]=i
```

words_dict 변수를 이용하면 다음과 같이 단어의 이름을 이용해 해당 단어의 아이디 정보를 추출할 수 있습니다.

```
words_dict['각각']
```

```
0
```

그리고 해당 아이디 정보를 이용해 주제-단어 행렬로부터 특정 단어의 주제 벡터를 추출할 수 있습니다. 예를 들어 다음과 같이 입력하면 첫 번째 단어인 '각각'에 대한 주제 벡터 정보를 추출합니다.

```
topics_terms_prob[:,words_dict['각각']]
```

```
array([0.00098206, 0.0003997 , 0.00072519, 0.00057994, 0.0002918 ,
       0.00204158, 0.00055059, 0.00070686, 0.00051473, 0.00151767,
```

```
        0.00099583, 0.00068581, 0.00036737, 0.00180666, 0.00068492,
        0.00030315, 0.00052186, 0.00026628, 0.00090697, 0.0005186 ,
        0.00057028, 0.00096874, 0.00150006, 0.00051097, 0.00075248,
        0.00030792, 0.00129084, 0.00261269, 0.00125385, 0.001089   ],
      dtype=float32)
```

여기서는 하나의 예로 '대선'이라는 단어를 기준으로 '출마'와 '매출'이라는 단어와의 코사인 유사도를 계산해 보겠습니다. 먼저 '대선'과 '출마'의 코사인 유사도는 다음과 같이 계산합니다.

```
word1 = '대선'
word2 = '출마'
word1_id = words_dict[word1]
word2_id = words_dict[word2]
np.dot(topics_terms_prob[:,word1_id],
topics_terms_prob[:,word2_id])/(np.linalg.norm(topics_terms_prob[:,word1_id])*np.linalg.norm(
topics _terms_prob[:,word2_id]))
```

```
0.8957081
```

이번에는 '대선'과 '매출' 간의 코사인 유사도를 계산해 보겠습니다.

```
word1 = '대선'
word2 = '매출'
word1_id = words_dict[word1]
word2_id = words_dict[word2]
np.dot(topics_terms_prob[:,word1_id],
topics_terms_prob[:,word2_id])/(np.linalg.norm(topics_terms_prob[:,word1_id])*np.linalg.norm(
topics_terms_prob[:,word2_id]))
```

```
0.07791206
```

'대선'과 '출마' 간의 유사도가 더 크게 나오는 것을 확인할 수 있습니다.

하나의 단어가 각 주제에 대해 갖는 상대적 관련도 정보를 사용해 벡터로 표현하고자 한다면 앞에서 구한 각 단어의 주제 벡터를 단위벡터(즉, 길이가 1인 벡터)로 변환하는 것이 필요합니다.

파이썬 텍스트 마이닝
바이블

파이썬 기초부터 트랜스포머, BERT, GPT까지 -
심층 이론과 실습으로 배우는 텍스트 마이닝의 모든 것

부록

A. 웹 스크레이핑

B. 행렬

C. EM(Expectation–Maximization) 알고리즘

D. 베이지안 추론

A

웹 스크레이핑

웹 스크레이핑(Web scraping)은 인터넷에 존재하는 다양한 형태의 정보와 데이터를 수집하는 것(Web data collection)을 말합니다. 한국에서는 웹 크롤링(Web crawling)이라고 더 많이 알려져 있습니다. 하지만 명확하게 구분하자면 웹 스크레이핑과 웹 크롤링의 의미는 다릅니다. 웹 크롤링은 여러 개의 웹 페이지를 이동한다(crawl)는 뜻이 더 큰 반면, 웹 스크레이핑은 특정 페이지의 정보/데이터를 수집한다 혹은 긁어온다(scrape)는 뜻이 더 많이 포함되어 있습니다. 하지만 많은 경우 두 표현은 같은 의미로 사용됩니다.

대개 텍스트 분석에 필요한 텍스트 데이터를 웹으로부터 수집합니다. 특정 주제에 대한 신문 기사를 분석할 수도 있고, 영화평이나 특정 상품에 대한 소비자의 평을 분석할 수도 있습니다. 이렇게 웹상의 텍스트 데이터를 각자의 컴퓨터로 수집하는 데 사용할 수 있는 방법이 웹 스크레이핑입니다.

웹 스크레이핑은 기본적으로 컴퓨터 통신을 통해 이뤄집니다. 원하는 정보가 있는 웹 페이지에서 해당 정보를 여러분의 컴퓨터로 다운로드하기 위해서는 해당 웹 페이지가 저장된 컴퓨터[1]와의 통신이 필요합니다. 따라서 웹 스크레이핑을 제대로 이해하려면 컴퓨터 간 통신에 대해 기본적으로 어느 정도 이해하고 있어야 합니다.

---

1 이러한 컴퓨터를 보통 '서버(server) 컴퓨터' 혹은 간단히 '서버'라고 합니다. 그리고 여러분의 컴퓨터와 같이 서버에 접속하는 컴퓨터를 '클라이언트 (client)'라고 합니다.

A.1 컴퓨터 통신의 이해

컴퓨터 간의 통신이 어떻게 이뤄지는지 살펴보겠습니다. 이를 위해 하나의 예를 들어보겠습니다. 컴퓨터를 이용해 인터넷에 연결하고 특정한 웹 페이지(예: www.daum.net 또는 www.naver.com)에 접속한다고 가정해 보겠습니다.

여러분은 컴퓨터를 이용해 어떤 웹이지에 접속할 때 무엇을 제일 먼저 하나요? 컴퓨터가 켜 있고 인터넷에 연결된 상황에서 사용자가 하나의 웹 페이지에 접속하기 위해 가장 먼저 하는 것은 아마도 웹 브라우저(browser)를 실행하는 일일 겁니다. 주로 사용하는 웹 브라우저로는 크롬(Chrome), 파이어폭스(Firefox), 인터넷 익스플로러(Internet Explorer) 등이 있습니다. 웹 브라우저를 실행한 후 원하는 페이지에 접속하기 위해 브라우저 주소창에 접속하고자 하는 웹 페이지의 URL(uniform resource locator) 주소를 입력합니다. 다음(Daum) 페이지에 접속하고자 한다면 www.daum.net의 주소를 브라우저의 주소창에 입력합니다. 그런 다음 엔터(Enter)를 누르면, 해당 페이지의 내용이 여러분의 웹 브라우저상에 나타납니다. URL 주소를 입력하고 화면에 페이지가 표시되기까지 걸리는 시간은 굉장히 짧습니다. 이 짧은 시간에 브라우저에서는 어떤 일이 벌어져서(혹은 브라우저가 어떠한 일을 수행해서) 웹 페이지가 브라우저에 표시되는 걸까요?

간단하게 말하면, 브라우저는 해당 주소의 웹 페이지를 화면에 표시하기 위해 웹 페이지를 화면에 표현하는 데 필요한 데이터를 (데이터가 저장된) 서버 컴퓨터에서 다운로드하고, 이를 정해진 규칙에 따라 브라우저 화면에 표시합니다. 브라우저의 역할을 좀 더 구체적으로 살펴보겠습니다.

A.1.1 브라우저의 역할

접속하고자 하는 웹 페이지를 브라우저상에 표현하기 위해 브라우저는 다음과 같은 일들을 합니다.

1. **URL 주소를 IP 주소로 변환하기**

   사용자가 접속하고자 하는 웹 페이지의 URL 주소(예: www.daum.net)를 입력받은 브라우저는 해당 URL 주소를 컴퓨터가 이해할 수 있는 주소인 IP(Internet Protocol) 주소로 변환합니다(URL 주소를 IP 주소로 변환하기 위해서는 URL 주소와 IP 주소가 저장되어 있는 또 다른 서버 컴퓨터를 사용합니다. 이러한 서버 컴퓨터를 DNS(domain name service) 서버라고 합니다. 각각의 URL 주소는 고유한 IP 주소를 갖습니다). URL 주소는 사용자를 위한 주소이고, IP 주소는 컴퓨터를 위한 주소라고 생각하면 됩니다. IP 주소는 숫자로 구성되는데, 보통 161.123.123.123 등으로 표현됩니다. 이러한 IP 주소는 하나의 컴퓨터가 인터넷상에서 지니는 고유한 번호 혹은 주소라고 생각할 수 있습니다. 그리고 브라우저는 이러한 IP 주소를 사용해 해당 IP 주소를 갖고 있는 컴퓨터를 인터넷상에서 찾을 수 있고 통신할 수 있는 것입니다.

2. IP 주소를 사용해 서버 컴퓨터에 접속하기

사용자가 입력한 URL 주소에 해당하는 웹 페이지를 브라우저상에 표시하기 위해서 브라우저는 해당 페이지를 표시하는 데 필요한 원본 데이터가 있어야 합니다. 이러한 원본 데이터는 해당 URL 주소에 해당하는 IP 주소를 가진 서버 컴퓨터에 저장되어 있습니다. 브라우저는 사용자가 입력한 URL 주소에 대한 IP 주소를 이용해 서버 컴퓨터에 접속합니다.

3. 웹 페이지를 구성하는 원본 데이터 받기

해당 서버 컴퓨터에 접속한 다음, 사용자가 입력한 주소에 해당하는 웹 페이지를 브라우저에 표시하기 위해 브라우저는 해당 페이지를 표시하는 데 필요한 데이터를 서버 컴퓨터에 요청합니다. 이를 위해 브라우저는 서버 컴퓨터에 요청 메시지(request message)를 보냅니다. 즉, "내 사용자가 www.daum.net 페이지에 접속하고자 하니까, 해당 페이지를 브라우저상에 표현하는 데 필요한 데이터를 나에게 보내주세요."라는 내용이 들어 있는 메시지를 서버에게 보내는 것입니다. 그러면 서버 컴퓨터는 요청 메시지를 받은 후, 메시지를 보낸 브라우저나 컴퓨터가 누구인지 확인합니다. 그리고 보안상 아무런 문제가 없다는 것을 검사한 후에 아무런 문제가 없다고 판단되면, 해당 요청 메시지에 응답합니다. 이때 서버 컴퓨터는 사용자의 브라우저에게 응답 메시지(response message)를 보내게 되는데, 이 응답 메시지에는 기본적으로 사용자가 접속하고자 하는 웹 페이지를 표시하는 데 필요한 데이터가 들어 있고, 추가적으로 해당 서버와 브라우저가 커뮤니케이션 하는 데 필요한 정보가 포함돼 있습니다. 응답 메시지에 저장된 이러한 여러 가지 정보 혹은 데이터 중 우리에게 필요한 것은 웹 페이지를 브라우저상에 표현하는 데 필요한 데이터입니다.

4. 서버로부터 받은 데이터를 이용해 브라우저상에 표시하기

최종적으로 브라우저는 서버로부터 다운로드한 데이터를 가지고 사전에 정해진 규칙에 따라 사용자가 보기 편한 방식으로 화면에 해당 웹 페이지를 표시합니다.

이러한 과정을 거쳐서 사용자는 접속하고자 하는 웹 페이지의 URL 주소를 입력한 다음, 해당 페이지를 브라우저상에서 볼 수 있는 것입니다.

A.2 웹 페이지를 구성하는 데이터의 구조

그렇다면, 웹 페이지를 구성하는 데이터는 어떻게 생겼을까요? 이를 설명하기 위해 여러분이 접속하고자 하는 웹 페이지가 www.daum.net이라고 가정하겠습니다. 브라우저의 주소창에 www.daum.net을 입력하고 엔터 버튼을 누르면, 그림 A.1과 비슷한 화면을 보게 될 것입니다.

그림 A.1 다음 웹 페이지의 예

이는 앞에서 설명한 것처럼 사용자의 브라우저가 사용자가 입력한 URL 주소를 먼저 IP 주소로 변환하고
이를 이용해 해당 페이지를 구성하는 데이터를 저장하고 있는 서버에 접속해서 해당 데이터를 받은 다음,
정해진 규칙에 의해 화면에 사용자가 보기 편한 방식으로 표시한 것입니다. 웹 페이지를 구성하는(혹은
웹 페이지를 브라우저상에 표현하는 데 필요한) 데이터는 대부분 소스 코드(source code)라는 것으로 구
성되어 있습니다. 이러한 소스 코드는 해당 웹 페이지에서 마우스 오른쪽 버튼을 클릭하고 팝업 메뉴에서
'페이지 소스 보기'를 선택하면 볼 수 있습니다. Daum 페이지의 소스 코드는 그림 A.2와 같습니다.

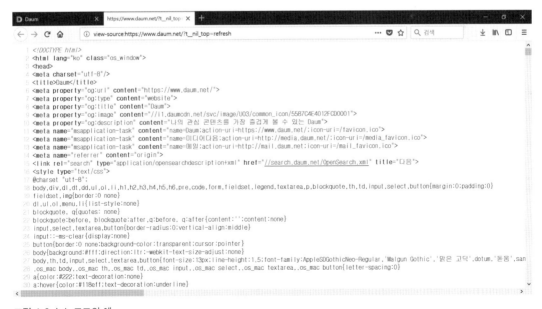
그림 A.2 소스 코드의 예

웹 페이지를 구성하는 소스 코드는 여러 가지 컴퓨터 프로그래밍 언어로 작성되어 있습니다. 주로 사용되는 언어로는 HTML, XML, 자바스크립트 등이 있습니다. 하지만 웹 스크레이핑을 하는 데 있어서는 소스코드가 어떠한 컴퓨터 프로그래밍 언어로 작성되어 있는지, 그리고 각 언어의 특성이 무엇인지에 대해 잘 몰라도 됩니다.

웹 데이터 수집에 있어 **꼭 기억할 것은 소스 코드는 여러 개의 태그(tags)로 구성된다는 것입니다.** 예를 들어, 위의 www.daum.net 페이지를 구성하는 소스 코드는 다음과 같이 구성돼 있습니다.

```
<meta charset="utf-8"/>
<title>Daum</title>
<meta property="og:url" content="https://www.daum.net/">
<meta property="og:type" content="website">
<meta property="og:title" content="Daum">
<meta property="og:image" content="//i1.daumcdn.net/svc/image/U03/common_icon/5587C4E4012FCD0001">
<meta property="og:description" content="나의 관심 콘텐츠를 가장 즐겁게 볼 수 있는 Daum">
<meta name="msapplication-task" content="name=Daum;action-uri=https://www.daum.net/;icon-uri=/
favicon.ico">
<meta name="msapplication-task" content="name=미디어다음;action-uri=http://media.daum.net/;icon-
uri=/media_favicon.ico">
<meta name="msapplication-task" content="name=메일;action-uri=http://mail.daum.net;icon-uri=/
mail_favicon.ico">
<meta name="referrer" content="origin">
이하 생략
```

여기에서 `<title>`, `<meta>`와 같이 각괄호(< >)를 사용하여 표현된 것을 태그라고 합니다. 보통 하나의 태그는 시작 태그(start tag)와 종료 태그(end tag)의 짝으로 구성되어 있습니다. 앞의 예에서 title 태그를 살펴보겠습니다.

title 태그를 보면 `<title>` … `</title>`로 구성돼 있는데, `<title>`이 시작 태그이고, `</title>`이 종료 태그입니다. 일반적으로 이러한 태그의 주된 역할은 웹 브라우저상에서 사용자에게 보이는 텍스트 정보를 저장하는 것입니다. 그러한 텍스트 정보는 특정 태그의 시작 태그와 종료 태그 사이에 저장됩니다. 위의 경우, title 태그를 보면 시작 태그(`<title>`)와 종료 태그(`</title>`) 사이에 "Daum"이라는 텍스트 정보가 저장되어 있는 것을 알 수 있습니다. 일반적으로 이러한(시작 태그와 종료 태그 사이에 저장된) 텍스트 정보가 우리가 웹에서 최종적으로 수집하고자 하는 데이터입니다.

보통 하나의 태그는 앞에서 언급한 것처럼 시작 태그와 종료 태그의 짝으로 구성되는데, 항상 그런 것은 아닙니다. 시작 태그만 존재하는 태그도 있습니다. 그러한 태그 중에서 가장 대표적인 태그가 위의 예에서 사용된 meta라는 태그입니다. meta 태그는 사용자를 위한 태그가 아니라 컴퓨터나 브라우저를 위한 해당 웹 페이지의 추가 정보, 즉 메타 정보를 담고 있는 태그입니다. 그래서 meta 태그에 저장된 정보는 브라우저상에 표시되지 않습니다. meta 태그와 같이 시작 태그만 있는 경우에는 정보가 각괄호 사이에 저장됩니다.

A.3 웹 스크레이핑 프로그램의 역할

우리가 작성하는 웹 스크레이핑 프로그램은 크게 두 가지 역할을 수행하여 웹에 있는 정보를 추출합니다. 첫 번째는 브라우저와 비슷한 역할인 정보를 담고 있는 웹 페이지를 구성하는 데이터, 즉 소스 코드를 저장하고 있는 서버 컴퓨터와의 통신을 통해 해당 소스 코드를 우리 컴퓨터로 다운로드하는 역할입니다. 두 번째는 그렇게 다운로드한 소스 코드에서 원하는 특정한 정보를 추출·저장하는 역할입니다.

A.3.1 서버로부터 웹 페이지의 소스 코드 다운로드하기

웹 브라우저가 서버 컴퓨터와 통신하기 위해 URL 주소가 필요한 것처럼, 파이썬으로 만드는 웹 스크레이핑 프로그램도 특정 서버 컴퓨터와 통신하기 위해서는 URL 주소가 필요합니다. 웹 스크레이핑 프로그램은 URL 주소(예: www.daum.net)를 이용해 서버에 접속하고 브라우저와 마찬가지로 요청 메시지(request message)를 보냅니다. 그러면 서버 컴퓨터는 해당 요청 메시지에 대한 응답 메시지(response message)를 보내는데, 여기에 우리가 원하는 데이터가 저장되어 있습니다. 즉, 우리가 원하는 정보를 담고 있는 웹 페이지의 소스 코드가 저장되어 있습니다. 파이썬에서는 다른 컴퓨터와의 통신을 위해 특정 모듈을 사용합니다. 가장 일반적으로 많이 사용하는 모듈에는 requests, urllib, urllib2 등이 있습니다.

A.3.2 소스 코드로부터 원하는 정보 추출·저장하기

서버로부터 우리가 원하는 정보를 담고 있는 웹 페이지의 소스 코드를 다운로드한 다음에는 소스 코드에서 우리가 원하는 정보만 추출해야 합니다. 특정 웹 페이지를 구성하는 소스 코드는 해당 웹 페이지를 브라우저에 표시하는 데 필요한 수많은 정보를 담고 있습니다. 하지만 보통은 그중 일부 정보만 필요로 합니다. 우리가 원하는 정보는 일반적으로 텍스트 형태(즉, 문자열 데이터 타입)로 특정 태그의 시작 태그와 종료 태그 사이에 저장되어 있습니다. 웹 페이지의 소스 코드를 서버와의 통신을 통해 다운로드한 다음 해야 하는 작업은 소스 코드를 구성하는 여러 개의 태그 중에서 우리가 원하는 정보를 담고 있는 태그를 찾아 그 태그에서 우리가 원하는 정보를 추출하고 저장하는 것입니다. 이러한 목적으로는 bs4 모듈에서 제공하는 BeautifulSoup 클래스가 사용됩니다.

A.4 파이썬을 이용한 웹 스크레이핑의 주요 절차

파이썬을 이용한 웹 스크레이핑의 주요 절차는 다음과 같습니다.

1. 얻고자 하는 데이터의 설정

데이터 수집을 시작하기 전에 본인이 얻고자 하는 데이터가 무엇인지 명확하게 설정하는 것이 필요합니다. 인터넷에는 굉장히 많은 데이터가 존재하는데, 그중에서 본인이 필요로 하는 데이터가 구체적으로 무엇인지 혹은 본인이 필요로 하는 데이터를 웹을 통해 수집할 수 있는지를 미리 판단해야 합니다.

2. 얻고자 하는 데이터를 담고 있는 웹 페이지 확인하기

얻고자 하는 데이터가 무엇인지를 정했으면, 해당 데이터를 어느 웹 페이지에서 제공하는지를 살펴봐야 하고, 어느 웹 페이지에서 제공되는지가 확인된 후에는 어떠한 방법을 사용해 데이터를 수집할 수 있을지 생각해야 합니다.

3. 웹 페이지의 정보 가져오기

원하는 정보를 담고 있는 혹은 제공하는 웹 페이지를 파악한 후 해야 할 것은 파이썬을 이용해 실제로 해당 페이지에서 정보를 스크레이핑하는 것입니다. 이를 위해서는 우선 해당 페이지의 URL 주소를 알아야 합니다. URL 주소는 해당 페이지로 이동한 후에 브라우저의 주소창에서 복사해서 가져옵니다(그림 A.3 참고).

또는 우리가 원하는 페이지의 URL 주소를 담고 있는 또 다른 웹 페이지에서 해당 URL 주소 정보를 추출할 수도 있습니다(이는 이후에 좀 더 자세히 설명합니다). URL 주소를 준비했다면 다음과 같은 과정을 거쳐 우리가 원하는 정보를 수집합니다.

- 원하는 정보를 담고 있는 페이지의 소스 코드를 다운로드합니다.

- 소스 코드를 구성하는 여러 개의 태그 중에서 우리가 원하는 정보를 담고 있는 태그를 찾아 정보를 추출합니다.

그림 A.3 웹 페이지의 URL 주소 확보하기

이번 절에서는 단계 ③의 과정을 자세히 살펴보겠습니다.

A.4.1 URL 주소를 사용해 해당 페이지의 소스 코드 다운로드하기

예를 들어, URL 주소가 'http://www.daum.net/'이라고 하면[2], 이 주소 정보를 이용해 해당 웹 페이지의 정보를 담고 있는 소스 코드를 서버로부터 다운로드할 수 있습니다. 이를 위해 requests라는 모듈을 사용합니다.[3] Urllib와 같은 다른 모듈도 사용할 수 있지만, requests가 더 빠르고 다양한 함수를 포함하고 있어 이 책에서는 requests를 중심으로 설명합니다. requests 모듈에는 다른 컴퓨터와의 통신에 필요한 여러 가지 함수가 들어 있습니다. 여기서는 requests 모듈에서 제공하는 여러 함수 중에서 get() 함수를 사용해 보겠습니다.

 참고 requests의 get() 함수는 서버에 요청 메시지를 보낼 때 GET이라는 방식을 사용하는 것입니다. 요청 메시지를 서버에 전송할 때는 HTTP(Hypertext Transfer Protocol)라는 통신규약(protocol)을 따르며, 구체적인 전송 방식에는 GET, POST, PUT, DELETE, HEAD 등 다섯 가지가 있습니다. 이 중에서 가장 일반적으로 사용되는 방식이 GET 방식입니다. 그 다음으로 자주 사용되는 방식이 POST 방식입니다. POST 방식으로 요청 메시지를 서버에 보낼 때는 requests 모듈에서 제공되는 post() 함수를 사용합니다. post() 함수 사용 방법은 https://requests.readthedocs.io/en/latest/user/quickstart/#more-complicated-post-requests를 참고하세요. GET 방식과 POST 방식의 차이는 요청 메시지를 보내는 데 필요한 세부 파라미터 정보를 URL 주소에 포함시켜 전송하느냐(GET 방식), 아니면 URL 주소에 보이지 않게 숨겨서 전송하느냐(POST 방식)의 차이입니다. 둘의 차이에 대한 구체적인 설명은 https://www.w3schools.com/tags/ref_httpmethods.asp나 https://stackoverflow.com/questions/504947/when-should-i-use-get-or-post-method-whats-the-difference-between-them을 참고하세요.

---

get() 함수는 URL 주소를 인자로 입력받습니다. 다음과 같이 사용합니다.

```
import requests

# 원하는 정보를 담고 있는 웹 페이지의 URL 주소
url = 'http://www.daum.net/'  # http://가 반드시 포함되어야 합니다.

r = requests.get(url)
```

---

2 URL 주소에는 http://(또는 https://)가 포함돼 있어야 합니다. HTTP는 HyperText Transfer Protocol을 의미하는데, 컴퓨터가 통신하는 데 사용되는 통신 규약(protocol)의 한 종류입니다.

3 더 자세한 내용은 https://requests.readthedocs.io/en/latest/를 참고하세요.

이렇게 하면 r에는 url에 해당하는 서버에서 보낸 응답 메시지의 내용이 저장됩니다. 여기에는 소스 코드 이외에도 통신에 필요한 다양한 정보(서버 정보, 통신 성공 여부 등)가 저장됩니다. 이러한 여러 가지 정보 중에서 우리가 필요한 정보는 소스 코드입니다. 소스 코드는 r.text에 저장되어 있습니다.

소스 코드에서 원하는 정보를 담고 있는 태그 확인하기

requests.get(url)을 통해 소스 코드를 다운로드한 다음에는 해당 소스 코드에서 우리가 원하는 정보를 담고 있는 태그가 무엇인지 확인해야 합니다. 이를 위해서는 브라우저를 사용합니다. 원하는 정보를 담고 있는 웹 페이지에서 마우스 오른쪽 버튼을 클릭하여 나오는 메뉴 중 '페이지 소스 보기'를 선택합니다. 이를 통해 보여지는 소스 코드는 많은 경우에 requests.get(url)을 통해 다운로드한 소스 코드와 동일합니다. 브라우저에 보이는 소스 코드에서 찾기 명령(Ctrl+F 사용해 실행)을 통해 추출하고자 하는 정보가 어떠한 태그에 저장돼 있는지 확인할 수 있습니다.

A.4.2 원하는 정보를 담고 있는 태그 찾기: BeautifulSoup 클래스 사용하기

원하는 정보를 담고 있는 태그가 무엇인지 확인했으면 requests.get(url)을 통해 다운로드한 소스 코드(즉 r.text에 저장되어 있는 소스 코드)에서 해당 태그를 찾아야 합니다. 이를 위해서는 bs4 모듈에서 제공하는 BeautifulSoup이라는 클래스를 사용합니다.[4] 다음과 같이 bs4라는 모듈에서 해당 클래스를 임포트할 수 있습니다.

```
from bs4 import BeautifulSoup
```

BeautifulSoup 클래스를 이용해 원하는 태그를 찾고자 할 때는 다음과 같이 BeautifulSoup 클래스의 생성자 함수를 사용해 해당 클래스의 복사본인 객체를 먼저 생성해야 합니다.

```
soup = BeautifulSoup(r.text, 'lxml')
```

이렇게 하면 soup이라는 BeautifulSoup의 객체를 통해 r.text에 담겨 있는 소스 코드가 포함하고 있는 여러 태그 중에서 특정 태그를 찾고 거기에 접근할 수 있습니다. BeautifulSoup() 생성자 함수의 두 번째 인자로 제공된 'lxml'은 BeautifulSoup이 소스 코드에서 태그를 찾을 때 사용하는 파서(parser)의 이름입니다. 소스 코드를 탐색해서 태그를 찾는 것을 파싱(parsing)이라고 하고 파싱에 사용되는 것이 파서입니다. BeautifulSoup에서 사용할 수 있는 파서의 종류에는 크게 세 가지가 있습니다. lxml,

---

4 BeautifulSoup의 자세한 내용은 https://www.crummy.com/software/BeautifulSoup/bs4/doc/를 참고하세요.

html5lib, html.parser가 그것입니다.[5] 이 중에서 lxml이 일반적으로 가장 많이 사용되며, 이 책에서도 lxml을 사용합니다. 앞의 코드처럼 입력하면 soup을 이용해 r.text에 저장된 태그들을 탐색할 수 있는데, 이때 lxml 파서를 사용해 탐색한다는 것을 의미합니다.

BeautifulSoup 클래스를 이용해서 소스 코드에 존재하는 특정 태그를 찾는 방법에는 크게 다음 세 가지가 있습니다.

- 태그의 이름 사용하기
- BeautifulSoup에서 제공하는 find() 또는 find_all() 함수 사용하기
- BeautifulSoup의 내비게이션(navigation) 기능 사용하기

BeautifulSoup을 사용해 태그를 찾는 방법을 설명하기 위해 여기서는 저자가 작성한 간단한 웹 페이지 파일을 사용하겠습니다(실제 웹 페이지의 소스 코드는 복잡한 구조로 되어 있어서 BeautifulSoup 사용 방법을 설명하는 목적에는 적합하지 않습니다). 파일의 이름은 html_test.html입니다. 해당 파일에는 여러 개의 태그가 저장되어 있습니다. 이 파일을 브라우저에서 열면 그림 A.4와 같습니다.

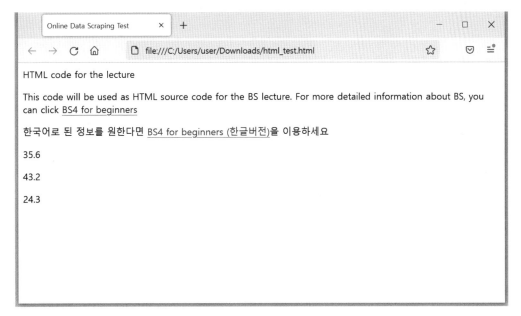

그림 A.4 html_test.html 페이지 화면

---

5 자세한 내용은 https://www.crummy.com/software/BeautifulSoup/bs4/doc/#specifying-the-parser-to-use를 참고하세요.

해당 페이지에서 소스 코드 보기를 하면 그림 A.5와 같이 소스 코드가 구성돼 있는 것을 알 수 있습니다.

그림 A.5 html_test.html 페이지의 소스 코드

그림의 내용은 실제 `html_test.html` 파일에 저장된 내용입니다. 즉, 이러한 소스 코드가 저장되어 있는 파일(확장자가 `html`인 파일)을 브라우저에서 열면 정해진 규칙에 따라 사용자가 보기 편하게 표시되는 것입니다. 해당 파일을 노트패드와 같은 텍스트 에디터에서 열면 그 내용이 같음을 알 수 있습니다(그림 A.6 참고).

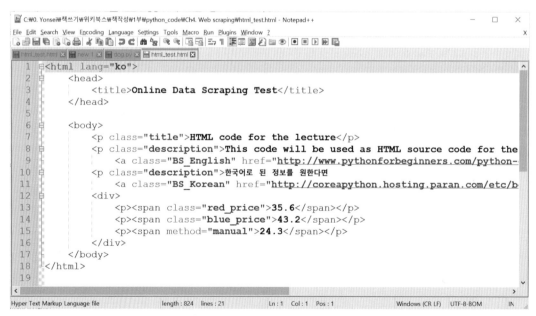

그림 A.6 텍스트 에디터로 확인한 소스 코드

여기서는 BeautifulSoup 클래스의 사용 방법을 설명하기 위해 해당 파일에 저장된 소스 코드를 사용하겠습니다. 이를 위해 다음과 같이 해당 파일의 소스 코드를 주피터 노트북으로 불러옵니다. 관련 코드는 BS_basics.ipynb 파일을 참고하세요.

```
with open('html_test.html', 'r', encoding = 'utf-8') as f:

    html = f.read()
```

html 변수에 해당 소스 코드가 저장됩니다. 원래 requests.get() 함수를 사용해 특정 웹 페이지의 소스 코드를 직접 웹으로부터 다운로드해야 하는데, 여기서는 그 과정 대신, 로컬 드라이브에 있는 웹 페이지 파일에 저장된 소스 코드를 불러온 것입니다.

해당 소스 코드를 BeautifulSoup을 이용해 탐색하기 위해 다음과 같이 코딩합니다. 그러면 soup 객체를 사용해서 html에 저장된 태그를 탐색할 수 있습니다.

```
from bs4 import BeautifulSoup

soup = BeautifulSoup(html, 'lxml')
```

태그 찾는 방법 1: 태그의 이름 사용하기

BeautifulSoup 클래스를 이용해 태그를 찾는 가장 간단한 방법은(찾고자 하는) 태그의 이름을 사용하는 것입니다. 예를 들어 우리가 원하는 정보가 title 태그에 저장되어 있는 경우, 해당 정보를 추출하기 위해 BeautifulSoup을 사용해서 일단 먼저 해당 태그를 찾아야 합니다. 이름을 사용해서 해당 태그를 찾고자 하는 경우에는 간단히 다음과 같이 코딩합니다. 즉, soup 다음에 점(.)을 찍고, 찾고자 하는 태그의 이름(여기서는 title)을 입력합니다.

```
soup.title
```

위의 코드가 반환하는 값은 다음과 같습니다.

```
<title>Online Data Scraping Test</title>
```

즉, title 태그의 전체 내용을 반환합니다. 이 중에서 우리가 최종적으로 추출하고자 하는 정보는 title 태그의 시작 태그(<title>)와 종료 태그(</title>) 사이에 저장되어 있는 텍스트 정보입니다. 해당 정보만 추출하기 위해 다음과 같이 text라는 키워드를 사용합니다.

```
soup.title.text
```

위의 코드를 실행한 결과는 다음과 같습니다.

```
'Online Data Scraping Test'
```

이번에는 소스 코드에 저장된 태그 중 첫 번째 p 태그를 이름을 이용해 찾아보겠습니다. 다음과 같이 코드를 입력하면 됩니다.

```
soup.p
```

위의 코드가 반환하는 값은 다음과 같습니다. 즉, 우리가 원하는 첫 번째 p 태그를 찾은 것입니다.

```
<p class="title">HTML code for the lecture</p>
```

그런데 html 변수에 저장된 소스 코드를 보면 p라는 이름을 갖는 태그가 두 개 이상 존재하는 것을 알 수 있습니다. 이렇게 동일한 이름을 갖는 태그가 두 개 이상인데, 찾고자 하는 태그가 첫 번째로 나오는 태그가 아닌 경우에는 태그의 이름을 사용해 해당 태그에 접근할 수 없습니다. 위의 코드에서 본 것처럼 동일한 이름을 갖는 태그가 여러 개 존재할 때 태그를 찾기 위해 태그의 이름을 사용하면 가장 먼저 출현한 태그에만 접근하게 됩니다(title 태그의 경우에는 title이라는 이름을 갖는 태그가 하나이기 때문에 이름을 사용해 쉽게 해당 태그를 찾을 수 있습니다). 동일한 이름을 가진 태그가 여러 개 존재하고, 찾고자 하는 태그가 첫 번째로 나오는 태그가 아닌 경우에는 BeautifulSoup에서 제공하는 find()나 find_all() 함수를 사용할 수 있습니다.

태그 찾는 방법 2: find() 또는 find_all() 사용하기

find()와 find_all() 함수는 비슷한 방식으로 작동합니다. 찾고자 하는 태그에 대한 조건을 함수의 인자로 전달하여 해당 조건을 만족하는 태그를 찾습니다. 하지만 find() 함수는 인자로 입력된 조건을 만족하는 단 하나의 태그를 찾는 것이고, find_all() 함수는 해당 조건을 만족하는 (소스 코드에 존재하는) 모든 태그를 다 찾는 것입니다. find_all()은 해당 조건을 만족하는 모든 태그를 찾아서 리스트의 형태로 반환합니다. find() 함수는 인자로 전달된 조건을 만족하는 태그가 소스 코드에 여러 개 존재하는 경우 가장 먼저 출현하는 태그만 찾습니다. 따라서 특정 조건을 만족하는 태그가 소스 코드 안에 하나밖에 없는 경우는 find() 함수를, 2개 이상 존재하는 경우는 find_all() 함수를 사용하는 것이 바람직합니다.

가장 간단하게는 태그의 이름을 find()나 find_all() 함수의 인자(즉, 찾고자 하는 태그에 대한 조건)로 입력할 수 있습니다(다음 참고).

```
soup.find('title')
```

이 경우, title이라는 태그의 이름을 찾고자 하는 태그의 조건으로 find() 함수의 인자로 전달하였습니다. 이렇게 하면 find() 함수는 입력받은 조건을 만족하는 태그를 찾습니다. 즉, 이름이 title인 태그를 찾는 것입니다. 해당 조건을 만족하는 태그는 다음과 같이 title 태그밖에 없기 때문에 위의 코드가 반환하는 결과는 다음과 같습니다.

```
<title>Online Data Scraping Test</title>
```

앞에서 했던 것과 마찬가지로 시작 태그와 종료 태그 사이에 있는 텍스트 정보만 추출하기 위해서는 다음과 같이 text 키워드를 붙여줍니다.

```
soup.find('title').text
```

find() 함수에 찾고자 하는 태그의 조건으로 태그의 이름만 제공하는 경우에는 앞에서 살펴본 이름을 사용해 태그를 찾는 방법과 동일하게 작동합니다. 하지만 find() 함수(또는 find_all() 함수)에는 이름 이외에 태그가 갖고 있는 추가적인 정보를 조건으로 입력할 수 있습니다. 이를 위해 태그가 이름 이외에 갖는 추가적인 정보에는 무엇이 있는지 알아야 합니다. 다음의 태그를 예로 살펴보겠습니다.

```
<span class="red_price">35.6</span>
```

위 태그의 이름은 span입니다. 해당 span 태그의 시작 태그를 보면 이름 이외에 추가적인 내용이 포함되어 있는 것을 알 수 있습니다. class="red_price"가 바로 그것입니다. 이러한 정보를 태그의 속성 (attribute) 정보라고 합니다. 사람의 경우, 사람의 이름 이외에도 해당 사람의 특성을 구분 짓는 추가적인 속성 정보를 갖는데, 태그의 속성 정보도 이와 비슷한 역할을 한다고 생각할 수 있습니다. 사람의 속성 정보에는 나이, 성별, 직장 이름, 교육 정도 등이 존재합니다. 즉, 사람의 이름과 그 외의 여러 가지 속성 정보가 그 사람의 특성을 정의합니다. 태그도 마찬가지입니다. 위의 예에서는 span 태그가 class라는 속성을 갖고, 그 속성의 값이 "red_price"가 되는 것입니다. 우리는 이러한 속성 정보(즉, 어떠한 속성을 갖고, 해당 속성의 구체적인 값이 무엇인지)를 사용해서 찾고자 하는 태그를 좀 더 명확하게 찾을 수 있습니다.

예를 들어, `html_test.html` 파일의 소스 코드에는 다음과 같이 서로 다른, 하지만 이름이 동일한 세 개의 span 태그가 있습니다.

```
<span class="red_price">35.6</span>
<span class="blue_price">43.2</span>
<span method="manual">24.3</span>
```

이 중에서 두 번째 span 태그에 접근하기 위해서는 어떻게 하면 될까요? 일단 태그의 이름만 이용해서는 해당 태그에 접근할 수 없습니다. 우리가 찾고자 하는 태그가 동일한 이름을 갖는 여러 개의 태그 중에서 첫 번째 태그가 아니기 때문입니다. 그리고 `find()` 함수를 사용하더라도 태그의 이름만을 찾고자 하는 태그의 조건으로 사용해서는 안 됩니다. 왜냐하면 그렇게 하면 이름을 사용하는 경우와 마찬가지로 첫 번째 태그만 찾을 수 있기 때문입니다. 두 번째 span 태그의 경우 이름 외에도 추가적인 속성(즉, class)이 있고, 그 속성의 값(즉, "blue_price")이 고유하기 때문에 해당 정보를 이용해 찾을 수가 있습니다. 첫 번째 span 태그도 class 속성이 있지만, 그 값이 두 번째 span 태그의 class 속성 값과 다르기 때문에 해당 속성 정보를 사용해 두 번째 속성 태그를 직접 찾을 수 있습니다. 이러한 경우는 다음과 같이 코딩합니다.

```
soup.find('span', attrs={'class':'blue_price'})
```

`find()` 함수에는 첫 번째 인자로 찾고자 하는 태그의 이름을 제공하고('span'), 두 번째 인자로 해당 태그의 추가적인 속성 정보를 제공합니다. 속성 정보를 인자로 제공하기 위해 attrs라는 파라미터를 사용합니다. attrs는 attributes를 의미합니다. 그리고 해당 파라미터는 사전 형태의 인자를 입력받습니다. 찾고자 하는 태그의 속성 이름이 키(key)이고, 속성의 값이 키의 값(value)이 됩니다. `soup.find('span',attrs={'class':'blue_price'})`는 span이라는 이름을 갖는 태그 중에서 class 속성을 갖고 있고, 그 속성의 값이 'blue_price'인 태그를 찾으라는 뜻입니다. 해당 코드가 반환하는 결과는 다음과 같습니다.

```
<span class="blue_price">43.2</span>
```

이렇게 해서 원하는 두 번째 span 태그를 찾았습니다. 특정 태그를 찾은 다음에 태그가 저장하고 있는 텍스트 정보(위의 예에서는 '43.2')를 추출하기 위해서는 text 키워드를 사용하면 됩니다. 다음과 같이 할 수 있습니다.

```
soup.find('span',attrs={'class':'blue_price'}).text
```
```
'43.2'
```

■ **find_all() 함수 사용하기**

속성 정보를 사용해 원하는 태그를 찾을 수 있다면, `find()` 함수를 사용하면 됩니다. 하지만 이름뿐만 아니라 속성 정보까지 동일한 여러 개의 태그가 존재하는 경우가 있는데, 이때 `find()` 함수를 사용하면 첫 번째로 출현하는 태그만 찾을 수 있습니다. `html_test.html` 파일에 저장된 태그 중에서 두 번째 p 태그와 세 번째 p 태그가 그러한 경우입니다. 두 p 태그 모두 class 속성을 가지고 있고, 그 값이 동일하게 "description"입니다. 이러한 경우 다음과 같이 `find()` 함수를 사용하면 해당 p 태그 중에서 첫 번째로 나오는 p 태그에만 접근할 수 있습니다.

```
soup.find('p', attrs={'class':'description'})
```

접근하고자 하는 p 태그가 입력한 조건을 만족하는 여러 개의 p 태그 중에서 두 번째 이후에 나오는 p 태그라면, `find()`가 아닌 `find_all()` 함수를 사용해야 합니다(다음 코드 참고).

```
soup.find_all('p', attrs={'class':'description'})
```

위의 코드는 이름이 p이면서 class 속성을 갖고 있고, 그 속성의 값이 'description'인 태그를 모두 찾습니다. 그리고 `html_test.html` 파일의 소스 코드에는 그러한 p 태그가 두 개 존재합니다. 즉, 두 번째 p 태그와 세 번째 p 태그입니다. 이 중에서 우리가 찾고자 하는 p 태그가 세 번째 인 경우, 일단 `find_all()`을 사용해 해당 조건(즉, class 속성을 갖고 그 값이 'description'인 p 태그)을 만족하는 태그를 모두 찾고 나서, `find_all()` 함수가 반환하는 리스트 데이터에 인덱싱 방법을 적용하여 원하는 태그를 찾을 수 있습니다.

`soup.find_all('p', attrs={'class':'description'})`은 인자로 전달된 조건을 만족하는 두 개의 p 태그에 대한 정보를 리스트 형태로 반환합니다. 우리가 찾고자 하는 p 태그는 그중 두 번째이기 때문에 인덱스 값 1을 사용해 접근할 수 있습니다.

```
soup.find_all('p', attrs={'class':'description'})[1]
```

다음과 같이 우리가 원하는 태그의 정보가 반환됩니다.

```
<p class="description">한국어로 된 정보를 원한다면 <a class="BS_Korean" href="http://
coreapython.hosting.paran.com/etc/beautifulsoup4.html"> BS4 for beginners(한글버전)</a>을
이용하세요</p>
```

그렇다면 다음 코드가 반환하는 값은 무엇일까요?

```
soup.find_all('span')[-1].text
```

이 코드가 반환하는 값을 알기 위해서는 먼저 soup.find_all('span')가 반환하는 결과가 무엇인지 알아야 합니다. 이 함수는 소스 코드에 포함된 모든 span 태그를 찾습니다. 소스 코드에는 총 세 개의 span 태그가 있습니다. 따라서 soup.find_all('span')가 반환하는 결과는 다음과 같습니다.

```
[<span class="red_price">35.6</span>, <span class="blue_price">43.2</span>, <span
method="manual">24.3</span>]
```

여기에 -1 인덱스를 적용하면, 제일 마지막 원소인 세 번째 span 태그에 접근합니다. soup.find_all('span')[-1]이 반환하는 값은 <span method="manual">24.3</span>입니다. 여기에서 태그가 저장하고 있는 텍스트 정보인 '24.3'을 추출하기 위해 text 키워드를 사용합니다. 결과적으로 soup.find_all('span')[-1].text는 '24.3'을 반환합니다(사실, 해당 span 태그는 method라는 속성을 갖고 그 값이 고유하기 때문에 find() 함수를 사용해 직접 접근할 수 있습니다. 하지만 여기에서는 find_all() 함수를 설명하기 위해 find_all() 함수를 사용해 접근했습니다).

찾고자 하는 태그가 속성 정보를 두 개 이상 가지고 있다면 다음과 같이 추가로 입력해서 해당 태그를 찾을 수 있습니다.

```
soup.find('tag_name', attrs={'attribute1':'value1', 'attribute2':'value2'})
```

태그 찾는 방법 3: BeautifulSoup의 내비게이션 기능 사용하기

소스 코드에 존재하는 많은 태그를 지금까지 배운 방법을 통해 찾을 수 있습니다. 하지만 간혹 앞에서 소개한 방법으로 찾을 수 없는 태그가 있는데, 그러한 경우에는 BeautifulSoup에서 제공하는 내비게이션(navigation) 기능을 사용해야 합니다. 내비게이션이란 특정 태그를 기준으로 그 태그의 앞뒤 태그로 이동해서 또 다른 태그를 찾는 방법을 말합니다. BeautifulSoup이 어떻게 소스 코드를 항해(navigate)하는지를 알기 위해서는 태그들이 어떤 관계를 갖고 구성되어 있는지를 먼저 이해할 필요가 있습니다. 설명을 위해 html_test.html 파일의 head 태그를 예로 살펴보겠습니다. 해당 태그는 다음과 같이 구성돼 있습니다.

```
<head>
    <title>Online Data Scraping Test</title>
</head>
```

소스 코드를 구성하는 태그들은 위계적으로(hierarchically) 구성돼 있습니다. 태그 간의 관계는 그 구조에 따라 부모, 자식, 형제자매로 이뤄져 있습니다. 위의 소스 코드를 예로 설명해 보겠습니다. 첫 번째로 head 태그와 title 태그 간의 관계를 보면, title 태그가 head 태그 안에 포함된 것을 볼 수 있는데, 이 경우 head 태그는 title 태그의 부모 태그가 되고 반대로 title 태그는 head 태그의 자식 태그가 됩니다.

내비게이션 기능 설명을 위해 find()나 find_all() 함수를 통해 title 태그에 직접 접근할 수 없고, head 태그(즉, title의 부모 태그)에는 직접 접근할 수 있다고 가정합니다. 이러한 상황에서는 find() 함수를 통해 head 태그에 먼저 접근하고 내비게이션 기능을 통해 head 태그의 자식 태그인 title 태그에 접근하는 것이 가능합니다. BeautifulSoup에서는 특정 태그의 자식 태그에 접근하기 위해 contents라는 속성을 사용합니다. head 태그를 찾은 다음에 그 뒤에 .contents를 붙여서 head 태그의 자식 태그인 title 태그에 접근할 수 있습니다.

이를 위해 다음과 같은 코드를 실행하면(여기서는 간단하게 head 태그의 이름을 이용해 head 태그에 직접 접근했습니다),

```
soup.head.contents
```

soup.head.contents는 head 태그가 갖고 있는 모든 자식 원소(elements)를 리스트의 형태로 반환합니다. 그 결과는 다음과 같습니다.

```
['\n', <title>Online Data Scraping Test</title>, '\n']
```

위의 결과를 보면 head의 자식 원소에는 자식 태그만 존재하는 것이 아니라는 것을 알 수 있습니다. 즉, \n 문자가 들어 있습니다. 이는 head 태그가 포함하고 있는 태그뿐만 아니라 다른 문자들도 자식 원소에 해당된다는 것을 의미합니다. html_test.html의 소스 코드를 보면 <head> 다음에 줄 바꿈(new line)이 포함되어 있는 것을 알 수 있습니다. 즉, <head> 다음에 한 줄 밑으로 내려간 다음, <title> 태그가 시작됩니다. 이러한 공백문자(여기서는 \n)도 한 태그의 자식 원소가 되는 것입니다. 그래서 soup.head.contents가 반환하는 결과의 첫 번째 원소와 세 번째 원소가 '\n'이 됩니다. 반환된 결과에서 우리가 관심 있는 것은 head의 자식 태그인 title 태그, 즉 두 번째 원소입니다. 따라서 우리는 해당 태그에 다음과 같이 인덱싱 방법을 사용해 접근할 수 있습니다.

```
soup.head.contents[1]
```

위의 코드는 다음 값을 반환합니다.

```
<title>Online Data Scraping Test</title>
```

반대로 **parent**라는 속성을 사용해 특정 태그의 부모 태그에 접근할 수 있습니다. 예를 들어 **title** 태그에 먼저 접근한 다음, **.parent**를 사용해 **title**의 부모 태그인 head에 접근합니다(다음 코드 참고).

```
soup.title.parent
```

위 코드의 결과는 다음과 같습니다. 즉, **title** 태그의 부모인 head 태그의 모든 내용이 반환됩니다.

```
<head>
<title> Online Data Scraping Test</title>
</head>
```

■ 형제자매 태그에 접근하기

이번에는 특정한 태그의 형제자매(sibling) 태그에 접근하는 방법을 살펴보겠습니다. `html_test.html` 파일의 소스 코드에서 body 태그 안에 포함된 여러 개의 p 태그는 다음과 같이 배열되어 있습니다.

```
<body>
    <p class="title">HTML code for the lecture</p>
    <p class="description">This code will be used as HTML source code for the BS lecture.
For more detailed information about BS, you can click <a class="BS_English" href="http://
www.pythonforbeginners.com/python-on-the-web/beautifulsoup-4-python/">BS4 for beginners</a>
    </p>
<!-- 이후 생략 -->
</body>
```

위의 소스 코드에서 첫 번째 p 태그와 두 번째 p 태그를 살펴보면, 두 태그는 들여 쓰인 정도가 같고 모두 body 태그의 시작 태그와 종료 태그 사이에 존재합니다. 이는 두 태그가 서로 형제자매 관계임을 의미합니다. 즉, 같은 부모 태그(body 태그)를 가지고 있는 것입니다. 첫 번째 p 태그를 find() 함수를 사용해 찾을 수 있고 두 번째 p 태그는 find()를 사용해 찾을 수 없다고 한다면, find() 함수를 사용해 첫 번째 p 태그를 먼저 찾은 다음에 내비게이션 기능을 사용해 두 번째 p 태그에 접근할 수 있습니다. 특정 태그의 다음 형제자매 태그에 접근하기 위해서는 BeautifulSoup에서 제공하는 next_sibling 속성을 사용하고, 이전 형제자매 태그에 접근하기 위해서는 previous_sibling 속성을 사용합니다. 첫 번째 p 태그를 찾은 다음에 그다음 p 태그에 접근하기 위해서는 다음과 같이 코드를 작성할 수 있습니다. 다음 코드에서 soup.find('p',attrs={'class':'title'})은 <p class="title">HTML code for the lecture</p>을 반환합니다.

```
soup.find('p', attrs={'class':'title'}).next_sibling
```

하지만 이렇게만 코드를 작성하면 그 결과로 리턴되는 값은 '\n'이 됩니다. 왜냐하면 위에서 설명한 것처럼 태그만이 아니라 문자도(공백문자 포함) 하나의 원소로 간주되기 때문입니다. '\n'도 첫 번째 p 태그의 형제자매가 되는 것입니다. 즉, next_sibling은 그다음으로 나오는 형제자매 원소에 접근하는 역할을 합니다. 두 번째 p 태그에 접근하기 위해서는 '\n'을 찾은 다음 다시 한번 .next_sibling을 붙여줘야 합니다. 두 번째 p 태그는 '\n'의 다음 형제자매가 되는 것입니다. 다음과 같이 입력하면 됩니다.

```
soup.find('p', attrs={'class':'title'}).next_sibling.next_sibling
```

위 코드의 결과는 다음과 같습니다.

```
<p class="description">This code will be used as HTML source code for the BS lecture. For more
detailed information about BS, you can click                <a class="BS_English"
href="http://www.pythonforbeginners.com/python-on-the-web/beautifulsoup-4-python/"> BS4 for
beginners</a></p>
```

A.4.3 태그의 속성 값 추출하기: get() 함수 사용

원하는 정보는 일반적으로 시작 태그와 종료 태그 사이에 텍스트 형태로 저장되어 있습니다. 하지만 원하는 정보가 태그의 속성값으로 저장되어 있는 경우가 있습니다. 설명을 위해 html_test.html 파일의 소스 코드에 저장된 첫 번째 a 태그를 보겠습니다(a 태그는 웹 페이지에 대한 링크를 만드는 역할을 합니다. 이를 위해 href라는 속성을 사용하고 해당 속성의 값으로 링크를 클릭했을 때 이동하는 웹 페이지의 URL 주소를 저장합니다). 첫 번째 a 태그는 다음과 같습니다.

```
<a class="BS_English" href="http://www.pythonforbeginners.com/python-on-the-web/beautifulsoup-4-
python/"> BS4 for beginners</a>
```

시작 태그와 종료 태그 사이에 저장된 텍스트 정보는 BS4 for beginners입니다. 하지만 우리가 원하는 정보는 이 텍스트 정보가 아니라 시작 태그에 저장된 href 속성의 값인 특정 웹 페이지의 URL 주소 (http://www.pythonforbeginners.com/python-on-the-web/beautifulsoup-4-python/)라고 가정합시다. 이를 위해서는 해당 a 태그를 찾은 다음에 text 키워드를 붙이는 것이 아니라, get() 함수를 사용해야 합니다. 이 get() 함수는 BeautifulSoup 클래스에서 제공하는 함수로, requests 모듈에서 제공했던 get() 함수와 다른 함수입니다. a 태그의 href 속성의 값을 추출하기 위해서는 다음과 같이 코딩합니다(여기서는 간단하게 태그의 이름을 사용해 첫 번째 a 태그에 접근했습니다. 즉, soup.a 부분). get() 함수의 인자로 우리가 추출하고자 하는 값을 저장하고 있는 속성의 이름을 입력해 줍니다. 여기서는 우리가 원하는 URL 정보가 href 속성의 값으로 저장되어 있기 때문에 해당 속성의 이름인 href를 문자열의 형태로 get() 함수의 인자로 입력했습니다.

```
soup.a.get('href')
```

위의 코드가 반환하는 값은 'http://www.pythonforbeginners.com/python-on-the-web/beautifulsoup-4-python/'입니다.

A.4.4 BeautifulSoup에서 정규표현식 사용하기

정규표현식은 문자열의 패턴을 만들어 특정 텍스트 안에 해당 패턴과 매치되는 문자열이 있는지를 찾고자 할 때 사용할 수 있다고 했습니다. BeautifulSoup에서 제공하는 find()나 find_all() 함수를 이러한 정규표현식과 함께 사용할 수 있습니다. 특히 find_all() 함수와 함께 유용하게 사용할 수 있습니다. find_all() 함수가 입력받는 인자의 값으로 정규표현식의 패턴을 사용할 수 있는 것입니다. 설명을 위해 다음과 같은 웹 페이지의 소스 코드가 있다고 가정합니다. 코드는 beautifulsoup_with_re_example. ipynb 파일을 참고하세요.

```
<html lang="ko">
<head>
    <title> Online Data Scraping Test</title>
</head>
<body>
    <span class="red_price">35.6</span>
    <span class="blue_price">37.5</span>
    <spang class="blue_price">43.2</spang>
    <spark method="manual">24.3</spark>
```

```
</body>
</html>
```

위의 소스 코드에서 태그의 이름이 sp로 시작하는 모든 태그를 한 번에 찾고자 하는 경우를 생각해 보겠습니다. 이를 위해 다음과 같이 BeautifulSoup의 find_all() 함수를 사용합니다. 여기서는 위의 소스 코드가 html 변수에 저장되어 있다고 가정합니다.

```
from bs4 import BeautifoulSoup

soup = BeautifulSoup(html, 'lxml')
soup.find_all('sp')
```

하지만 위의 find_all('sp')는 아무런 태그도 찾지 못합니다. 이러한 경우에는 다음과 같이 정규표현식을 이용해서 코딩할 수 있습니다. 여기서는 정규표현식 패턴을 만들기 위해 re 모듈에서 제공하는 compile()이라는 함수를 사용했습니다. 우리가 만들고자 하는 패턴을 compile() 함수의 인자로 제공합니다. 그리고 이름의 일부로 sp가 들어간 모든 태그를 찾기 위해 'sp'를 compile() 함수의 인자로 제공합니다.

```
import re

soup.find_all(re.compile(r'sp'))
```

위의 코드가 반환하는 결과는 다음과 같습니다. 즉, sp로 시작하는 모든 태그가 리스트 형태로 반환됩니다.

```
[<span class="red_price">35.6</span>,
 <span class="blue_price">37.5</span>,
 <spang class="blue_price">43.2</spang>,
 <spark method="manual">24.3</spark>]
```

이번에는 태그의 속성 정보를 이용해 특정 태그를 찾을 때 정규표현식을 이용해 보겠습니다. 다음과 같이 코딩하면 어떻게 될까요?

```
soup.find_all('span', attrs={'class':re.compile(r'price')})
```

이 코드가 반환하는 결과는 다음과 같습니다. 즉, 이름이 span인 태그 중에서 class 속성을 갖고 그 값에 'price'라는 문자열을 포함하는 모든 태그를 찾습니다.

```
[<span class="red_price">35.6</span>, <span class="blue_price">37.5</span>]
```

그렇다면 다음 코드는 어떤 결과를 반환할까요? 다음 코드에서는 찾고자 하는 태그의 이름을 제공하지 않았습니다.

```
soup.find_all(attrs={'class':re.compile(r'price')})
```

이 코드는 class라는 속성을 갖는 태그 중에서 그 값에 'price'라는 문자열이 포함된 모든 태그를 찾습니다. 따라서 위의 소스 코드를 실행하면 다음과 같은 태그를 찾아줍니다.

```
[<span class="red_price">35.6</span>,
 <span class="blue_price">37.5</span>,
 <spang class="blue_price">43.2</spang>]
```

A.5 추출하고자 하는 정보가 원본 소스 코드에 들어 있지 않는 경우

앞에서 설명한 것처럼 특정 웹 페이지에서 우리가 원하는 정보를 파이썬을 이용해서 수집하는 경우에는 일반적으로 다음 과정을 거칩니다.

① 원하는 정보를 담고 있는 웹 페이지의 소스 코드 다운로드하기

② 다운로드한 소스 코드에서 원하는 정보를 담고 있는 태그 찾기

③ 해당 태그에서 원하는 정보 추출하기

보통 ①의 목적으로는 requests 모듈을, ②와 ③을 위해서는 BeatifulSoup 클래스를 사용합니다. 하지만 이러한 방법으로 웹에 있는 모든 데이터를 다운로드할 수 있는 것은 아닙니다. 원하는 정보가 브라우저 상에서는 보이더라도 requests를 통해 다운로드한 소스 코드에는 그 내용이 저장되어 있지 않는 경우가 있습니다. 이러한 경우에는 requests만 사용해서는 원하는 정보를 파이썬을 이용해 추출할 수가 없습니다.

requests를 통해 다운로드한 소스 코드를 보통 원본 소스 코드라고 표현하는데, 그 이유는 브라우저가 해당 페이지를 화면에 표시하기 위해 서버로부터 받는 최초의 소스 코드가 그것이라고 생각할 수 있기 때문입니다. 브라우저는 웹 페이지를 사용자에게 보여주기 위해 서버와 통신을 한 번만 하는 것이 아니라, 원본 소스 코드를 다운로드한 이후에도 지속해서 통신하고, 그러한 통신을 통해 추가적인 소스 코드 또는 데이터를 다운로드 받습니다.

어떤 웹 페이지에 대해 `requests.get()`을 이용해 다운로드 받는 (원본) 소스 코드는 해당 웹 페이지의 소스 코드를 웹 브라우저상에서 보는 것과 동일합니다. 웹 브라우저상에서 해당 페이지의 소스 코드를 확인했는데 그 안에 원하는 정보가 저장되어 있지 않다면 이는 `requests.get()`을 사용해서는 해당 정보를 추출할 수 없다는 것을 의미합니다.

원본 소스 코드에 웹 페이지에 보이는 정보가 들어 있지 않는 경우에는 크게 다음 두 가지 경우에 해당합니다.

① 웹 페이지에 보이는 정보가 원본 소스 코드 안에 텍스트 형태로 저장되어 있는 것이 아니라, 별도의 파일을 통해 전달되는 경우(별도의 파일은 고유의 URL 주소를 갖고, 이러한 URL 주소는 보통 원본 소스 코드 안에 저장되어 있습니다.)

② 웹 페이지에 보이는 정보를 원본 소스 코드가 서버로부터 다운로드한 후 추가적인 서버와의 통신을 통해 받은 경우

이 두 경우에는 `requests.get()`만으로는 원하는 정보를 추출할 수 없습니다. 이러한 경우, 브라우저에서 제공하는 네트워크 검사(network inspection) 기능 혹은 셀레니엄(selenium) 모듈을 사용할 수 있습니다. 네트워크 검사 기능은 보통 ①의 경우에 사용하고 셀레니엄은 ②의 경우에 사용합니다.

A.5.1 네트워크 검사 기능을 통해 특정 파일에 접근하기

특정 웹 페이지를 브라우저에서 보기 위해 브라우저는 서버로부터 굉장히 많은 수의 파일을 다운로드합니다. 각 파일은 웹 페이지를 사용자에게 보여주는 데 필요한 별도의 데이터를 저장하고 있습니다. 그러한 데이터는 텍스트 데이터일 수도 있고, 오디오 혹은 이미지 데이터일 수도 있습니다. 우리가 원하는 정보가 원본 소스 코드에 담겨 있지 않은 경우에는 별도의 파일에 그 내용이 저장되어 있을 수 있습니다. 원본 소스 코드에는 해당 파일의 주소가 저장되어 있고 브라우저는 일차적으로 원본 소스 코드를 다운로드하고 추가로 각 파일의 주소를 이용해 각 파일의 내용을 다운로드하는 식으로 작동합니다.

원하는 정보가 원본 소스 코드에 저장되어 있지 않고 브라우저가 서버로부터 다운로드한 별도의 파일에 저장되어 있는 경우, 해당 정보를 추출하려면 브라우저를 이용해 해당 정보를 담고 있는 파일이 무엇인지를 확인하고, 그 파일의 고유 경로를 사용해 해당 파일에 직접(파이썬을 이용해서) 접근하여 해당 파일이 저장하고 있는 내용을 추출해야 합니다.

이를 위해서는 먼저 브라우저가 웹 페이지를 사용자에게 보여주기 위해 서버로부터 어떤 파일들을 다운로드 받는지 확인해야 합니다. 이는 브라우저에서 제공하는 **네트워크 검사** 기능을 사용해 확인할 수 있습니다. 다른 브라우저들도 네트워크 검사 기능을 제공하지만, 여기서는 크롬 브라우저를 이용해 설명하겠습니다.

네트워크 검사 기능을 사용하기 위해서는 크롬 브라우저를 이용해 해당 웹 페이지로 이동한 후에 웹 페이지상에서 마우스의 오른쪽 버튼을 클릭합니다. 여기서는 www.yes24.com을 예로 설명하겠습니다. 그림 A.7은 크롬 브라우저를 이용해 www.yes24.com으로 이동한 후 해당 페이지에서 마우스 오른쪽 버튼을 누른 경우를 보여줍니다. 마우스 오른쪽 버튼을 클릭하면 여러 가지 메뉴가 나오는데, 그중 제일 아래에 있는 '검사(N)' 메뉴를 통해 서버와의 자세한 통신 기록을 확인할 수가 있습니다.

그림 A.7 Yes24 페이지의 예

'검사(N)'를 클릭하면 해당 웹 페이지를 검사할 수 있는 여러 가지 옵션이 나옵니다. 검사 창의 상단을 보면 [Elements], [Console], [Sources] 등의 메뉴가 있습니다(그림 A.8 참고). 이 중에서 [Network] 메뉴를 클릭하면 서버와의 자세한 통신 기록을 볼 수가 있습니다.

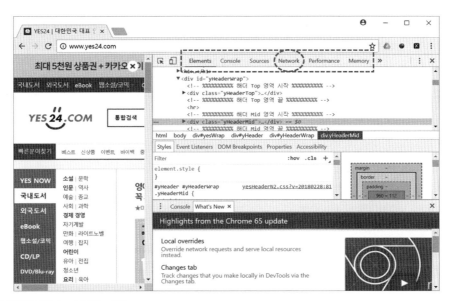

그림 A.8 네트워크(Network) 메뉴 선택

[Network] 메뉴를 클릭하면 처음에는 아무런 내용이 나오지 않을 것입니다. 왜냐하면 이미 해당 페이지를 보여주기 위해 필요한 대부분의 파일을 다운로드한 상태이기 때문입니다. 해당 페이지를 화면에 보여주기 위해 서버로부터 다운로드 받는 파일들의 목록을 확인하기 위해서는 새로고침(F5) 버튼을 눌러 해당 페이지를 다시 로딩해야 합니다. 키보드에서 F5 버튼을 누르면 그림 A.9과 같이 여러 개의 파일이 나오는 것을 알 수가 있습니다. 이것들이 브라우저가 해당 웹 페이지를 화면 보여주기 위해 서버로부터 다운로드한 파일들입니다.

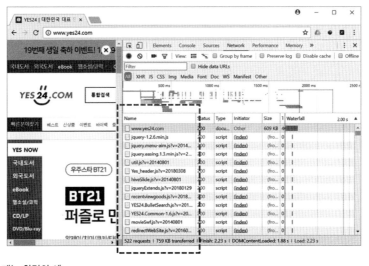

그림 A.9 네트워크 메뉴 화면의 예

www.yes24.com이라는 파일을 처음 다운로드한 것으로 나오는데, 이 파일에는 우리가 브라우저를 통해 볼 수 있는 페이지의 원본 소스 코드가 들어 있습니다(각자 보이는 파일 목록이 다를 수 있습니다). 그리고 두 번째 파일은 `jquery-1.2.5.min.js`라는 자바스크립트 파일입니다. 특정한 파일의 구체적인 내용을 살펴보기 위해서는 해당 파일의 이름을 클릭하면 됩니다. `jquery-1.2.5.min.js`를 클릭해 보겠습니다. 그 결과는 그림 A.10과 같습니다.

그림 A.10 특정 파일의 내용 표시 예

그림 A.10에서 볼 수 있는 것처럼, 특정 파일의 세부 정보로는 [Headers], [Preview], [Response] 등이 있습니다. [Headers]에는 해당 파일의 URL 주소(Request URL)와 Request Method(GET) 등의 정보가 포함되어 있습니다. 여기서 Request URL을 이용해 해당 파일의 내용을 직접 서버로부터 다운로드할 수 있습니다. [Preview]는 이 파일이 브라우저상에서 어떻게 표현되는지를 미리 볼 수 있는 메뉴입니다. [Response]는 해당 파일이 담고 있는 소스 코드라고 생각하면 됩니다. Timing은 해당 파일을 서버로부터 다운로드하는 데 걸리는 시간과 관련된 정보를 보여줍니다. 이러한 여러 메뉴 중에서 웹 스크래이핑과 관련해 우리가 중요하게 사용하는 정보는 [Headers] 메뉴에 있는 정보입니다.

네트워크 검사 기능으로 데이터를 추출하는 방법을 다음 웹 페이지의 내용을 가지고 좀 더 구체적으로 설명하겠습니다. 우리가 수집하고자 하는 정보가 '잠1'이라는 책과 관련된 정보라고 가정하겠습니다. 이러한 정보를 예스24에서 제공하는 웹 페이지에서 얻고자 한다고 가정합니다. 이 책의 정보를 담고 있는 웹 페이지의 URL 주소는 다음과 같습니다.

- URL: http://www.yes24.com/24/Goods/40997131

웹 페이지는 그림 A.11와 같이 책의 여러 가지 정보를 포함하고 있습니다.

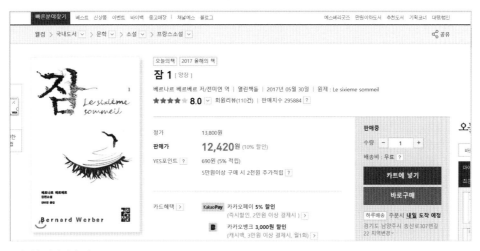

그림 A.11 '잠1' 페이지의 예

이러한 정보 중에서 책의 제목, 정가, 판매가 등의 정보는 브라우저에서 제공하는 페이지 소스 보기 메뉴를 통해 볼 수 있는 소스 코드 안에 저장되어 있습니다. 즉, 이러한 정보는 requests 모듈을 통해 수집할 수 있습니다. 왜냐하면 requests.get() 함수로 다운로드한 이 웹 페이지의 소스 코드가 브라우저에서 보는 소스 코드와 동일하기 때문입니다. 그러면 이러한 책의 기본 정보 이외에 추가로 해당 웹 페이지에서 제공하는 정보 중 '베스트'에 대한 정보를 수집하고자 한다고 가정해 보겠습니다(그림 A.12 참고).

그림 A.12 '잠1' 관련 베스트 정보

이 경우, 일차적으로 확인해야 하는 것은 해당 정보가 원본 소스 코드에 저장돼 있는지입니다. 브라우저 상에서 마우스 오른쪽 버튼을 클릭해서 나오는 메뉴 중에서 '페이지 소스 보기(Ctrl+U)'를 클릭하고, 찾기(Ctrl+F) 메뉴를 통해 '베스트' 관련 정보의 일부인 '국내도서 1위 1주'를 소스 코드에서 찾아봅니다. 해당 정보가 있는 경우에는 requests.get()를 사용해 원본 소스 코드를 다운로드하고 그 안에서 원하는 정보를 BeautifulSoup을 이용하여 추출하면 됩니다. 하지만 원하는 정보인 '베스트'에 대한 정보가 원본 소스 코드에 저장되어 있지 않은 것을 확인할 수가 있습니다(그림 A.13 참고).

그림 A.13 '잠1' 페이지의 소스 코드

이 경우, 첫 번째로 사용할 수 있는 방법이 브라우저에서 제공하는 네트워크 검사 기능입니다. 즉, 이 기능을 이용해 해당 웹 페이지를 보여주기 위해서 브라우저가 서버로부터 다운로드한 파일 중 우리가 원하는 정보인 '베스트'에 대한 정보를 담고 있는 파일이 있는지를 확인하는 것입니다. 그러한 파일이 존재하는 경우, 해당 파일의 고유 URL 주소를 통해 해당 파일에 직접 접근하여 정보를 추출하면 됩니다.

순서는 다음과 같습니다.

① 우리가 원하는 정보를 저장하고 있는 웹 페이지에서 마우스 오른쪽 버튼을 클릭하고 검사(N) 메뉴 선택하기

② 검사 메뉴로 나오는 윈도우에서 '네트워크' 탭 클릭하기

③ 네트워크 탭에서 새로고침 메뉴 실행하기(키보드에서 F5 버튼 누르기)

④ 브라우저가 다운로드 받는 파일 중 '베스트' 정보를 담고 있는 파일 확인하기

⑤ 해당 파일을 클릭하여 나오는 정보 중 해당 파일의 URL 주소 복사하기

⑥ 해당 URL 주소를 `requests` 모듈의 `get()` 함수의 인자로 입력하여 해당 파일의 소스 코드 다운로드하기

⑦ 다운로드한 소스 코드에 `BeautifulSoup` 클래스를 적용하여 원하는 정보를 담고 있는 태그에 접근한 후 해당 정보 추출하기

각 파일이 어떠한 정보를 담고 있는지는 특정 파일을 클릭했을 때 나오는 메뉴 중 [Preview] 메뉴를 사용하면 확인할 수 있습니다. 그림 A.14와 같이 파일들을 클릭하고 [Preview]를 확인해 원하는 '베스트' 순위 정보를 담고 있는 파일을 찾습니다.

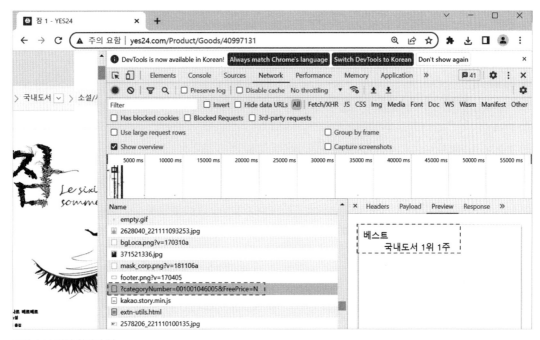

그림 A.14 파일 찾기의 예

그림 A.14에 나오는 것처럼 파일의 이름은 `?categoryNumber=001001046005%20FreePrice=N`입니다. 그리고 이 파일을 클릭하면 나오는 메뉴 중 [Headers]를 선택하면 파일의 URL 주소(Request URL)를 확인할 수 있습니다. 주소는 `http://www.yes24.com/Product/addModules/BestSellerRank_Book/40997131/?categoryNumber=001001046005&FreePrice=N`입니다. 이 URL 주소를 그림 A.15과 같이 브라우저의 새 창에 입력하고 엔터를 누르면 파일의 내용을 확인할 수 있습니다.

그림 A.15 브라우저로 파일 내용 확인하기

이 웹 페이지의 소스 코드를 확인해 보겠습니다. 그림 A.16에서 보는 것처럼 해당 소스 코드에는 우리가 원하는 순위 정보가 포함되어 있습니다.

```
1
2  <span class="gd_best gd_best_tp02">
3      <dl>
4          <dt>베스트</dt>
5          <dd>
6              <a href="javascript:void(0)" onclick="openUrl('','Pcode','003_008')"></a>
7              국내도서 1위 1주
8          </dd>
9      </dl>
10 </span>
11
```

그림 A.16 소스 코드의 예

이제 이 페이지를 우리가 원하는 정보를 담고 있는 웹 페이지로 간주하고, **requests** 모듈을 사용해 해당 페이지의 소스 코드를 다운로드하고 **BeautifulSoup** 클래스를 사용하여 원하는 정보를 담고 있는 태그를 찾아 정보를 추출하면 됩니다(다음 코드 참고). 관련 파이썬 코드는 **network_inspection_example. ipynb** 파일을 참고하세요.

```python
import requests
from bs4 import BeautifulSoup

# 베스트 정보를 담고 있는 파일의 URL 주소입니다.
url = 'http://www.yes24.com/Product/addModules/BestSellerRank_Book/40997131/?categoryNumb
er=001001046005%20&FreePrice=N'
```

```
r = requests.get(url)
soup = BeautifulSoup(r.text, 'lxml')
print(soup.find('dd').text.strip())
```

위 코드의 결과는 다음과 같습니다.

국내도서 1위 1주

A.5.2 셀레니엄(Selenium) 사용하기[6]

추출하고자 하는 정보가 requests 모듈을 이용해서 다운로드받는 원본 소스 코드에 포함되어 있지 않을 때 사용할 수 있는 또 다른 방법이 셀레니엄을 사용하는 것입니다. requests 모듈을 통해 다운로드한 원본 소스 코드에 원하는 정보가 들어 있지 않은 가장 큰 이유 중 하나는 해당 정보가 브라우저가 해당 웹 페이지를 보여주기 위해 최초에 다운로드받는 소스 코드가 아니라 이후에 실시간으로 통신하면서 추가로 다운로드한 데이터(또는 소스 코드)에 포함되어 있기 때문입니다. 브라우저는 하나의 웹 페이지를 화면에 보여주기 위해 서버와 한 번만 통신하는 것이 아니라 지속해서 실시간으로 통신하면서 필요한 내용을 추가로 다운로드합니다. 하지만 원본 소스 코드(즉, 브라우저가 처음 서버로부터 다운로드한 소스 코드)에는 이렇게 실시간으로 추가 다운로드한 내용이 포함돼 있지 않습니다. 따라서 최종적으로 추출하고자 하는 데이터가 이렇게 실시간으로 서버로부터 다운로드하는 데이터라면, requests를 이용해서는 추출하기가 어렵습니다. 다행히 네트워크 검사 기능을 통해 찾을 수 있는 파일에 해당 내용이 담겨 있다면 네트워크 검사 기능을 통해 해당 데이터를 수집할 수 있지만, 항상 그런 파일을 찾을 수 있는 것은 아닙니다.

이때 사용할 수 있는 방법이 셀레니엄을 사용하는 것입니다. 셀레니엄은 컴퓨터 프로그래밍 언어를 통해 특정한 웹브라우저를 통제하고자 할 때 사용할 수 있는 프로그램입니다. 일반적으로는 웹 페이지를 개발할 때 테스트 목적으로 사용하지만, 이 책에서는 셀레니엄을 웹 데이터 수집 목적으로 사용합니다. 우리는 셀레니엄을 이용해 특정한 웹 페이지의 소스 코드를 서버로부터 실시간으로 다운로드할 수 있습니다. 이렇게 실시간으로 다운로드한 소스 코드에는 우리가 브라우저의 웹 페이지에서 보는 대부분의 내용이 담겨 있습니다.

---

6 관련 정보는 https://selenium-python.readthedocs.io/에서 확인할 수 있습니다.

셀레니엄 작동 방식 이해하기

사용자는 브라우저를 이용해 특정 웹 페이지를 방문하기 위해 일련의 행동을 합니다. 예를 들어, 브라우저를 실행하고, 접속하고자 하는 웹 페이지의 URL을 주소창에 입력하여 해당 페이지로 이동한 다음, 해당 페이지에서 특정한 링크나 아이콘을 클릭해 원하는 정보를 담고 있는 페이지로 이동합니다. 그리고 최종 페이지에서 사용자가 원하는 정보를 브라우저를 통해 볼 수 있습니다.

셀레니엄은 이러한 사용자의 행동을 흉내 내 특정 웹 페이지를 브라우저상에 표현하는 데 필요한 데이터를 서버로부터 실시간으로 다운로드합니다. 셀레니엄이 실시간으로 다운로드한 이러한 데이터에는 우리가 추출하고자 하는 정보가 포함되어 있습니다.

셀레니엄 설치하기

셀레니엄을 파이썬에서 사용하기 위해서는 selenium 모듈을 먼저 설치해야 합니다. 아나콘다를 통해서는 기본으로 설치되지 않기 때문에 셀레니엄은 사용자가 추가로 설치해줘야 합니다. 이는 명령 프롬프트 창에서 다음 명령어를 실행시켜 할 수가 있습니다.

```
pip install selenium
```

selenium 모듈을 설치한 이후에는 해당 모듈을 파이썬에서 임포트해서 사용하면 됩니다. 다음과 같이 임포트할 수 있습니다. 관련 코드는 selenium_example.ipynb 파일을 참고하세요. selenium 모듈에 포함된 모든 하위 모듈을 사용하는 것이 아니라, 기본적으로는 webdriver라는 모듈만 사용합니다. 즉, webdriver 모듈을 사용해 특정 웹 브라우저를 통제할 수 있습니다. webdriver 이외에 추가로 필요한 Service와 By 클래스를 임포트합니다.

```
from selenium import webdriver
from selenium.webdriver.chrome.service import Service
from selenium.webdriver.common.by import By
```

webdriver 모듈을 이용해 특정 브라우저를 통제하기 위해서는 통제하고자 하는 브라우저의 드라이버를 먼저 다운로드해야 합니다. 여기서는 셀레니엄을 이용해 크롬 브라우저를 통제하는 방법을 설명하겠습니다.

selenium의 webdriver 모듈을 통해 크롬 브라우저를 통제하려면 먼저 크롬 브라우저의 드라이버를 다운로드해야 합니다. 이를 위해 https://chromedriver.chromium.org/downloads로 이동합니다. 여기서 사용하는 크롬 브라우저의 버전에 맞는 버전의 드라이버를 다운로드하면 됩니다.

크롬 브라우저 버전 확인하기

크롬 브라우저의 버전을 확인하기 위해서는 먼저 그림 A.17과 같이 브라우저 오른쪽 상단에 있는  버튼을 클릭하면 나오는 메뉴 중에서 '설정'을 클릭합니다.

그림 A.17 크롬 브라우저 화면의 예

클릭해서 나오는 화면의 왼쪽 하단에 존재하는 'Chrome 정보' 버튼을 눌러 크롬 브라우저의 버전을 확인합니다 (그림 A.18 참고).

그림 A.18 크롬 브라우저 버전의 예

그림 A.19는 드라이버를 다운로드할 수 있는 웹 페이지를 보여줍니다. 각자 자신의 운영체제에 맞는 파일을 다운로드합니다. 윈도우를 사용하는 경우에는 chromedriver_win32.zip을 다운로드하면 됩니다.

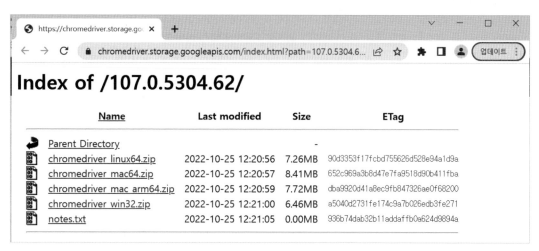

그림 A.19 크롬 브라우저 드라이버 다운로드 사이트

zip 파일의 압축을 풀어서 chromedriver.exe 파일을 특정 폴더에 저장합니다. 이때 폴더의 경로를 기억해야 합니다. 해당 드라이버를 이용해 크롬 브라우저를 통제할 것이라고 파이썬에서 명시해야 셀레니엄을 통해 크롬 브라우저를 통제할 수가 있습니다. 이는 다음과 같이 코딩하면 됩니다. C:\Users\user\Downloads\chromedriver_win32\는 chromedriver.exe 파일이 저장된 폴더의 전체 경로입니다. 각자 해당 파일이 저장된 폴더의 경로명은 다를 수 있습니다.

```
s = Service(r'C:\Users\user\Downloads\chromedriver_win32\chromedriver.exe')
driver = webdriver.Chrome(service=s)
```

이 코드를 실행하면 새로운 크롬 브라우저가 실행되고, driver 객체를 통해 해당 브라우저를 통제할 수 있습니다. 즉, driver 객체를 이용해 브라우저상에서 사람이 하는 행동을 흉내 내 특정 웹 페이지로 이동할 수 있습니다.

크롬 브라우저를 위의 코드를 이용해 실행한 후에 특정 웹 페이지로 이동하려면 webdriver 모듈에서 제공하는 get() 함수를 사용합니다. requests의 get() 함수와 비슷하게 접속하고자 하는 웹 페이지의 URL 주소를 webdriver의 get() 함수 인자로 입력합니다.

예를 들어 우리가 최종적으로 접속하고자 하는 웹 페이지가 예스24에서 제공하는 베스트셀러 중 첫 번째 책에 대한 페이지라고 가정하겠습니다(그림 A.20에서는 '트렌드 코리아 2023'입니다).

그림 A.20 예스24 베트스셀러 페이지

위 책에 대한 페이지는 그림 A.21과 같습니다.

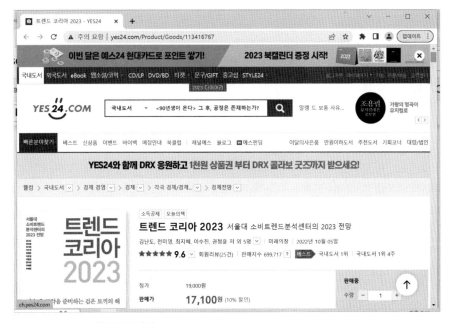

그림 A.21 트렌드 코리아 2023 책의 웹 페이지

여기서 우리가 추출하고자 하는 정보가 책에 대한 리뷰 정보라고 하겠습니다. 해당 리뷰 정보를 셀레니엄을 사용해 추출해 보겠습니다. 셀레니엄을 사용하기 전에 먼저 생각해봐야 하는 것은, 우리가 원하는 정보를 담고 있는 웹 페이지로 어떻게 이동할 수 있느냐 하는 것입니다. 해당 페이지의 URL 주소를 알면 해당 주소를 이용해 바로 이동할 수 있습니다. 하지만 해당 페이지의 주소 정보를 모르는 경우에는 어떻게 해야 할까요? 아마도 다음과 같은 과정을 통해 해당 페이지로 이동할 것입니다.

① 브라우저상에서 www.yes24.com을 입력해 예스24의 메인 페이지로 이동하기

② 메인 페이지에서 [베스트] 버튼을 클릭하여 베스트셀러 정보가 나오는 페이지로 이동하기

③ 베스트셀러 페이지에서 우리가 원하는 책인 첫 번째 책에 대한 링크를 클릭하여 해당 페이지로 이동하기

④ 해당 페이지에서 책에 대한 회원 리뷰를 보기 위해 [회원리뷰] 링크 클릭하기

위의 과정을 셀레니엄을 이용해 수행해 보겠습니다.

셀레니엄을 이용해 회원 리뷰 정보 가져오기

selenium의 webdriver 모듈을 이용해 원하는 책에 대한 리뷰 정보를 가져오겠습니다. 코드는 selenium_example.ipynb를 참고하세요.

① 먼저 다음 코드를 사용해 크롬 브라우저를 실행합니다.

```
from selenium import webdriver  # 셀레니엄의 webdriver 모듈 임포트
from selenium.webdriver.chrome.service import Service
from selenium.webdriver.common.by import By

# 크롬 드라이버를 저장하고 있는 폴더 경로 입력 필요
s = Service(r'C:\Users\user\Downloads\chromedriver_win32\chromedriver.exe')
driver = webdriver.Chrome(service=s)
```

그리고 다음 코드를 이용해 예스24 메인 페이지로 이동합니다.

```
url = 'http://www.yes24.com'
driver.get(url)
```

② 메인 페이지에서 [베스트] 버튼을 클릭합니다.

selenium의 webdriver 모듈을 이용해 웹 페이지의 특정 링크나 버튼을 클릭하기 위해서는 먼저 해당 링크나 버튼을 찾아야 합니다. 웹 페이지를 구성하는 링크, 버튼 등을 우리는 웹 페이지의 원소(element)라고 부릅니다.

그리고 각 원소는 각자 고유한 정보를 가지고 있습니다. 주소 정보, ID 정보가 그러한 것입니다. 여기서는 각 원소가 갖는 주소 정보를 사용해 해당 원소를 찾아서 원소에 접근해 보겠습니다. 이러한 주소를 XPath라고 합니다. 특정 링크나 버튼의 XPath 주소를 찾기 위해서는 크롬 브라우저를 사용합니다. 이를 위해 먼저 그림 A.22과 같이 우리가 클릭하고자 하는 링크(혹은 아이콘 또는 버튼)에서 마우스 오른쪽 버튼을 클릭하면 나오는 메뉴에서 [검사(N)]를 선택합니다.

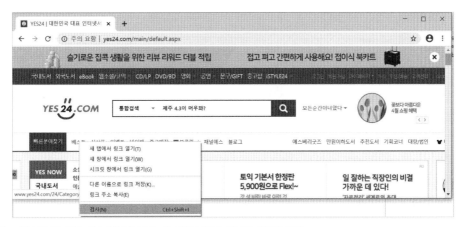

그림 A.22 예스24 메인 페이지의 [베스트] 메뉴에서 마우스 오른쪽 버튼을 클릭

그러면 그림 A.23와 같은 화면을 볼 수 있습니다. 해당 링크는 결국 하나의 태그를 의미합니다. 이 태그의 XPath 정보를 확인해야 합니다. 이를 위해 해당 태그(그림 A.23에서 하이라이트된 태그)를 다시 마우스 오른쪽 버튼을 이용하여 클릭합니다.

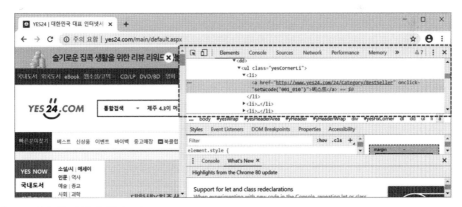

그림 A.23 검사 메뉴 선택 후 화면 모습

메뉴 중에서 [Copy]를 선택하고, 다시 하위 메뉴 중에서 [Copy XPath]를 클릭합니다(그림 A.24 참고). 그러면 해당 링크의 XPath 정보가 복사됩니다.

그림 A.24 XPath 정보 복사하기

해당 정보를 webdriver 모듈에서 제공하는 find_element() 함수가 갖는 value 파라미터의 인자로 다음과 같이 전달합니다. XPath 정보를 이용해 특정 원소를 찾기 위해서는 find_element() 함수의 by 파라미터의 값을 By.XPATH로 설정해야 합니다.

```
element = driver.find_element(
    by=By.XPATH, value='//*[@id="yesFixCorner"]/dl/dd/ul[1]/li[1]/a'
)
```

클릭하고자 하는 원소를 find_element() 함수를 이용해 찾은 다음에는 클릭해야 합니다. 이는 다음과 같이 click() 함수를 이용해 수행합니다. 그러면 해당 링크와 연결된 페이지로 이동합니다. 즉, 베스트셀러 페이지로 이동하게 되는 것입니다.

```
element.click()
```

③ 그다음에는 앞에서 수행한 과정을 반복합니다. 즉, 클릭하고자 하는 첫 번째 책에 대한 링크를 find_element() 함수를 이용해서 찾고, click() 함수를 호출해 클릭합니다. 해당 링크의 XPath를 알기 위해서는 다시 해당 링크에서 마우스 오른쪽 버튼을 클릭한 후 [Copy] → [Copy XPath] 메뉴를 차례로 선택합니다. 코드는 다음과 같습니다. 다음 코드가 실행되면 책의 정보를 보여주는 페이지로 이동합니다.

```
element = driver.find_element(by=By.XPATH, value='//*[@id="bestList"]/ol/li[1]/p[1]/a')
element.click()
```

④ 이제 마지막으로 우리가 원하는 정보를 보기 위해 [회원리뷰] 링크를 클릭합니다. 과정은 앞에서 설명한 것과 동일합니다. 다음과 같이 코딩할 수 있습니다.

```
#회원 리뷰 링크 찾고 클릭하기
element = driver.find_element(
    by=By.XPATH,
    value='//*[@id="yDetailTopWrap"]/div[2]/div[1]/span[3]/span[2]/a'
)
element.click()
```

이러한 과정을 거쳐 셀레니엄을 통해 원하는 정보를 담고 있는 웹 페이지로 이동했다면 이제 해당 페이지의 소스 코드를 실시간으로 서버로부터 다운로드해야 합니다. 이는 다음 코드를 사용합니다. 셀레니엄을 이용해 실시간으로 내려받은 소스 코드는 page_source라는 변수에 저장됩니다.

```
html = driver.page_source
```

이렇게 하면 html 변수에 우리가 원하는 정보를 포함하는 소스 코드가 저장됩니다. 여기까지가 셀레니엄의 역할입니다. 셀레니엄을 사용하고 난 후에는 셀레니엄을 이용해 실행한 브라우저를 종료해야 합니다. 이를 위해서는 다음과 같이 close() 함수를 호출합니다.

```
driver.close()
```

셀레니엄을 이용해 소스 코드를 다운로드한 다음에는 최종적으로 추출하고자 하는 내용(여기서는 회원리뷰 정보)을 BeautifulSoup을 통해 추출하면 됩니다. 즉, 다운로드한 소스 코드에 저장된 태그 중 우리가 원하는 정보를 저장하고 있는 태그를 BeautifulSoup을 이용해 찾고, 그 내용을 추출하면 되는 것입니다. 이 과정은 앞에서 다룬 BeautifulSoup 관련 내용을 참고하세요.

B

행렬

행렬(matrix)도 벡터와 함께 데이터 분석에서 중요한 역할을 합니다. 따라서 데이터 분석을 잘하기 위해서는 행렬의 내용을 알고 있어야 합니다. 여기서는 데이터 분석과 관련된 행렬의 기초적인 내용을 살펴보겠습니다.

B.1 행렬이란?

행렬은 벡터와 더불어 선형대수(linear algebra)를 구성하는 주요 요소입니다.[7] 벡터를 여러 개의 숫자를 일렬로 배열한 것이라고 생각한다면, 행렬은 여러 개의 숫자를 사각형 형태로 배열한 것이라고 생각할 수 있습니다. 행렬은 일반적으로 행의 수와 열의 수를 이용해서 표현합니다. 예를 들어 m×n 행렬이라고 한다면, 행의 수가 m이고 열의 수가 n인 행렬을 의미합니다. 다음과 같은 행렬 A가 있다고 가정합니다.

$$A = \begin{bmatrix} 1 & 2 \\ 3 & 4 \end{bmatrix}$$

이는 2×2 행렬입니다. 즉, 행의 수=열의 수=2입니다. 행의 수와 열의 수가 같은 행렬을 정방행렬(square matrix)라고 합니다.[8] 첫 번째 행은 [1 2], 두 번째 행은 [3 4]이고, 첫 번째 열은 $\begin{bmatrix} 1 \\ 3 \end{bmatrix}$, 두번째 열은 $\begin{bmatrix} 2 \\ 4 \end{bmatrix}$입

---

7 벡터에 대해서는 '9.1 벡터의 이해'를 참고하세요.
8 정사각행렬이라고 하기도 합니다.

니다. 각 행이나 열은 하나의 벡터로 간주할 수 있습니다. 예를 들어, 텍스트 데이터를 나타내는 DTM의 경우, 각 행은 문서를 나타내는 벡터였습니다. 각 열을 하나의 벡터로 간주한다면(즉, $v_1 = \begin{bmatrix} 1 \\ 3 \end{bmatrix}$, $v_2 = \begin{bmatrix} 2 \\ 4 \end{bmatrix}$), 행렬 A를 $[v_1 \ v_2]$로 표현할 수 있습니다.

파이썬에서는 9.1절에서 다룬 벡터와 마찬가지로 numpy를 이용해서 행렬을 생성하고 행렬과 관련된 연산을 수행할 수 있습니다(관련 파이썬 코드는 matrix_examples.ipynb 파일을 참고하세요).

위의 행렬 A는 다음과 같이 생성합니다.

```
import numpy as np

A = np.array([[1, 2],
              [3, 4]])
```

행렬의 각 행이나 열은 인덱싱 방법을 사용해 접근할 수 있습니다.

```
A[:, 0] # 첫 번째 열 추출
```
```
array([1, 3])
```

이 결과는 행렬 A의 첫 번째 열인 $\begin{bmatrix} 1 \\ 3 \end{bmatrix}$을 의미합니다.

B.2 행렬의 연산

행렬의 연산에 대해 간단하게 살펴보겠습니다.

B.2.1 행렬과 스칼라 간 연산

행렬과 스칼라의 연산은 다음과 같습니다.

$$A = \begin{bmatrix} 1 & 2 \\ 3 & 4 \end{bmatrix}, \ A + 1 = \begin{bmatrix} 1+1 & 2+1 \\ 3+1 & 4+1 \end{bmatrix} = \begin{bmatrix} 2 & 3 \\ 4 & 5 \end{bmatrix}$$

$$A \times 3 = \begin{bmatrix} 1 \times 3 & 2 \times 3 \\ 3 \times 3 & 4 \times 3 \end{bmatrix} = \begin{bmatrix} 3 & 6 \\ 9 & 12 \end{bmatrix}$$

즉, 스칼라가 행렬의 각 원소와 주어진 연산을 수행하게 됩니다. 이러한 연산 방식을 브로드캐스팅 (broadcasting)이라고 합니다.

앞에서 numpy를 이용해 생성한 행렬 A에 대해 더하기 연산과 곱하기 연산을 수행해 보겠습니다.

A+1

```
array([[2, 3],
       [4, 5]])
```

A*3

```
array([[ 3,  6],
       [ 9, 12]])
```

B.2.2 행렬과 행렬 간 연산

행렬과 행렬의 곱하기

행렬과 행렬의 곱하기 연산을 살펴보겠습니다. 두 행렬 $A=\begin{bmatrix} 1 & 2 \\ 3 & 4 \end{bmatrix}$, $B=\begin{bmatrix} 1 & 2 & 3 \\ 4 & 5 & 6 \end{bmatrix}$ 간의 곱하기는 그림 B.1과 같이 연산됩니다. 즉, 행렬 A의 행과 행렬 B의 열이 순차적으로 내적 연산되어 그 결과를 원소로 하는 또 다른 행렬이 도출됩니다.

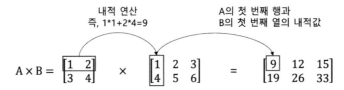

그림 B.1 행렬 간의 곱하기 연산

전체 연산은 다음과 같습니다.

$$A \times B = \begin{bmatrix} 1 & 2 \\ 3 & 4 \end{bmatrix} \times \begin{bmatrix} 1 & 2 & 3 \\ 4 & 5 & 6 \end{bmatrix} = \begin{bmatrix} 1\times1+2\times4 & 1\times2+2\times5 & 1\times3+2\times6 \\ 3\times1+4\times4 & 3\times2+4\times5 & 3\times3+4\times6 \end{bmatrix} = \begin{bmatrix} 9 & 12 & 15 \\ 19 & 26 & 33 \end{bmatrix}$$

$m \times k$ 행렬과 $k \times n$ 행렬 간의 곱하기 결과로 나오는 행렬의 크기는 $m \times n$이 됩니다. 가운데 k가 없어진다고 생각할 수 있습니다. 첫 번째 행렬의 각 행과 두 번째 행렬의 각 열의 내적 연산으로 계산되기 때문에, 첫 번째 행렬의 열의 수와 두 번째 행렬의 행의 수가 같아야만 두 행렬 간의 곱하기 연산을 수행할 수 있습니다.

참고로 AB ≠ BA입니다. 즉, 곱하기의 순서가 달라지면 결과도 달라집니다.

numpy에서는 dot() 함수를 이용해 행렬 간의 곱하기 연산을 수행할 수 있습니다.

```
B = np.array([[1,2,3],
              [4,5,6]])
np.dot(A, B)
```

```
array([[ 9, 12, 15],
       [22, 29, 36]])
```

다음 코드를 실행하면 에러가 발생합니다. 그 이유는 첫 번째 행렬인 B의 열의 수와 두 번째 행렬인 A의 행의 수가 다르기 때문입니다.

```
np.dot(B,A)
```

```
ValueError: shapes (2,3) and (2,2) not aligned: 3 (dim 1) != 2 (dim 0)
```

행렬 간 합과 차

행렬 간의 합(또는 차)은 다음과 같이 원소별로 계산됩니다. 따라서 크기가 다른 행렬 간에는 합 또는 차의 연산이 불가능합니다.

$$A = \begin{bmatrix} 1 & 2 \\ 3 & 4 \end{bmatrix}, \ C = \begin{bmatrix} 2 & 2 \\ 4 & 4 \end{bmatrix}, \ A + C = \begin{bmatrix} 1 & 2 \\ 3 & 4 \end{bmatrix} + \begin{bmatrix} 2 & 2 \\ 4 & 4 \end{bmatrix} = \begin{bmatrix} 1+2 & 2+2 \\ 3+4 & 4+4 \end{bmatrix} = \begin{bmatrix} 3 & 4 \\ 7 & 8 \end{bmatrix}$$

행렬과 벡터의 곱하기

행렬과 벡터의 곱하기에서는 원소가 n인 벡터를 n×1의 행렬로 간주할 수 있습니다(즉, 행렬과 행렬의 곱하기가 되는 것입니다).

$A = \begin{bmatrix} 1 & 2 \\ 3 & 4 \end{bmatrix}$, $v = \begin{bmatrix} 1 \\ 2 \end{bmatrix}$에 대해서 $A \times v$는 다음과 같습니다.

$$A \times v = \begin{bmatrix} 1 & 2 \\ 3 & 4 \end{bmatrix} \times \begin{bmatrix} 1 \\ 2 \end{bmatrix} = \begin{bmatrix} 1 \times 1 + 2 \times 2 \\ 3 \times 1 + 4 \times 2 \end{bmatrix} = \begin{bmatrix} 5 \\ 11 \end{bmatrix}$$

행렬과 벡터의 곱하기 결과는 하나의 벡터가 됩니다.

numpy의 경우는 dot() 함수를 이용해 행렬과 벡터 곱하기 연산을 수행합니다.

```
v = np.array([1,2])
np.dot(A,v)
```

```
array([ 5, 11])
```

행렬과 벡터 곱하기의 기하학적 의미

행렬과 벡터의 곱하기에서 행렬은 공간상의 한 점(즉, 벡터)을 다른 점으로 이동하는 역할을 합니다. 행렬에서 이러한 이동을 선형 변환(linear transformation)이라고 표현합니다. 두 벡터 u, v와 스칼라 a에 대해 다음 두 조건이 만족하는 변환을 선형 변환이라고 합니다(다음에서 T는 행렬을 의미한다고 생각하면 됩니다).

$$T(u+v)=T(u)+T(v)$$
$$T(au)=aT(u)$$

위의 예에서 행렬 $A \times v$에서 행렬 A의 역할은 벡터 v를 또 다른 점으로 이동하는 것입니다. $A \times v$의 결과는 다음과 같습니다. 즉, 벡터 $v = \begin{bmatrix} 1 \\ 2 \end{bmatrix}$는 행렬 $A = \begin{bmatrix} 1 & 2 \\ 3 & 4 \end{bmatrix}$에 의해서 벡터 $\begin{bmatrix} 5 \\ 11 \end{bmatrix}$로 이동합니다.

$$A \times v = \begin{bmatrix} 5 \\ 11 \end{bmatrix}$$

이 과정을 그림으로 표현하면 다음과 같습니다.

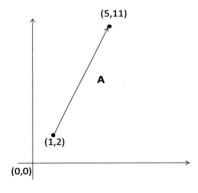

그림 B.2 행렬의 기하학적 의미

행렬 A가 n×2의 형태라면, 행렬 A에 의해서 벡터 v는 n차원 공간의 점으로 이동하게 됩니다. 즉, 원소의 수가 n인 벡터가 되는 것입니다. 행렬의 작동 원리를 잘 이해하기 위해서는 이러한 기하학적 의미를 기억하는 것이 중요합니다.

행렬과 벡터의 합과 차

행렬과 벡터의 합(또는 차)에서는 행렬의 열의 수만큼 벡터가 반복적으로 적용됩니다. 위 행렬 A와 벡터 v 사이의 합은 다음과 같습니다.

$$A+v=\begin{bmatrix} 1 & 2 \\ 3 & 4 \end{bmatrix}+\begin{bmatrix} 1 \\ 2 \end{bmatrix}\begin{bmatrix} 1 \\ 2 \end{bmatrix}=\begin{bmatrix} 1 & 2 \\ 3 & 4 \end{bmatrix}+\begin{bmatrix} 1 & 1 \\ 2 & 2 \end{bmatrix}=\begin{bmatrix} 2 & 3 \\ 5 & 6 \end{bmatrix}$$

B.3 행렬의 종류

주요 행렬의 종류에는 대각행렬, 단위행렬, 전치행렬, 대칭행렬이 있습니다.

B.3.1 대각행렬

대각행렬(diagonal matrix)은 대각성분(즉, 대각선 위의 원소) 이외의 다른 원소 값이 0인 행렬을 의미합니다(다음 행렬 참고).

$$D=\begin{bmatrix} 1 & 0 \\ 0 & 4 \end{bmatrix}$$

정방행렬[9]이 아니어도 대각행렬이 존재합니다. 즉, 다음과 같습니다.

$$\begin{bmatrix} 1 & 0 & 0 \\ 0 & 3 & 0 \\ 0 & 0 & 5 \\ 0 & 0 & 0 \end{bmatrix} \quad \text{또는} \quad \begin{bmatrix} 1 & 0 & 0 & 0 \\ 0 & 3 & 0 & 0 \\ 0 & 0 & 5 & 0 \end{bmatrix}$$

---

9 행과 열의 수가 같은 행렬

대각행렬은 다음과 같은 특성을 갖습니다.

$$DD = \begin{bmatrix} 1 & 0 \\ 0 & 4 \end{bmatrix} \begin{bmatrix} 1 & 0 \\ 0 & 4 \end{bmatrix} = \begin{bmatrix} 1 \times 1 & 0 \\ 0 & 4 \times 4 \end{bmatrix} = \begin{bmatrix} 1^2 & 0 \\ 0 & 4^2 \end{bmatrix} = D^2$$

즉, 이를 일반화하면 다음과 같습니다.

$$D^n = DD \cdots D = \begin{bmatrix} 1^n & 0 \\ 0 & 4^n \end{bmatrix}$$

B.3.2 단위행렬

단위행렬(identity matrix)은 대각 성분이 모두 1인 대각행렬을 의미합니다. 다음과 같습니다.

$$I_2 = \begin{bmatrix} 1 & 0 \\ 0 & 1 \end{bmatrix}$$

I_2에서 아래첨자 2는 대각성분의 수를 의미합니다.

어떠한 행렬과 단위행렬의 곱하기는 행렬 자기 자신이 됩니다. 이는 벡터에도 적용됩니다. 다음의 예를 참고하세요.

$$A = \begin{bmatrix} 1 & 2 \\ 3 & 4 \end{bmatrix}, \ v = \begin{bmatrix} 1 \\ 2 \end{bmatrix}$$

$$IA = \begin{bmatrix} 1 & 0 \\ 0 & 1 \end{bmatrix} \begin{bmatrix} 1 & 2 \\ 3 & 4 \end{bmatrix} = \begin{bmatrix} 1 & 2 \\ 3 & 4 \end{bmatrix} = \begin{bmatrix} 1 & 2 \\ 3 & 4 \end{bmatrix} \begin{bmatrix} 1 & 0 \\ 0 & 1 \end{bmatrix} = AI, \ 즉 \ IA = AI = A$$

$$마찬가지로, \ Iv = \begin{bmatrix} 1 & 0 \\ 0 & 1 \end{bmatrix} \begin{bmatrix} 1 \\ 2 \end{bmatrix} = \begin{bmatrix} 1 \\ 2 \end{bmatrix} = v$$

기하학적 의미를 생각하면, 단위행렬에 의한 변환은 벡터를 움직이지 않는 변환이라고 생각할 수 있습니다.

파이썬에서는 numpy에서 제공하는 eye() 함수를 이용해 단위행렬을 만들 수 있습니다. 다음과 같이 코딩하면 대각성분의 수가 2인 단위행렬이 생성됩니다.

```
I = np.eye(2)
I
```

```
array([[1., 0.],
       [0., 1.]])
```

행렬 A와 단위행렬 I의 곱하기는 행렬 A인 것을 확인할 수 있습니다.

```
np.dot(I, A)
```

```
array([[1., 2.],
       [3., 4.]])
```

```
np.dot(A,I)
```

```
array([[1., 2.],
       [3., 4.]])
```

B.3.3 전치행렬

어떤 행렬의 전치행렬(transposed matrix)은 행과 열이 바뀐 행렬을 말합니다. 즉, 기존 행렬의 행이 새로운 행렬의 열이 되고, 기존 열이 새로운 행이 되는 것입니다(그림 B.3 참고). 행렬 A의 전치행렬은 A^T로 표현합니다. 여기서 윗첨자 T는 Transposed matrix를 의미합니다.

$$\begin{bmatrix} a_{11} & a_{12} & a_{13} \\ a_{21} & a_{22} & a_{23} \\ a_{31} & a_{32} & a_{33} \end{bmatrix}^{T} = \begin{bmatrix} a_{11} & a_{21} & a_{31} \\ a_{12} & a_{22} & a_{32} \\ a_{13} & a_{23} & a_{33} \end{bmatrix}$$

그림 B.3 전치행렬

numpy에서는 A의 전치행렬을 A.T로 표현합니다.

```
A.T
```

```
array([[1, 3],
       [2, 4]])
```

전치행렬은 다음과 같은 특성을 갖습니다.

$$(A^T)^T = A$$
$$(A+B)^T = A^T + B^T$$
$$(kA)^T = kA^T \text{ (k는 스칼라입니다)}$$
$$(AB)^T = B^T A^T$$

B.3.4 대칭행렬

대칭행렬(symmetric matrix)은 대각선을 기준으로 위아래가 같은 행렬입니다. 다음은 대칭행렬의 예를 보여줍니다.

$$S = \begin{bmatrix} 1 & 2 \\ 2 & 4 \end{bmatrix}$$

대칭행렬은 다음과 같은 특성을 갖습니다.

$$S = S^T$$

즉, 원 행렬과 전치행렬이 같습니다.

B.4 역행렬

여기서는 역행렬에 대해 살펴보겠습니다.

B.4.1 역행렬이란?

$n \times n$ 행렬 A에 대해 다음을 만족하는 행렬 X를 행렬 A의 역행렬(inverse matrix)이라고 합니다.[10]

$$AX = XA = I_n$$

---

10 정방행렬이 아닌 경우에도 역행렬이 존재하지만, 여기서는 정방행렬의 역행렬에 대해서만 다룹니다.

행렬 A의 역행렬은 A^{-1}로 표현됩니다. 즉, 다음과 같이 다시 표현할 수 있습니다.

$$AA^{-1} = A^{-1}A = I_n$$

예를 들어, 2×2 행렬 $A = \begin{bmatrix} a & b \\ c & d \end{bmatrix}$의 역행렬은 다음과 같이 계산됩니다.

$$A^{-1} = \frac{1}{ad-bc} \begin{bmatrix} d & -b \\ -c & a \end{bmatrix}$$

구체적으로 행렬 $A = \begin{bmatrix} 1 & 2 \\ 2 & 5 \end{bmatrix}$의 역행렬은 다음과 같이 계산됩니다.

$$A^{-1} = \frac{1}{1 \times 5 - 2 \times 2} \begin{bmatrix} 5 & -2 \\ -2 & 1 \end{bmatrix} = \begin{bmatrix} 5 & -2 \\ -2 & 1 \end{bmatrix}$$

파이썬에서는 numpy의 하위 모듈인 linalg[11] 모듈에서 제공되는 inv()[12] 함수를 사용해 역행렬을 구할 수 있습니다.

```
A = np.array([[1, 2],
              [2, 5]])
A_inv = np.linalg.inv(A)
A_inv
```

```
array([[ 5., -2.],
       [-2.,  1.]])
```

A와 A_inv를 곱하면 단위행렬이 되는 것을 알 수 있습니다.

```
np.dot(A, A_inv)
```

```
array([[1., 0.],
       [0., 1.]])
```

```
np.dot(A_inv, A)
```

```
array([[1., 0.],
       [0., 1.]])
```

---

11 선형대수인 linear algebra를 의미합니다.
12 inverse를 의미합니다.

B.4.2 역행렬의 기하학적 의미

역행렬은 원래 행렬에 의해 옮겨진 점을 원래 자리로 되돌리는 역할을 합니다. 즉, 행렬 A의 역행렬 A^{-1}은 A에 의해 옮겨진 점을 원래의 점으로 옮기는 변환을 의미합니다. 예를 들어, 다음 그림에서 행렬 $A = \begin{bmatrix} 1 & 2 \\ 2 & 5 \end{bmatrix}$ 는 점 x=(1,0)을 점 y=(1,2)로 옮기는 변환을 수행하고, 역행렬 $A^{-1} = \begin{bmatrix} 5 & -2 \\ -2 & 1 \end{bmatrix}$ 는 점 y를 점 x로 되돌리는 변환을 수행합니다.

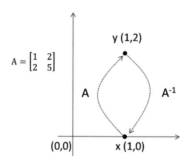

그림 B.4 역행렬의 기하학적 의미

파이썬 코드를 이용해 확인해 보겠습니다.

```
x=np.array([1,0])
np.dot(A,x)
```
```
array([1, 2])
```

```
y = np.array([1,2])
np.dot(A_inv,y)
```
```
array([1., 0.])
```

'역행렬이 없다'는 것의 기하학적 의미

모든 행렬이 역행렬을 갖는 것은 아닙니다. 역행렬은 위에서 설명한 것처럼 원래 행렬에 의해 이동한 점을 원래의 위치로 되돌리는 변환을 수행합니다. 역행렬이 없다는 것은 이러한 변환이 불가능하다는 것을 의미합니다. 즉, 원래 행렬에 의해 이동된 점을 원래 자리로 되돌릴 수 있는 행렬이 없다는 뜻입니다.

그렇다면 역행렬은 언제 존재하고 언제 존재하지 않을까요? 이를 알기 위해서는 행렬의 랭크(rank)에 대해 알아야 합니다.

B.4.3 행렬의 랭크

행렬의 랭크란?

행렬의 랭크(rank)는 서로 선형 독립인(linearly independent) 행(또는 열)의 수를 의미합니다. 어떠한 행이 행렬의 다른 행들의 선형 조합으로 표현되지 않는 경우, 해당 행은 다른 행들과 선형 독립을 갖는다고 얘기합니다.

행렬의 행이나 열은 하나의 벡터가 되기 때문에 행들(혹은 열들) 간의 선형 독립의 의미를 벡터를 이용해 표현해 보겠습니다. 서로 다른 벡터 v_1, v_2, $\cdots$, v_k에 대해 다음 조건을 만족하는 스칼라 a_1, a_2, $\cdots$, a_k가 존재하는 경우($a_1=a_2=\cdots=a_k=0$인 경우 제외), v_1, v_2, $\cdots$, v_k는 상호 의존적(linearly dependent)이라고 표현합니다.

$$a_1 v_1 + a_2 v_2 + \cdots + a_k v_k = 0$$

반대로 위 식이 $a_1=a_2=\cdots=a_k=0$인 경우에만 만족한다면 v_1, v_2, $\cdots$, v_k는 상호 독립적이 됩니다.

간단한 예를 한 번 들어보겠습니다.

$$B = \begin{bmatrix} 1 & 2 \\ 2 & 4 \end{bmatrix}$$

위 행렬 B의 경우 첫 번째 행과 두 번째 행은 서로 독립일까요? 두 번째 행이 첫 번째 행의 실수배로 표현되기 때문에(즉, [2 4]=2×[1 2], 혹은 첫 번째 행이 두 번째 행의 실수로 표현되기 때문에) 두 행은 서로 선형 독립이 아닙니다. 그렇기 때문에 행렬 B에 존재하는 선형 독립인 행(혹은 열)의 수는 1이 됩니다.[13] 이는 행렬 B의 랭크가 1이라는 것을 의미합니다.

참고로 서로 독립인 행의 수는 서로 독립인 열의 수와 같습니다(관련 증명은 생략합니다).

파이썬에서는 numpy의 하위 모듈인 linalg에서 제공되는 matrix_rank() 함수를 사용해 행렬의 랭크를 구할 수 있습니다. 위의 행렬 B의 랭크를 구해보겠습니다.

---

13 정확하게 서로 선형 독립인 행 (또는 열)의 수를 찾기 위해서는 가우시안 소거법을 사용해 행렬을 사다리꼴 형태 (echelon form)로 변환해야 합니다. 하지만 이는 이 책의 범위를 벗어나기 때문에 여기서는 설명하지 않겠습니다.

```
B = np.array([[1, 2],
              [2, 4]])
np.linalg.matrix_rank(B)
```

```
1
```

또 다른 예를 들어 보겠습니다. 앞에서 살펴봤던 행렬 $A=\begin{bmatrix} 1 & 2 \\ 2 & 5 \end{bmatrix}$의 랭크는 무엇일까요? 두 행이 서로 독립이기 때문에, 즉 한 행이 다른 행의 실수 배로 표현되지 않기 때문에 서로 독립인 행의 수가 2가 되어 랭크는 2가 됩니다.

```
np.linalg.matrix_rank(A)
```

```
2
```

풀랭크 행렬

n×n 행렬 A에 대해 모든 행이 서로 선형 독립(혹은 모든 열이 서로 선형 독립)인 경우, 행렬 A를 풀랭크 (full rank) 행렬이라고 합니다. 즉 '행렬 A의 랭크 = 행의 수(또는 열의 수)'인 경우, 행렬 A는 풀랭크 행렬입니다. 행렬이 풀랭크 행렬인 경우에는 역행렬이 존재합니다. 풀랭크가 아닌 경우에는 역행렬이 존재하지 않습니다. 풀랭크 행렬을 정칙행렬(non-singular matrix)이라고 표현하고, 풀랭크가 아닌 행렬을 특이행렬(singular matrix)이라고 표현합니다. 즉, 특이행렬은 역행렬이 존재하지 않습니다.

예를 들어, 위 행렬 B의 경우 행의 수(=열의 수)=2인 반면, 랭크=1이었습니다. 따라서 해당 행렬은 풀랭크 행렬이 아니기 때문에(즉, 특이행렬입니다), 역행렬이 존재하지 않습니다. 파이썬을 통해 확인해 보겠습니다. 다음과 같이 inv() 함수를 이용해 행렬 B의 역행렬을 구하려고 하면 Singular matrix라는 메시지와 함께 에러가 발생합니다. 즉, 특이 행렬이기 때문에 역행렬이 존재하지 않는다는 것을 의미합니다.

```
np.linalg.inv(B)
```

```
(앞 부분 결과 생략)
LinAlgError: Singular matrix
```

반면, 행렬 $A=\begin{bmatrix} 1 & 2 \\ 2 & 5 \end{bmatrix}$는 랭크의 값이 행의 수(혹은 열의 수)와 같기 때문에 풀랭크 행렬이고, 따라서 역행렬이 존재합니다(앞 부분에서 역행렬을 구했었습니다).

행렬 $B=\begin{bmatrix} 1 & 2 \\ 2 & 4 \end{bmatrix}$의 역행렬을 직접 구해보겠습니다. 앞에서 살펴본 역행렬 공식, 즉

$A=\begin{bmatrix} a & b \\ c & d \end{bmatrix}$, $A^{-1}=\dfrac{1}{ad-bc}\begin{bmatrix} d & -b \\ -c & a \end{bmatrix}$를 사용하면 다음과 같이 계산됩니다.

$$B^{-1}=\frac{1}{1\times4-2\times2}\begin{bmatrix} 4 & -2 \\ -2 & 1 \end{bmatrix}$$

위에서 볼 수 있는 것처럼, 풀랭크 행렬이 아닌 경우에는 $\dfrac{1}{ad-bc}$에서 분모인 $ad-bc=0$인 것을 알 수 있습니다. 행이(혹은 열이) 서로 선형 독립이 아닌 경우, 행렬은 다음과 같이 표현할 수 있습니다.

$$A=\begin{bmatrix} a & b \\ c & d \end{bmatrix}=\begin{bmatrix} a & b \\ ka & kb \end{bmatrix}$$

따라서 $ad-bc=kab-kab=0$이 됩니다.

여기에서 $ad-bc$를 **행렬의 행렬식(determinant)**이라고 합니다. 즉, 행렬식=0인 경우, 해당 행렬은 풀랭크 행렬이 아니고, 역행렬이 존재하지 않습니다. 파이썬에서는 `linalg` 모듈에서 제공하는 `det()` 함수를 이용해 행렬식을 구할 수 있습니다. 앞에서 살펴본 행렬 $A=\begin{bmatrix} 1 & 2 \\ 2 & 5 \end{bmatrix}$와 $B=\begin{bmatrix} 1 & 2 \\ 2 & 4 \end{bmatrix}$의 행렬식을 계산해 보겠습니다.

```
np.linalg.det(A) # = 1*5 - 2*2 = 1
```

```
1.0
```

```
np.linalg.det(B) # = 1*4 - 2*2 = 0
```

```
0.0
```

행렬식의 기하학적 의미

행렬식이 공간에서 어떠한 의미를 갖는지를 설명하기 위해 행렬 $C=\begin{bmatrix} 1 & 1 \\ 1 & 5 \end{bmatrix}$를 예로 들어 보겠습니다. 행렬은 한 점을 다른 점으로 이동하는 역할을 한다고 했습니다. 다음과 같이 표현할 수 있습니다.

$$\begin{bmatrix} 1 & 1 \\ 1 & 5 \end{bmatrix}\begin{bmatrix} x_1 \\ x_2 \end{bmatrix}=\begin{bmatrix} y_1 \\ y_2 \end{bmatrix}$$

행렬 C에서 점(1,0), (0,1), (1,1)이 어떠한 점으로 이동되는지 살펴보겠습니다. (1,0)은 (1,1)로 이동 하고, (0,1)은 (1,5)으로, (1,1)은 (2,6)으로 이동합니다. 이를 그림으로 표현하면 그림 B.5와 같습니다.

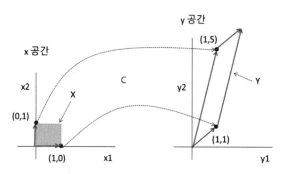

그림 B.5 행렬식의 기하학적 의미

위에서 왼쪽 사각형의 크기는 1이고 오른쪽 평행사변형의 크기는 4입니다. 그리고 행렬 C의 행렬식의 값은 4입니다. 즉, 행렬의 행렬식(정확하게는 행렬식의 절댓값)은 해당 행렬이 단위 공간을 얼마나 늘렸는지 혹은 줄였는지(즉, 넓이배)를 의미하는 것입니다.

따라서 행렬식 = 0인 행렬의 변환은 그림 B.6과 같습니다. 이는 여러 점이 행렬에 의해 한 점으로 이동한다는 것을 의미하고, 행렬에 의해 이동된 점을 이용해 원래의 점을 찾을 수 없다는 것을 의미하며, 이는 역행렬이 없다는 것을 의미합니다. 따라서 행렬식 = 0인 경우에는 역행렬이 없는 것입니다.

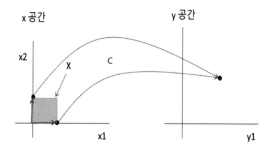

그림 B.6 행렬식=0인 행렬에 의한 변환

B.4.4 역행렬을 이용해 연립 방정식 풀기

역행렬은 연립 방정식을 풀 때 유용하게 사용됩니다. 설명을 위해 다음과 같이 두 개의 미지수에 대한 연립 방정식이 존재한다고 가정합니다.

$$x_1 + 2x_2 = 1$$
$$2x_1 + 5x_2 = 2$$

위의 연립 방정식을 행렬과 벡터를 이용해 표현하면 다음과 같이 됩니다.

$$\begin{bmatrix} 1 & 2 \\ 2 & 5 \end{bmatrix}\begin{bmatrix} x_1 \\ x_2 \end{bmatrix} = \begin{bmatrix} 1 \\ 2 \end{bmatrix}$$

$A = \begin{bmatrix} 1 & 2 \\ 2 & 5 \end{bmatrix}$, $x = \begin{bmatrix} x_1 \\ x_2 \end{bmatrix}$, $y = \begin{bmatrix} 1 \\ 2 \end{bmatrix}$인 경우 다음과 같이 표현할 수 있습니다.

$$Ax = y$$

이는 기하학적으로 x가 나타내는 2차원의 점이 A 를 통해 y라는 점으로 이동한다는 것을 의미합니다. 즉, 위 연립 방정식을 푼다는 것은 A 변환을 통해 y로 이동한 점(x)을 찾는다는 것을 의미합니다.

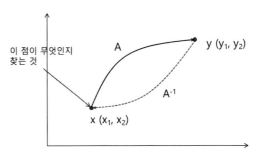

그림 B.7 연립 방정식을 푼다는 것의 기하학적 의미

즉, 행렬 A의 역행렬을 이용해 위 연립 방정식을 풀 수 있습니다. 이를 위해 $Ax = y$ 양변의 왼쪽에 A의 역행렬을 곱합니다.

$$A^{-1}Ax = A^{-1}y$$

여기서 $A^{-1}A = I$이기 때문에 다음을 얻습니다.

$$x = A^{-1}y$$
$$A^{-1}y = \begin{bmatrix} 5 & -2 \\ -2 & 1 \end{bmatrix}\begin{bmatrix} 1 \\ 2 \end{bmatrix} = \begin{bmatrix} 5 \times 1 - 2 \times 2 \\ -2 \times 1 + 1 \times 2 \end{bmatrix} = \begin{bmatrix} 1 \\ 0 \end{bmatrix}$$

numpy를 이용하면 다음과 같이 풀 수 있습니다.

```
x = np.dot(np.linalg.inv(A), y)
x
```

```
array([1., 0.])
```

C

EM(Expectation-Maximization) 알고리즘

EM 알고리즘은 일반적으로 잠재변수(latent variable, 관찰되지 않는 변수)가 포함된 우도 함수를 최대화하는 파라미터의 값을 찾을 때 사용됩니다. EM 알고리즘은 기본적으로 젠센 부등식(Jensen's inequality)을 기반으로 하기 때문에 여기서는 먼저 젠센 부등식에 대해 살펴보겠습니다.[14]

C.1 젠센 부등식

실수의 값을 취하는 변수 X에 대한 함수 $f(x)$가 존재하고, 해당 함수는 그림 C.1과 같이 아래로 볼록한 함수(convex function)라고 가정하겠습니다.

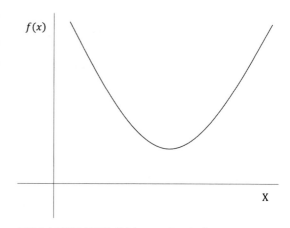

그림 C.1 아래로 볼록한 함수(convex function)

---

14 이 내용은 앤드류 응(Andrew Ng) 교수의 강의 노트를 참고해서 작성되었습니다. 해당 강의 노트는 http://cs229.stanford.edu/notes2020spring/cs229-notes8.pdf에서 다운로드할 수 있습니다.

수학적으로 표현하면 이차 도함수(즉, $f''(x)$)의 값이 0 이상인 경우($f''(x) \geq 0$, *for all* $x \in \mathbb{R}$), 함수 $f(x)$는 아래로 볼록한 함수가 됩니다($f''(x) > 0$인 경우에는 $f(x)$를 순볼록 함수(strictly convex function)라고 합니다).

젠센 부등식(Jensen's inequality)은 다음과 같습니다.

변수 X와 아래로 볼록한 함수(convex function) $f(\cdot)$에 대해 다음 부등식이 만족합니다.

$$E[f(X)] \geq f(E[X])$$

위 식은 함숫값의 평균은 변숫값의 평균에 대한 함숫값보다 크거나 같다는 것을 의미합니다. 이는 그림 C.2와 같이 표현할 수 있습니다.

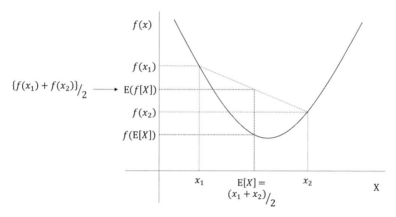

그림 C.2 젠센 부등식

추가적으로 $f(\cdot)$가 strictly convex 함수인 경우 $E[f(X)] = f(E[X])$는 $X = E[X]$인 경우(즉, X가 상수인 경우)에만 성립합니다.

$f(\cdot)$가 위로 볼록 함수라면 다음 부등식이 성립합니다.

$$E[f(X)] \leq f(E[X])$$

C.2 EM 알고리즘

N 개의 관측치로 구성된 데이터가 존재하고(즉, $x^{(1)}, x^{(2)}, \cdots, x^{(N)}$) 각 관측치는 서로 독립이라고 가정합니다. 이 경우 로그우도함수는 다음과 같이 표현됩니다.

$$l(\theta) = \sum_{i=1}^{N} \log p(x^{(i)}; \theta)$$

여기서 $p(x^{(i)}; \theta)$는 확률밀도함수 또는 확률질량함수가 되며, θ는 해당 확률 분포의 파라미터입니다(파라미터가 여러 개인 경우에는 파라미터 벡터가 됩니다).

그런데 데이터의 확률이 눈에 보이지 않는 변수, 즉 잠재변수(latent variable) z에 의해 영향을 받는다고 가정합시다. 그러한 경우 위 식은 다음과 같이 표현할 수 있습니다.

$$l(\theta) = \sum_{i=1}^{N} \log p(x^{(i)}; \theta) = \sum_{i=1}^{N} \log \sum_{z^{(i)}} p(x^{(i)}, z^{(i)}; \theta)$$

$p(x^{(i)}; \theta)$는 $x^{(i)}$와 $z^{(i)}$의 결합확률분포인 $p(x^{(i)}, z^{(i)}; \theta)$에서 도출된 주변확률분포로 생각할 수 있습니다. 따라서 $p(x^{(i)}; \theta) = \sum_{z^{(i)}} p(x^{(i)}, z^{(i)}; \theta)$가 됩니다.

일반적으로 우리는 데이터 분석을 통해 위의 로그우도함수 값을 최대로 하는 파라미터(θ)의 값을 찾고자 합니다(이러한 방법을 최대우도추정(maximum likelihood estimation, MLE)이라고 합니다). 하지만 위의 경우는 식에 잠재변수 $z^{(i)}$가 포함되어 있어 위 식의 값을 최대로 하는 파라미터의 값을 직접 계산하는 것이 어렵습니다. 그럴 때 유용하게 사용할 수 있는 방법이 EM(Expectation-Maximization) 알고리즘입니다($z^{(i)}$에 대한 데이터가 존재한다면, 즉 관찰 가능한 변수라면 MLE 방법을 사용해 위 식을 최대로 하는 파라미터의 값을 쉽게 구할 수 있습니다).

잠재변수가 존재하는 경우 $l(\theta)$를 직접 계산하는 것이 힘들기 때문에 EM 알고리즘은 $l(\theta)$를 직접 사용하지 않고 $l(\theta)$의 하한(lower-bound)을 대신 사용합니다. 이러한 하한은 잠재변수의 확률 분포를 이용해 표현됩니다. 그리고 잠재변수의 확률 분포로 표현되는 하한을 도출하기 위해 젠센 부등식을 사용합니다. $l(\theta)$의 하한이 어떻게 도출되는지 살펴보겠습니다.

$l(\theta)$의 하한은 잠재변수의 확률 분포를 이용해서 표현되기 때문에 여기서는 각 관측치 i에 대해 Q_i를 잠재변수 z에 대한 임의의(이산) 확률 분포[15]라고 가정하겠습니다(즉, z에 대한 확률질량함수가 되는 것입니

---

15 잠재변수는 일반적으로 이산 변수가 됩니다.

다). Q_i는 (이산) 확률 분포이기 때문에 다음이 만족합니다(가우시안 혼합 모형과 같은 군집화 분석의 경우, 찾고자 하는 군집의 수가 K라고 하면 $z \in \{1, 2, \cdots, K\}$가 됩니다).

$$\sum_z Q_i(z) = 1 \text{ and } Q_i(z) \geq 0$$

이와 관련하여 다음 식을 살펴보겠습니다.

$$
\begin{aligned}
l(\theta) &= \sum_{i=1}^{N} \log p(x^{(i)};\,\theta) = \sum_{i=1}^{N} \log \sum_{z^{(i)}} p(x^{(i)},\,z^{(i)};\,\theta) \\
&= \sum_{i=1}^{N} \log \sum_{z^{(i)}} Q_i(z^{(i)}) \frac{p(x^{(i)},\,z^{(i)};\,\theta)}{Q_i(z^{(i)})} \qquad (1) \\
&\geq \sum_{i=1}^{N} \sum_{z^{(i)}} Q_i(z^{(i)}) \log \frac{p(x^{(i)},\,z^{(i)};\,\theta)}{Q_i(z^{(i)})} \qquad (2)
\end{aligned}
$$

식 (1)에는 분자, 분모에 모두 $Q_i(z^{(i)})$을 곱했습니다. 그리고 식 (2)는 젠센 부등식이 사용됐습니다. 식 (2)가 어떻게 만족되는지 구체적으로 살펴보겠습니다.

위 식에서 $\dfrac{p(x^{(i)},\,z^{(i)};\,\theta)}{Q_i(z^{(i)})}$는 변수 z의 함수이기 때문에 해당 함수의 평균은 다음과 같이 표현됩니다.[16]

$$
\mathrm{E}\left[\frac{p(x^{(i)},\,z^{(i)};\,\theta)}{Q_i(z^{(i)})}\right] = \sum_{z^{(i)}} Q_i(z^{(i)}) \frac{p(x^{(i)},\,z^{(i)};\,\theta)}{Q_i(z^{(i)})}
$$

따라서 다음 방정식을 얻습니다.

$$
\log \sum_{z^{(i)}} Q_i(z^{(i)}) \frac{p(x^{(i)},\,z^{(i)};\,\theta)}{Q_i(z^{(i)})} = \log \mathrm{E}\left[\frac{p(x^{(i)},\,z^{(i)};\,\theta)}{Q_i(z^{(i)})}\right]
$$

비슷한 원리로,

$$
\sum_{z^{(i)}} Q_i(z^{(i)}) \log \frac{p(x^{(i)},\,z^{(i)};\,\theta)}{Q_i(z^{(i)})} = \mathrm{E}\left[\log \frac{p(x^{(i)},\,z^{(i)};\,\theta)}{Q_i(z^{(i)})}\right]
$$

가 됩니다.

---

16 왜냐하면 $E[g(X)] = \Sigma_x g(x)p(x)$이기 때문입니다(여기서 $p(x)$는 변수 X의 확률질량함수입니다). 관련 내용은 7.13절을 참고하세요.

log()는 strictly concave한 함수[17]이기 때문에 젠센 부등식에 따라 위 두 항 간에는 다음 관계가 만족합니다.

$$\log \mathrm{E}\left[\frac{p(x^{(i)},\ z^{(i)};\ \theta)}{Q_i(z^{(i)})}\right] \geq \mathrm{E}\left[\log \frac{p(x^{(i)},\ z^{(i)};\ \theta)}{Q_i(z^{(i)})}\right]$$

따라서 임의의 확률 분포 Q_i에 대해 식 (2)는 $l(\theta)$의 하한(lower-bound)이 됩니다.

식 (2)에 해당하는 하한의 구체적인 형태를 알기 위해서는 Q_i의 구체적인 형태를 알아야 합니다. 그렇다면 어떤 Q_i를 사용해야 할까요? Q_i로 사용할 수 있는 확률 분포는 여러 가지가 존재하지만, 일반적으로 식 (1)과 식 (2)를 같게 하는 Q_i를 선택합니다. 그래야 계산이 더욱 쉽고, $l(\theta)$의 최댓값을 더 쉽게 찾을 수 있습니다. 그리고 그러한 Q_i를 선택해야 EM 알고리즘이 제대로 작동합니다(EM 과정이 진행될수록 $l(\theta)$의 값이 증가하여 결과적으로 $l(\theta)$를 최대로 하는 파라미터의 값을 찾을 수 있습니다. 이에 대한 증명은 잠시 후 살펴보겠습니다). 즉, 다음 식을 만족하는 Q_i를 사용해야 합니다.

$$\log \mathrm{E}\left[\frac{p(x^{(i)},\ z^{(i)};\ \theta)}{Q_i(z^{(i)})}\right] = \mathrm{E}\left[\log \frac{p(x^{(i)},\ z^{(i)};\ \theta)}{Q_i(z^{(i)})}\right]$$

젠센의 부등식에 따르면 strictly concave한 함수인 경우에는 $\frac{p(x^{(i)},\ z^{(i)};\ \theta)}{Q_i(z^{(i)})}$가 상수인 경우에만 위 식이 만족합니다(로그 함수는 strictly concave한 함수입니다). 즉, 다음 조건을 만족해야 합니다.

$$\frac{p(x^{(i)},\ z^{(i)};\ \theta)}{Q_i(z^{(i)})} = c$$

여기서 c는 상수입니다. 위 식은 $Q_i(z^{(i)})$를 분자 $p(x^{(i)},\ z^{(i)};\ \theta)$와 비례한 분포로 정하면 성립합니다. 즉, 다음을 만족하는 $Q_i(z^{(i)})$를 사용하면 됩니다.

$$Q_i(z^{(i)}) \propto p(x^{(i)},\ z^{(i)};\ \theta)$$

그리고 $Q_i(z^{(i)})$는 하나의 확률 분포이기 $\sum_z Q_i(z)=1$때문에 을 만족해야 합니다. 따라서 자연스럽게 다음과 같이 정할 수 있습니다.

---

17 즉, $y=\log f(x)$라고 했을 때 $y''<0$이 됩니다. 예를 들어, $y=\log x$인 경우 $y''=-\frac{1}{x^2}<0$이 됩니다.

$$Q_i(z^{(i)}) = \frac{p(x^{(i)}, z^{(i)}; \theta)}{\sum_z p(x^{(i)}, z; \theta)}$$

여기서 $\sum_z \frac{p(x^{(i)}, z^{(i)}; \theta)}{\sum_z p(x^{(i)}, z; \theta)} = 1$이 됩니다. 위 식에서 분모인 $\sum_z p(x^{(i)}, z; \theta)$는 $x^{(i)}$의 주변확률분포를 의미하기 때문에 위 식은 다음과 같이 표현할 수 있습니다.

$$\frac{p(x^{(i)}, z^{(i)}; \theta)}{p(x^{(i)}; \theta)}$$

그리고 위 식은 조건부 확률 공식에 따라서 $p(z^{(i)}|x^{(i)}; \theta)$가 됩니다. 즉, 우리가 선택해야 하는 $Q_i(z^{(i)})$는 $x^{(i)}$에 대한 $z^{(i)}$의 조건부 확률 분포가 되는 것입니다.

$$Q_i(z^{(i)}) = p(z^{(i)}|x^{(i)}; \theta)$$

$Q_i(z^{(i)}) = p(z^{(i)}|x^{(i)}; \theta)$를 이용해서 로그우도함수($l(\theta)$)의 하한의 구체적인 형태를 도출할 수 있습니다. 즉, 식 (2)는 다음과 같이 표현됩니다.

$$\sum_{i=1}^{N} \sum_{z^{(i)}} p(z^{(i)}|x^{(i)}; \theta) \log \frac{p(x^{(i)}, z^{(i)}; \theta)}{p(z^{(i)}|x^{(i)}; \theta)} \qquad (3)$$

로그우도함수를 최대화하는 파라미터의 값을 직접 계산하는 것이 아니라 그 하한을 최대화하는 파라미터(들)의 값을 계산하게 됩니다(위 식에서 우리가 관심 있는 파라미터는 θ입니다). 그런데 $Q_i(z^{(i)})$(즉, $p(z^{(i)}|x^{(i)}; \theta)$)는 파라미터(들)의 함수이고, 파라미터는 $Q_i(z^{(i)})$의 함수이기 때문에 이 둘을 동시에 계산할 수는 없습니다. 따라서 둘의 값을 순차적으로 계산합니다. 첫 번째 단계에서는 주어진 파라미터의 값을 이용해 $Q_i(z^{(i)})$의 값을 계산하고, 두 번째 단계에서는 그렇게 계산된 $Q_i(z^{(i)})$를 이용해 식 (3)을 표현하고, 이를 최대로 하는 파라미터(들)의 값을 계산합니다. 로그우도함수의 값을 최대화하는 파라미터(들)의 값을 찾기 위해서 이러한 과정을 파라미터(들)의 값이 수렴할 때까지 반복해서 진행합니다.

EM 알고리즘을 간단하게 정리해 보면 다음과 같습니다.

1. **E(Expectation) 단계**: (식 (1)과 (2)를 같게 하는) $Q_i(z^{(i)}) = p(z^{(i)}|x^{(i)}; \theta)$의 값을 주어진 파라미터 값들을 이용해 계산합니다[18]. $p(z^{(i)}|x^{(i)}; \theta)$는 베이즈 공식에 의해 다음과 같이 됩니다.

---

18 처음에는 파라미터의 값들을 데이터를 이용해 초기화합니다. 그다음 단계부터는 M 단계에서 계산된 파라미터의 값들을 사용합니다.

$$p(z^{(i)}|x^{(i)};\ \theta) = \frac{\mathrm{p}(x^{(i)}|z^{(i)}=k;\ \theta)\mathrm{p}(z_i=k;\ \theta)}{\mathrm{p}(x^{(i)};\ \theta)} = \frac{\mathrm{p}(x^{(i)}|z^{(i)}=k;\ \theta)\mathrm{p}(z_i=k;\ \theta)}{\sum_z[\mathrm{p}(x^{(i)}|z^{(i)}=k;\ \theta)\mathrm{p}(z_i=k;\ \theta)]}$$

$\mathrm{p}(x^{(i)}|z^{(i)}=k;\ \theta)$와 $\mathrm{p}(z_i=k;\ \theta)$는 $x^{(i)}$와 파라미터를 이용해 표현될 수 있습니다.

> 10.4절에서 다룬 가우시안 혼합 모형의 경우, $\theta=\{\pi_k,\ \mu_k,\ \sigma_k^2\}$이고, $\mathrm{p}(x^{(i)}|z^{(i)}=k;\ \theta)=N(x_i|\mu_k,\ \sigma_k^2)$, $\mathrm{p}(z_i=k;\ \theta)=\pi_k$ 가 됩니다. 그리고 $Q_i(z^{(i)})$는 $\gamma(z_i-k)$으로 표현됐습니다.

2. M(Maximization) 단계: E 단계에서 계산된 $Q_i(z^{(i)})$을 하한식, 즉 $\sum_{i=1}^N \sum_{z^{(i)}} Q_i(z^{(i)})\log\frac{p(x^{(i)},\ z^{(i)};\ \theta)}{Q_i(z^{(i)})}$에 대입하고, 해당 식의 값을 최대로 하는 파라미터(들)의 값을 구합니다.

이러한 과정을 파라미터 값들이 수렴할 때까지(혹은 정해진 횟수만큼) 반복합니다.

이번에는 위 과정을 반복하면 정말로 로그우도함수를 최대로 하는 파라미터의 값을 찾을 수 있는지 살펴 보겠습니다.

$\theta^{(t)}$, $\theta^{(t+1)}$을 EM의 연속하는 두 과정의 파라미터 값이라고 가정합시다. EM 알고리즘이 작동하기 위해서는 $l(\theta^{(t+1)})\geq l(\theta^{(t)})$이어야 합니다(즉, EM은 단순 증가 과정이라는 것을 보여야 합니다). 이를 증명하는 데 있어 가장 중요한 것은 $Q_i(z^{(i)})$를 무엇으로 선택하느냐입니다. 앞에서 언급한 것처럼 '식 (1)=식 (2)'이 만족하기 위해서는 $\frac{p(x^{(i)},\ z^{(i)};\ \theta)}{Q_i(z^{(i)})}$가 상수가 돼야 합니다. 즉, 다음과 같이 표현할 수 있습니다.

$$\frac{p(x^{(i)},\ z^{(i)};\ \theta)}{Q_i(z^{(i)})} = c$$

그리고 이를 만족하는 $Q_i(z^{(i)})$는 $p(z^{(i)}|x^{(i)};\ \theta)$가 된다고 했습니다. 따라서 파라미터의 초깃값이 $\theta^{(t)}$로 정해진 경우, E 단계에서 $Q_i(z^{(i)})$는 다음과 같이 표현할 수 있습니다.

$$Q_i^{(t)}(z^{(i)}) = p(z^{(i)}|x^{(i)};\ \theta^{(t)})$$

위 식의 $Q_i^{(t)}(z^{(i)})$에 대해 '식 (1)=식 (2)'가 만족합니다. 즉, M 단계에서의 로그우도함수(정확하게는 로그 우도함수의 하한)는 다음과 같이 표현될 수 있습니다.

$$l(\theta^{(t)}) = \sum_{i=1}^N \sum_{z^{(i)}} Q_i^{(t)}(z^{(i)})\log\frac{p(x^{(i)},\ z^{(i)};\ \theta^{(t)})}{Q_i^{(t)}(z^{(i)})}$$

$\theta^{(t+1)}$는 위 식을 최대로 하는 θ의 값이 됩니다. 따라서 우리는 다음 결과를 얻을 수 있습니다.

$$l(\theta^{(t+1)}) \geq \sum_{i=1}^{N} \sum_{z^{(i)}} Q_i^{(t)}(z^{(i)}) \log \frac{p(x^{(i)},\, z^{(i)};\, \theta^{(t+1)})}{Q_i^{(t)}(z^{(i)})} \tag{4}$$

$$\geq \sum_{i=1}^{N} \sum_{z^{(i)}} Q_i^{(t)}(z^{(i)}) \log \frac{p(x^{(i)},\, z^{(i)};\, \theta^{(t)})}{Q_i^{(t)}(z^{(i)})} \tag{5}$$

$$= l(\theta^{(t)})$$

위에서 식 (4)는 젠센 부등식을 만족합니다. 즉, 젠센 부등식에 의하면,

$$l(\theta) = \sum_{i=1}^{N} \log \sum_{z^{(i)}} Q_i(z^{(i)}) \frac{p(x^{(i)},\, z^{(i)};\, \theta)}{Q_i(z^{(i)})} \geq \sum_{i=1}^{N} \sum_{z^{(i)}} Q_i(z^{(i)}) \log \frac{p(x^{(i)},\, z^{(i)};\, \theta)}{Q_i(z^{(i)})}$$

이기 때문에 새로운 파라미터 값인 $\theta^{(t+1)}$에 대해 부등식이 만족합니다.

식 (5)를 얻기 위해서는 $\theta^{(t+1)}$이 다음 식을 이용해 도출된 값이라는 사실을 사용합니다.

$$\underset{\theta}{\mathrm{argmax}} \sum_{i=1}^{N} \sum_{z^{(i)}} Q_i^{(t)}(z^{(i)}) \log \frac{p(x^{(i)},\, z^{(i)};\, \theta)}{Q_i^{(t)}(z^{(i)})}$$

따라서 $\sum_{i=1}^{N} \sum_{z^{(i)}} Q_i^{(t)}(z^{(i)}) \log \frac{p(x^{(i)},\, z^{(i)};\, \theta)}{Q_i^{(t)}(z^{(i)})}$의 값은 $\theta^{(t)}$보다 $\theta^{(t+1)}$에서 크거나 같아야 합니다. 이유는 $l(\theta) \geq \sum_{i=1}^{N} \sum_{z^{(i)}} Q_i^{(t)}(z^{(i)}) \log \frac{p(x^{(i)},\, z^{(i)};\, \theta)}{Q_i^{(t)}(z^{(i)})}$이기 때문입니다. 이는 $\sum_{i=1}^{N} \sum_{z^{(i)}} Q_i^{(t)}(z^{(i)}) \log \frac{p(x^{(i)},\, z^{(i)};\, \theta)}{Q_i^{(t)}(z^{(i)})}$의 값이 $l(\theta)$보다 클 수 없다는 것을 의미합니다. 그리고 $\theta^{(t)}$와 $\theta^{(t)}$에 의해 값이 정해지는 $Q_i^{(t)}(z^{(i)})$에 대해 다음 식을 만족합니다(여기서는 등호가 성립하도록 $Q_i(z^{(i)})$를 정했습니다).

$$\sum_{i=1}^{N} \sum_{z^{(i)}} Q_i^{(t)}(z^{(i)}) \log \frac{p(x^{(i)},\, z^{(i)};\, \theta^{(t)})}{Q_i^{(t)}(z^{(i)})} = l(\theta^{(t)})$$

이를 그림으로 표현하면 그림 C.3과 같습니다.

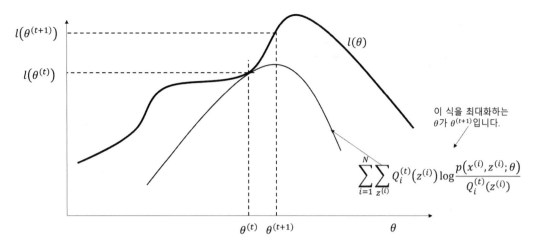

그림 C.3 $l(\theta^{(t+1)}) \geq l(\theta^{(t)})$에 대한 그래프

참고로 $\sum_{i=1}^{N}\sum_{z^{(i)}}Q_i^{(t)}(z^{(i)})\log\frac{p(x^{(i)},\ z^{(i)};\ \theta)}{Q_i^{(t)}(z^{(i)})}$도 로그함수의 함수이기 때문에 위로 볼록한 함수가 됩니다. 따라서 EM 알고리즘을 이용해 로그우도함수를 최대로 하는 파라미터의 값들을 찾을 수 있습니다.

C.3 가우시안 혼합 모형에 다시 적용해 보기

10.4.1절에서 다뤘던 내용을 다시 한번 앞의 내용을 토대로 설명해 보겠습니다.

최초 단계에서는 파라미터, 즉 μ_k, σ_k^2, π_k의 값들을 데이터를 이용해 초기화합니다. μ_k의 초깃값은 데이터에 존재하는 변수가 갖는 값 중 하나의 값을 무작위로 선택해서 설정합니다. σ_k^2는 데이터에 존재하는 변수의 분산으로 설정합니다. π_k의 값은 $\frac{1}{K}$로 설정합니다.

C.3.1 E 단계

$Q_i(z^{(i)})=p(z^{(i)}|x^{(i)};\ \theta)$의 값을 주어진 파라미터 값을 이용해 계산합니다.[19] $p(z^{(i)}|x^{(i)};\ \theta)$는 베이즈 공식에 의해 다음과 같이 됩니다.

$$p(z^{(i)}|x^{(i)};\ \theta)=\frac{\mathrm{p}(x^{(i)}|z^{(i)}=k;\ \theta)\mathrm{p}(z_i=k;\ \theta)}{\mathrm{p}(x^{(i)};\ \theta)}=\frac{\mathrm{p}(x^{(i)}|z^{(i)}=k;\ \theta)\mathrm{p}(z_i=k;\ \theta)}{\sum_{z}[\mathrm{p}(x^{(i)}|z^{(i)}=k;\ \theta)\mathrm{p}(z_i=k;\ \theta)]}$$

---

19 처음에는 데이터를 이용해 계산된 파라미터의 값들을 사용하고, 그 이후부터는 M 단계를 통해 계산된 파라미터의 값들을 사용합니다.

$p(x^{(i)}|z^{(i)}=k;\ \theta)$와 $p(z_i=k;\ \theta)$는 $x^{(i)}$와 파라미터를 이용해 표현될 수 있습니다. 10.4절에서 다룬 가우시안 혼합 모형의 경우, $\theta=\{\pi_k,\ \mu_k,\ \sigma_k^2\}$이고, $p(x^{(i)}|z^{(i)}=k;\ \theta)=N(x_i|\mu_k,\ \sigma_k^2)$, $p(z_i=k;\ \theta)=\pi_k$가 됩니다. 그리고 $Q_i(z^{(i)})$는 $\gamma(z_i=k)$으로 표현됐습니다.

C.3.2 M 단계

M 단계에서 최대화해야 하는 하한(lower bound)은 다음과 같습니다.

$$\sum_{i=1}^{N}\sum_{z^{(i)}}Q_i^{(t)}(z^{(i)})\log\frac{p(x^{(i)},\ z^{(i)};\ \mu,\ \sigma^2,\ \pi)}{Q_i^{(t)}(z^{(i)})}$$

여기서 분자 $p(z^{(i)}|x^{(i)};\ \theta)$를 조건부 확률 공식을 사용해 표현하면 위 식은 다음과 같이 됩니다.

$$=\sum_{i=1}^{N}\sum_{k=1}^{K}Q_i^{(t)}(z^{(i)}=k)\log\frac{p(x^{(i)}|z^{(i)}=k;\ \mu_k,\ \sigma_k^2)p(z^{(i)}=k)}{Q_i^{(t)}(z^{(i)}=k)}$$

그리고 $Q_i^{(t)}(z^{(i)}=k)=\gamma(z_i=k)$로 표현하면 다음과 같습니다(여기서 $\gamma(z_i=k)$는 구체적인 하나의 값을 갖는 상수이고, 이는 E 단계에서 계산됐습니다).

$$=\sum_{i=1}^{N}\sum_{k=1}^{K}\gamma(z_i=k)\log\frac{p(x^{(i)}|z^{(i)}=k;\ \mu_k,\ \sigma_k^2)p(z^{(i)}=k)}{\gamma(z_i=k)}$$

위 식에서 $p(x^{(i)}|z^{(i)}=k;\ \mu_k,\ \sigma_k^2)$는 주제가 k인 경우 정규분포의 확률밀도함수를 의미합니다. M 단계에서는 위 식을 최대화하는 파라미터의 값들을 찾습니다. 위 식은 위로 볼록한 함수이기 때문에, 그리고 잠재변수와 관련 항의 구체적인 값(즉, $\gamma(z_i=k)$)으로 정해졌기 때문에 각 파라미터에 대해 1차 도함수=0인 방정식을 풀 수 있습니다. 각 파라미터에 대해 1차 도함수=0인 방정식을 풀면 다음 결과를 얻습니다.

$$\mu_k=\sum_{i=1}^{N}[\gamma(z_i=k)x_i]\Big/\sum_{i=1}^{N}\gamma(z_i=k)$$

$$\pi_k=\frac{1}{N}\sum_{i=1}^{N}\gamma(z_i=k)$$

$$\sigma_k^2=\sum_{i=1}^{N}[\gamma(z_i=k)(x_i-\mu_k)^2]\Big/\sum_{i=1}^{N}\gamma(z_i=k)$$

여기에서 $\gamma(z_i=k)$의 값은 구체적인 값이기 때문에 각 파라미터의 값을 쉽게 구할 수 있습니다. 이러한 파라미터의 값을 이용해 다시 E-M 단계를 반복합니다.

D

베이지안 추론

본 섹션에서는 베이지안 추론에 대해 살펴봅니다.

D.1 베이지안(Bayesian Inference) 추론이란?[20]

※ 이번 부록의 내용을 공부하기 전에 '7. 확률의 이해' 부분을 먼저 공부하기를 권장합니다.

확률 기반의 모형은 기본적으로 우리가 가지고 있는 데이터가 특정한 확률 분포[21]를 이용해 생성됐다고 가정합니다. 그리고 각 확률 분포는 고유한 파라미터를 갖습니다. 이러한 파라미터는 확률 분포의 특성, 특히 형태와 위치를 결정하는 역할을 합니다. 즉, 동일한 종류의 확률 분포라고 할지라도 파라미터의 값에 따라 형태와 위치가 다르게 되는 것입니다.

정규 분포의 예를 들어보겠습니다. 정규 분포의 확률밀도함수는 다음과 같습니다.

$$f(x) = \frac{1}{\sigma\sqrt{2}} e^{-\frac{1}{2}\left(\frac{x-\mu}{\sigma}\right)^2}, \text{ for } -\infty < x < \infty$$

이러한 정규 분포의 확률밀도함수는 μ와 σ라는 파라미터를 갖습니다. μ는 평균을 나타내고, σ는 표준편차를 나타냅니다. 이러한 파라미터의 구체적인 값에 따라 정규 분포의 위치와 형태가 달라집니다. 그림 D.1은 몇 가지 예를 보여줍니다.

---

20 이 섹션의 일부 내용은 Kruschke, J. (2014). Doing Bayesian data analysis: A tutorial with R, JAGS, and Stan을 참고했습니다. 베이지안 추론은 베이즈 추론이라고도 합니다.
21 확률 모형이라고도 합니다.

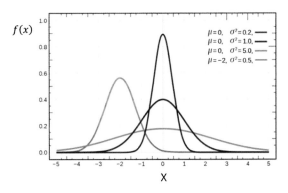

그림 D.1 μ와 σ 값에 따른 정규 분포의 형태와 위치

확률 분포의 파라미터가 취하는 값에 따라 데이터를 생산하는 데 사용된 확률 분포(또는 확률 모형)의 구체적인 형태가 다릅니다. 우리는 확률 분포가 가질 수 있는 여러 형태 중에서 데이터를 생성하는 데 사용된 확률 분포의 형태, 즉 확률 분포가 갖는 파라미터의 구체적인 값을 알고자 합니다. 그리고 파라미터의 값을 계산하기 위해 우리가 갖고 있는 데이터를 사용합니다. 이렇게 데이터를 이용해서 확률 분포 혹은 확률 모형의 파라미터 값을 계산하는 것을 추정(estimation)이라고 합니다.

데이터를 이용해 파라미터의 값을 추정하는 데는 크게 두 가지 접근법이 있습니다. 하나는 빈도주의 (Frequentist) 접근법이고 다른 하나는 베이지안(Bayesian) 접근법입니다. 빈도주의의 경우, 일반적으로 파라미터를 하나의 고정된 값(a fixed value)으로 간주합니다. 빈도주의에서 파라미터의 값을 찾기 위해 가장 일반적으로 많이 사용되는 방법 중 하나가 우도(likelihood)를 사용하는 것입니다. 우도는 데이터의 확률을 의미하고, 이는 파라미터의 함수가 됩니다. 빈도주의에서는 이러한 우도의 값을 최대로 하는 파라미터의 값을 찾습니다. 이러한 방법을 최대우도추정(maximum likelihood estimation)이라고 합니다. 우도의 값을 최대로 하는 하나의 값만을 찾는 추정 방법이기 때문에 보통 점 추정(point estimation)이라고도 표현합니다.

구체적인 예를 들어 보겠습니다. 관심 있는 파라미터가 동전을 한 번 던졌을 때 앞면이 나올 확률이라고 가정합시다. 그리고 우리가 관찰한 데이터는 하나의 동전을 연속으로 두 번 던졌는데 첫 번째는 앞면, 두 번째는 뒷면이 나온 것이라고 하겠습니다. 동전을 한 번 던지는 시행의 결과는 앞면과 뒷면밖에 없기 때문에 해당 시행에 대한 변수는 베르누이 변수가 됩니다. 그리고 베르누이 분포의 확률질량함수는 다음과 같습니다.

$$P_X(x) = p^x (1-p)^{1-x} \text{ for } x \in \{0, 1\}$$

여기서 $p = P(X=1)$, 즉 동전을 한 번 던졌을 때 앞면이 나올 확률을 의미하고, p가 우리가 그 값을 추정하고자 하는 (베르누이 분포의) 파라미터입니다.

최대우도추정 방법으로 파라미터의 값을 추정하기 위해서는 먼저 데이터에 대한 우도를 표현해야 합니다. 동전을 연속으로 두 번 던졌는데 첫 번째는 앞면, 두 번째는 뒷면이 나온 데이터에 대한 확률, 즉 우도 (likelihood)는 다음과 같이 표현할 수 있습니다.

$$P(X=1, \ X=0)$$

그리고 첫 번째 동전의 결과와 두 번째 동전의 결과는 서로 독립이기 때문에 위 확률은 다음과 같이 표현됩니다.

$$P(X=1, \ X=0) = P(X=1)P(X=0)$$

X는 베르누이 변수이기 때문에 앞에 있는 확률질량함수를 사용해 위 식을 표현하면 다음과 같이 됩니다.

$$L(p) = P(X=1, \ X=0) = P(X=1)P(X=0) = p(1-p) = p - p^2$$

$p - p^2$이 데이터의 확률을 나타내는 우도[22]입니다. 이러한 우도를 최대화하는 p는 $p = \frac{1}{2}$입니다.[23] 이렇게 우도의 값을 최대화하는 파라미터의 값을 찾는 방법이 최대우도추정 방법입니다.

베이지안 접근법은 파라미터를 고정된 하나의 값으로 간주하는 것이 아니라, 변수(variable)로 간주합니다. 하나의 변수이기 때문에 대응하는 확률 분포를 갖습니다. 다르게 표현하면, 베이지안 접근법에서는 관측된 것(즉, observed data)은 고정된 것으로, 그리고 관측되지 않은 파라미터는 변수로 간주합니다. 베이지안 접근법의 궁극적인 목적은 주어진 데이터를 기반으로 이러한 파라미터의 확률 분포를 찾는 것입니다. 이렇게 데이터를 기반으로 해서 파라미터의 분포를 파악하는 것을 추론(inference)이라고 합니다. 파라미터의 확률 분포를 알게 되면 점 추정(point estimation)의 경우보다 훨씬 더 많은 정보를 파악할 수 있습니다. 예를 들어, 평균, 모드 등의 중심 성향(central tendency)과 관련된 값뿐만 아니라 표준편차, 특정한 구간 사이에 파라미터의 값이 존재할 확률 등 다양한 정보를 얻을 수 있습니다.

---

22 우도 함수라고도 합니다.

23 해당 우도는 위로 볼록한 형태이기 때문에 1차 도함수=0인 방정식을 풀어서 $p = \frac{1}{2}$을 구할 수 있습니다.

베이지안 추론은 주어진 데이터를 이용해 파라미터(들)의 확률 분포 형태를 파악할 때 베이즈 공식(Bayes' rule)을 사용합니다. 베이즈 공식에 대해 살펴보겠습니다.

D.2 베이즈 공식

베이즈 공식[24]은 다음과 같습니다.

$$P(\theta|D) = \frac{P(D|\theta)P(\theta)}{P(D)}$$

여기서 D는 관찰된 데이터를 의미하고 θ는 우리가 알고자 하는 확률 분포의 파라미터입니다. 베이지안 추론에서 관심 있는 것은 $P(\theta|D)$입니다. 즉, 관측된 데이터를 조건으로 한 파라미터의 확률 분포입니다. 베이즈 공식 각 부분을 좀 더 구체적으로 살펴보겠습니다. 각 부분의 이름은 그림 D.2와 같습니다.

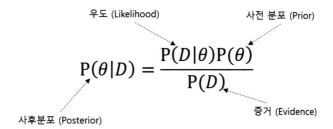

그림 D.2 베이즈 공식 각 부분의 명칭

먼저 우도(Likelihood)를 살펴보겠습니다. 우도는 앞에서 살펴본 것처럼 우리가 관심 있는 파라미터인 θ에 영향을 받는 (우리가 가지고 있는) 데이터의 확률을 의미합니다. 예를 들어, 앞에서 살펴본 동전을 연속으로 두 번 던졌는데, 첫 번째는 앞면, 두 번째는 뒷면이 나온 데이터에 대한 우도(likelihood)는 다음과 같습니다.

$$L(p) = p - p^2$$

여기서 $\theta = p$가 됩니다. 보다시피 우도는 파라미터의 함수입니다. 즉, 우도의 값이 파라미터의 값에 따라 달라집니다.

---

24 베이즈 정리(Bayes' theorem)라고도 합니다.

P(θ)는 사전 분포(prior distribution) 혹은 사전 믿음(prior belief)이라고 합니다. 이는 데이터를 관찰하기 이전에 연구자가 가지고 있는 파라미터에 대한 믿음입니다. 그리고 이러한 믿음은 보통 특정한 확률 분포를 통해 표현됩니다. 사전 분포를 무엇으로 혹은 어떻게 정하느냐에 대해서는 많은 논쟁이 있습니다. 일반적으로 데이터 관련 도메인 지식 등을 이용해 결정합니다. 사전 분포는 우리가 궁극적으로 알고자 하는 사후 분포 형태에 크게 영향을 미치기 때문에 사전 분포의 종류나 형태를 신중하게 선택하는 것이 필요합니다.

분모인 P(D)는 증거(evidence)라고 불리며, 파라미터값에 영향을 받지 않는 데이터의 확률입니다. 파라미터(즉, θ)가 이산 변수인 경우에는 $\sum_{\theta} P(D, \theta)$와 같이 표현될 수 있습니다(참고로 θ가 연속변수인 경우에는 $P(D)=\int_{\theta} P(D|\theta)P(\theta)d\theta$가 됩니다). $P(D, \theta)$는 결합확률분포를 의미하기 때문에 $\sum_{\theta} P(D, \theta)$는 D에 대한 주변확률분포가 됩니다. 따라서 P(D)를 주변확률분포라고도 합니다. 그리고 P(D)는 사후 분포인 P($\theta|D$)가 확률분포가 될 수 있도록 P($\theta|D$)의 전체 합=1이 되도록 만들어주는 역할을 합니다. 이러한 역할을 하기 때문에 P(D)를 정규화 항(normalizing factor)이라고도 표현합니다.

분모를 주변확률분포로 표현하면 베이즈 공식은 다음과 같이 표현됩니다.

$$P(\theta|D)=\frac{P(D|\theta)P(\theta)}{P(D)}=\frac{P(D|\theta)P(\theta)}{\sum_{\theta} P(D, \theta)}=\frac{P(D|\theta)P(\theta)}{\sum_{\theta} P(D|\theta)P(\theta)}$$

베이즈 추론에서는 베이즈 공식의 오른쪽 부분을 이용해서 파라미터의 사후 분포를 파악합니다. 식의 오른쪽에서 분모(즉, 증거)는 사후 분포의 형태를 파악하는 데 있어 별로 중요한 역할을 하지 않습니다. 분모는 파라미터의 함수가 아니기 때문에 그렇습니다. 사후 분포의 형태를 결정하는 데 있어 중요한 역할을 하는 것은 분자에 있는 두 개의 항입니다(즉, 우도와 사전 분포입니다, P($D|\theta$)P(θ)). P(D)는 파라미터의 영향을 받지 않으므로 상수로 간주할 수 있습니다. 즉, 다음과 같은 관계가 성립합니다.

$$P(\theta|D) \propto P(D|\theta)P(\theta)$$

이는 P($D|\theta$)P(θ)를 이용해 P($\theta|D$)의 형태를 파악할 수 있다는 것을 의미합니다.

P($D|\theta$)P(θ)가 의미하는 것은 **파라미터에 대한 사전 믿음을 관찰된 데이터의 정보를 이용해 업데이트한다**는 것을 의미합니다. 베이즈 공식이 하는 역할은 파라미터에 대한 사전 믿음에 관찰된 데이터의 정보를 반영하여 파라미터의 분포를 업데이트하는 것입니다. 그 결과로 나오는 것이 사후 분포입니다(이를 도식화하면 그림 D.3과 같습니다). **사후 분포는 데이터를 조건으로 하는 파라미터의 확률 분포로, 우리가 베이지안 추론을 통해 얻고자 하는 궁극적인 결과물입니다.**

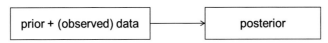

그림 D.3 베이지안 추론 과정의 도식

베이즈 공식의 이해를 돕기 위해 베이즈 공식을 이용해 간단한 문제를 하나 풀어보겠습니다. 어떤 희귀 질환이 존재하고 해당 희귀 질환에 대해 우리가 알고자 하는 것이 "어떤 사람에 대해 질환 여부 검사를 진행했는데, 검사 결과가 양성으로 나온 경우 그 사람이 실제로 질환에 걸렸을 확률이 얼마인가?"라고 가정합니다. 우리가 관심 있는 변수(즉, 파라미터)는 실제 질병 여부이고 다음과 같이 표현할 수 있습니다. 이는 해당 변수가 취할 수 있는 값이 No와 Yes라는 것을 의미합니다.

$$\theta \in \{No, \ Yes\}$$

즉, 우리가 알고자 하는 것은 $p(\theta = Yes | T = +)$의 값입니다. 여기서 $T = +$는 검사 결과가 양성인 것을 의미합니다. 그리고 우리는 이 값을 베이즈 공식을 이용해 구하려고 합니다. 즉, 관찰된 데이터(즉, 질환 여부 검사를 진행했는데 검사 결과가 양성이라는 것이 우리가 관찰한 데이터입니다)와 θ에 대한 사전 믿음을 토대로 파악하고자 하는 것입니다. 이러한 문제를 풀기 위해 다음과 같은 정보가 주어졌다고 가정하겠습니다.

- 사전 믿음(prior belief): 해당 질환에 대해 1,000명 중에 1명 정도 걸린다고 알려져 있습니다. $p(\theta = Yes) = 0.001$이라고 표현할 수 있습니다.
- 해당 질병을 진단하는 데 사용되는 검사 관련 정보에는 다음 두 가지가 있습니다.
  - Hit rate[25]=99%(이는 질병이 실제로 있는 경우, 99% 정확하게 질병이 있다고 진단한다는 것을 의미합니다). 즉, $p(T = + | \theta = Yes) = 0.99$가 됩니다.
  - False alarm rate[26] = 5%(이는 질병이 없는데 검사 결과가 양성으로 나올 확률이 5%라는 것을 의미합니다). 즉, $p(T = + | \theta = No) = 0.05$가 됩니다.

우리가 알고자 하는 $p(\theta = Yes | T = +)$(즉, 검사 결과가 양성인 경우에 실제 질환에 걸렸을 확률)를 베이즈 공식을 사용하면 다음과 같이 표현할 수 있습니다.

$$p(\theta = Yes | T = +) = \frac{p(T = + | \theta = Yes) p(\theta = Yes)}{p(T = +)}$$

---

25 기계학습에서는 재현율(recall) 또는 민감도(sentitivity)라고도 표현합니다.
26 기계학습에서는 False positive rate라고도 표현합니다.

여기서 분모는 주변 확률이므로 다음과 같이 표현할 수 있습니다.

$$p(\text{T}=+)= \sum_{\theta \in \{\text{No, Yes}\}} p(\text{T}=+|\theta)p(\theta)=p(\text{T}=+|\theta=\text{Yes})p(\theta=\text{Yes})+p(\text{T}=+|\theta=\text{No})p(\theta=\text{No})$$

주어진 정보에 의하면 $p(\text{T}=+|\theta=\text{Yes})=0.99$, $p(\text{T}=+|\theta=\text{No})=0.05$입니다. 그리고 $p(\theta=\text{Yes})=0.001$ 이기 때문에 $p(\theta=\text{No})=0.999(=1-p(\theta=\text{Yes}))$가 됩니다. 이러한 값을 위의 베이즈 공식에 입력해 풀면 $p(\theta=\text{Yes}|\text{T}=+)=0.019$가 됩니다.

D.3 주요 베이지안 추론 방법

일반적으로 베이즈 공식을 이용해 사후 분포의 정확한 형태를 직접 계산하는 것은 어렵습니다. 이러한 어려움의 주된 이유는 베이즈 공식의 분모인 주변확률을 직접 계산하는 것이 어렵기 때문입니다(특히 추론해야 하는 파라미터의 수가 많은 경우 모든 파라미터에 대해 주변확률, 즉 $\int_{\theta} \text{P}(y|\theta)\text{P}(\theta)d\theta$(혹은 $\sum_{\theta} \text{P}(D|\theta)\text{P}(\theta)$)를 계산하기가 어렵습니다).

베이즈 공식을 이용하여 사후 분포의 형태를 파악하기 위해 사용할 수 있는 주요 방법에는 다음 네 가지 정도가 있습니다.

- **방법 ① 켤레 사전 분포(conjugate prior) 사용 방법**: 계산이 쉬운 간단한 우도 함수를 사용하고, 그에 대한 켤레 사전 분포를 사용하는 것입니다. 이렇게 하면 분모를 직접 계산하는 것이 쉬워집니다. 하지만 켤레 사전 분포를 사용하더라도 파라미터의 수가 많은 경우에는 직접 계산하는 것이 어렵기 때문에 이 방법은 실제 데이터 분석에서는 많이 사용되지 않습니다.

- **방법 ② 표집 시뮬레이션(sampling simulation) 방법**: 베이즈 공식을 사용해서 파라미터의 많은 값을 샘플링하여 사후 분포의 형태를 파악하는 방법입니다. 일반적으로 MCMC(Markov Chain Monte Carlo) 시뮬레이션 방법이 사용됩니다. MCMC의 종류에는 Metropolis Random Walk, Metropolis-Hastings, Gibbs sampling, Hamiltonian Simulation, NUTS(No U-Turn Sampler) 등이 있습니다.

- **방법 ③ 변분 추론(Variational inference)[27] 방법**: 추정하기 어려운 사후 분포를 직접 추정하는 것이 아니라, 사후 분포와 비슷한 하지만 계산하기 쉬운 분포(들)를 사용해 사후 분포의 형태를 파악하는 방법입니다. 이 방법은 MCMC 시뮬레이션 방법에 비해 속도가 더 빠르다는 장점이 있습니다.

---

27 변분 근사(Variational approximation)라고도 합니다.

- **방법 ④ 격자 근사(Grid approximation) 방법**: 파라미터가 취할 수 있는 몇 가지 값에 대해 베이지 공식 우측 항을 계산해서 사후 분포의 형태를 파악하는 방법으로, 모형이 단순한 경우에만 사용할 수 있어 요즘에는 실제 분석에서 거의 사용되지 않습니다.

이 네 가지 방법 중 최근에는 대부분 표집 시뮬레이션 방법을 사용합니다. 하지만 여기서는 베이즈 공식이 사후 분포를 추정하는 데 어떻게 사용되는지를 설명하기 위해, 그리고 베이즈 공식을 이용한 베이지안 추론의 작동 원리를 더욱 잘 이해하기 위해 우선 방법 ①에 대해 설명하겠습니다. 그후, 표집 시뮬레이션 방법을 살펴보겠습니다.

D.4 사후 분포를 우도와 켤레 사전 분포를 이용해 직접 계산하기

설명을 위해 구체적인 예를 들어보겠습니다. 우리가 관심 있는 파라미터가 동전을 한 개 던졌을 때 앞면이 나올 확률이라고 하고, 이를 θ로 표현합니다. 한 개의 동전을 던졌을 때 나올 수 있는 결과는 앞면과 뒷면 두 개 밖에 없기 때문에 이와 관련된 변수는 베르누이 변수이고 해당 변수는 베르누이 분포를 따릅니다(이 변수를 Y라고 하겠습니다). 베르누이 분포의 확률질량함수는 다음과 같습니다.

$$P(y; \ \theta) = \theta^y (1-\theta)^{1-y} \ \text{for} \ y \in \{0, \ 1\}$$

해당 함수의 파라미터는 $\theta = P(y=1)$입니다. 베이지안 추론에서는 이 파라미터가 또 다른 변수라고 가정하고 파라미터가 어떤 형태의 확률 분포를 갖는지를 알고자 합니다. 이를 위해서는 파라미터의 확률 분포를 파악하는 데 필요한 데이터가 있어야 합니다. 우리가 관찰한 데이터가 다음과 같다고 가정합시다.

관찰된 데이터(D): 동전을 N번 던져서 z번 앞면이 나옴

베이지안 추론에서 우리가 알고자 하는 것은 $P(\theta|D)$입니다. 즉, 위와 같은 관찰된 데이터를 근거로 해서 우리가 관심 있는 파라미터 θ의 분포를 알고자 하는 것입니다. 이를 위해 베이즈 공식을 사용합니다. 베이즈 공식을 다시 한번 살펴보겠습니다.

$$P(\theta|D) = \frac{P(D|\theta)P(\theta)}{P(D)} = \frac{P(D|\theta)P(\theta)}{\sum_{\theta} P(D|\theta)P(\theta)}$$

방법 ①에서는 베이즈 공식의 우측 항인 $\frac{P(D|\theta)P(\theta)}{\sum_{\theta} P(D|\theta)P(\theta)}$를 직접 계산합니다. 이를 위해 비교적 간단한 우도 함수(즉, $P(D|\theta)$)와 그에 대한 켤레 사전 분포($P(\theta)$)를 사용합니다. 사전 분포와 우도 함수가 곱해진

결과 또한 사전 분포의 종류와 동일한 경우, 그러한 사전 분포를 우도 함수의 켤레 사전 분포(conjugate prior distribution)라고 합니다. 대표적인 우도 함수와 그에 대한 켤레 사전 분포의 예는 표 D.1과 같습니다.

표 D.1 우도 함수와 켤레 사전 분포의 예

우도(Likelihood) 함수	사전(Prior) 분포	사후(Posterior) 분포
베르누이 분포	베타 분포	베타 분포
이항 분포	베타 분포	베타 분포
카테고리 분포	디리클레 분포	디리클레 분포
다항 분포	디리클레 분포	디리클레 분포
정규 분포	정규 분포	정규 분포
포아송(Poisson) 분포	감마 분포	감마 분포
지수(Exponential) 분포	감마 분포	감마 분포

위의 예에서 베르누이 분포×베타 분포는 또 다른 베타 분포가 되고, 정규 분포×정규 분포는 또 다른 정규 분포가 된다는 것을 의미합니다. 토픽 모델링에서 사용되는 LDA의 경우, 다항 분포(혹은 카테고리 분포)와 다항 분포의 켤레 사전 분포인 디리클레 분포를 사용합니다.

방법 ①을 사용하기 위해서는 구체적인 우도 함수와 사전 분포를 정해야 합니다. 우리가 관찰한 데이터에 대한 우도 함수를 구해보겠습니다. 동전을 한 번 던지는 행위와 관련된 변수는 베르누이 변수이고, 확률질량함수가 다음과 같이 정의된다고 했습니다.

$$P(y;\ \theta) = \theta^y (1-\theta)^{1-y}$$

여기서 y는 동전을 한 번 던졌을 때 나오는 결과를 의미합니다. 뒷면을 0으로, 앞면을 1로 표현합니다(즉, $y \in \{0,\ 1\}$). 동전을 N번 던지는 경우에 대한 우도는 다음과 같이 계산할 수 있습니다(동전을 던지는 시행은 서로 독립이라는 것을 기억하세요).

$$L(\boldsymbol{y};\ \theta) = \prod_{i=1}^{N} p(y_i | \theta) = \prod_{i=1}^{N} \theta^{y_i} (1-\theta)^{1-y_i}$$

여기서 $p(y_i|\theta)$는 i번째 동전에 대한 베르누이 분포의 확률질량함수입니다. 그리고 $\prod_{i=1}^{N} \theta^{y_i} (1-\theta)^{1-y_i}$는 $\theta^{y_i} (1-\theta)^{1-y_i}$를 N번 곱한 것이기 때문에 다음과 같이 표현됩니다.

$$\prod_{i=1}^{N} \theta^{y_i} (1-\theta)^{1-y_i} = \theta^{\sum_{i=1}^{N} y_i} (1-\theta)^{\sum_{i=1}^{N} (1-y_i)}$$

y_i는 i번째 동전을 던진 결과로, 마찬가지로 0 또는 1의 값을 취합니다. 우리가 관찰한 데이터가 동전을 N번 던져서 z번 앞면이 나온 것이기 때문에 다음의 결과를 얻습니다.

$$\sum_{i=1}^{N} y_i = z$$
$$\sum_{i=1}^{N} (1-y_i) = N-z$$

따라서 우리가 구하고자 하는 우도 함수는 다음과 같이 표현할 수 있습니다.

$$L(\boldsymbol{y};\ \theta) = \prod_{i=1}^{N} p(y_i|\theta) = \prod_{i=1}^{N} \theta^{y_i} (1-\theta)^{1-y_i} = \theta^z (1-\theta)^{N-z}$$

그다음으로 정해야 하는 것은 파라미터 θ에 대한 사전 분포입니다. 다시 한번 강조하지만, 이는 데이터를 관찰하기 이전에 우리가 θ에 대해 가지고 있는 사전 믿음을 나타냅니다. θ는 확률값이기 때문에 0과 1 사이의 값을 취합니다. 즉, 변수가 취할 수 있는 값이 0 이상이고 1이하인 확률 분포는 (사용자의 사전 믿음을 반영하는 것이라면) 아무것이나 사용해도 상관없습니다. 하지만 지금은 분모를 직접 계산해서 사후 분포를 정확하게 계산하고자 하기 때문에 사후 분포의 종류가 사전 분포의 종류와 동일한 것이 더 바람직합니다. 그러면 다음과 같은 장점이 있습니다.

- 사전 믿음과 사후 믿음이 같은 종류의 확률 분포를 이용해 설명될 수 있습니다.
- 데이터가 이후에 추가되더라도, 계속 사전 분포와 사후 분포는 동일한 형태를 갖기 때문에 추가 계산이 수월해집니다.
- 분모를 적분하는 것도 쉬워집니다.

이러한 목적으로 사용되는 사전 분포가 켤레 사전 분포입니다. 앞에서 구한 우도 함수는 베르누이 분포의 확률질량함수 형태를 갖기 때문에 사전 분포의 형태도 $\theta^a (1-\theta)^b$이어야지만 우도 함수와 사전 분포를 곱했을 때 도출되는 사후 분포의 형태도 $\theta^a (1-\theta)^b$와 동일한 형태가 됩니다. $\theta^a (1-\theta)^b$ 형태의 확률 분포에는 베타(Beta) 분포가 있습니다. 즉, 베르누이 분포(혹은 이항분포)의 켤레 분포는 베타 분포가 됩니다. 이는 베르누이 분포와 베타 분포를 곱하면 또 다른 베타 분포가 도출된다는 것을 의미합니다. 여기서는 베타 분포를 사전 분포로 사용하겠습니다. 베타 분포에 대해 간략하게 살펴보겠습니다.

■ 베타 분포(Beta distribution)

베타 분포는 취하는 값이 0과 1 사이인(즉, $0<\theta<1$)인 연속 변수에 대한 확률 분포입니다. 베타 분포의 확률밀도함수는 다음과 같이 표현됩니다.

$$p(\theta;\ a,\ b)=beta(\theta;\ a,\ b)=\frac{\theta^{(a-1)}(1-\theta)^{(b-1)}}{B(a,\ b)}$$

여기서 $B(a, b)$는 확률 분포 면적의 크기를 1로 만들기 위해 사용된 정규화 항(normalizing term)이고, 다음과 같이 정의됩니다.

$$\mathrm{B}(a,\ b)=\int_0^1 \theta^{(a-1)}(1-\theta)^{(b-1)}d\theta$$

이렇게 하면 $\int_0^1 p(\theta;\ a,\ b)d\theta=1$이 됩니다.

그리고 a, b는 베타 분포의 형태를 결정짓는 역할을 하는 파라미터이고, 0보다 큰 값을 취합니다. a, b가 취하는 값에 따라 베타 분포의 형태는 그림 D.4와 같습니다. a, b의 값이 동일한 경우에는 가운데를 중심으로 좌우가 대칭인 분포를 갖습니다. 하지만 어떤 식으로 대칭되는지는 a, b가 취하는 값에 따라 달라집니다. 예를 들어, $a = b = 1$인 경우에는 균등(Uniform) 분포의 형태를 갖습니다. a, b의 값이 1보다 큰 경우에는 가운데가 볼록한 대칭 형태이고, a, b의 값이 0보다 작은 경우에는 가운데가 오목한 대칭 형태입니다.

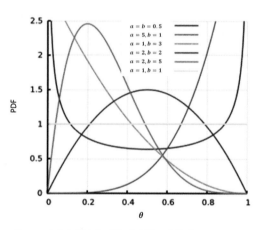

그림 D.4 파라미터 값에 따른 베타 분포의 형태

베타 분포의 파라미터인 a, b의 값을 어떻게 결정하느냐에 따라 θ에 대한 사전 믿음이 달라집니다.[28] 예를 들어, θ가 0.5일 확률이 상대적으로 크다는 사전 믿음을 가지고 있다면 a, b를 같게 하되 그 값을 크게 하는 게 필요합니다. 반대로 0.5일 확률이 상대적으로 작고, 0이나 1에 가까운 값이 나올 확률이 크다는 믿음이 있다면 a, b의 값을 같게 하되 0에 가깝게 하는 것이 필요합니다.

---

28 여기서는 a, b를 사용자가 값을 정하는 하이퍼파라미터로 간주했지만, a, b도 그 분포가 베이즈 규칙에 따라 결정되는 파라미터로 간주할 수도 있습니다. 이렇게 파라미터 분포의 파라미터 또한 베이즈 추론 방법을 통해 추론하는 방법을 위계적 방법이라고 하고, 그러한 목적으로 사용되는 모형을 위계적 모형이라고 합니다. 이에 대해서는 잠시 후에 설명하겠습니다.

베타 분포의 파라미터인 a, b를 이용해 θ에 대한 사전 믿음을 (위에서 언급한 것과 같이) 표현할 수도 있지만, 일반적으로 파라미터(θ)의 중심 경향(central tendency, 즉, 평균, 모드, 중앙값 등)과 퍼진 정도를 이용해 사전 믿음을 표현하는 것이 더 바람직합니다. a, b를 이용하여 베타 분포의 평균과 모드(최빈값)를 다음과 같이 표현할 수 있습니다.

$$\text{평균: } \mu = a/a+b$$
$$\text{모드: } \omega = (a-1)/(a+b-2), \text{ where } a, \ b > 1$$

따라서 $a, \ b > 1$이고 두 값이 같으면 모드(ω)=0.5가 됩니다. 그림 D.4에서 보라색 선이 그 경우에 해당합니다. 그리고 $a > b$인 경우 평균과 모드 > 0.5가 되고, $a < b$인 경우 평균과 모드 < 0.5가 됩니다.

베타 분포가 퍼진 정도는 집중도(concentration) 또는 분산(혹은 표준편차)을 이용해 표현할 수 있습니다. 베타 분포의 경우는 일반적으로 집중도 지표를 사용합니다. 집중도(k)는 다음과 같이 표현됩니다.

$$\kappa = a + b$$

즉, $a+b$ 값이 크면 클수록 집중도가 커진다는 것을 의미하고, 이는 분산이 작아진다고 생각할 수 있습니다.

평균과 집중도 혹은 모드와 집중도의 값을 이용해서 베타 분포의 파라미터인 a, b의 값을 다음과 같이 표현할 수 있습니다.

$$\text{평균}(\mu)\text{과 집중도}(k) \text{ 정보를 이용한 경우: } a = \mu\kappa, \ b = (1-\mu)\kappa$$

$$\text{모드}(\omega)\text{와 집중도}(k) \text{ 정보를 이용하는 경우: } a = \omega(\kappa-2)+1, \ b = (1-\omega)(\kappa-2)+1, \text{ for } \kappa > 2$$

평균과 집중도를 이용해 θ에 대한 사전 믿음을 표현하고자 한다면 첫 번째 식을 사용합니다. 예를 들어, 평균=0.4이고 집중도=10인 사전 믿음을 갖고 있다면 $a = \mu\kappa = 4$, $b = (1-\mu)\kappa = 6$인 베타 분포를 사전 분포로 이용합니다. 그러한 경우 베타 분포의 형태는 그림 D.5와 같습니다. 하지만 평균(=0.4)을 중심으로 더 집중된 베타 분포를 사전 분포로 하고자 한다면 k의 값을 더 키우면 됩니다. 예를 들어, k=20으로 한다면

$a=8, b=12$인 분포가 됩니다.[29] 이때의 베타 분포 형태는 그림 D.6과 같습니다. 0.4를 기준으로 더 집중된 형태인 것을 확인할 수 있습니다.

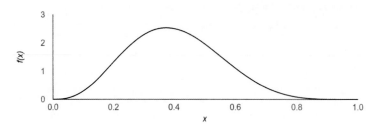

그림 D.5 $a=4$, $b=6$인 경우 베타 분포의 형태

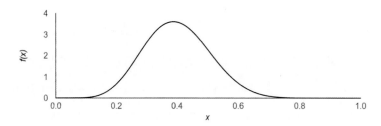

그림 D.6 $a=8$, $b=12$인 경우 베타 분포의 형태

평균보다는 모드가 분포의 형태를 파악하는 데 좀 더 직관적일 수 있습니다. 그러한 경우에는 두 번째 식을 사용합니다. 모드, 즉 $\omega=0.8$이고 $k=12$인 사전 분포를 원한다면 위 식에 따라 $a=9, b=3$가 됩니다. 이러한 경우의 베타 분포 형태는 그림 D.7과 같습니다. X=0.8인 지점에서 분포가 가장 높은 것을 알 수 있습니다.

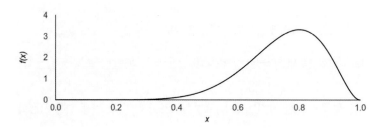

그림 D.7 $a=9$, $b=3$인 경우 베타 분포의 형태

---

29 베타 분포 simulator는 https://homepage.divms.uiowa.edu/~mbognar/applets/beta.html을 참고하세요.

그다음에는 앞에서 정의된 우도 함수와 사전 분포를 이용해 사후 분포를 계산합니다. 베이즈 공식 $P(\theta|D)=\dfrac{P(D|\theta)P(\theta)}{P(D)}$에서 지금의 경우 D를 간단히 z, N으로 표기하겠습니다(동전을 N번 던져서 앞면이 z번 관찰됐다는 의미입니다). 그러면 다음과 같은 식을 얻습니다.

$$p(\theta|z,\ N)=\frac{p(z,\ N|\theta)p(\theta)}{p(z,\ N)}$$

여기에서 우도 함수 $p(z,\ N|\theta)=\theta^z(1-\theta)^{N-z}$이고, 사전 분포 $p(\theta)$는 베타 분포이기 때문에 $\dfrac{\theta^{(a-1)}(1-\theta)^{(b-1)}}{B(a,\ b)}$가 됩니다. 즉,

$$
\begin{aligned}
p(\theta|z,\ N) &=\frac{p(z,\ N|\theta)p(\theta)}{p(z,\ N)} \\
&=\frac{\theta^z(1-\theta)^{N-z}\dfrac{\theta^{(a-1)}(1-\theta)^{(b-1)}}{B(a,\ b)}}{p(z,\ N)} \\
&=\frac{\theta^{(z+a)-1}(1-\theta)^{(N-z+b)-1}}{B(a,\ b)p(z,\ N)}
\end{aligned}
$$

입니다. 여기서 위 식은 θ의 사후 확률 분포를 나타내기 때문에 확률 분포 면적의 크기가 1이 돼야 합니다. 그런데 위 식의 분자는 $beta(\theta;\ z+a,\ N-z+b)$ 분포의 분자이므로 분모는 반드시 해당 베타 분포의 분모인 $B(z+a,\ N-z+b)$가 돼야 합니다. 그래야지만 사후 분포 전체 면적의 크기가 1이 됩니다. 따라서 최종적으로 위 식은 다음과 같이 됩니다.

$$p(\theta|z,\ N)=\frac{\theta^{(z+a)-1}(1-\theta)^{(N-z+b)-1}}{B(z+a,\ N-z+b)}$$

따라서 사후 분포는 $beta(\theta;\ z+a,\ N-z+b)$가 됩니다. 즉, 사후 분포의 형태를 구체적으로 계산한 것입니다. 이러한 사후 분포의 형태가 우리가 베이지안 추론을 통해 알고자 하는 것입니다.

앞에서 설명한 것처럼, 사전 분포와 사후 분포가 동일한 종류의 확률 분포(즉, 베타 분포)를 갖습니다. 따라서 베타 분포는 우도 함수(베르누이 확률 분포)의 켤레 분포가 되는 것입니다. 그리고 다시 한번 강조하지만, 사후 분포의 형태는 사용자가 가지고 있는 파라미터에 대한 사전 믿음(즉, 사전 분포, 그리고 이러한 사전 분포의 정확한 형태는 사전 분포가 갖는 파라미터 (a, b)의 값에 따라 달라집니다.)과 관찰된 데이터

(여기서는 z와 N)에 모두 영향을 받는 것을 알 수 있습니다. 왜냐하면 베이지안 추론을 통해 도출된 사후 분포가 $z+a$, $N-z+b$를 파라미터로 갖는 베타 분포이고, 베타 분포의 파라미터는 분포의 형태를 결정짓는 역할을 하기 때문입니다.

예를 들어 사전 분포가 $beta(\theta; 1, 1)$이고 동전을 한 번 던져서 앞면이 나온 경우에 사후 분포는 $beta(\theta; 2, 1)$이 됩니다. 그 이후 다시 동전을 한 번 던지는 시행을 하면 이전 단계에서 도출된 $beta(\theta; 2, 1)$이 사전 분포가 됩니다. 만약 해당 시행의 결과로 뒷면이 나온다면 사후 분포는 $beta(\theta; 2, 2)$가 됩니다

■ 사후 분포의 특징

사후 분포는 언제나 사전 분포 특성과 관찰된 데이터(즉, 우도) 특성 사이에 존재합니다. 직관적으로 생각하면 이는 너무 당연합니다. 왜냐하면 사후 분포는 사전 분포를 데이터의 특성, 즉 우도를 이용해 업데이트해서 나온 결과이기 때문입니다. 예를 들어보겠습니다. 사전 분포가 $beta(\theta; a, b)$인 경우, θ의 평균은 $a/(a+b)$이 됩니다(여기서 θ는 동전을 한 번 던져서 앞면이 나올 확률이라는 것을 기억하세요).

그리고 앞에서와 같이 동전을 N번 던져서 z번 앞면이 나왔다면 데이터를 통해 계산되는 앞면의 비율은 (z/N)가 됩니다.

앞에서 계산한 것처럼 그 경우 사후 분포는 $beta(\theta; z+a, N-z+b)$가 되고, 해당 분포의 평균은 $(z+a)/\{(z+a)+(N-z+b)\}$가 됩니다. 이는 항상 $a/(a+b)$와 z/N 사이가 됩니다. 즉, 사전 분포의 평균과 관찰된 데이터로부터 도출된 평균 사이의 값이 되는 것입니다.

사후 분포의 평균 $(z+a)/\{(z+a)+(N-z+b)\}$는 다음과 같이 표현할 수 있습니다.

$$\frac{(z+a)}{\{(z+a)+(N-z+b)\}} = \frac{z}{N} \times \frac{N}{N+a+b} + \frac{a}{a+b} \times \frac{a+b}{N+a+b}$$

위 식의 오른쪽 항은 $\frac{z}{N}$와 $\frac{a}{a+b}$의 가중 평균입니다. 그리고 해당 가중 평균은 $\frac{z}{N}$에 대한 가중치인 $\frac{N}{N+a+b}$값이 클수록(또는 $\frac{a}{a+b}$의 가중치인 $\frac{a+b}{N+a+b}$가 작을수록) $\frac{z}{N}$에 가까운 숫자가 됩니다. $\frac{N}{N+a+b}$의 값은 N의 값이 크면 클수록 커집니다. 여기서 N은 동전을 던진 횟수, 즉 관측치의 수를 의미합니다. 즉, 관측치의 수가 많을수록(관찰된 데이터의 양이 많을수록) 사후 분포가 데이터의 영향을 더 많이 받는다는 것을 의미합니다.

지금까지 켤레 사전 분포를 이용해 사후 분포를 직접 계산하는 방법에 대해 구체적인 예를 가지고 설명했습니다. 하지만 이러한 방법은 파라미터의 수가 많은 경우에는 사용하기가 어렵습니다. 실제 데이터 분석

에서는 추정해야 하는 파라미터의 수가 많기 때문에 위와 같은 방법이 잘 사용되지 않습니다. 최근에는 시뮬레이션 방법이 주로 사용되는데, 대표적인 방법이 MCMC 시뮬레이션 방법입니다.

D.5 MCMC(Markov Chain Monte Carlo)

이번에는 사후 분포의 형태를 추론하기 위해 일반적으로 많이 사용되는 MCMC 표집 시뮬레이션 방법에 대해 알아보겠습니다. 몬테 카를로(Monte Carlo) 시뮬레이션은 하나의 확률 분포를 이용해 여러 값을 무작위로 추출하는 것을 의미합니다. 그리고 마르코브 과정(Markov process, 혹은 마르코브 체인이라고도 합니다)은 새롭게 추출되는 값이 현재의 값에만 영향을 받고 그 이전의 값들에는 영향을 받지 않는 것을 의미합니다. 따라서 **마르코브 체인 몬테 카를로 시뮬레이션(MCMC)은 확률 분포를 이용해 한 번에 하나의 값을 순차적으로 샘플링하는데, 추출되는 새로운 값은 현재 단계의 값이 무엇이냐에만 영향을 받지, 그 이전 단계의 값에는 영향을 받지 않는 샘플링 시뮬레이션**을 의미합니다.

MCMC 시뮬레이션 방법 역시 베이즈 규칙을 이용해 사후 분포의 형태를 파악하는 방법입니다.

$$\mathrm{P}(\theta|D) = \frac{\mathrm{P}(D|\theta)\mathrm{P}(\theta)}{\mathrm{P}(D)}$$

하지만 앞에서 한 것처럼 사후 분포를 직접 계산하는 것이 아니라, (베이즈 공식을 통해 표현되는) 사후 분포로부터 파라미터의 많은 값을 표집(sampling)하여 사후 분포의 형태를 파악하는 방법입니다.

사후 분포의 형태를 정확하게 모르더라도 베이즈 공식의 오른쪽 항을 사용해 많은 수의 값을 샘플링하여 그 관측치의 분포를 사용하면 비교적 정확하게 사후 분포의 형태를 파악할 수 있습니다. 그리고 **샘플링할 때는 사후 분포의 정확한 확률값이 필요한 것이 아니라 상대적인 확률값만 있으면 됩니다.** 이러한 상대적인 확률값을 베이즈 공식의 오른쪽 항을 이용해 계산합니다.

베이즈 공식을 이용해 사후 분포의 형태를 파악하는 데 있어 어려운 부분은 오른쪽 항의 분모인 데이터에 대한 주변확률분포(증거, evidence라고도 합니다)를 계산하는 것입니다. 이러한 이유 때문에 MCMC 방법에서는 해당 부분을 사용하지 않고, 오른쪽 항의 분자 부분(즉, 우도 함수×사전 분포)만 사용합니다. 즉, 분자만 이용해 파라미터가 취하는 서로 다른 값의 상대적 확률의 크기를 파악하는 것입니다.

MCMC 시뮬레이션의 주요 방법에는 다음과 같은 것이 있습니다.

- 메트로폴리스(Metropolis)

- 메트로폴리스-헤이스팅스(Metropolis-Hastings)

- 깁스 샘플링(Gibbs sampling)

- 해밀토니안 몬테 카를로(Hamiltonian Monte Carlo)

- NUTS(No U-Turn Sampler)

위 방법 중 가장 기본이 되는 방법인 메트로폴리스, 메트로폴리스-헤이스팅스, 깁스 샘플링에 대해 설명하겠습니다.

D.5.1 메트로폴리스 알고리즘

먼저 메트로폴리스 알고리즘이 어떻게 작동하는지 알아보겠습니다. 메트로폴리스는 가장 간단한 형태의 MCMC 알고리즘입니다. 다음과 같은 과정을 거쳐 파라미터가 취할 수 있는 값을 표집합니다(그리고 그렇게 표집된 값을 이용해 파라미터의 사후 분포를 파악합니다).

- 초기 파라미터값 설정: 처음에는 임의의 파라미터 값을 사용합니다.

- 새로운 파라미터 값 제안: 현재의 파라미터 값 근처의 새로운 값을 제안합니다. 이렇게 새로운 값을 제안할 때는 제안 분포(proposal distribution)를 사용합니다. 제안 분포로는 대칭 형태의 확률 분포가 사용되는데, 일반적으로 정규분포가 사용됩니다. 현재 파라미터의 값을 기준으로 새롭게 제안되는 값은 다음과 같습니다.

$$\theta_{proposed} = \theta_{current} + \Delta\theta$$

여기서 현재의 파라미터 값에 더해지는 $\Delta\theta$를 평균이 0이고 분산 σ^2인 정규분포, 즉 $N(0, \sigma^2)$을 이용해 도출합니다. $N(0, \sigma^2)$은 평균이 0이기 때문에 0에 가까운 값이 추출될 확률이 큽니다. 즉, 이는 새롭게 제안되는 파라미터의 값이 현재 파라미터의 주변값일 확률이 높다는 것을 의미합니다. 이렇게 해야 샘플링이 더 효율적으로 이루어질 수 있다고 합니다.

- 새롭게 제안된 값 채택 또는 거부(accept or reject): 새롭게 제안된 값이 무조건 채택되는 것은 아닙니다. 새롭게 제안된 값의 확률에 따라 채택될 수도 있고(즉, 마르코브 체인에 들어갈 수도 있고), 그렇지 않을 수도 있습니다(이러한 경우를 거부(reject)된다고 표현합니다). 좀 더 구체적으로 말하면, 새롭게 제안된 값의 확률이 현재 파라미터 값의 확률보다 큰 경우에는 무조건 새로운 값을 채택하고, 그렇지 않은 경우에는 확률적으로 채택합니다.

파라미터가 특정값을 취할 확률은 사후 분포를 이용해 계산하는데, 마찬가지로 베이즈 공식을 사용합니다. 이를 식으로 표현하면 다음과 같습니다. 이는 파라미터 θ가 특정한 값 θ_k를 취할 확률을 의미합니다.

$$p(\theta_k|D) = \frac{p(D|\theta_k)p(\theta_k)}{p(D)}$$

따라서 현재의 파라미터값($\theta_{current}$라고 표현하겠습니다)의 확률과 새롭게 제안된 파라미터값($\theta_{proposed}$라고 표현합니다)의 확률은 각각 다음과 같이 표현됩니다.

$$p(\theta_{current}|D) = \frac{p(D|\theta_{current})p(\theta_{current})}{p(D)}$$

$$p(\theta_{proposed}|D) = \frac{p(D|\theta_{proposed})p(\theta_{proposed})}{p(D)}$$

$\theta_{proposed}$를 채택할지 말지를 결정하기 위해서는 $p(\theta_{current}|D)$와 $p(\theta_{proposed}|D)$의 상대적인 차이만 알면 됩니다. 즉, $\frac{p(\theta_{proposed}|D)}{p(\theta_{current}|D)}$의 값만 알면 되는 것입니다. 베이즈 공식을 사용하면 다음과 같이 표현됩니다.

$$\frac{p(\theta_{proposed}|D)}{p(\theta_{current}|D)} = \frac{\dfrac{p(D|\theta_{proposed})p(\theta_{proposed})}{p(D)}}{\dfrac{p(D|\theta_{current})p(\theta_{current})}{p(D)}}$$

$$= \frac{p(D|\theta_{proposed})p(\theta_{proposed})}{p(D|\theta_{current})p(\theta_{current})}$$

따라서 $p(\theta_{current}|D)$와 $p(\theta_{proposed}|D)$의 상대적인 차이를 알기 위해 계산하기 어려운 베이즈 공식의 분모를 계산할 필요가 없습니다.

$\frac{p(\theta_{proposed}|D)}{p(\theta_{current}|D)}$의 값이 1보다 큰 경우(즉, $\frac{p(D|\theta_{proposed})p(\theta_{proposed})}{p(D|\theta_{current})p(\theta_{current})} > 1$)에는 새롭게 제안된 파라미터의 값을 무조건 채택(accept)합니다. 그리고 $\frac{p(D|\theta_{proposed})p(\theta_{proposed})}{p(D|\theta_{current})p(\theta_{current})} \leq 1$인 경우에는 확률적으로 채택합니다. 이때 확률은 $\frac{p(D|\theta_{proposed})p(\theta_{proposed})}{p(D|\theta_{current})p(\theta_{current})}$가 됩니다. 예를 들어, $\frac{p(D|\theta_{proposed})p(\theta_{proposed})}{p(D|\theta_{current})p(\theta_{current})} = 0.4$라면, 40%의 확률로 새로운 값을 채택하게 됩니다. 새로운 값이 채택되는 확률은 다음과 같이 표현할 수 있습니다.[30]

$$p_{accept} = \min\left(\frac{p(\theta_{proposed}|D)}{p(\theta_{current}|D)}, \ 1\right)$$

---

30 min(a,b)는 두 값 중 더 작은 값을 반환합니다.

즉, $p(\theta_{proposed}) > p(\theta_{current})$이면, $p_{accept}=1$, 그렇지 않으면 $p_{accept}=\dfrac{p(\theta_{proposed})}{p(\theta_{current})}$가 됩니다. $p_{accept}<1$이면, 실제 분석에서는 0과 1 사이의 균등 분포(즉, Uniform[0, 1])[31]를 사용해 새롭게 제안된 값을 채택할지 말지가 결정됩니다. 즉, Uniform[0, 1]에서 임의로 하나의 값을 추출해서 그 값이 0과 p_{accept} 사이이면 새롭게 제안된 값을 채택합니다.

이러한 과정을 여러 번 반복하면 우리가 얻고자 하는 사후 분포의 형태와 유사한 분포를 얻게 됩니다. 그리고 표집을 많이할수록 표집을 통해 얻어진 사후 분포의 형태가 원래의 사후 분포의 형태와 유사해집니다. 그림 D.8에서 볼 수 있는 것처럼, 표본의 크기가 50,000인 경우(우측 하단의 분포)가 실제 사후 분포의 형태와 가장 유사한 것을 알 수 있습니다.

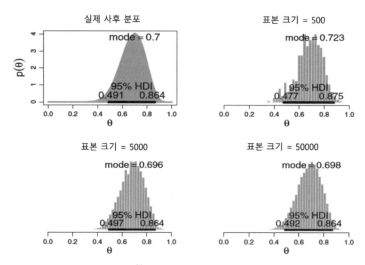

그림 D.8 표본 크기에 따른 추정된 사후 분포의 형태[32]

D.5.2 메트로폴리스-헤이스팅스

메트로폴리스-헤이스팅스(Metropolis-Hastings) 알고리즘은 앞에서 설명한 메트로폴리스 방법을 약간 변형한 방법이라고 생각할 수 있습니다. 메트로폴리스 방법의 주요 단점은 파라미터가 취할 수 있는 값에 제약이 없는 경우에만 사용할 수 있다는 것입니다. 즉, 파라미터가 취할 수 있는 값에 제약이 있다면(즉, 파라미터가 일부의 값만을 취할 수 있다면), 메트로폴리스 방법은 잘 작동하지 않습니다. 예를 들어 우리가 관심 있는 파라미터가 정규 분포의 표준편차라면 해당 파라미터는 양수의 값만을 취하게 됩니다. 이러

---

31 이는 0과 1 사이의 값을 취할 확률이 동일한 확률 분포를 의미합니다.
32 Source: Kruschke, J. (2014). Doing Bayesian data analysis: A tutorial with R, JAGS, and Stan

한 경우에는 메트로폴리스 방법을 사용할 수 없습니다. 왜냐하면 메트로폴리스 방법은 앞에서 설명한 것처럼 양쪽이 대칭인 제안 분포를 사용하기 때문입니다. 양쪽이 대칭인 제안 분포를 사용하면 음수가 제안될 수 있습니다.

이러한 경우에 대안으로 사용할 수 있는 것이 메트로폴리스-헤이스팅스 알고리즘입니다. 메트로폴리스-헤이스팅스 알고리즘은 파라미터가 취하는 값에 제약이 있는 경우 **비대칭의 제안 분포를 사용**합니다. 예를 들어, 우리가 관심 있는 파라미터가 정규분포의 표준편차인 경우에 제안 분포로 로그 노말(Log normal) 분포를 사용할 수 있습니다.

 참고 로그 노말 분포

표준정규분포를 따르는 변수 Z에 대해 다음과 같이 정의되는 변수 X가 있다고 가정하겠습니다.

$$X = e^{\mu + \sigma Z}, \text{ where } Z \sim N(0, 1)$$

이러한 변수 X는 로그 노말 분포를 가지며 해당 로그 노말 분포가 갖는 파라미터는 μ와 σ입니다. μ와 σ는 변수 X의 평균과 표준편차가 아니라 변수 X에 자연로그를 취한 것의 평균과 표준편차가 됩니다(즉, $\ln X$의 평균=μ, $\ln X$의 표준편차=σ). μ와 σ는 로그 노말 분포의 형태를 결정하는 역할합니다. 로그 노말은 0보다 큰 값을 갖는 변수에 대한 분포입니다. 그림 D.9는 로그 노말 분포의 예를 보여줍니다.

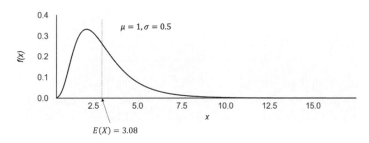

그림 D.9 로그 노말 분포의 예

로그 노말 분포는 그림 D.9에서 보듯이 비대칭 분포이고 변수가 취하는 값이 0보다 큰 실수입니다. 이러한 분포는 파라미터의 값이 0 이상의 값만을 갖는 경우에 적합한 제안 분포로 사용될 수 있습니다. 로그 노말 분포가 제안 분포로 사용되는 경우, 현재의 파라미터값이 로그 노말 분포의 평균이 됩니다. 하지만 **이렇게 비대칭의 제안 분포를 사용하는 경우에는 채택-거부(accept-reject) 규칙을 변경해야 합니다**. 그래야지만 샘플링을 통해 우리가 원하는 사후 분포의 형태를 파악할 수 있습니다. 이는 단순히 메트로폴리스에서의 채택 확률을 조절하기만 하면 됩니다. 메트로폴리스 방법에서의 채택 확률은 다음과 같았습니다.

$$p_{accept} = \min\left(\frac{p(\theta_{proposed}|D)}{p(\theta_{current}|D)}, 1\right)$$

메트로폴리스-헤이스팅스에서의 채택 확률은 다음과 같습니다.

$$p_{accept} = \min\left(\frac{p(\theta_{proposed}|D)}{p(\theta_{current}|D)} \times \frac{J(\theta_{current}|\theta_{proposed})}{J(\theta_{proposed}|\theta_{current})}, 1\right)$$

여기서 J는 제안 분포의 확률밀도함수를 의미하며, $J(\theta_{proposed}|\theta_{current})$는 현재 θ의 값이 $\theta_{current}$인 경우의 $\theta_{proposed}$에 대한 확률밀도함수의 값이 됩니다. 제안 분포가 대칭인 경우에는 $J(\theta_{proposed}|\theta_{current}) = J(\theta_{current}|\theta_{proposed})$가 됩니다(그림 D.10 참고). 즉, $\frac{J(\theta_{current}|\theta_{proposed})}{J(\theta_{proposed}|\theta_{current})} = 1$이 되어 채택 확률이 메트로폴리스 방법의 채택 확률과 같게 됩니다.

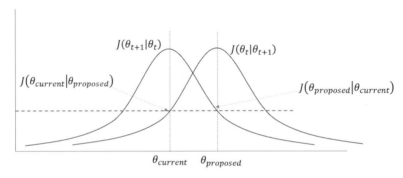

그림 D.10 제안 분포가 대칭인 경우, $j(\theta_{proposed}|\theta_{current}) = j(\theta_{current}|\theta_{proposed})$

D.5.3 깁스 샘플링(Gibbs Sampling)

이번에는 깁스 샘플링 방법에 대해 살펴보겠습니다. 앞에서 설명한 메트로폴리스 방법이나 메트로폴리스-헤이스팅스 방법의 주요 단점은 추정할 파라미터가 많은 경우 시간이 오래 걸린다는 것입니다. 그 주요 이유는 새롭게 제안된 파라미터의 값을 무조건적으로 채택하는 것이 아니라 확률을 계산해서 그 확률에 따라 채택 여부를 결정하기 때문입니다. 깁스 샘플링은 이러한 단점을 보완한 방법입니다(깁스 샘플링은 일반적으로 파라미터가 여러 개인 경우에 사용됩니다).

깁스 샘플링이 어떻게 작동하는지를 설명하기 위해 구체적인 예를 하나 사용하겠습니다. 서로 다른 동전, 동전 1과 동전 2에 대해 우리가 추정해야 하는 파라미터는 동전 1을 한 번 던졌을 때 앞면이 나올 확률(θ_1)

과 동전 2를 한 번 던졌을 때 앞면이 나올 확률(θ_2)이라고 가정합니다. 그리고 θ_1과 θ_2의 사후확률분포, 즉 $P(\theta_1, \theta_2|D)$를 구하고자 합니다. 여기서도 베이즈 공식을 이용해 구합니다. 즉, 다음 식을 사용합니다.

$$P(\theta_1, \theta_2|D) = \frac{p(D|\theta_1, \theta_2)P(\theta_1, \theta_2)}{P(D)}$$

이를 위해 먼저 우도(likelihood)와 사전 분포를 결정해야 합니다. 깁스 샘플링에서도 베이즈 공식의 분모는 계산하지 않습니다.

동전 1과 동전 2를 여러 번 던졌을 때에 대한 데이터가 존재하는 경우 해당 데이터의 확률, 즉 우도는 다음과 같이 표현할 수 있습니다(두 동전의 시행은 서로 독립인 것을 기억하세요).

$$p(D|\theta_1, \theta_2) = \prod_{y_{1i}} p(y_{1i}|\theta_1, \theta_2) \prod_{y_{2i}} p(y_{2i}|\theta_1, \theta_2)$$

y_1은 동전 1과 관련된 결과를 의미하며, y_2는 동전 2와 관련된 결과를 의미합니다. 동전 1과 관련된 결과는 θ_1에만 영향을 받고, θ_2에는 영향을 받지 않으므로 $p(y_{1i}|\theta_1, \theta_2) = p(y_{1i}|\theta_1)$으로 표현 가능하고, 마찬가지로 y_2도 θ_2에만 영향을 받으므로 $p(y_{2i}|\theta_1, \theta_2) = p(y_{2i}|\theta_2)$로 표현이 가능합니다. $p(y_{1i}|\theta_1)$이나 $p(y_{2i}|\theta_2)$는 동전을 한 번 던졌을 경우에 대한 확률이기 때문에 베르누이 확률분포를 따른다고 생각할 수 있습니다.

그다음에는 사전 분포를 정해야 합니다. 즉, $P(\theta_1, \theta_2)$에 대한 확률 분포를 정하는 것이 필요합니다. $P(\theta_1, \theta_2)$는 θ_1과 θ_2의 결합확률분포입니다. 설명을 위해 여기서는 θ_1과 θ_2가 서로 독립이라고 가정합니다. 그러면 $P(\theta_1, \theta_2) = P(\theta_1)P(\theta_2)$가 됩니다. 우도 함수가 베르누이 분포로 이루어져 있기 때문에 $P(\theta_1)$은 베타 분포를 사용할 수 있습니다. 앞에서 설명한 것처럼 베타 분포는 베르누이 분포의 켤레 분포가 됩니다.

사후 분포의 형태를 샘플링을 통해 파악하기 위해 앞에서 공부한 메트로폴리스 방법을 사용할 수도 있습니다. 그렇게 하려면 한 번에 θ_1과 θ_2의 새로운 값을 제안하는 것이 필요합니다. 이를 위해서는 이변량 정규 분포(Bivariate normal distribution)를 사용합니다. 그리고 새롭게 제안된 값들의 확률이 높으면 채택하고 그렇지 않으면 확률적으로 채택하게 됩니다. 하지만 이러한 방법은 시간이 오래 걸린다는 단점이 있다고 했습니다.

여기서는 이러한 단점을 보완하기 위해 깁스 샘플링 방법을 사용해 보겠습니다. 깁스 샘플링은 메트로폴리스 방법과 달리 새롭게 제안된 파라미터의 값을 무조건 채택합니다. 그렇게 할 수 있는 이유는 파라미터의 새로운 값이 실제 해당 파라미터의 사후 분포를 닮은 조건부 사후 확률분포를 이용해 제안하기 때문입니다. 실제 사후 분포를 닮은 분포를 이용해서 제안된 값이기 때문에 거부할 필요가 없습니다. 깁스 샘플링은 한 번에 하나의 파라미터에 대한 새로운 값을 제안합니다. 그리고 이러한 값을 제안하기 위해 다음과 같은 조건부 사후 확률 분포를 사용합니다.

$$p\left(\theta_i | \{\theta_{j \neq i}\},\ D\right)$$

추정할 파라미터가 여러 개 있는 경우(즉, θ_1, θ_2, ⋯, θ_k), 위 식은 θ_i의 조건부 확률 분포를 나타냅니다. $\theta_{j \neq i}$는 θ_i를 제외한 나머지 파라미터들을 의미합니다. 즉, 위 식은 θ_i를 제외한 나머지 파라미터가 구체적인 값을 갖는 상태에서, 그리고 주어진 데이터를 조건으로 하는 θ_i의 조건부 확률이 됩니다.

예를 들어 파라미터가 두 개(즉, θ_1, θ_2)라면 θ_1의 조건부 확률은 다음과 같이 표현됩니다.

$$p\left(\theta_1 | \theta_2 = \theta_2',\ D\right)$$

여기서 θ_2'는 θ_2가 취하는 구체적인 값이 됩니다. 이를 이용해 θ_1의 새로운 값을 추출합니다. 예를 들어 새롭게 추출된 값이 θ_1'이라고 가정합니다. 그다음에는 θ_1'를 이용해 θ_2의 조건부 확률을 다음과 같이 생성합니다.

$$p\left(\theta_2 | \theta_1 = \theta_1',\ D\right)$$

그리고 이 조건부 확률을 이용해 θ_2의 새로운 값을 추출합니다. 이러한 과정을 원하는 횟수만큼 반복합니다. 이러한 과정을 통해 도출된 여러 개의 θ_1의 값과 θ_2의 값을 이용해 분포를 생성하면 우리가 찾고자 하는 사후 분포의 형태와 유사하게 됩니다. 그리고 유사한 정도는 추출된 샘플의 크기가 클수록 커집니다.

깁스 샘플링은 파라미터들의 결합 사후 분포의 형태는 정확하게 계산하기 어렵지만 각 파라미터의 조건부 확률은 계산이 가능한 경우 유용하게 사용할 수 있습니다. 조건부 확률을 구할 수 있고, 그러한 조건부 확률로부터 샘플링할 수 있어야 깁스 샘플링 방법을 사용할 수 있습니다.

참고 **해밀토니안 몬테 카를로와 NUTS**

해밀토니안 몬테 카를로(Hamiltonian Monte Carlo, HMC)와 NUTS(No-U-Turn Sampler)에 관한 자세한 설명은 이 책의 범위를 벗어나므로 여기서는 핵심적인 작동 원리에 대해서만 간략하게 설명하겠습니다.

메트로폴리스 알고리즘의 주요 단점 중에 하나는 샘플링을 위해 새로운 파라미터의 값을 제안할 때 사후 분포의 형태를 고려하지 않는다는 것입니다. 사후 분포의 형태를 고려하지 않고, 제안 분포에 따라 무작위로 선택된 임의의 값을 제안합니다. 이렇게 되면 새롭게 제안된 값 중에서 많은 값이 거부됩니다. 그렇기 때문에 사후 분포를 파악하는 데 오랜 시간이 걸립니다. 이러한 단점을 보완하고자 제안된 방법이 HMC입니다. HMC는 확률 분포의 미분값을 사용해서 현재 값을 기준으로 어느 쪽으로 움직이면 확률 분포의 더 높은 곳으로 갈 수 있는지를 파악합니다. 그렇게 되면, 확률 분포의 높은 부분에서 더 많은 값을 추출할 수 있기 때문에 더 효율적으로 샘플링을 진행할 수 있습니다.

하지만 HMC는 경우에 따라 사후 분포의 제일 높은 곳을 지나치는 경우가 있습니다. 그러한 경우에는 다시 방향을 바꿔 사후 분포의 제일 높은 곳으로 이동하여 그곳에서 새로운 값을 추출하게 됩니다. 하지만 이와 같은 작동 방식은 효율적이지 못합니다. HMC의 이러한 단점을 보완한 것이 NUTS입니다. 즉, NUTS는 유턴이 발생하는 것을 줄이는 방식으로 작동합니다.

D.6 파이썬 코딩: 파이썬을 이용해 베이지안 추론 방법 사용해 보기

파이썬을 이용해 간단하게 베이지안 추론을 해보겠습니다. 관련 코드는 PyMC_example.ipynb 파일을 참고하세요. 파이썬에서는 일반적으로 PyMC 모듈을 사용해 베이지안 추론을 수행합니다. PyMC는 여러 가지 버전이 존재하는데, 여기서는 PyMC3를 사용하겠습니다. 이를 위해 pip install pymc3 명령문을 사용해 해당 모듈을 설치합니다.[33] 그리고 PyMC 모듈을 이용해 수행된 베이지안 추론의 결과를 시각화하는 데 사용되는 ArviZ 모듈도 설치합니다. pip install arviz 명령문을 입력해서 설치할 수 있습니다.[34]

일단 베이지안 추론을 하는 데 있어 필요한 모듈을 다음과 같이 임포트합니다.[35]

```
import matplotlib.pyplot as plt
import scipy.stats as stats
import numpy as np
import pandas as pd
import pymc3 as pm
import arviz as az
```

---

33 버전 3.10.0의 pymc3를 설치합니다 (pip install −U pymc3==3.10.0).
34 버전 0.11.0의 ArviZ를 설치합니다 (pip install −U arviz==0.11.0).
35 pymc3 모듈 임포트시 "pymc3 module 'numpy.distutils.__config__' has no attribute 'blas_opt_info'" 오류가 발생하는 경우, numpy 버전 1.20.3을 설치합니다 (pip install −U numpy==1.20.3).

첫 번째로 해야 하는 것은 관측된 데이터를 준비하는 것입니다. 그리고 그러한 데이터를 이용해 데이터를 생산하는 데 사용된 확률 분포의 파라미터의 분포, 즉 사후 분포를 추정합니다. 여기서는 하나의 동전을 10번 던져서 나온 다음 결과를 데이터로 사용한다고 가정합니다.

```
data = np.array([1,0,0,1,0,0,1,0,0,0])
```

따라서 우리가 구하고자 하는 것은 다음과 같은 파라미터의 사후 분포입니다.

$$P(\theta|D) = \frac{P(D|\theta)P(\theta)}{P(D)}$$

여기서 D는 위의 data 변수에 저장된 데이터입니다. 그리고 θ는 위의 데이터를 생성하는 데 사용된 분포(혹은 확률 모형)의 파라미터입니다. 위의 베이즈 공식을 이용해 사후 분포를 추론하기 위해서는 우도(likelihood, 즉, $P(D|\theta)$)와 사전 분포(prior, 즉, $P(\theta)$)를 정해야 합니다. PyMC의 경우는 MCMC 시뮬레이션 방법을 사용해 사후 분포를 추정하기 때문에 분모인 $P(D)$는 신경 쓰지 않아도 됩니다. 동전을 한 번 던지는 시행은 베르누이 시행이기 때문에 우도는 베르누이 분포를 이용해 표현하겠습니다. 그 경우 우도는 다음과 같이 표현할 수 있습니다(베르누이 분포의 확률질량함수는 $\theta^{y_i}(1-\theta)^{1-y_i}$입니다).

$$P(D|\theta) = L(\boldsymbol{y};\ \theta) = \prod_{i=1}^{N} p(y_i|\theta) = \prod_{i=1}^{N} \theta^{y_i}(1-\theta)^{1-y_i} = \theta^z(1-\theta)^{N-z}$$

여기서 θ는 베르누이 분포가 갖는 확률질량함수의 파라미터로 동전을 한 번 던졌을 때 앞면이 나올 확률이고, N은 베르누이 시행 횟수(여기서는 10)이고, z는 앞면이 나온 횟수(여기서는 4)입니다.

그다음으로 정해야 하는 것은 사전 분포입니다. 여기서는 베르누이 분포의 켤레 사전 분포인 베타 분포를 사용하겠습니다. 베타 분포는 다음과 같습니다.

$$p(\theta;\ a,\ b) = beta(\theta;\ a,\ b) = \frac{\theta^{(a-1)}(1-\theta)^{(b-1)}}{B(a,\ b)}$$

여기서 a, b는 베타 분포의 파라미터로, 여기서는 사용자가 갖고 있는 사전 믿음에 따라 그 값이 결정되는 하이퍼파라미터라고 생각할 수 있습니다.

PyMC를 사용해 위의 우도와 사전 분포를 이용해 사후 분포를 추정하기 위해서는 다음과 같이 코딩합니다.

```
with pm.Model() as our_first_model:
    theta = pm.Beta('theta', alpha=1, beta=1)
    y = pm.Bernoulli('y', p=theta, observed=data)
    trace = pm.sample(1000, random_seed=123)
```

위의 코드에서 볼 수 있는 것처럼 with … as 구문을 사용해 PyMC의 객체를 표현했습니다. with … as 구문의 바디가 우리가 사용하고자 하는 PyMC 모형의 내용입니다. 바디 부분의 첫 번째 줄인 theta = pm.Beta('theta', alpha=1, beta=1)은 사전 분포인 베타 분포를 생성하기 위한 것입니다. 여기서는 베타 분포가 갖는 파라미터인 a와 b가 alpha와 beta로 표현되었고, 각 값을 1로 설정했습니다. 그리고 Beta() 함수의 첫 번째 인자는 해당 사전 분포의 이름이라고 생각할 수 있습니다. 두 번째 줄인 y = pm.Bernoulli('y', p=theta, observed=data)은 우도(likelihood)에 대한 것입니다. 앞에서 언급한 것처럼 베르누이 분포를 사용합니다. 베르누이 분포의 파라미터인 p를 사전 분포를 따르는 theta로 지정했고, 관찰된 데이터를 입력받는 observed 파라미터의 값으로는 우리가 갖고 있는 데이터를 지정했습니다. 이렇게 하면 사후 분포를 추정하는 데 필요한 우도와 사전 분포가 모두 준비됩니다. 그다음으로 해야 하는 것은 해당 우도와 사전 분포를 이용해 MCMC 시뮬레이션을 통해 샘플링하는 것입니다. 샘플링할 때는 PyMC에서 제공하는 sample() 함수를 사용합니다. 여기서는 1,000개의 값을 추출합니다.

위 코드를 실행하면 다음과 같은 메시지가 출력됩니다.[36]

```
Auto-assigning NUTS sampler...
Initializing NUTS using jitter+adapt_diag...
Multiprocess sampling (4 chains in 4 jobs)
NUTS: [theta]

████████████████████████████  100.00% [8000/8000 00:09<00:00 Sampling 4 chains, 0 divergences]

Sampling 4 chains for 1_000 tune and 1_000 draw iterations (4_000 + 4_000 draws total) took 24 seconds.
```

'Auto-assigning NUTS sampler...'는 MCMC 시뮬레이션 방법, 즉 샘플러를 NUTS로 정한다는 것을 의미합니다. PyMC의 경우는 기본적으로 연속변수에 대해 NUTS 방법을 사용합니다. 두 번째 줄에 나오는 'Initializing NUTS using jitter+adapt_diag...'는 파라미터의 초깃값을 설정한다는 의미입니다. 그리고 세 번째 줄인 'Multiprocess sampling (4 chains in 4 jobs)'는 몇 개의 체인이 사용되는지를 보여줍니다. 여기서는 네 개의 체인이 사용됩니다(체인의 수는 각자 조절할 수 있습니다). 'NUTS: [theta]'는 샘플링되는 파라미터를 의미합니다. 마지막 줄의 'Sampling 4 chains for 1_000

---

36 실행할 때 "Exception: ("Compilation failed (return status=1)"로 시작하는 오류가 발생한다면 m2w64-toolchain 패키지를 제거하고 다시 시도해 보세요.

tune and 1_000 draw iterations (4_000 + 4_000 draws total) took 24 seconds.'는 각 체인별로 2,000개의 값이 샘플링되었는데, 초기 1,000개는 튜닝하는 데 사용되었다는 것을 의미합니다. 튜닝하는 데 사용된 값은 최종적으로 사후 분포를 나타내는 데 사용되지 않습니다. 이후 추가로 샘플링된 1,000개가 사후 분포를 나타내는 데 사용됩니다. 따라서 네 개의 체인에 대해 전체적으로 추출된 샘플의 크기는 (1000+1000)×4=8000이 됩니다. 위의 과정을 통해 샘플링이 끝났습니다. 그리고 샘플링의 결과는 trace 변수에 저장되어 있습니다.

샘플링 결과를 확인해 보겠습니다. 이를 위해 arviz에서 제공하는 plot_trace() 함수를 사용합니다. 해당 함수의 인자로 샘플링 결과를 저장하고 있는 trace 변수를 입력합니다.

```
az.plot_trace(trace)
```

결과는 그림 D.11과 같습니다.

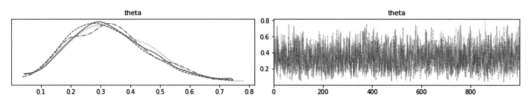

그림 D.11 샘플링 결과의 시각화

그림 D.11의 왼쪽 그림은 체인별 밀도함수의 추정치를 나타내며, 오른쪽 그림은 각 샘플링 단계에서 추출되는 파라미터의 값을 보여줍니다. 왼쪽 그림의 경우, 체인별로 추정된 밀도함수의 형태가 별 차이가 없을 때 상대적으로 샘플링이 잘 된 것을 의미합니다.

이번에는 샘플링을 통해 얻은 사후 분포의 형태를 확인해 보겠습니다. 이를 위해서는 arviz 모듈에서 제공하는 plot_posterior() 함수를 사용합니다. 해당 함수가 갖는 hdi_prob 파라미터는 Highest Density Interval Probability를 의미합니다. 이 파라미터의 값을 다음과 같이 0.95로 지정하면 사후 분포의 영역 중에서 95%에 해당하는 구간을 표현하게 됩니다.

```
az.plot_posterior(trace, hdi_prob=0.95)
```

결과는 그림 D.12와 같습니다. 평균이 0.33이고 95%의 HDI(Highest Density Interval)를 보여줍니다. 즉, 0.089 <= theta <= 0.57인 구간의 크기가 전체 면적의 95%가 된다는 것을 의미합니다.

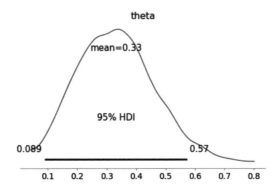

그림 D.12 PyMC를 통해 도출된 사후 분포의 형태

arviz 모듈에서 제공하는 summary() 함수를 이용해 사후 분포의 간단한 통계 지표를 확인할 수도 있습니다.

```
az.summary(trace, kind="stats")
```

결과는 다음과 같이 데이터 프레임 형태로 출력됩니다. 평균(mean)과 표준편차(sd), HDI 구간과 관련된 값이 출력된 것을 확인할 수 있습니다.

	mean	sd	hdi_3%	hdi_97%
theta	0.332	0.128	0.089	0.556

이번에는 앞에서 살펴본 다른 샘플러들을 사용해 샘플링하고 결과의 차이를 비교해 보겠습니다. 여기서는 메트로폴리스 방법과 HMC 방법을 사용해 보겠습니다.[37] 다음 코드에서는 메트로폴리스 방법을 사용합니다.

```
with pm.Model() as our_first_model:
    theta = pm.Beta('theta', alpha=1, beta=1)
    y = pm.Bernoulli('y', p=theta, observed=data)
    step = pm.Metropolis() # 메트로폴리스 방법 사용
    trace_MP = pm.sample(1000, step, random_seed=123)
```

---

37 이 경우는 다루는 파라미터가 한 개밖에 없어서 깁스 샘플링은 적절하지 않습니다.

사전 분포와 우도 함수에 대한 코드를 입력한 이후 sample() 함수를 추출하기 전에 사용하고자 하는 샘플러를 지정할 수 있습니다. 여기서는 step = pm.Metropolis()를 이용해 메트로폴리스 방법을 지정했습니다.

이번에도 az.plot_trace() 함수를 사용해 샘플링 결과를 시각화하겠습니다.

```
az.plot_trace(trace_MP)
```

결과는 그림 D.13과 같습니다.

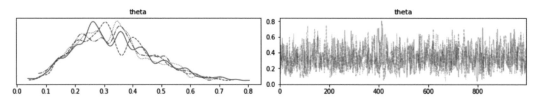

그림 D.13 메트로폴리스 방법을 사용한 샘플링 결과의 시각화

그림 D.13의 왼쪽 그림을 보면 NUTS의 결과(그림 D.11의 왼쪽 그림 참고)에 비해서 체인별 밀도함수 추정치의 차이가 많이 나는 것을 확인할 수 있습니다. 이는 샘플링이 상대적을 잘 되지 않았다는 것을 의미합니다. 즉, 이 경우에는 메트로폴리스 방법보다는 NUTS 방법이 더 적합한 것입니다.

이번에는 샘플링을 통해 도출된 사후 분포의 형태를 확인해 보겠습니다.

```
az.plot_posterior(trace_MP, hdi_prob=0.95)
```

결과는 그림 D.14와 같습니다.

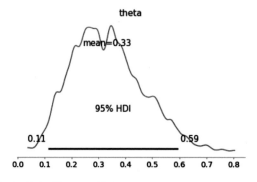

그림 D.14 메트로폴리스 방법을 통해 도출된 사후 분포의 형태

그림 D.14의 결과도 그림 D.12보다 덜 매끄러운 것을 확인할 수 있습니다.

이번에는 마지막으로 HMC 방법을 사용해 보겠습니다. 이를 위해 다음과 같이 코딩합니다.

```
with pm.Model() as our_first_model:
    theta = pm.Beta('theta', alpha=1, beta=1)
    y = pm.Bernoulli('y', p=theta, observed=data)
    step = pm.HamiltonianMC()
    trace_HMC = pm.sample(1000, step, random_seed=123)
```

샘플링 결과를 시각화해 보겠습니다. 결과는 그림 D.15와 같습니다.

```
az.plot_trace(trace_HMC)
```

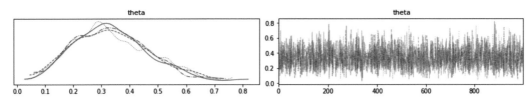

그림 D.15 HMC를 사용한 샘플링 결과의 시각화

이번에는 사후 분포의 형태를 확인해 보겠습니다. 결과는 그림 D.16과 같습니다.

```
az.plot_posterior(trace_HMC, hdi_prob=0.95)
```

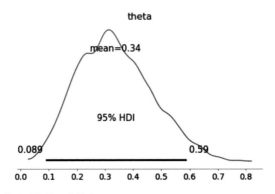

그림 D.16 HMC 방법을 통해 도출된 사후 분포의 형태

HMC 방법의 경우, 전반적으로 메트로폴리스 방법보다는 결과가 더 좋게 나왔지만, NUTS에 비해서는 결과가 조금 안 좋게 나온 것을 확인할 수 있습니다.

D.7 위계적 모형(Hierarchical model) 소개

파라미터들이 위계적 관계를 갖는 모형을 위계적 모형이라고 합니다. 예를 들어 서로 다른 두 개의 파라미터가 있을 때 어느 한 파라미터의 값이 다른 파라미터가 취하는 값에 영향을 받아 결정되는 경우, 두 파라미터는 위계적 관계에 있다고 합니다. 예를 들어 θ, ω라는 두 파라미터가 있는데, θ의 값이 ω에 의해 결정되는 경우 두 파라미터는 위계적 관계에 있는 것입니다. 그리고 이러한 위계적 관계를 갖는 파라미터들의 사후 분포를 추정할 때 사용되는 모형을 위계적 모형이라고 합니다.

예를 들어 동전을 한 번 던질 때 앞면이 나올 확률을 θ라고 하고 이를 우리가 관심 있는 파라미터라고 할 때, θ의 사전 분포로 다음과 같은 베타 분포를 사용할 수 있습니다.

$$beta(a,\ b)$$

여기서 a, b는 베타 분포의 형태를 결정하는 파라미터가 됩니다. 앞에서 다룬 예에서는 a, b의 값은 상수로, 그 값을 사용자가 결정하는 경우를 살펴봤습니다. 하지만 a, b도 우리가 추가적으로 그 분포의 형태를 파악해야 하는 파라미터로 간주할 수 있습니다. 그러한 경우에는 주어진 데이터를 이용해 분포의 형태를 결정해야 하는 파라미터가 θ, a, b 세 개가 됩니다. 그런데 θ가 특정한 값을 가질 확률, 즉 θ의 확률 분포가 a, b에 의해 결정됩니다. 이러한 경우가 위계적 모형에 해당합니다.

$$\theta \sim beta(\theta;\ a,\ b) = \frac{\theta^{(a-1)}(1-\theta)^{(b-1)}}{B(a,\ b)}$$

이에 대해 a, b를 모드와 집중도를 이용해 표현하면 다음과 같습니다.

$$a = \omega(\kappa-2)+1,\ b = (1-\omega)(\kappa-2)+1$$

즉, 이렇게 표현하면 베타 분포의 형태를 결정짓는 파라미터가 k, ω가 됩니다. 설명을 간단하게 하기 위해 k는 상수로 간주하고 ω만 추가로 확률 분포의 형태를 파악해야 하는 파라미터라고 간주하겠습니다. 즉, 1차적으로 먼저 ω의 분포가 결정되고, 그 이후에 ω 분포의 영향을 받아 θ의 분포가 결정되는 위계적 관계입니다.

그리고 관찰된 데이터를 이용해 ω와 θ의 사후 분포를 모두 파악해야 합니다. 이를 위해서는 먼저 ω의 사전 분포를 결정하는 것이 필요합니다. ω도 베타 분포를 따른다고 가정하면 다음과 같이 표현할 수 있습니다.

$$\omega \sim beta(\omega;\ A_\omega,\ B_\omega)$$

여기서 A_ω, B_ω는 ω에 대한 베타 분포의 형태를 결정짓는 파라미터입니다. 여기서 A_ω, B_ω는 상수로 간주하겠습니다.[38] 이러한 위계적 관계는 그림 D.17과 같이 표현될 수 있습니다.

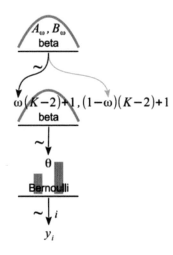

그림 D.17 위계적 모형의 예[39]

이를 베이즈 공식을 통해 표현해 보겠습니다.

$$p(\theta,\ \omega|D) = \frac{p(D|\theta,\ \omega)p(\theta,\ \omega)}{p(D)}$$

여기서 중요한 것은 우도 함수인 $p(D|\theta,\ \omega)$는 θ에만 영향을 받는다는 것입니다. 이유는 ω의 영향이 이미 θ에 모두 반영되었기 때문입니다. 즉, 다음과 같이 표현할 수 있습니다.

$$p(D|\theta,\ \omega) = p(D|\theta)$$

그리고 $p(\theta,\ \omega) = p(\theta|\omega)p(\omega)$이기 때문에, 다음과 같은 식을 얻을 수 있습니다.

$$p(\theta,\ \omega|D) = \frac{p(D|\theta)p(\theta|\omega)p(w)}{p(D)}$$

보다시피 분자의 구체적인 형태를 알 수 있기 때문에 MCMC 방법을 사용해 $p(\theta,\ \omega|D)$의 형태를 파악할 수 있습니다.

---

38 역시나 마찬가지로 도 데이터를 이용해서 사후 분포를 파악하고자 하는 파라미터로 간주할 수 있습니다.
39 출처: Kruschke, J. (2014). Doing Bayesian data analysis: A tutorial with R, JAGS, and Stan

ㅈ

ㅊ

ㅋ

ㅌ

momo